성 토마스 아퀴나스의
욥기의 자구적 주해

일러두기

- 이 책은 영어로 번역된 토마스 아퀴나스의 『욥기의 자구적 주해』를 우리말로 옮긴 것입니다.
- 토마스 아퀴나스는 대중 라틴말 성경 본문을 주해하였기에, 그가 주해한 본문은 우리말 성경 본문과 차이가 있습니다. 장절 번호도 일치하지 않는 경우가 있어, 필요한 경우 괄호 안에 『성경』(한국천주교주교회의, 2005)에 따른 장절을 병기하였습니다.

성 토마스 아퀴나스의
욥기의 자구적 주해

성 토마스 아퀴나스 지음
안소근 옮김

앤서니 다미코(Anthony Damico) 영역
마틴 D. 야페(Martin D. Yaffe) 해석 논문 및 각주

수원가톨릭대학교 출판부

역자 서문

여러 해 전부터 출판되고 있는 『교부들의 성경 주해』 시리즈를 통하여 성경 각 권에 대한 교부들의 주해가 단편적으로 소개되고 있지만, 어떤 책에 대한 중세의 주해 한 권이 우리말로 온전히 번역된 일은 매우 드문 것으로 안다. 이 번역을 통하여, 중세 저자 한 사람의 주해를 알리는 것만이 아니라, 그 시대의 주해 방법을 소개하고자 한다.

중세의 주해서라는 이 책의 특수성으로 인하여, 몇 가지를 미리 언급해 둔다.

1. 번역본에 관하여

이 책은 토마스 아퀴나스의 『욥기의 자구적 주해』를 번역한 것이다. 번역본들을 대조해본 결과 이태리어본이 더 읽기는 수월하지만 영어본이 원문을 더 그대로 옮겨 놓았음을 알 수 있었다. 영어본을 그대로 우리말로 옮길 경우 문체상 딱딱하고 지루한 감이 더 강한 것이 사실이지만, 그 시대에 어떤 방식으로 주해서들을 썼는지 국내에 거의 소개되어 있지 않다는 점을 고려하여 토마스 아퀴나스의 표현들을 그대로 사용한 영어본을 번역하였다.

다만, 영역본에서는 단락 구분도 거의 하지 않아 내용을 알아보기가 어려우므로 이태리어본을 참조하여 단락을 구분하고 각 장과 단락에 소제목을 붙였다. 이를 위해서는 S. Tommaso d'Aquino, *Commento al Libro di Giobbe. Introduzione, traduzione e riflessioni conclusive a cura di Lorenzo Perotto*, Edizioni Studio Domenicano, Bologna, 1995를 사용하였다.

2. 성경 본문에 관하여

토마스 아퀴나스는 대중 라틴말 성경 본문을 주해했고 또한 대중 라틴말 성경도 여러 사본들 사이에서 서로 일치하지 않는 부분들이 있기 때문에, 그가 주해한 본문은 우리의 성경 본문과 적지 않게 차이가 난다. 그래서 영어본에 따라 성경 본문을 제시하였다. 장절 표기에 있어서도, 욥기뿐만 아니라 주해에 인용된 다른 본문들의 장절 표기도 우리말 성경과 차이가 날 때가 있다. 번역문에서는 필요한 경우 괄호 안에 『성경』에 따른 장절을 병기했다. 때로는 인용된 본문이 우리 성경의 본문과 전혀 다를 수도 있다는 점을 염두에 두어야 한다.

3. 주해 방법에 관하여

이 책에서 토마스 아퀴나스는 "자구적" 주해를 추구하여 영적이거나 신비적인 해석보다는 한 단어 한 단어를 풀어가는 방법을 따른다. 그러나 그가 말하는 "자구적" 주해는 현대의 주석자들이 생각하는 자구적 해석과는 차이가 있다. 토마스 아퀴나스의 주해 방법에 관해서는 책 앞머리에 실린 해석 논문을 참조할 수 있겠으나, 무엇보다도 그가 욥이 이미 신약의 신앙을 내다보고 있는 것으로 이해한다는 점은 특징적이다. 현대의 "자구적" 주해에서는, 욥기에서 내세에 대한 희망이 그렇게 명시적으로 드러난다고는 보지 않는다.

덧붙여서, 영역본 머리말에서는 해석 논문이 토마스의 주해를 대신할 수는 없다고 말하며 그 역할을 한정짓고 있지만, 이러한 주해에 친숙하지 않은 우리에게는 해석 논문이 매우 유익하다는 점도 언급해 둔다.

머리말

이 작품은 Sancti Thomae de Aquino, Opera omnia, Iussu Leonis XIII P.M. edita의 제26권인 도마스 아퀴나스의 『욥기의 사구적 주해(*Expositio super Job ad litteram*)』의 번역이다. 이 판본이 비교적 읽기에 매끄럽다는 점과 레오 위원회 편집자들의 명성을 고려하여, 우리는 지극한 신뢰를 갖고 이 본문을 우리의 목적을 위하여 결정적인 것으로 받아들였다.

이 번역을 하는 우리의 목적은 두 가지다. 첫째는 토마스 사상에 대한 우리의 관심을 추구하는 것이고, 둘째는 더 많은 독자에게 읽힌다면 큰 영향을 미칠 수 있을 작품을 다른 학자들에게 영어로 읽을 수 있도록 하는 것이다. 이러한 두 번째 의도는 우리의 번역 방법에도 영향을 미쳤다. 우리는 자유롭고 문학적인 번역을 하기보다 좀더 자구적인 번역을 하고자 했다. 특히 우리는 가능한 모든 경우에, 주어진 라틴어 단어를 동일한 영어 단어로 번역했다. 현저한 예외는 virtus이다. 토마스는 때로는 이 단어를 엄밀한 그리스도교적 의미에서 도덕적 탁월함(덕)이라는 뜻으로 사용하고, 때로는 더 일반적인 고전적 의미로 a) 개인의 어떤 자질의 완전함, 또는 b) 그 완전함의 결과인 어떤 사람이나 사물이 영향 또는 능력이라는 뜻으로 사용했다. 능력을 나타내는 다른 단어인 potentia는 흔히 어떤 결과를 초래하거나 변화를 이룰 수 있는 능력을 가리키는 것으로 보인다. 그러나 힘과 관련된 다른 단어인 potestas는 어떤 사람의 의지를 강제할 수 있는 능력을 내포한다.

많은 경우에는 라틴어 단어를 명백하게 그 단어에서 파생된 영어 단어로 옮겼다. 예를 들어 영어 premise('전제로 말하다, 말을 꺼내다')는 동사와 명사 모두 '먼저 보내다'를 뜻하는 라틴어 praemittere에서 파생되었고, 영어 posit('가정하다, 단정하다')은 '놓다, 두다, 질문을 제기하다'를 뜻하는 라틴어 ponere에서 파생되었다. 이렇게 라틴어 어원을 살린 번역의 결과로 영어는 좀 어색하게 되었지만, 이는 토마스가 생각했던 바와 같은 작품의 진지함을 보여 주는 것이기도 하고 또한 이러한 언어를 통하여 토마스와 독자 사이에 다리를 놓을 수 있도록 도와주는 것이기도 하다. 이 언어는, 토마스 시대에 그러했듯이 지금도 학문적인 차원에서는 서방 세계를 일치시키는 역할을 하고 있다.

근래의 학문적 관습에 따라, 번역된 본문 앞에 해석 논문을 실었다. 그러나 이 논문은 본문을 주의 깊게 읽기 위한 안내이지 그것을 대체하는 것이 아니다. 독자들이 원한다면 직접 토마스에게로 가고 또한 그의 작품에 비추어 우리의 작업을 평가하도록 초대하는 바이다. 색인에서 우리는 임의적인 페이지 번호를 표시하지 않고 토마스가 주해한 대중 라틴말 성경의 장절로 참조 표시를 했는데, 이는 라틴어 원본과 비교를 용이하게 하기 위한 것이다. 우리는 교차 대조와 출전에 관한 레오 판의 풍부한 비평 각주에 폭넓게 의존했고 그 도움을 받았다.

처음 시작할 때나 작업을 계속하는 동안에나 동료 학자들의 격려가 있었다. 그들의 통찰들을 우리의 통찰들과 구분할 수 없게 되어, 그것들이 따로 표시되지 않은 채로 우리의 작품 안으로 들어왔을 수도 있다. 랍비 잭 뱀퍼래드(Jack Bemporad), 어니스트 포틴(Ernest Fortin), 해리 자파(Harry Jaffa), 월터 프린치페(Walter Principe), 엘리스 리브킨(Ellis Rivkin), 프레드 선택(Fred Sontag), 브라이언 스턱(Brian Stock) 교수에게 깊이 감사드린다. 고 제임스 와이스헤이플(James Weisheipl) 교수는 우리의 작업에서 결정적인 순간에 기꺼이 그의 시간과 조언을 내어 주었다. 또한 우리는 해석 논문 원고를 주의 깊게 읽어 준 우리 동료들인 데렉 베이커(Derek Baker), 마이클 플래트(Michael Platt), 로버트 스티븐스(Robert Stevens), 그리고 번역문 원고를 읽어 준 도로시 다미코(Dorothy Damico)에게서도 도움을 받았다. 도움받은 이들의 명단에는 끝이 없지만, 우리의 잘못들에 대한 책임은 오직 우리에게 있다.

우리가 속한 기관 이외의 다른 여러 도서관이 우리에게 그들의 보고를 열어 주었다. 특히 우리는 남부 감리교 대학의 브라이드웰 도서관 직원들, 교황청립 중세 연구소의 도널드 핀리(Donald Finley) 신부, 토론토 대학교 성 미카엘 도서관의 이블린 콜린스(Evelyn Collins), 토론토 레지스 대학 도서관의 빈센트 맥켄지(Vincent McKenzie) 신부, 노스텍사스 대학교 윌리스 도서관의 조니 코프(Johnney Cope)에게 감사드린다. 타자 작업을 도와 준 수지 브레츠(Susie Bretz), 캐시 코프랜드(Kathy Copeland), 조안 다미코(Joan Damico), 테레사 다미코(Teresa Damico), 트레바 샌드퍼(Treva Sandefur), 베티 앤 윌키(Betty Ann Wilkie)에게, 그리고 일찍부터 물질적 지원을 해 주었던, 지금은 퇴임한 노스텍사스 대학의 로버트 툴루즈(Robert Toulouse) 부총장에게도 감사드린다.

중단 없이 연구를 계속할 수 있는 시간과 이를 위해 필요했던 여행들은 인문학을 위한 국가 기금의 번역 보조금과 미국 학회 회의의 원조, 그리고 노스텍사스 대학교의 연구 기금의 도움으로 마련되었다. 출판 지원은 미국 종교학회로부터 받았고, 시리즈 편집자인 칼 라쉬케(Carl Raschke)의 유능한 인도와 데니스 J. 뒤보아(Dennis J. DuBois)와 댈러스의 가족들, 그리고 댈러스 성녀 모니카 성당의 도널드 F. 짐머만(Donald F. Zimmerman) 신부의 친절한 후원이 있었다.

마지막으로, 우리가 오랜 기간 동안 연구하고 이 작업을 할 수 있었던 것은 우리의 부인과 가족의 인내롭고 한결같은 사랑과 지지가 있었기 때문이었다. 그들에게 이 책을 바친다.

앤서니 다미코(Anthony Damico)
마틴 D. 야페(Martin D. Yaffe)

해석 논문

Sicut etiam apud nos,
doctores, quod in summa capiunt,
multipliciter distinguunt,
providentes capacitati aliorum.

또한 우리 인간의 경우에도
박사들은 그들이 총괄적으로 파악하는 것을
잘게 세분함으로써
다른 이들의 능력을 배려한다.
『신학대전 I』, 106.1(정의채 옮김)

현대의 독자에게 토마스 아퀴나스의 『욥기의 자구적 주해』는 기이하게 보이고, 그래서 이러한 문학적 형식 이면에 어떤 지식적인 내용이 들어 있는지를 묻게 된다. 토마스의 주해는 성경의 욥기가 뜻하는 의미를 한 줄 한 줄 풀어 설명하는 형식을 취한다. 토마스가 대중 라틴말 성경으로 읽었던 본래의 이야기는, 흠 없이 경건한 한 사람에게 하느님께서 그의 신앙을 시험하기 위하여 고통을 허락하시는 이야기이다. 생각이 깊은 그리스도인 독자가 성경의 이야기를 다른 말로 풀어 쓰거나 해석하여 요약한 것보다 오히려 그 세세한 부분들을 설명하는 긴 주해를 읽어야 하는 이유는 무엇인가? 토마스 자신은 이 이야기의 세부들이 하느님의 섭리에 관한 그리스도교의 권위 있는 가르침, 곧 하느님께서는 겉으로는 그렇게 보이지 않는다 하더라도 인간의 삶 안에 일어나는 개별 사건들을 가장 잘 통치하시고 질서를 부여하신다는 가르침을 전달하는 것으로 이해한다. 그러나 토마스의 상세한 해석은 성경 본문에만 의지하는 것이 아니고 다른 그리스도교의 권위자들에 의지하는 것도 아니며, 어느 정도 시대에 맞지 않게 이교 철학자인 아리스토텔레스의 글들에 의지한다. 토마스의 명백한 아리스토텔레스주의는, 자신이 그리스도교를 대변한다는 그의 주장과 조화될 수 있는 것일까? 이러한 질문들은 짚고 넘어갈 필요가 있다. 그러지 않을 경우 토마스의 작품의 신빙성과 온전성이 의심스럽게 보이게 될 것이다.

토마스의 학설은 오랫동안 가톨릭 교회의 권위와 동일시되어 왔지만, 그의 작품은 종파적이거나 구시대적인 관심사로 머물지 않는다. 토마스는 신적 계시와 인간 이성 사이의 관계라는 더 광범위한 문제를 제기한다. 욥이 경건하게 고통을 받아들인 것과 이어서 욥이 신앙 없는 친구들과 그리고 하느님과 논쟁한 것에 관한 토마스의 분석은, 하느님의 섭리에 관한 그리스도교의 믿음이 이성적 내지 철학적인 이해에 비추어볼 때 타당한 것임을 입증하는 것을 목표로 한다. 그의 출발점은 한편으로는 구약과 신약, 그리고 교부들을 통하여 그리스도인들에게 전수된 계시, 그리고 특히 아리스토텔레스의 저술들로 예시되는 이성 사이에 존재하는 잠재적인 갈등이다.[1] 토마스는 그의 그리스도인 독자로 하여금, 그가 신앙으로 받아들이는 것과 자신의 훈련된 이성으로 발견할 수 있는 것을 대조하게 하려 했을 것이다. 토마스의 균형 잡힌 접근은 이미 주목할 만하다. 우리

---

1) 참조. Ernest Fortin, "St. Thomas Aquinas," in *History of Political Philosophy*, ed. Leo Strauss and Joseph Cropsey (2nd ed.; Chicago: Rand McNally, 1968), pp. 223-250; Etienne Gilson, *The Christian Philosophy of Thomas Aquinas,* trans. L.K. Shook (New York: Random House, 1956), pp. 7-15; Ralph McInerny, *St. Thomas Aquinas* (Boston: Twayne, 1977), pp. 30-74.

시대에는 계시와 이성이 불안정하게 공존하고 있어, 많은 경우 철저히 일방적인 이해에 이르게 된다. 한편으로는, 종교적 믿음이 "신은 죽었다!"와 같은 허무주의적인 구호들로 공공연히 비난을 받는 것을 볼 수 있다. 다른 한편으로는, 진화론과 같은 자연과학 이론들이 성경의 이야기에 대한 학문적으로 미숙한 이해에 의하여 공격을 받는다. 이와 대조적으로 토마스의 주해는, 신앙으로 받아들여질 수 있는 것은 이성으로 알 수 있는 것을 파괴하지 않으며 이들은 어떤 식으로 상보적이라는 묵시적인 원칙에 인도된다.[2]

그러나 아마도, 토마스 주해의 가치를 알아보는 데에 주로 장애가 되는 것은 그가 계시와 이성 사이에서 균형을 찾으려고 시도한다는 점이 아니라 그가 이성을 아리스토텔레스의 논거들과 동일시한다는 점이다. 토마스는 그가 자주 단순히 '그 철학자'라고 부르는[3] 아리스토텔레스를 따른다. 그의 주해는 아리스토텔레스의 고대 학문적-철학적 어휘들에서 나온 구분들로 가득하다. '가능태 / 현실태',[4] '불완전 / 완전',[5] '사멸적 / 불멸적'[6] 등의 단어들은 현대의 독자에게 기이하고 시대에 뒤떨어진 것으로 보인다. 문학적 차이점들을 제외하면, 토마스는 그 철학자의 결론이 그리스도교의 어떤 기본 특성과 대립될 경우가 아니라면 거의 아리스토텔레스에게서 벗어나지 않는 것으로 보인다. 심지어 아리스토텔레스가 그리스도교 신앙과 반대로 세상에는 시간적인 시작이 없고 영원하며,[7] 하느님은 어떤 개인을 돌보는 것이 아니라 종(species)만을 돌보시고,[8] 영혼의 불멸성은 기껏해야 철학자의 지

---

2) 참조. *Summa Theologiae* (이하 *ST*) I.1.8, *ad* 2; I.60.1, *ad* 3.
3) 예를 들어 3,25; 5,2; 7,9; 17,9.16; 38,20; 40,11 주해.
4) 예를 들어 4,18 주해.
5) 예를 들어 서문; 1,2; 7,17 주해.
6) 예를 들어 7,9; 38,7 주해.
7) Aristotle, *Physics* VII.1, 250b 11ff.; *Metaphysics* XII.6, 1071b6-10. 참조. Thomas, *Commentary on the Metaphysics, ad loc.*, sec. 2490, 또한 sec. 2598.
8) *Metaphysics* XII.9, 1074b 25ff. 참조. Thomas, *Commentary on the Metaphysics, ad loc.*, sec. 2614.

성이 사후에 비인격적으로 생존하는 것이라는[9] 의견을 보일 때에도, 토마스는 하느님의 창조,[10] 개별적인 섭리,[11] 육신 부활에[12] 관한 그리스도교의 입장을 옹호하기 위하여 일반적으로 아리스토텔레스의 전제들을 사용한다. 토마스가 그리스도교적인 정신으로 아리스토텔레스에 의존한 것이 주로 아리스토텔레스를 철학적으로 교정하기 위한 것이었다는 식의 설명은 사람을 솔깃하게 한다. 그렇다면 토마스는 그리스도교적 요소와 아리스토텔레스적 요소들을 종합하여 아리스토텔레스의 주장들에 들어 있는 본래의 '체계'와 경쟁하는 하나의 철학 '체계'를 제시한 셈이 될 것이다. 그러나, 그러한 '체계'를 찾기 시작한다면 독자는 멀리 가지 못할 것이다.[13] '체계'라는 것은 처음 토마스의 주의를 끌었던, 그리고 토마스의 주해에 반영되어 있는 아리스토텔레스주의를 거의 나타내지 못한다. 또한 그것은, 토마스의 독자가 왜 단순히 다른 곳에서 내려진 결론들의 증거 본문을 찾으려 하는 것이 아니라 직접 성경의 이야기에 관심을 기울여야 하는지를 설명해 주지도 못한다. 이 두 가지 점은 의미가 있으면서도 논쟁거리가 되는 점들이고, 좀 더 다룰 필요가 있다.

『욥기 주해』 안에 내재되어 있는 아리스토텔레스주의에 대해 말하자면, 그것을 '체계'라고 하는 것은 거기에서 고유한 의미의 철학적 요소를 흐리게 하는 셈이 된다. 아리스토텔레스 자신의 저술들은 그 자체가 완결된 '체계'로 나타나지 않으며, 오히려 철학에 대한 교훈적인 도입 내지 권고로 제시된다.[14] 이 말이 무엇을 뜻하

---

9) *De Anima* I.4, 408b 18-31; II.2, 413b 24-29; III.5 430a 17-25. 그러나 Thomas, *On the Unity of the Intellect against the Averroists* I.31 (trans. B. Zedler [Milwaukee: Marquette University Press, 1968], p.35)에서는, 이 단락들이 아리스토텔레스에게는 육신의 죽음 이후에 지성만이 생존한다는 것을 - 토마스에 의하면 그릇되게 - 시사하는 것으로 언급되었다(참조. I.36ff. [Zedler, pp. 37ff.]).
10) 예를 들어, *Summa Contra Gentiles* (이하 CG); II.16.2, 8; ST I.44.1.
11) 예를 들어, *CG* III.76.1f.; ST I.22.1, *ad* 1.
12) 예를 들어, *CG* IV.82.6.
13) 참조. Anton C. Pegis, "General Introduction," *Summa Contra Gentiles* (4 vols. in 5; Notre Dame and London: University of Notre Dame Press, 1975), vol. I, p. 19.
14) 이하의 내용에 관하여, 참조. Martin D. Jaffe, "Myth and 'Science' in Aristotle's Theology," *Man and World* 12 (1979), 70-88.

는지는 아리스토텔레스가 근대 이전의 다른 철학자들과 마찬가지로 철학을 '학문'과 동일시했다는 것을 상기함으로써 알아볼 수 있을 것이다. 여기서 '학문'은 갈릴레이, 뉴턴, 아인슈타인, 그리고 그 추종자들의 경험적 작업의 결과로 이해되지 않는다. 근대 이전의 '학문'은 더 사변적인 일이었고, 이 단어의 본래적이고 덜 정교화된 의미와 긴밀히 결부되어 있었다. 본래 '학문'은 엄밀한 의미의 지식을, 아리스토텔레스가 말하듯이 원인들에 대한 지식을 의미한다. 아리스토텔레스의 그리스어에서 episteme(학문)은 techne(기술) 내지 기술자가 이해한 생산물의 원인들에 대한 지식과 같은 것이었다. 아리스토텔레스는 이 원인들을 네 가지로 환원시켰다. (1) 생산물의 재료(예를 들어, 탁자의 나무); (2) 나중에는 동력인이라 불렸던, 재료가 (예를 들어 탁자의) 고유한 형태를 갖추기 시작하게 되는 '변화의 시작'; (3) 형태 그 자체, 더 자구적으로 말하면 그 생산물의 '모습' (그리스어로는 eidos 또는 idea라고 일컬어졌고, 라틴어에서는 species라고 번역되었다); (4) 생산물의 목적 또는 선익, 곧 그 작용이나 기능 (예를 들어 그 위에 꽃병을 세우거나, 그 위에서 글을 쓰는 등).[15] 생산물의 이 네 가지 원인을 아는 것이 그 생산물에 대해 '학문적'이 되는 것이다. 그러나 그러한 지식은 아직 온전한 의미에서의 '학문'은 아니다. 아리스토텔레스에게 '학문'은 인간이 만든 것이 아닌 사물들에 대해 마치 기술자가 자신의 생산물에 대해 그 원인들을 아는 것과 같이 그 원인들을 알 수 있도록 하기 위한 시도를 뜻했다. 아리스토텔레스의 모든 '기술적' 용어들은 의식적으로 이러한 과제를 위한 것이었다고 생각된다.

현대의 독자는 아리스토텔레스의 '학문적' 기획에서 분명한 한 가지 난점을 발견할 수도 있을 것이다. 그러나 아리스토텔레스 자신도 토마스를 포함한 중세의 아리스토텔레스 해석자들도 이 난점을 인정했다. 그것은 바로, 마치 기술자가 자신의 생산물에 대해 알듯이 철학자가 인간이 만든 것이 아닌 사물들에 대해 알 수 있다는 것을 보증해 줄 인간적인 보장이 없다는 것이다. 기술자는 그들이 만드는

---

15) 참조. *Physics* II.3, 194b 16ff.; *Metaphysics* V.2, 101a 24ff.

생산물들에 훨씬 더 가까이 접근한다. 철학자의 경우, 한편으로 알고자 하는 사물들은 그가 만든 것이 아니다. 그 사물들은 인공적인 것에 대비되는 의미에서 '자연적이다'.[16] 그는 지속적인 관찰과 추론(그리스어 theoria,[17] 라틴어 speculatio)을 통해서만 그 사물들을 알게 된다. 그래서 아리스토텔레스의 철학 내지 '학문'은 본질적으로 사변적인 (시험적이고 임시적이며 완결되지 않은) 기획으로 머문다. '철학'이라는 단어 자체가 아리스토텔레스에게나 토마스에게나 고정되었다고 여겨지는 결과들이 아니라 계속적인 '사랑' 또는 '지혜'의 추구를 의미했다.[18] 그러므로, 아리스토텔레스의 '체계'라는 표현에는 오해의 여지가 있다. 아리스토텔레스와 그의 철학 추종자들은, 그들이 이해하고자 하는 것에 대하여 어떠한 의심도 남지 않은 완전한 확실성에 도달한 것이 아닐 수 있음을 잘 의식하고 있었던 것으로 보인다. 오히려 그들의 글은 철학적 권고들로서 독자들에게 그들의 의심도 알려 주고자 했다.

그렇다면, 토마스의 작품을 읽는 독자가 특별히 성경의 욥 이야기에 관심을 기울여야 하는 이유는 무엇인가? 아마도 욥기에 대한 토마스의 그리스도교적–아리스토텔레스적 접근을 모세 마이모니데스(Moses Maimonides)의 유다교적–아리스토텔레스적인 접근과 비교함으로써 이 질문에 대답할 수 있을 것이다. 토마스는 마이모니데스의 『당황한 이들을 위한 안내서(Guide of the Perplexed)』를 알고 있었다.[19] 토마스는 마이모니데스를 따라, 욥의 고통 이야기가 하느님의 섭리에 관한 권위있는 설명이라고 해석한다. 그러나 그들의 해석은 서로 다르다. 마이모니데스는 이 이야

---

16) *Physics* II.1, 192b 8ff.
17) 참조. Clarence P. Bill, "Notes on the Greek *Theoros* and *Theoria*," *Transactions of the American Philological Association* 32 (1901), 196-204.
18) 참조. *Metaphysics* I.2, 982b 12ff.; Thomas, *Commentary on the Metaphysics, ad loc.*, sec. 53-56, with Augustine, *City of God* VIII.2.
19) 이하의 내용에 관하여 참조. Martin D. Yaffe, "Providence in Medieval Aristotelianism: Moses Maimonides and Thomas Aquinas on the Book of Job," *Hebrew Studies* 19-20 (1980-1981), 62-74. Corrigenda: p. 70, l. 39에서 "Testament, but it"을 "Testament. It"으로 수정; ll. 45-46은 "that Job arrived at his viewpoint by his own reasoning, i.e., as a philosopher"로 수정.

기를 좀 어리석기는 하지만 완전히 흠 없는 상상적 인물에 관한 비유라고 이해한다.[20] 반면 토마스는 이것을 좀 죄스러운 면이 있다 하더라도 완전히 지혜로운 역사적 인물에 대한 기술로 이해한다.[21] 마이모니데스와 토마스 사이의 이러한 대칭적 차이는, 서로 다른 철학 '체계'를 통해서는 거의 설명되지 않는다. 그런 식의 설명은, 자명한 증거를 거슬러, 마이모니데스도 토마스도 실제적으로 성경 본문을 읽은 것이 아니라 자신의 철학적 입장에 대한 논쟁적 근거를 찾으려 했을 뿐임을 시사하게 될 것이다. 또한 이러한 견해는, 중세의 아리스토텔레스적 성경 주해가 본문 자체에 대한 더 자구적인 이해를 향한 전환점이 되었다는[22] 정설에 반대되는 것이라는 단점을 지닌다. 그러므로 마이모니데스와 토마스의 차이는 교훈적인 측면에서, 그들이 아리스토텔레스 철학을 소개하려는 (또는 다시 소개하려는) 각각의 대상자들의 차이에서 더 잘 설명되는 것으로 보인다. 마이모니데스는 유다교 독자를 대상으로 하고, 토마스는 그리스도교 독자들을 대상으로 한다. 어느 경우이든 독자는 이전의 종교적 신념에 영향을 받았고 그것이 철학을 온전히 수용하거나 평가하는 데에 장벽이 된다. 마이모니데스와 토마스의 교훈적인 저술들이 극복하고자 했던 것은 바로 이 장벽이었다.

예를 들어 마이모니데스의 유다교 독자는 공식적으로 완전한 의로움을 탈무드의 법 규정들과 동일시한다. 따라서 그러한 독자는 의로움이 법률의 실천과 충돌할 수도 있다는 순전한 철학적 사변을 경멸한다. 이러한 경멸을 극복하기 위하여 마이모니데스는 그의 욥이 권위 있는 의인의 모범이기는 하지만 철학적인 의인의 모범은 아니라고 해석한다. 유다교 독자는 쉽게 자신을 그와 동일시할 수 있다. 욥

---

20) *Guide to the Perplexed* III.22-23 (trans. S. Pines [Chicago: University of Chicago Press, 1963], pp. 486-497).
21) 참조. 서문, *in princ*; 1,1 주해, 또한 38,1; 39,34-35; 42,1 주해도 보라.
22) Beryl Smalley, *The Study of the Bible in the Middle Ages* (Oxford: Basil Blackwell, 1952), pp. 292-308.

이 탈무드의 규정들을 완전히 실천한 사람이었지만 그가 부당하게 겪은 고통을 설명하기 위해서는 그 이상의 철학적 지혜가 필요했다는 것을 보여 줌으로써, 마이모니데스의 해석은 이 성경의 이야기로 하여금 그의 유다교 독자에게 유다교가 아리스토텔레스 철학으로 보완될 필요가 있는가 하는 질문을 일깨우게 한다. 그러지 않으면 그 질문은 잠든 채로 머물러 있었을 것이다.[23] 이와 유사하게, 토마스의 그리스도교 독자는 완전한 지혜를 스콜라 신학과 쉽게 동일시한다. 그러나 마이모니데스의 독자와 달리 토마스의 독자는 이미 철학적 권위가 반대자들에 맞서 승인된 가르침들을 옹호하는 학문적 논쟁에 적합한 것이라고 인정한다. 그래서 토마스는 그의 욥을, 그리스도교 독자가 인정할 수 있는 신학적 가르침을 주장하기 위하여 아리스토텔레스 철학을 사용하는 역사적인 한 인물로 해석한다. 이렇게 하여 토마스는, 욥이 아직 신학 교수라는 말이 존재하기 이전에 이미 완벽한 신학 교수였으나 단순히 친구들과 논쟁함으로써 그들을 자신의 고통에 대한 참된 이해로 이끌려고 함으로써 교만의 죄에 떨어졌다는 것을 보여 준다. 이러한 토마스의 해석을 통하여, 성경의 이야기는 독자에게 엄밀한 철학적 이성이 그리스도교적 배경 안에서 달성할 수 있는 것에는 한계가 있음을 상기시키게 된다.[24]

토마스의 작품에 대한 이러한 교훈적인 해석은, 토마스의 학문적 정교함과 종교적 스승으로서의 민감함을 새롭게 평가하도록 한다. 동료 그리스도인들을 위하여 욥기를 해석하면서 토마스는 위험한 양극단 사이의 온건한 길을 간다. 한쪽 극단은 일종의 신학적 유물론으로, 하느님께서 개별적인 신체적 쾌락 또는 고통으로 선한 이들은 갚아 주시고 악한 이들은 징벌하심으로써 섭리를 행하신다는 주장이다.[25] 토마스는 육신 부활의 교리를 통하여 이 극단을 거부한다. 이에 따르면, 완전하고 최종적인 갚음과 징벌은 현세의 개별적인 쾌락과 고통과는 별개로 내세에

---

23) 위의 각주 19, 20을 보라.
24) Yaffe, "Providence in Medieval Aristotelianism," 73f. 더 이상의 내용은 그 다음을 보라.
25) 예를 들어, 2,11; 4,7 등 주해.

서야 이루어지는 것이다.[26] 토마스가 거부하는 다른 극단은 소위 '아베로에스주의자들'의 순전한 아리스토텔레스주의인데, 그들은 묵시적으로 하느님의 창조, 개별적인 섭리, 육신 부활을 인정하지 않는 아리스토텔레스와 같은 방식으로 그리스도교를 해석하려 한다.[27] (1270년과 1277년에 그리스도교 아베로에스주의는 파리 주교에게 공식적으로 단죄를 받았다.)[28] 토마스 자신은, 그의 『욥기 주해』에서 하느님께서 당신의 섭리를 건축가가 자신이 지은 건물을 '학문적으로' (그러나 비인격적으로) 돌보는 것과 비교하시는 것을 말할 때에 아베로에스주의에 근접한다.[29] 그러나 토마스는, 욥의 개별 영혼이 내세에서 어떤 식으로 갚음을 받으리라는 '희망'으로 그의 아리스토텔레스적인 견해를 보완함으로써 순전한 아베로에스주의를 피한다.[30] 욥의 드라마에 대한 이와 같은 원 – 그리스도교적 해석의 맥락 안에서, 아베로에스주의와 유물론에 대한 토마스의 반박은 신학적으로 치밀할 뿐 아니라 수사학적으로도 설득력이 있다. 토마스는 서로 대비되는 신학적 견해들을 그리스도인 독자가 잘 알고 있다고 여기는 이 책의 여러 화자에게 돌린다. 그래서, 고통의 원인에 대하여 욥이 직접 논쟁한 세 친구 엘리파즈, 빌닷, 초파르는 신학적 유물론의 입장을 대변하고 욥 자신은 아베로에스주의에 가까운 입장을 취한다. 논쟁 과정에서, 세 친구의 유물론은 욥에 의해서만이 아니라 하느님에 의해서도 거부된다. 또한 하느님께서는 아베로에스주의에 가까운 그의 주장을 경박하고 피상적이라고 비난하신다.[31] 여기

---

26) 예를 들어, 2,11; 3,13.15.19; 7,1.8-9.18.21; 11,18; 13,15; 14,5-15; 19,23-29; 21,30-33; 24,19; 25,1; 26,6; 32,22; 37,24.

27) 22-24장 주해를 보라.

28) 참조. Fernand van Steenberghen, *Aristotle in the West*, trans. L. Johnston (Louvain: Nauwelaerts, 1955); *Thomas Aquinas and Radical Aristotelianism* (Washington, D.C.: Catholic University of America Press, 1980); James A. Weisheipl, *Friar Thomas d'Aquino* (Garden City, N.Y.; Doubleday, 1974), pp. 272-285.

29) 38,4-6 주해.

30) 예를 들어, 3,15; 19,23.27; 27,8 주해.

31) 39,33 이하 주해.

에서 토마스는 이 책의 논증 전체를 학문적 토론의 모델에 따라 분석한다.[32] 스콜라 신학의 학생인 토마스 독자는 이러한 토론 방식에 친숙하다. 실상 그는 토론에서 이긴 결론들을 종교적으로 권위 있는 것으로 받아들이는 데에 익숙해져 있다.

교훈적으로 읽었을 때 토마스의 『욥기 주해』는 20세기의 언어학자들에게도 흥미로운 도전을 제기한다. 욥기의 절정을 이루는 하느님 말씀은 욥의 드라마 전체를 해소시키는 것임이 분명하지만, 현재까지 그 말씀의 의미에 대해서는 학자들 사이에 의견 일치가 없는 듯이 보인다.[33] 여기에서 의견의 차이는 부분적으로는 편집층과 작성 연대를 포함한 그 책의 중요한 언어학적 세부 사항들을 확실하게 결정시을 수 없다는 데에서 생겨나는 것이기도 하다.[34] 그렇다 하더라도, 현대의 언어학자들은 주로 책의 세부들에 매달리면서 그 전체를 파악하지 못하고 있는 듯하다. 반면 토마스는 마이모니데스를 따라, 그 책이 의도한 독자들을 고려하여 책 전체를 해석함으로써 통일적인 전망에 이른다. 그렇다면 현대의 언어학은 여기에서도, 토마스 해석의 특징인 시대착오로부터(그 해석은 욥기를 13세기의 그리스도인 독자들과 연결 짓는다), 아니면 토마스 아퀴나스의 아리스토텔레스적인 방법을 적절히 변형하

---

32) 참조. 6,28 이하; 7,21; 10,21; 13,3.13.17-23; 15,3-13.17; 21,4; 22,2; 23,3.4-5; 33,12-13; 34,33; 38,1 이하 주해. Otto Bird, "How to Read an Article of the *Summa*," *New Scholasticism* 27 (1953), 129-159, 특히 136 이하; F.A. Blanche, "Le vocabulaire de l'argumentation et la structure de l'article dans les ouvrage de saint Thomas," *Revue des sciences philosophiques et théologiques* 14 (1925), 167-187, 특히 171 이하; M.-D. Chenu, *Introduction à l'étude de saint Thomas d'Aquin* (Montréal: Institut d'études médiévales, 1954; Paris: Vrin, 1954), pp. 73-81; P. Mandonnet, "Introduction" to *Questiones disputatae s. Thomae* (5 vols.; Paris: Lethielleux, 1925), vol. I, pp. 1-18; Josef Pieper, *Guide to Thomas Aquinas,* trans. Richard and Clara Winston (New York: Pantheon, 1962), pp. 75-88. 욥기를 토론(disputatio)으로 보는 토마스의 해석은 그의 스승 대 알베르투스의 해석을 뒤따른다. 참조. Albertus Magnus, *Commentarium in Job*, 1,1; 3,1; 4,1; 6,1; 11,2-3; 24,25; 32,1; 33,1; 37,24; 41,25 주해 (ed. Melchior Weiss [Freiburg im Breisgau: Herder 1904], pp. 17, 50-54, 68, 96-97, 155, 370, 378, 439-440, 503). 참조. Antonin-M. Jutras, "Le Commentarium in Job d'Albert le Grand et la *disputatio*," *Études et recherches* (Ottawa) 9 (1955), 9-20.

33) 참조. Matitiahu Tsevat, *The Meaning of the Book of Job and Other Biblical Studies* (New York: Ktav, 1980; Dallas: Institute for Jewish Studies, 1980), pp. 1-38.

34) 참조. Marvin H. Pope, *Job: A New Translation and Commentary*. The Anchor Bible (Garden City, N.Y.: Doubleday, 1973), pp. xxiii-xlii.

여 연대기적으로 더 정확한 전형적인 사두가이파 또는 유다인 독자에게 적용시킴으로써 도움을 받을 수 있지 않겠는가?

토마스의 책의 정확한 제목은 『욥기의 자구적 주해』이다. 스콜라학의 용어에서 '주해'(exposition)는 권위 있는 본문에 대하여 한 줄씩 해설하는 것을 말한다.[35] 자서전적인 증거에 따르면 토마스는 욥기, 요한 복음, 코린토 1서, 히브리서의 대중 라틴말 성경 본문에 대한 주해를 썼다. 그러나 이들 가운데 욥기 주해와 로마서 주해만이 온전하고, 그중에서도 후자는 본래 바오로 서간들에 대한 더 전체적인 주해의 일부로 계획했던 것이었다. 토마스가 쓴 것으로 되어 있는 그 밖의 성경 주해들, 곧 요한 복음, 코린토 1서, 히브리서의 나머지 부분과 (미완성) 마태오 복음 주해, 그리고 바오로 서간들에 대한 주해는 학생이나 서기의 강의 노트로만 남아 있고 완성된 주해라기보다 비공식적인 보고(reportatio)로 간주된다. 또한 주해는 본문의 행간이나 여백에 써넣는 주석(postilla, gloss)과도 구별된다. 이들은 단순히 대중 라틴말 성경 본문을 풀어 쓰는 것으로서, 일반적으로 성경의 참조 구절들을 적거나 (postilla의 경우) 교부들의 여러 해석들을 적어 두는 것이었다(gloss의 경우). 토마스는 시편, 이사야서, 예레미야서(미완), 애가의 난외 주석(postilla)을 썼고, 네 복음서에 대해 연속적인 주석(gloss)을 썼다. 또한 그는 위-아리스토텔레스의 『원인론(Liber de

---

35) 아래의 내용에 관하여, Weisheipl, *Friar Thomas d'Aquino*, pp. 116ff., 368ff. '주해'(*expositio*) 방법에 관해서 참조. Marie-Dominique Chenu, *Introduction à l'étude de saint Thomas d'Aquin* (Montréal: Institut d'études médiévales, 1954; Paris: Vrin, 1954), pp. 213-216; Harry V. Jaffa, *Thomism and Aristotelianism* (Chicago: University of Chicago Press, 1952), pp. 25-46; John P. Rowan, "Introduction" to Thomas Aquinas, *Commentary on the Metaphysics of Aristotle* (2 vols.; Chicago: Henry Regnery, 1961), vol. I, 특히 pp. viii-xi.

Causis)』을 포함한 아리스토텔레스의 논고 열세 편에 대한 철학적 주해,[36] 보에티우스(Boethius)의 『삼위일체론(*De Trinitate*)』과 『7일간의 창조(*De Hebdomadibus*)』, 그리고 디오니시우스(Dionysius)의 『신명론(*De Divinis Nominibus*)』에 대한 신학적 주해를 썼다. 마지막 세 주해를 제외하고, 성경에 관한 것이 아닌 토마스의 주해들은 교육과정 밖에서 이루어진 것이라고 말할 수 있다. 이들은 성경이나 교부들에 대한 그의 정규 강의들에서 직접적으로 나온 것이 아니기 때문이다. 실상, 완성된 토마스의 주해들 가운데 『욥기의 자구적 주해』만큼 신학 교수로서의 교육 활동과 밀접하게 연관된 책은 없다.[37]

도마스는 그의 욥기 주해를 '사구석'이라 부른다. 이 단어는, 자구적이라는 단어를 종교적 근본주의나 현대 언어학과 연결 짓곤 하는 현대의 독자에게 오해를 불러일으킨다. 토마스는 성경의 궁극적 저자가 하느님이시라고 믿지만,[38] 이러한 믿음 때문에 근본주의자가 되지는 않았다. 또한, 그의 주해가 자주 언어학적인 세부 사항들을 다루고 있기는 하지만 그가 엄밀한 현대적 의미에서 언어학자였던 것은 아니다. 『신학대전』에서 토마스는 그가 성경의 '자구적' 의미를 어떻게 이해하는지를 설명한다.[39] 그는 '자구적' 의미와 '영적' 의미를 구별한다. '자구적' 의미는 역사적 의미라고도 일컬어진다. 그것은 인간 저자가 의도한 본문의 의미이다. 반면 '영

---

36) 아리스토텔레스의 친저 가운데 토마스는 『분석론 후서(*Posterior Analytics*)』, 『자연학(*Physics*)』, 『영혼론(*On the Soul*)』, 『감각과 감각물에 대하여(*On Sense and Sensibilia*)』, 『기억에 대하여(*On Memory*)』, 『형이상학』(*Metaphysics*), 『니코마코스 윤리학(*Nicomachean Ethics*)』의 주해를 완성했다. 다른 이들이 완성한 것은 『명제론(*On Interpretation*)』, 『천체에 대하여(*On the Heavens*)』, *On*『생성과 소멸에 대하여』(*Generation and Corruption*), 『기상학(*Meteorology*)』, 『정치학(*Politics*)』 수해이다.

37) 엘리파즈, 빌닷, 초파르와 욥의 '논쟁'에 대한 예비적 설명을 보라(욥 4,28).

38) 참조. 서문, *in princ*. 또한 아래 각주 39도 보라.

39) *ST* I.1.10. 참조. *Scriptum super Libros Sententiarum,* Prologue, I.5; *Quaestiones de Quodlibet* VII.6.14-16; *Commentary on St. Paul's Epistle to the Galatians,* on 4,24a (trans. F.R. Larcher [Albany, N.Y.: Magi Books, 1966]), p. 137f. 또한 Henri de Lubac, *Éxégèse médiévale* (2 vols. in 4; Paris: Aubier, 1959-1964), vol. 2, pp. 272-302; Hugh Pope, "St. Thomas as an Interpreter of the Holy Scripture," in *St. Thomas Aquinas,* [ed. Alfred Whitacre et al.] (Oxford: Basil Blackwell, 1925),

적' 의미는, 그 자구적 의미에서부터 나오는 것이다. 자구적 의미가 뜻하는 것이, 해당 특정 본문과 별개의 어떤 것을 가리키게 될 때 영적 의미가 생긴다. 토마스는 세 가지 서로 다른 영적 의미들을 제시한다. 첫째로, '우의적' 의미는 구약 성경에 기술된 사물들이 그 본래의 문맥과 무관하게 신약의 사물들을 예표할 때 이루어진다. 둘째로, '도덕적' 의미는 명시적으로 그리스도께 귀속되거나 연관된 신약 성경의 사물들이 우리 자신이 해야 할 것을 나타내는 표지가 될 때 나타난다. 마지막으로, '신비적' 의미는 구약이나 신약에 기술된 사물들이 그 자체로 하느님의 영원한 영광을 나타내는 암시적인 표지가 될 때에 생겨난다. 그러나 이 세 가지 영적 의미들은 자구적 의미에 의존하고 자구적 의미를 전제하므로, 자구적 의미는 토마스에게 성경의 올바른 이해와 사용을 위한 출발점이 되었다.

그러나, 종교적 근본주의자들과 달리 토마스는 성경이 단순하게 영감을 받은 독자들에게 적절히 그 자구적 의미를 드러내 보여 준다는 전제에서 출발하지는 않는다. 지성적 노력도 요구되는 것이다. 예를 들어 구약 성경의 책들은 본래 히브리어로 작성되었고, 어떤 히브리어 단어들은 모호하거나 비유적이며 때로는 설명 없이 그대로 번역하는 것이 불가능하다. 그래서 욥기에서 '레비아탄'은 큰 물고기로 이해되기도 하고 고대의 파충류로 이해되기도 한다. 토마스는 후자의 의미가 비유적으로 악마를 나타내기도 한다고 덧붙인다.[40] 때로는 같은 단어에 대하여, 어떤 의미를 의도한 것인지를 성경 안에서 그 단어의 용례들을 비교함으로써 문맥에 따라 규정할 수도 있다. 그러나 많은 경우에는 단순한 상호 대조로는 충분치 못하다. 수사법들도 고려해야 한다. 예를 들어 욥기는 "하루는" 천사들이 하느님 앞에 모여 왔다고 말하여, 하느님과 천사들이 시간적 우유에 종속되는 육체를 지녔다는 잘

---

pp. 111-144, 특히 131ff.; Maximino Arias Reyero, *Thomas von Aquin als Exeget* (Einsiedeln: Johannes Verlag, 1971), pp. 31 150; James A. Weisheipl, "Introduction," *Commentary on the Gospel of St. John, Part 1*, trans. James A. Weisheipl and F.R. Larcher (Albany, N.Y.: Magi Books, 1966), p. 10f.
40) 3,8 주해. 참조. 40,10.23; 41,16 주해.

못된 생각을 불러일으킬 수 있다. 그러나 토마스는, 하느님과 천사들은 영적인 존재들로서 물질적이거나 시간적인 우유에서 벗어나 있다고 이해한다. 이에 따라 그는 독자에게, 성경은 영적인 사물들을 물질적인 단어들로 말하며 영원한 사물들에 대해 시간적인 단어들로 말한다는 것을 밝혀 준다.[41] 토마스는 그의 『신학대전』에서, 이러한 관습이 있었던 것은 성경의 본래 수신인들인 고대 히브리인들이 지성적으로 세련되지 않았기 때문이라고 설명한다. 그래서 창세기의 창조 이야기는 질료 일반에 대한 창조가 아니라 땅, 물 등의 창조를 말한다. 모세의 직접적인 수신인들에게는 감각적인 사물들이 더 친숙하고 명백했기 때문이다.[42] 마찬가지로 토마스는 그의 『욥기의 자구적 주해』에서 욥에게 고통을 허락하도록 사탄이 하느님을 "움직였다"는 것을 비유적 표현으로 해석하여 하느님께서 욥의 완전한 덕을 입증하고자 하신 영원한 지향을 가리키는 것으로 풀이하면서, 성경은 "인간적 방식으로" 말한다고 덧붙인다.[43] 토마스의 독자는, 성경의 "인간적 방식"이 말한 것 그대로만이 아니라 성경이 의도한 인간 수신인들이 그것을 어떻게 해석해야 하는지도 포함한다는 것을 알아들어야 한다.

그러나, 성경 본문의 자구적 의미를 그 본문이 의도한 수신인들의 이해와 동일시하는 현대의 언어학자들과 달리, 토마스는 욥기를 문학적 구성물로 보지 않는다. 현대의 언어학자들은 일반적으로 본문이 여러 시대에 서로 다른 사람들이 여러 시대의 뒤를 이은 수신인들을 위하여 작성하거나 편집한 자료들의 편집물이라고 본다.[44] 그래서 그들은 일련의 이전 형태들을 거치면서 이루어진 본문의 명백한 성장 내지 변형을 입증하고자 한다.[45] 이와 대조적으로 토마스는 본문의 표면에

---

41) 1,6-7; 40,10 주해. 참조. ST I.51.3, *ad* 1.
42) *ST* I.66.1, *ad* 1,3; I.68.3; I.69.2, *ad* 3; I.70.2; I.71.1, *ad* 3; I.74.1, *ad* 2.
43) 2,3 주해. 참조. 26,7 주해.
44) 참조. Marvin Pope, *loc. cit.*
45) 참조. Tsevat, p. 1, n. 2.

가까이 머문다. 그는 이 책을 완성된 하나의 전체로 본다.[46] 따라서 그는, 최종 수신인들을 위하여 의도된 대로의 전수받은 형태만을 분석한다. 그의 주해는 이 책을 분명한 부분들로 구분한다.

1. 도입부 '역사.'[47] 욥을 덕스럽고 부유한 인물로 제시하고, 하느님께서 사탄에게 그에게 고통을 가하도록 허락하시는 것을 보여 준다(1–2장).
2. 욥의 탄원. 그가 태어난 날을 '저주'한다(3장).
3. 고발하는 담론들의 세 단락. 그 각각에서 욥의 세 친구들인 엘리파즈, 빌닷, 초파르가 말을 하며 그 각각에 대해 욥이 응답한다. 친구들은 욥이 현재 고통을 겪는 것이 과거의 죄 때문이라고 믿는다. 초파르는 세 번째 담론을 말하지 않는다(4–28장).
4. 욥의 탄원. 과거의 무죄함과 현재의 고통을 비교한다(29–31장).
5. 욥의 네 번째 친구인 엘리후의 담론. 그 역시 욥이 현재 고통을 겪는 것이 과거의 죄 때문이라고 본다(32–36장).
6. 하느님의 말씀. 욥과 그 친구들의 부적절한 믿음을 꾸짖는다. 참회하는 욥의 응답들이 함께 들어 있다(37장–42,6).
7. 끝맺는 이야기. 하느님께서 욥의 재산을 두 배로 회복시켜 주심을 서술한다(42,7–17).

그러나 토마스에게 이 책의 여러 부분을 통일시켜 주는 것은 이들이 어떤 기간 안에 일어난 것으로 제시되어 있기 때문이 아니라, 전체로 보았을 때 그 각 부분들이 의도된 수신인들에게 어느 정도 일관된 메시지를 전달한다는 생각이다. 이 점에서 토마스는 현대 언어학의 절차들보다는 아리스토텔레스의 '학문' 절차를 따른다. 기술자가 생산물을 바라보듯이 완성된 본문을 바라보면서, 토마스는 그 의도

---

46) 참조. 서문, *in princ.*; 1,1 주해.
47) 1,1 주해.

된 목적 또는 기능에 따라 이 책의 재료, 형태, 기원을 이해한다. 토마스에 따르면 그 기능은 "인간사가 하느님의 섭리로 통치됨을 보여 주는 데에 있다."[48] 토마스가 더 늦은 시기의 그리스도교 신학이나 이교적인 그리스 철학의 개념들을 사용하는 것은 시대착오적으로 보일 수 있지만, 그 점도 이로써 설명될 수 있다. 예를 들어, 욥을 그리스도와 비교하고[49] 구약 성경의 인용들을 신약 성경의 인용이나 교부들과 철학자들의 가르침과 비교할 때에 토마스의 의도는, 그 원천들 사이의 차이를 없애버리려는 것이 아니라 전수받은 본문의 의미를 그리스도교 독자가 더 친숙하게 느낄 수 있도록 그가 접근할 수 있는 권위들의 도움을 받아 설명하려는 것이다. 물론 앞서 말했듯이 토마스가 엄밀하게 철학적인 권위들에 의지하는 것은 신학과 철학이 서로 대립되는 것이 아니라 상보적이라는 그의 묵시적인 전제 없이는 거의 정당화될 수 없다. 또한 곧 보게 될 것처럼 그가 본래 유다교적인 원천의 자구적 의미를 그리스도교적인 배경에 적용시키는 것 역시, 그리스도교의 신약이 구약과 반대되는 것이 아니라 구약을 심화하고 고양한다는 그와 유사한 전제 없이는 정당화되지 않을 것이다.

그러므로 욥기에 대한 토마스의 '자구적' 접근은 다음과 같이 설명할 수 있다. 그는 각 절의 주제와 내용을 대중 라틴말 성경의 본문에 나오는 순서대로 풀이한다. 주해 과정에서, 그는 그가 읽는 본문의 주제와 내용을 가장 작은 부분들로 나눈다. 앞서 이미 제시한 이야기의 전체적이고 분명한 단락들은 각 화자의 담론들로 구분되고, 이들은 다시 각 담론의 일반적 주제와 내용에 따라 구분되며, 다시 그 각 부분이 나뉘는 식으로 계속되어 가장 작은 단위에까지 내려간다. 이렇게 하여, 의미를 지닌 절이나 구, 단어는 전체의 단순한 구성 요소가 된다. 그리고 나서, 토마스의 주해는 전체 본문이 재구성될 때까지 각 단위를 그 앞의 단위와 연결한

---

48) 서문, *in princ.*
49) 1,8 주해; 참조. 3,1 주해.

다. 단위들 자체에서 연결이 명백하게 드러나지 않을 때에만 토마스는 성경과 교부들과 철학의 다른 권위들에 의존한다. 그러나 이러한 권위들은 본문 전체를 재구하는 일에서 엄밀하게 종속적인 역할에 머문다.

이렇게 볼 때 토마스의 '자구적' 접근은 건축가의 접근과 유사하다. 완성된 주해는, 땅에 기초한 탄탄한 구조로 하늘을 가리키는 고딕 성당과 비교할 수 있다.[50] 그러나 여기서 가장 놀라운 것은 그 규모가 아니라 예술성이다. 그 뛰어난 외관은, 건축가의 계획에 따라 주의깊게 맞추어지고 결합된 단위들로 구성된다. 토마스의 주해의 경우 그 계획은 일반적인 예술 작품이 아니라, 토마스가 해석한 욥기의 구조에 의해 규정된다. 토마스의 절차와 건축가의 절차를 비교하는 것은, 앞에서 보게 될 것처럼 어떤 부분에서는 부족하지만 다른 면에서는 적절하다. 첫째로 그것은, 기술자가 그의 생산물을 설명하는 것과 같은 아리스토텔레스의 방식으로 본문의 모든 세부를 설명하는 토마스의 '학문적' 주석을 강조한다. 더 나아가서 이 비교는 어떻게 성경 본문 자체가 아리스토텔레스 철학을 통하여 얻을 수 있는 통찰들을 따라 하느님의 섭리를 '학문적으로' 설명하기 위한 청사진 역할을 하는지를 보여 준다. 마지막으로, 건축과 같은 기술이 성경 본문을 이해하기 위한 토마스의 묵시적인 모델이라면 토마스는 그의 독자에게 그의 작품을 평가하기 위한 독립적인 '학문적' 수단을 제공한 것으로 보인다. 이에 대해서는 『욥기 주해』를 읽어 가면서 더 알아볼 수 있을 것이다.

---

50) 참조. Henry Adams, *Mont Saint-Michel and Chartres* (Garden City, N.Y.: Doubleday Anchor Books, 1959), pp. 388ff.; Jaffa, p. 48f.

토마스의 주해 서문

『욥기 주해』에 대한 토마스의 서문은 그리스도인 독자에게 욥기의 신학적 의도를 소개한다. 독자는 반대 의견들을 거슬러, 어떻게 하느님의 섭리가 인간사를 지배하는가를 배워야 한다. 그러나 '섭리'는 성경 본문에 명시적으로 나타나는 단어가 아니다. 그래서 토마스는 이를 설명하기 위하여 다른 것을, 곧 아리스토텔레스의 철학 저술들을 사용한다. 도입을 위한 그의 논의는 암묵적으로 아리스토텔레스의 『형이상학(Metaphysics)』 제1권에 의존한다. 그 책은 아리스토텔레스 이전의 철학자들을 배경으로 '섭리'라는 주제를 다룬다고 말할 수 있을 것이다.[51] 그러나 박식한 독자는, 여기서 아리스토텔레스 철학이 과연 전수받은 성경보다 더 도움이 되는 것인지 의문을 품을 수 있다. 아리스토텔레스의 글은 그리스도교적 의미의 섭리에 대한 논의에 거의 사용되지 않는다. '섭리'는 성서적인 용어가 아닌 것이나 마찬가지로 아리스토텔레스의 용어도 아니다.[52] 그러나, 토마스가 아리스토텔레스를 사용한 것에 대한 이러한 의문은 독자에게 토마스의 포괄적인 신학적 지향을 일깨워주는 역할을 한다. 토마스의 『욥기 주해』는 섭리에 관한 철학적 사변의 약점과 적합성 모두를 보여 주고자 하는 것이다. 그래서 그의 서문은, 『욥기 주해』 전체와 마찬가지로, 그리스도교 신학의 견해를 설명하는 데에 아리스토텔레스를 사용하는 것을 의도적으로 제한한다. 토마스의 독자는 이에 대하여 사전에 동의해야 할 것이다.

토마스는 다음과 같은 아리스토텔레스의 비유를 인용하며 서문을 시작한다. 진리에 대한 앎에 도달하는 것은 자연적으로 생성되는 사물들의 느린 성장과 같다.

---

51) *Metaphysics* I.3, 983b 7ff.
52) 토마스는 아리스토텔레스가 우연성을 부인하려는 이들을 어떻게 반박하는지를 설명하며 '섭리'라는 단어를 사용한다(*Metaphysics* VI.3, 1027a 29-b 16). 그러나 그는 이 용어를 아리스토텔레스의 것으로 돌리지 않도록 주의한다. *Commentary on the Metaphysics, ad loc.*, sec. 1203f.와 1216ff.

두 과정 모두는 미소한 시작에서부터 "한 걸음씩" 이루어진다.[53] 그 때문에 자연에 대한 지식이 불완전하다는 사실은, 어떻게 해서 많은 이가 하느님의 섭리에 대해서 오류를 범하게 되는지를 설명해 준다. 이러한 연유로 여러 가지 사변들이 생겨났다. 한편으로, 어떤 이들은 섭리를 완전히 부인하고 모든 것을 운명과 우연에 돌렸다. 이러한 입장은 데모크리투스(Democritus)와 엠페도클레스(Empedocles) 등 초기 자연철학자들과 그 후계자들에 의하여 굳건해지기도 했다. 그들은 자연 사물들의 물질적 원인만을 설명하려 했으므로, 대부분의 것들이 운명과 우연에 귀속시켰다. 반면 더 늦은 시기의 철학자들은 천체와 별들과 다른 '자연의 결과들'의 확실한 과정들을 좀 더 발견하게 되었다.[54] 토마스는 자연 사물들이 "탁월한 지성에 의하여 규정되고 통치된다."는 그들의 관찰과 추론이 더 우월하다고 본다.[55]

그러나 토마스는 섭리 문제가 순전히 이론적인 것이라는 인상을 남기지 않는다. 이어지는 숙고는 그 실천적인 부분을 보여 준다. 대부분의 사람이 명백한 자연 질서 안에서 우연이 아니라 섭리가 움직이고 있다고 믿게 된 다음에도, 섭리가 인간사 안에서도 마찬가지로 작용하는가 하는 새로운 의문이 제기되는 것이다. 여기에서는 도식들을 알아보기가 더 어렵다. 다시 말하면, 선한 이들에게는 언제나 좋은 일들이 생기고 악한 이들에게는 언제나 나쁜 일이 생기지도 않고, 선한 이들에게는 언제나 나쁜 일들이 생기고 악한 이들에게는 언제나 좋은 일이 생기지도 않는다. 좋은 일도 나쁜 일도, 선한 이들에게나 악한 이들에게나 상관없이 일어나는 것으로 보인다. 이러한 외관상의 무차별성 때문에 인간의 마음은, 섭리가 "인간의 섭리와 계획"을 의미하는 것이 아니라면 인간사는 섭리가 아닌 우연에 의해 다스려진다는 의견을 갖게 된다.[56] 혹은, 인간사에서 일어나는 일들을 인간의 원의와는

---

53) 서문, *in princ.*
54) *Ibid.* 아래 각주 286도 보라.
55) *Ibid.*
56) *Ibid.* 참조. 18,5-6 주해.

무관하게 천상적 운명에 의해 결정된다고 여기게 된다. 둘 중 어떤 경우이든, 인간사에서 하느님의 섭리를 부인하는 것은 인간에게 지극히 해롭다. 그것은 하느님을 공경하거나 두려워할 근거를 남기지 않으며, 그래서 인간으로 하여금 악을 삼가게 하는 고삐와 선을 행하게 하는 매력을 잃어버리게 만든다. 그 명백한 실천적 결과는 누구나 알아볼 수 있으니, 덕에 대한 커다란 게으름과 악습으로 기우는 강한 성향이다.[57]

   토마스에 따르면, 이러한 실천적 – 철학적 곤경이 욥기의 신학적 메시지를 위한 계기가 된다. 욥기 저자의 이름과 시대는 분명하게 단정지을 수 없다. 토마스는 그가 "다른 이들을 가르치기 위하여 성령 안에서 지혜를 추구한 이들" 가운데 한 사람이라고 본다.[58] 그들의 첫째가는 주요 관심사는 "지혜를 추구하는" 것이었다. 그러나 이것은 지혜 그 자체를 위해서가 아니라 섭리에 관한 앞에서 언급한 해로운 견해들을 인간의 마음에서 근절하기 위해서였다. 분명 이들은, 정신에도 호소하기는 했지만 정신보다 마음에 호소했다. 이를 위하여, 율법과 예언서들이 주어진 후에 성문서 또는 "사람들을 가르치기 위하여 성령 안에서" 기록된 성경의 여러 책들이 작성되었다.[59] 그 가운데 첫 번째가 욥기인데, "이 책의 의도는 설득력 있는 논거들을 통하여 인간사가 하느님의 섭리로 통치됨을 보여 주는 데에 있다."[60] 토마스는 섭리를 증명하는 더 철학적인 접근이 욥기에서처럼 "설득력 있는" 근거들에 만족하지 않고 필연적인 논거들을 찾으려고 했는지는 말하지 않는다. 그러나 그는, 철학이 그러한 논거들을 댈 수 없었기 때문에 욥기와 같은 책이 첫 자리에 놓이게 된 것임을 암시한다.

   그러므로 만일 토마스의 독자가 욥기가 철학을 바로잡는 성경의 책이라고 여긴

---

57) *Ibid.*
58) *Ibid.*
59) *Ibid.*
60) *Ibid.*

다면 그는 크게 잘못 생각하는 것이 아니다. 저자는 철학으로부터 자연 사물들은 하느님의 섭리에 의해 다스려진다는 전제를 취하는 것으로 시작한다. 이를 기초로 그는 섭리를 인간사에까지 확대 적용시키는 것을 반대하는 주된 철학적 논거로 여겨지는 의인의 고통 문제를 다룬다. 엄밀히 철학적인 관점에서 보면, 의인의 고통은 고려할 수 있는 유일한 주제는 아니다. 악한 이들에게 부당하게 좋은 일들이 일어나는 것으로 보이기도 한다. 그러나, 토마스가 설명하듯이 후자는 처음 보기에만 부당하고 섭리에 반대되는 것으로 여겨진다. 그것은 하느님의 자비로 설명될 수 있기 때문이다. 그러나 선한 이들에게 이유 없이 나쁜 일들이 일어난다는 사실은 그렇게 정당화될 수 없다. 이것은 "섭리의 기반을 완전히 무너뜨리는 듯하다."[61] 성경 저자가 바로 섭리에 관한 욥의 논쟁을 시작하게 하지 않고 그 논쟁 앞에 욥의 고통이 어떻게 생겨났는지를 묘사하는 개인적인 '역사'를 이야기한 것은 아마도 독자를 절망적으로 혼란시키지 않기 위해서였을 것이다. 어쨌든, 욥기는 "모든 덕행에서 완전한 욥이라는 인물의 많고도 심한 고통"의 이야기이다.[62]

그러나 토마스는 욥 이야기가 단순한 비유라고 여기지 않도록 경고한다. 그의 그리스도교 독자들은 학문적 논쟁을 제기하기 위한 비유들과 친숙할 수 있다. 이러한 비유들은 중세 대학에서 신학을 가르치기 위한 방법으로 사용되었다.[63] 욥기가 다른 책들과 마찬가지로 읽고 토론하기 위한 의도로 만들어진 것이라면 그것이 비유인지 아닌지 여부는 아무 차이를 가져오지 않을 것이다. 그러나 욥기는 순전히 학문적으로 다루어질 것이 아니라 거룩한 성경의 권위에 비추어 읽어야 한다. 따라서, 하느님의 이름으로 노아, 다니엘, 욥을 의인의 본보기로 들고 있는 에제 14,14이나 욥의 인내를 하느님의 축복으로 이야기하는 야고 5,11 같은 본문들

---

61) *Ibid.*
62) *Ibid.*
63) *Ibid.*

을 고려해야 한다. 두 본문 모두, 욥이 "자연적인 한 사람"이었음을 시사한다.[64] 이와 달리 생각하는 것은 앞서 언급한 성경의 권위를 인정하지 않는 셈이 될 것이다. 성경의 권위에 대한 믿음이 없다면 토마스의 독자는 욥기가 전하는 신학적 메시지를 타당하다고 받아들이기 어려우리라는 것은 말할 필요도 없다.

이 책의 신학적 필요성과 욥의 역사성을 입증한 다음, 토마스는 그의 주해의 의도를 요약하며 서문을 끝맺는다. 그는 욥이 어디 살았으며 그의 부모가 누구였고 그 책의 인간 저자가 욥이었는지 아니면 다른 사람이었는지 등의 세부 사항들을 논하려는 것이 아니다. 그레고리우스 교황이 이미 치밀하고 분명하게 제시했던 이 책의 신비들을 더 설명하려는 것도 아니다.[65] 그의 의도는 "우리가 할 수 있는 한에서, 하느님의 도우심에 의탁하면서, '복된 욥'이라는 제목의 이 책을 자구적 의미에 따라 해설하는 것이다."[66] 이제 우리는 그 주해를 살펴볼 것이다.

욥의 고통의 '역사'(욥 1-2장)

욥의 고통의 '역사'는 성경 본문 1장과 2장에 서술되어 있다. 토마스는 이 역사가 뒤따르는 섭리에 관한 "토론 전체를 위한 기초로"[67] 그 앞에 놓였다고 지적하는 것으로 그의 주해를 시작한다. 토마스가 '기초'라는 단어를 사용하는 것은 우리가 앞에서 그의 주해를 건축물과 비교했던 것을 확인해 준다. 이 장들에 대한 그의 설명은 다음의 구조를 따른다.

---

64) *Ibid.*
65) Gregory the Great, *Morals on the Book of Job,* trans. anonymous, Library of the Fathers, vols. 18, 21, 23, 31 (4 vols; Oxford: John Henry Parker, 1844-1850); Migne, *Patrologia Latina* [이하 *PL*], vols. 75-76.
66) 서문.
67) 1,1 주해.

1. 욥이라는 인물에 대한 도입적 서술(1,1-5)

2. 욥의 고통의 원인(1,6-12ㄱ)

3. 욥의 고통의 시작(1,12ㄴ-19)

4. 욥의 인내(1,20-21)

5. 욥의 무죄함(1,22)

6. 욥의 항구함(2,1-13)

그러나 토마스의 독자는 미리 이러한 구조를 알지 못한다. 각 부분에 대한 토마스의 주해를 따라 가면서 이것을 알게 될 뿐이다. 그런 점에서는, 앞에서 토마스의 방법을 건축가와 비교했던 것은 맞아 들어가지 않는다. 토마스의 주해 전체의 구조는 처음부터 알 수 있는 것이 아니라 마지막에야 드러나는 것이기 때문이다. 토마스가 의도한 독자에게, 그는 오히려 집을 짓는 사람처럼 보인다. 독자는 단계적으로만 그 구조를 볼 수 있기 때문이다. 따라서 우리의 분석은, 토마스의 주해의 완성된 구조를 보여줄 뿐 아니라 그 구조가 각 단계에서 독자에게 어떻게 전달되는가도 보여 주어야 할 것이다.

그 구조는, 토마스가 욥에 관한 도입적인 서술을 이야기하는 데에서 나타나기 시작한다(1,1-5). 토마스는 성경 본문의 첫 단어들인 "우츠라는 땅에 한 남자가 있었는데 그의 이름은 욥이었다."(1,1ㄱ)라는 구절을 따로 떼어 낸다. 그는 중요한 세 가지 사항을 지적한다. 첫째로, 이 인물은 남성으로 묘사된다. 토마스는, 이 점이 언급된 것이 남성이 어려움을 견디는 데 더 강건하기 때문이라고 덧붙인다. 둘째로, 그의 고향인 우츠는 동방에 있다. 셋째로, 그의 이름은 욥이다. 고향과 그의 이름은, 이 이야기를 비유가 아닌 실제 사건으로 해석해야 함을 암시한다. 독자는, 토마스가 이 세 부분을 각각 두 가지 관점에서 논의한다는 점을 놓칠 수 없다. 첫째로는 그 의미를 개별적인 단위로서 고찰하고, 그 다음으로는 더 넓은 문맥 안에서 그 기능을 보는 것이다. 분명 독자는, 본문의 '자구적' 의미 전체를 파악하기 위해서는 개별적인 의미와 기능적인 의미 모두가 요구된다는 점을 추론할 수 있다.

이러한 추론은 토마스가 본문 밖의 것을 언급함으로써 '자구적' 의미를 규정하는 데에서도 적용된다. 예를 들어, 첫 절의 나머지 부분인 "그 사람은 단순하고 올곧으며 하느님을 경외하고 악을 멀리하는 이였다."(1,1ㄴ)에서 토마스는 처음으로 본문으로부터 벗어난다. 그는 본문이 여기에서 욥의 무죄함을 보여 주는 기능을 한다는 점을 고찰한다. 이어서 토마스가 설명하는 바와 같이, 욥은 이웃을 거슬러서 죄를 짓지 않았고("단순하고 올곧은" 사람이었으므로), 하느님을 거슬러서나("하느님을 경외하고") 자신을 거슬러("악을 멀리하는 이") 죄를 짓지 않았다. 이렇게 세 부분으로 된 분석을 지탱하기 위하여 토마스는 먼저 본문에서 벗어나 인간이 죄를 짓는 데에는 세 가지 방법만이 있다고 규정한다. 그는, "다음을 알아야 한다."는 말로 이러한 일탈을 시작한다. 이 표현은 그의 주해에서, 다른 곳에서 더 온전하게 전개된 철학적 또는 신학적 학설들을 도입하기 위하여 사용된다.[68] (이와 대조적으로, "주목해야 한다."는 표현은 일반적으로 본문의 특정 부분을 강조할 때 사용하고[69] "고려해야 한다."는 일반적으로 독립적인 고찰들을 제시하기 위하여 사용한다.)[70] 여기서 토마스의 일탈은, 죄를 짓는 세 가지 방식 각각의 예를 들기까지 한다. 이웃을 거스르는 죄의 예에는 살인, 간음, 도둑질이 포함된다. 하느님을 거스르는 죄에는 거짓 맹세, 독성, 신성 모독이 포함된다. 마지막으로, 자기 자신을 거스르는 죄의 유일한 예는 1코린 6,18을 인용함으로써 제시된다. "불륜을 저지르는 자는 자기 몸에 죄를 짓는 것입니다." 본문에서 벗어나는 경우가 여기에서 끝나는 것도 아니다. 이웃에 대한 욥의 무죄함이 "단순하고 올곧으며"라는 이중적 표현으로 표시된 이유를 보이기 위하여 토마스는, 이웃을 거슬러서 죄

---

68) 참조. 1,1.6.7-8.12.20; 3,1.2.4.11.14-15.19.26*bis*(예외적인 경우 포함); 4,18; 5,8.9.17.20; 7,2.17.20; 9,4.8.30.35; 21,16; 40.5 주해.
69) 참조. 1,5.8(명백한 예외).11.20; 2,2; 3,25; 5,1; 7,12.21; 8,3.4; 14,14*bis*; 32,1.22; 40,4 주해.
70) 참조. 1,8.12.13*bis*.19.21; 2,11.12; 3,4.10.16; 4,2; 5,3; 7,10.17; 8,13*bis*.22; 9,7.9.11*bis*.19.25; 10,9.10; 11,5.6*bis*(예외적인 경우 포함); 13,10.14; 14,14.16; 18,6.12; 19,25; 20,29; 21,17; 22,30; 23,8(명백한 예외); 27,13; 32,22; 37,9.24; 40,3.10.14.16(명백한 예외).

를 짓는 데에 두 가지 방식이 있다고 말한다. 은밀한 속임수로 또는 공공연한 폭행으로 죄를 지을 수 있는 것이다. 여기까지 설명한 다음에야 비로소 토마스는 본문으로 돌아와 욥의 단순성이 속임수가 없음을 뜻하고 그의 올바름은 폭행이 없음을 뜻한다고 말한다. 이에 덧붙여, 이 마지막 설명을 위하여 토마스는 올바름이 의로움과 같은 것임을 밝혀야 하고 그래서 이사 26,7을 인용한다. "의인의 길은 올바릅니다. 당신께서 닦아 주신 의인의 행로는 올곧습니다." 1절 후반부에 대한 이 논의 전체에서 토마스는, 본문의 중요한 세부들 사이의 연관을 지지하기 위하여 필요한 이러한 벗어남과 인용들이 그 세부들 자체들만큼이나 '자구적' 의미에 기여한다는 것을 지적하지 않는다.

그러므로, 여기서 더 나아가기에 앞서 우리는 다시 한 번 본문에 대한 토마스의 '자구적' 주해가 다른 성경 및 성경 밖의 자료들에 의지한다는 난점에 마주치게 된다. 이러한 사실은 그 주해가 '자구적'이 아니라고 판단하게 하는가? 아마도 이 문제는, 이미 앞에서 말했던 것에 비추어 해결할 수 있을 것이다. 우리는 앞에서, 욥의 역사가 그 이후의 논거를 위한 "기초로"[71] 놓여짐을 단계적으로 보여줄 때에 토마스가 집을 짓는 사람처럼 행한다고 말했다. 달리 말한다면, 토마스에 따르면 욥의 역사는 기저에 깔린 전제로서 또는 전제들로서 책의 나머지 부분을 지탱하기 위하여 짜여진 것이다. 욥의 역사 전반만이 아니라 책 전체의 세부들이 한 걸음씩 이러한 방식으로 세워진 것으로 보일 수 있다. 유비적으로, 본문의 각 부분은 뒤따라 나오는 어떤 부분의 전제가 된다고 추론할 수 있다. 이러한 상황은, 토마스의 '자구적' 주해의 세부들 각각을 어떻게 해석해야 할 것인지를 알려 준다. 단 하나의 기초나 기둥이나 부벽이 대성당의 전면을 지탱할 수 없는 것과 마찬가지로, 본문의 어떤 작은 부분 또는 그들 사이의 연결도, 그것이 본문 안으로부터 도출되었든 밖으로부터 도출되었든, 혼자서는 본문의 '자구적' 의미를 주지 못한다. 대성당의

---

71) 앞의 각주 5를 보라.

전면과 마찬가지로, 토마스의 본문의 표면은 다채로운 구조로 되어 있다. 그래서 토마스는 그의 독자가 단순히 한 행씩 읽어가는 것을 원하지 않는다. 독자 역시, 각 행이 전개될 때마다 그에게 제시된 것을 이해하고 평가하는 능력에서 진보해야 한다. 그의 진보는 그가 축적한 세부 사항들의 수에 따라 측정되는 것이 아니라, 그것을 얼마나 정교하게 다룰 수 있는가에 따라 측정된다. 그러므로 독자는 단순히 세부들을 축적하는 것이 아니라 세부들을, 그리고 전제들을 서로 통합해야 한다. 그러므로 우리는, 토마스가 인용한 성경 및 성경 밖의 자료들이 그 자체로서 또는 본문을 대체하는 것으로서가 아니라 오히려 바로 그들이 독자가 본문의 새로운 세부 사항들을 통합시키는 데에 필요한 정교한 전제들을 제공해 주는 것이기에 본문의 '자구적' 이해에 기여하는 것이라고 결론을 내릴 수 있다.

   욥이라는 인물에 대한 토마스의 주해로 돌아가(1,1–5), 그 다음의 단계들이 어떻게 진행되는지 보도록 하자. 토마스의 주해에서 이 부분을 다 읽은 독자는, 추상적으로는 다음과 같은 부분들을 알게 되었을 것이다.

1. 욥의 신원(1,1ㄱ)
2. 욥의 덕행(1,1ㄴ)
3. 욥의 부유함(1,2–5)
   a. 그의 후손(1,2)
   b. 그의 재산(1,3)
   c. 그의 집안 규율(1,4–5)
      ㄱ. 조화(1,4)
      ㄴ. 정결(1,5ㄱ)
      ㄷ. 신심(1,5ㄴ)

   그러나 구체적으로는, 독자는 이러한 세부들 모두를 한 번에 알게 되지는 못한다. 욥이 어떤 사람인지를 말하는 1ㄱ절에 대한 토마스의 주해는 독자에게, 그것이 이어서 나오는 욥의 고통의 '역사'의 기초임을 일깨운다. 그러나 독자 자신은, 욥의 신원이 욥의 역사를 이해하기 위하여 필요한 유일한 전제라고 가정할 수도 있을 것이다. 이러한 가정에 맞서 토마스는 욥의 무죄함을 기술하는 1ㄴ절이 "이후에 소개될 역경들이 그의 죄 때문에 그에게 일어난 것이라고 믿지 않도록 하기 위한"[72] 또 하나의 전제라고 설명한다. 독자는 욥의 고통의 '역사'에 대한 또 한 가지의 새로운 사실을 알게 될 뿐 아니라, 그 고통의 강도와 깊이도 새롭게 알아보게 된다. 마찬가지로, 토마스는 이어서 욥의 부유함을 기술하는 2절부터 5절까지의 내용이 그 이후의 '역사'를 두 가지 일반적 방식으로 지탱해 주는지를 지적한다. 첫째로, 이를 통하여 이후의 고통은 더 무거운 것으로 나타난다. 둘째로, 토마스가 풀이하듯이 "하느님의 첫 번째 계획에 따라서는 의인에게 영적인 선만이 아니라 현세적 선도 주어진다는 것을 보여 준다."[73] 본문의 다음 단락에서 말할 것을 미리 앞당겨서, 토마스는 이렇게 덧붙인다. "그러나 때로는 의인들이 어떤 특별한 이유로 역경을 겪게 된다. 그러므로 인간은 처음부터, 그가 무죄함을 잃지 않았더라면 어떤 어려움도 겪지 않을 것으로 정해졌다."[74] 그렇다 하더라도, 1ㄱ절과 1ㄴ절이 비교적 단순하고 더 기본적인 전제들을 제시했던 것과 마찬가지로 2-5절은 욥의 고통의 내용들을 이해하기 위한 더 많은 전제들을 마련해 준다. 토마스가 2-5절의 개별 부분들을 이와 유사한 방식으로 설명한다는 것을 보이기 위해서 여기서 더 이상 나아갈 필요는 없을 것이다.

   토마스는 계속해서 욥의 고통의 원인에 대한 긴 설명에서(1,6-12ㄱ) 새로운 전제들을 도입한다. 여기서 그는 자주 명시적으로 성경 본문에서 벗어난다. 본문은 천사들이 하느님 앞에 나타나고 사탄이 욥에게서 현세적인 부유함을 잃게 할 허락을

---

72) 1,1 주해.
73) 1,2 주해.
74) Ibid.

받는 것을 묘사하는데, 토마스는 본문에서 벗어난 설명들을 통하여 욥의 고통이 단순한 현세적 사건들의 결과가 아니라 하느님의 영원하신 계획의 일부라는 결론을 내리기 위한 단서를 마련한다. 토마스의 말을 빌면,[75]

"[…] 하느님께서 사탄의 말들 때문에 욥이 고통을 받도록 허락하셨다고 믿지 않도록 주의해야 한다. 반대로, 그분께서는 당신의 영원하신 결정으로 불경한 사람들의 온갖 중상에 맞서 욥의 덕행을 드러내도록 정하셨던 것이다."

토마스는, 어떤 이들은 의인의 고통이 하느님의 섭리와 관계없이 생겨난다고 생각하여 인간사는 하느님 섭리의 시배를 받지 않는다고 여긴다는 서문의 말들을 간접적으로 시사한다. 그러므로, 성경의 이 본문에서는 "하느님께서 어떻게 인간사를 돌보시고 배려하시는지가 먼저 언급된다."[76] 천사들이 하느님 앞에 나타나는 장면 묘사의 기능이 이것이다. 토마스는 이 묘사를 시간적으로 이해해서는 안 된다고 설명한다. 그것은 영적인 사물들을 물질적인 사물들의 형상 아래 묘사하는 성경의 관습에 따라 "상징적으로, 수수께끼와 같이"[77] 제시된다. 그는 이를 더 설명하여 이사 6,1 이하에서 이사야가 주님을 뵙는 장면과 에제키엘서의 첫 부분을 예로 들고, 성경의 "다른 많은 단락들"을 언급한다. 토마스는 여기서 성경의 '자구적' 또는 일차적으로 의도한 의미는 엄밀한 의미로 사용된 단어만이 아니라 비유적인 의미로 사용된 단어들도 포함한다고 지적한다. 이러한 기초 위에서, 그는 다시 천사들이 어떻게 하느님 섭리의 영원한 계획 안에 자리하는가를 설명한다. 그는 하느님의 섭리가 상위의 존재들을 통하여 하위의 존재들을 섭리한다는 것을 "알아

---

75) 1,12 주해. 참조. 아래 각주 146도 보라.
76) 1,6 주해.
77) *Ibid.*

야 한다"고 권고한다. 묵시적으로 아리스토텔레스에게 의지하여,[78] 그는 생성하고 소멸하는 사물들은 천상적 사물들의 영원한 움직임에 종속되고 이와 유사하게 육신 안에 들어가 있는 영들과 영혼들은 상위의 비물질적 영들의 영향을 받는다고 설명한다. 교회 전통은 이 상위의 영들을 '천사들' 또는 '하느님의 사자들'이라 부르고, 이들이 인간 영혼을 선한 것들로 충동하는지 악한 것들로 충동하는지에 따라 선한 천사들과 악한 천사들로 구분한다.[79] 성경 본문은 이 영들이 어떻게 하느님 앞에 나타났는지를 비유적으로 묘사하여, 무엇보다도 그들이 하는 모든 것을 하느님께서 영원토록 살피시고 조사하심을 보여 준다.[80] 하느님께서 사탄에게 "말씀하신다"는 것도 시간적으로 이해될 수 없으며, 사탄의 생각 안에서 그가 행하는 모든 것을 하느님께서 보시고 조사하신다는 것을 알게 되는 '개념'을 뜻하는 것으로 이해해야 한다.[81] 이어서 사탄이 땅을 돌아다녔다고 묘사되어, 그가 인간을 속이기 위하여 인간에게 곧바로 접근하는 것이 아니라 우회적으로 다가간다는 것을 보여 준다.[82] 그래서 하느님께서는, 욥의 덕이 순전히 그의 현세적인 번영으로 인한 것인지를 묻는 사탄의 질문 속에서 욥을 비난하려는 우회적인 질문을 알아보신다.[83] 하느님께서 의인의 삶을 섭리하실 뿐 아니라 다른 이들의 구원을 위하여 영원토록 그 삶이 눈에 띄도록 하신다고 가정할 때, 하느님께서 사탄에게 욥의 현세적 번영을 빼앗도록 하신 것은 다음을 보여 주시기 위한 것이다.[84]

---

78) 참조. 예를 들어 Aristotle, *Metaphysics* XII.8, 1073a 14-b 17과 *Commentary on the Metaphysics, ad loc.*, 특히 sec. 2460-2462.
79) 1,6 주해; 참조. 1,7 주해.
80) 1,6 주해.
81) 1,7 주해.
82) *Ibid.*
83) 1,9-10 주해.
84) *Ibid.*

우리가 행하는 선한 일들에 대해서는 현세적 부유함이 보상으로 주어지는 것이 아니다. 그렇지 않다면, 어떤 사람이 현세적 부유함 때문에 하느님을 섬긴다 하더라도 그것은 그릇된 지향이 아닐 것이다. 또한 그와 반대로, 현세적 역경은 죄에 대한 벌이 아니다. 이 책 전체의 논의는 전반적으로 이 문제를 다룬다.

욥의 '역사'의 나머지 부분은 욥의 고통의 시작(1,12ㄴ-19), 욥의 인내(1,20-21), 무죄함(1,21), 그리고 고통 속에서의 항구함(2,1-13)을 묘사한다.[85] 이 절들에 대한 토마스의 주해는, 위에서 설명한 방식대로 독자에게 계속해서 새로운 전제들을 도입시킨다. 지금으로서는 이들을 자세히 다룰 필요는 없겠다. 토마스의 단계적 방법을 집 짓는 사람과 비교했던 것이 옳나면, 독사는 앞에서의 전제늘이 이후의 내용을 지탱하기 위하여 필요했음을 깨닫고 발견할 수 있을 것이다. 토마스는 각 장과 단락의 첫머리에서 주요한 전제들을 요약하곤 하는데, 이러한 습관은 독자에게 이를 도와 준다. 그러므로 이제 우리는, 욥의 '역사'에 기반을 두고 있는 욥과 그의 친구들과 하느님의 담화들을 고찰할 것이다.

욥이 그의 날을 '저주함'(욥 3장)

성경 본문의 3장은 단일한 욥의 담화를 담고 있다. 이 담화는 그가 태어난 날을 '저주'하는 것으로 시작된다. 토마스의 주해는 다음의 구조를 드러낸다.

1. 욥이 자신의 삶을 '저주하다'(3,1ㄴ-19)
   a. 삶의 시작(3,1ㄴ-10)

---

[85] 참조. 1,12ㄴ-2,13 주해 등. J. Kreit의 『욥기 주해』 프랑스어 번역본 Job: Un homme pour notre temps (Paris: Téqui, 1981)은 토마스의 주해 앞에 대중 라틴말 성경 본문 각 장의 개요를 제시한다. 그러나 Kreit는 우리가 『욥기 주해』가 전체에서 보았던 "교훈적" 의도를 고려하지 않는다.

ㄱ. 그가 태어난 날(3,1-5)

ㄴ. 그가 잉태된 밤(3,6-10)

b. 삶의 보전(3,11-19)

ㄱ. 모태에서(3,11-15)

ㄴ. 모태에서 나온 이후(3,16-19)

2. 욥이 인간의 삶을 일반적으로 '저주하다'(3,20-25)

a. 삶의 수고(3,20-23)

ㄱ. 삶의 비참함 : 역경은 고생스럽다(3,20-22)

ㄴ. 삶의 괴로움 : 부유함도 소용없다(3,23)

b. 비참함, 괴로움 등이 욥 자신에게 적용된다(3,24-25)

3. 욥 자신의 무죄함(3,26)

아직 토마스의 주해로 준비되지 않은 독자는, 여기서 욥의 '저주'에 놀랄 수도 있다. 욥은 이미 그의 가족과(1,12ㄴ-19) 신체적 건강을(2,1-8) 잃지 않았던가? 그러고 나서 그의 아내에게서, 살아야 할 이유가 없다는 말을 듣지 않았던가?(2,9). 그를 위로하려는 세 친구 엘리파즈, 빌닷, 초파르의 방문을 받고, 그들이 심한 고통으로 알아볼 수 없게 된 그와 함께 이레 동안 밤낮으로 앉아 있지 않았던가?(2,11-13). 그러나 토마스는 그의 독자에게, 욥의 '저주'가 로마 12,14에서 바오로 사도가 말하는 "저주하지 말고 축복해 주십시오."라는 권고에 반대되는 듯이 보인다고 상기시킨다.[86] 토마스는 욥의 '저주'가 단순하게 죄로 여겨지기를 바라지 않는다. 그는 본문을 벗어나, 이 저주를 욥의 인내(1,20-21), 무죄함(1,22), 항구함(2,1 이하.10)과 일관되게 해석한다.[87] 독자는 '저주'가 세 가지 서로 다른 의미를 갖는다는 것을 알아야

---

86) 3,1 주해.
87) 참조. 위의 각주 85.

한다. 그 세 가지는 모두 이 단어의 라틴어 어근인 '말하다'(dicere)와 '악'(malum)이 의미하는 것이다. 첫째로, 나쁜 것을 말한다는 것은 나쁜 일이 일어나게 하는 것을 뜻할 수 있다. 앞날을 점쳐 말함으로써 그 말한 일이 일어나게 하는 경우, 또는 재판관이 단죄받은 사람에게 선고함으로써 그의 처벌이 이루어지게 하는 경우가 그러하다. 둘째로는 어떤 사람에게 나쁜 일을 바라거나 기원하는 것을 의미할 수 있다. 마지막으로는 참으로든 거짓으로든 단순히 과거나 현재나 미래에 나쁜 일이 일어남을 단순히 말하는 것을 뜻할 수도 있다. 사도가 금하는 것은 오직 나쁜 일을 바라거나 기원하는 것과 거짓된 비방인데, 여기서 욥은 그 가운데 어느 것도 행하지 않는다. 욥이 그가 태어난 날을 '저주'하는 것은 그 순간에 일어난 실제적인 불행을 단순히 진술하는 것이다. 그러나 이것은 "어느 때에 일어난 사건들의 결과에 따라 그 때가 좋다 또는 나쁘다고 일컬어지는 성경의 관습에 따라"[88] 이야기된다.

　그래서 토마스의 주해는 독자에게, 욥의 '저주'의 여러 부분들을 이해하기 위하여 지성적인 적응을 할 것을 요구한다. 독자는 본문의 조급한 표현과 그 진정한 의미를 구별해야 한다. 예를 들어, 욥이 "그 날은 차라리 암흑이 되어 버렸으면"(3,4ㄱ)이라고 말하는 것은 경솔하고 공허하게 보인다. 이미 지나가버린 날을 어떻게 바꾸어 놓을 수 있단 말인가? 그러나 독자는 판단을 표현하기 위해서도 희구법(optative mood)이 사용된다는 것, 따라서 욥은 그가 겪고 있는 비참함을 볼 때에 그가 태어난 날이 암흑이었어야 한다고 판단하고 있는 것임을 알아야 한다.[89] 덧붙여서 독자는, 히에로니무스가 지적했듯이, 이 장에서부터 42,6까지 본문에 포함된 모든 담화들은 본래 운문으로 기록되었으며 독자를 감동시키기 위하여 시적인 표현과 색채를 사용한다는 점도 고려해야 한다.[90] 그러므로, 여기서 '암흑'이 슬픔을 나타내는 비유이므로 "어둠과 죽음의 그늘이 그날을 차지하여 안개가 그날을 사로잡고

---

88) 3,1 주해.
89) 3,4 주해.
90) Ibid. Jerome, *Prologus in Libro Job de Hebraeo Translato* [PL 28, 1140].

그날이 괴로움에 휩싸였으면."(3,5)이라는 욥의 말은 그가 태어난 날이 기쁨의 날이 아닌 탄식의 날로 여겨져야 함을 생생하게 표현하는 것이다. 그는 출생을 통하여 그렇게도 많은 역경을 겪어야 할 삶으로 들어오게 되었기 때문이다.[91] 분명 독자는 이렇게 계속 그의 선입견들을 재고해야 하고, 그가 처음부터 욥의 지혜와 온전함을 확신하고 있지 않다면 이것은 그의 능력에 무리를 가할 것이다. 3장 주해를 시작하는 토마스의 갑작스럽게 보이는 설명은 실상 이러한 역할을 한다. 앞에서의 일탈을 상기시키며, 토마스는 인간의 고통에 수반되는 감정들의 지혜로움에 관한 고대의 두 가지 견해를 구별한다.[92] 스토아학파에 따르면, 지혜로운 사람은 외적인 선을 잃어버리는 데에서 슬픔을 느끼지 않는다. 외적인 선은 인간을 위하여 선한 것, 곧 정신의 선들에 속하지 않기 때문이다. 그러나 소요학파에 따르면, 외적인 선들은 정신의 선들을 얻는 데에 유용하며 따라서 욥과 같이 지혜로운 사람은 그것을 잃을 때에 적절한 정도로 슬퍼하는 것이 합당할 수 있다. 토마스는 첫째로는 외적인 이로움에 대해서는 즐거워하고 기뻐하는 것이 자연스럽고 외적인 손실에 대해서는 괴로워하고 슬퍼하는 것이 자연스럽다는 고찰로, 둘째로는 "그분 안에 덕과 지혜의 모든 충만함이 있는" 그리스도께서 슬퍼하셨다고 말하는 성경의 권위로 소요학파의 견해를 지지한다.[93] 그래서 토마스는 욥의 '저주'를, 개인적인 슬픔으로 이성에 방해를 받지 않는 지혜로운 사람의 온건한 담론으로 해석한다.

 토마스의 독자는, 어떻게 욥이 비참함에 사로잡히지 않으면서 계속 그의 비참함을 표현할 수 있는지 의아하게 여길 것이다. 분명 욥의 감정적 안정성은 토마스의 주해 전체에서 드러나는 것과 같은 이성적인 구분을 할 수 있는 그의 능력에 기초

---

[91] 3,4-5 주해.

[92] Ibid. 또한 1,20; 6,6.12 주해도 보라. 참조. Augustine, *City of God* IX.4; Aristotle, *Nicomachean Ethics* II.3, 1104b 24-28; Thomas, *Commentary on the Nicomachean Ethics*, ad loc. sec. 272; 또한 *ST* I-II.59.2.

[93] 3,1 주해.

한다. 이러한 구분은 토마스가 암시하듯이 소요학파 곧 아리스토텔레스주의적인 철학 내지 '학문'에서 유래한다. 그래서 토마스의 욥은 그의 고통의 원인들을 구별할 수 있는, '학문적으로' 지식을 갖춘 사람으로서 말한다. 예를 들어 여기서 욥은 그의 감각들로만 감지되는 고통과 그의 이성으로 파악되는 고통을 구별한다. 욥의 평정은 그래서 '학문적'이다. 이를 설명하기 위하여 토마스는 약학에서의 유비를 도입한다.[94] 어떤 사람이 약이 그의 감각들에 얼마나 쓴지를 표현한다면, 그의 이성으로는 약이 건강을 회복하려는 목적을 위하여 좋은 것이라고 판단하면서도 약의 맛이 나쁘다고 비판할 수 있다. 마찬가지로 토마스의 욥은 그의 신체적 감각들에 영향을 미치는 비참함에 대하여, 그 고통이 어떤 다른 목적에 비추어볼 때에 선하다고 판단한다 하더라도 그것이 이 삶 자체를 지치게 만든다고 비판할 수 있다. 그 다른 목적이 무엇인지는 아직 온전히 드러나지 않는다. 그 동안에 욥은 그의 '저주'를 시적인 표현으로 "그의 감각적 측면에" 대해 말하는 것에 그의 "저주"를 국한시킨다고 일컬어진다.[95]

  욥의 담론에서 그리고 그 후에 그가 무슨 말을 했다 하더라도 토마스의 독자는 그 주해가 욥의 '저주'가 죄로 간주되지 않도록 하려 했다는 첫 인상을 잊어버릴 수 없다. 독자가 곧 발견하게 될 것처럼, 앞으로 나올 욥의 친구들의 모든 담론들 역시 그러한 인상에 기초한다. 여기서 토마스는, 욥의 담론이 주는 실제적인 인상과 그 '학문적으로' 진정한 의미 사이에 충돌이 있음을 지적한다. 이러한 충돌은 욥의 청중들이, 욥이 자기 자신을 이해하듯이 그를 이해할 수 있을 때에야 해소될 것이다. 독자는 이렇게 함으로써 욥에게 공감하면서 욥이 지닌 '학문적' 지혜와 덕의 온전함을 얻도록 초대된다. 그러나, 이어지는 토마스의 주해가 보여 수듯이 욥의 친구들 중 아무도 여기에 이르지 못한다. 토마스의 독자는 그 이유를 묻지 않

---

[94] 3,2-3 주해. 참조. 9,16.18 주해. 또한 *Commentary on the Nicomachean Ethics*, II.3, sec. 270.
[95] 3,15 주해와 3,3; 6,10 주해. 참조. 10,1-2 주해.

을 수 없다. 아마도 그는 더 나아가서, 욥의 '역사'가 사탄의 비방을 논박하기 위하여 하느님에 의하여 비롯되었고 욥의 친구들과 다른 이들은 바로 그 사탄의 비방의 먹이가 되었던 것임을 생각하게 될 것이다. 이렇게 토마스의 주해는 교훈적 목적으로, 욥의 '저주'의 실천적이고 '학문적'인 요소들과 하느님의 섭리 문제를 함께 엮어 놓는다.

욥과 엘리파즈, 빌닷, 초파르의 '토론'(욥 4-28장)

예비적 고찰

성경 본문 4-28장은 욥과 그의 세 친구 엘리파즈, 빌닷, 초파르의 '토론'을 기술한다. 이 친구들은 욥이 고통을 겪는 것이 그가 과거에 지은 죄 때문이라고 잘못 생각하고 있다. 이들은 각각 욥을 고발하고, 욥은 그들 각각에 대해 자신의 무죄함을 옹호한다. 이렇게 욥을 고발하는 세 담론과 욥의 응답들이 번갈아 나오면서, 여섯 담론으로 된 첫째 차례를 구성한다. 그 다음에 이와 같은 형식이 두 번 되풀이되는데, 초파르는 셋째 차례에서는 말을 하지 않는다. 그러나 이러한 주고받음을 거치면서도 욥과 그 친구들의 토론은 결코 완전히 해결되지 않는다. 그 사이에 토마스의 주해는 계속해서 앞서 설명한 방식으로 새로운 전제들을 도입하여, 하느님의 토론으로 이루어질 해결을 준비한다.

욥기의 토론 전체의 구조는 시대를 건너뛰어 '토론'(disputatio), 곧 토마스의 13세기 독자에게 친숙했던 형식적인 학문적 토론이라 불린다.[96] 토론에서 학자는 주어진 신학적 질문 또는 일련의 질문들에 대해 어떤 입장을 옹호하려 한다. 동료 교수와

---

96) 아래 내용에 관하여, 위의 각주 32에 인용된 문헌들과 Weisheipl, *Friar Thomas d'Aquino*, pp. 110-129.

학생들은 형식을 갖추어 이의를 제기하며 그의 대답을 기다린다. 경우에 따라, 공평한 권위있는 교수가 각 입장과 반대 입장의 신학적 장점들을 평가함으로써 토론을 끝맺었다. 이러한 토론들은 토마스가 공부하고 가르쳤던 파리 대학 신학부에서 일상적으로 열렸다. 이것은 '강의'(lectio), 곧 권위있는 본문을 소리내어 읽고 설명하는 것과 함께 학생들을 가르치고 시험하는 중요한 수단으로 간주되었다. 토마스의 저술들 가운데에서 특히 그의 『신학대전』은 이러한 토론의 방법을 보여 준다. 여기에서는 토마스 자신이 입장들을 선택하고 옹호하고 반박하고 대답함으로써 질문에 대해 토론하는 형식을 따르고 있다. 반면 '강의'(lectio)의 방법은 『욥기의 자구적 주해』에서 예시된다.

그러나 토마스가 욥기 주해를 위하여 강의의 방법을 사용하고 본문의 대화 부분을 설명하는 모델로는 토론의 방법을 사용한 것은 무비판적인 것이 아니다. 『신학대전』 서문에서 토마스는 그 두 가지 교육 방법을 부적절하게 사용하는 것을 암묵적으로 비판한다.[97] 그는, 현재 사용할 수 있는 교재들의 설명이 혼란스럽고 시험을 치르는 교수들이 특이한 요구들을 하고 교실 강의가 지루하게 반복을 하고 있기 때문에 신학 교육이 무질서하고 학생들을 혼동시킨다고 말한다. 달리 표현하면, 토마스가 바라보는 학생 내지 독자는 교수들에게 교수들이 듣고 싶어하는 것을 말해야만 하고 그래서 그리스도교 교리의 모든 분야를 분명하고 질서있게 파악할 수 없는 상황에 처해 있다는 것이다. 토마스는 이러한 결점을 바로잡으려 한다. 그래서 그는 "초보자의 교육에 적절하도록"[98] 더 나은 교육 방법을 찾으며 신학 교육 과정 전체를 재고하고 재조직하며 글을 쓴다. 이렇게 토마스는 단순한 생각이 아닌 철학적 정신을 지닌 권위이다. 그러나 그는 그리스도교 신학에서 엄밀

---

[97] 참조. Yaffe, "Providence in Medieval Aristotelianism," 66; 또한 Leonard E. Boyle, *The Setting of the Summa Theologiae of Saint Thomas*, The Etienne Gilson Series, 5 (Toronto: Pontifical Institute of Mediaeval Studies, 1982), pp. 15-20.
[98] *ST*, 서문.

한 이론적 단점보다도 그의 학생–독자에게 영향을 미치는 실천적인 단점을 지적한다. 그의 독자가 스승들과 동료들에게 시험과 판단을 받는 토론에서 좋은 결과를 얻기 위해서 올바른 결론들을 파악하고 옹호한다고 해도, 이것이 그가 그 결론의 종교적 의미들을 온전히 이해했음을 보장해주지는 않는다는 것이다. 우리는 이러한 결점이 토마스의 『욥기의 자구적 주해』의 독자에게도 해당되리라고 생각한다. 아마도 그래서 토마스는 욥기에 대한 자신의 강의(lectio) 안에 시대를 벗어난 토론(disputatio)을 삽입하여 독자에게 그 단점을 일깨우고 이를 극복하기 위한 수단을 제시하려 했을 것이다.

이러한 관점에서 토마스의 욥이 처한 상황을 생각해 보라. 그는 완벽한 신학 학생 또는 교수로서 하느님의 창조,[99] 개별적인 섭리,[100] 육신 부활[101] 등의 그리스도교 교리를 이성적으로 파악하는 데에서는 완전히 지혜롭다. 그러나 이러한 지혜에도 불구하고 또는 그 지혜 때문에, 실천적인 문제들에서는 천진하다. 그래서, 엘리파즈와 빌닷과 초파르가 그리스도교 신학에 있어 이성적으로 부족한 부분에서 욥은 완벽하게 그들을 논박할 수 있다. 그러나 여기에서 그는 자신의 실천적인 단점을 드러내지 않을 수 없다. 즉 그는 완전히 지혜로우면서도 자신의 지혜를 전달하는 방법에 있어서는 죄스러운 면이 있는 것이다.[102] 앞으로 보게 될 것처럼, 토마스의 욥은 뜻하지 않게 친구들에게 그가 하느님을 모독하고 있다는 그릇된 인상을 줌으로써 그들을 동요시킨다.[103] 토마스에 따르면 욥은 자신의 관점이 옳다는 것을 설득하려 하는 그 친구들에 대한 그의 관계를 재평가해야 한다. 그러므로 욥의 '역사'는 교회가 가르치는 하느님의 진리에 있어서는 완전히 지혜로우면서도

---

99) 참조. 28,23-26 주해와 위의 각주 10.
100) 참조. 7,12.17-18; 9,6.35; 10,2.9; 16,15; 17,51; 24,1-25; 26,4-14; 27,1-23 주해와 위의 각주 11.
101) 참조. 3,15.16-19; 7,1.8.10.17-18.21; 8,3; 9,25; 10,21; 12,5; 13,15.28; 14,5-6.13-22; 16,22-23; 17,1-16; 19,23-29; 20,1-3; 21,17-18.34; 24,19-20; 26,6 주해와 위의 각주 12.
102) 38,1.3; 39,33-35; 40,3; 42,1 주해를 보라.
103) 15,15 주해. 참조. 1,1.5.22; 2,11; 10,2; 13,23; 39,25 주해.

그 진리를 사회의 다른 이들에게 가르치는 데에 있어서는 죄스러움을 지니고 있을 수 있는 그런 인물의 역사이다.[104] 다른 말로 하면, 그의 그리스도교적 지혜는 그가 죄의 용서를 청하면서 참회하며 새롭게 평가할 대상이 되어야 한다. 그가 고통을 겪는 과정에서, 그가 지금까지 당연한 것으로 여겼던 그 지혜를 새롭게 바라보아야 할 필요성이 드러난다. 더 나아가서, 토마스의 주해는 그리스도교 신학의 학생 또는 교수에게 자신이 고백하는 지혜를 그를 대신하여 재고하도록 이끈다. 욥의 본보기로부터 깨달음을 얻어, 토마스의 독자 역시 단순히 학문적 교육이 그에게 지금까지 가르쳐 주었던 것보다 더 온전한 방식으로 그 지혜에 접근해야 한다.

교육학적으로 볼 때, 토마스가 그리스도교 신학의 실천적 결점을 지적하는 것은 그의 교훈적인 아리스토텔레스주의가 없었더라면 불가능했을 것이다. 그 아리스토텔레스주의는 지혜에 대한 단순한 교조적 고백이라기보다 지속적인 '지혜에 대한 사랑'으로 이해된다. 토마스는 그의 주해 전체의 '학문적' 구상 안에서 이 아리스토텔레스주의를 구현한다. 우리는 앞서 이를, 짓고 있는 건축물에 비교하였다. 이제 그러한 구조 위에 세워진 토론 양식이 어떻게 토마스의 '학문적' 구상을 발전시키는지를 볼 수 있을 것이다. 두 가지 양식은 공통의 기초를 갖고 있다. 토마스는 욥이 "토론자와 같은 방식으로 나아간다."는 것을 설명하면서 이를 지적한다.[105] 토마스의 설명은, 욥은 처음에는 그의 친구들의 그릇된 견해만을 논박하려 하고 나중에 그 자신이 진리에 대해 믿고있는 바를 드러내려고 한다는 것이다. 토마스는 본문의 대화 부분을 토론 형식으로 설명하는데, 이러한 형식은 의도적으로 완결되지 않는다는 점에서 그의 주해 전체의 건축적인 형식과 일치한다. 두 형식 모두는 수신인들에게 진리를 완결되지 않은 상태로만 드러내도록 계획되어 있는 것

---

104) 참조. 2,13에 대한 토마스의 주해에서는 엘리피즈, 빌닷, 초파르는 욥에게 동정심을 보임으로써만이 아니라 "그에게 그들의 동반을 제공함으로써"(*ei societatem exhibendo*) 그를 위로하기 위하여 욥을 찾아왔다고 말한다. 이 표현은 모호하여, "그에게 사회를 보여 줌으로써"라고 번역할 수도 있다.

105) 7,21 주해. 참조. 9,19; 10,21 주해.

이다. 토마스의 주해의 미완결성은 앞에서 본 바와 같이 새로운 전제들을 단조롭고 명시적으로이기는 하지만 점진적으로 도입하여 독자에게 욥의 고통에 대한 하느님으로부터의 해답을 준비시킨다는 데에 있다. 반면 욥의 토론의 미완결성은 그가 새로운 전제들을 논리적이고 시적이지만 법정 토론으로서만 도입하여, 후에 진리가 더 남김없이 드러나게 되기까지 친구들을 준비시키는데 머문다는 데에 있다. 욥 자신은 그 약속된 대답을 제시하지 못한다. 그 결과 욥의 토론은 완결되지 못하여 결국 그의 직접적인 수신인들을 설득하지 못한다. 토마스의 교훈적인 미완결성은 성공에 이를 수 있다. 이는 아래에서 곧 입증할 것이다. 그러나 토마스는 욥의 실패를 기초로 그 자신의 성공을 이끈다.

첫째 차례(욥 4-14장)

토론에서 첫 번째로 말을 하는 것은 엘리파즈이다. 욥이 앞에서 했던 말에서 그 정신이 아니라 그 문자를 따름으로써, 엘리파즈는 현재의 삶에 대한 욥의 혐오를 절망으로 오해하고 욥의 쓰라림을 성급함으로, 욥의 무죄하다는 고백을 주제넘음으로 여긴다. 토마스는 엘리파즈의 세 가지 고발을 자세히 분석하여, 그 근거가 잘못되었음을 보인다. 이렇게 하여 그는 독자에게 욥의 반박과 다른 친구들의 반응을 준비시킨다. 그는 다른 친구들의 담론에서도 같은 절차를 따른다. 여기서 토마스의 세부적 분석을 모두 다룰 수는 없으며, 다만 그 주된 노선을 그려볼 것이다.

또한 앞에서 이미 지적한 바와 같이, 토마스의 목적은 욥의 목적과는 달리 단순히 논쟁적인 것이 아니라 교훈적이다. 토론 전체에서 토마스는 그의 독자에게, 그의 욥이 채택하는 아리스토텔레스의 전제들의 장점을 기회가 될 때마다 일깨운다. 그 기회들은 토마스가 서로 다른 견해들을 확장하여 설명하거나 요약할 때, 명백하게 본문에서 벗어날 때에 나타난다. 그러나 토론이 진행되면서 이러한 벗어남들은 앞에서보다 드물어진다. 이로써 토마스는 욥이 섭리에 관한 그리스도교적 – 아리스토텔레스적 학설을 따르는 것으로 제시한다. 그 학설은, 주요 전제와 결론에 있어 토마스 자신의 『철학대전』 및 『신학대전』과 일치한다.[106] 그러나 토마스의 이 두 저서와 『욥기의 자구적 주해』 사이의 연관은, 단순한 전제와 결론 사이의 일치를 넘어선다. 그 전제들과 결론들에 대한 순전히 이성적인 고찰에 대한 암묵적인 비판도 찾아볼 수 있는 것이다. 토마스가 그의 주해에 전제들과 결론들을 포함시키는 것은 욥의 토론의 '역사'를 설명하려는 목적을 위한 것이었음을 기억해야 한다. 그 토론은 단순히 친구들과 논쟁함으로써 자신의 고통의 이유를 완전히 이해하게 만들고자 했던 욥의 죄스러움을 드러내는 데에서 절정에 달한다.[107] 따라서 토마스의 주해는, 그리스도교적 맥락 안에서 하느님의 섭리를 이해하기 위한 아리스토텔레스 철학의 장점뿐만 아니라 그 한계들도 보여 주려 한 것이다.

이러한 이중의 목적에 따라, 토마스는 엘리파즈의 첫 번째 고발, 곧 욥이 성급하다는 고발을[108] 단순히 이성적인 것으로 제시하지 않는다. 엘리파즈의 첫 마디, 곧 "혹시 한마디 하면 자네는 언짢아하겠지? 그러나 이미 생각한 것을 누가 말하지 않을 수 있겠나?"(4,2)라는 말을 풀이하면서 토마스는 엘리파즈 역시 성급하고 경솔하다고 본다. 그가 말을 내뱉으려는 충동을 다스리지 못하기 때문이다.[109] 엘리파즈의 충동적 성격은 이어지는 그의 말들에도 영향을 미친다.

여보게. 자네는 많은 이를 타이르고 맥 풀린 손들에 힘을 불어넣어 주었으며 자네의 말은 비틀거리는 이를 일으켜 세웠고 또 자네는 꺾인 무릎에 힘을 돋우어 주기도 하였지. 그런데 불행이 들이닥치자 자네가 기운을 잃고 불운과 맞부딪치자 질겁을 하는군. 자네의 경외. 자네의 굳셈, 자네의 인내, 자네의 길들의 완전함은 어디 있는가?(4,3-6).

---

106) 참조. *CG* III.64-113; *ST* I.19-23, 103-119.
107) 참조. 6,28-30; 39,31-32.35 주해와 위의 각주 102.
108) 4,1-16 주해.
109) 4,2 주해.

엘리파즈는 여기서 지나친 것으로 여겨진다. 그가 욥의 '저주'를, 그가 과거에 다른 이들에게 가르친 인내를 실천하지 않는 것으로 해석하기 때문이다.[110] 아마도 놀랍게도, 토마스는 자신이 앞에서 설명한 '저주'라는 단어의 서로 다른 의미들을[111] 엘리파즈가 잘 알지 못했다고 그를 변호해주지 않는다. 독자는 토마스가 이를 빠뜨린 것이 순전히 우연은 아니었으리라고 추측할 수 있을 뿐이다. 이어서 토마스는, 욥과 그의 친구들이 계속해서 학문적으로 병립이 불가능하다는 데에서 독자들이 잠재적으로 겪게 되는 좌절감을 이용할 것이다.[112] 이렇게 하여 그는 그들의 종교적 차이가 이성적인 것만이 아니라 실천적이고 도덕적인 것이기도 함을 강조한다.

엘리파즈의 두 번째 고발, 곧 욥의 주제넘음에 대한 고발에 이르러서야[113] 토마스는 그들의 학문적 차이점들을 상세히 설명하기 시작한다.

"기억해 보게나, 죄 없는 이 누가 멸망하였는가? 올곧은 이들이 근절된 적이 어디 있는가?(4,7)"라는 엘리파즈의 권고를 풀이하면서, 토마스는 그의 독자에게 엘리파즈와 다른 두 친구가 현세의 역경들은 죄에 대한 벌로서만 주어지는 것이며 부유함은 의로움에 대한 보상으로서만 주어지는 것이라는 견해를 갖고 있음을 생각하라고 상기시킨다.[114] 이러한 견해는, 엘리파즈가 꿈에 들었던 계시의 목소리에 호소할 때에도 그 바탕에 깔려 있는 것으로 나타난다.

인간이 하느님보다 의로울 수 있으랴? 사람이 제 창조주보다 결백할 수 있으랴? 그분께서는 당신을 섬기는 이들도 믿지 않으시고 당신 천사들의 잘못조차 꾸짖으시는데 하물며 토담

---

110) 4,3 주해.
111) 욥이 그의 날을 '저주'한 것에 대한(욥 3장) 위의 설명을 보라.
112) 예를 들어 4,7-12; 5,17; 6,1-3; 7,1.5.11.16; 8,1-7.22; 11,1-8.17-20; 12,1-5; 13,3-28; 15,1-35; 16,1-11.21; 17,1.4-6.10-16; 18,1-4; 19,1-5; 20,1-3; 21,1-6; 22,1-30; 23,1-7; 24,1; 25,1-2; 26,1-2; 27,1 주해.
113) 4,7-5,16 주해.
114) 4,7 주해.

집에 사는 자들 먼지에 그 바탕을 둔 자들이야! 그들은 좀이 슬듯 으스러져 버린다(4,17-19).

토마스의 엘리파즈는 그의 계시를, 역경을 겪는 사람은 아무도 자신이 무죄하다고 주장하고 변명할 수 없다는 뜻으로 해석한다.[115] 토마스가 설명하듯이, 만일 그렇지 않고 잘못이 없는 사람이 하느님께 벌을 받는다면 그 사람은 하느님보다 더 의로운 셈이 될 터인데, 엘리파즈에게 이것은 불가능한 일이다. 오히려, 토마스의 엘리파즈는 천사들마저도 잠재적으로 선할 뿐이고 변함없이 선하신 하느님과 같은 안정성은 지니고 있지 않다고 본다. 현세적 육신 안에 영혼이 머물고 있는 인간은 훨씬 더 불안정하다. 엘리파즈는 그 육신을 직유로 토담집에 비유하여 그 무상함을 나타내고, 은유로는 좀벌레가 먹어버리는 옷에 비유하여 어떻게 인간의 의로움이 악한 생각 등에 의하여 사라지고 마는가를 나타낸다. 이에 따라 토마스의 엘리파즈는, 인간은 죄로 기우는 성향을 갖지 않을 수 없다고 본다. 여기에서 우리는, 토마스의 욥은 이 마지막 전제에 동의하려 하지 않는다는 점을 미리 지적해 둔다. 또한 엘리파즈는 죄가 역경의 원인임을 보이기 위하여, 지상에서 일어나는 모든 일은 자연 사물들의 존재와 그 수적인 배열을 제외하고는 모두 특정한 동력인들에 의하여 일어나는 것이며, 따라서 자연 사물들은 우연에 의해서 또는 자연적 필연성에 의해서만 통치되는 것이 아니라 다른 것들과 함께 동력인으로서 작용하는 하느님의 섭리에 의해서도 다스려지는 것이라고 주장한다.[116]

지상에서 아무것도 원인 없이 일어나지 않고 재앙이 땅에서 솟을 리 없다네. 사람은 수고를 위해 태어나고 새는 날기 위해 태어난다네. 그렇지만 나라면 하느님께 호소하고 내 일을 하느님께 맡겨 드리겠네 그분은 사물들을 크고 파악할 수 없으며 놀랍고 셀 수 없이 만드시는 분. 땅에 비를 내리시고 들에 물을 보내시는 분. 비천한 이들을 높은 곳에 올려놓으시니

---

115) 4,17-19 주해.
116) 5,6-13 주해.

슬퍼하는 이들이 큰 행복을 얻는다네. 그분께서 교활한 자들의 계획을 꺾으시니 그들의 손이 성공을 거두지 못하고 그분께서 슬기롭다는 자들을 그들의 꾀로 붙잡으시니 간사한 자들의 의도가 좌절된다네(5,6-13).

이어서 토마스는 엘리파즈의 견해를 스토아적인 것으로 기술한다.[117] 엘리파즈의 스토아적인 추론은 그 전제들이 의심스러움에도 불구하고 설득력이 있게 보여서, 독자에게 토마스의 대안인 아리스토텔레스주의의 범위와 한계를 고찰하도록 준비시킨다.

그러나 엘리파즈의 마지막 고발, 곧 욥이 절망하고 있다는 고발에 관련하여[118] 토마스는 엘리파즈와 욥 사이의 이성적인 차이가 결코 해소될 수 없을 수도 있음을 스치듯 언급한다. 계속해서 토마스는, 엘리파즈에게는 욥이 고통을 받는다는 것이 하느님께서 그를 심판하시고 징계하신다는 것과 동일한 것이었음을 보여 준다. 이 전제 역시 욥이 받아들일 수 있는 것으로 드러날 것이다. 그러나 엘리파즈는 더 나아가서, 욥이 그의 삶을 바로잡는다면 그 보상으로 현세적 행복이 주어질 것이라고 약속한다.

여보게. 하느님께서 꾸짖으시는 이는 얼마나 행복한가! 전능하신 분의 훈계를 물리치지 말게나. 그분께서는 아프게 하시지만 상처를 싸매 주시고 때리시지만 손수 치유해 주신다네. 그분께서 여섯 가지 곤경에서 자네를 건져 내시니 일곱 번째에는 악이 자네를 건드리지도 못할 것이네. 기근 때 죽음에서, 전쟁 때 칼의 손에서 자네를 구하실 것이네. 자네는 혀의 채찍에서 보호를 받고 멸망이 닥친다 해도 두려워할 필요가 없다네. 또 멸망과 굶주림을 비웃고 야수도 두렵지 않을 것이네. 자네는 들판의 돌멩이들과 계약을 맺고 들짐승은 자네와 화평을 이룰 것

---

117) 6,12 주해. 위의 각주 92를 보라.
118) 5,17-27 주해.

이네. 그러면 자네 천막이 평화로움을 알게 되고 자네의 아름다움을 바라보면서 자네는 죄를 짓지 않을 것이네. 또한 알게 될 것이네, 자네 자녀들이 많음을, 자네 후손들이 땅의 풀과 같음을. 그런 다음 자네는 제철이 되어 곡식 단이 쌓이듯 풍요를 누리며 무덤에 들어갈 것이네 (5,17-26).

엘리파즈가 여기서 현세적 행복을 약속하는 데에 대하여 토마스의 욥은 전혀 동의하지 않을 것이다. 오직 이러한 의견 차이에 주의를 집중하려는 듯이, 토마스는 그의 논의를 시작하면서 길을 벗어나 독자에게 엘리파즈가 책 전체의 첫 전제, 곧 하느님의 섭리가 자연 질서를 다스리듯이 인간사도 다스린다는 전제를 따르고 있음을 상기시킨다.[119] 그러나 토마스는, 분명 엘리파즈의 이름으로라기보다는 오히려 자기 자신의 이름으로, 모든 역경이 하느님의 심판에 의해 인간에게 오게 되는 것이기는 하지만 그 가운데서도 어떤 역경들은 교정할 수 없는 사람들을 벌하기 위한 것인 반면 어떤 역경들은 스스로 나아질 수 있는 사람들을 교정하기 위한 것이라고 덧붙인다. 이 마지막 말에서는 엘리파즈와 다른 친구들이 어느 부류에 속하는지를 밝히지 않는다. 의심할 여지 없이 토마스의 독자는, 엘리파즈와 다른 이들이 토론의 끝에 하느님으로부터 그릇되다고 여겨지리라는 것을 예상할 것이다.[120] 실상 토마스의 독자는, 욥의 친구들이 일반적으로 교정될 수 있는 사람들에 속하는지 여부뿐만 아니라 그들이 특별히 욥의 논증을 통하여 교정될 수 있는 이들에 속하는지 여부도 물을 수 있다.

어떻든지, 토마스의 욥은 엘리파즈에게 대답하여 먼저 그의 주제넘음에 대한 고발을 반박한다.[121] 이를 기회로 토마스는, 엘리파즈가 욥이 자신의 무죄를 고백한

---

119) 5,17 주해.
120) 참조. 38,1; 42,7-10 주해.
121) 6,1-3ㄱ 주해. 참조. 6,1 주해.

것을 비판하며 주장했던 인간 조건의 나약함에 대해 더 설명한다.[122]

> 아, 내가 분노를 산 나의 죄와 내가 겪고 있는 재앙을 저울판에 달아 보았으면!(6,2).

이 욥의 첫 마디를 도입하면서 토마스는, 아무리 의롭게 보이는 사람이라도 죄가 없을 수 없다는 점에 대하여 욥이 엘리파즈에게 동의한다고 본다. 그러나 토마스의 욥은 그의 무죄 고백이 주제넘은 것이라고 여기지 않는다. 토마스의 전제에 따르면 의인의 죄는 '중대한 죄, 사죄'가 아니라 용서받을 수 있는 가벼운 죄들이며 태만과 소홀함에서 유래한다.[123] 그래서 욥은 엘리파즈가 주장하려 한 것이 사실이라면, 즉 현세의 삶의 역경들이 죄에 대한 벌이라면 무거운 죄들은 무거운 역경들을 가져오고 가벼운 죄들은 가벼운 역경들을 가져올 것이며 의인은 결코 무거운 고통을 겪지 않으리라고 생각한다. 그런데 그것이 욥 자신의 경우에 명백하게 적용되지 않는 것이다. 토마스의 독자는 잠시 스쳐가며, 욥이 엘리파즈에게 동의하지 않는 이유가 엘리파즈가 죄와 벌의 지평을 현세의 삶에 국한시키고 있기 때문이라는 것을 배우게 된다.[124] 엘리파즈와 무언의 대조를 이루며, 욥은 육신 부활에 대한 가톨릭 교리를 견지한다. 불행히도, 욥 자신이 토론자와 같이 생략된 삼단논법(enthymeme)으로만 말을 하기 때문에, 그 교리는 엘리파즈와 다른 친구들에게 완전히 명시적이거나 설득력을 갖지 않는다.

둘째로 토마스의 욥은 그에게 성급하다는 엘리파즈의 고발을 반박한다.[125] 욥의 반박에서 토마스는, 부활에 대한 욥의 암묵적인 주장을 지지하기 위하여 영혼에 관한 아리스토텔레스의 전제들을 도입한다. 다른 전제들과 함께 토마스는 그의

---

122) 참조. 6,1 주해와 위의 각주 115.
123) 6,1 주해.
124) 참조. 6,2 주해와 위의 각주 101.
125) 6,3ㄴ-7,10 주해.

독자에게, 앞에서 욥이 슬픔을 표현한 것이 엘리파즈에게는 성급한 것으로 보였지만, 그것은 고통에 대한 충동적인 반응이거나 스토아 학파에서 말하듯이 내재적인 지혜를 갖추지 못한 반응에 불과한 것은 아님을 일깨운다.[126] 엘리파즈의 암묵적인 스토아주의에 맞서, 토마스의 욥은 감정들이 수반된다 하더라도 이성이 자제를 유지할 수 있다는 아리스토텔레스의 주장을 받아들인다. 욥은 시적으로 질문한다.

> 간이 맞지 않은 것을 소금 없이 어찌 먹겠으며, 맛을 보면 죽음을 가져올 것을 어찌 맛보겠는가?(6,6).

욥은, 신체적 감각들이 외적으로 해롭거나 거슬리는 것을 피하려고 하지 않을 수 없듯이 내적으로도 감각이 해롭다고 파악한 것에 대해서 슬픔을 느끼지 않을 수 없다는 것을 인정하는 것으로 이해된다. 그러나, 그렇다고 해서 슬픔이 한 사람의 이성을 완전히 흡수하는 것은 아니다. 오히려, 욥이 "내가 거룩하신 분의 말씀을 어기지 않았으면."(6,10)이라고 말할 때에 토마스는, 욥이 가장 염려한 것은 그의 육신적 고통이 그를 악으로 이끌게 되는 것이라고 풀이한다.[127] 그래서 토마스는, 욥과 같은 사람이 "그의 감각적 측면에 따라"[128] 어떤 슬픔을 느끼더라도 그의 이성이 하느님의 뜻에 부합하고 있다면 그 슬픔은 엘리파즈가 고발하는 것과 같은 성급함은 아니라고 결론짓는다.

토마스는 욥이 인내롭게 자신의 삶을 바로잡는다면 지상적 행복이 그 상급으로 주어지리라는 엘리파즈의 약속도 만족스럽게 여기지 않는다.[129] 엘리파즈의 악

---

126) 6,6 주해와 위의 각주 92.
127) 6,10 주해.
128) *Ibid*. 참조. 위의 각주 95.
129) 7,1-10 주해.

속은 부조리하게 보인다. 그가 욥의 행복이 현세에서 회복되리라고 말하는 것이라면, 그는 욥이 많은 행복을 기대하기에는 죽음이 너무 임박했다는 점을 보지 못하는 셈이 된다.[130]

> 나의 나날은 베 짜는 사람이 천을 끊듯 사라져 가는구려(7,6ㄱ).

반면 엘리파즈가 일부 유다인들과 철학자들이 견지했던 바와 같이 과거와 같은 지상의 삶이 미래에 정확히 그대로 순환적으로 되풀이된다고 말하는 것이라면[131] 그는 욥이 따르는 아리스토텔레스의 학설에 반대하는 셈이 된다. 아리스토텔레스에 따르면, 육신은 생성 소멸하며 같은 개인들로 다시 태어나는 것이 아니라 단지 같은 종으로 다시 태어난다.[132]

> 희망도 없이 사라져 가는구려. 기억해 주십시오. 제 목숨이 한낱 바람일 뿐임을. 제 눈은 더 이상 행복을 보지 못할 것입니다. 인간의 눈은 저를 보지 못하고 당신의 눈이 제 위에 있으며 저는 이미 없을 것입니다. 구름이 사라져 가 버리듯 저승으로 내려간 이는 올라오지 못합니다. 다시는 제집으로 돌아가지 못하고 그가 있던 자리도 그를 다시는 알아보지 못합니다(7,6ㄴ—10).

토마스는 덧붙여, 욥이 여기서 가톨릭 신앙에서 견지하는 부활을 부인하는 것이 아니라고 확언한다. 토마스가 이미 지적했듯이 오히려 욥은 시대적으로 맞지

---

130) 7,6 주해.
131) 7,10 주해와 *CG* IV.82, sec. 11. 여기서는 Augustine, *City of God* XII.13을 인용하며 명시적으로 솔로몬 임금을(코헬 1,9-10), 묵시적으로 스토아주의자들을 언급한다. 또한 토마스는 *Lectura super Mattheum*, 22,28 주해에서 이와 관련하여 바리사이들도 언급한다. 그러나 그리스도교의 부활 신앙이 많은 부분 바리사이들의 신앙을 따른다는 점이 입증되었다. Ellis Rivkin, *A Hidden Revolution: The Pharisees' Search for the Kingdom Within* (Nashville: Abingdon, 1978), 특히 pp. 23, 28, 95f.(마태 22,23-40 주해 등), 110-111, 113, 303-311. 아래 각주 133도 보라.
132) 7,9 주해. 토마스는 명시적으로 Aristotle, *On Generation and Corruption* II.11, 338b 11-19를 언급한다.

않지만 묵시적으로 그 교리를 견지하고 있다. 토마스는 지나가는 말로 그리스도 이전에는 부활이 알려져 있지 않았다고 밝힘으로써 간접적으로 이러한 시대 착오를 인정한다.[133] 그러나 토마스는 그의 주해 어느 곳에서도 욥이 어떻게 부활 신앙을 갖게 되었는지를 정확하게 보여 주지 않는다. 후에 독자는 단순히 욥이 지혜와 "신앙의 선물"을 결합시킬 수 있었다는 것만을 듣게 된다.[134] 여기서 우리는, 욥기를 교훈적인 책으로 보았던 가설에 따라, 토마스가 욥을 그 시대의 결점을 넘어섰던 특별한 예외로 제시하려 했다고 추측해볼 수 있을 따름이다. 그는 그리스도교 독자와 동일시하도록 되어 있는 것이다.

마지막으로, 토마스의 욥은 그가 절망에 빠졌다는 엘리파즈의 세 번째 고발을 반박한다. 여기서 토마스는 욥이 절망했다고 하는 것이 그의 지혜의 중요한 기반인 아리스토텔레스적인 철학 작업과 병립 가능한 것임을 상세하게 설명한다. 엘리파즈에 대한 반박은 두 단계로 진행된다.[135] 첫 단계에서 토마스의 욥은 엘리파즈의 권고에 따라 그의 절망을 버릴 때의 결과들을 고찰한다. 그는 처음부터 엘리파즈의 권고가 자기 모순으로 드러날 것임을 알아본다. 그래서 그는 역설적으로 엘리파즈에게 말한다. 토마스가 말하듯 "고통받는 사람의 역할을 하면서"[136] 욥은 큰 소리로 질문한다.

제가 바다입니까? 제가 고래입니까? 당신께서 저를 감옥에 가두시다니(7,12).

---

133) 7,9 주해. 참조. 10,21 주해. 여기서 토마스의 주장은, 바리사이들의 부활 신앙에 대한 언급과 모순되는 것으로 보일 수 있다. 이 신앙은 요세푸스와(예를 들어, Josephus, *Against Apion* II.218-219; *Antiquities* XIII.12ff.; *The Jewish War* III.370-375) 바리사이파의 문헌에서 발견된다(예를 들어, *Mishnah, Sanhedrin* 6,2; 10,1; *Peah* 1,1; *Berakoth* 5,2; 9,5). 참조. Rivikin, *A Hidden Revolution*, pp. 56-57, 291-292, 318-321(요세푸스에 관하여), 229-231(미쉬나에 관하여). 위의 각주 131도 보라.

134) 13,19 주해. 참조. 19,25 주해. (랍비 해석과 대조되는) 교부들의 해석에 따라 욥이 그리스도를 예표하는 것으로 보는 것에 관하여, 참조. Judith R. Baskin, *Pharaoh's Counsellors: Job, Jethro, and Balaam in Rabbinic and Patristic Tradition* (Chicago, Ca.: Scholars Press, 1983), ch. 1, 특히 pp. 32-43.

135) 7,11-16ㄱ과 7,16ㄴ-21이다. 참조. 7,16ㄴ에 대한 토마스의 설명.

136) 7,12 주해.

대중 라틴말 성경은 욥이 "제 영의 곤경 속에서 토로하고"(7,11ㄴ) 있다고 묘사하지만, 토마스는 욥이 단순히 그의 절망을 표출하고 있는 것이 아님을 강조한다. 토마스는 그의 질문이, 고통의 원인에 대한 시적인 질문이라고 이해한다.[137] 이러한 해석을 지지하기 위하여 토마스는 길게 본문을 벗어나 하느님의 섭리가 이성적 피조물과 비이성적 피조물에서 달리 작용한다는 것을 설명한다.[138] 이성적 피조물은 자유의지가 있어, 개인적인 공로나 죄과를 지니게 된다. 그래서 상과 벌이 그들의 행위를 다스리기 위하여 적절한 수단이 된다. 반면 비이성적 피조물들은 자유의지가 없으므로 개인적인 공로나 죄과를 전혀 지니지 않는다. 하느님께서는 오직 우주 전체의 선익에 도움이 된다고 여겨지는 대로 그들의 행위를 확대하거나 제한하신다. 예를 들어 하느님께서는 바다가 지표면 전체를 덮지 못하게 하시어 지상의 동물들과 식물들에게 공간을 마련해 주신다. 이와 유사하게 하느님께서는 고래를 바다 깊은 곳에만 제한해 두시어, 다른 곳에서 바다의 생물들을 해치지 못하게 하신다. 그러므로 위에 인용된 구절에서 욥은 그가 고통을 겪는 원인이 바다나 고래의 경우와 같은 것인지, 다시 말하면 그 자신의 개인적 공로나 죄과 때문이 아니라 우주의 다른 곳에서 다른 이들에게 유용하기 위해서인지 묻는 것으로 이해된다. 물론 욥의 친구들은 그와 같은 아리스토텔레스적인 지혜가 없기 때문에 고통의 원인에 대한 이 질문을 욥이 하느님을 거슬러 신성을 모독하며 불평하는 것으로 오해한다.[139]

한편 토마스는 하느님께서 "저를 감옥에 가두셨다"(7,12ㄴ)는 욥의 말을 설명하면서 절망을 떨쳐버리라는 엘리파즈의 권고가 담고 있는 자기 모순을 드러낸다. 욥의 말들은 은유적이다. 토마스는 이 말들을 대중 라틴말 성경에서 뒤이어 나오는 단락과 연결짓는다.

---

137) 7,11ㄴ-12 주해.
138) 7,12 주해.
139) 참조. 위의 각주 103.

"잠자리나마 나를 위로하고 이불 속에서 나 자신과 이야기하는 것이 내 탄식을 덜어 주겠지." 생각하지만 당신께서는 꿈으로 저를 공포에 떨게 하시고 환시로 저를 소스라치게 하십니다(7,13-14).[140]

이 단락은 욥의 절망을 덜어줄 수 있을 두 가지 방책을 제시하지만, 그 중 어느 것도 성공적이지 못하다. 첫째 방책은 잠자리의 위로, 곧 슬픔을 완화해 주는 효과를 지닌 잠이다. 욥과 같이 지혜로운 사람에게 가능한 두 번째 방책은 자기 자신과 이야기하는 것, 곧 이성적인 숙고로 자신을 위로하는 것이다. 그러나 욥의 경우는 두 가지 모두 실패한다. 꿈이 방해하고 환시가 그를 소스라치게 하기 때문이다. 이 꿈과 환시는 약해진 그의 상태로 인한 슬픈 생각들을 보여 준다. 이러한 실패들 속에서도, 욥이 지혜롭지 못하다거나 철학적이 아니라는 암시는 없다. 그는 고통을 겪는 동안 내내 계속해서 그 고통의 원인에 일차적으로 관심을 기울이고 있기 때문이다.[141]

절망에 대한 엘리파즈의 고발을 반박하는 마지막 단계에서, 토마스의 욥은 현세의 삶에서 남아 있는 유일한 희망은 하느님께서 더 이상 고통을 겪지 않도록 해 주시는 것뿐이라고 말한다.[142] 여기서 토마스는 섭리에 대한 욥의 사변을 더 명시적으로 앞서 언급한 그의 부활 신앙에 연결짓는다. 이 연결은 인간의 미소함과 덧없음에도 불구하고 하느님께서 얼마나 모든 피조물들 가운데 인간을 드높이시고 돌보시는지에 대한 욥의 시적인 고찰을 통하여 이루어진다.

사람이 무엇이기에 당신께서는 그를 대단히 여기시고 그에게 마음을 기울이십니까? 아침마다 그를 살피시고 순간마다 그를 시험하십니까?(7,17-18).

---

140) 7,13-14 주해.
141) 7,12 주해.
142) 7,16ㄴ-21 주해.

하느님께서 인간에게 '마음을 기울이신다'는 것에 대한 토마스의 설명은, 개인적인 공로와 죄과에 따라 하느님께서 인간에게 상과 벌을 주신다는 것에 관한 앞에서의 논의를 상기시킨다.[143] 그러므로 지금의 논의는, 서로 다른 피조물들이 어떻게 각자가 우주 전체의 완전성에 기여하는 데에 따라 섭리에 의해 다스려지는지에 대한 앞에서의 설명들을 통하여 도입된 것이다.[144] 섭리는 각 피조물 안에서 영속적인 것이 무엇인지에 따라 이루어진다. 짐승들은 종으로서는 영속적이지만 개별적으로는 영속적이지 않다고 일컬어지며, 하느님께서는 그 종의 선익을 위해서만 섭리하신다. 예를 들어, 새나 이리는 그 각자의 공로나 죄과 때문에 죽임을 당하는 것이 아니라, 우주가 한 종이 다른 종의 음식이 되도록 질서잡혀 있기 때문에 죽는 것이다. 인간과 같이 종으로서도 개인으로서도 영속적인 피조물들만이 개인적인 공로와 죄과에 따라 섭리된다. 또한 인간에 대한 하느님의 관심은 그들에게 영적, 물적 선들을 마련해 주시는 데에 있다. 인간의 영적 특성에 부합하게 하느님은 사람을 '시험'하신다고 일컬어지는데, 이는 어떤 사람의 공로와 죄과를 알기 위해서가 아니라 다른 이들이 그를 알고 그도 자기 자신을 알도록 하기 위해서이다.[145] (토마스의 독자는 바로 이러한 상황이 욥의 고통의 '역사가 시작된 원인'임을 기억할 것이다).[146] 그러므로, 하느님께서 그를 시험하신다는 욥의 말은 인간에 대한 하느님의 관심을 인정하지 않는 사람의 말들처럼 신성 모독으로 이해될 것이 아니라 철학적 의미로, 그 관심에 대해 "질문하고 경탄하는 사람의 말들로" 이해되어야 한다.[147] 세 친구들의 이해에는 그러한 차원이 없다는 것은 말할 필요도 없다. 욥만이 하느님께서 겉에서 볼 때에 그렇게 작고 약하고 비참한 존재에게 그렇게 큰 관심을 기울이시는지

---

143) 위의 각주 138을 보라.
144) 7,17 주해.
145) 7,18 주해.
146) 참조. 서문; 1,1.8.12; 2,1.3.10 주해와 이에 대한 위의 설명.
147) 7,18 주해.

를 묻는다.¹⁴⁸⁾ 이러한 철학적 질문에 대한 응답으로 욥은 부활에 대한 신학적 믿음을 내어 놓는데, 이것은 묵시적으로 섭리를 현세의 삶에만 제한시키는 친구들에게 대응하도록 의도적으로 계획된 것이다. 토마스의 욥에게는, 인간에게 육신의 죽음 이후에 또 다른 삶이 있지 않다면 인간은 개별적으로 하느님의 관심의 대상이 될 만한 가치가 없을 것이다.¹⁴⁹⁾

빌닷의 담론이 뒤따른다. 그는 욥에게 이렇게 말을 꺼낸다.

> 자네는 언제까지 이런 것들을 이야기하고, 자네 입에서 나오는 교만한 말은 언제까지 변덕을 부리려나?(8,2).

이 말은 앞서 욥이 엘리파즈에게 한 응답의 의도를 빌닷이 이해하지 못했음을 보여 준다. 그래서 토마스는, 말하는 사람의 의도를 오해하는 것이 흔히 두 가지 실천적인 잘못을 가져온다는 점을 지적하면서 빌닷의 말들을 도입한다.¹⁵⁰⁾ 첫 번째 실패는 언제 화자가 핵심을 말했는지를 알지 못하는 것이다. 두 번째는 그가 말하는 것의 질서를 파악하지 못하는 것이다. 빌닷의 말은 그가 이 두 가지 모두에 실패했음을 보여 준다. 그래서 빌닷은 욥에게 얼마나 더 오래 계속 이야기를 할 것인지를 묻는다. 욥의 말은 이미 지나친 것으로 보이는 것이다(8,2ㄱ). 둘째로 그는 욥이 하고자 하는 말이 임의적이고 복잡하며 충동적으로 보인다는 점에 대해 묻는다. 빌닷은 그 말이 '교만'이라고밖에 묘사할 수 없다(8,2ㄴ). 토마스는 이 실패들이, 빌닷이 욥의 부활 신앙을 알지 못하는 데에서 기인한다고 본다. 그 신앙은 지금까지 욥이 한 모든 말에 묵시적으로 스며 있던 것이다.¹⁵¹⁾ 그래서 빌닷은 욥이 하

---

148) *Ibid.*
149) *Ibid.*; 참조. 7,21 주해와 위의 각주 101.
150) 8,1-2 주해.
151) 8,3 주해.

느님께서 죄를 벌하시거나 선행을 갚지 않으신다고 말한 것으로 오해하고, 이러한 말이 하느님의 정의를 거스른다고 여긴다.

아무려면 하느님께서 공정을 왜곡하시고 전능하신 분께서 정의를 왜곡하시겠나?(8,3).

토마스는 다시 본문에서 벗어나 빌닷의 이 두 질문을 설명하는데, 여기서는 정의가 두 가지 방식으로 훼손된다고 지적한다. 지혜로운 사람의 경우 교활함으로, 세력있는 사람의 경우 폭력으로 정의를 훼손시킨다.[152] 빌닷은 완전한 지혜이시고 전능이신 하느님께서 교활하게 공정을 왜곡하시거나(8,3ㄱ 참조) 폭력적으로 정의를 왜곡하실(8,3ㄴ 참조) 필요가 없으시다고 여기는 것으로 이해된다. 빌닷은 엘리파즈와 마찬가지로 욥이 하느님께 돌아감으로써 원래의 소유를 되찾아야 한다고 여기며, 담론의 나머지 부분에서 욥에게 회심을 가로막는 장애를 극복하라고 권고한다. 욥이 잃어버린 자녀들이 이제 죽었고 회심한다고 해도 그들이 다시 살아나게 할 수는 없으리라는 것은 그러한 장애들 가운데 하나라고 생각된다. 그래서 빌닷은 이렇게 말한다.

자네 아들들이 그분께 죄를 지었고 그분께서는 그들을 그 죄과의 손에 넘기신 것이네(8,4).

토마스는 빌닷의 말을 다음과 같이 해석한다. 욥의 자녀들은 욥의 죄 때문이 아니라 오직 그들 자신의 죄의 결과로 죽은 것이다. 그러므로, 욥의 자녀들이 죽었다고 해서 욥이 그의 죄 때문에 잃어버린 모든 것을 되찾을 수 없는 것은 아니다.[153] 여기서 토마스는 다시 한 번 본문에서 벗어나, 현세의 삶에서의 징벌이 순전히 과

---

152) *Ibid.*
153) 8,4 주해.

거의 죄로 인한 것이라는 빌닷의 그릇된 믿음이 어떻게 그로 하여금 죽음을 최종적 징벌로 여기도록 만드는가를 지적한다.[154]

토마스의 욥은 빌닷에게 응답하여, 먼저 그가 하느님의 정의를 반박하거나 하느님과 논쟁할 뜻이 없음을 밝힌다. 그는 하느님께서 지혜에서나 능력에서나 인간을 훨씬 능가하시므로 인간이 원한다 해도 그분과 논쟁할 수 없다고 주장한다.[155] 하느님의 압도적인 능력에 관한 욥의 논의를 설명하면서 토마스는 때로 기술과의 '학문적' 유비들을 사용하며 섭리에 관한 아리스토텔레스의 다른 전제들을 도입한다. 우리의 목적을 위해서는 한 가지의 예를 드는 것으로 족하다.[156] 대중 라틴말 성경 본문에서 욥은 하느님께서 산들을 옮길 수 있으심을 말함으로써 자연에 대한 하느님의 능력을 묘사한다.

> 당신께서 분노하시어 뒤엎으신 이들도 알지 못하는 사이에 산들을 옮기시는 분(9,5).

토마스는 지상의 사물들 가운데 산들은 가장 굳건하고 안정된 것으로 보인다고 말한다. 그러므로 욥의 말들은 하느님께서 산들을 옮기심으로써 기적을 일으키시는 것임을 암시할 수도 있지만, 토마스는 오히려 이것이 하느님께서 자연 질서에 "더 적합하게"[157] 행위하심을 말하는 것으로 이해한다. 생성된 모든 것은 일정한 때에는 소멸하는 것이 자연 질서이기 때문이다. 여기에서는 산이 분해되거나 무너지는 것을 그 부분들이 옮겨지는 것으로 묘사한 것이다. 다음으로, 그러한 자연적 과정들은 "불합리하게"[158] 하느님께 귀속되지 않는다. 이를 설명하기 위하여 토마

---

154) *Ibid*.
155) 8,1-4 주해.
156) 9,5 주해.
157) *Ibid*.
158) *Ibid*.

스는 궁수가 쏜 화살의 유비를 도입한다.[159] 화살의 움직임이 그 화살을 어떤 표적으로 방향 지은 궁수에게 귀속되듯이, 자연 사물의 움직임은 그 사물을 스스로이든 다른 것에 의해서이든 어떤 목적을 향해 방향 지어진 것으로 볼 때에 가장 잘 이해된다. 자연 사물들이 스스로 그들이 향하는 목적을 파악하지 못한다면, 그들의 목적은 상위의 이성 내지 하느님께 귀속되어야 한다. 다음으로, 하느님께서 '뒤엎으시는' 이들은 또 하나의 인간적 유비로 설명된다.[160] 인간 임금은 갑자기 한 도시를 습격함으로써 그의 능력을 과시할 수 있는데, 그의 행위가 갑작스럽고 예기할 수 없는 것일수록 그의 능력은 더 위대하게 드러난다. 이와 마찬가지로, 이어지는 욥의 말들은 하느님께서는 산 위에 살고 있는 이들이 미리 알지 못하고 그 일이 일어날 때 아무것도 할 수 없을 만큼 갑작스럽게 산을 옮기신다는 것을 뜻한다. 마지막으로, 하느님의 '분노'에 대한 언급은 성경에서 하느님의 진노에 대해 말하는 다른 부분들과 마찬가지로 하느님께서 죄를 벌하시거나 복수하시기 위하여 자연 질서를 사용하심을 묘사하는 것으로 이해해야 한다. 인간적으로 말해서 복수는 분노와 연관되어 있기 때문이다.[161] 이 논의 전체는 그 앞뒤의 다른 논의들과 마찬가지로 토마스의 독자에게 성경 본문의 시적 표상을 사유적이고 산문적이며 인간적으로 설득력 있는 방식으로 해석하는 습관을 갖게 한다.

빌닷과의 토론 주제로 돌아가, 토마스의 욥은 그의 고통이 과거의 죄에 대한 벌이라는 세 친구의 공통된 견해를 반박한다.[162] 그러나 욥은 자신의 무죄함에 대한 믿음을 포기하지 않고 그 믿음의 근거로 부활 신앙이 포함되어 있음을 설명하지도 않기 때문에, 그의 주장들은 친구들의 주장들과 엇갈린다. 욥의 반박 한 가지에

---

159) *Ibid*.
160) *Ibid*.
161) *Ibid*. 참조. 3,26; 4,9; 5,26; 6,2; 9,13; 10,17; 13,11; 14,13; 20,28; 35,15; 40,6 주해.
162) 9,22-10,22 주해. 참조. 10,22에 대한 토마스의 요약.

대한 토마스의 설명을 예로 들어 보자.[163]

　세상은 악한 자의 손에 넘겨지고 그가 판관들의 얼굴을 가려 버렸다네. 그가 아니라면 도대체 누구란 말인가?(9,24).

　이 반박은, 하느님께서는 무죄한 사람을 벌하기를 즐기지 않으신다고 주장함으로써 친구들의 의견을 비판하는 것으로 이해된다. 그 친구들이 옳다면 하느님께서는 세상을 '악한 자' 곧 악마의 손에 넘기셨고[164] 그분이 이 세상 재판관들의 정신을 흐리게 하여 무죄한 사람들이 벌을 받도록 하신 것이어야 한다. 그러나, 본문의 마지막 질문에서는 토마스의 욥이 이러한 시나리오가 무죄한 사람의 고통을 설명하기에 부적절하다고 여긴다는 사실이 드러난다. "그분이 [악한 자] 아니라면 도대체 누구란 말인가?"(9,24ㄷ). 여기서 토마스는 욥의 논쟁적인 주장과 그 자신의 교훈적인 주장의 차이를 강조한다. 그는 이 절의 세 마디 가운데 두 마디를 인용하며 이 절을 다시 한 번 설명하는 흔치 않은 방법을 취한다.[165] 이 두 번째 설명에서 토마스는 욥과 달리 이 시나리오가 궁극적으로는 타당하지 않은 이유를 제시한다. 세상이 온전히 악마에게 넘겨졌다고 말하는 것은 그릇되다는 것이다. 토마스에 따르면, 악마가 그에게 허락된 모든 것을 자유로이 행할 수 있는 것은 하느님의 계획에 의하여 이루어지는 일이며, 그 하느님의 계획에서 모든 것은 합당한 이유에 의해 이루어진다. 그러므로 토마스의 욥은 교훈적으로, 무죄한 고통의 원인을 악마에게 돌리는 것은 충분치 못하고 따라서 그 친구들과 그는 다른 곳에서 합당한 이유를 찾아야 한다고 말한다. 그러나 앞서 말했듯이, 친구들에 대한 욥의 교훈적 의도는 성공을 거두지 못한다. 그가 친구들에게 생략된 삼단논법으로 논쟁

---

163) 9,23 주해.
164) *Ibid.*
165) *Ibid.*

적인 접근만을 하기 때문이다.

다음으로는 초파르가 응답한다. 엘리파즈와 빌닷과 마찬가지로 그도 욥이 이전의 죄 때문에 고통을 받고 있는 것이라는 자신의 믿음에 비추어 욥의 말들을 오해한다. 그래서 초파르는 자신이 무죄하다는 욥의 탄원을 물리친다.

자네는 "저의 신조는 순수하고 저는 당신의 눈에 결백합니다." 하네만 제발 하느님께서 말씀하시고 자네에게 당신 입술을 열어 주신다면! 자네에게 지혜의 비밀을 알려 주시고 당신의 법이 다양함을 알려 주시어, 자네가 자네의 죄악이 받아 마땅한 벌보다 훨씬 적은 벌이 자네에게 요구되고 있음을 안다면!(11,4-6).

초파르가 욥의 죄를 어떻게 이해하는지를 설명하기 위하여, 토마스는 본문에서 벗어나 죄의 의미를 고찰한다.[166] 죄는 "하느님의 법에서 벗어나는 것"으로 정의된다.[167] 한 사람이 죄인인지, 어느 정도 죄인인지는 먼저 "하느님의 법"을 알지 않고서는 온전히 알 수 없다. 그래서, 무죄함을 주장하는 욥의 탄원에 대한 초파르의 비판은 욥이 하느님의 법을 완전히 알지 못한다는 데에까지 이른다. 초파르에 따르면 욥은 하느님께서 직접 그와 '말씀하실' 때에만 이 법을 알 수 있다. 분명 초파르는 그러한 상황이 일어나리라고 생각하지 않는다. 그러나 토론을 끝맺는 하느님의 신현은 결국 초파르가 틀렸음을 입증할 것이다. 어떤 경우이든, 초파르는 여기서 하느님 지혜의 '비밀'에 대해 말한다(11,6ㄱ). 토마스는 다시 본문에서 벗어나 초파르의 말을 설명한다. 여기서 그는 인간이 하느님의 이해에 이르지 못하지 못하는 두 가지 방식을 고찰한다.[168] 첫째로, 하느님의 이해는 "보이지 않는다." 토마스는 로마 1,20을 암시하면서, "창조된 사물을 통해서가 아니고서는" 우리는 "하느님의 보이

---

166) 11,5 주해.
167) *Ibid.*
168) 11,6 주해.

지 않는 속성들"을 알 수 없다고 주장한다.[169] 여기서 초파르의 말들은, 생산물이 생산자의 '덕'이나 '기술'에 미치지 못하는 것과 마찬가지로 인간은 하느님의 생각을 알 수 없음을 뜻한다. 토마스는 초파르가 말하는 하느님의 "비밀"을 바오로가 말하는 "하느님의 눈에 보이지 않는 속성들"과 동일시하지만, 그 하느님의 속성들은 우리의 관점에서만 비밀이고 눈에 보이지 않는다고 일컬어지는 것이지 하느님의 관점에서는 그렇지 않다.[170] 더 나아가서, 초파르가 인간이 하느님의 이해에 미치지 못한다고 보는 두 번째 이유는 하느님의 법이 "다양하기" 때문이다(11,6ㄴ 참조).[171] 여기서 토마스는 한편으로는 모든 개별적인 경우들을 다 포괄하지 못할 수도 있는 보편적인 규칙들로 비교적 난순하게 인간사에 질서를 부여하려고 하는 인간의 법, 다른 한편으로는 '다양한' 방식으로 인간사를 포함한 우주의 가장 작은 부분에까지 법에 따른 질서가 미치게 하는 하느님의 섭리를 구분한다. 초파르는 욥이 자신의 죄를 알지 못하거나 아니면 하느님께서 이해하시듯이 그 죄의 참된 정도를 알아보지 못한다고 여긴다. 초파르는 욥이 스스로 그 정도를 깨달을 수 있으리라는 희망도 남기지 않는다. 그가 하느님과 직접 소통하지 못하기 때문이다. 이렇게 해서 초파르의 담론은 뜻하지 않게 토마스의 독자에게, 토론 전체를 끝맺는 신현을 준비시킨다.[172]

   초파르에 대한 욥의 대답은 다른 두 친구를 향한 것이기도 하다.[173] 토마스는 욥의 세 가지 의도를 구별하여, 그의 대답을 담고 있는 대중 라틴말 성경의 세 장 각각에 그 의도의 한 부분씩을 할당한다. 첫째로, 욥은 세 친구가 하느님의 지혜와 능력과 정의를 찬양했고 욥 자신은 이러한 속성들을 알지 못했다는 것을 반박하

---

169) *Ibid*.
170) *Ibid*.
171) *Ibid*.
172) 아래에서 하느님의 '결정'에 대한 설명을 보라(욥 38-42,8).
173) 12,1 주해.

고자 한다.[174] 욥은 자신이 그렇게 무지하지 않다고 주장하므로, 토마스는 욥의 태도를 하느님의 속성들에 대한 그리스도교적–아리스토텔레스주의적인 해석으로 본다. 예를 들어, 욥은 폭력배들의 부정한 이득마저도 "하느님의 손"의 지배를 받는다는 것을 부인하지 않는다.[175]

폭력배들의 천막은 풍요롭고 그들은 겁 없이 하느님을 노하시게 하네. 그분께서 모든 것을 그들 손에 주셨기 때문일세. 그러나 이제 짐승들에게 물어보게나. 그것들이 자네를 가르칠 걸세. 하늘의 새들에게 물어보게나. 그것들이 자네에게 알려 줄 걸세. 아니면 땅에다 대고 말해 보게. 그것이 자네를 가르치고 바다의 물고기들도 자네에게 이야기해 줄 걸세. 이 모든 것 가운데에서 누가 모르겠나? 주님의 손이 그것을 이루셨음을. 그분의 손에 모든 생물의 목숨과 모든 인간 육체의 숨결이 달려 있음을(12,6–10).

욥에 따르면, 모든 것이 하느님의 손에 달려 있다는 것은 단순히 아무 피조물에게나 '물어보는' 것으로 알 수 있다.[176] 토마스는 이 '물어봄'을 철학적으로 해석하여, 모든 것이 상위의 지혜로부터 나온다는 것을 알기 위해서는 피조물들의 구성과 그들의 행위에서 발견되는 질서를 주의깊게 살펴 보아야 한다는 뜻으로 이해한다. 피조물들이 하느님에 의해 '이루어졌다'는 것은, 마치 생산물이 기술자의 능력 안에 있듯이 그들이 하느님의 능력 안에 있는 것으로 이해되어야 함을 의미한다.[177] 이어서 토마스는 이러한 그리스도교적 아리스토텔레스주의를 인간사에까지 확장시킨다. 예를 들어, 그는 다음과 같은 욥의 말을 길게 설명한다.[178]

---

174) *Ibid*.
175) 12,6-10 주해, 특히 12,10 주해.
176) *Ibid*.
177) *Ibid*.
178) 12,17 주해.

그분은 자문관들을 바보로 만드시고 판관들을 당황케 하시는 분(12,17).

본문에서 벗어나면서 이 말들을 도입하여,[179] 토마스는 하느님의 사변적 지혜와 실천적 지혜 사이의 유비를 끌어들인다. 하느님께서는 직관적으로 사변적 '학문들'의 전제와 결론들, 그리고 그들의 연관을 아신다고 일컬어지는 것과 마찬가지로, 또한 그분께서는 인간 행위의 모든 실천적인 목적과 수단, 그리고 그 결과들을 아신다고 말할 수 있다. 그러므로 하느님은 인간에게 어떻게 조언할 것인지 알기 위하여 또는 그들의 숙고를 혼란시키기 위하여 조사하고 문의할 필요가 없으시다. 여기서 욥의 말들은, 하느님의 반대자들의 계획을 지배하시는 그분의 능력과 지혜에 대해 말하고 있다. 하느님께서는 반대자들을 그들이 처음 생각한 것과 일치하지 않는 곳으로 이끌 수도 있으시고("그분은 자문관들을 바보로 만드시고", 12,17ㄱ), 반대자들이 그분을 거슬러 아무 말도 할 수 없는 강력한 제안을 내놓을 수도 있으시다("판관들을 당황케 하시는 분", 12,17ㄴ). 마지막으로, 이러한 속성들은 사변적인 문제들에 관하여 토론하는 유능한 토론자들에게도 적용될 수 있다.[180]

둘째로, 욥은 인간이 그들의 의로움 때문에 이 세상에서 복을 누리고 그들의 죄 때문에 고통을 겪는다는 친구들의 그릇된 견해를 논박하려 한다. 여기서 대중 라틴말 성경 본문은 토마스에게, 토마스의 말들을 더 명시적으로 토론의 형식에 맞게 해석할 수 있게 해 준다. 욥은 하느님을 직접 토론에 개입하시도록 하고자 하는 갈망을 밝힌다.[181]

나는 전능하신 분께 여쭙고 하느님께 항변하고 싶을 따름이네. 그러나 먼저 자네들은 거짓을 꾸며 내는 자들, 모두 그릇된 교설을 숭배하는 자들임을 보여 주고 싶네. 아, 자네들이 제발 입을 다문다면! 그것이 자네들에게 지혜로운 처사가 되련

---

179) *Ibid.*
180) *Ibid.*
181) 13,3-10 주해.

마는. 이제 나의 훈계를 듣고 내 입술이 하는 변론에 유의하게나. 하느님께 자네들의 거짓이 필요해서서 자네들은 그분을 위하여 허위를 말하려나? 자네들은 하느님 편을 들어 그분을 변론하려는가? 그분께는 아무것도 감추어져 있을 수 없는데, 이것이 그분 마음에 드시겠는가? 사람을 속이듯 그분을 속일 수 있겠나? 자네들이 몰래 편을 든다면 그분께서는 기필코 자네들을 꾸짖으실 것일세(13,3-10).

이에 따르면, 욥이 하느님을 토론에 개입시키려는 목적은 친구들이 주장하듯이 하느님을 거슬러 논쟁하기 위해서가 아니고 다만 하느님의 도우심으로 친구들의 오류를 무너뜨리기 위해서이다.[182] 친구들은 "하느님의 편을 드는" 잘못을 저지른다. 그들은 판단에 있어 진리보다 하느님이라는 분의 영향을 받는 것이다.[183] 이 절을 설명하면서 다시 한 번 본문에서 벗어나, 토마스는 1코린 15,15를 고찰한다. "우리는 또 하느님의 거짓 증인으로 드러날 것입니다. 죽은 이들이 정말로 되살아나지 않는다면 하느님께서 그리스도를 되살리지 않으셨을 터인데도, 하느님께서 그리스도를 되살리셨다고 우리가 하느님을 거슬러 증언한 셈이기 때문입니다." 이 고찰은 거짓을 하느님께 맞서는 것과 동일시하게 한다.[184] 또한 적절하게도 이 인용은 초파르에 대한 욥의 그 대답의 세 번째 부분에 앞서 부활의 참됨을 주장한다. 이제 욥은, 친구들의 중상에 맞서 발언하시도록 하느님께 직접 호소한다.[185]

얼마나 많습니까. 저의 범행과 죄가? 저의 죄악과 과실을 저에게 알려 주십시오. 어찌하여 당신의 얼굴을 감추십니까? 어찌하여 저를 당신의 원수로 여기십니까?(13,23-24).

---

182) 참조. 12,1; 13,19-22; 15,5-13; 22,1-4; 33,12-13 주해; 또한 21,1-2.4와 23,3-4; 위의 각주 134.
183) 13,10 주해.
184) *Ibid.*
185) 13,23 주해.

그러나 여기에서도, 욥의 논쟁적인 어조는 그가 계속 그의 친구들의 오해를 받을 것임을 거의 확실하게 보증해 준다. 여기서 그는, 마치 친구들이 믿는 바와 같이 그가 '범행'(이웃을 거스른 잘못), '죄'(자신을 거스른 잘못), '죄악'(하느님을 거스른 잘못), '과실'(일반적) 때문에 벌을 받고 있는 것처럼 그가 벌을 받는 원인을 보여 주시기를 하느님께 청한다.[186] 이 시점에서 하느님의 침묵은 욥에게, 그러한 원인들이 그의 경우에는 맞지 않는다는 충분한 증거가 될 것이다. 그러나 친구들의 생각은 그렇게 쉽게 바뀌지 않는다. 실상, 후에 친구들은 욥을 거슬러 이 말들을 내세울 것이다. 이 말들이 욥이 하느님을 모독하는 죄인이라는, 친구들의 첫 인상을 확인해 주는 것으로 여겨지기 때문이다.[187]

초파르에 대한 대답의 마지막 부분에서 욥은 회심에 대하여 현세적 보상이 주어진다는 친구들의 그릇된 약속을 반박하려 한다.[188] 여기서 토마스는 욥이 부활에 대한 믿음을 분명히 밝히는 것으로 본다. 그러나 앞에서 계속 설명해온 바와 같이 그는 생략된 삼단논법을 사용하여 쉽게 오해를 불러 일으킨다.[189]

누가 저에게 당신께서 지옥에서 저를 보호해 주시고 당신의 진노가 그칠 때까지 저를 숨겨 주시며 당신께서 저를 기억하실 때를 약속해 주시도록 해 주겠습니까? 사람이 죽으면 다시 살아날 수 있습니까? 제 고역의 나날에 저는 고대합니다. 제 해방의 때가 오기까지. 당신께서 부르시면 제가 대답할 것입니다. 당신은 당신 손의 작품에게 오른 손을 뻗치실 것입니다(14,13-15).

토마스에 따르면, 욥은 죽은 후에도 하느님께서 계속해서 특별히 보살펴 주시기

---

186) *Ibid.* 참조. 1,1 주해와 토마스가 본문을 벗어나는 것에 관한 위에서의 설명.
187) 2,11 주해와 위의 각주 103, 112를 보라.
188) 14,1-22 주해.
189) 14,13-15 주해. 참조. 엘리파즈, 빌닷, 초파르와 욥의 '토론'(욥 4-28장)에 관한 본고의 예비적 고찰.

를 바라는 그의 본성적인 갈망을 표현하는 것으로부터 시작한다.[190] 그는 죽음을 하느님께서 인간에게 진노하신 때에 비긴다. 토마스가 앞에서 밝힌 바와 같이, 죽음은 하느님께서 삶에 필요한 도움들을 거두실 때 일어나며 성경에서 분노는 하느님께서 인간에게서 은혜를 거두심을 나타내는 표현이기 때문이다.[191] 그러므로 욥은 하느님께서 그의 생명을, 그의 도움을 영원히 거두시어 그를 잊어버리시는 것을 바라지 않고, 그를 기억하시어 부활 또는 소생의 때를 정해 주시기를 바란다.[192] 토마스는 예고 없이 본문에서 벗어나, 하느님께 바라는 '보호'를 수리가 필요한 건물에 대한 기술자의 돌봄에 비유한다.[193] 건물의 재료가 수리할 수 없을 정도로 붕괴된 상태라면 기술자는 그것을 수리하려고 애쓰지 않을 것이며, 기술자가 수리에 착수하는 것은 그가 건물을 계속 돌보고자 한다는 것을 보여 준다. 여기에서 나올 추론은 하느님께서 죽음 이후에 회복된 인간의 육신을 보존하고자 계획하신다는 것이 될 듯하지만, 토마스는 이 유비만으로 그러한 결론을 끌어내지 않는다. 아마도, 이 유비는 독자에게 마치 건물의 청사진이나 의도했던 계획이 그 재료보다 오래 남을 수 있는 것처럼 육신이 사라진 후에도 영혼이 더 오래 남도록 되어 있다는 결론을 내리게 할 수도 있기 때문일 것이다.[194] 그래서 토마스는, 죽음 이후에 인간의 육신이 개별 영혼과 다시 결합된다는 것이 뒤따라 나오는 욥의 말들에 대한 가능한 두 가지 설명 가운데 하나라고만 언급한다. 한 가지 설명에 따르면, 그가 하느님의 부르심에 대답하겠다는 말은 하느님께서 투쟁과 고통의 이 지상적 삶으로부터 그를 부활시키시고 변화시키시리라는 것을 의미하며, 하느님께서 오른 손을 뻗치신다는 말은 그 부활이 본성에 의해서가 아니라 하느님의 은총으로 이루어질

---

190) 14,13 주해.
191) *Ibid.*, 위의 각주 161.
192) *Ibid.*
193) *Ibid.*
194) 참조. *ST* I.76.5, *ad* 1.

것임을 의미한다.[195] 두 번째의 다른 설명을 따를 때에야 욥이 하느님께 대답하겠다는 것이 죽음 이후에 육신이 회복되는 것을 의미하고 하느님께서 오른 손을 뻗치시는 것은 육신과 다시 결합하기를 바라는 영혼의 본성적 갈망과 연관된다. 그 갈망은 하느님 도우심의 손길이 없이는 충족될 수 없는 것이다.[196] 욥의 부활 신앙에 대한 논리적 기초를 보여 주는 데에서 토마스가 명백하게 조심스런 태도를 취하는 것은, 이 신앙이 단순히 이성적 논증의 결론으로 이해될 수 있는 것이 아님을 암시하는 듯하다. 이로써 토마스는 그의 그리스도교 독자에게, 욥이 그저 친구들과 논쟁함으로써 그들을 설득하기를 정말로 바랄 수 있었는지 의심을 품을 기회를 준다.

둘째 차례(욥 15-21장)

엘리파즈, 빌닷, 초파르와 욥의 토론의 둘째 차례를 시작할 때에, 토마스는 이미 그가 그의 그리스도교 독자의 정신 안에 구축하고자 하는 아리스토텔레스주의의 개요를 그려 놓은 것이다. 아마도 그래서 욥의 토론의 둘째 차례에 대한 주해에서는 첫째 차례 부분에서보다 덜 본문에서 벗어나고, 셋째 차례에서는 더 적게 벗어난다.[197] 여기서 토마스는 오히려 그리스도인 욥에게 귀속시키려 하는 아리스토텔레스주의의 실천적 한계들을 강조하는 경향을 보인다. 이미 지적한 바와 같이 그는 일반적인 방식으로, 욥이 고통의 참된 원인에 대해 친구들을 설득하지 못하는 것을 그리스도교적 – 아리스토텔레스주의적 관점으로 설득하지 못하는 실패로 이해함으로써 그 관점의 한계를 드러낸다. 이러한 목적으로, 둘째 차례에 대한 토마스의 주해는 욥이 실패를 겪게 되는 토론 형식의 전개를 명시적으로 그리고 세

---

195) 4,15 주해.
196) *Ibid.*
197) 참조. 예를 들어 위의 각주 68, 69, 70.

부적으로 전해 준다.

토마스의 엘리파즈는 첫째 차례에서와 마찬가지로 욥의 말을 오해하여 욥을 중상하고 비방하는 것으로 시작한다.[198] 엘리파즈는 하느님과 토론하고자 하는 욥의 원의를 곡해하여, 그것이 하느님의 진실하심에 대한 욥의 충실한 신뢰가 아니라 하느님의 의로우심에 대한 욥의 신성모독적인 불신이라고 여긴다.[199] 엘리파즈에 따르면, 앞에서 욥이 한 말들은 욥이 하느님에 대한 경외심을 이미 잃어버렸고 이제는 하느님과 논쟁하고 있으며 마치 스스로 하느님과 대등한 위치에 있는 것처럼 하느님께 요구들을 내세우고 있음을 보여 주는 것이다. 그래서 엘리파즈는 욥의 말들이 처음부터 죄스러운 것이라고 판단한다.

어찌 쓸데없는 이야기와 소용없는 말로 논쟁하겠는가? 자네야말로 경외심을 깨뜨리고 하느님 앞에서 기도를 거두었구려. 정녕 자네는 자네 죄가 가르치는 대로 말하고 하느님을 모독하는 자들의 말을 본받는구려(15,3-5).

토마스는, 욥이 "하느님을 모독하는 자들의 말을 본받는다."는 엘리파즈의 비난을 설명함으로써 엘리파즈가 하느님과 토론하고자 하는 욥의 갈망을 혐오한다는 점을 지적한다.[200] 하느님의 정의에 대해 하느님과 토론하려는 사람이 이렇게 묘사된다. 어떤 것에 대해 토론한다는 것은 그것을 의심하는 것이나 다름없고, 하느님의 정의를 의심하는 사람은 거의 그것을 부인하는 것과 마찬가지이기 때문이다.

욥은 엘리파즈에게 응답하여, 친구들이 그를 위로하는 방식이 적절하지 못하다고 이의를 제기한다. 욥은, 친구들이 그저 다양한 말들로 그가 역경을 겪고 있는

---

198) 15,1 주해.
199) 15,3-5 주해.
200) *Ibid.*

것이 죄 때문이라는 그릇된 믿음을 되뇌고 있을 뿐이라고 여긴다.[201] 또한 친구들은 토론에서 욥에 대해 불공평하게 유리한 위치에 있는 것으로 일컬어진다. 그는 고통을 겪고 있는데 그들은 그렇지 않기 때문이다.[202] 그러나, 욥은 극심한 고통 속에서도 고통의 원인에 대한 '학문적' 이해에서 친구들보다 못하지 않다.[203]

내가 말을 해도 이 아픔이 줄지 않는구려. 그렇다고 말을 멈춘들 내게서 무엇이 덜어지겠는가? 이제 내 고통이 나를 부서뜨리고 내 사지가 모두 없어져 버렸네. 나의 주름살이 나의 반대 증인이 되고, 거짓말쟁이가 내 면전에서 일어나 나에게 맞서는구려. 그가 나를 거슬러 **분노를 모으ㄴ** 나에게 이를 갈며 나를 위협하며 내 원수가 내게 날카로운 눈길을 보내네 (16,7-10).

욥이 어떻게 고통을 겪으면서도 이해를 할 수 있는지를 다시 한 번 설명하기 위하여 토마스는 두 종류의 고통을 구별한다. 외적이고 감각적인 고통 외에도 내적인 고통 내지 슬픔이 있는데, 후자는 어떤 악이 다가오고 있음을 아는 데에서 나온다.[204] 욥의 감각적 고통은 친구들과 대화한다고 극복될 수 있는 것이 아니지만, 토마스는 그의 슬픔은 극복될 수 있다고 암시한다. 토마스는, 욥이 죄를 지었다는 친구들의 그릇된 고발에 대한 욥의 대답에서 욥이 – 그가 겪은 고통의 돌발성, 포괄성, 복합성, 저항 불가능성으로부터[205] – 그 고통의 원인은 오직 악마일 수밖에 없고 악마는 다시 하느님의 지배를 받는다는 것을 깨닫게 된다고 설명한다(이는 독자가 욥의 이전 '역사'에서 이미 알게 되었던 바와 일치한다).[206] 토마스는 여기에서, 주름살이 자

---

201) 16,1-3ㄱ 주해. 참조. 위의 각주 187.
202) 16,3ㄴ 주해.
203) 16,4-15 주해.
204) 16,7-8 주해.
205) 16,12-15 주해.
206) 욥의 고통의 '역사'(욥 1-2장)에 관한 앞의 설명을 보라.

신을 거슬러 증언한다는(16,9) 욥의 주장을 두 가지로 해석하면서 다시 악마의 문제를 도입한다. 그 한 가지 해석에 따르면, 이 주장은 욥이 어쩔 수 없이 고통을 겪고 있다는 사실이 그가 큰 죄를 지은 것이라는 엘리파즈의 그릇된 의견을 확증해 줌을 의미한다.[207] 다른 해석에 따르면 이 주장은, 욥이 그 친구들의 중상을 악마의 사주로 돌리고 있음을 의미한다. 그는 악마를, 자신을 위협하고 두렵게 하는 분노한 짐승들에 비유하고 있는 것이다(16,10 참조).[208] 그러한 중상에 응답하여 욥은, 마치 분별있는 친구에게서 판단과 서로 간의 이해를 구하듯이 하느님께 위로를 구할 수 있을 따름이다.[209]

내 친구들이 나를 빈정거리니 나는 하느님을 향하여 눈물짓는다네. 아, 사람과 사람 사이의 시비를 가리시듯 그분께서 한 인생을 위하여 하느님과 논쟁해 주신다면(16,20-21).

토마스는 욥의 이 말들이, 현세적인 부유함을 되찾게 되리라는 친구들의 거짓된 약속에 대한 욥의 거부를 보여 준다고 설명한다. 그는 내세의 삶에서 하느님 앞에 서게 될 때 하느님께서 하시는 일들과 그분의 판단들의 이유를 알게 됨으로써 인간적인 행복에 이르게 되리라는 영적 '희망'을 주장하는 것이다.

토마스의 빌닷은 욥의 말들에 감추어져 있는 이러한 영적인 의미를 헤아리지 못한다. 그는 계속해서 욥이 고통을 받는 것이 그가 과거에 지은 죄들 때문이라고 믿으며, 욥이 빗나가고 주제넘고 분노하며 말을 하고 있다고 비난한다.[210]

자네는 무슨 목적으로 말들을 내뱉는가? 잘 생각해 보게나. 그러고 나서 우리 이야기하세.

---

207) 16,9 주해.
208) 16,9-10 주해.
209) 6,21-22 주해.
210) 18,1-3 주해.

어찌하여 우리가 짐승처럼 여겨지며 자네 눈에 멍청하게 보인단 말인가? 어찌하여 자네는 분노하여 자네 영혼을 잃어버리는가? 자네 때문에 땅은 황폐하게 되고 바위는 제자리에서 밀려나야 한단 말인가? 정녕 악인들의 빛은 꺼지고 그 불꽃은 타오르지 않네. 그 천막 안의 빛은 어두워지고 그를 비추던 등불은 꺼져 버리지(18,2-6).

빌닷은 땅이 황폐하게 되고 바위가 제자리에서 밀려나는 것에 대해 말하는데, 이는 그가 주장하는 의견이 땅이나 바위처럼 굳건하게 상식에 기초하고 있다는 신념을 표현하는 것으로 설명된다.[211] 빌닷은, 욥의 무죄함이 입증되어 그가 이전의 죄 때문에 고통을 겪고 있는 것이라는 빌닷 자신과 다른 친구들의 견해가 밀려나게 될 것인지를 의심한다. 그래서 빌닷은, 죄에서 나오는 나쁜 결과들이라고 믿는 것들을 열거하는 데에 그친다.[212] 그 결과들에는 죄인에게 현세적 부유함이 사라지는 것이 포함되는데, 빌닷은 이를 빛이 꺼지는 것에 비유한다.[213] 토마스는 여기서 잠시 본문에서 벗어나, 빌닷의 말들이 인간적인 성공의 두 가지 원인 곧 인간의 섭리와 하느님의 섭리에 대응됨을 고찰한다.[214] 자신에 의하여 그리고 가까운 이들에 의하여 행사된 현명함의 경우와 같이, 인간의 섭리는 한 사람으로 하여금 그의 삶 안의 개인적인 일들을 현명하고 주의깊게 처리할 수 있게 해 준다. 그래서 빌닷은 인간적 섭리가 사라지는 것을 천막 안의 빛이 어두워지는 것에 비유한다. 반면 하느님의 섭리는 인간적 성과가 초인간적인 원인으로부터 유래할 때에 나타난다. 그러므로 빌닷은 그 섭리가 사라지는 것을 어떤 사람을 위에서 비추어 주는 등불이 꺼지는 것에 비유한다. 토마스는 이에 덧붙여, 빌닷이 먼저 인간적 섭리의 빛에 대해 말하는 것은 자신 안에서 이성의 빛이 이미 사라진 사람은 이어서 그 빛의

---

211) 18,4 주해.
212) 18,5-21 주해.
213) 18,5 주해.
214) *Ibid*.

더 높은 원천인 하느님 섭리의 보호도 받지 못하게 된다는 것을 전제하고 있기 때문이라고 말한다. 빌닷은 욥이 이러한 사람의 경우에 속한다고 본다.

 욥은 빌닷에게 응답하여 세 친구들의 공통된 그릇된 견해, 즉 현재의 역경들이 언제나 과거의 죄들에서 기원한다는 견해를 논박한다.[215] 욥의 주된 논거는, 빌닷과 다른 친구들이 믿는 것이 옳다면 하느님께서는 공평한 심판관이 아니시라는 것이다. 그분께서 욥에게 그 고통에서 벗어날 대책이 없게 만드셨기 때문이다.(19,6-8)[216]

 그렇지만 알아 두게나. 하느님께서 나에게 불공평한 판결을 내리시고 당신의 징벌로 나를 포위하셨음을. "폭력이야!" 소리쳐도 대답이 없고 호소해 보아도 법이 없네그려. 내가 지날 수 없게 그분께서 내 길에 담을 쌓으시고 내 앞길에 어둠을 깔아 놓으셨네.

 토마스에 따르면 욥은 하느님께서 징벌로 그를 포위하셨다고 말함으로써(19,6) 다시 한 번 그가 벗어날 길이 없음을 표현한다. 이어서 그는 그에게 불가능하게 된 네 가지 구제책들을 구별한다. 한편으로 그는 다른 인간으로부터 도움을 받을 수 있는 가능성을 배제한다. 역경을 겪고 있는 동안 마치 폭력적인 공격을 받는 사람이 도움을 청하기 위해 소리를 치듯이 해도 대답이 없고(19,7ㄱ 참조), 어떤 일이 벌어진 후에 마치 피해를 입은 사람이 재판관에게 공식적으로 그의 권리를 되찾아 주도록 호소하듯이 해도(19,7ㄴ 참조) 소용이 없다. 다른 한편으로 그는 스스로 대책을 찾을 수도 없다. 길을 가면서 장애물을 치우는 사람처럼 신체적인 힘을 사용해 보거나(19,8ㄱ 참조) 아니면 어둠 속을 지나가기 위해 앞을 보려고 애쓰는 사람처럼 현명하게 행동하려 해도(19,8ㄴ 참조) 할 수 없다. 동시에, 욥은 하느님의 도우심에 대한

---

215) 19,1-5 주해. 참조. 위의 각주 187.
216) 19,6-8 주해.

희망을 버리지 않는다. 토마스의 욥은, 그의 원 – 그리스도교적인 신앙에 감도되어 미래 부활에 대한 희망을 표현한다.[217]

> 그러나 나는 알고 있다네. 나의 구원자께서 살아 계심을. 마지막 날에 나는 먼지에서 일어서리라. 나는 다시 내 살갗으로 감싸이고, 이 내 몸으로 나는 하느님을 보리라. 내가 기어이 뵙고자 하는 분, 다른 누가 아니라 바로 내 눈이 그분을 보리라. 내 가슴 안에는 이러한 내 희망이 간직되어 있네(19,25-27).

그리스도교적인 면이 강조된 이 세 절에 대한 설명에서 토마스는 세 번 본문을 벗어나며, 이를 일곱 개의 성경 인용으로 지탱한다. 그 인용들 가운데 여섯은 신약성경 인용이고 하나는 구약 성경 인용이다.[218] 첫 번째로 본문을 벗어나서는 "나의 구원자께서 살아 계심"(19,25ㄱ)의 의미를 길게 고찰하는데, 구약 성경의 표현들을 통해서가 아니라 그리스도론적으로 접근한다. 인류는 죄를 지음으로서 본래 지녔던 불멸성을 잃어버렸지만, 욥은 "신앙의 영을 통하여" 그리스도의 부활하신 생명이 모든 인류에게 확산되고 그들을 죄와 죽음으로부터 구원할 것임을 내다 보았다.[219] 이와 유사하게, 두 번째로 본문을 벗어나서는 "마지막 날에 나는 먼지에서 일어서리라."(19,25ㄴ)라는 표현을 고찰한다. 이 표현의 표면적 의미는 욥의 육신적 건강과 재산이 회복되리라는 뜻의 해석을 시사할 수 있지만, 토마스는 오히려 이 표현이 앞서 언급된 영원한 순환이라는 스토아적 견해를 반박하고 부활에 대한 그리스도교의 견해를 지지하는 것으로 풀이한다.[220] 마지막으로, 세 번째의 설명은 "이 내 몸으로 나는 하느님을 보리라."(19,26ㄴ)라는 말을 욥의 몸이 시상에서 지

---

217) 9,25-27 주해.
218) 2코린 13,4(2회); 요한 5,25; 히브 13,8; 요한 6,40; 1코린 15,53; 지혜 9,15.
219) 19,25ㄱ 주해. 참조. 위의 각주 131과 133.
220) 19,25ㄴ 주해. 참조. 위의 각주 92, 117, 131.

유되리라는 뜻이 아니라 죽은 후에 부활한 몸이 불멸의 영혼과 결합하리라는 뜻으로 보는 그의 해석을 지탱해 준다.[221] 이 장에 대한 토마스의 주해에서는 '토론'이라는 단어가 나타나지 않지만, 토마스의 그리스도교적 삽입은 욥의 관점과 비그리스도교 내지 그리스도교 이전의 친구들의 관점 사이의 궁극적이고 축소시킬 수 없는 격차를 분명하게 부각시킨다.

세 친구들 가운데 오직 토마스의 초파르만이 설득될 수 있는 개방성을 지니고 있다. 토마스가 지적하듯이 초파르는 이제 내세의 삶에 대한 욥의 희망을 묵인하는 듯이 보인다.[222] 그러나 초파르는 어느 정도까지만 설득되었다. 그는 다른 두 친구들과 지금까지 공유하고 있던 이전의 견해를 온전히 버리지 못하는 것이다.

그런 이유로 내게는 여러 가지 생각이 꼬리를 물고, 나의 정신은 여러 방향으로 갈라지는구려. 나는 자네가 나를 비판하는 그 가르침을 들을 것이며, 내 정신은 나에게 이성적으로 대답해 주네(20,2-3).

한편으로 토마스의 초파르는 욥의 인도를 따라, 음식이 곧 소화되고 그 효과는 몸 안으로 흡수되는 것과 같이 악인이 누리는 번영이 죽음으로 곧 끝나고 말며 쌓이고 쌓인 그의 죄들은 그 후에 응보를 받게 된다고 생각한다.[223]

그의 손은 그에게 그 자신의 고통을 돌려줄 것이네. 그의 뼈도 그의 젊은 시절의 악들로 가득 차 그와 함께 먼지 위에 드러눕고 만다네. 악이 입에 달콤하여 제 혀 밑에 그것을 감추고 아까워서 내놓지 않은 채 입속에 붙들고 있다 해도 그의 음식은 내장 속에서 썩어 배 속에서 살무사의 독으로 변한다네. 그는 집어삼켰

---

221) 19,26 주해.
222) 20,1-3 주해.
223) 20,10ㄴ-15 주해.

던 재물을 토해 내야 하니 하느님께서 그것을 그의 배 속에서 밀어내시기 때문이지.(20,10-15)

토마스에 따르면, 초파르가 사후의 징벌을 인정한다는 것은 "그의 젊은 시절의 악들로 가득 차"(20,11ㄱ)라는 표현에서 나타난다. 이 표현은 최근의 죄들에 대한 즉각적인 갚음이 아니라 평생 동안의 악에 대한 사후의 응보를 암시하는 것이다.[224] 그러나 다른 한편으로, 초파르의 말들은 그가 다른 친구들과 함께 지니고 있던 의견 곧 악인들의 무절제함은 현세의 삶 안에서 하느님의 응보를 받는다는 견해의 영향을 드러낸다.[225]

그는 배가 불러 좁아지고 염증이 나며, 온갖 고통이 그에게 달려드네. 그의 배가 채워져 그분께서 당신 진노를 그에게 보내시고 그 위에 당신 전쟁의 비를 내리시기를(20,22-23).

토마스는 여기서 초파르의 말들이 일종의 정의에 대한 열정에서 나온 것이라고 설명한다. 초파르는 죄인이 현세적 즐거움을 누리도록 용인하여 후에 하느님의 진노를 겪기를 바란다. 덧붙여서 토마스는, 초파르가 바라는 것은 죄인이 마치 아들이 아버지의 견책을 받듯이 함으로써 스스로 개선되는 것이 아니라 원수가 전쟁에서 정복되듯이 완전히 멸망하는 것이라고 말한다.

초파르의 흔들림에 힘을 얻어 토마스의 욥은 세 친구의 생각을 완전히 바꾸어 놓으려는 희망으로 응답한다.[226] 그는 먼저 그 토론의 중요성에 친구들의 주의를 환기시키며 그들과 그의 토론이 단순히 지금 그 다른 인간들에게서 공정하게 심

---

224) 20,11 주해.
225) 20,22-23 주해.
226) 21,1-2 주해.

판을 받고 있는지 여부에 관한 질문 이상의 문제임을 주장한다.[227] 그랬더라면, 욥 자신의 개인적 슬픔은 그 토론에 개입될 수 없었을 것이다.

> 내가 사람과 논쟁을 하는 것이어서 마땅히 슬퍼할 수 없단 말인가?(21,4).

여기서 욥의 말들은, 그의 고통을 (또는 슬픔을) 일으킨 근원은 사람이 아니라 하느님이시라는 뜻으로 이해되어야 한다. 그러므로 이 토론은 궁극적으로 그렇게 행하시는 하느님의 정의를 문제삼는다. 이렇게 하여 그 응답의 중요성을 확인해 놓은 다음, 토마스의 욥은 악인들의 재산은 현세의 삶에서 곧 사라지고 만다는 초파르의 주장을 반박함으로써 친구들의 생각을 전환시키기 시작한다.[228] 그는 초파르의 주장을 반박하여, 다른 것들과 함께 특히 하느님의 지식에 호소한다.[229] 그는 죄인의 부유함은 이 세상의 삶 동안 흔들림없이 유지될 수도 있고, 이것이 인간의 공로에 대한 하느님의 지식이 부족해서가 아니라고 주장한다.

> 높은 이들을 심판하시는 분이신데 누가 하느님께 지식을 베풀 수 있겠는가?(21,22).

욥이 그의 친구들을 설득하려고 하는 견해는 하느님께서 "높은 이들을 심판하시는 분"(21,22)이라는 표현으로 지지된다. 이에 대하여 토마스는 두 가지 가능한 설명을 제시한다. 재판관인 인간은 그들이 재판해야 하는 사람들의 옳고 그름을 알기 위하여 증인들의 증언을 필요로 하는 데에 비하여, 하느님께서는 이 세상의 부유한 이들을("높은 이들을") 어떻게 심판해야 할 것인가 가르침을 받을 필요가 없으

---

227) 21,4 주해.
228) 위의 각주 225.
229) 21,22 주해.

시다.²³⁰⁾ 다른 뜻으로는, 하느님께서는 단순히 모든 것을 아신다는 뜻으로 볼 수도 있다. 이는 하느님께서 '높은 이들'까지 심판하신다는 말에 명백하게 내포되어 있는 것이다.²³¹⁾ 어느 경우이든 토마스의 욥이 여기에서 주장하고 있는 믿음, 즉 하느님께서는 죄인들에 대한 온전한 처벌을 내세로 유보해 두신다는 믿음은 죄인들이 현세의 삶에서 언제나 역경을 겪는 것도 아니고 언제나 번영을 누리는 것도 아니라는 경험상 명백한 사실에도 부합된다. 여기에서 친구들을 설득하려는 욥의 시도에 대한 묘사는, 공정한 교수가 형식적인 학문적 토론을 결론짓는 방식의 흔적을 보여 준다. 토마스는 욥이 하느님의 지식에 대한 이전의 호소를 기초로 "진리를 결정하기 위하여 [즉, 형식적으로 결정하기] 위하여 발언한다."고 말하고 있는 것이다.²³²⁾ 토마스는 토론의 나머지 부분에서, 욥이 자신의 공평한 권위를 주장하려는 시도의 단점들을 설명한다.

셋째 차례(욥 22-28장)

지금까지 토론의 처음 두 차례에서 토마스는 욥이 따르는 그리스도교적 – 아리스토텔레스주의적 전제들의 이론적인 장점과 욥의 세 친구들이 이 전제들이 참됨을 온전히 받아들이지 못하는 실천적인 불가능성 모두를 강조해 왔다. 토마스의 이 두 가지 강조점은 셋째 차례에 관한 그의 주해들에서 나타나는데, 여기서 그는 이에 덧붙여 욥이 하느님의 섭리에 관해 소유하고 있을 수도 있는 지식 내지 '학문'의 근원적인 한계들을 설명한다. 이를 위하여 토마스는 욥의 그리스도교적 아리스토텔레스주의를 소위 아베로에스주의자들이 주장하는 순수한 아리스토텔레스

---

230) Ibid.
231) Ibid.
232) 21,29 주해.

주의와 대조시킨다.[233] 만일 인간 이성이 도움을 받지 않고 자기 자신의 노력으로 섭리를 적절하게 탐구할 수 있다는 아베로에스주의자들의 전제가 참이라면 욥의 이성주의는 분명 비판을 받을 것이다. 그러나 그 전제가 그릇되다면 욥의 입장은 비판을 받지 않을 수도 있다.[234] 여기서 토마스는 이 전제에 의문을 던짐으로써 그의 그리스도교 독자에게 하느님의 마지막 말씀을 준비시킨다. 그 말씀은 욥이 친구들보다 이성적으로 우위에 있다는 것이 그 자체로 하느님 보시기에 욥의 온전성을 보장해 주는 것은 아님을 보여 준다.

토마스의 엘리파즈는 가장 먼저 욥의 이성주의의 한계를 문제삼는다. 다른 것들과 함께 엘리파즈는 욥이 이전에 했던 "높은 이들을 심판하시는 분이신데 누가 하느님께 지식을(scientiam) 베풀 수 있겠는가?"(21,22)라는 말을 잘못 해석한다. 욥은 이 말로 하느님의 전지 전능을 표현하려 한 것이었다.[235] 엘리파즈는 이를 오해하여, 욥이 말하고자 하는 것이 하느님께 신적인 것이 아닌 것에 대한 지식 내지 '학문'이 어떤 식으로든 부족하며 따라서 하느님은 인간사에 섭리를 행사하실 수 없다는 뜻으로 받아들인다. 그래서 엘리파즈는 욥을 비판한다.

> 하느님께서는 하늘보다 높으시고, 별들의 끝보다 높이 계시지 않나? 그런데 자네는 이렇게 말하는군. "하느님께서 무얼 아시리오? 먹구름을 꿰뚫어 심판하시겠는가?"(22,12-13).

토마스는 본문에서 벗어나 인간사에 대한 지식과 섭리는 하느님의 신적 지위에 합당하지 않은 것이라고 주장하는 아베로에스주의자들을 묵시적으로 언급하며

---

233) 참조. [Stuart MacClintock], "Averroism", *Encyclopedia of Philosophy*, ed. Paul Edwards (8 vols.: New York; Macmillan Company and Free Press, 1967)], vol. I, pp. 23-26; 또한 위의 각주 28.
234) 23,13 주해.
235) 22,12 주해.

엘리파즈를 비판한다.[236] 여기서 엘리파즈는 욥을 일종의 아베로에스주의자로 비판한다. 아베로에스주의자들에게 '하느님께서 하늘과 별들 위에 계시다는 것'은 그분께서 하느님 자신만을 아신다는 것을 뜻한다. (그들의 주장에 따르면) 그렇지 않다면 하느님의 지식 내지 '학문'은 많은 결함과 무질서를 지닌 하위의 사물들에게 확장됨으로써 오염될 것이다. 토마스는 엘리파즈가 욥의 말이라고 인용하는 두 마디를 주해하며 아베로에스주의자들의 이러한 이해를 비판한다.[237] 욥이 "하느님께서 무얼 아시리오?"(22,13ㄱ)라고 말했다고 함으로써 엘리파즈는 아베로에스주의자들이 신적인 것이 아닌 것에 대한 하느님의 '지식'이 '자연'이나 인간사의 보편적인 원인들의 지식에까지만 이르고 개별적인 일들에는 미치지 않는다고 여겼던 것을 지적하게 된다. 또한 더 나아가서 욥이 "먹구름을 꿰뚫어 심판하시겠는가?"(22,13ㄴ)라고 말하게 함으로써 엘리파즈는 아베로에스주의자들이 주장하는 인간사에 관한 하느님의 제한된 '지식'을 멀리서 사람이 있다는 것을 알 뿐 그가 누구인지를 알아보지 못하는 희미한 지식에 비유한다.

아베로에스주의에 대한 엘리파즈의 묵시적인 비판에 맞서 욥은 인간 탐구자가 하느님을 결국 파악할 수 없음을 주장한다.[238] 세상 어느 곳에 가 보아도 욥은 하느님을 적합하게 '학문적으로' 파악하지 못할 것이다.

그런데 동녘으로 가도 그분께서는 계시지 않고 서녘으로 가도 그분을 찾아낼 수가 없구려. 왼쪽으로 가도, 내가 무엇을 하리오? 그분을 알 수 없고 오른쪽으로 가도 그분을 뵐 수 없구려(23,8-9).

---

236) 22,12-14 주해. 참조. Averroes on Aristotle's *Metaphysics*, Commentary 51 (Venice ed., vol. VIII, p. 335 I).
237) 22,13 주해. 참조. Averroes, *loc. cit.* (vol. VIII, p. 337 A).
238) 23,3-9 주해.

여기서 욥의 말에 대한 두 가지 다른 설명을 더 제시하기 위하여 옆으로 벗어나면서, 토마스는 아리스토텔레스의 『천체에 대하여(De Caelo)』에서 나온 전제들을 사용하여 아리스토텔레스적인 '학문'이 하느님을 이해할 수 없다는 명백한 한계를 보여 준다.[239] 한 가지 설명에 따르면, 여기서 욥은 하느님을 우주의 알 수 있는 공간의 제약을 벗어나게 한다. 두 번째 설명에 따르면 욥은 오히려 창공과 천체의 자연적 운동 안에 나타나는 하느님의 가시적인 '결과들'을 통하여[240] 온전히 발견될 수 없음을 보여 주고 있다. 그러나, 하느님께서 욥의 '학문적인' 관찰로부터 감추어져 계시다고 해도 욥에게 일어나는 일들은 하느님께 감추어져 있을 수 없다. 토마스의 욥은 하느님께서 그의 삶의 모든 '길'을, 그 과정을 알고 계시며 그에 따라 욥에게 고통을 겪게 하셨다고 주장한다.[241]

> 그분께서는 내 길을 알고 계시니[scit] 불을 통과하는 금처럼 나를 시험하실 것이네(23,10).

하느님께서 욥에게 고통을 겪게 하시는 목적은 다른 이들이 욥의 덕을 알고 인정하도록 하기 위한 것이다. 금이 불로 시험되는 것이 금을 처음 만들어내기 위해서가 아니라 보는 이들에게 시험된 사물이 진짜 금이라는 것을 보여 주기 위해서이듯이, 하느님께서 고통을 통하여 욥을 시험하시는 것은 욥 안에 이미 당신께서 명백히 알고 계신 덕을 만들어내기 위해서가 아니라 욥의 덕을 사람들 앞에 참된 덕으로 드러내시기 위해서이다. 욥의 삶이 명백하게 올바랐다는 것에 비추어, 하느님께서 욥이 고통을 겪도록 허락하신 것이 하느님께 적절하지 않은 일이었다고 항

---

239) 23,8-9 주해. 참조. Aristotle, *On the Heavens* II.2, 284b 6-30; Thomas, *In Aristotelis Libros de Caelo et Mundo, ad loc.*, sec. 300-304.
240) 참조. 아래 각주 286.
241) 23,10 주해.

의할 수도 없다.[242] 반대로 욥 자신은, 하느님의 피조물들과 비교함으로써 하느님을 '학문적으로' 알 수 없는 만큼 하느님의 심판의 이유들도 증거들을 통하여 확실하게 추론될 수 없고 따라서 하느님의 뜻은 그들이 알고 통제할 수 없는 것이라고 주장한다.

> 그러나 그분은 유일하신 분. 아무도 그분의 생각들을 살필 수 없다네. 그분께서 원하시면 해내고야 마시거늘(23,13).

그러니 빌닷은 이 말들이, 욥이 자신은 자기 죄 때문에 벌을 받고 있는 것이 전혀 아님을 단언하는 것으로 오해한다.[243] 토마스는, 욥이 "아무도 그분의 생각들을 살필 수 없다네."라고 말한 것이 하느님의 생각이 아니라 인간의 생각을 지칭한 것으로 오해될 수도 있고 그래서, 인간의 약함이 아니라 하느님의 약함을 뜻하는 것으로 받아들여질 수 있다고 인정함으로써(이는 다시 한 번 아베로에스주의자들의 관점을 암시한다) 빌닷의 오해를 조금은 변명해 준다. 동시에 토마스는 앞에서 이미 욥이 하느님의 심판은 단순히 하느님의 능력이나 위대하심으로 이해될 수 있는 것이 아님을 주장했다는 것을 빌닷이 잊어버리고 있다고 비판한다.[244] 그런데도 빌닷은 이를 간과하고, 천사들과 천체들을 다스리시며 그들을 통하여 하위의 사물들을 다스리시는 하느님의 압도적인 능력에 호소한다. 그래서 빌닷에게는 하느님의 의로움 역시 인간의 의로움을 훨씬 뛰어넘는다.[245]

> 하느님 앞에 사람이 어찌 의롭다 하리오? 여인에게서 난 자가 어찌 결백하다 하리오?(25,4)

---

242) 23,11-13 주해.
243) 25,1-2 주해.
244) 25,2 주해. 참조. 예를 들어, 23,6 주해.
245) 25,4 주해.

여기서 빌닷은 욥이 의롭고 무죄하다는 주장을, 하느님의 의로움에 비하면 전혀 무가치한 것으로 내쳐버린다.

빌닷의 비판은 욥 편에서 세 가지의 응답을 불러 일으킨다.[246] 그 각각은 토마스의 그리스도교 독자에게, 하느님께서 인간사의 개별적인 일들을 심판할 수 없으시다는 거의 아베로에스주의적인 부인을 욥이 받아들이지 않는다는 것을 알려 준다. 첫째로 토마스의 욥은 하느님의 능력과 지혜에 관하여 논의하기보다 그를 두려움에 빠뜨리려는 빌닷의 시도에 맞선다. 토마스가 설명하듯이 빌닷은 재판관 앞에서 단죄받은 사람에 대하여 이성적으로 논의하지 않으려 하고 오히려 재판관의 능력과 지혜에 대한 논거를 제시함으로써 호의를 얻으려고 하는 전술을 따랐다. 욥의 말들은 능력도 지혜도 부족하지 않으신 하느님의 경우 이러한 전술이 소용없음을 지적한다.

자네는 누구를 돕고 있는가? 힘없는 자를 돕는가? 자네는 맥없는 팔을 붙들어 주고 있는가? 자네는 누구에게 충고하는가? 지혜가 없는 사람에게 하는가? 자네의 대단한 슬기를 과시하는가? 자네는 누구를 가르치려 하는가? 그분은 숨결을 만드신 분이 아니신가?(26,2-4).

하느님께서 인간의 숨결을 만드셨다는 욥의 말은, 하느님께서 인간이 그것으로 살고 이해하는 영혼을 창조하신 분으로서 모든 '학문'의 원인이시라는 뜻으로 설명된 것이다.

둘째로, 토마스의 욥은 그가 하느님의 능력을 무시했다는 빌닷의 묵시적인 진술을 반박한다.[247] 욥은 현세에서나 내세에서나 자연만이 아니라 인간의 행위도 심판하시는 하느님의 능력을 칭송한다.

---

246) 26,1-4 주해.
247) 26,5-12 주해.

> 그분 앞에서는 저승도 벌거숭이 멸망의 나라도 가릴 것이 없네(26,6).

토마스의 말을 빌면, 내세에서 이루어지는 모든 것을 하느님께서 보시고 심판하시며 하느님의 눈앞에는 우리의 눈앞에 감추어져 있듯이 아무것도 감추어져 있을 수 없다. 하느님의 '결과들'은[248] 물질적 피조물들을 넘어 영적인 피조물들, 여기서 '하늘의 기둥들'이라 일컬어진 천사들에까지 이른다.

> 그분의 눈짓에 하늘의 기둥들이 뒤흔들리며 놀라네(26,11).

토마스의 욥은 주인의 뜻('눈짓')에 순종하는 종의 비유를 사용한다. 종들은 벌이 두려워서 주인을 섬기는 것이 아니라 외적 움직임에서도 드러나는('뒤흔들리며') 두려움에 가까운 내적인 경외에서 주인을 섬긴다.

마지막으로, 하느님의 '결과들'이 비록 광범위한 것이라 해도 토마스의 욥은 그것이 하느님의 능력 그 자체를 적합하게 드러낸다는 추측을 반박한다. 여기서 욥은 작은 속삭임과 커다란 천둥소리 사이의 비교를 사용한다.[249]

> 이것들은 그분 길의 한 조각일 뿐. 그분 말씀들에서 우리는 얼마나 작은 속삭임만 듣고 있나? 그러니 그분 권능의 천둥소리를 누가 알아들을 수 있겠나?(26,14)

그러므로, 하느님의 업적들은('길') 있는 그대로의 하느님에서 최소한의 지식만을 우리에게 알려 주는 것으로 일컬어진다. 이러한 결론은, 욥과 그의 친구들의 토론 전체의 절정을 이루는 말씀에서 하느님께서 다시 반복하실 것이다.

---

[248] *Ibid.*, *passim*. 참조. 아래 각주 286.
[249] 26,14 주해. 아래 각주 294도 보라.

이제 초파르는 기대되는 응답을 하지 않고 가만히 있는다. 토마스는, 초파르가 빌닷에 대한 욥의 반박에 "거의(quasi) 설득된 것처럼" 말하지 않는다는 것만을 설명한다.[250] 한편 토마스의 욥은 계속 빌닷과 논쟁하며, 악인이 현세에서 번영하거나 의인이 고통을 받는 것이 하느님의 섭리에 반대되지 않는다는 것을 보여 준다. 여기서 토마스는 아리스토텔레스를 별로 언급하지 않는데, 그 언급들은 돌출적이 아니라 논의의 신학적 의도에 잘 종속되어 있다.[251] 악인들의 현세적 번영에 관하여 토마스의 욥은 두 가지를 고찰한다. 첫째로, 현세적 선은 선한 영혼이 없다면 무익하다.[252]

위선자가 재물을 탐욕스레 붙잡으려 하지만 하느님께서 그의 영혼을 풀어주지 않으신다면, 그는 무슨 희망을 가지겠는가? 재앙이 그에게 닥쳤을 때 하느님께서 그의 부르짖음을 들으시겠는가? 아니면 전능하신 분께서 그의 즐거움이 되시겠는가? 그가 계속하여 하느님을 부르겠는가?(27,8-10).

불의한 재산을 축적하는 악인들은 위선자라 일컬어진다. 이들은 그들의 행위가 하느님의 진노를 사지 않았다고 그릇되게 추측한다. 그래서 그들에게는, 하느님께서 어려운 때에 그들의 기도를 들으시고 현세적 성공이나 궁핍과 관계없이 하느님께서 그들을 칭찬하시리라는 '희망'이 없다.[253]

둘째로, 불의한 사람의 현세 재산은 불안정하다.[254]

---

250) 27,1 주해.
251) 참조. 특히 27,3.16 주해. 묵시적으로, 26,7.9.10 주해.
252) 27,8-10 주해.
253) 참조. 위의 각주 30.
254) 27,11-23 주해.

그의 자식들이 많다 해도 칼에 맞고 그의 후손들은 양식을 배불리 먹지 못하네. 생존자들은 폐허에 묻히고 그 과부들은 곡을 하지도 못하지. 그가 은을 흙가루처럼 쌓아 올리고 옷을 흙더미처럼 쌓아 둔다 하여도, 그가 그렇게 쌓아 둔다 하여도 의인이 그것을 입고 무죄한 이가 그 은을 나누어 가지네. 그는 좀벌레처럼 제집을 지은 것이지. 파수꾼이 만든 초막처럼 말일세(27,14-18).

그러므로, 그들의 가족들은 죽음과 가난을 겪고 재산은 흩어지고 다른 이들의 것이 되며, 집은 누군가 계속 돌보지 않는다면 소실된다. 반면 선한 이들의 현세적 고통의 경우는 영적인 '지혜'의 위로가 있다. 인간은 현세의 삶에서 그 지혜를 얻을 수 있으며 이것이 현세 재산보다 더 낫다.[255] 가장 귀한 현세 재물인 귀금속처럼 지혜는 그 가치가 '감추어져' 있거나 먼 원천인 하느님으로부터 나온다.

지혜가 어디에서 오리오? 슬기의 자리는 어디리오? 모든 살아 있는 사람의 눈에 감추어져 있고 하늘의 새들에게도 숨겨져 있다네[…]. 하느님께서 지혜의 길을 식별해 내시고[intelligit] 그 자리를 알고 계시니 그분께서는 세상 끝까지 올려다 보시고 하늘 아래 모든 것을 보시기 때문이지(28,20-24).

그뿐 아니라, 현세 재물과 달리 지혜는 일정한 장소에 국한되지 않는다는 점에서 더욱 가치가 있다. 그것은 직접, 토마스가 말하듯이 "기술이 장인의 정신으로부터 나오듯이" 하느님으로부터 나온다.[256] 이어서 토마스는, 거의 아리스토텔레스적인 그의 유비가 인간이 단순히 하느님의 피조물들을 고찰함으로써 하느님의 지혜를 추론할 수 있음을 뜻하는 것은 아니라고 밝힌다. 인간의 지혜와 달리 하느님

---

255) 28,1-18 주해.
256) 28,23 주해.

의 지혜는 피조물로부터 유래하는 것이 아니고 그들의 궁극적인 원인으로서 그들에 앞서 존재하는 것이기 때문이다. 그러나 인간은 "이성의 추론으로",[257] 이 토론에서 이미 제기되었고 앞으로 하느님께서 다시 지적하실 한계들에도 불구하고 현세의 삶에서 지혜를 얻을 수 있다.

욥의 '예시'(욥 29-31장)

29-31장은 욥의 탄원을 담고 있다. 토마스는 이것이 앞의 토론의 필수적인 부분이라고 본다.[258] 여기에서 욥은 그가 과거의 재산을 덕스럽게 사용했고(29장), 그런데도 현재 큰 고통을 겪고 있으며(30장), 처음부터 끝까지 무죄함을 지켰음을(31장) 보여 준다고 일컬어진다. 그는 현세에서 악한 이들의 번영과 선한 이들의 궁핍이 하느님의 섭리에 모순되지 않는다는 전제를 견지한다. 섭리는 선한 이들에게 사후의 육신 부활을 포함하는 영적인 은혜로 갚아 주시기 때문이다. 동시에, 앞에서 지적한 바와 같이 토마스의 욥은 생략된 삼단논법을 통해서만 부활 등에 대해 말했다.[259] 그 교리가 아직 계시되지 않았던 그리스도교 이전의 사람들에게 그는 구약의 과장적 언어를 사용하여 암시적으로만 말한다. 그러므로 지금까지 엘리파즈, 빌닷, 초파르를 설득하려는 그의 시도가 성공하지 못한 것은 놀라운 일이 아니다. 욥은 좌절하지 않고 이제 방법을 바꾸어, 그가 과거의 죄로 인하여 지금 고통을 겪고 있다는 그들의 그릇된 믿음을 직접적으로 논박한다. 토마스가 설명하듯이, 이를 위하여 욥은 그의 개인적 삶을 "마치 예시과 같이"(quasi in exemplo) 제시한다.[260]

그러나 토마스의 개인적 '예시'는 그가 지금까지 사용한 생략된 논증의 수사학적

---

257) 28,27 주해.
258) 29,1-2.
259) 위의 각주 189를 보라.
260) 29,1-2.

실패를 극복하기 위한 수단 이상의 역할을 한다. 토마스는 묵시적으로 아리스토텔레스의 수사학(Art of Rhetoric)에 의지하는데, 이에 비추어 고찰해 보자. 아리스토텔레스에 따르면 생략된 삼단 논법 내지 불완전한 삼단 논법과 예시 내지 불완전한 귀납은 수사학적 설득을 위한 두 가지 서로 다른 수단이다.[261] 생략된 삼단 논법은 법정의 수사학으로서 또는 과거의 행위들이 정당한 것이었는지 여부를 보여 주기 위한 시도로서 적합하다. 반면 예시는 심의를 위한 수사학으로서 또는 미래의 행위들이 유익할 것인지 해로울 것인지를 보여 주기 위한 시도로서 적합하다. 여기서 토마스가 수사학에 유능하다고 가정한다면, 욥이 생략된 삼단 논법에서 예시로 옮겨가는 것은 알지 못하는 사이에 과거의 의로움에 대한 관심에서 미래의 유익에 대한 관심으로 건너갔음을 보여 준다고 말할 수 있을 것이다. 토마스의 그리스도교 독자에게 욥의 '예시'는, 토론 전체를 끝맺는 하느님 말씀의 결과인 욥의 회심을 준비시킨다. 욥의 '예시' 내용에도 불구하고, 그는 이제 자신의 과거를 옹호하는 것보다는 미래를 위한 권고에 더 관심을 갖는 것으로 나타나는 것이다. 이 점에 있어서, 그는 논의의 처음부터 그가 취해 온 학자와 같은 태도에서 크게 물러난다. 그의 수사학은 덜 논쟁적이고 더 교훈적이 된다. 그의 개인적 '예시'는 더 이상 단순히 학문적 토론의 모델에 맞지 않고, 자신과 다른 이들이 따를 영적인 삶의 방식을 설정한다.[262] 욥 자신의 '예시'는 "눈먼 이에게 눈이" 되고 "다리저는 이에게 다리가" 되며 "가난한 이들에게는 아버지"가 되었던 사람의 본보기이다(29,15-16ㄱ). 토론의 다른 곳에서와 같이 여기에서도, 토마스의 욥은 수신인들의 이성보다 그들의 마음에 호소한다.

  한 가지의 예로 충분할 것이다. 토미스는 욥이 가난한 이들에게 자신을 베풀기를 마다한 적이 없다고 하느님 앞에서 맹세하는 구절을 설명한다.[263]

---

261) 참조. *Rhetoric* I.2, 1356a 36-b 25.
262) 참조. 특히 29,9-17 주해.
263) 31,16-18 주해.

내가 만일 가난한 사람들의 소망을 물리치고 과부의 눈을 흐리게 하였다면, 내 빵 조각을 나 혼자 먹고 고아는 그것을 얻어먹지 못하였다면. 동정심은 내 어릴 때부터 나와 함께 자랐고, 내 어머니 배 속에서부터 나와 함께 나왔지(31,16-18).

욥을 자비의 모델로 제시하면서 토마스는, 욥이 곤궁한 사람의 요청을 알고도 물리친 적이 없으며(31,16ㄱ) 호의를 베풀기를 지체한 적도 없고(31,16ㄴ), 그 자신의 몫을 나누기까지 했다고 설명한다(31,17). 여기서 이 단절된 문장들은, 욥이 다른 이들에게 충분히 도움을 베풀지 않았다면 하느님께서 어떤 고통을 내리셔도 좋다는 암묵적인 요청의 조건절로 이해되어야 한다. 토마스는 여기서 욥이 "매우 명백하게" 말한다고 주해한다.[264] 욥이 언급하는 과부와 고아들은(31,16ㄴ-17) 불쌍하고 가난한 이들로서(과부들이 흔히 그렇듯이) 줄기차게 구걸을 하는 것을 너무 두려워하거나(고아들이 그렇듯이) 구걸해야 한다는 것 자체를 두려워한다. 욥은 그가 평생 자비를 보인 것에 대해 두 가지 이유를 말한다. 첫째로 그는 어렸을 때부터 길러진 습관을 지니고 있었고(31,18ㄱ 참조), 둘째로 이 덕에 대한 그의 태도는 그의 천부적이고 본성적인 성향이었다(31,18ㄴ 참조). 이에 대한 토마스의 주해는 그의 그리스도교 독자에게, 욥은 단순히 지적으로 판단받을 것이 아니라 영적으로도 판단을 받아야 한다는 가르침을 준다. 이제 독자는, 단순한 논거들로 친구들의 생각을 바꾸어 놓으려고 했던 욥의 회심을 준비하게 된다.[265]

엘리후의 '더 예리한 논거들'(욥 32-37장)

욥의 '예시' 후에 엘리파즈, 빌닷, 초파르는 침묵한다. 그 대신에 네 번째 친구인

---

264) *Ibid.*
265) 참조. 위의 각주 96, 102, 226.

엘리후가 토론에 끼어든다. 엘리후는 다른 이들보다 젊지만, 스스로 자신이 지혜에 있어 더 뛰어나다고 묘사한다. 그는 지혜가 나이에서만 오는 것이 아니라 하느님의 영감으로부터 온다는 것을 체험했기 때문이다.[266]

그렇지만 제가 보니 사람 안에 영이 있고 전능하신 분의 입김이 사람을 깨우치는 것이더군요(32,8).

토마스는 엘리후의 주장을 지지하여, 성령을 "지혜와 슬기(intellectus)의 영"(이사 11,2)이라고 말하는 이사야의 묘사를 인용하며 지혜와 지식은 하느님의 섭리에 달린 것임을 설명한다.[267] 따라서 토마스는 엘리후가 욥의 다른 세 친구에 비하여 욥에 관한 진리에 더 가까이 다가온다고 본다. 실상 토마스에게, 엘리후는 영감에 따라 진리를 이해한다는 점에서 욥을 닮았다.[268] 다른 친구들과 달리, 토마스의 엘리후도 욥와 마찬가지로 부활을 믿는다. 토마스는, 욥에 대한 자신의 판단에서 다른 이들과 다르지 않다는 엘리후의 생각으로부터 이러한 추론을 한다.[269]

나는 내가 얼마나 오래 남아있을지 모른다네. 나를 만드신 분께서 나를 당장 앗아 가신다면(32,22).

엘리후는 여기서 죽은 후에 죄에 대한 응보가 있으리라는 점에 대해 욥에게 동의한다고 일컬어진다. 그렇지 않다면 엘리후가 자신의 죽음이 임박했음을 알면서 하느님을 거스를까 두려워한다는 것이 맞지 않게 될 것이기 때문이다. 부활이라는

---

266) 32,8 주해.
267) Ibid.
268) 참조. 위의 각주 134.
269) 32,22 주해.

전제를 받아들임으로써, 토마스의 엘리후는 욥의 고통이 욥의 죄를 보여 주는 것이라고 잘못 해석했던 욥의 친구들이 지녔던 지적인 한계들을 완전히 극복할 수 있는 것으로 보일 수 있다. 아마도 그러한 이유에서 토마스의 엘리후는 다른 친구들보다 '더 예리한 논거들'을 지니고 있다고 일컬어진다.[270]

그러나 그의 '더 예리한 논거들'에도 불구하고 토마스의 엘리후는 다른 친구들과 거의 다를 것이 없는 방식으로 욥을 비판한다.[271] 토마스의 엘리후는 부활 신앙을 욥과 공유하지만, 또한 엘리파즈, 빌닷, 초파르와 마찬가지로 욥이 그의 삶에서 죄를 지었기 때문에 고통을 겪고 있다고 여긴다.[272] 토마스는 엘리후가 이렇게 잘못된 생각에 이른 것이 다른 세 친구들과 마찬가지로 욥의 생략된 삼단 논법을 곡해했기 때문이라고 말한다.[273] 분명 토마스에게, 하느님의 영감이나 '더 예리한 논거들'은 진리에 도달하기 위하여 필요한 것이기는 하지만 오류를 피할 수 있도록 보장해 주지는 못한다. 예를 들어, 토마스의 엘리후는 욥이 빌닷에게 했던 말들을 회상하며 말한다.[274]

"폭력[vim]이야!" 소리쳐도 대답이 없고 호소해 보아도 법이 없네그려(19,7).

그는 이 말들에서, 욥이 하느님께서 그를 공정하게 심판하신다는 것을 부인한다고 오해한다. 그러나 사실상, 토마스가 풀이하듯이 욥은 논쟁하는 것이 아니라 (과장되기는 하지만) 철학적으로 말하고 있는 것이었다. 토마스는 욥이 여기에서나 이와 유사한 말들에서 "하느님 지혜의 이유들을 알기를 갈망하고 있었다."고 말한다.[275]

---

270) 32,1 주해. 참조. 34,34 주해.
271) 참조. 36,12; 37,24 주해.
272) 33,10-12; 34,1-37; 36,22-37,24 주해.
273) 참조. 특히 33,10.11-12; 34,5-6.9-10; 35,1-3; 36,12; 37,24 주해.
274) 33,13 주해와 33,10-12.
275) 33,13 주해. 참조. 예를 들어 3,1; 7,18; 23,4 주해.

이로써 토마스는, 철학적인 욥이 그를 에워싼 폭력의 원인들을 알고자 했을 뿐임을 시사하며, 그가 그의 원의를 소리내어 말했기 때문에 그 앎을 얻지 못하리라고 이해한다.

엘리후의 '더 예리한 논거들'은, 하느님의 영감에 의존하는 것이지만 욥에 대해 적절하게 판단할 수 있게 해 주지 않는다. 토마스는 이러한 실패를 젊은 엘리후의 충동과 그의 허영심에 연결짓는다.[276] 토마스의 엘리후는, 지혜를 소유하고 있으면서도 자신의 실천적인 단점 때문에 그 지혜를 잘못 적용시키는 사람의 예가 된다. 이 점에 있어서 토마스의 욥은 엘리후의 명시적인 비판으로부터가 아니라 오직 그의 나쁜 모범으로부터 배우게 된다. 토마스의 욥이 그의 엘리후와 마찬가지로, 그리고 그리스도교 독자 자신과 마찬가지로 극복해야 하는 것은 영감 받은 지혜를 잘못 적용시키는 실천적인 결함이다. 이어지는 하느님의 말씀은 이에 대하여 말씀하실 것이다.

하느님의 '결정'(욥 38장-42,8)

하느님의 말씀은 욥에게 말을 거시는 것으로 시작된다(38,1-39,32; 40,1-41,25). 욥은 두 번 대답하고(39,33-35; 42,1-6), 하느님의 말씀은 욥의 첫 세 친구를 대표하는 엘리파즈에게 하신 말씀으로 끝난다(42,7-8). 토마스는, 인간의 지혜는 하느님 섭리를 이해하기에 충분치 못하기 때문에 하느님의 권위로 토론을 결정하는 것이 필요하다고 말한다.[277] 토마스에 따르면, 그 말씀 전체는 욥 안에서 하느님으로부터 깨우쳐진 영감의 형식으로 이루어진다. 하느님께서 밀씀하시는 '폭풍'은 비유석으로, 그 불분명한 기원과 그러한 영감이 현세의 삶에서 일으키는 큰 영향을 나타내는

---

276) 32,17-18 주해.
277) 38,1 주해.

것으로 이해될 수 있다.

> 지각없는 말로 그의 견해를 감싼 이자는 누구냐?(38,2).

토마스는 이 말씀이 엘리후를 지칭한다고 해석한다.[278] 엘리후는 부당함이 없이 욥과 다른 친구들 사이의 토론에서 심판 내지 '결정자'의 역할을 맡으려고 나섰던 것으로 여겨진다. 이제부터는 하느님만이 하느님 섭리 문제에 대한 유일한 '결정자'가 되신다.[279] 엘리후 자신의 '결정'은 이미 많은 그릇되거나 지나친 진술들을 담고 있는 것으로 드러났다.[280] 그러나 엘리후의 견해는 짧은 비판만을 받는다. 다른 친구들의 견해도 이와 마찬가지이다.[281] 하느님의 비판은 주로 욥을 향한다. 토마스에게 하느님 섭리에 관한 욥의 견해는 이성적으로 올바른 것이었지만, 욥이 다른 이들에게 옳지 않거나 하느님을 모독하는 것으로 보이는 방식으로 말했기 때문에 길게 비판을 받는 것이다.[282] 토마스 자신의 요약에 따르면 하느님은 당신의 마지막 '결정'에서 세 친구는 섭리에 관한 그릇된 견해들 때문에 비판하시고, 엘리후는 부당하게 토론을 '결정지으려' 했기 때문에 비판하시고, 욥은 부적절하고 생각없는 방식으로 말했기 때문에 비판하신다.[283]

욥에 대한 하느님의 비판은 지적이거나 철학적이라기보다 실천적이고 도덕적이어서, 토마스의 그리스도교 독자에게 섭리에 관한 욥의 신학적 토론의 범위와 한계를 보여 준다. 우리는 욥에 대한 하느님의 비판에 관한 토마스의 주해에서 현저

---

278) 38,2-3 주해.
279) 38,1 주해.
280) 참조. 위의 각주 273.
281) 아래 42,7-9 주해를 보라.
282) 38,1 주해. 또한 위의 각주 102를 보라.
283) 참조. 위의 각주 279.

한 특징들만을 고찰할 것이다. 그 비판은 이렇게 시작된다.[284]

내가 땅의 기초를 세울 때 너는 어디 있었느냐? 네가 그렇게 잘 알거든[intelligentiam] 말해 보아라. 누가 그 치수를 정하였느냐? 너는 알지 않느냐? 또 누가 그 위에 줄을 쳤느냐? 그 주춧돌은 어디에 박혔느냐? 또 누가 그 모퉁잇돌을 놓았느냐?(38,4-6)

분명 하느님의 비판은 토론 전체에서 토마스가 욥에게 부여하고 있었던 아리스토텔레스주의적인 시각을 확증해 주는 것으로 이해된다. 여기서 하느님은 '학문적으로', 규모를 생각하고 부지를 측량하고 땅을 파고 모퉁잇돌을 세우는 등 건축가가 건물을 지을 때처럼 기초를 놓는 기술자의 언어로 말씀하신다. 이에 따라 토마스의 주해는 땅을 기술자에 의해 정돈되고 검토된 구조로, 그래서 그 원인들을 '학문적으로' 탐구할 수 있는 것으로 이해한다. 욥과 그 친구들은 그 원인들을 온전히 파악하지 못했기 때문에 비판을 받는다. 하느님 말씀의 나머지 부분은 가시적인 세계의 땅 이외의 부분들, 곧 바다와 하늘에 대해서 그리고 그 안에 마련된 여러 가지 '놀라운 일들'에 대해 같은 이해를 말하고, 또한 인간을 포함한 몇 가지 주목할 만한 포유류의 동물들을 언급한다.[285] 토마스는 아리스토텔레스의 (그리고 다른 아리스토텔레스주의자들의) 자연 철학에 관한 책들에서 인용한 '학문적' 관찰들을 삽입하며, 지나치리만큼 하느님의 말씀을 이들과 일치하는 것으로 이해한다.

동시에 토마스는 계속해서 교훈적인 방식으로 자연을 하느님의 '결과들'로 언급한다.[286] 이 표현은 아리스토텔레스 자신의 저술들에는 나타나지 않는다. 토마스는 분명 이 말이 유능한 기술자가 그가 만든 것을 돌보듯이 각 피조물의 필요를

---

284) 38,4-6 주해.
285) 38,8-39,32 주해. 참조. 38,12.17.36.41; 39,5.31. 또한 5,9와 9,8.
286) 참조. 38,17.21.25.33.34.36; 39,31 주해. 그리고 40,10.14.20; 41,16 주해. 참조. 서문, in princ.; 4,17; 10,8; 11,5.7(3회).8(2회); 23,8; 26,5.7.8.10.11.14 주해; 또한 37,9.11 주해.

돌보시는 하느님의 활동을 뜻하는 것으로 이해했다. 그러나 토마스가 사용한 표현의 온전한 의미는 아리스토텔레스주의적인 것으로 그치지 않고 그리스도교적인 것에 이른다. 그것은 아리스토텔레스의 철학에는 전혀 들어있지 않은 주장인 개별적인 섭리를 내포하는 것으로 이해되기 때문이다.[287] 토마스의 그리스도교적 의도를 보여 주는 한 표지는, 욥이 하느님의 말씀에 경탄하게 되었을 때에 그가 더 이상 철학을 하게 되지 않았다는 점이다.[288]

> 제가 가볍게[leviter] 말했으니, 당신께 무어라 대답하겠습니까? 손을 제 입에 갖다 댈 뿐입니다. 말하지 않았어야 할 것을 한 번 말씀드렸으니, 두 번째 말씀에 더는 덧붙이지 않겠습니다(40,4-5).

오히려 욥은 할 말을 잃고 침묵하며 참회한다. 실상 토마스는 욥이 일차적으로 철학적인 논쟁만으로 친구들을 원-그리스도교적 지혜로 바꾸어 놓으려 했던 그의 "가벼움"[levitas] 내지 피상성을 참회하는 것으로 이해한다.

그러나 욥의 참회는 브헤못과 레비아탄에 대한 하느님의 묘사 없이는 아직 불완전하다(40,10-41,34). 이 묘사들은 '학문적' 관심과 종교적 관심을 토마스가 교훈적으로 종합하는 것을 보여 준다. 한편으로 브헤못과 레비아탄은 자구적으로 각각 코끼리와 고래로 이해된다.[289] 여기에서도 토마스는 그들의 자연적인 부분들과 움직임에 대한 성경 본문의 묘사와 이와 유사한 아리스토텔레스와 다른 이들의 묘사를 비교한다. 예를 들어 브헤못의 움직임과 관련하여,

> 뼈는 구리 통 같고 연골은 철판 같다(40,18).

---

287) 위의 각주 8을 보라.
288) 39,33-35 주해.
289) 40,10.20 주해, *passim*.

이 묘사에서 토마스는 여기서 '뼈'는 코끼리의 외부 운동 기관들을 가리키고 '연골'은 내부 기관들을 가리킨다고 주해한다.[290] 그러므로, 전자의 통 같은 튼튼함은 코끼리의 몸무게를 지탱하기 위하여 필요하다. 이는 아리스토텔레스가 말한 것이거나 또는 코끼리가 "관절이 없는 굳건한 뼈를 가지고 있다."고 관찰한 토마스의 동료 아리스토텔레스주의자인 캉텡프르의 토마스(Thomas of Cantimpré)가 말했던 것이다.[291] 이로써 토마스는 그의 독자의 순전히 '학문적' 지식을 고양시킨다. 다른 한편으로 브헤못과 레비아탄은 비유적으로 사탄과 동일시된다. 그들은 힘, 육욕, 해로움, 특히 인간이 지배할 수 없다는 점에서 사탄을 닮았다.[292] 예를 들어, 위에 언급한 질의 마지막 부분은 악마의 완고함을 뜻하는 것으로 해석된다. 그 악함은 인간이 중지시킬 수 없고, 그 잔인함은 인간의 반격이 막아낼 수 없다.[293] 그뿐 아니라, 인용한 구절 다음에는 이러한 표현이 뒤따른다.

> 그것은 하느님의 길들의 시작이다. 그를 만드신 분께서 그의 칼을 사용하시리라(40,19).

토마스는 여기에 두 가지 비유적인 해석의 가능성을 제시한다.[294] 첫째로, 하느님의 길들은 창조의 업적들을 가리킬 수 있는데 사탄은 그 첫 번째에 속한다. 둘째로, 토마스의 목적에 "더 적합한" 해석에서[295] 하느님의 길들은 섭리의 업적들을 가리킬 수 있다. 토마스는 본문에서 벗어나 두 번째 가능성을 설명하면서, 선하신 하느님께서는 피조물들에게 은혜와 자비를 베푸실 뿐이시며 따라서 하느님께서 그들에게 벌이나 역경을 가져오실 때에 그것은 오직 "처음에 악마 안에 있었고 그

---

290) 40,13 주해.
291) Ibid.
292) 참조. 40,10-15.17-28; 41,1-20.22-25 주해.
293) 40,13 주해.
294) 40,14 주해. 하느님의 '길들'에 대해서는 11,7; 21,14; 24,13; 26,14; 34,21.27; 36,23.24 주해. 참조. 4,6 주해.
295) 40,14 주해.

의 사주로 인간에게 넘어온 이성적 피조물의 악함 때문"이라고 고찰한다.[296] 그러므로 14절 후반의 비유적인 의미, 욥과 같은 이성적 피조물은 하느님의 뜻에 따라 또는 그분의 허락으로 악마의 악한 자극으로 고통을 받으며 또한 그들은 오직 하느님의 도우심과 은총으로 그것을 극복하도록 되어 있음을 의미한다. 욥의 고통에 대한 이러한 비유적 해석을 설명하는 데에서 나타나는 토마스의 융통성은, 그 자신에게는 '학문적' 타당성에 대한 지적인 요구보다 영적인 교훈을 위한 종교적 요구가 더 중요하다는 것을 보여 준다.

결론(욥 42,9-16)

마지막 절들은 욥과 그의 세 친구가 바로 앞 절에서(42,8) 주어진 하느님의 마지막 지시에 순종했음을 기술한다.[297] 그들은 기도와 제사로 하느님의 진노를 가라앉혀야 한다. 친구들은 그들의 죄가 중대하므로 수소 일곱 마리와 숫양 일곱 마리를 속죄를 위한 번제물로 바친다. 한편 욥은 그들을 위해 기도한다. 토마스는 욥이 그 친구들을 위해서만이 아니라 자기 자신을 위해서도 순종하고 자신을 낮춘다고 주해한다. 자신의 가벼운 죄에 대하여 겸손하게 참회하는 사람은 무거운 죄를 지은 다른 이들을 위하여 용서를 얻을 수 있기 때문이다. 그래서 욥은 친구들에게서 하느님의 진노가 거두어지게 할 뿐 아니라 그 자신의 고통에서도 벗어난다. 하느님께서는 욥이 청하지 않았지만 욥이 잃었던 자녀들을 되찾게 해 주시고 그의 재산도 이전의 두 배가 되게 하신다. 토마스는 욥이 청하지 않은 이 회복을 마태 6,33에 비추어 설명한다. "너희는 먼저 하느님의 나라와 그분의 의로움을 찾아라. 그러면 이 모든 것도 곁들여 받게 될 것이다."[298] 덧붙여서 토마스는, 욥의 현세 재산이

---

296) *Ibid.*
297) 42,9-16 주해.
298) 42,10 주해.

회복된 것은 욥의 구약 성경 독자가 하느님께 회심하도록 하기 위한 적합한 본보기가 되고 또한 욥 자신에게도 그가 겪었던 많은 역경에 대한 적절한 위로가 된다고 덧붙인다.

유비적으로 우리는, 토마스의 『욥기 주해』 전체가 그리스도교 독자에게도 적절한 가르침을 준다고 결론지을 수 있을 것이다. 그리스도교 독자는 욥보다 훨씬 늦은 시대에 살고 있으면서도 자신의 종교적 공로를 학문적 토론에서의 지적 능력으로 측정하곤 한다. 토마스는 신학적 목적을 위하여 아리스토텔레스의 철학의 장점을 도입시킴으로써 독자에게 지적 능력의 요구를 가볍게 여기지 않도록 한다. 동시에 그는 독자에게, 인간이 하느님의 은총 없이는 이길 수 없는 마지막 '반대자'인 사탄을 상기시킴으로써 지적 능력으로 충분하다고 추측하지 않도록 한다. 여기에서 그는 그의 『신학대전』에서와 마찬가지로, 은총이 본성을 파괴하지 않고 오히려 본성을 완성시킨다는 전제를 세운다.[299] 독자는, 그리스도교적 지혜는 학문적으로 만족스런 논증만으로 되는 것이 아니라는 교훈적인 통찰을 얻게 된다. 그것은 또한 겸손이고 현명함이고 애덕이다. 진리를 향한 여정에서 머뭇거리는 동료 그리스도인들을 일으켜 세우기 위하여 몸을 굽힘으로써, 학문적인 회랑에 시야가 국한된 이들의 시각을 넓혀 줌으로써, 그리고 하느님께 영감을 받은 자신의 능력으로 다른 이들을 감도시킴으로써, 토마스는 자구적인 의미가 아닌 영적인 의미에서 다리저는 이에게 다리가 되고 눈먼 이에게 눈이 되며, 그가 없었더라면 영적으로 훨씬 더 가난하게 되었을 우리에게 수호자가 되어 준다.[300]

---

[299] 위의 각주 2.
[300] 참조. 위의 각주 263.

차례

역자 서문	8
머리말	11
해석 논문	14

성 토마스 아퀴나스의 욥기의 자구적 주해

서문	110
1장. 사탄이 욥을 시험한다. 욥은 자녀들과 온 재산을 잃는다	114
2장. 두 번째 시련. 치유할 수 없는 질병과 신체적, 정신적 고통	147
3장. 욥이 자기 생일을 저주한다	160
4장. 계약의 하느님께 대한 신뢰	180
5장. 하느님께 맞서기 위해 의지할 이는 없다	204
6장. 불행 속에서 인간은 자신의 불행만을 안다	220
7장. 욥이 삶의 고통 속에서 자신을 저주한다	233
8장. 하느님의 의로우심에는 저항할 수 없다	253
9장. 하느님의 정의는 어떤 법보다도 위에 있다	266
10장. 욥은 하느님의 위력에 휘둘리고 있다고 느낀다	295
11장. 욥이 자기 죄를 인정한다면 하느님께서 용서하실 것이다	316
12장. 하느님의 지혜는 당신 능력으로 행하신 파괴에서도 드러난다	328
13장. 욥은 친구들이 거짓말을 한다는 것을 깨닫는다. 하느님의 심판이 더 낫다	344
14장. 죽음은 돌이킬 수 없다. 죽음으로 모든 것이 사라진다	361
15장. 아무도 하느님 앞에서 잘못이 없을 수 없다	377
16장. 인간의 불의에서 하느님의 정의로	393
17장. 욥은 선하게 살았으나 사람들에게 멸시를 받는다	407
18장. 욥의 분노는 하느님의 정의를 비난하지 않는다	416
19장. 하느님과 사람들에게 버림받은 욥은 신앙의 승리를 확신한다	428
20장. 악인들은 하느님의 심판을 면치 못한다	445
21장. 현실에서 악인들은 즉시 벌을 받지 않고 오히려 성공을 거둔다	460

22장. 하느님께서는 오직 정의의 이름으로 징벌하신다	476
23장. 욥은 그의 하느님께서 멀리 계시다고 느낀다	492
24장. 세상에서는 불의한 자들이 성공한다. 하느님은 그들의 편이신 것처럼 보인다	503
25장. 하느님의 전능하심에 대한 찬가	517
26장. 하느님은 모든 것을 지배하신다	522
27장. 욥은 무죄하며 하느님은 악인들을 벌하실 것이다	532
28장. 지혜 찬가	544
29장. 욥의 탄원. 지난날의 행복에 대한 그리움	560
30장. 지금 욥이 겪고 있는 고통	572
31장. 변론. 욥은 자신의 무죄함을 주장한다	586
32장. 엘리후의 담론. 노인들만이 지혜를 가진 것은 아니다	604
33장. 공포와 질병은 하느님께서 인간에게 하시는 말씀이다. 천사의 전구	614
34장. 욥은 전능하신 분을 불의하시다고 고발함으로써 주제넘게 저항한다	631
35장. 하느님께서는 인간의 개별적인 경우들을 아신다	652
36장. 욥의 고통의 참된 의미	661
37장. 기후 현상은 파악할 수 없는 하느님의 지혜를 드러낸다	677
38장. 하느님의 말씀. 주님께서 말씀하시며 욥에게 물으신다	695
39장. 동물 세계의 놀라움. 욥은 자신의 말이 경솔했음을 인정한다	727
40장. 하느님만이 브헤못과 레비아탄을 다스리신다	745
41장. 하느님께서 욥에게 도전하신다	775
42장. 후기. 욥이 행복을 되찾는다	795

참고 문헌   806

색인

성경 인용 색인	816
저자 색인	828

서문

행운과 우연을 주장한 이들

자연적으로 발생하는 사물들이 불완전한 상태에서 완전한 상태로 점차 발전해 가듯이, 인간이 진리를 알아가는 데에서도 이와 유사하다. 처음에는 미소한 진리를 깨닫지만, 그 후에는 말하자면 한 걸음씩 더 온전한 진리를 알게 되는 것이다. 그래서 사람들은 처음에 진리를 불완전하게 알았기 때문에 오류를 범했다.

그들 가운데 어떤 이들은 하느님 섭리의 존재를 부인했고, 일어나는 모든 일들을 행운이나 우연에 의한 것으로 돌렸다. 실상 옛 사람들의 견해는 이러한 입장으로 강하게 기울어 있어서, 자연적으로 일어나는 일들까지도 우연에 의한 것이라고 생각했다. 물질적인 원인만을 인정했던 자연 철학자들이 바로 그러했다.[1] 그 이후의 몇몇 철학자들, 예를 들어 데모크리투스(Democritus)와[2] 엠페도클레스(Empedocles)[3] 역시 대부분의 일들이 우연에 의해 일어난다고 보았다.

---

1) 참조. Aristotle, *Metaphysics* I.3, 983b 6ff.; Thomas Aquinas, *Commentary on the Metaphysics of Aristotle* I.4, sec. 74-92; *CG* II.39, sec. 9.
2) 참조. Aristotle, *Physics* II.4, 196a 24-b 4; *Metaphysics* I.4, 985b 2-20; Thomas Aquinas, *Commentary on Physics of Aristotle* II.7, sec. 203-204; *Commentary on Metaphysics* I.7, sec. 112-118.
3) 참조. Aristotle, *Physics* II.33, 196a 20-24; *Metaphysics* I.3, 984b 32-985b 4; Thomas Aquinas, *Commentary on the Physics* II, 1.7, sec. 202; *Commentary on the Metaphysics* I.6, sec. 104-111.

질서로부터 섭리로

그러나, 더 예리한 통찰로 근면하게 진리를 고찰했던 그 후의 철학자들은 자연적 사물들이 섭리에 의해 다스려진다는 명백한 증거와 논거들을 보여 주었다. 하늘과 별들의 일정한 움직임이나 자연의 다른 작용들은, 어떤 탁월한 지성에 의하여 규정되고 통치된다고 보지 않는다면 신빙성있게 설명할 수 없을 것이기 때문이다.

많은 사람은 자연적 사물 안에서 명백하게 드러나는 질서를 볼 때에 하늘과 별이 우연에 의해서가 아니라 아니라 섭리에 의해서 움직여진다는 확신을 받아들이시만, 인간의 행위들에 관련해서는 대부분의 사람들이 의문을 갖는다. 인간사는 우연에 의해서 일어나는가, 아니면 어떤 섭리에 의해서 또는 상위의 명령에 의해서 다스려지는가?

특히 인간적 사건들에서는 분명한 질서가 나타나지 않는다는 사실 때문에 의문이 커진다. 선한 사람에게는 늘 좋은 일이 생기고 악한 사람에게는 늘 나쁜 일이 생기는 것이 아니기 때문이다. 그렇다고 언제나 선한 사람들에게 나쁜 일이 생기거나 악한 사람들에게 좋은 일이 생기는 것도 아니다. 선한 사람에게나 악한 사람들에게나 관계없이, 좋은 일도 생기고 나쁜 일도 생긴다.

이러한 사실 때문에 사람들은 마음속에 인간사는 하느님의 섭리에 의해 통치되는 것이 아니라는 생각을 품게 된다. 어떤 이들은, 인간사는 인간의 섭리와 계획에 의해 다스려지는 부분을 빼고는 우연에 의해 이루어진다고 말한다. 또 어떤 이들은 그 결과가 천상적인 운명에 의해 결정된다고 여긴다.

욥기의 신학적 가치

그러나 이러한 견해는 인류에게 매우 해롭다. 하느님의 섭리를 배제시키고 나면, 하느님께 대한 진실한 공경이나 두려움이 사람들에게서 사라질 것이기 때문이다.

이러한 상태에서 얼마나 덕행에 소홀해지고 악으로 기울게 될 것인지는 누구나 쉽게 알 수 있다. 하느님께 대한 경외와 사랑만큼 인간을 악에서 멀어지게 하고 선을 향하게 하는 것은 없다.

이 때문에, 다른 이들을 가르치기 위하여 성령 안에서 지혜를 추구한 이들의 첫째가는 가장 중요한 관심사는 사람들의 마음에서 이러한 생각을 근절하는 것이었다. 그래서, 율법과 예언서들에 이어 욥기가 성문서, 곧 성령의 감도로 사람들을 가르치기 위하여 기록된 책들 가운데 첫 번째로 자리하게 되었다. 이 책의 의도는 설득력 있는 논거들을 통하여 인간사가 하느님의 섭리로 통치됨을 보여 주는 데에 있다.

이 책에서 저자는, 인간사가 하느님의 섭리로 통치된다는 전제에서부터 그의 주장을 증명한다. 그런데 인간사 안에서 하느님의 섭리를 특별히 반박하는 것으로 보이는 일은 의인들의 고통이다. 악인들에게 때로는 좋은 일들이 일어난다는 것의 경우 처음에는 그것이 부당하게 보이고 섭리에 반대되는 것으로 보인다 하더라도, 그것은 하느님 자비의 결과라고 어떤 식으로 설명될 수 있다. 그러나 의인이 이유 없이 고통을 받아야 한다는 것은 섭리의 기반을 완전히 무너뜨리는 듯하다.

그러므로, 이 토론을[4] 위해서 모든 덕행에서 완전한 욥이라는 인물의 많고도 심한 고통이 일종의 논제로 제시된다.

욥기의 역사성과 그 메시지

어떤 이들은[5] 여기서 주제가 된 욥이 역사적 인물이 아니라 마치 토론을 위하

---

4) 라틴어 단어 quaestio는 여기에서 중세 대학의 형식적 토론의 주제를 가리킨다. 참조. 예를 들어, [P. Michaud-Quantin and J.A. Weisheipl], "Dialectics in the Middle Ages", *New Catholic Encyclopedia* 4, 846-849, 특히 848.
5) 예를 들어, Moses Maimonides, *Guide of the Perplexed* III.22 (trans. S. Pines [Chicago: University of Chicago Press, 1963], p. 486).

여 가설적 경우들을 꾸며내는 것과 같은 식으로[6] 섭리에 관한 토론을 위한 논제로 만들어진 일종의 비유라고 여긴다.

이것은 책의 목적에는 별로 영향을 미치지 않지만, 진리 그 자체로서는 중요하다. 그들의 견해는 성경의 권위에 거스르는 것으로 보인다. 에제 14,14에서는 주님께서 "비록 그곳에 노아와 다니엘과 욥, 이 세 사람이 있다 하더라도 그들은 자기들의 의로움으로 제 목숨만 구할 수 있을 따름이다."라고 말씀하시는 것으로 되어 있기 때문이다. 노아와 다니엘은 실제로 존재했던 사람들이었다. 그러므로 그들과 함께 언급된 세 번째 인물인 욥에 대해서도 의심의 여지가 없다. 또한 야고 5,11에서도 "사실 우리는 끝까지 견디어 낸 이들을 행복하다고 합니다. 여러분은 욥의 인내에 관하여 들었고, 주님께서 마련하신 결말을 알고 있습니다."라고 일컬어진다. 그러므로, 욥은 역사적 인물로 존재했다고 믿어야 한다.

해석학적 방법 : 자구적 의미

아래에서는 욥이 살았던 시대 또는 그의 혈통, 이 책의 저자, 욥 자신이 마치 다른 사람에 대해 이야기하듯이 이 책을 썼는지 아니면 다른 이가 그에게 일어난 일들을 기록했는지는 논의하지 않을 것이다.

우리의 의도는 우리가 할 수 있는 한에서, 하느님의 도우심에 의탁하면서, 「복된 욥」이라는 제목의 이 책을 자구적 의미에 따라 간략하게 해설하는 것이다. 복된 그레고리우스 교황은 이미 우리에게 치밀하고 분명하게 욥의 신비들을 밝혀 주었고,[7] 거기에 무엇을 덧붙이는 것은 불필요하게 보인다.[8]

---

6) *disputandi*. 참조. 위의 각주 4.
7) 신비적 내지 영적인 의미를 말한다. 참조. *ST* I.1.10.
8) Gregory the Great, *Morals on the Book of Job*, "Epistle", ch. 3-4 (*Library of the Fathers*, vol. 18, pp. 7-9 [*PL* 75, 513ff.]).

01장

사탄이 욥을 시험한다. 욥은 자녀들과 온 재산을 잃는다

욥의 도덕적 완전함

> 1) 우츠라는 땅에 한 남자가 있었는데 그의 이름은 욥이었다. 그 사람은 단순하고 올곧으며 하느님을 경외하고 악을 멀리하는 이였다. 2) 그에게는 아들 일곱과 딸 셋이 있었다. 3) 그의 재산은, 양이 칠천 마리, 낙타가 삼천 마리, 겨릿소가 오백 쌍, 암나귀가 오백 마리나 되었고, 종들도 매우 많았다. 그 사람은 동방인들 가운데 위대한 사람이었다. 4) 그의 아들들은 번갈아 가며 정해진 날에 제 집에서 잔치를 차려, 세 누이도 불러다가 함께 먹고 마시곤 하였다. 5) 이런 잔칫날들이 한차례 돌고 나면, 욥은 그들을 불러다가 정결하게 하였다. 그리고 아침 일찍 일어나 그들 하나하나를 위하여 번제물을 바쳤다. 욥은 '혹시나 내 아들들이 죄를 짓고, 마음속으로 하느님을 찬미하였는지도 모르지.' 하고 생각하였기 때문이다. 욥은 매일 이렇게 하였다.(1,1-5)

앞서 말했듯이 이 책의 의도는 인간사가 하느님의 섭리에 의해 통치됨을 보여 주는 것이므로, 토론 전체를 위한 기초로 어떤 의로운 사람의 수많은 고통들을 전해 주는 역사를 앞에 놓는다. 의인의 고통은 다른 어떤 것보다도 인간사에서 하느님의 섭리를 부인하게 만드는 것으로 보이기 때문이다.

첫째로는 이 인물의 성격이 묘사되고, 그의 성과 관련하여 "한 남자가(vir) 있었는데"(1절)라고 말한다. 남성은 어려움을 견디는 데에서 더 강건하기 때문이다. 또한 그의 고향에 대해서도 "우츠라는 땅에"라고 묘사한다. 우츠는 동방에 있었다. 그의 이름에 대해서는 "그의 이름은 욥이었다."고 말한다. 고향과 이름은, 이 이야기가 비유가 아니라 실제 사건임을 보여 주기 위하여 제시된 것으로 생각된다.

또한, 이후에 소개될 역경들이 그의 죄 때문에 그에게 일어난 것이라고 믿지 않도록 하기 위하여 욥의 덕행이 묘사된다. 여기서 그는 죄가 없는 사람으로 드러난다. 인간은 세 가지로 죄를 짓는다는 것을 알아야 한다. 어떤 죄들은 이웃을 거스르는 죄인데, 살인, 간음, 도둑질 등이 여기에 속한다. 하느님을 거슬러 짓는 죄로는 거짓 맹세, 독성, 신성 모독 등이 있다. 자기 자신을 거슬러 죄를 짓기도 하는데, 바오로 사도는 1코린 6,18에서 "불륜을 저지르는 자는 자기 몸에 죄를 짓는 것입니다."라고 말한다.

이웃을 거슬러 짓는 죄에는 두 가지가 있으니, 드러나지 않는 속임수와 드러나는 폭행이다.

그러나 이 사람은 속임수로 그의 이웃을 함정에 빠뜨리지 않았다. 그래서 그는 "단순한(simplex) 이였다."고 일컬어진다. 단순함은 바로 속임수에 대비되는 것이기 때문이다. 그는 누구에게도 폭행을 가하지 않았고, 그래서 "올곧으며"라는 표현이 뒤따른다. 올곧음은 정의에 속하고 정의는 공평에 있는 것이기 때문이다. 이사 26,7에 따르면, "의인의 길은 올바릅니다. 당신께서 닦아 주신 의인의 행로는 올곧습니다." 그가 하느님을 거슬러 죄를 짓지 않았다는 것은 "하느님을 경외하고"라는 말에서 분명히 드러난다. 이 말은 하느님에 대한 공경을 가리키는 것이다. 그가 자기 자신을 거슬러서도 죄를 짓지 않았다는 것은 "악을 멀리하는 이"라는 말에서 드러난다. 그는 이웃에게 미치는 해악 때문에 또는 하느님을 거스르는 것 때문에만이 아니라 악 그 자체를 미워했던 것이기 때문이다.

욥의 지상적 번영

욥의 성격과 덕이 묘사된 다음에는 그의 부유함이 제시되어, 그 후에 따르게 되는 역경들이 이전의 부유함과 대조를 이루어 더욱 극심하게 여겨지게 된다. 또한 그의 부유함에 대한 묘사는, 하느님의 첫 번째 계획에서는 의인에게 영적인 선만이 아니라 현세적 선도 주어진다는 점을 보여 준다. 때로 의인들이 역경을 겪게 된다면 이는 어떤 특별한 이유로 일어나는 일이다. 인간은 처음부터, 그가 무죄함을 잃지 않았더라면 어떤 어려움도 겪지 않을 것으로 정해졌던 것이다.

훌륭한 성격 다음으로 현세적 번영은 가족들 특히 어떤 의미에서 부모의 소유라고 말할 수 있는 자녀들로 이루어진다. 그래서 욥의 부유함 가운데 첫째로 많은 자녀들이 언급된다. "그에게는 아들 일곱과 딸 셋이 있었다"(2절). 아들들이 딸들보다 많은 것은 아마도 부모들이 보통 딸보다 아들을 선호하기 때문이었을 것이다. 이는 더 완전한 것이 더 바람직하고 여성에 대한 남성의 관계는 불완전에 대한 완전의 관계와 같기 때문이기도 하고,[1] 아들들은 딸들보다 재산을 관리하는 데에서 부모에게 도움이 되기 때문이기도 하다.

다음으로 욥의 많은 재산, 특히 가축들의 풍요로움이 제시된다. 사실 인류 역사의 초기에는 인구가 적었으므로 땅의 소유는 가축의 소유만큼 귀한 것이 아니었다. 특히 동방에서는, 오늘날까지도 그 지역의 면적에 비하여 주민이 적다.

가축들 가운데 첫째로는 사람들에게 음식과 의복을 제공해 주는 동물인 양들이 언급된다. "그의 재산은, 양이 칠천 마리였다"(3절). 두 번째로는 짐을 나르는 일을 하는 동물인 낙타가 언급되어 "낙타가 삼천 마리"라고 덧붙여진다. 셋째로는 밭을 경작하는 데에 사용되는 동물이 언급되어 "겨릿소가 오백 쌍"이라고 덧붙여진다. 넷째로는 사람들이 타고 다니는 동물들이 언급되어 "암나귀가 오백 마리"라

---

[1] 참조. Aristotle, *Generation of Animals* II.3, 737a 27ff.

는 표현이 뒤따르는데, 이는 고대인들이 주로 타고 다녔던 노새를 뜻한다. 이 네 가지 동물들은, 같은 용도로 사용되는 다른 종류의 동물들도 포함한다. 예를 들어, 양은 음식과 의복으로 사용되는 모든 동물들을 가리킨다. 다른 동물들의 경우도 마찬가지다.

그리고 재산이 많은 사람은 그것을 관리하기 위하여 종들이 많이 필요했으므로 본문은 "종들도 매우 많았다."고 적절하게 덧붙인다.

다음으로는 명성과 관련하여 욥의 풍요로움이 언급된다. 욥의 명성은 널리 퍼졌다. "그 사람은 동방인들 가운데 위대한 사람이었다." 다시 말하면, 그는 존경받는 유명한 인물이었다.

모범적인 가정

다음으로는 욥을 기려 그의 집안 규율이 묘사된다. 재산이 많으면 악습이 생기기 쉽지만, 그의 집안에는 악습이 없었다. 부유한 집안에서는 불화가 생기기 쉽고, 그래서 우리는 창세 13,6에서 아브라함과 롯이 함께 살 수 없었다는 것을 읽게 된다. 그들은 재산이 많음으로써 생겨나게 되는 분쟁을 피하기를 원했던 것이다. 또한, 많은 것을 소유한 이들이 그 재산을 지나치게 사랑하면 그들은 인색하게 된다. 그래서 코헬 6,1-2에서는, "태양 아래서 내가 본 불행이 있는데 그것이 인간을 무겁게 짓누른다. 하느님께서 부와 재물과 영화를 베푸시어 원하는 대로 아쉬움 없이 가진 사람이 있는데 하느님께서 그것을 누리도록 허락하지 않으신다."고 말한다.

복된 욥의 집안에는 이러한 악이 없었다. 그 집안에는 조화와 기쁨, 평정이 있었다. "그의 아들들은 번갈아 가며 정해진 날에 제집에서 잔치를 차렸다."(4절)는 본문은 이를 의미한다. 사랑과 조화는 형제들에게만 있는 것이 아니라 누이들에게도 미쳤다. 흔히, 형제들은 재산 때문에 교만해져서 누이들을 무시한다. 그래서, "세 누이도 불러다가 함께 먹고 마시곤 하였다."고 덧붙여져 있다. 동시에 이 단락에는, 딸들의 정결에 대한 확신도 전해진다. 그렇지 않았더라면 "고집스런 딸을 철저하게 감시하여라. 그러지 않으면 틈을 타 제 자유를 남용하리라."라는 집회 26,13에 따라(『성경』은 26,10) 그 딸들을 가두어 두었을 것이기 때문이다.

자녀들의 죄를 위한 기도

욥의 집안에 검소함과 조화가 있었던 것과 마찬가지로, 욥 자신도 정결을 위하여 거룩한 관심을 기울였다. 부는 흔히 정결을 무너뜨리거나 약하게 하기 때문이다. 신명 32,15는 "여수룬은 살이 찌더니 불평을 늘어 놓았다."고 말하고, 이어서 "자기를 만드신 하느님을 저버렸다."고 말한다.

욥은 그의 정결에 마음을 기울여 그를 부정하게 할 수 있는 모든 것을 완전히 멀리하였다. 그래서, 위의 본문(1절)에서는 그가 "하느님을 경외하고 악을 멀리하는 이였다."고 말했었다. 그는 자녀들의 정결에도 마음을 썼다. 그는 그 자녀들이 젊었으므로 그들이 잔치를 여는 것을 용인했다. 진지한 어른들에게는 비난받을 만한 일들이 젊은이들에게는 용인되는 경우들이 있기 때문이다. 그러나 잔치 때에 사람들은 품위를 잃거나 지나친 즐거움에 빠지거나 무절제한 말을 하거나 아니면 무절제하게 음식을 즐겨 잘못을 범하지 않기가 매우 어렵거나 불가능하므로, 그는 자녀들에게 잔치를 금하지는 않았지만 그들을 정결하게 하기 위한 방책을 마련했다. 그래서, "이런 잔칫날들이 한차례 돌고 나면, 욥은 그들을 불러다가 정결하게 하였다"(5절).

잔치 차례가 돈다고 말하는 것은, 아들이 일곱이었는데 그들이 각각 정해진 날에 잔치를 열었고 그래서 그들은 한 주간 동안 돌아가며 매일 잔치에 참석했기 때문이다. 그 다음에는 마치 주간의 날들과 같이 주기적으로 잔치는 다시 첫째 아들 순서로 돌아갔다.

그러나, 욥은 아들들에게 잔치를 열도록 허락하면서도 그 자신은 품위를 지키며 그들의 잔치에 참여하지 않았다는 것에 주의해야 한다. 그가 그들에게 간 것이 아니라 "그들을 불러다가" 정결하게 했다고 하고 있기 때문이다. 그가 중개를 통하여 아들들을 정결하게 한 방법은 두 가지로 이해할 수 있다. 그들이 잔치 때에 죄를 지었다면 이를 바로잡도록 유익한 훈계를 했을 수도 있고, 아니면 율법이 주어지기 전에도 제사와 만물과 십일조를 바치는 제물이 있었듯이 그들에게 죄를 속죄하도록 속죄의 예식을 행하게 했을 수 있다.[2]

잔치에서는 흔히 죄를 짓는다

잔치 때에 사람들은 때로 위에서 말한 것과 같은 식으로 부정을 탈 뿐더러 제멋대로 들떠서 이성을 잃고 하느님께 대한 공경마저 잃어버려 하느님까지 경멸하는 더 심각한 죄에 빠질 수도 있다. 탈출 32,6에서는 "백성들은 앉아서 먹고 마시다가 일어나 흥청거리며 놀았다."고 말한다. 그들은 음행을 저지르거나 우상에게 제물을 바칠 수도 있는 것이다. 그래서 욥은 그의 아들들을 정결하게 함으로써, 가벼운 죄에 대하여 그들을 도울 뿐 아니라 더 무거운 죄들에 대해서도 하느님과 화해할 방책을 마련해 주고자 했다. 그래서, "아침 일찍 일어나 그들 하나하나를 위하여 번제물을 바쳤다."(5절)

이 말에서는 욥의 완전한 신심이 드러난다. 제사를 드리는 시간에 있어서, 그는 "아침부터 당신께 청을 올리고 애틋이 기다리나이다."라고 말하는 시편 5,5(『성경』은

---

[2] 참조. *ST* I-II.103.1.

5,4)에 따라 아침 일찍 일어났다. 또한 제물을 드리는 방법에 있어서도, 그는 번제물을 바쳤는데 이는 하느님께 온전히 살라 바치는 것으로서 친교제나 속죄제의 경우처럼[3] 제물을 봉헌하는 사람이나 그 제사를 집행하는 그 사람의 몫을 남기지 않는 것이다. 번제라는 말은 실상 남김없이 태움을 의미한다. 마지막으로 제사 수에 있어서, 그는 아들들 하나하나를 위해 번제를 바쳤다. 모든 죄는 각각에 대한 보속 행위로 속죄되어야 하기 때문이다.

이어서 본문은 그가 번제물을 바친 이유를 말한다. 욥이 제물을 바친 것은, 그가 아들들이 죄를 짓지 않았다고 분명히 알았던 것이 아니라 그것을 의심하고 "혹시나 내 아들들이 죄를 짓고, 마음속으로 하느님을 찬미하였는지도 모르지."라고 마음속으로 "생각하였기 때문"이었다. 이 표현은 두 가지로 이해할 수 있다.

첫째로, 본문 전체를 함께 이해하면, 하느님을 축복한다는 것은 좋은 일이지만 인간이 죄를 지은 데에 대하여 하느님을 축복한다는 것은 죄를 묵인함을 뜻하고 그래서 비난을 받는다. 이는 즈카 11,4에서 어떤 사람들에 대해 말하는 바와 같다. "너는 도살될 양 떼를 돌보아라. 사람들은 그 양떼를 사서 잡아도 벌을 받지 않을 것이다. 팔아넘긴 자들은 '주님께서는 찬미받으소서! 나는 부자가 되었다.'하고 말할 것이다."

다른 방식으로는, 이를 따로 떼어 내어 '찬미하였다'는 표현을 '저주하였다'로 이해할 수 있다. 신성 모독은 끔찍한 범죄이기 때문에, 경건한 입술은 그것을 있는 그대로 부르지 않고 반대말로 표현하는 것이다. 신성 모독에 대해서는 번제물이 바쳐지는 것이 마땅하다. 하느님을 거슬러 지은 죄는 하느님께 대한 공경의 표시로써 씻어지기 때문이다.

경신례가 드물다면 사람들은 깊은 신심으로 이를 바치지만, 자주 있게 되면 지루해진다. 이것이 태만의 죄이고, 영적인 임무들에 대해 싫증을 내게 되는 것이

---

[3] 참조. 특히 레위 1,9.13.17; 6,2, 그리고 6,19와 7,15 이하.

다.⁴⁾ 욥은 이러한 악습에 젖지 않았다. "욥은 매일 이렇게 하였다."(5절)고 되어 있기 때문이다. 그는 경신례에서 항구한 신심을 가졌던 것이다.

선한 천사들과 악한 천사들

> 6) 하루는 하느님의 아들들이 모여 와 주님 앞에 섰다. 사탄도 그들과 함께 왔다. 7) 주님께서 사탄에게 물으셨다. "너는 어디에서 오는 길이냐?" 사탄이 주님께 "땅에 가서 여기저기 두루 돌아다니다가 왔습니다." 하고 대답하자, 8) 주님께서 사탄에게 말씀하셨다. "너는 나의 종 욥을 눈여겨보았느냐? 그와 같이 흠 없고 올곧으며 하느님을 경외하고 악을 멀리하는 사람은 땅 위에 다시 없다." 9) 이에 사탄이 주님께 대답하였다. "욥이 까닭 없이 하느님을 경외하겠습니까? 10) 당신께서 몸소 그와 그의 집과 그의 모든 소유를 사방으로 울타리 쳐 주지 않으셨습니까? 그의 손이 하는 일에 축복하셔서, 그의 재산이 땅 위에 넘쳐 나지 않습니까? 11) 그렇지만 당신께서 손을 펴시어 그의 모든 소유를 쳐 보십시오. 그는 틀림없이 당신을 눈앞에서 축복할 것입니다." 12) 그러자 주님께서 사탄에게 이르셨다. "좋다. 그의 모든 소유를 네 손에 넘긴다. 다만 그에게는 손을 대지 마라."(1,6-12)

복된 욥의 부유함을 이야기한 다음 그의 역경이 진술되는데, 먼저 그 원인이 소개된다. 악인이 역경이 하느님의 섭리와 무관히게 일어났다고 생각하여 인간사가 섭리에 달려있는 것이 아니라고 생각하게 되지 않도록, 하느님께서 어떻게 인간사를 돌보시고 배려하시는지가 먼저 언급된다. 이러한 전제는 상징적, 우의적으로 제

---

4) 참조. *ST* II-II.35.1.

시되는데, 이는 영적인 사물들을 물질적인 사물들의 형상으로 묘사하는 성경의 관습에 따른 것이다. 이사 6,1에서는 이를 분명히 보여 준다. "나는 높이 솟아오른 어좌에 앉아 계시는 주님을 뵈었다." 에제키엘서의 첫 부분과[5] 다른 많은 단락들에서도 이를 볼 수 있다. 그런데, 영적인 사물들을 물질적인 사물들에 비유하여 제시한다 하더라도, 감각적인 형상들을 통하여 나타내려 한 영적인 사물들은 신비적 의미가 아니라 자구적 의미에 속한다. 자구적 의미란, 단어들이 고유한 의미로 사용되었든 비유적 의미로 사용되었든 그 말들로써 본래 의도한 것을 뜻하기 때문이다.[6]

하느님의 섭리에는 질서가 있어서 상위의 존재들을 통하여 하위의 존재들을 다스리신다는 것을 알아야 한다. 생성과 소멸을 겪을 수 있는 사물들은 천체들의 움직임에 종속되며, 마찬가지로 사멸할 육체에 결합된 하위의 이성적 영들 곧 영혼들은 상위의 비물질적인 영들을 통하여 지배된다.[7]

교회 전통은 비물질적 영들 가운데에는 선한 영들이 있고, 이들은 그들이 창조된 대로의 순수함을 보전하여 신적 영광을 누리며 하느님의 뜻에서 결코 벗어나지 않는다는 것을 견지한다. 성경에서 이 영들은 때로 천사들, 곧 사자들이라 일컬어진다.[8] 이들이 하느님의 메시지를 사람들에게 전하기 때문이다. 그러나 때로는 하느님의 아들들이라 불리는데, 그것은 이들이 그분의 영광에 참여한다는 점에서 하느님을 닮았기 때문이다.

그러나 어떤 영들은 악하다. 본성에 의해서 또는 창조에 의해서 그러한 것은 아니다. 하느님께서 모든 피조물의 창조자시며, 최고선이신 그분은 오직 선한 것들의

---

5) 참조. Maimonides, *Guide of the Perplexed* III.1-7 (trans. Pines, pp. 415-430).
6) 참조. *ST* I.1.10, *ad* 3.
7) 참조. *ST* I.103-119; *CG* III.64-113.
8) 참조. Isidore, *Ethymologiae* VII.5 [*PL* 82, 272 A]; Allan of Lille, *Distinctiones*, s.v. "Diabolus" [*PL* 210, 766 C].

원인이 되시기 때문이다. 그들이 악한 것은 오직 그들 자신의 잘못이다. 성경에서 이 영들은 마귀들이라 불리고, 그들의 두목은 떨어진 자라 해서[9] 악마라 불리거나 사탄 곧 반대자라 불린다.[10]

두 종류의 영들은 모두 사람을 움직여 어떤 행위들을 하게 한다. 선한 영들은 선한 행위를 하게 하지만, 악한 영들은 악한 행위를 하게 한다.

이렇게 사람들이 영들의 작용을 통해 하느님에 의하여 움직여지는 것과 마찬가지로, 성경에서는 인간의 행위도 같은 영들의 중개를 통하여 하느님의 판단을 받는다고 일컬어진다. 그러므로, 인간이 행하는 행위들이 선한 일들이나 악한 일들이나 모두 하느님의 심판을 받게 됨을 말하기 위하여 본문은 "하루는 하느님의 아들들이 모여 와 주님 앞에 섰다. 사탄도 그들과 함께 왔다."(6절)라고 말한다.

하느님 앞에 섰다

여기서, "하느님의 아들들"이라 불린 천사들은 두 가지 방식으로 하느님 앞에 서 있다고 일컬어질 수 있음을 알아야 한다. 첫째로, 그들은 하느님을 뵙고 있다. 다니 7,10에서는 "그분을 시중드는 이가 백만이요 그분을 모시고 선 이가 억만이었다."고 말한다. 둘째로, 하느님께서 천사들과 그들의 행위들을 보고 계신다. 실상, 주인 앞에 서 있는 사람은 주인을 바라보는 동시에 주인이 그를 바라보는 것이다.

첫 번째 방식으로는, "주님 앞에 섰다."는 표현은 하느님을 뵙고 있는 복된 천사들에게만 적합하다. 또한 모든 천사들에게 적합한 것도 아니고, 높은 위치에 있어서 하느님을 더 직접적으로 하느님을 뵙고 있고, 디오니시우스(Dionysius)의 견해대로

---

9) 참조. *Ibid*. VIII.1.1 [PL 82, 316 A].
10) 참조. *Ibid*.

외부적인 직무를 수행하러 나가지 않는 천사들에게만 적합하다.[11] 그러므로 "주님 앞에 서 있는" 이들은 앞서 인용한 다니엘서에서는 "시중드는 이"와 "그분을 모시고 선 이"가 구별된다.

그러나 두 번째 방식으로는, "주님 앞에 섰다."는 동사는 선한 천사들 모두에게 적합할 뿐 아니라 악한 천사들에게도, 그리고 사람들에게도 적합하다. 그들이 행하는 모든 것을 하느님께서 그들을 통하여 살피시고 심판하시기 때문이다. 그래서 "하느님의 아들들이 모여 와 주님 앞에 섰다. 사탄도 그들과 함께 왔다."라고 말한 것이다.

그리고, 선한 천사들을 통하여 이루어지는 일들도 악한 천사들을 통하여 이루어지는 일들도 끊임없이 하느님께서 살피고 심판하시며 그런 의미에서 하느님의 아들들은 언제나 그분 앞에 서 있고 사탄도 그들 가운데 있지만, 성경의 습관에 따라 "하루는"이라는 말이 붙어 있다. 때로 성경은, 시간을 넘어 시간을 관통하는 사물들을 시간 안에서 일컬어지는 사물들과 같은 방식으로 지칭한다. 예를 들어 창세기의 첫머리에서 하느님께서는 첫 날 또는 둘째 날에 어떤 말씀을 하셨다고 일컬어진다. 그분의 말씀하심은 영원하신데도, 그분께서 말씀하신 것들이 시간 안에서 이루어졌기 때문에 그러한 것이다.[12] 지금의 경우도, 여기에서 말하고자 하는 행위가 일정한 시간 안에 이루어졌기 때문에 그 행위를 집행한 천사들이 "하루는" 주님 앞에 섰다고 일컬어진다. 그들이 하느님 앞에 있는 것은 한 순간도 중단된 일이 없는데도 말이다.

또한, 선한 천사들에 의하여 이루어진 일들과 악한 천사들에 의하여 이루어진 일들은 서로 다른 방식으로 하느님의 심판에 회부되는 것으로 전해진다는 점도 주의해야 한다. 선한 천사들은 그들이 행한 일들이 하느님께 전해지기를 바란다. 그

---

11) *On the Celestial Hierarchy*, ch. 13 (trans., p. 55) [PL 3, 300].
12) 참조. 예를 들어, *ST* I.46.1, *ad* 5.

래서 하느님의 아들들은 "모여 와 주님 앞에 섰다."고 일컬어진다. 마치 그들이 스스로 자발적으로 모든 것을 하느님의 심판에 맡기려 한 듯하다. 그러나 악한 천사들은 그들이 행한 일들을 하느님께 가져가려 하지 않는다. 오히려, 그들이 행한 모든 것은 그들의 뜻을 거슬러 하느님의 심판을 받는다. 그러므로, 사탄은 주님 앞에 서기 위하여 왔다고 하지 않고 다만 "그들과 함께 왔다."고 일컬어진다. 그가 "그들과 함께" 있었다고 하는 것은 그들의 본성이 동일하기 때문에, 그리고 악은 [하느님께서] 일차적으로 의도하신 것이 아니라 거의 우연적으로 선에 덧붙여진 것임을 시사하기 위해서이다.

하느님의 '말씀'과 사탄의 '말'

선한 천사들을 통하여 이루어지는 일들과 악한 천사들을 통하여 이루어지는 일들 사이에는 차이가 있다. 선한 천사들은 하느님의 의지와 그분의 명에 의하여 그들이 행하도록 허락된 일들만을 행한다. 그들은 하는 모든 일에서 하느님의 뜻을 행하기 때문이다. 그러나 악한 천사들의 의지는 하느님의 의지와 대립된다. 그러므로, 그들이 행하는 일들은 그 지향에 있어서 하느님과 일치하지 않는다.

우리는 보통 우리 자신이 행하는 일에 대해 묻지 않고 오히려 우리와 별개로 생겨나는 일들에 대해 물으므로, 본문은 주님께서 하느님께서 아들들에게 무엇을 물으셨다고 말하지 않고 사탄에게 물으셨다고만 말한다. 그래서 "너는 어디에서 오는 길이냐?"(7절)라고 덧붙인다. 주님께서는 사탄에게 "너는 무엇을 하고 있느냐?"라거나 "너는 어디 있느냐?"고 묻지 않으시고 "너는 어디에서 오는 길이냐?"고 물으신다는 데에 주목해야 한다. 하느님께서 마귀들을 통하여 악한 이들을 벌하시거나 선한 이들을 시험하실 때에, 그들이 행한 일들은 때로 하느님의 의지에 따라 이루어지는 것이기 때문이다. 그러나 마귀의 지향은 언제나 악하고 하느님께 적대적이다. 그래서 사탄에게는 "너는 어디에서 오는 길이냐?" 물으신다. 그의 모든 행위가 나오는 원천인 그의 지향이 하느님을 거스르기 때문이다.

말을 한다는 것은 두 가지 의미로 이해된다는 것을 알아야 한다. 때로 그것은 마음속에 있는 개념을 가리키고, 때로는 그러한 개념을 다른 이에게 표현하는 형태를 가리킨다. 첫 번째 방식으로는, 하느님께서 말씀하시는 것은 영원하시며 그것은 다름 아닌 당신 말씀이신 아드님을 낳으시는 것이다.

두 번째 의미로 하느님께서는 시간적으로 어떤 것을 말씀하시는데, 이것은 누구에게 말씀하시는가에 따라 적절하게 서로 다른 방식으로 이루어진다. 인간에게 말씀하실 때에는, 인간이 물리적인 감각들을 가지고 있으므로 때로 하느님께서는 당신께 종속된 어떤 피조물 안에서 형성된 물리적인 소리로 말씀하셨다. 예를 들어, 그리스도의 세례 때와 거룩한 변모 때에는 한 음성이 "이는 사랑하는 아들이다."[13]라는 소리를 내었다. 그러나 때로 하느님께서는 환시를 통해 말씀하셨다. 예언서들에서 자주 이를 읽을 수 있다.[14] 또 때로는 가지적인 표현으로 말씀하시는데, 사탄에게는 이러한 방식으로 말씀하셨다고 이해해야 한다. 하느님께서는 사탄으로 하여금, 그가 행하는 것을 하느님께서 보신다는 것을 알게 하시는 것이다.

세상 안에 있는 사탄

하느님께서 사탄에게 말씀하시는 것은 그에게 지식을 알려 주시는 것이지만, 사탄이 하느님께 드리는 대답은 하느님께 어떤 것에 대한 지식을 전달하는 것이 물

---

13) 마태 3,17; 17,5.
14) Thomas, *De Veritate* XII.7. 예레 1,13과 즈카 6,1을 언급한다.

론 아니며 오히려 사탄의 모든 행위를 하느님께서 살피고 계심을 깨닫는 것이다. 이러한 표현 방법에 따라 "사탄이 주님께 '땅에 가서 여기저기 두루 돌아다니다가 왔습니다.' 하고 대답했다."(7절)고 일컬어진다. 주님께서 사탄에게 하신 말씀, 곧 "너는 어디에서 오는 길이냐?"라는 말씀으로 하느님은 악마의 의도와 행위를 조사하신다. 그러나 사탄의 대답, 곧 "땅에 가서 여기저기 두루 돌아다니다가 왔습니다."라는 말로 사탄은 하느님께 그의 행위들을 밝힌다. 이러한 두 문장으로부터, 사탄이 행한 모든 일은 하느님의 섭리에 종속되어 있음이 드러난다.

사탄이 돌아다녔다는 말에서, 그가 속일만한 사람을 찾아 다니는 교활함이 나타난다. 1베드 5,8에서 "여러분의 적대자 악마가 으르렁거리는 사자처럼 누구를 삼킬까 하고 찾아 돌아다닙니다."라고 말하는 대로이다.

올곧다는 것이 "두 극단 사이의 중용"을 뜻하므로[15] '올곧다'는 단어로 의로움을 표현하듯이, '돌아다니다'라는 단어는 교활함을 표현한다. 의로운 사람의 행위는 그 원천 곧 의지와 또한 그것이 지향하는 목적과 상충하지 않으므로, 의로운 사람은 마땅히 올바르다고 일컬어진다.

그런데 교활한 사람은 어떤 것을 한다고 가장하면서 다른 것을 의도하므로, 그들이 그들 행위의 결과로 내놓는 것은 그 의지와도 일치하지 않고 그 목적과도 일치하지 않아 극단을 넘어선다. 그래서 교활한 사람들은 돌아다닌다고 일컬어지고, "악인들이 사방으로 쏘다닌다."고 기록되어 있다.[16]

그러나, 악마는 선한 이들이든 악한 이들이든 모든 사람에 대하여 자신의 교활함을 사용하지만 그 효과는 악한 이들에게서만 거둔다는 것을 알아야 한다. 그 악한 이들에게 '땅'이라는 이름이 어울린다. 인간은 영석 본성과 흙에서 나온 육신으로 구성되는데, 인간의 악은 그가 영적인 이성으로 지향하는 영적인 선들을 버

---

15) Plato, *Parmenides* 137e 3-4.
16) 시편 11,9(『성경』은 12,9)

리고 흙에서 나온 육신의 차원에 있는 지상적 선들에 집착하는 데에 있는 것이기 때문이다. 그러므로 악한 이들은, 그들이 흙에서 나온 본성을 따른다는 점에서 땅이라 불린다.

사탄은 땅을 돌아다닐 뿐 아니라 그 땅을 지나간다. 그가 악인들 안에서 자신의 악함의 결과를 일으키기 때문이다. 의인들에 대해서 하느님께서 그들 가운데를 지나가신다고 할 때와 같이, 지나간다는 것은 여정의 완성을 뜻한다. 그래서 사도는 2코린 6,16에서 "나는 그들과 함께 살며 그들 가운데서 거닐리라."라고 말한다.

이 단락을 다른 의미로 이해할 수도 있다. 삶의 상태가 세 가지로 되어 있기 때문이다. 어떤 이들은 땅보다 위에서, 곧 하늘에서 산다. 천사들과 복된 이들이 그러하다. 어떤 이들은 땅에서 산다. 사멸할 육신 안에 살고 있는 사람들이 그러하다. 반면 또 다른 이들은 땅 아래에서 산다. 악마들과 저주받은 모든 이가 그러하다.

사탄은 첫째 무리에게 가거나 그들 사이를 돌아다니지 않는다. 천체들에는 자연적 악이 없는 것과 마찬가지로, 천국의 시민들에게는 악의가 있을 수 없기 때문이다.[17] 한편 그는 지옥에 있는 이들 사이를 돌아다니지만 그들에게 가지는 않는다. 그는 그들을 이미 자신의 악 아래 완전히 지배하고 있어서, 그들을 속일 필요가 없기 때문이다. 그러나 땅에 있는 이들에게는, 사탄이 그들에게 가서 그들 사이를 돌아다닌다. 그는 교활하게 그들을 속이고 그들 가운데 일부를 자신의 악으로 끌어들이려고 애를 쓰기 때문이다. 앞서 말한 대로 특히 이들을 지칭하여 '땅'이라는 단어가 사용되었다.

---

17) Thomas, *De Veritate* V.4, 여기서는 Avicenna, *Metaphysics* IX.6을 언급한다.

사랑으로 하느님께 결합된 하느님의 종인 욥

'땅'이라는 단어가 지상적인 인간들을 지칭한다는 것은, 욥이 땅에 살고 있는데도 주님께서 욥을 땅으로부터 분리하시는 것으로 보인다는 사실에서 분명히 드러난다. 사탄이 "땅에 가서 여기저기 두루 돌아다니다가 왔습니다."라고 말한 다음, "주님께서 사탄에게 말씀하셨다. "너는 나의 종 욥을 눈여겨보았느냐? 그와 같은 사람은 땅 위에 다시 없다."고 덧붙여져 있다(8절). 하느님께서 당신 종 욥이 땅 밖에 있는 것으로 보지 않으신다면, 땅에 가서 돌아다니다 왔다는 사탄에게 욥을 보았느냐고 묻는 것은 헛된 질문이 될 것이기 때문이다.

"나의 종 욥"이라는 표현에서 하느님께서는 어떤 의미에서 욥이 땅에서 따로 떨어져 있는지를 명백히 보여 주신다. 인간은 말하자면 하느님과 지상적 사물들 사이에 자리하고 있다. 영으로는 하느님께 꼭 붙어 있지만 육신으로는 지상적 사물들에 결합되어 있기 때문이다. 그런데, 두 극단에 있는 모든 사물은 한 쪽에서 멀어질수록 다른 쪽으로 접근한다. 그러므로, 인간은 하느님께 결합될수록 땅에서부터 멀어진다. 하느님의 종이 된다는 것은 영적으로 하느님께 결합되는 것이다. 종은 자기 자신을 위하여 존재하지 않는 사람이기 때문이다.[18] 그러나 영적으로 하느님께 매달리는 사람은 두려움의 종이 아니라 사랑의 종으로서 하느님을 향한다.

또한, 지상적인 애정은 정신이 하느님께 결합되는 영적인 애정을 희미하게 본받지만 결코 그와 유사하게 되지 못한다. 지상적인 사랑은 하느님의 사랑에 미치지 못하고 그래서 모든 애정도 하느님의 사랑에 미치지 못하는데, 이는 사랑이 모든 애정의 원천이기 때문이다. 그러므로 하느님께서 "너는 나의 종 욥을 눈여겨보았느냐?"라고 말씀하신 다음에는 적절하게 "그와 같은 사람은 땅 위에 다시 없다."고 덧붙여진다. 지상적 사물들 가운데에는 어느 것도 영적인 사물과 동등할 수 없기

---

18) 참조. *ST* II-II.19.14.

때문이다.

그러나 이 단락은 다른 식으로 이해할 수도 있다. 성인들 각자는 어떤 특정한 덕에서 탁월하여, 우리는 교회에서 그 증거자들 한 사람 한 사람에 대하여 "지극히 높으신 분의 율법을 지키는 데에 있어서 그와 같은 이는 없다."고 노래하는 것이다(집회 44,20). 그리스도에게서만은 모든 것이 가장 완전한 탁월함에 이르러 있다. 그래서, 욥은 어떤 특정한 덕의 실천에서 탁월했다는 점에서 그와 같은 사람이 다시 없었다고 이해할 수 있다.

이어서 본문은 어떤 식으로 욥이 하느님의 종이었고 땅 위에 그와 같은 이가 없었는지에 대하여 덧붙여 말한다. "그와 같이 흠 없고 올곧으며 하느님을 경외하고 악을 멀리하는 사람은 땅 위에 다시 없다." 이 말들은 위에서 설명했으므로 여기서는 생략할 수 있을 것이다.

의인들의 덕은 보편적인 메시지이다

여기에서, 하느님께서는 의인들 자신의 선익을 위해서 그들의 삶을 규정하실 뿐 아니라 다른 이들을 위해서도 그들의 삶을 드러내신다. 그러나 그 삶을 바라보는 이들이 같은 방식으로 영향을 받는 것은 아니다. 선한 이들은 그 삶을 모범으로 삼기에 거기에서 유익을 얻지만, 악한 이들은 그 삶을 보고 그 모범에 힘입어 선하게 고쳐지지 않는다면 질투로 괴로움을 당하거나 부정적 판단으로 그 삶을 곡해하여 성인들의 삶에서 도움을 받지 못한다. 사도는 2코린 2,15(『성경』은 2,15-16)에서 이렇게 말한다. "구원받을 사람들에게나 멸망할 사람들에게나 우리는 하느님께 피어오르는 그리스도의 향기입니다. 멸망할 사람들에게는 죽음으로 이끄는 죽음의 향내고, 구원받을 사람들에게는 생명으로 이끄는 생명의 향내입니다."

하느님께서는 선택받은 이들이 성인들의 삶을 보고 구원의 길에서 진보하기를 바라실 뿐 아니라, 악한 이들이 그것을 보고 그들의 단죄가 더 무겁게 되기를 바라신다. 성인들의 삶과 비교할 때 불경한 이들의 악행은 더욱 단죄를 받아 마땅한 것으로 드러나기 때문이다. 지혜 4,16에서는 "죽은 의인이 살아 있는 악인들을 단죄한다."고 말한다. 그러므로 주님께서 사탄에게 "너는 나의 종 욥을 눈여겨보았느냐?"라고 말씀하시는 것은 마치 네가 지상을 돌아다녔지만 그 세상에서 살펴보고 덕에 경탄할 것은 나의 종 욥뿐이라는 말씀과 같다.

악마의 중상 : 욥은 이익이 있어서 덕을 행한다

사탄은 악인들의 두목이며 여기서도 그 역할을 하고 있는데, 악인들은 성인들의 삶을 비난할 수는 없고 그저 성인들이 바른 지향으로 행하는 것이 아니라고 중상한다. 집회 11,33의 본문에서는(『성경』은 11,31) "그는 선을 악으로 뒤집으려 숨어 기다리고 좋은 일에서도 결점을 찾는다."고 말한다. 이 점은 이어지는 말에서 분명히 드러난다. "이에 사탄이 주님께 대답하였다. '욥이 까닭 없이 하느님을 경외하겠습니까?'"(9절). 이 말은 마치, 욥이 선한 일들을 하는 것은 부인할 수 없지만 그가 그렇게 하는 것은 올바른 지향에서, 당신께 대한 사랑과 존경에서가 아니라 당신으로부터 얻은 현세적 사물들 때문이라고 말하는 것과 같다. 그래서 그는 "욥이 까닭 없이 하느님을 경외하겠습니까?"라고 말한다. 까닭 없이 어떤 일을 한다는 것은 거기에서부터 우리가 얻고자 하는 바를 얻지 못함을 뜻한다. 욥이 당신을 섬기는 것은 당신에게서 얻은 현세적 사물들 때문이니, 그는 까닭 없이 당신을 경외하고 섬기는 것이 아니라는 말이다.

욥은 하느님으로부터 모든 것을 받았다

사탄은 욥이 현세적인 부유함을 얻었다는 것을 두 가지 측면으로 보여 준다. 첫째는 욥이 불행을 겪지 않았다는 것인데, 이는 하느님께서 모든 역경에서 그를 지켜 주셨기 때문이다. 이것이 "당신께서 몸소 울타리 쳐 주지 않으셨습니까?"(10절)라는 말의 핵심이다. 당신께서 담이나 보호벽처럼 '그' 자신을, '그의 집' 곧 그의 자녀와 식솔들을, 그리고 '그의 모든 소유' 곧 그의 재산을 지켜 주시지 않으셨느냐는 것이다. 사탄은 여기에 "사방으로"라고 덧붙이는데, 이로써 그 보호가 완전한 것으로 드러난다. 사방으로 둘러쳐진 것은 어느 방향에서도 공격할 수가 없기 때문이다.

둘째로 사탄은 그의 재산이 많아진 것과 관련하여 욥의 부유함을 말한다. "그의 손이 하는 일에 축복하셨다."는 말은 이를 의미한다. 그리고 실상 하느님께서는 말씀하심으로써 모든 것을 행하시기 때문에, 하느님의 축복은 사물들에게 선을 부여한다. 따라서 어떤 사람의 일에 하느님께서 축복하시는 것은 그분께서 그 일이 목적을 성취하도록 선으로 인도하실 때이다.

어떤 선들은 자신의 노력이나 의도 없이도 주어질 수 있으므로, 그는 "그의 재산이 땅 위에 넘쳐 나지 않습니까?"(10절)라고 덧붙인다. 사탄은 복된 욥의 행위들을, 마치 지상적 선을 얻으려는 의도로 행한 것처럼 중상한다. 그러므로, 우리가 행하는 선한 일들에 대해서는 현세적 부유함이 보상으로 주어지는 것이 아니다. 그렇지 않다면, 어떤 사람이 현세적 부유함 때문에 하느님을 섬긴다 하더라도 그것은 그릇된 지향이 아닐 것이다. 또한 그와 반대로, 현세적 역경은 죄에 대한 벌이 아니다. 이 책 전체의 논의는 전반적으로 이 문제를 다룬다.

사탄은 하느님께 욥에게서 모든 선을 거두실 것을 청하다

사탄은 욥이 그가 얻었던 현세적 부유함 때문에 하느님을 섬겼다는 것을 보여주기 위하여 반대로 논증하려 한다. 현세적 부유함이 사라질 때에 욥이 더 이상 하느님을 두려워하지 않는다면, 그가 자신이 누리고 있는 현세적 부유함 때문에 하느님을 두려워했다는 것이 드러날 것이다. 그래서 사탄은 "당신께서 손을 펴시어 그의 모든 소유를 쳐 보십시오."라고, 그 소유를 빼앗아 보시라고 말하고 이렇게 덧붙인다. "그는 틀림없이 당신을 눈앞에서 저주할 것입니다." 이 말은 그가 드러나게 당신을 저수하리라는 뜻이다. 사탄은 "그가 당신을 축복하지 않는다면 나에게 재앙이 닥칠 것이다."라는 의미의 문장으로 이를 맹세한다.

여기에서, 큰 역경을 겪게 되면 참으로 의로운 사람의 마음도 때로는 흔들린다는 것을 주목해야 한다. 더구나 겉으로만 의로운 체하는 사람은, 덕에 뿌리가 없어서 작은 역경에도 흔들린다.

그래서 사탄은, 욥이 참으로 의로운 것이 아니라 겉으로만 의로운 체하는 사람이었다고 여기며 역경이 그를 조금이라도 건드리면 그는 하느님을 거슬러 불평하고 그분을 모독할 것이라고 말한다. 그는 분명하게 "그는 틀림없이 당신을 눈앞에서 저주할 것입니다."라고 말하는데, 이는 욥이 부유하던 때에도 현세 재산을 하느님의 사랑보다 우선함으로써 마음속에서 하느님을 모독했으며 만일 부유함을 잃어버리게 되면 하느님 "눈앞에서" 즉 드러내놓고 그분을 모독하리라는 것을 뜻한다.

"그는 틀림없이 당신을 눈앞에서 축복할 것입니다."라는 표현은 다른 식으로도 이해될 수 있다. 축복을 글지 그대로 이해하여, 당신께서 그의 현세적 부유함을 거두어 가심으로써 그를 조금만 건드리시면 그가 이전에 참된 마음으로 당신을 축복한 것이 아니라 당신 눈앞에서, 곧 사람들이 보는 데서만 당신을 축복한 것임이 분명하게 드러나리라고 맹세하는 것으로 볼 수 있는 것이다.

하느님께서 사탄에게 욥을 시험하도록 허락하시다

앞서 말했듯이 주님께서는 성인들의 덕이 선한 이들이든 악한 이들이든 모든 이에게 알려지는 것을 원하시므로, 그분께서는 모든 이가 욥의 선행을 보았던 것과 같이 그의 바른 지향도 모두에게 드러나기를 원하신다. 그래서 그분께서는 욥에게서 그의 현세적 부유함을 거두어 가시어, 그가 항구하게 하느님을 두려워한다면 이로써 그가 현세 재산 때문이 아니라 바른 지향으로 하느님을 경외했음이 드러나게 되기를 바라신다.

그러나, 하느님께서는 선한 천사를 통해서도 악한 천사를 통해서도 악인들을 벌하시지만 선한 이들에게 역경을 가져오실 때에는 악한 천사들을 통해서만 하신다는 것을 알아야 한다. 그러므로 그분께서는 사탄을 통해서가 아니고서는 복된 욥에게 역경을 내리기를 원치 않으셨다. 그래서 이렇게 덧붙여진다. "그러자 주님께서 사탄에게 이르셨다. '좋다, 그의 모든 소유를 네 손에 넘긴다'"(12절). 손에 넘긴다는 것은 그의 권한에 내어줌을 뜻한다. "다만 그에게는 손을 대지 마라." 이 절에서, 사탄은 자기 뜻대로 의인을 해칠 수 없고 다만 그에게 허락된 한에서만 해칠 수 있다는 것이 명백하게 밝혀진다. 또한, 주님께서 사탄에게 욥을 치라고 명하지 않으시고 다만 그에게 권한을 주셨다는 것을 염두에 두어야 한다. "해를 입히려는 의지는 악한 사람 자신의 것이지만, 그 권한은 오직 하느님으로부터 온다."[19]

지금까지 말한 것에서부터, 욥의 덕이 모든 이에게 드러나야 했다는 것이 복된 욥이 겪은 역경들의 원인임을 분명히 알 수 있다. 그래서 토비야에 대해서도 토빗 2,12에서 이렇게 말한다. "주님께서는 그가 시험을 받아, 그의 인내의 모범이 거룩한 욥의 모범과 같이 후손에게 전해지게 하셨다." 그러나, 하느님께서 사탄의 말들 때문에 욥이 고통을 받도록 허락하셨다고 믿지 않도록 주의해야 한다. 반대로, 그

---

19) *Glossa Ordinaria on Gen* 3,1; 참조. Augustine, *De Genesi ad Litteram* XI.3 [PL 34, 431].

분께서는 당신의 영원하신 결정으로 불경한 사람들의 온갖 중상에 맞서 욥의 덕행을 드러내도록 정하셨던 것이다. 그러므로, 먼저 중상이 전제되고 그 후에 하느님의 허락이 뒤따르는 것이다.

사탄의 의도와 하느님의 뜻의 차이

> 12) 이에 사탄은 주님 앞에서 물러갔다. 13) 하루는 욥의 아들딸들이 맏형 집에서 먹고 마시고 있었다. 14) 그런데 심부름꾼 하나가 욥에게 와서 아뢰었다. "소들은 밭을 갈고 암나귀들은 그 부근에서 풀을 뜯고 있었습니다. 15) 그런데 스바인들이 들이닥쳐 그것들을 약탈하고 머슴들을 칼로 쳐 죽였습니다. 저 혼자만 살아남아 이렇게 소식을 전해 드립니다." 16) 그가 말을 채 마치기도 전에 다른 이가 와서 아뢰었다. "하느님의 불이 하늘에서 떨어져 양 떼와 머슴들을 불살라 버렸습니다. 저 혼자만 살아남아 이렇게 소식을 전해 드립니다." 17) 그가 말을 채 마치기도 전에 또 다른 이가 와서 아뢰었다. "칼데아인들이 세 무리를 지어 낙타들을 덮쳐 약탈하고 머슴들을 칼로 쳐 죽였습니다. 저 혼자만 살아남아 이렇게 소식을 전해 드립니다." 18) 그가 말을 채 마치기도 전에 또 다른 이가 와서 아뢰었다. "나리의 아드님들과 따님들이 큰아드님 댁에서 먹고 마시고 있었습니다. 19) 그런데 사막 건너편에서 큰 바람이 불어와 그 집 네 모서리를 치자, 자제분들 위로 집이 무너져 내려 모두 죽었습니다. 저 혼자만 살아남아 이렇게 소식을 전해 드립니다."(1,12-19)

복된 욥이 역경을 겪는 이유가 설정된 다음에는, 얼마나 많은 역경들이 그에게 덮쳐 왔는지를 묘사한다. 그 모든 역경은 사탄을 통해 이루어진 것이기에, 먼저 사탄에 대하여 마치 그가 그 권한을 사용하기 위해서 떠난 듯이 "이에 사탄은 주님 앞에서 물러갔다."(12절)고 일컬어진다.

 분명하게 사탄이 "주님 앞에서 물러갔다."고 언급된다. 사탄에게 해칠 권한이 주어졌을 때 그는 주님 앞에 있었는데, 그 이유는 이것이 하느님의 합당한 뜻에 따라 이루어진 것이기 때문이다. 그러나 그가 자신에게 주어진 권한을 행사할 때에 주님 앞에서 떠난다. 그는 그에게 허락하신 분의 의도에서 벗어날 것이기 때문이다. 이 점은 그 목적에서 분명히 드러난다. 그 역경은 하느님께서 욥의 덕을 드러내기 위하여 그에게 허락하신 것이다. 그러나 사탄은 이를 위해서가 아니라 그가 인내를 잃고 하느님을 모독하게 하기 위하여 고통을 가한다.

 동시에 이 본문에서, 우리가 위에서 말한 바와 같이 사탄이 하느님의 아들들 사이에 함께 있었으며 그분 앞에 서 있었다는 것이 사실임이 드러난다. 어떤 사람이 하느님 앞에 서 있다는 것은 하느님의 심판과 조사에 종속되어 있다는 의미에서이며, 하느님을 뵙는 이들이 하느님 앞에서 있다고 말하는 의미에서가 아니다. 그러므로, 여기에서도 사탄이 하느님을 그의 앞에서 몰아내었다고 하지 않고 그가 "주님 앞에서 물러갔다."고 말한다. 사탄은 섭리의 질서에서 도망칠 수 없었으나, 마치 하느님 섭리의 의도로부터 벗어나려는 듯이 물러간 것이다.

욥의 불행이 점점 커지다

 여기에서, 욥의 역경을 이야기할 때에는 그의 부유함에 대해 이야기할 때와 반대 순서를 따른다는 점을 주목해야 한다. 부유함에 대해 말할 때에 저자는 더 중요한 것들로부터 덜 중요한 것들로 나아가, 욥 자신에서 시작하여 그 후에는 그의 자녀들을, 그리고 그 다음에는 가축들을 이야기했다. 가축들 가운데서는 먼저 양들을 이야기하고 이어서 다른 동물들을 말했다. 여기에는 논리가 있다. 한 사람이 개인으로서는 계속 존속할 수 없고 존속은 후손들에게서 추구되며, 그 후손의 생활을 위하여 재산이 필요한 것이기 때문이다.

그러나 역경에 있어서는 반대 순서로 열거되어, 재산의 상실이 첫째로 이야기되고 둘째로는 자녀들의 죽음, 그 다음에 그 자신의 고통이 이야기된다. 이러한 순서는 역경이 점점 커짐을 나타낸다. 더 큰 역경에 짓눌린 사람은 작은 역경은 느껴지지 않지만, 작은 역경들이 있은 후에 더 큰 역경이 오면 그것은 더욱 심하게 느껴지는 것이다. 그래서, 사탄은 욥을 작은 역경들로 치기 시작하여 점점 더 큰 역경으로 나아가 욥이 그 역경들 각각에서 특별한 고통을 느끼고 그럼으로써 인내를 잃어버리게 하고자 했다.

심리적인 시간 선택

또한, 사람의 영은 갑자기 닥치는 역경들에서 더 크게 흔들린다는 점도 고려해야 한다. 예기된 역경들은 더 쉽게 견딜 수 있다. 그러므로 욥이 더 많이 흔들리도록 사탄은 가장 행복한 순간에, 역경들에 대해 전혀 생각지 않을 때에 그에게 역경을 가하여 그 역경이 현재의 즐거움과 비교되어 더 힘겹게 느껴지도록 했다. "대조되는 것이 함께 있을 때에는 더 분명하게 드러나기 때문"이다.[20] 그래서 본문은 "하루는 욥의 아들딸들이 먹고 마시고 있었다."(13절)고 말한다. 술을 마시는 것은 특별히 그들의 즐거움을 가리키기 위하여 언급된다. 집회 31,35에 따르면(『성경』은 31,27), "술은 처음부터 흥을 위해 창조되었다." 여기에 "맏형 집에서"는 더욱 성대함을 나타내기 위하여 언급된다. 맏이의 집에서 잔치는 더 성대하게 치러졌을 것이기 때문이다.

---

[20] Aristotle, *Rhetoric* III.17, 1418b 4.

불행들

스바인들이 소와 나귀들을 약탈하다

"심부름꾼 하나가 욥에게 와서 아뢰었다. '소들은 밭을 갈고 있었습니다'"(14절). 이것은 소들의 유익을 언급함으로써 그 손실을 더 견디기 어려운 것으로 여겨지게 한다. "암나귀들은 그 부근에서 풀을 뜯고 있었습니다." 이 구절 역시 그의 고통을 가중시킨다. 원수는 그들이 더 많은 재산을 약탈할 수 있을 때에 덮쳤기 때문이다. "스바인들"은 멀리서 온 적들이고, 그래서 그들이 약탈한 것은 쉽게 되찾을 수 없다. "들이닥쳐 그것들을 약탈했습니다"(15절). 그들이 조금이나마 남겼다면 그것으로 그와 자녀들의 기본적인 필요를 위해서는 충분했을 것이다. "머슴들을 칼로 쳐 죽였습니다." 이것은 의인에게는 더욱 고통스런 일이다. "저 혼자만 살아남아 이렇게 소식을 전해 드립니다." 이 말은 하느님의 안배로 나만이 살아남아 당신에게 이렇게 큰 손실의 소식을 전할 수 있었다는 것을 뜻하여, 마치 하느님께서 당신의 고통을 원하셨다고 말하는 것과 같다.

양 떼와 머슴들이 불타다

이러한 소식에 바로 이어서 두 번째 소식이 전해진다. 어느 정도의 시간 간격이 있더라면 그는 평정을 되찾고 고통을 받아들일 준비를 하며 다음에 닥칠 일을 더 평온하게 견뎠을 것인데, 그렇게 되지 않는 것이다. 그래서 "그가 말을 채 마치기도 전에 다른 이가 와서 아뢰었다."(16절)고 말한다. "하느님의 불이 하늘에서 떨어졌습니다." 욥으로 하여금 그가 사람들에게서만이 아니라 하느님에게서 박해를 받는다고 생각하게 하고, 이렇게 하여 그가 더 쉽게 하느님을 거슬러 분노하게 하려는 듯하다. "양 떼와 머슴들을 불살라 버렸습니다." 마치 하느님께서 일으키신

일처럼, 모든 것이 불길에 즉시 사라졌다. 이는 불의 자연적 능력을 넘어서는 일이다. "저 혼자만 살아남아 이렇게 소식을 전해 드립니다."

칼데아인들이 머슴들을 죽이고 낙타들을 약탈하다

그 다음에는 이렇게 이어진다. "그가 말을 채 마치기도 전에 또 다른 이가 와서 아뢰었다. '칼데아인들이[왔습니다]'"(17절). 칼데아인들은 흉포하고 강력하며, 본문은 그들의 힘을 표현하기 위하여 "세 무리를 지어"라고 덧붙인다. 그들에게 보복하거니 잃은 것을 되찾는 것은 기내할 수 없다는 뜻이다. 이러한 손실에 대하여 본문은 덧붙여 말한다. "낙타들을 덮쳐 약탈하고 머슴들을 칼로 쳐 죽였습니다. 저 혼자만 살아남아 이렇게 소식을 전해 드립니다."

집이 무너져 자녀들이 죽다

자녀들의 죽음에 관하여 본문은 이렇게 말한다. "그가 말을 채 마치기도 전에 또 다른 이가 와서 아뢰었다. '나리의 아드님들과 따님들이 큰아드님 댁에서 먹고 마시고 있었습니다'"(18절). 욥은 그들이 죄중에 죽었는지를 알 수 없으므로 그들의 죽음은 더 괴로운 일이 된다. 그는 자녀들이 잔치 때에 어떤 죄를 지었을 수 있음을 두려워하여 그들을 정결하게 하고 그들 각자를 위하여 번제를 바치곤 했던 것이다.

혹시나 그들이 참회하고 그들이 영혼을 준비했다고 생각할 수 없도록, 본문은 이렇게 덧붙인다. "사막 건너편에서 큰 바람이 불어와 그 집 네 모서리를 쳤습니다"(19절). 이 말은 보통의 경험을 넘어서는 그 바람의 강도가 집 전체를 한 순간에 전복시켰음을 지적함으로써, 그 붕괴가 하느님의 뜻으로부터 유래한 것임을 보여준다. 그래서 욥은 자신이 열심히 섬겼던 그분으로부터 고통을 당한 것이 되어 더 쉽게 그분께 저항하게 한다.

고통을 더욱 강조하기 위하여, 죽임당한 자녀들을 완전히 잃었다는 것이 덧붙여진다. "자제분들 위로 집이 무너져 내려 모두 죽었습니다." 그들 모두가 죽었고, 자녀들 가운데 누구라도 피신하여 후손의 희망을 남겨주지 못한 것이다. 이러한 상황은, 자녀들이 모두 죽었는데 종 한 사람만이 살아남아 고통을 더하게 되었으므로 더욱 괴롭게 느껴진다. "저 혼자만 살아남아 이렇게 소식을 전해 드립니다."

공간적 움직임에 대한 악마의 능력

그러나 여기에서, 위에 언급된 모든 고통이 사탄에 의해 야기되므로, 악마는 하느님의 허락으로 공기를 몰아치게 하고 바람을 휘저으며 하늘에서 불이 떨어지게 할 수 있다는 것을 고백해야 한다. 물질적 질료는 선한 천사들 또는 악한 천사들의 뜻에 따라 상이한 형태들을 취하는 것이 아니고 오직 창조주이신 하느님께만 순종하지만, 공간적 움직임에 있어 물질적인 본성은 영적인 본성에 순종하도록 되어 있기 때문이다.[21] 이 사실을 보여 주는 표지는 인간 안에서 나타난다. 오직 의지의 명령에 따라 그의 지체들이 의지가 정한 일들을 수행하기 위하여 움직이기 때문이다. 그러므로, 공간적인 움직임만으로 이루어질 수 있는 모든 것은 하느님께서 금하지 않으신다면 선한 영들만이 아니라 악한 영들도 그들의 본성적 능력을 통하여 행할 수 있다.[22]

그런데 바람과 비와 그와 유사한 공기의 교란은 오직 땅과 물로부터 형성된 수증기의 움직임만으로 초래된다. 그러므로, 악마의 자연적 능력은 그러한 결과들을

---

21) 참조. ST I.1.10.2-3.
22) virtus는 때로는 "덕"이라 번역되고 때로는 "능력"이라 번역된다. 번역자의 서문을 보라.

가져오기에 충분하다. 그러나 때로 그들은 하느님의 능력에 의하여 이를 행하지 못하도록 저지되어, 본성적으로 할 수 있는 모든 것을 하도록 허락되지 않는다. 이는 "이민족들의 헛것들 가운데 어떤 것이 비를 내려 줄 수 있습니까?"라고 말하는 예레 14,22에 반대되는 것도 아니다. 사건들의 자연적인 과정 속에서 비를 내리는 것은 자연적 원인들을 규정하시어 이러한 결과를 가져오게 하시는 하느님의 섭리만이 하시는 일이지만, 하느님께서 비가 오도록 정하신 자연적 원인들을 사용하여 한 순간에 인공적으로 비를 내리게 하거나 특별한 바람이 일어나게 하는 등은 그와는 다른 일이기 때문이다.

격정적 반응에 대한 스토아학파와 소요학파의 견해

> 20) 그러자 욥이 일어나 겉옷을 찢고 머리를 깎았다. 그리고 땅에 엎드려 경배하며 21) 말하였다. "알몸으로 어머니 배에서 나온 이 몸 알몸으로 그리 돌아가리라. 주님께서 주셨다가 주님께서 가져가시니, 주님의 뜻에 맞게 이루어졌도다. 주님의 이름은 찬미받으소서." 22) 이 모든 일을 당하고도 욥은 그의 입술로 죄를 짓지 않고 하느님을 거슬러 어리석은 말을 하지도 않았다.(1,20-22)

복된 욥의 역경들을 이야기한 다음, 이제 역경 속에서 그가 보여 준 인내에 대해 논의한다. 여기에 언급된 것들이 입증하듯이, 물질적 선들과 영의 격정에 관한 고대 철학자들의 견해는 상이하다는 것을 알아야 한다. 스토아학파에서는 외적 선들은 인간에게 선이 되지 않으며 현명한 사람의 영은 외적 선들의 상실을 슬퍼할 수 없다고 말한다.

그러나 소요학파에서는 외적인 선들은 실제로 인간을 위한 일종의 선이며, 물론 인간의 주된 선은 아니지만 인간의 주된 선인 영적인 선을 위한 도구가 된다고 본다. 그래서 그들은 현명한 사람이 외적인 선들을 잃을 때에 적절한 정도로, 곧 이성이 슬픔에 빠져 올바름을 벗어나지 않는 정도로 슬퍼할 수 있다고 인정한다.

이 의견이 더 진리에 가까우며 아우구스티누스가 그의 책 『신국론』에서 밝히듯이[23] 그리스도교 교리에 부합된다.

욥의 복합적인 태도

이러한 견해를 따르면, 욥은 사실 그가 겪은 역경 중에 슬픔을 보였지만 그것은 이성에 종속된 온건한 슬픔이었고 그래서 "욥이 일어나 겉옷을 찢었다."(20절)고 일컬어진다. 이것은 어떤 사람들에게는 슬픔을 나타내는 일반적 행동이었다.

그러나 그가 "그러자", 즉 자녀들이 죽었다는 소식을 듣고 나서 이렇게 말한다는 것에 주목해야 한다. 그는 재산을 잃은 것보다 자녀들에 대해 더 슬퍼했던 것으로 보인다. 사랑하는 이들의 죽음을 고통스러워하지 않는 것은 완고하고 무감각한 마음의 표지이며, 너무 지나치지 않은 정도로 고통을 느끼는 것은 덕이 있는 사람의 표지이다. 그래서 바오로 사도는 1테살 4,13에서 "죽은 이들의 문제를 여러분도 알기를 바랍니다. 그리하여 희망을 가지지 못하는 다른 사람들처럼 슬퍼하지 말라는 것입니다."라고 말한다. 이것이 복된 욥의 태도였다. 이후로, 그의 마음의 상태가 외적 행위를 통하여 나타났다. 그의 이성이 똑바로 서 있었으므로, 욥은 "일어났다"고 적절하게 일컬어진다. 고통 중에 있는 이들은 엎드리곤 하기 때문이다. 그는 실제로 슬픔을 겪고 있었지만 이성의 가장 내밀한 부분을 혼란시킬 만큼 깊이 뚫고 들어가는 슬픔은 아니었으므로, 외적인 행동에서 두 가지로 그의 슬픔의 표지를 드러내었다. 그의 신체의 본성 외부에 있는 사물들과 관련해서 본문은 "겉옷을

---

23) IX.4.

찢었다"고 말하고, 신체의 본성으로부터 나오는 것에 관련해서는 "머리를 깎았다"고 말한다. 머리를 기르는 이들에게서 머리를 깎는 것은 보통 고통을 드러내는 표지이기 때문이다.

그러므로, 이 두 가지 슬픔의 표지는 앞서 말한 역경들에 적절하게 상응한다. 겉옷을 찢는 것은 재산의 상실에, 머리를 깎는 것은 자녀들을 잃은 데에 상응하는 것이다. 그런데, 공기가 빛에 복종할 때, 질료가 형상에 복종할 때에 그렇듯이 각각의 사물은 그것을 완전하게 하는 원리에 복종할수록 더 높은 고귀함에 이르게 되는 것이므로, 정신은 겸손하게 하느님께 복종할 때에 똑바로 서 있게 된다. 복된 욥의 성신이 슬픔으로 내던져지지 않고 똑바로 서 있다는 사실은 그가 겸손하게 하느님께 복종하는 데에서 드러난다. "땅에 엎드려 경배하였다."라는 말이 이어지면서 그의 겸손과 신심을 드러내 주기 때문이다.

그는 행동으로만이 아니라 말로도 그의 정신의 상태를 드러내었다. 그는 자신이 슬픔을 겪고 있지만 슬픔에 굴복되지는 않았음을 이성적으로 입증하기 때문이다. 그는 세 가지 논거로 이를 증명한다.

인간은 알몸으로 태어나 알몸으로 죽는다

첫째 논거는 본성의 조건으로부터 취한 것이다. 본문은 이렇게 말한다. "[그는] 말하였다. '알몸으로 어머니 배에서 나온 이 몸, 알몸으로 그리 돌아가리라'"(21절). 알몸으로 모든 이들의 이미니인 흙으로부터 나왔으니, 알몸으로 흙으로 돌아가리라. 이를 가리켜 집회 40,1의 본문은 이렇게 말한다. "어머니 배 속에서 나오는 날부터 만물의 어머니에게 돌아가는 날까지 모든 사람에게 몹시 힘든 일이 맡겨졌고 무거운 멍에가 아담의 아들들에게 지워졌다."

본문은 다른 의미로도 이해될 수 있어서, "어머니 배에서"라는 말이 자구적으로 그를 낳은 어머니의 태를 지칭하는 것으로 볼 수 있다. 그러나 "알몸으로 그리 돌아가리라."에서 "그리"는 단순히 관계적인 의미를 갖는다. 아무도 자기 어머니의 배 속으로 다시 돌아가지는 않지만 한 가지 면에 관련해서, 곧 그가 인간 사회로부터 분리된다는 점에서는 어머니 태중에서와 같은 상태로 돌아가는 것이다.

그러므로, 이 말을 통해서 그는 외적인 선들을 잃었다고 해서 슬픔에 마음을 빼앗겨서는 안 된다는 것을 이성적으로 보여 준다. 외적인 선들은 그와 본질이 같은 것이 아니라 우유적으로만 그에게 속하게 된 것이기 때문이다. 이것은 인간이 외적 선들이 없이 세상에 왔다가 그것들 없이 세상을 떠나게 된다는 사실에서 분명히 드러난다. 따라서, 우유적 선들을 빼앗겼더라도 실체적 선들이 남아 있다면, 인간은 슬픔이 그의 마음을 움직이더라도 슬픔에 압도되지는 않을 것이다.

우리가 가진 것은 하느님께서 무상으로 주시는 선물이다

둘째 논거는 하느님의 행위로부터 나오는 것으로, 그는 "주님께서 주셨다가 주님께서 가져가시니"라고 말한다. 여기에서부터 인간사에 관련된 하느님 섭리에 대한 정확한 그의 견해가 고찰되어야 한다. "주님께서 주셨다가"라는 표현으로 욥은 현세적 부유함이 우연적으로나 별들의 운명에 따라서나 아니면 순전한 인간적 노력의 결과로 오는 것이 아니라 하느님의 안배에 의하여 오는 것임을 인정했다.

"주님께서 가져가시니"라는 진술에서 욥은 사람들이 겪는 현세적 역경들 역시 하느님 섭리의 결정에 의해 일어나는 것임을 고백한다. 여기서, 현세적 선들을 잃더라도 하느님께 불평하는 것은 옳지 않다는 것이 나타난다. 무상으로 그것들을 주셨던 분은 그것을 일시적으로 주셨을 수도 있고 끝까지 주셨을 수도 있기 때문이다. 그러므로, 끝이 되기 전에 그분께서 현세 재산을 거두어 가신다면 인간은 불평할 수 없다.

고통은 우리에게 유익하기 때문에 하느님의 뜻에 맞는다

셋째로 그는 "주님의 뜻에 맞게 이루어졌도다."라고 말함으로써 같은 사실을 주님의 뜻에 맞는 것이라는 관점에서 바라본다. 서로 사랑하는 이들의 특징은 그들이 같은 것을 원하고 같은 것을 거부하는 것이다. 그러므로, 어떤 사람이 하느님의 뜻으로 그의 현세적 선을 잃는다면, 그가 하느님을 사랑한다면 그는 자신의 뜻을 하느님의 뜻에 일치시켜야 할 것이다. 그래야 그는 슬픔에 마음을 빼앗기지 않을 것이다.

이 세 가지 논거는 적절한 순서로 제시되어 있다. 첫째 논거에서는 현세적 선이 인간에게 외부적이라는 점을 주장하고, 둘째 논거에서는 하느님께서 그것을 인간에게 주시고 가져가신다는 점이, 그리고 셋째 논거에서는 이것이 하느님의 뜻이 원하시는 대로 이루어진다는 점이 제시되는 것이다. 그래서, 첫째 논거에서부터 인간은 현세적 선들을 잃었다고 해서 슬픔에 빠지지 말아야 한다는 결론이 나온다. 두 번째 논거로부터는 인간이 불평할 수 없다는 결론이 나온다. 세 번째 논거로부터는 인간은 기뻐하기까지 해야 한다는 결론이 나온다.

역경으로부터 어떤 선이 나오지 않는다면 하느님께서는 누구라도 역경을 겪는 것을 바라지 않으신다. 그러나 그 유익함 때문에 역경은 하느님의 뜻에 맞는 것이 된다. 그러므로, 역경은 그 자체로서는 괴롭고 슬픔의 근원이 되는 것이지만 그 유익함을 생각하여 기꺼이 받아들여야 한다. 그래서 사도 5,41에서는 사도들이 "기뻐하며 물러 나왔다."고 일컬어진다. 이렇게 생각한다면 쓴 약을 먹을 때에 그 맛이 미각에는 괴롭다 하더라도 건강에 대한 희망 때문에 그 약을 먹는 것을 기뻐할 수 있는 것이다.

그리고 기쁨은 감사의 이유가 되기 때문에 그는 이 세 번째 논거를 감사로 끝맺으며 "주님의 이름은 찬미받으소서."라고 말한다. 실상 사람들은 하느님의 선하심을 알게 될수록, 다시 말하면 그분께서 모든 것을 공평하게 안배하시며 아무것도 부당하게 행하지 않으신다는 것을 알게 될수록 주님의 이름을 찬미한다.

본문은 "욥은 그의 입술로 죄를 짓지 않고", 즉 말로 성급한 감정을 드러내지도 않고, "하느님을 거슬러", 곧 하느님의 섭리를 거슬러 "어리석은 말을 하지도 않았다", 곧 하느님을 모독하지도 않았다고 말한다. 여기에서 욥의 무죄함을 추론할 수 있다.

02장

두 번째 시련. 치유할 수 없는 질병과 신체적, 정신적 고통

선들은 서로를 위하여 있다

> 1) 하루는 하느님의 아들들이 모여 와 주님 앞에 섰다. 사탄도 그들과 함께 와서 주님 앞에 섰다. 2) 주님께서 사탄에게 물으셨다. "너는 어디에서 오는 길이냐?" 사탄이 주님께 "땅에 가서 여기저기 두루 돌아다니다가 왔습니다." 하고 대답하자, 3) 주님께서 사탄에게 말씀하셨다. "너는 나의 종 욥을 눈여겨보았느냐? 그와 같이 흠 없고 올곧으며 하느님을 경외하고 악을 멀리하는 사람은 땅 위에 다시 없다. 그는 아직도 자기의 흠 없는 마음을 굳게 지키고 있다. 너는 까닭 없이 그를 파멸시키도록 나를 부추긴 것이다." 4) 이에 사탄이 주님께 대답하였다. "가죽은 가죽으로! 사람이란 제 목숨을 위하여 자기의 모든 소유를 내놓기 마련입니다. 5) 그렇지만 당신께서 손을 펴시어 그의 뼈와 그의 살을 쳐 보십시오. 그러면 그가 당신을 눈앞에서 축복했었다는 것을 보시게 될 것입니다." 6) 그러자 주님께서 사탄에게 이르셨다. "좋다, 그를 네 손에 넘긴다. 다만 그의 목숨만은 남겨 두어라."(2,1-6)

인간의 선은 세 가지 곧 영혼의 선과 육신의 선, 그리고 외적인 사물들의 선이다. 이들 사이에는 질서가 있어서, 육신은 영혼을 위한 것이고 외적인 사물들은 육신과 영혼을 위한 것이다. 그러므로, 영혼의 선익을 외적 사물들의 유리함에 종속시키는 것이 그릇된 일이듯이 영혼의 선익을 육신의 건강에 의도적으로 종속시키는 것도 그릇된 일이다. 그리고 실상, 욥이 영혼의 선익인 덕행을 중시했다는 것은 모든 이에게 감각적으로 드러난 일이었다. 그래서 주님께서는 위에서 사탄에게 "너는 나의 종 욥을 눈여겨보았느냐?"(1,8)는 등의 말씀을 하신 것이다. 그러나 사탄은 욥이 현세 재산 때문에 덕을 실천했다는 듯이 그를 중상했다.

악인들은 선인들의 덕을 중상한다

사탄을 군주로 섬기는 악한 사람들은 흔히 이렇게 선한 사람들의 지향에 관하여 악하게 판단한다. 그러나 이러한 중상은 헛된 것이 되었다. 욥이 외적인 선들을 잃어버린 후에도 덕에 항구했고 이로써 그의 지향이 외적 선들 때문에 비뚤어지지 않았다는 것이 충분히 드러났기 때문이다.

이제는 욥의 덕을 완전히 입증하기 위하여, 그의 지향이 그 자신의 육신의 건강을 향하여 있는 것도 아님을 보여 주는 일이 남아 있었다. 그래서 다시 한 번 이러한 사실을 밝힐 하느님의 심판이 시작된다. 이것이 "하루는 하느님의 아들들이 모여 와 주님 앞에 섰다. 사탄도 그들과 함께 와서 주님 앞에 섰다. 주님께서 사탄에게 물으셨다. '너는 어디에서 오는 길이냐?'"(1–2절)라는 문장의 의미이다. 이 말들은 위에서 설명했으므로,[1] 여기에 오래 머무는 것은 필요하지 않다. 다만, 여기서 다른 사건에 대해 말하기 때문에 다른 날을 언급한다는 점만은 지적해 둔다. 창세기의 첫머리에서 서로 다른 사물들이 창조됨에 따라 서로 다른 날들이 할당된 것과 마찬가지이다.[2]

---

1) 참조. 1,6 주해.
2) 참조. *ST* I 70.1과 I.74.1.

이어서 사탄이 질문에 대해 대답한 것이 전해진다. 본문은 "땅에 가서 여기저기 두루 돌아다니다가 왔습니다."라고 말하고, 이 본문은 위에서와 같이 해석된다.[3]

그리고 주님께서는 다시 사탄에게 위에서와 같이 욥의 덕을 주목할 만한 것으로 제시하신다. 그래서 이렇게 이어진다. "너는 나의 종 욥을 눈여겨보았느냐? 그와 같이 흠 없고 올곧으며 하느님을 경외하고 악을 멀리하는 사람은 땅 위에 다시 없다"(3절). 그러나 이제는 전에 드러나지 않았던 복된 욥의 어떤 덕이, 곧 역경 속에서의 항구함이 드러났으므로 본문은 "아직도"라고 덧붙인다. 그는 현세 재산들을 잃어버린 다음에도 "자기의 흠 없는 마음을 굳게 지키고 있다." 이 말씀에서 주님께서는 사탄의 의심이 중상이었고 그의 의도가 실패했음을 보여 주신다. 그래서 "너는 까닭 없이 그를 파멸시키도록 나를 부추긴 것이다."라는 말씀이 뒤따른다.

하느님께서는 누구에게서도 부추겨지지 않으신다

그러나 "너는 그를 파멸시키도록 나를 부추긴 것이다."라는 진술에서, 사람들이 그러하듯이 하느님께서 전에 원하지 않으셨던 것을 다른 누구에 의해 원하게 되신다고 이해하지 말아야 한다. 민수 23,19의 본문은 "하느님은 사람이 아니시어 거짓말하지 않으시고 인간이 아니시어 생각을 바꾸지 않으신다."고 말한다. 성경은 여기에서 하느님의 행위에 대하여 비유적으로, 인간적인 방식으로 묘사하는 것이다. 사람들이 어떤 사람 때문에 무엇을 하려고 할 때에는 그에 의하여 부추겨졌다고 말하기 때문이다.

하느님께서는, 당신께서 원하시는 대로 다른 무엇을 위하여 어떤 일을 하시지만, 하느님의 마음이 부추겨져서 하시는 것은 아니다. 그분께서는 영원으로부터 어떤

---

3) 참조. 1,7 주해.

목적을 위하여 무엇을 하실 것인지 생각하고 계셨기 때문이다.[4] 그러므로, 주님께서는 영원으로부터 욥에게 현세적 고통을 주심으로써 그의 덕이 참됨을 드러내시어 악한 이들의 중상을 물리치고자 결정하신 것이다. 이러한 뜻으로 본문은 "너는 그를 파멸시키도록 나를 부추긴 것이다."라고 말한다.

하느님과 사탄은 같은 것을 원하지만, 의도는 다르다

"까닭 없이 그를 파멸시키도록"이라는 구절은 하느님의 의도가 아니라 사탄의 의도에 대한 것으로 이해해야 한다. 사탄은 욥이 인내를 잃고 하느님을 모독하도록 하려는 의도로 그의 역경들을 계획했었고, 거기에 성공하지 못했다. 그러나 하느님께서는 그의 덕을 드러내기 위하여 이러한 역경을 허락하셨고 실제로 그렇게 이루어졌다. 그러므로 욥은 사탄의 의도와 관련해서는 까닭 없이 고통을 받은 것이지만, 하느님의 의도와 관련해서는 그렇지 않았다.

사람들은 목숨을 구하기 위하여 모든 것을 바친다

좌절당한 사탄은 여기서 멈추지 않고, 욥이 했던 선행들이 그가 역경을 인내롭게 견딘 것까지 모두 하느님께 대한 사랑 때문이 아니라 자기 몸이 안전했기 때문에 한 것이라는 것을 입증하려고 또 다른 중상을 만들어낸다. 그래서 이렇게 말한다. "이에 사탄이 주님께 대답하였다. "가죽은 가죽으로! 사람이란 제 목숨을 위하여 자기의 모든 소유를 내놓기 마련입니다"(4절).

---

4) 참조. *ST* I.19.5; *CG* I.86, 87과 III.97.

여기서, 욥은 이중으로 고통을 겪었다는 점을 생각해야 한다. 그는 재산도 잃어버리고 자녀도 잃어버렸던 것이다. 이제 사탄은 욥이 그 두 가지 고통을 인내롭게 견딘 것이 자기 몸의 안전 때문이었으며 이는 참된 덕의 표지가 아니라 단순히 인간적인 보통의 행위라고 주장하려 한다. 이것이 "사람이란", 곧 덕스러운 사람이 아니라 누구라도 "가죽은 가죽으로!", 곧 자기 육신을 위하여 다른 사람의 육신을 내어준다는 말이 뜻하는 바이다. 덕스럽지 않은 사람이라도, 자신이 고통을 받기 보다는 자신과 아무리 가까운 관계에 있는 사람이라 하더라도 다른 이들의 몸이 고통을 받는 것을 바라기 때문이다. 이와 유사하게, 누구라도 "제 목숨을 위하여" 곧 자기 목숨을 보존하기 위해서라면 그가 소유하는 외적 선들을 다 주려고 할 것이다. 외적 선들은 음식, 의복, 그리고 그밖에 삶을 편안하게 하기 위한 다른 것들 등 목숨을 보존하기 위하여 추구되는 것이기 때문이다.

사탄은 하느님께 욥을 괴롭힐 허락을 받는다

그러나 누군가는 사탄에게 "욥이 자녀들과 재산을 잃고도 인내롭게 견딘 것이 자기 살가죽과 자기 목숨을 잃을까 두려워했기 때문이라는 것을 어떻게 증명할 수 있는가?"라고 반박할 수 있다.

그래서 마치 이 질문에 대답하듯이 그는 "그렇지만"(5절)이라고 덧붙인다.

나의 간단한 말을 믿지 않는다면 "손을 펴시어", 곧 당신의 능력을 행사하시어 "그의 뼈와 7억 살을 쳐 보십시오." 그의 몸에 고통을 기해 보십시오. 살을 친다는 말이 뜻할 수 있듯이 겉에서만이 아니라, 뼈를 친다는 말이 뜻하듯이 깊게, 고통이 가장 내밀한 부분까지 미치게 해 보십시오. "그러면 보시게 될 것입니다." 모든 이들에게 명백하게 될 것입니다.

"그가 당신을 눈앞에서 축복했었다는 것을"이라는 표현은 위에서 설명되었다.[5]

주님께서는, 앞서 욥이 당신을 섬긴 것이 외적 선들 때문이 아니었음을 보여 주셨듯이[6] 이제 그가 자기 몸의 안전 때문에 하느님을 섬긴 것이 아님을 보여 주기를 원하신다. 그래서 이렇게 덧붙여진다. "그러자 주님께서 사탄에게 이르셨다. '좋다, 그를 네 손에 넘긴다'"(6절). 즉, 그의 몸에 고통을 가할 권한을 너에게 넘겨준다. "다만 그의 목숨만은 남겨 두어라." 즉, 그의 목숨은 빼앗지 마라. 하느님께서는 당신 종들을 완전히 사탄의 뜻에 내맡기지 않으시고 적절한 정도로만 내맡기시기 때문이다. 바오로 사도는 1코린 10,13에서 이렇게 말한다. "하느님은 성실하십니다. 그분께서는 여러분에게 능력 이상으로 시련을 겪게 하지 않으십니다."

욥의 상처

> 7) 이에 사탄은 주님 앞에서 물러 나와, 욥을 발바닥에서 머리 꼭대기까지 고약한 부스럼으로 쳤다. 8) 욥은 질그릇 조각으로 제 몸을 긁으며 쓰레기 더미 위에 앉아 있었다. 9) 그의 아내가 그에게 말하였다. "당신은 아직도 당신의 그 흠 없는 마음을 굳게 지키려 하나요? 하느님을 축복하고 죽어 버려요." 10) 그러자 욥이 그 여자에게 말하였다. "당신은 미련한 여자들처럼 말하는구려. 우리가 하느님에게서 좋은 것을 받는다면, 나쁜 것도 받아들여야 하지 않겠소?" 이 모든 일을 당하고도 욥은 제 입술로 죄를 짓지 않았다. 11) 욥의 세 친구가 그에게 닥친 이 모든 불행에 대하여 듣고, 저마다 제고장을 떠나왔다. 그들은 테만 사람 엘리파즈와 수아 사람 빌닷과 나아마 사람 초파르였다. 그들은 욥에게 가서 그

---

5) 참조. 1,11 주해.
6) 참조. 1,12ㄱ 주해.

> 를 위안하고 위로하기로 서로 약속하였다. 12) 그들이 멀리서 눈을 들었을 때 그를 알아볼 수조차 없었다. 그래서 그들은 목 놓아 울며, 저마다 겉옷을 찢고 먼지를 하늘로 날려 머리에 뿌렸다. 13) 그들은 이레 동안 밤낮으로 그와 함께 땅바닥에 앉아 있었지만, 아무도 그에게 말 한마디 하지 않았다. 그의 고통이 너무도 큰 것을 보았기 때문이다.(2,7-13)

사탄은 권한을 받고 그 실행에 착수한다. 그래서 이어서 이렇게 말한다. "사탄은 주님 앞에서 물러 나와, 욥을 쳤다"(7절). 혐오스럽고 수치스런 질병이었으므로 본문은 "부스럼"이라고 말하고, 그 부스럼이 낫지 않고 고통스런 것이기에 또한 "고약한"이라고 말한다. 그리고 전체적인 것이기에 "발바닥에서 머리 꼭대기까지"라고 말한다.

위로 없는 고통

환자의 고통은 보통 외부적으로 약을 바르거나 즐겁게 해 주는 것으로 완화되는데, 욥에게는 그런 위로가 없었다. "욥은 질그릇 조각으로 제 몸을 긁었다"(8절). 이로써 그에게는 병을 낫게 할 약이나 치료가 없었음이 드러난다. 또한 "쓰레기 더미 위에 앉아 있었다."라는 말로, 그는 편안한 장소나 부드러운 잠자리 또는 감미로운 향기로 건강이 회복된 것이 아니라 오히려 그 반대의 상황을 겪고 있었음이 드러난다.

그러한 상황의 이유가 될 수 있는 것은 두 가지이다. 주님께서 그를 치셨기에 그가 더 쉽게 자비를 얻기 위하여 스스로 더 심하게 자신을 낮추고 고통을 겪은 것일 수 있고, 아니면 그가 모든 것을 잃었기에 적절한 치료를 할 수가 없었기 때문일 수도 있다. 주님께서 위에서 말씀하신 것을 볼 때 후자는 충분히 가능하다.[7] 사탄은 해를 끼치도록 그에게 주어진 권한의 한계를 넘어서지도 않은 것으로 보인다.

인간적 위로의 절망스러움

　인간의 고통은 보통 위로의 말로 경감되지만, 고통당하는 욥에게는 그를 절망에 빠뜨리는 말들을 한다. 게다가 그에게 가까운 사람이 그 말들을 하기에 더욱 자극적이다. 이어서 "그의 아내"(9절)라는 말이 나오는데, 여자를 통하여 첫 남자를 쓰러뜨렸던[8] 악마는 그의 아내만을 살려 두어 아내를 통하여 의인의 마음을 동요시키려 했던 것이었다. "그의 아내가 그에게 말하였다." 그녀는 먼저 그를 비웃는 말들을 쏟아 놓는다. "당신은 아직도 당신의 그 흠 없는 마음을 굳게 지키려 하나요?" 이는 마치, 그렇게 많은 재앙을 겪었으니 이제는 흠 없는 마음을 지키는 것이 쓸데없는 일임을 인정해야 하지 않느냐고 말하는 것과 같다. 말라 3,14에서는 어떤 이들이 이렇게 말한다. "하느님을 섬기는 일은 헛된 일이다. 만군의 주님의 명령을 지킨다고 무슨 이득이 있느냐?"
　둘째로, 욥의 아내는 불경한 제안의 말을 한다. "하느님을 축복"하라고, 즉 저주하라고 말하는 것은, 당신이 하느님을 축복하고 있었는데 역경이 닥쳐왔으니 이제 부유함을 얻기 위하여 하느님을 저주하라고 말하는 것과 같다. 마지막으로는 절망의 말로 끝맺으며, "죽어 버려요."라고 말한다. 이 말은, 흠 없이 살아온 당신에게 아무것도 남지 않았고 다만 죽어야 하게 되었으니 이제 당신이 죽은 것으로 여기라고 말하는 것과 같다.

---

7) 참조. 위의 각주.
8) 참조. 창세 2-3장.

다른 의미로, "하느님을 축복하고 죽어 버려요."는 하느님을 경외하며 살아온 후에 이렇게 역경으로 고통을 받으니, 아직도 하느님을 축복한다면 이제는 죽음 밖에 남은 것이 없다는 뜻이 될 수 있다.

완전한 지혜. 좌절하지 않고 성공으로 거만해지지도 않음

인내롭게 자신의 불행을 견디어 낸 거룩한 사람은 하느님께 대한 모욕을 견딜 수가 없었나. 그래서 이렇게 이어진다. "그러자 욥이 그 여자에게 말하였다. '당신은 미련한 여자들처럼 말하는구려'"(10절). 하느님의 지혜를 거슬러 말하는 사람에게 그는 적절하게 그녀가 어리석다고 말한다. 그는 이를 지적하며 이렇게 말한다. "우리가 하느님에게서 좋은 것을 받는다면, 나쁜 것도 받아들여야 하지 않겠소?" 이 말로 그는 인간의 완전한 지혜가 무엇인지를 가르친다. 현세적이고 물질적인 선들은 영적이고 영원한 선들을 위해서가 아니라면 사랑할 것이 아니다. 후자가 더 중요한 것으로 여겨지므로, 그것이 보존된다면 현세적 선들을 잃어버렸다 하더라도 풀이 죽어서는 안 되고 또 현세적 선이 많다 해서 거만해져서도 안 되는 것이다.

욥은 우리에게, 현세적 선들을 사용하는 데에서 대단히 항구한 정신을 가지도록 가르친다. 현세적 선들이 하느님께서 우리에게 주신 것이라면, 우리는 그것 때문에 교만해져서는 안 된다. 그와 반대되는 불행을 겪을 때에도 그 때문에 절망해서는 안 된다. 바오로 사도는 필리 4,12에서 이렇게 말한다. "나는 비천하게 살 줄도 알고 풍족하게 살 줄도 압니다." 그리고 4,13에서는 이렇게 말한다. "나에게 힘을 주시는 분 안에서 나는 모든 것을 할 수 있습니다."

다음으로, 욥의 항구한 무죄함은 본문이 "이 모든 일을 당하고도 욥은 제 입술로 죄를 짓지 않았다."라는 말로 마무리된다.

친구들과의 공통점과 차이점

악마는 아내를 통해서만이 아니라 친구들을 통해서도 복된 욥의 마음을 동요시키려 한다. 그들은 그를 위로하러 왔지만, 그를 꾸짖는 말을 한다. 이에 관하여 본문은 이렇게 말한다. "욥의 세 친구가 그에게 닥친 이 모든 불행에 대하여 듣고, 저마다 제고장을 떠나왔다. 그들은 테만 사람 엘리파즈와 수아 사람 빌닷과 나아마 사람 초파르였다"(11절). 이 책의 토론은 대부분 이들 사이에서 이루어질 것이므로, 이 세 사람이 어떤 면에서는 욥과 같은 의견을 갖고 있었음을 염두에 두어야 한다. 그래서 그들은 그의 친구들이라 일컬어진다. 다른 면에서는, 그들 서로는 일치하지만 욥과는 의견이 다르다. 그래서 그들은 서로 함께 언급되고 욥과는 구별된다.

그들은, 자연 사물들만이 아니라 인간적인 일들도 하느님의 섭리에 종속되어 있다는 점에서는 욥과 의견이 같았다. 그러나 그들은 욥과 달리, 인간은 그가 행하는 선행에 대해서 현세적 부유함으로 하느님의 보상을 받고 그가 행하는 악행에 대해서는 현세적 불행으로 하느님의 벌을 받는다고 생각했다. 마치 현세적 선들이 덕에 대한 보상이고 현세적 불행은 죄에 대한 벌인 듯이 여기는 것이었다. 그들은 각자의 기질에 따라 나름대로의 방식으로 이러한 견해를 옹호하려 한다. 그래서 그들은 "저마다 제고장을 떠나왔다."고 일컬어진다.

욥은 이렇게 생각하지 않았고, 사람들의 선행은 현세의 삶을 마친 다음에 미래의 영적 보상을 받을 것이며 죄들도 미래의 처벌을 통해 벌을 받을 것이라고 믿고 있었다.

방문의 위로

방금 언급된 욥의 친구들이 욥을 위로하러 왔다는 것은 다음 구절에서 드러난다.

"그들은 욥에게 가서 그를 위안하고 위로하기로 서로 약속하였다." 이로써 그들은 어려움에 처한 그를 버려두지 않는 참된 친구들임을 드러냈다. 집회 12,9의 본문은, 슬픔과 불행을 겪을 때에 친구를 알아본다고 말한다. 실상, 처음에 그 방문은 위로가 되었다. 친구를 보고 친구를 맞이하는 것은 가장 즐거운 일이기 때문이다. 그들은 행동으로도 그를 위로하여, 그를 향한 동정심의 표지를 보여 주었다.

동정심

이러한 동정심의 표지에 앞서, 동정심을 불러일으키는 사건이 있다. 본문은 이렇게 말한다. "그들이 멀리서 눈을 들었을 때 그를 알아볼 수조차 없었다"(12절). 그의 얼굴은 부스럼으로 변모되어 있었고 그의 옷과 겉모습은 재산을 잃어 변화되어 있었기 때문이다. 여기서 "멀리서"라는 표현은, 사람을 알아볼 수 있을 정도의 거리로 이해해야 한다.

친구가 이렇게 변화되어 있었으므로 그들은 슬픔과 동정심을 느끼고, 표지들로 이를 드러냈다. "목 놓아" 부르짖은 것은 그들의 고통이 컸기 때문이고, "울며, 저마다 겉옷을 찢고 먼지를 머리에 뿌린" 것은 마치 친구의 몰락으로 그들 자신이 멸망한 듯이 여기며 수치와 몰락의 표지를 보인 것이다. 본문에서는 "하늘로 날려"라고 덧붙이는데, 말하자면 이렇게 자신을 낮춤으로써 그들은 하늘의 자비를 구하려고 했던 것이다.

연대성

친구들의 동정심은 위로가 되는데, 이는 역경이 짐과 같아서 여러 명이 함께 질 때 더 가볍게 견딜 수 있는 것이기 때문에도 그렇지만, 그보다도 모든 슬픔은 즐거움과 혼합됨으로써 완화되기 때문이기도 하다. 우정을 경험하는 것, 특별히 역경 중에 동정심에서 나오는 우정을 경험하는 것은 좋은 일이고 그래서 위로가 되는 것이다.

동반

그들은 동정심을 보임으로써만이 아니라 그와 함께 있어 줌으로써도 그를 위로했다. 그래서 이렇게 이어진다. "그들은 이레 동안 밤낮으로 그와 함께 땅바닥에 앉아 있었다"(13절). 그러나, 그들이 계속 앉아있었던 것은 아니고 적절한 시간 동안 앉아 있었다고 이해해야 한다. 큰 슬픔은 오랜 위로를 필요로 하기 때문이다.

침묵

그러나 세 번째로 특히 위로가 되는 것인 말을 그들은 욥에게 해 주지 않았다. 이렇게 이어진다. "아무도 그에게 말 한마디 하지 않았다." 그들이 침묵한 이유는 "그의 고통이 너무도 큰 것을 보았기 때문이다."라는 구절로 표현된다. 그 침묵은 고통받는 사람의 상태보다는 위로하는 이들의 판단으로 설명된다. 어떤 사람의 정신이 고통에 빠져 있을 때에는 위로의 말들을 받아들이지 않는 것이 사실이다. 그래서 시인은, "이성이 없는 사람이 아니라면 누가 아들의 시신 앞에서 어머니가 울지 못하게 하겠는가?"라고 말한다.[9] 그러나 욥은 슬픔 때문에 위로를 받아들일 수

---

9) Ovid, *Remedia Amoris* 127f.

없는 상태가 아니었고, 오히려 이성에 따라 그 자신을 위로하고 있었다. 이는 위에 언급된 그의 말들에서 드러난다.

03장

욥이 자기 생일을 저주한다

격정

> 1) 그 후에 욥이 입을 열어 제 생일을 저주하였다. 2) 욥이 말하기 시작하였다. 3) 차라리 없어져 버려라, 내가 태어난 날, "사내아이를 배었네!" 하고 말하던 밤! 4) 그날은 차라리 암흑이 되어 버려 위에서 하느님께서 찾지 않으시고 기억되지도 말며 빛이 밝혀 주지도 말았으면. 5) 어둠과 죽음의 그늘이 그날을 차지하여 안개가 그날을 사로잡고 그날이 괴로움에 휩싸였으면. 6) 그 밤은 어두운 폭풍이 잡아채어 한 해 어느 날에도 끼이지 말고 달수에도 들지 말았으면. 7) 정녕 그 밤은 외로운 밤이 되어 환호 소리 찾아들지 말았으면. 8) 날에다 술법을 부리는 자들, 레비아탄을 깨우는 데 능숙한 자들은 그 밤을 저주하여라. 9) 그 밤은 별들도 안개로 어두워져 빛을 기다려도 부질없고 여명의 햇살을 보지도 말았으면. 10) 그 밤이 내 모태의 문을 닫지 않아 내 눈에서 고통을 감추지 못하였구나.(3,1-10)

위에서 말한 바와 같이,[1] 영혼의 격정들에 대한 고대인들의 견해는 두 가지이다. 스토아학파는 지혜로운 사람은 슬픔에 빠지지 않는다고 말했고, 소요

---

1) 1,20 주해.

학파는 지혜로운 사람은 슬픔을 느끼지만 슬픈 상황에서 이성에 따라 온건하게 처신한다고 말했던 것이다. 후자의 견해가 진리에 부합된다. 이성은 본성의 조건을 제거할 수 없기 때문이다. 감각적 본성은 자신에게 유익한 것에 대하여 기뻐하고 즐거워하며 해로운 것에 대하여 괴로워하고 슬퍼한다. 이성은 이러한 본성적 반응을 제거하지 못하지만, 그것을 조절하여 이성이 슬픔 때문에 그 올바름에서 벗어나지 않도록 한다. 이러한 견해는 충만한 덕과 지혜를 지니신 그리스도께서 슬퍼하셨다고 말하는 성경에도 부합한다.[2] 그러므로, 욥은 앞서 이야기한 역경들의 결과로 분명 슬픔을 느꼈다. 그렇지 않았다면 인내의 덕을 행할 여지가 없었을 것이다. 그러나 그의 이성은 슬픔 때문에 올바름에서 벗어나지 않았다. 그의 이성은 오히려 슬픔을 극복했다. 이를 보여 주기 위하여 본문은 "그 후에 욥이 입을 열었다."(1절)라고 말한다. "그 후"는 침묵의 7일이 지난 후를 말한다. 이 사실로부터, 그의 말들은 슬픔으로 동요되지 않은 이성에 따른 것임이 드러난다. 그렇지 않고 정신이 동요되어 한 말들이었다면 그보다 빨리, 슬픔의 힘이 더 강했을 때에 말했을 것이다. 모든 슬픔은 시간이 길어지면 누그러지고, 처음에 더 강하게 느껴진다. 그러므로 그는 동요된 정신으로 말하고 있다는 판단을 받지 않기 위해서 오랫동안 침묵을 지킨 것으로 보인다. 또한 "입을 열었다."는 진술에서도 이것이 드러난다. 어떤 사람이 격정의 충동 하에 말을 할 때에는 그 자신이 입을 여는 것이 아니라 격정이 그로 하여금 말하게 하는 것이며, 우리를 우리 행동의 주인이 되게 하는 것은 격정이 아니라 오직 이성이기 때문이다.

---

2) 참조. 마태 26,34; 마르 14,34.

슬픔의 표현

이제 욥은 말을 함으로써 그가 겪고 있는 슬픔을 드러낸다. 지혜로운 사람은 보통 이성에 따라 그들이 느끼는 격정의 감정을 표현하기 때문이다. 그러한 의미에서 그리스도께서는 마태 26,38에서 "내 마음이 너무 괴로워 죽을 지경이다."라고 말씀하시고, 바오로 사도도 로마 7,15에서 "나는 내가 바라는 것을 하지 않고 오히려 내가 싫어하는 것을 합니다."라고 말한다. 마찬가지로 보에티우스(Boethius)는 『철학의 위안(On the Consolation of Philosophy)』의 첫머리에서 어떻게 이성으로 슬픔을 완화할 것인지를 보여 주기 위하여 그의 슬픔을 드러내었고,[3] 욥 역시 말을 함으로써 그의 슬픔을 드러낸다.

'저주'라는 단어

이어서 "제 생일을 저주하였다."는 것이 뒤따르는데, 이는 바오로 사도가 로마 12,14에서 "저주하지 말고 축복해 주십시오."라고 말하는 데에 반대되는 것으로 보인다. 그러나 이와 관련하여, 저주라는 말은 여러 의미로 사용된다는 것을 알아야 한다. 저주[maledicere]는 다름 아닌 악을 말하는 것으로서[malum dicere], 악을 말하게 될 때마다 저주한다고 일컬어지는 것이다.

어떤 사람이 다른 사람에게 악을 말하는 것은 첫째로 그 말이 악의 원인이 될 때이다. 하느님께서 말씀하시는 것이 그 말씀하신 것의 원인이 되고 어떤 사람을 단죄하는 재판관의 선고가 단죄받은 사람의 처벌의 원인이 되는 경우가 그러하다. 주님께서 창세 3,17에서 "땅은 너 때문에 저주를 받으리라."고 말씀하시는 것은 이러한 방식으로 이해된다. 또한 창세 9,25에서 "가나안은 저주를 받으리라. 그는 제

---

3) I.1 (Poem) [*PL* 63, 581].

형제들의 가장 천한 종이 되리라."고 말씀하시는 것도 그러하다. 또한 여호수아는 여호 7,25에서 거룩한 기물을 훔친 아칸을 저주했다.

둘째로, 다른 사람에게 나쁜 일을 기원하거나 바랄 때에도 그를 저주하는 것이다. 1사무 17,43에서는 "필리스티아 사람이 다윗을 저주하였다."고 되어 있다.

셋째로는 단순히 과거나 현재나 미래의 나쁜 일을 참되게 또는 거짓으로 진술하는 경우가 있다. 이 가운데 사도가 금지하는 것은 한 사람이 다른 사람에게 나쁜 일을 기원하는 것 또는 그릇되게 그를 비방하는 것이다.

재판관이 피고에게 형을 내리거나, 어떤 사람이 현재의 악을 증명하거나 과거의 악에 관하여 이야기하거나, 미래의 악을 예고함으로써 올바른 방식으로 악을 증명하는 것을 금지하는 것은 아니다.

태어난 날과 잉태된 밤에 대한 저주

그렇다면, 욥이 그의 생일을 저주한 것은 그것이 하느님에 의하여 창조되었던 그 본성에 따라서가 아니라 어느 때에 일어난 사건들의 결과에 따라 그 때가 좋다 또는 나쁘나고 일컬어지는 성경의 관습에 따라서 그 날을 악한 날로 고발하기 때문인 것이다. 바오로 사도가 에페 5,16에서 "시간을 잘 쓰십시오. 지금은 악한 때입니다."라고 말하는 경우와 같다.

그러므로 욥이 그의 생일을 저주한 것은, 바로 그 날에 그에게 일어난 악들을 회상하기 때문이다.

다음으로 그가 저주한 방식에 관하여 이렇게 넛붙여신다. "차라리 없어져 버려라, 내가 태어난 날, "사내아이를 배었네!" 하고 말하던 밤!"(2절). 존재와 삶은 그 자체로 보았을 때에 바람직한 것이지만, 이러한 상황에서 비참하게 사는 것은 피할 일이다. 때로는 어떤 목적을 위하여 빈곤함을 선택할 수 있지만, 어떤 선한 목적을 위한 것이 아닌 비참한 삶은 선택할 수 없다. 주님께서 마태 26,24에서 "그 사람은 차라리 태어나지 않았더라면 자신에게 더 좋았을 것이다."라고 말씀하시는 바와 같다.

이성만이 어떤 불행으로부터 기대되는 선을 파악할 수 있으며, 감각의 힘은 그것을 지각하지 못한다. 예를 들어, 미각은 약의 쓴맛을 지각하지만 이성만이 건강이라는 목적에서 기쁨을 느낀다. 그러므로 어떤 사람이 그의 미각에서 느끼는 격정을 표현한다면, 그의 이성은 약이 그 목적 때문에 좋은 것이라고 판단할지라도 그는 그 약을 나쁜 것이라고 거부할 것이다.

이렇게 볼 때, 복된 욥이 겪고 있는 불행은 이성에게는 어떤 목적을 위하여 유용한 것으로 여겨질 수 있었지만, 그 슬픔을 느끼는 감각은 그 역경을 거부하려 할 수 있다. 그래서, 그러한 역경 속에서 삶 자체도 욥에게 혐오스런 것이 되었다. 어떤 것이 우리에게 혐오스러울 때 우리는 우리를 그것에 이르게 하는 모든 것도 싫어하게 된다. 그래서 욥은 감각에 따라 그 격정을 표현하며 그의 출생과 잉태를 혐오한다. 출생과 잉태의 결과로 그가 이 삶으로 태어나게 되었고, 따라서 그는 그 시간에 이루어진 일들의 결과에 따라 어떤 시간이 좋다거나 나쁘다고 말하는 표현 방식에 따라 그가 태어난 날과 잉태된 밤까지도 혐오한다.

역경 속에서 살기를 거부함

욥은 이렇게 감각적 측면에 따라 역경 속에서의 삶을 혐오하기 때문에 그가 태어나지도 않거나 심지어 잉태되지도 않았었기를 바라고, 그래서 이렇게 말한다. "차라리 없어져 버려라, 내가 태어난 날."이라는 것은 "내가 태어나지 않았더라면!"이라고 말하는 것과 같고, "'사내아이를 배었네!' 하고 말하던 밤!"이라는 것은 "내가 잉태되지 않았더라면!"이라고 말하는 것과 같다. 더구나 그는 이 문장들을 적절한 순서로 진술한다. 출생을 제거한다 해도 잉태는 취소되지 않지만, 그 반대는 성립되지 않기 때문이다. 또한 그는 잉태를 밤에, 출생을 낮에 속하는 것으로 본다. 점성가들에 따르면 낮에 태어나는 것이 더 좋은데, 그 이유는 낮에는 별들 가운데 으뜸인 태양이 땅 위에 있기 때문이다. 반면 잉태는 밤에 더 흔히 이루어진다. 이와 유사한 표현 방식이 예레 20,14에서 사용된다. "저주를 받아라, 내가 태어난 날! 복을 받지 마라, 어머니가 나를 낳은 날!"

태어난 날과 잉태된 밤을 저주한 다음 그는 그들 각각을 따로 저주한다. 먼저 그가 태어난 날을 저주하여 "그날은 차라리 암흑이 되어 버렸으면."(4절)이라고 말한다. 히에로니무스가 그의 서문에서 말하듯이, "욥이 '차라리 없어져 버려라, 내가 태어난 날'(3절)이라고 하는 말부터 이 책의 끝부분에서 '저 자신을 부끄럽게 여깁니다.'[42,6]라고 말하는 데까지는 여섯 음보(hexameter)로, 장 – 단 – 단 운율과 장 – 장 운율로 구절들로 되어 있나.[4] 이 시점에서부터 이 책은 운문으로 작성되어 있는 것이다. 그러므로, 이 책 전체에서 저자는 시인들이 보통 사용하는 수사법과 문체를 사용한다. 그런데 시인들은 보통 청중에게 더 강한 감명을 주기 위하여 같은 생각을 여러 가지 표현으로 나타낸다. 그래서 여기에서도 욥은 그러한 방식으로, 어떤 날이 혐오스럽게 되는 여러 특성들로 그의 생일을 저주하고 있다.

낮의 고귀함은 그 밝음에 있다. 밝음이라는 자질로 낮이 밤으로부터 구분되기 때문이다. 그런데 그는 이 고귀함을 배제시킨다. "차라리 암흑이 되어 버렸으면." 표면적으로 볼 때에 이러한 생각은 경솔하고 쓸데없는 것으로 보인다. 그가 태어난 날은 이미 지나갔고 더 이상 존재하지 않기 때문이다. 이미 지나간 것은 바뀔 수 없다. 그렇다면 어떻게 이미 지나간 날이 암흑이 될 수 있는가? 그러나, 어떤 것들은 그것을 바라보는 시각을 표현하기 위하여 원의의 방식으로 묘사된다는 것을 알아야 한다. 그래서 본문은 "차라리 암흑이 되어 버렸으면"이라는 말로, 내가 태어난 날은 내가 겪고 있는 비참함이 어둠에 걸맞게 어두운 날이었어야 한다는 것을 말한다. 빛을 바라보는 것은 즐거운 일이기 때문이다. 코헬 11,7에 따르면, "정녕 빛은 달콤한 것, 태양을 봄은 눈에 즐겁다." 성경에서는 코헬 5,16에서처럼 어둠

---

4) *Prologus in Libro de Hebraeo Translato* [PL 28, 1140].

으로 슬픔을 나타낸다. "그는 평생 어둠 속에서 먹으며 수많은 걱정과 불만 속에서 살아간다."

행복한 날들

낮은 여러 가지 방식으로 빛난다. 첫째로는 하느님의 성화의 결과로 빛난다. 하느님께서는 "안식일을 기억하여 거룩하게 지켜라."라고 하시는 탈출 20,8에서처럼 그 날을 기념하도록 명하시기 때문이다. 그러므로 욥은 앞에서 언급된 날에서 그 빛을 치워버리며 "위에서 하느님께서 찾지 않으셨으면."(4절)이라고 말한다. 이 말은, 하느님께서 사람에게 이 날을 기념하도록 요구하지 않으셨으면 하는 것이다. 어떤 날들은 그 날에 인류에게 특별한 축복이 주어졌기 때문에 하느님께서 그 날을 기념하도록 명하시는데, 구약에서는 안식일이 창조의 축복 때문에 그러하고[5] 또한 과월절이 이집트로부터의 해방의 축복 때문에 그러하다.[6] 이러한 사실은 신약에서 거행되는 축제들에서도 드러난다. 이 구절로써 욥은, 그의 출생이 하느님의 큰 축복으로 헤아려지지 않아야 한다고 말하고 있다. 그는 행복을 위해서라기보다 불행을 위해서 태어난 것으로 보이기 때문이다.

둘째로, 어떤 날은 사람들이 기억하기 때문에 빛난다. 사람들은 어떤 중요하고 기쁜 일이 그들에게 일어났던 날들을 기념하곤 하는데, 헤로데와 파라오가 그들의 생일을 기념한 것이 그 예이다.[7] 욥은 그 밝음을 앞에 언급한 날로부터 제거하며 "기억되지도 말며"라고 말한다. 여기서는 사람의 기억을 말하는 것이다. 그 날에는 즐거워할 일이 일어나지 않았고, 그 결과에서 보듯이 슬픈 일만 일어났기 때문이다.

---

5) Thomas, *ST* II-II.122.4, 여기서는 탈출 20,11을 인용한다.
6) Thomas, *ST* I-II.102.2, arg.1, 여기서는 탈출 13,9를 인용한다.
7) 마태 14,6; 탈출 40,20.

셋째로 어떤 날은 물리적인 빛 때문에 빛난다. 이 밝음은 여러 가지 방식으로 제거된다. 첫째로는 일식의 경우와 같이 햇빛이 땅을 비추지 않게 될 때이다. 이에 관련하여 그는 "빛이 밝혀 주지도 말았으면."이라고 말한다. 둘째로는 구름이나 어떤 것이 햇빛을 가릴 경우로서, 이에 관하여 그는 "어둠이" 그날을 어둡게 만들었으면 하고 말한다(5절). 셋째로는 볼 수 있는 능력이 사라질 경우로서, 어떤 사람이 죽거나 시력을 잃으면 그에게는 낮의 밝음이 사라진다. 이에 관하여 그는 "죽음의 그늘"이라고 말한다.

캄캄한 날

이제 욥은 앞서 언급한 암흑이 일어나는 두 가지 방식을 설명한다. 첫째로는 그 순서와 관련하여, "안개가 그날을 사로잡고"라고 말한다. 밝게 빛나던 낮에 뜻밖에 갑자기 어둠이 내리면 그 낮은 안개에 사로잡히게 되는데, 이것이 욥의 삶에서 일어났던 일과 같다. 둘째로 어둠의 종류에 관하여 그는 "그날이 괴로움에 휩싸였으면"이라고 말하는데, 이 표현은 앞에서 어둠에 관해 말했던 모든 것이 슬픔의 어둠에 적용되어야 함을 보여 준다. 욥은, 비유를 그 다음에 뒤따르는 것으로 설명하는 관습을 따르고 있는 듯이 보이기 때문이다. 결국 그는 이 모든 기원으로, 그의 생일이 기쁨의 날이 아니라 슬픔의 날로 여겨져야 한다는 것을 말하고자 한다. 그가 태어남으로써 그 많은 고통을 겪어야 할 삶으로 오게 되었기 때문이다.

최악의 밤

욥은 그가 태어난 날을 저주한 다음 비슷한 표현 방법으로 그가 잉태된 밤을 저주한다. 먼저 그는 그 날에, 밤을 더 무서운 것이 되게 하는 자질들을 부여한다. 밤이 두려운 것이 어둠 때문이라면, 어둠이 깊어질수록 밤은 더 두려운 것이 되는데, 밤에 큰 폭풍이 일어날 때에 그러한 일이 일어난다. 이에 관련하여 욥은 "그 밤은 어두운 폭풍이 잡아채었으면."(6절)이라고 말한다. 이는 마치, 그 밤이 어두운 폭풍에 휩싸인다면 역경의 큰 폭풍으로 휩싸인 나의 삶에 꼭 어울렸으리라고 말하는 것과 같다.

다음으로 그는 그 밤으로부터 밤의 좋은 면에 속하는 속성들을 배제하는데, 그 첫째는 사람들의 견해와 연관된다. 사람들은 그 때에 일어나는 일어난 일들에 따라 시간을 구분하는데, 밤에는 기억할 만한 일들이 거의 또는 전혀 일어나지 않으므로 밤은 사람들의 기억 속에 그 자체로서 기억되지 않고 다만 낮과 연관되어서만 기억된다. 욥은 앞서 언급한 밤에서 이러한 선을 제거하여 이렇게 말한다. "그 밤은 어느 날에도 끼이지 말고 달수에도 들지 말았으면." 마치, 그 밤에는 기억할 만한 일은 아무것도 일어나지 않았고 고통스런 일만 일어났으니 기억할 가치가 없다고 말하는 듯하다.

그런데, 사람들이 기억하는 밤들 가운데 어떤 밤들은 기억될 뿐 아니라 사람들이 기념하고 축하를 한다. 그 밤에 사람들은 잔치를 위하여 한데 모인다. 욥은 이를 배제하기 위하여 "그 밤은 외로운 밤이 되었으면"(7절)이라고 말한다. 그러한 밤에는, 신자들이 주님께서 부활하신 밤을 기념할 때와 같이 그 밤에 기억하는 일들로 인하여 환호하고 기념하게 된다. 그래서 욥은 "환호 소리 찾아들지 말았으면."이라고 덧붙인다. 밤에 환호를 하는 것은 그 밤에 일어난 위대한 일로 인한 것이기 때문이다.

고통받기 위한 삶

이 단락에서 그는, 그의 잉태가 위대한 것도 아니고 선을 위한 것도 아니며 오직 그가 겪고 있는 역경이라는 악을 향한 것이라고 말하려 한다. 그래서 그는 "날에 다 술법을 부리는 자들, 레비아탄을 깨우는 데 능숙한 자들은 그 밤을 저주하여라."(8절)라고 덧붙인다. 이러한 명령은 두 가지로 자구적으로 설명될 수 있다. 첫째로는, 레비아탄을 큰 물고기로 이해할 수 있다. 그것은 이 책의 끝부분에서 레비아탄에 대해 일컬어지는 바에 적합하게 보인다. 본문은 40,20에서(『성경』은 40,25) 이렇게 말한다. "너는 갈고리로 레비아탄을 낚을 수 있느냐?" 이 실문에서부터, 그렇게 큰 물고기를 잡는 이들은 밤에 어둠 속에서 그 물고기를 공격한다는 것을 알아야 한다. 그래서 그들은 낮이 시작될 때에 낮을 저주한다. 낮이 되면 그들의 일과 계획이 방해를 받기 때문이다.

다른 식으로는, 레비아탄이 옛 뱀, 곧 악마를 뜻하는 것으로 이해할 수 있다. 이사 27,1에서는 "그날에 주님께서는 날카롭고 크고 세찬 당신의 칼로 도망치는 뱀 레비아탄을, 구불거리는 뱀 레비아탄을 벌하시고 바다 속 용을 죽이시리라."라고 말한다. 그러므로, 악마의 사주에 따라 악한 일을 행하려는 이들은 레비아탄을 깨울 준비를 한다. 그들이 낮을 저주하는 것은, 요한 3,20에서 말하듯이 "악을 저지르는 자는 누구나 빛을 미워하기" 때문이다. 욥 24,15에서는 "땅거미가 지기를 노리는 간음자의 눈"이라고 말하고, 더 나아가서 24,17에서는 "갑자기 아침이 되면 그는 그것을 죽음의 그늘로 생각한다."고 말한다. 이러한 진술에 따르면, 그는 "환호 소리 찾아들지 말았으면"이라고 말했던 것과 같이 앞서 말한 밤이 선한 이들에게 혐오스런 날이 되기를 원한다. 또한, "그 밤을 저주하여라."라고 덧붙였던 바와 같이 그는 그 밤이 악한 이들에게도 혐오스런 밤이 되기를 바란다. 선한 이들이나 악한 이들이나 모두 역경을 싫어하기 때문이다.

다음으로 그는 앞서 말한 밤에서 밤이 본성적으로 지니고 있는 좋은 자질들을 배제시킨다. 그 가운데 하나가 별빛이 밤을 아름답게 장식한다는 점인데, 그는 이를 배제하여 "별들도 안개로 어두워졌으면."이라고 말한다. 또 다른 자질은 낮이 온다는 희망이 있는 것인데, 그는 이를 배제하여 "빛을 기다려도 부질없었으면."이라고 말한다. 마치, 밤에는 낮의 빛을 기대하는 것이 자연적이지만 그 밤에 대해서는 끝없는 어둠만 있어서 결코 낮의 빛으로 그 밤이 끝나지를 않기를 바라는 것과 같다. 그런데, 밤의 어둠은 낮의 충만한 빛으로 완전히 사라지게 될 뿐 아니라 새벽의 여명으로도 흐려진다. 그래서 그는 앞에서 말한 밤에 대하여 그 어둠이 낮에 의해서 배제되지 않는 것 뿐 아니라 새벽에 의하여 흐려지지도 않기를 기원한다. 그래서 본문은 "여명의 햇살을 보지도 말았으면."이라고 말한다.

그러나 그가 말한 것이 불가능한 일로 보이기 때문에, 다시 말하면 낮도 새벽도 그 밤에 이어지지 않는 것이 불가능하기 때문에, 그는 어떤 감정에서 이 말을 한 것인지를 보여 주며 "그 밤이 내 모태의 문을 닫지 않았구나."(10절)라고 덧붙인다. 모태에 있는 태아의 생명은 감추어져 있다. 그래서 그것은 밤의 어둠에 비유된다. 그러나 탄생으로 그 생명이 밖으로 나오면, 그것은 밝은 낮과 유사하다. 이러한 이유로 그는 그 밤에 낮도 여명도 이어지지 않았으면 하고 말함으로써 그의 잉태가 여명이 가리키는 탄생이나 유년기, 그리고 낮의 밝은 빛이 가리키는 청년기에까지 이르지 않았기를 바란다는 것을 말하려 한 것이었다. 이제 그는 "그 밤이 내 모태의 문을 닫지 않아 [...]"라고 말하는데, 이는 밤이 모태를 닫고 탄생을 가로막는다는 뜻이 아니라 그것이 밤에 이루어진다는 뜻이다. 태아가 태어나지 못하게 할 수 있는 장애는 잉태된 순간부터 일어날 수 있기 때문이다.

또한 존재와 삶은 누구에게나 바람직한 것이기에, 누군가가 삶을 싫어한다는 것도 불합리하게 보인다. 그래서 그는 그가 이렇게 말한 이유를 보여 주며 "내 눈에서 고통을 감추지 못하였구나."라고 덧붙인다. 다른 말로 하면, 나는 삶을 그 자체로 싫어하는 것이 아니라 내가 겪고 있는 불행 때문에 싫어한다는 것이다. 삶이 그 자체로서 바람직한 것이라 하더라도, 고통 속의 삶은 그렇지 않기 때문이다.

이 마지막 결론에서 욥은 그가 위에서 비유적으로 말했던 모든 것을 설명한 것으로 보인다는 점에 주목해야 한다. 이러한 방식은 그의 다른 말들에서도 고려해야 할 점이다.

태어나기 전에 죽었더라면

> 11) 어찌하여 내가 태중에서 죽지 않았던가? 어찌하여 내가 모태에서 나올 때 숨지지 않았던가? 12) 어째서 무릎은 나를 받아 냈던가? 젖은 왜 있어서 내가 빨았던가? 13) 나 지금 잠들어 침묵하고 있을 터인데. 잠들어 안식을 누리고 있을 터인데. 14) 임금들과 나라의 고관들, 폐허를 제집으로 지은 자들과 함께 있을 터인데. 15) 또 금을 소유한 제후들, 제집을 은으로 가득 채운 자들과 함께 있을 터인데. 16) 파묻힌 유산아처럼, 빛을 보지 못한 아기들처럼 나 지금 있지 않을 터인데. 17) 그곳은 악인들이 소란을 멈추는 곳. 힘 다한 이들이 안식을 누리는 곳. 18) 포로들이 함께 평온히 지내며 감독관의 호령도 들리지 않는 곳. 19) 낮은 이나 높은 이나 똑같고 종은 제 주인에게서 풀려나는 곳.(2,11-18)

욥은 자신이 태어난 날과 잉태된 밤을 저주하여 그가 자신의 삶의 시작을 혐오했음을 드러낸 다음, 이제 그 삶이 계속 보전된 것을 혐오함을 보임으로써 그의 삶이 그에게 힘겨운 것임을 더 명백하게 드러낸다. 삶에는 두 단계가 있는데, 첫째는 감추어진 단계로서 모태에 있는 태아의 삶이다. 다른 하나는 드러난 삶으로, 모태에서 태어난 다음부터 그 삶을 살게 된다. 그 첫째 단계에 관하여 그는 "어찌하여 내가 태중에서 죽지 않았던가?"라고 말한다. 그리고 둘째 단계에 대해서는 "어찌하여 내가 모태에서 나올 때 숨지지 않았던가?"라고 말한다.

그는 먼저 이 두 번째 질문을 추구한다.

삶의 둘째 단계 곧 밖으로 드러난 삶에 관련하여, 그 생명은 두 가지 방식으로 잃어버릴 수 있음을 기억해야 한다. 그 첫째는 생명에 덮쳐오는 어떤 해악의 결과로서인데, 그 해악은 질병과 같이 내재적인 것일 수도 있고 칼이나 그와 같은 어떤 외재적인 것일 수도 있다. "어찌하여 내가 모태에서 나올 때 숨지지 않았던가?"라는 질문은 이러한 사실에 연관될 수 있다.

그러나 때로는 필요한 도움을 받지 못하여 생명이 상실될 수도 있다. 그것은 안아 주고 돌보아 주는 등의 외재적인 도움일 수도 있는데, 이에 관하여 욥은 "어째서 무릎은 나를 받아 냈던가?"(12절)라고 말한다. 또한 음식과 같이 내재적인 도움일 수도 있어서, 이에 관하여 "젖은 왜 있어서 내가 빨았던가?"라고 말한다. 어린 아기의 생명은 처음에 이러한 도움을 필요로 하기 때문이다.

어떤 사람이 "왜 이런 일이 일어났는가?"라고 물을 때에는 그것이 쓸데없이 된 일이라는 뜻으로 묻는 것이므로, 이어서 욥은 그가 살아있게 된 것이 무익하고 오히려 해로운 것이었음을 말한다. 그는 먼저, 지금 겪고 있는 불행과 연관하여 "나 지금 잠들어 침묵하고 있을 터인데."(13절)라고 말한다. 욥은 죽음을 잠이라고 부르는데, 이것은 부활에 대한 희망 때문이다. 이에 대하여 그는 나중에 더 완전하게 이야기할 것이다.[8] 침묵은 그가 겪고 있는 역경들로부터 쉬게 되는 것을 말한다. 이는 마치, 내가 태어나자마자 즉시 죽었더라면 내가 지금 겪고 있는 이런 악들로 괴로워하지 않아도 되었으리라고 말하는 것과 같다.

죽음은 모든 이를 똑같이 만든다

둘째로 그는 그가 처음에 소유했던 선들과 관련하여 살아 있는 것이 무익하다

---

8) 특히 14,13 이하 주해와 19,23 이하 주해를 보라.

고 말한다. 누군가 그에게 "자네가 살아있지 않았더라면 전에 가졌던 그 선들도 가지지 못했을 것이네."라고 말할 수도 있기 때문이다. 그러나 이러한 주장에 응답하듯이 욥은 그 선들을 생각하더라도 생명의 보전을 바라지 않았으리라는 것을 보여 준다. 평생 최고의 부를 누렸던 사람들마저도 이러한 종말, 곧 죽음 안에 갇혀 있기 때문이다. 이것이 "잠들어", 곧 죽어서 "임금들과 나라의 고관들과 함께 안식을 누리고 있을 터인데"(14절), 곧 삶의 괴로움에서 벗어나 있으리라는 말의 의미이다.

그러나 높은 지위에 있었던 이들, 특히 번영을 누리고 있는 것으로 보이는 이들은 쾌락을 즐기는 것을 지향하며, 이러한 사람들에 대해 그는 "폐허를 제집으로 지은 자들"이라고 말한다. 그들은 사냥이나 다른 쾌락을 위하여 은둔을 원했던 것이다. 아니면 그들은 재산을 모으는 것을 지향하기도 하는데, 이들에 대해서 그는 "금을 소유한 제후들, 제집을 은으로 가득 채운 자들"(15절)이라고 말한다. 이는 마치, 내가 태어난 직후에 죽었더라도 그렇게 많은 재산을 누렸던 사람들이 죽은 후에 가지는 것보다 덜 가지지 않았으리라고 말하는 것과 같다.

그런데 쉰다는 것은 존재하는 사람에 대해서만 서술되므로, 욥은 이 말들로써 그 사람이 그의 영혼으로 인하여 죽은 후에도 존재한다고 말하고 있는 것임을 주목해야 한다. 그가 말하는 그 임금이나 군주들이 쉬고 있는 것이 아니라 지옥에서 벌을 받고 있는 것이라고 누가 이의를 제기한다면, 또는 그 삶도 공로를 얻었다는 의미에서 욥 자신에게 유용한 것이었다고 말한다면, 위에서 말했듯이[91] 욥은 지금 그의 감각적 측면에서 말하고 있고 그의 느낌을 표현하는 것이며 여기에서는 현재적인 물질적 선과 악만이 고려된다는 것을 알아야 한다.

욥은 자신이 대이닌 다음에 실아 있기를 바라시 않았어야 함을 발한 다음, 보태에서 보존된 다음 탄생을 바라지 않았어야 한다는 것을 말하며 앞에서 "어찌하여 내가 모태에서 나올 때 숨지지 않았던가?"(11절)라고 말했던 것을 설명한다. 어떤 태

---

91) 3,3 주해.

아들은 불멸성을 지닌 이성적 영혼이 주입되기 전에 모태에서 죽으므로, 이를 생각하여 욥은 "파묻힌 유산아처럼 나 지금 있지 않을 터인데."(16절)라고 말한다. 유산된 태아로부터는 아무것도 영원히 남지 않기 때문이다. 그러나 어떤 태아들은 이성적 영혼이 주입된 후에 죽는데, 이들은 그들의 영혼 때문에 사후에도 존재하지만 이 세상의 빛을 보지는 못한다. 이러한 상황에 대하여 욥은 "빛" 곧 현세의 삶을 "보지 못한 아기들처럼"이라고 말한다.

죽음은 평화를 준다

욥은 그에게는 이러한 다른 가능성이 더 바람직한 것이었음을 주장하는데, 그랬더라면 현세의 삶의 고통들을 겪지 않았을 것이기 때문이다. 그래서 그는 "그곳"(17절) 즉 잉태되었으나 빛을 보지 못한 이들의 상태는 "악인들이 소란을 멈추는 곳" 곧 그들이 서로를 괴롭히며 소란을 피우던 것이 중단되고 죄악이 없는 곳이라고 말한다. "그곳", 곧 죽은 이들의 상태는 "힘 다한 이들" 곧 전투에 지친 전사들이 "안식을 누리는 곳", 곧 그러한 수고에서 벗어나는 곳이다. 앞서 말했듯이 그는 지금 현세 삶의 악으로부터 벗어나는 것만을 말하고 있기 때문이다. 또는 이 단락은, 자신의 힘으로 일하는 사람이 겪는 수고에도 적용될 수 있다. 이전에 "포로들"이었던 이들은 거기에서 "함께 평온히 지낼" 것이다(18절). 그들을 포로로 잡아갔던 이들과 똑같이, 이전의 고통에서 벗어나게 되는 것이다. 또한 그곳은, 예속과 종살이로 억압받았던 이들에게 "감독관의 호령도 들리지 않는 곳"이다. 이는 이사 14,4에서 "어찌하다 압제자가 종말을 고하고 억압이 끝나게 되었는가?"라고 말하는 바와 같다.

이어서 욥은 이 말이 참되다는 것을 보여 준다. "낮은 이나 높은 이나 똑같은 곳"(19절). 이는 현세의 삶 안에서는 지상적 부의 불평등으로 인하여 높음과 낮음이 존재하기 때문이다. 불평등이 사라지면 사람들은 본성에 따라 동등하게 된다. "낮은 이나 높은 이나"라는 표현은 이 세상의 삶에서 지상적 부의 많고 적음에 따라 서로 다른 처지에 있던 이들을 가리킨다. 그러나 영적 선의 많고 적음의 차이는 거기서도 남아 있다는 것을 알아야 하지만, 앞서 말했듯이 욥은 지금 이러한 선들에 대해 말하고 있는 것이 아니다. 또한 거기에서 "종은 제 주인에게서 풀려난다." 거기에서는 종을 억압하는 일이나 그와 같은 종류의 어떤 것이 일어나지 않을 것이다.

고통을 겪기 위한 삶

> 20) 어찌하여 그분께서는 고생하는 이에게 빛을 주시고 영혼이 쓰라린 이에게 생명을 주시는가? 21) 그들은 죽음을 기다리건만, 숨겨진 보물보다 더 찾아 헤매건만 오지 않는구나. 22) 그들이 무덤을 얻으면 환호하고 기뻐하며 즐거워하련만. 23) 어찌하여 앞길이 보이지 않는 사내에게 하느님께서 그를 어둠으로 에워싸 버리시고는 생명을 주시는가? 24) 이제 나는 먹기 전에 한숨을 쉬고, 신음이 물처럼 쏟아지는구나. 25) 두려워 떨던 것이 나에게 닥치고 무서워하던 것이 나에게 들이쳤구나. 26) 나는 감추지 않았던가? 나는 침묵하지 않았던가? 나는 잠잠하지 않았던가? 그런데 진노가 나에게 덮쳤구나.(3,20-26)

욥은 여러 가지 이유로 자신의 삶을 혐오하게 되었다. 이제 그는 부를 누리는 이들이든 역경을 겪는 이들이든 모든 인류의 삶을 전반적으로 혐오한다. 처음에는 먼저 역경을 겪는 이들에 대해 이야기하는데, 그들의 경우가 더 분명하기 때문이다. 인간에게서는 두 가지 활동이 특별한 것으로 보이는데, 그것은 살아 있는 것과 배우는 것이다. 그런데, 배우는 것이 그 자체로 분명 매우 즐겁고 고귀한 것이라 하더라도, 인간을 괴롭히는 것들을 배우는 것은 고통스럽다. 그래서 욥은 "어찌하여 그분께서는 고생하는 이에게 빛을 주시는가?"(20절)라고 말한다. 이는 마치, 비참한 상태에 있는 인간에게 배움의 빛이 무슨 이득이 되는가를 묻는 것과 같다. 그는 그 빛으로 인간이 그가 당하고 있는 불행을 고찰할 터이기 때문이다. 또한 삶은 영혼으로 인하여 고귀한 것이지만, 그 영혼이 쓰라림을 겪고 있다면 삶 자체가 쓰라리게 된다. 그래서 그는 "[어찌하여 그분께서는] 영혼이 쓰라린 이에게 생명을 주시는가?"라고 말한다.

그는 생명이 쓸데없는 것임을 보여 주는 논거로, 비참한 인간이 생명과 반대되는 것을 갈망한다는 점을 든다. 그래서 그는 쓰라림 속에 사는 이들이 "죽음을 기다리건만 오지 않는구나"(21절), 곧 죽음이 그들이 바라는 만큼 빨리 오지 않는다고 말한다. 그들이 죽음을 기다리며 그 죽음을 두려워하는 것이 아니라 갈망한다는 것을 보이기 위하여 그는 "숨겨진 보물보다 더 찾아 헤매건만"이라고 덧붙인다. 이들은 땅을 파서 보물을 발견하려는 큰 갈망에 불탄다.

갈망이 채워질 때에는 기쁨을 갖게 되므로, 그는 "그들이 무덤을 얻으면 환호하고"(22절)라고 덧붙인다. 그들은 그들에게 무덤을 얻게 해 줄 죽음에 가까워졌다는 것을 보면 환호한다. 어떤 해석자들은[10] 이 구절을 보물을 찾기 위하여 땅을 파는 이들에게 적용시킨다. 그들은 무덤을 발견하면 기뻐하는데, 이는 오래된 무덤에 대개 보물들이 있기 때문이다. 그러나, 첫 번째 해석이 더 낫다.

고통은 삶을 어둡게 만든다

그리고 또 누군가는, 비참한 이들에게는 삶이 주어지는 것이 쓸데없지만 번영을

---

10) 예를 들어 Gregory, *Morals on the Book of Job* V.6, *ad loc*. [PL 75, 684 C-D].

누리는 이들에게는 유용하다고 말할 수 있다. 이러한 가능성을 배제하기 위하여 욥은 "어찌하여 앞길이 보이지 않는 사내에게 [빛과 생명을 주시는가?]"(23절)라고 덧붙인다. 인간에게 그가 갈 길이 감추어져 보이지 않는다는 것은 현재의 번영 상태가 어디로 이르는 것인지를 알 수 없기 때문이다. 잠언 14,13의 본문은 "웃으면서도 마음은 괴롭고 기쁨이 근심으로 끝나기도 한다."고 말한다. 또한 예레 10,23의 본문은 "사람은 제 길의 주인이 아니다."라고 말하고, 코헬 7,1은(『성경』은 6,12) "인간이 살아 있는 동안 그에게 무엇이 좋은지 누가 알리오? 인간이 죽은 다음 태양 아래에서 무슨 일이 일어날지 누가 알려 주리오?"라고 말한다.

욥은 인간의 실이 어떻게 감추어져 있는지를 설명하여 "하느님께서 그를 어둠으로 에워싸 버리셨다."라고 덧붙인다. 이는 여러 가지로 드러난다. 과거와 미래의 일들에 대해서, 코헬 8,6에서는 "인간의 불행이 그를 무겁게 짓누른다. 사실 무슨 일이 일어날지 아는 이가 없다. 또 어떻게 일어날지 누가 그에게 알려 주리오?"라고 말한다. 그리고 가까이 있는 것, 곧 인간에 대해 1코린 2,11은 "그 사람 속에 있는 영이 아니고서야, 어떤 사람이 그 사람의 생각을 알 수 있겠습니까?"라고 말한다. 위에 있는 것에 대해서, 1티모 6,16은 "다가갈 수 없는 빛 속에 사시는 분, 어떠한 인간도 뵌 일이 없고 뵐 수도 없는 분."이라고 말하고, 시편 17,12에서는(『성경』은 18,12) "어둠을 가리개 삼아 당신 주위에 둘러치시고"라고 말한다. 아래에 있는 것에 대해서는 코헬 1,8에서 "온갖 말로 애써 말하지만 아무도 다 말하지 못한다."라고 말한다. 하느님께서 인간을 어둠으로 에워싸셨다고 일컬어지는 것은, 하느님께서 인간에게 이러한 것들을 알 수는 없는 이성을 주셨기 때문이다.

인간이 삶이 비참과 괴로움 때문에 힘겹다는 것을 말한 다음, 욥은 그가 일반적으로 말한 것을 자기 자신에게 적용시키며 자신의 괴로움을 표현하여 "나는 먹기 전에 한숨을 쉬고"(24절)라고 말한다. 웃음이 기쁨의 표지이듯이 한숨은 영혼의 괴로움의 표지이다. 그가 얼마나 한숨을 쉬는지를 말함으로써 그는 그의 괴로움이 얼마나 심한지를 보여 준다. 그의 한숨은 일찍 시작되기 때문에 그는 "나는 먹기 전에 한숨을 쉬고"라고 말하고, 한숨이 계속되고 깊기 때문에 "신음이 물처럼 쏟아지는구나."라고 덧붙인다. 한숨이 절제된 슬픔의 표지이고, 신음은 견딜 수 없이 강한 슬픔의 표지이다. 그러한 신음이 쏟아지는 물에 비유된다. 물은 쉽게 움직이며 흐르는 소리를 내는데, 큰 고통을 겪는 인간은 한 순간 그의 비참함을 기억하는 것만으로도 그렇게 신음하게 되는 것이다. 그는 "물처럼 쏟아지는구나."라고 덧붙여 그의 괴로움이 지속됨을 보여 준다. 쏟아지는 물은 끊임없이 움직이며 소리를 내기 때문이다.

그러나 영혼의 괴로움은 불행에서 나오는 것이기 때문에, 영혼의 쓰라림에 대해 말한 다음 욥은 자신의 불행에 대한 고찰을 덧붙인다. "두려워 떨던 것이 나에게 닥쳤구나"(25절). 인간에게 괴로움을 느끼게 하는 불행은 두 가지인데, 재산이나 사람을 잃는 것과 명예를 잃는 것이다. 전자에 관하여 욥은 "두려워 떨던 것이 나에게 닥쳤구나."라고 말한다. 두려워하던 것이 닥쳤다는 말은, 그의 상실과 징벌이 얼마나 큰 것이었는지를 표현한다. 현명한 사람일수록 번영을 누릴 때에 어려운 때에 닥칠 일들을 생각한다. 집회 11,27에서는(『성경』은 11,25) "행복할 때에는 불행을 잊는다."라고 말한다. 그래서, 매우 현명한 사람이었던 욥은 그가 두려워했던 것이 그에게 일어났을 때에 큰 고통을 겪었다.

두 번째의 상실, 곧 명예를 잃는 것에 관하여 욥은 "무서워하던 것이 나에게 들이쳤구나."라고 말한다. 철학자에 따르면, 무서움은 "불명예에 대한 두려움"이기 때문이다.[11] 이 말로 욥은 그가 큰 영광을 누리다가 수많은 불행과 치욕으로 떨어졌음을 보여 준다.

---

11) Aristotle, *Nicomachean Ethics* IV.9, 1128b 11f.

욥은 무죄하면서도 고통을 겪는다

사람들은 보통 자신의 잘못으로 비참해지고 괴로움을 겪지만, 욥은 이러한 가능성을 배제한다. "나는 감추지 않았던가?"(26절). 어떤 사람이 잘못을 할 때에, 그 결과로 하느님께로부터 벌을 받게 되는 경우가 두 가지 있다. 첫째로는 해를 입고 지나치게 복수할 때이다. 이에 관하여 시편 7,5에서는 "만일 제가 원수를 빈털터리 되게 강탈했다면 원수가 저를 뒤쫓아 붙잡게 하소서."라고 말한다. 욥은 자신에게서 이러한 가능성을 제외시키며 자신에게 가해진 해악을 "나는 감추지 않았던가?"라고 말한다.

다른 방식으로는, 자신이 먼저 말로 다른 이를 침해함으로써 죄를 지을 수 있다. 욥은 이러한 가능성을 제외시키며 "나는 침묵하지 않았던가?"라고 말한다. 다른 말로 하면, 나는 누구에게도 모욕하거나 해치는 말을 하지 않았다는 것이다. 행동으로 침해하는 경우에 대해서도, 욥은 "나는 잠잠하지 않았던가?"라는 말로 그러한 가능성을 제외시킨다. 이사 57,20에서는 "악인들은 요동치는 바다와 같이 가만히 있지 못한다."고 말한다. "그런데", 나는 무죄한데도 "진노" 곧 하느님의 징벌이 "나에게 덮쳤구나."라고 말한다. 하느님께 있어서 진노는 영혼의 동요가 아니라 징벌을 뜻하는 것으로 이해해야 한다. 이렇게 욥은, 이 세상의 역경들이 하느님의 허락 없이 생겨나는 것이 아님을 인정한다.

욥이 이 탄원에서 말했던 것을 요약하고자 한다면, 거기에는 세 가지 요점이 있음을 알아야 한다. 첫째로 그는 그의 삶이 괴로운 것임을 보여 준다. 둘째로 그는 "나는 먹기 전에"(24절)로 시작하는 단락에서 그가 겪고 있는 고통이 얼마나 근지를 보여 준다. 그리고 세 번째로 그는 "나는 감추지 않았던가?"(26절) 이하의 말로 그의 무죄함을 주장한다.

04장

계약의 하느님께 대한 신뢰

욥에 대한 엘리파즈의 비난, 성급함, 주제넘음, 절망

> 1) 테만 사람 엘리파즈가 말을 받았다. 2) 혹시 한마디 하면 자네는 언짢아하겠지? 그러나 이미 생각한 것을 누가 말하지 않을 수 있겠나? 3) 여보게, 자네는 많은 이를 타이르고 맥 풀린 손들에 힘을 불어넣어 주었으며 4) 자네의 말은 비틀거리는 이를 일으켜 세웠고 또 자네는 꺾인 무릎에 힘을 돋우어 주기도 하였지. 5) 그런데 불행이 들이닥치자 자네가 기운을 잃고 불운과 맞부닥치자 질겁을 하는군. 6) 자네의 경외, 자네의 굳셈, 자네의 인내, 자네의 길들의 완전함은 어디 있는가?(4,1-6)

욥을 위로하러 왔던 친구들은 처음에는 그의 심한 고통 때문에 아무 말도 하지 못했지만, 욥이 말을 한 후에는 용기를 내어 말을 했다. 테만 사람 엘리파즈가 첫 번째로 말을 했지만, 그는 욥이 한 말을 본래 의도대로 받아들이지 않았고 그래서 욥을 비난했다. 그는 욥이 현재의 삶을 혐오한다고 말했기 때문에 그가 절망했다고 비난했고, 그가 심히 괴로워했기 때문에 성급했다고 비난했으며, 스스로 무죄하다고 선언했기 때문에 그가 주제넘었다고 비난했다.

성급한 사람의 심리적 특성

첫째로 엘리파즈는 욥을 성급하다고 비난하며, 마치 성급하여 다른 사람의 말에 분노하는 사람에게 말하듯이 욥에게 말하기 시작한다. 그래서 그는 "한마디 하면 자네는 언짢아하겠지?"(2절)라고 말한다. 이 말로 그는, 말을 끝까지 듣지 못하고 첫 마디에 즉시 화를 내는 성급하고 쉽게 화를 내는 사람의 통상적인 행동을 그려 보인다. 여기에 그는 "혹시"라는 말을 첨가하여, 너무 성급한 판단을 내렸다고 비난받지 않도록 한다. 그러나, 어떤 추측이나 의심을 할 경우라 하더라도 다른 사람의 말이나 행동은 언제나 상대방에게 유리한 쪽으로 해석해야 한다.

성급한 사람은 오히려 엘리파즈이다

그러나 실제로 엘리파즈는 욥이 성급했다고 비난하면서, "이미 생각한 것을 누가 말하지 않을 수 있겠나?"라는 말로 그 자신이 인내가 없고 경솔하다는 것을 드러낸다. 집회 19,12에 따르면, "어리석은 자의 배 속에 든 말은 사람의 넓적다리에 박힌 화살과 같다."

의인들의 성급함

그러나 때로는 의인도 거룩한 열정 때문에 그들이 하느님의 영광을 위하여 말해야 한다고 생각한 것을 가만 두지 못한다. 예레 20,9의 본문은 이렇게 말한다. "'그분을 기억하지 않고 더 이상 그분의 이름으로 말하지 않으리라.' 작정하여도 뼛속에 가두어 둔 주님 말씀이 심장 속에서 불처럼 타오르니 제가 그것을 간직하기에 지쳐 더 이상 견뎌 내지 못하겠습니다."

인내의 스승인 욥의 모순

엘리파즈는 욥의 성급함을 더 명백하게 보여 주려 하며 두 가지 점으로부터, 곧 욥의 과거 가르침과 삶으로부터 그의 성급함을 과장한다.

이전의 가르침에 관련해서는, 어떤 사람이 그가 다른 이들에게 가르치는 것을 실천하지 않는다면 부끄러운 일이다. 마태 23,3에서는, "그들은 말만 하고 실행하지는 않는다."고 말한다. 그런데 이전에 욥은 많은 이들에게 인내를 잃지 않도록 했고, 여러 사람들에게 각각 적합한 여러 방식들로 이를 행했다.

무지한 이들

어떤 이들은 무지함으로 인하여 역경을 덕을 위해 사용할 줄을 모르기 때문에 인내를 잃는다. 이런 이들에 대하여 그는 "자네는 많은 이를 타일렀지."(3절)라고 말한다.

약한 이들

한편 다른 이들은, 불행이 닥칠 때에 처음에는 덕 있는 행동을 하지만 그 불행이 지속되면 올바르게 행동하기에 지쳐 넘어지고 만다. 이들에 대해서 그는 "[자네는] 맥 풀린 손들에 힘을 불어넣어 주었지."(3절)라고 말한다. 적절한 격려로 그렇게 했다는 것이다.

비틀거리는 이들

또한 역경 속에서 그 역경이 하느님의 결정에서 오는 것인지 의심에 떨어지는 이들도 있어서, 이들에 대해서는 "자네의 말은 비틀거리는 이를 일으켜 세웠지."(4절)라고 말한다.

나약한 이들

또 어떤 이들은 작은 역경은 견뎌 내지만 역경이 심할 때에는 마치 무거운 짐에 짓눌리는 것과 같이 견디지 못한다. 이들에 대해서 그는 "자네는 꺾인 무릎에 힘을 돋우어 주기도 하였지."(4절)라고 말한다. 욥이 말들로 그렇게 했다는 것인데, 무거운 무게를 질 때에는 무릎이 떨리기 때문이다.

그러나 주님께서는 이사야에게 이러한 임무들을 수행하라고 권고하시며, 이사 35,3에서 "너는 맥 풀린 손에 힘을 불어넣고 꺾인 무릎에 힘을 돋우어라."라고 말씀하신다.

욥은 자신이 가르친 것을 실천하지 않았다

다음으로 엘리파즈는 욥이 자신이 가르친 것을 실천하지 않음을 보여 주려 한다. 그래서 그는 "그런데 불행이 들이닥치자 자네가 기운을 잃는군."(5절)라고 덧붙인다. 자네는 마음의 굳건함을 가지고 있는 것 같았고 그것을 다른 이들에게 가르쳤으나 지금은 그 굳건함을 잃었다는 말인데, 이는 그가 재산을 잃고 고통을 받았던 역경에 연관되어야 할 것이다. "불운과 맞부닥치자 질겁을 하는군." 이는 마음의 평화를 가지고 있는 것 같았는데 그 평화를 잃어버렸다는 말이다.

이 구절들은 그가 겪고 있는 육신의 고통과 연관지어야 할 것이다. 그래서 사탄도 위에서, "당신께서 손을 펴시어 그의 뼈와 그의 살을 쳐 보십시오."(2,5)라고 말했었다. 이제 욥은 앞에서 그가 가르쳤던 것을 그 자신의 인내로 확증하지 못했기 때문에 비난을 받는다. 이는 잠언 19,11의 "사람을 관대하게 만드는 것은 사람의 식견이고 남의 허물을 너그럽게 보아주는 것은 그의 영광이다."라는 말에 반대되는 것이다.

참된 인내의 세 가지 조건

그러나 엘리파즈는 욥의 인내 없음을 과거의 삶을 근거로 지나치게 과장한다. 시련 속에서 그렇게 쉽게 무너진 덕은 참된 것이 아니었다고 여겨지기 때문이다. 집회 2,5에 기록되어 있듯이, "금은 불로 단련되고 주님께 맞갖은 이들은 비천의 도가니에서 단련된다." 실상 인간은 여러 덕들로 역경에 꺾이지 않고 그 역경을 견뎌낸다.

그 첫째 덕은 하느님께 대한 경외심이다. 욥이 위에서 "주님의 뜻에 맞게 이루어졌도다."(1,21)라고 말했듯이, 그들이 겪고 있는 불행을 하느님의 섭리에서 오는 것으로 받아들이는 것이다. 욥에게 이러한 덕이 없었음을 보이기 위하여 엘리파즈는 "자네의 경외는 어디 있는가?"(6절)라고 말한다. 그가 하느님을 공경했던 그 두려움은 어디에 있느냐는 것이다.

둘째로, 어떤 이들은 영의 굳건함에 의하여 온전하게 보존된다. 여기에는 두 단계가 있는데, 어떤 이들은 영이 대단히 굳건해서 역경에 의해서 거의 흔들리지 않는다. 이러한 태도는 굳셈에 속한다. 그래서 엘리파즈는 "자네의 굳셈은 어디 있는가?"라고 말하는데, 여기서 굳셈은 두려움을 느끼지 않게 하는 것을 의미하지 않고 슬픔으로 꺾이지 않게 하는 것을 의미한다.

실상 어떤 이들은 역경에서 심한 슬픔의 감정을 겪지만 질서잡힌 이성 덕분으로 길을 잃지 않는데, 이것은 인내에 속하는 것으로 보인다. 그러므로 인내와 굳셈 사이의 차이는 철학자들이 절제와 정결 사이에 할당한 것과 같다고 할 수 있다.[1] 그래서 그는 "자네의 인내는 어디 있는가?"라고 덧붙인다.

셋째로, 어떤 이들은 올바른 행동에 대한 사랑과 수치스런 행동에 대한 혐오 때문에 온전하게 보존된다. 그들은 내적으로는 역경에 의해서 동요되었다 하더라도 말이나 행동으로 부적절하게 그것을 표출하지 않는다. 그래서 그는 "자네의 길들의 완전함은 어디 있는가?"라고 덧붙인다. 여기서 길들은 행위를 뜻하는 것으로 이해된다. 마치 실을 통하듯이 그 행위늘을 통하여 목적에 이르게 되는 것이다. 또는, 길들은 어떤 사람이 어려움에서 빠져나가기 위해 생각해낸 계획들을 뜻하는 것으로 이해할 수도 있다. 이로써 그는 더 쉽게 역경을 견디게 되는 것이다.

두 번째 비난. 욥의 주제넘음

> 7) 기억해 보게나, 죄 없는 이 누가 멸망하였는가? 올곧은 이들이 근절된 적이 어디 있는가? 8) 내가 본 바로는 불의를 저지르고 고통을 씨뿌리며 그것을 거두는 자들은 9) 하느님의 입김으로 스러지고 그분 분노의 바람으로 끝장난다네. 10) 사자의 포효, 암사자의 목소리도 그치고 새끼 사자의 이빨도 부러진다네. 11) 암호랑이는 사냥거리 없어 스러져 가고 사자의 새끼들은 흩어져 버린다네.(4,7–11)

엘리파즈는 욥이 "나는 먹기 전에 한숨을 쉬고"(3,24)라고 말했던 것을 기화로 그

---

1) 참조. Aristotle, *Nicomachean Ethics* VII.9, 1151b 34ff.

가 인내가 없다고 비난한 다음, 이제 그는 그의 주제넘음을 비난하려 한다. 그가 자신이 무죄하다고 주장했기 때문이다. 그가 무죄하지 않다는 것을 보이기 위해서 그는 욥의 역경을 증거로 삼으며 이렇게 말한다. "기억해 보게나, 죄 없는 이 누가 멸망하였는가? 올곧은 이들이 근절된 적이 어디 있는가?"(7절).

위에서 말한 바와 같이, 엘리파즈와 다른 두 친구는 현세의 역경이 죄에 대한 벌로서만 생기며 부유함은 의로움에 대한 보상으로서만 주어진다고 여기고 있음을 염두에 두어야 한다. 이러한 사고방식에서는, 무죄한 사람이 현세적 선에 있어 멸망을 겪거나 올바른 사람, 곧 덕으로 인하여 의로운 사람이 그 의로움의 보상으로 믿었던 현세적 영광을 잃어 파멸한다는 것은 맞지 않게 보인다.

그리고 엘리파즈는 이러한 견해를 너무나 확신하고 있어서, 욥도 여기에 동의하지 않을 수 없다고 여겼다. 그러나 그는, 욥의 정신이 동요되었기 때문에 말하자면 그가 전에는 알고 있던 진리를 잊어버렸다고 생각했다. 그래서 그는 "기억해 보게나."라고 말한다.

죄인들은 이 세상에서 벌을 받는다

죄없고 올곧은 사람에게는 역경이 생기지 않는다고 전제한 다음, 엘리파즈는 역경을 겪게 되는 사람들에 대해 덧붙인다. "내가 본 바로는 불의를 저지르고 고통을 씨뿌리며 그것을 거두는 자들은 하느님의 입김으로 스러지고 그분 분노의 바람으로 끝장난다네"(8-9절). 그는 "내가 본 바로는"이라고 말하고 있으므로, 체험으로 이러한 사실들을 확인했다고 말하고 있는 것이다. 여기서 "불의를 저지르는 자들"은 드러나게 불의를 행하는 자들, 특히 다른 이들을 해치는 자들이고 "고통을 씨뿌리며 그것을 거두는 자들"은 속임수로 다른 이들을 해치는 이들이다. 그들은 중상 모략으로 다른 이들에게 고통을 초래하고, 그들 자신의 악의가 결과를 가져올 때에 그 고통을 추수하며 그것을 큰 결실처럼 여긴다.

성경의 은유들

이 비유는 징벌에까지 확장된다. 밭은 뜨거운 바람으로 마르고 불타게 되기 때문이다. 그래서 말라 3,11에서는 "내가 너희를 위하여 파괴자를"(『성경』은 "메뚜기 떼를"), 곧 바람을 "꾸짖으리라. 그래서 그것들이 너희 땅의 소출을 망치지 않게 하리라."라고 말한다. 그들이 하느님의 입김으로 스러진다는 말의 의미는 이것이다. 입김은 징벌하는 하느님의 심판을 나타내는 것이다. 한편 하느님 분노의 징벌은 그분 분노의 바람이라고 일컬어진다. 엘리파즈는 그들이 스러지리라고 말할 뿐만 아니라 그들이 끝장나리라고 말한다. 그들 자신만 벌을 받는 것이 아니라 그들의 자녀들과 온 집안이 멸망하여 그들에게서는 아무것도 남지 않을 것이기 때문이다. 이러한 묘사는 자신의 몸에 벌을 받았고 자녀와 가족, 재산을 잃은 욥에 대해 말하고 있는 듯하다.

가족의 연루

그러나 부모의 죄 때문에 자녀와 그 집안이 벌을 받아야 한다는 것은 이 세상의 역경들이 죄에 대한 징벌이라는 견해를 옹호하는 엘리파즈의 견해에 맞지 않는 듯이 보이므로, 이러한 반대에 대한 응답으로 그는 "사자의 포효, 새끼 사자의 울부짖음도 그치고 힘센 사자의 이빨도 부러진다네."(10절)라고 덧붙인다.

여기에서는 먼저, 인간이 이성 때문에 다른 동물들을 능가한다는 사실을 고려해야 한다. 따라서, 인간이 이성을 무시하고 동물적인 격정을 따른다면 그는 짐승들과 같게 되고 그가 그 격정을 모방하는 동물의 이름을 받게 된다. 예를 들어, 사욕의 종이 된 사람은 "지각없는 말이나 노새처럼 되지 마라."고 말하는 시편 31,9에 따라(『성경』은 32,9) 말이나 노새에 비유된다. 그러나 포악함이나 분노 때문에는 "가난한 백성을 사악하게 다스리는 자는 포효하는 사자와 덮치는 곰과 같다."라고 말하는 잠언 28,15에 따라 사자나 곰에 비유된다. 에제 19,3에서는 "힘센 사자가 되어 사냥하는 것을 배우고는 사람들을 잡아먹었다."라고 말한다.

그래서 이제 엘리파즈도 포악한 사람을 사자에 비유하며 "사자의 포효"라고 말한다. 포효가 사자의 포악함을 가리키기 때문이다. 그런데, 헤로데에게 세례자 요한의 목을 베라고 재촉했던 그의 아내에게서 분명히 드러나듯이,[2] 흔히 그 포악함은 아내에게 사주를 받은 것이고 그래서 남편이 사납게 행하는 일들은 아내의 탓이 되곤 한다. 그래서 "암사자의 목소리"라고 말한다.

그리고 때로는 폭군인 아버지가 포악하게 갈취한 것을 그 자녀들이 사치스럽게 사용하고 그래서 그들은 아버지의 약탈을 기뻐한다. 그래서 그들도 잘못이 없지 않으므로, "새끼 사자의 이빨도 부러진다네."라고 덧붙여진다. 이는 "수사자가 새끼 사자들에게 먹을 것을 넉넉히 찢어주던 곳"이라고 말하는 나훔 2,12를(『성경』은 2,13) 따르는 것이다.

이로써 엘리파즈는 앞에서의 이의에 응답한 듯하다. 아내와 자녀들이 남편의 죄 때문에 벌을 받는다면 그것은 부당한 일이 아니다. 그들 자신도 그의 잘못에 탓이 있기 때문이다. 실상 그가 이 모든 것을 말한 것은 욥과 그의 가족 모두가 약탈을 저질렀음을 보이기 위해서이다.

그러나 그의 비난은 욥에게 해당되지 않는 듯하다. 그의 아내는 벌을 받지 않았기 때문이다. 그래서, 이러한 이의를 배제하기 위하여 그는 "암호랑이는 사냥거리 없어 스러져 가고"(11절)라고 덧붙인다. 약탈하던 이들은 약탈을 할 수 없을 때에 그

---

[2] 참조. 마태 14,8.

것을 벌로 여기기 때문이다. 여기서 엘리파즈가 여인을 암사자에 비기는 것은 그 분노의 맹렬함 때문이고, 암호랑이에 비기는 것은 쉽게 즉시 분노하기 때문임을 생각해야 한다. 집회 25,23에서는(『성경』은 25,15) "여자의 분노보다 더 고약한 분노는 없다."고 말하고, 25,26에서는(『성경』은 25,19) "아내의 악행에 비하면 어떤 악행도 하잘것없다."고 말한다.

또한, 욥의 자녀들도 모두 멸망했기에 엘리파즈는 "사자의 새끼들은 흩어져 버린다네."(11절)라고 덧붙인다.

엘리파즈에게 갑자기 주어진 계시

> 12) 한마디 말이 내게 남몰래 다다르고 그 속삭임의 한 가닥이 비밀스레 내 귓가에 들렸네. 13) 밤의 무서운 환시 속에서, 사람들이 깊은 잠에 빠졌을 때 14) 공포와 전율이 나를 덮쳐 내 뼈마디가 온통 떨리는데 15) 어떤 영이 내 얼굴을 스치자 내 몸의 털이 곤두섰다네. 16) 누군가 서 있는데 나는 그 모습을 알아볼 수 없었지. 그러나 그 형상은 내 눈앞에 있었고 나는 부드러운 바람소리 같은 목소리를 들었다네. 17) "인간이 하느님보다 의로울 수 있으랴? 사람이 제 창조주보다 결백할 수 있으랴? 18) 그분께서는 당신을 섬기는 이들도 믿지 않으시고 당신 천사들의 잘못조차 꾸짖으시는데 19) 하물며 토담집에 사는 자들 먼지에 그 바탕을 둔 자들이야! 그들은 좀이 슬듯 으스러져 버린다. 20) 하루해를 넘기지 못하고 베어지며 깨닫지 못하여 영원히 스러진다. 21) 그러나 남겨질 자들은 그들에게서 따로 떼어진다. 이렇게 그들은 지혜도 없이 죽어 간다."(4,12-21)

엘리파즈는 이 세상의 역경들은 오직 자신의 죄 때문에 일어나게 되는 것이라고 주장했기 때문에, 이 주장에 따라 욥과 그의 가족이 죄를 지었다고 비난하려 한다. 그러나 욥과 그의 가족들에게서 명백하게 드러나 보이는 자질들은 이에 반대되었으므로, 그는 욥도 그의 가족도 죄가 없지 않다는 것을 증명하려 한다. 그러나 욥의 권위와 명성 때문에 그 자신의 말은 효과가 없게 보였다.

그래서 엘리파즈는 자신보다 더 큰 권위에 의지하며, 자신이 제시하려는 바를 계시로 알게 되었다고 말한다. 그는 그 계시의 드높음을 보여 주기 위하여 그것이 명료하지 않았음을 말한다. 드높은 것일수록 그것은 인간이 감지할 수 없게 되기 때문이다. 그래서 바오로 사도도 2코린 12,4에서 "낙원까지 들어올려진 그는 발설할 수 없는 말씀을 들었는데, 그 말씀은 어떠한 인간도 누설해서는 안 되는 것이었습니다."라고 말한다. 이와 마찬가지로 엘리파즈도, 참으로든 거짓으로든 "한마디 말이 내게 남몰래 다다랐다."(12절)고 말한다.

어떤 진리들은, 드높은 것이어서 감추어져 있지만 인간에게 계시된다는 점을 알아야 한다. 그 진리들은 어떤 이들에게는 드러나게, 또 어떤 이들에게는 은밀하게 계시된다. 그러므로 엘리파즈는 오만하다는 비난을 받지 않기 위하여 이 진리가 그에게 은밀하게 계시되었다고 말한다. 그래서 그는 "속삭임의 한 가닥이 비밀스레 내 귓가에 들렸네."라고 덧붙인다. 여기에는 계시가 주어지는 세 가지 은밀한 방식들이 암시되어 있다.

환시를 통한 계시

이 방식들 가운데 첫 번째는, 가지적인 진리가 어떤 사람에게 표상을 통한 환시로 계시되는 것이다. 민수 12,6-8에서는 이렇게 말한다. "너희 가운데 예언자가 있으면 나 주님이 환시 속에서 나 자신을 그에게 알리고 꿈속에서 그에게 말할 것이다. 나의 종 모세는 다르다. 나는 입과 입을 마주하여 그와 말하고 환시나 수수께끼로 말하지 않는다." 모세는 분명한 음성으로 이 감추어진 말씀을 들었지만, 다른 이들은 속삭임처럼 들었던 것이다.

비유적인 언어

은밀한 계시의 두 번째 방식은, 표상을 통한 환시 안에서 진리를 분명하게 담고 있는 말씀들이 들리는 것이다. 그러한 경우의 예로 이사 7,14의 본문은 "보십시오, 젊은 여인이 잉태할 것입니다."라고 말한다. 그러나 때로는, 진리를 담고 있는 말씀들이 비유적인 표현으로 주어지기도 한다. "이사이의 그루터기에서 햇순이 돋아나고…"라고 말하는 이사 11,1의 본문이 그러한 경우이다. 그러므로 이사야는 "보십시오, 동정녀가 잉태할 것입니다."라는 말씀을 들었을 때에 그 속삭임 그 자체를 감지했지만, "이사이의 그루터기에서 햇순이 돋아나고…"라는 말씀을 들었을 때에는 속삭임의 한 가닥을 감지한 것이다. 비유적인 표현들은 말하자면 진리 그 자체로부터 직유를 통하여 흘러 나오는 가닥들과 같기 때문이다.

빈번하고 지속적인 계시

은밀한 계시의 세 번째 방법은 때로는 어떤 사람에게 자주, 그리고 오래 지속되는 하느님이 계시가 주어질 때 이루어진다. 모세에 대하여 탈출 33,11에서는, "주님께서는 마치 사람이 자기 친구에게 말씀하시듯, 모세와 얼굴을 마주하여 말씀하시곤 하였다."라고 말한다. 그러나 때로 어떤 사람들은 빠르고 급히 지나가는 계시를 받는다.

엘리파즈가 갑작스럽게 계시를 받았다는 사실은 "비밀스레"라는 표현에서 드러난다. 우리는 급히, 스치듯 오는 소리를 비밀스레 듣기 때문이다.

계시의 상황

이렇게 그 환시의 드높음을 보인 다음, 엘리파즈는 이어서 계시의 상황을 묘사한다.

첫째로는 그 시간에 관하여, "밤의 무서운 환시 속에서, 사람들이 깊은 잠에 빠졌을 때"(13절)라고 말한다. 밤은 고요하기 때문에 계시를 감지하기에 더 적합하다. 낮에는 사람들의 소란스런 소리가 있고 감각들이 활동하기 때문에 정신이 교란되어 감추어진 말의 속삭임을 감지하지 못한다.

두 번째로는 계시를 받은 사람의 상태에 대해 말한다. 그래서 그는 "공포가 나를 덮쳐"(14절)라고 덧붙인다. 사람들은 특이한 일을 무서워한다. 그래서, 특별한 계시가 어떤 사람에게 내리면 그는 처음에 공포를 느낀다. 이 공포가 컸음을 말하기 위해 그는 "전율"이라고 덧붙인다. 몸의 전율은 큰 두려움을 보여 주는 표지이기 때문이다. 그리고 그러한 전율을 더 강조하여 "내 뼈마디가 온통 떨리는데"라고 말한다. 말하자면, 전율이 표면적인 것이 아니라 강력해서 뼈까지도 떨렸다는 것이다. 다니 10,8의 본문은 이와 유사하다. "나는 그 큰 환상을 보았다. 나는 힘이 빠지고 얼굴은 사색이 되었다. 힘이 하나도 없었다."

공포의 이유, 낯선 소리

다음으로 그는 이러한 공포의 이유를 보여 준다. "어떤 영이 내 얼굴을 스치자 내 몸의 털이 곤두섰다네"(15절). 더 강한 힘 앞에서 약한 이는 당연히 경악하게 된다. 그런데, 영의 힘이 육의 힘보다 더 강하다는 것은 명백하다. 그래서, 영 앞에서 갑작스런 공포로 몸의 털이 곤두선다는 것은 놀라운 일이 아니다. 특히 영의 존재가 기이한 물리적 표지를 통해 느껴졌을 때에는 더욱 그러하다. 기이한 것들은 흔히 놀람과 두려움을 가져오기 때문이다.

시간적 배경이 그가 겪었다고 말하는 공포를 느끼기에 적절한 것이 되도록, 그는 위에서 "밤의 무서운 환시 속에서"라고 말했었다(13절). 밤에는 눈으로 사물들을 구별할 수 없어서, 아무리 작은 움직임이라도 그것을 더 큰 것이라고 여기고 당황하기 마련이다. 그래서 지혜 17,17에서는(『성경』은 17,18) "바람이 부는 소리에도 길게 뻗은 가지에서 들리는 아름다운 새소리에도… 저들은 공포에 질렸습니다."라고 말한다.

계시자

세 번째로는 계시자가 제시된다. 본문은 이렇게 말한다. "누군가 서 있는데 나는 그 모습을 알아볼 수 없었지. 그러나 그 형상은 내 눈앞에 있었네"(16절). 여기에서는 환시의 확실성에 관련된 세 가지가 설정된다.

꿈과 계시

때로는 지나친 연기와 안개 때문에 환상이 완전히 억눌려 꿈이 전혀 나타나지 않을 수도 있고, 또 때로는 열이 있는 사람의 경우와 같이 꿈이 방해를 받거나 불안정할 수도 있다. 그러한 꿈들에는 영적인 것이 거의 또는 전혀 없기 때문에 아무 가치가 없다. 그러나 연기와 안개가 가라앉으면 조용하고 정돈된 꿈들이 나타난다. 이때에는 이성적 기능이 어느 정도 힘을 발하기에, 그 꿈들은 더 영적이고 보통 더 참되다. 그래서 그는 "누군가 서 있는데"(16절)라고 말함으로써 그 환시의 안정성을 보여 준다.

또한, 꿈들은 평온한 꿈이라 하더라도 일반적으로 그 이전에 했던 생각의 자취들이라는 점을 고려해야 한다. 그렇기 때문에 보통 만나는 사람들을 꿈에서 자주 보게 되는 것이다. 이러한 꿈들의 원인은 우리 자신의 내부로부터 나오는 것이고 더 높은 본성으로부터 오는 것이 아니므로, 이들은 큰 의미를 갖지 않는다. 엘리파즈는 그의 환시가 이러한 꿈으로 여겨지지 않도록 "나는 그 모습을 알아볼 수 없었지."라고 덧붙인다. 이로써, 그 환시는 이전에 보았던 것에서 나온 것이 아니라 더 감추어져 있는 원인으로부터 오는 것임을 보여 준다.

셋째로, 상위의 원인으로부터 오는 환시는 때로는 잠든 사람들에게 나타나고 때로는 깨어 있는 사람들에게 나타난다는 점을 고려해야 한다. 환시는 깨어있는 사람들에게 나타날 때에 잠든 사람들에게 나타날 때보다 보통 더 참되다. 깨어있을 때에는 이성이 더 자유롭고, 꿈을 꿀 때에는 영적인 계시가 변덕스러운 보통의 꿈과 구별하기가 더 어렵기 때문이다. 그러므로, 엘리파즈는 잠들지 않고 깨어 있으면서 이 계시를 받았음을 말하기 위하여 그는 "그 형상은 내 눈앞에 있었고"(16절)라고 덧붙인다. 이로써 그는, 깨어서 눈을 뜨고 그 환시를 보았음을 말한다. 위에서 그가 "사람들이 깊은 잠에 빠졌을 때"(13절)라고 했을 때에도 그는 그 자신은 잠에 빠져 있지 않았음을 암시하며 같은 사실을 말했었다.

계시의 방법

다음으로 엘리파즈는 그에게 어떤 방식으로 계시가 알려졌는가를 이야기하며 "나는 부드러운 바람소리 같은 목소리를 들었다네"(16절)라고 말한다. 여기에서, 그러한 환상은 때로는 선한 영에 의해서, 때로는 악한 영에 의해서 일어난다는 것을 고려해야 한다. 두 경우 모두 인간은 처음에는 이상한 광경 때문에 두려움을 느끼게 된다. 그러나 그 환상이 선한 영으로부터 오는 것일 때에는 그 두려움은 위로로 바뀐다. 다니 10,18에서 다니엘을 위로하는 천사와 루카 1장에서 즈카르야와 마리아를 위로하는 가브리엘에게서 이를 분명히 알 수 있다. 그러나 악한 영들은 사람을 혼란에 빠뜨린다.

"나는 부드러운 바람소리 같은 목소리를 들었다네."라는 말로 그는 위로가 이전의 두려움을 가라앉혔다는 것을 보여 주어, 이로써 그 환시가 악한 영이 아니라 선한 영에게서 오는 것임이 드러난다. 악한 영은 자주 거짓된 환시를 보게 만드는데, 1열왕 22,22의 본문에서는 "제가 나가 아합의 모든 예언자의 입에서 거짓말하는 영이 되겠습니다."라고 말한다. 마찬가지로, 1열왕 19,12에서는 엘리야에게 나타난 환상에 대해 "불이 지나간 뒤에 조용하고 부드러운 소리가 들려 왔다."고 말한다.

그러나, 선한 영으로부터 오는 환시에서도 때로는 큰 동요와 무서운 목소리가 들릴 수 있다는 것을 알아야 한다. 에제 1,4에서 "그때 내가 바라보니, 북쪽에서 폭풍이 불어왔다."고 말하고 또 여러 절 아래에서 "날개 소리가 들리는데, 마치 큰 물이 밀려오는 소리 같았다."(에제 1,24)고 말하는 데에서 이를 분명히 알 수 있다. 묵시 1,10에서도 "내 뒤에서 나팔소리처럼 울리는 큰 목소리를 들었습니다."라고 말한다.

이 표현들은 그러한 계시에 담겨 있는 위협이나 큰 위험을 나타낸다. 그러나 엘리파스의 환시에서는 위로의 말씀을 하셔야 했기 때문에 말씀하시는 분의 목소리는 부드러운 바람과 같았다고 소개된다.

계시의 내용

마지막으로 엘리파즈는 그에게 계시되었다는 말씀들을 제시하며, "인간이 하느님보다 의로울 수 있으랴?"(17절)라고 말한다. 그가 이렇게 말하는 것은 물론 그가 위에서 말했던(7절) 그 자신의 견해, 곧 이 세상에서의 역경은 죄 때문에만 일어난다는 견해를 확증하기 위한 것이다. 그래서, 아무도 자신이 죄 없이 고통을 당하고 있다고 주장할 수 없도록 그는 세 가지 논거를 도입한다.

인간은 하느님보다 의로울 수 없다

그 첫째 논거는 하느님과 비교하는 것인데, 그렇게 할 때에는 불가능한 결론에 이르게 된다. 죄가 없는 사람이 하느님께 벌을 받는다면 그 사람은 하느님보다 의로운 사람이 된다는 것이다. 각자에게 자신의 몫을 주는 것이 정의라고 할 때, 하느님께서 벌을 받는 것이 마땅하지 않은 무죄한 사람에게 벌을 가하신다면, 하느님의 손에서 벌을 받은 그 사람은 잘못이 없는 사람을 벌한 일이 없으므로 – 그가 무죄하다고 가정했다면 이렇게 말해야 할 것이다 – 하느님께 벌을 받은 사람이 하느님보다 더 의롭다는 결론이 나오게 된다. 다른 말로 하면, 그 사람은 하느님과 비교하여 의롭다고 여겨지게 된다. 그는 하느님과 그의 의로움을 비교하여 더 의롭다고 여겨지게 된 것이기 때문이다.

이러한 추론이 어떤 사람에게는 부적절한 것으로 보이지 않을 수도 있으므로 엘리파즈는 더 적절하게 보이는 또 하나의 추론을 제시하여 "사람이 제 창조주보다 결백할 수 있으랴?"라고 말한다. 각각의 사물은 그 본래의 본성을 보존하는 그만큼 순수성을 보존하는 것인데, 그 본래의 본성은 그 자신의 원인들로부터 온다. 따라서 각 결과의 순수성은 그 원인에 달려 있는 것이다. 그러므로 결과는 순수성에 있어 그 원인을 능가할 수 없다. 따라서 인간이 그 창조주이신 하느님보다 순수할 수는 없다.

천사들과 비교하여

엘리파즈는 천사들과 비교하면서 두 번째 논거를 제시한다. 논거는 더 큰 것으로부터 [더 작은 것으로] 간다. 그는 이렇게 말한다. "그분께서는 당신을 섬기는 이들도 믿지 않으시고 당신 천사들의 잘못조차 꾸짖으시는데"(18절). 이러한 진술은 가톨릭 신앙의 가르침에 부합된다. 가톨릭 신앙은 모든 천사가 선하게 창조되었으며 그 가운데 어떤 천사들은 자신들의 잘못으로 그 올바름의 상태로부터 타락했고, 어떤 천사들은 더 큰 영광에 이르렀다는 것을 견지하기 때문이다. 올바름의 상태에서 타락한 천사들은 두 가지 점에서 기이하게 보이는데, 그 한 가지는 그들의 관상적 능력에 속하고 다른 한 가지는 활동적 능력에 속한다.

천사들의 관상

관상적 능력과 관련하여, 천사들에게는 안정성이 있었어야 한다고 생각된다. 변화 가능성의 원인이 가능태이고 변화 불가능성의 원인은 현실태라는 것이 분명하기 때문이다. 한 사물이 존재하게 되거나 존재하지 않게 될 수 있는 것은 가능태 때문이고, 현실태의 측면이 완전할수록 그 사물은 하나의 상태에 변함없이 남아 있으며, 현실태 그 자체인 것은 완전히 부동이다.

그런데, 형상에 대한 질료의 관계가 현실태에 대한 가능태의 관계로 되어 있듯이, 선에 대한 의지의 관계도 그러하다는 것을 알아야 한다. 선 자체, 곧 하느님은 온전히 변할 수 없으신 반면, 선 자체가 아닌 다른 본성들의 의지는 선 자체에 대하여 현실태에 대한 가능태의 관계로 관련되어 있다. 그러므로, 이들은 선에 결합될수록 선에 있어 더욱 확고하게 된다. 그런데, 다른 모든 피조물 가운데 천사들은 하느님을 더 섬세하게 관상하고 있어 하느님께 결합되어 있고 하느님과 가까운 것으로 보이기 때문에, 그들은 다른 피조물들보다는 더 안정적이라고 여겨진다.

그러나 그들은 안정적으로 머물러 있지 않았다. 그러므로 그들보다 하위의 피조물인 인간은, 아무리 하느님을 섬기고 경배하여 하느님께 결합하는 듯이 보인다 하더라도, 천사들보다 훨씬 더 안정적이라고 여겨질 수 없다.

천사들이 죄를 지을 가능성

활동적 능력에 있어서는, 천사들에게는 악이 거의 또는 전혀 없을 것이라고 생각된다. 통치자가 가까이 있어 올바름을 정화할수록 부정은 없게 마련이기 때문이다. 그러나 당신 안에는 순수한 올바름만이 있으시고 당신 섭리로 만물을 다스리시는 하느님께서는 상위의 피조물을 통하여 하위의 피조물을 안배하신다. 따라서, 하느님으로부터 다른 이들을 다스리도록 파견되어 천사들이라 불리는 상위의 피조물들에게는 악함이 거의 또는 전혀 없을 것이라고 생각된다. 그런데 그들에게서도 악함이 발견되었다면, 인간에게서는 그가 아무리 위대하게 보이는 사람이라 하더라도 그에게서 악함을 찾을 수 있으리라고 믿어야 한다.

이제 아무도 이 말들을 근거로 모든 창조된 영은 불안정하며 악으로 유혹될 수 있다고 말하는 오리게네스와 같은 오류에[3] 빠지지 말아야 할 것이다. 그들 가운데 일부는 은총에 힘입어 부동적으로 하느님께 결합하여 그분 앞에서 그분의 본질을 바라보는 데에 이르렀기 때문이다. 이와 유사하게 어떤 사람들에게는, 비록 그들이 본성상 천사들보다 하위에 있지만, 현세의 삶에서도 사죄의 악함에서 벗어나

---

[3] *Peri Archon* I.6 [*PG* 11, 169 C]; 참조. Augustine, *City of God* XXI.17.

있는 것이 허락되었다.

인간 조건, 토담집

엘리파즈의 세 번째 논거는 인간 조건으로부터 취한 것으로, 앞의 논거의 결론에 연결된다. 그래서 두 개의 논거로부터 하나의 논거를 만들 수 있고, 이것이 그가 "하물며 토담집에 사는 자들이야!"(19절)라고 말할 때에 뜻하는 바이다. 인간의 조건은 인간의 육신이 사상적인 질료로 구성되어 있다는 것이고, 그는 "하물며 토담집에 사는 자들이야!"라는 말로 이를 지칭한다. 인간의 육신이 진흙이라고 일컬어지는 것은, 육신의 운동이 보여 주듯이 그 많은 부분이 무거운 요소들인 흙과 물로 되어 있기 때문이다. 그래서 창세 2,7에서는 "주 하느님께서 흙의 먼지로 사람을 빚으셨다."고 말한다.

흙으로 된 이 몸은 영혼의 집이라 불린다. 인간 영혼은, 영혼이 육신을 움직인다는 점에서 어떤 면에서 마치 인간이 집 안에 있고 선원이 배에 있듯이 육신 안에 있는 것이기 때문이다. 그런데 어떤 이들은 이에 관하여, 영혼은 사람이 옷에 또는 선원이 배에 결합되어 있는 것과 마찬가지로 우유적으로만 육신에 결합되어 있는 것이라고 말했다.[4]

영혼은 육신의 형상

그러나 엘리파즈는 이러한 견해를 배제하기 위하여 그는 "먼지에 그 바탕을 둔

---

[4] 예를 들어, Nemesius, *De Natura Hominis* III [*PG* 40, 593 B]에 따르면 플라톤이 그러했다. 참조. Thomas, *Super Libros Sententiarum* III, d.22 q.1 a.1과 *De Spiritualibus Creaturis* a.2.

자들"(19절)이라고 덧붙인다. 이는, 인간 영혼은 형상이 질료에 결합되듯이 육신에 결합되어 있음을 의미한다. 집을 짓는 데에서 토대가 그 첫 부분이듯이, 질료는 생성에 있어 첫 부분이라는 점에서 형상의 바탕이라고 일컬어진다. 그가 이런 식으로 영혼의 집을 인간의 집이라고 말하는 것은, 영혼이 인간이기 때문이 아니라(어떤 이들은 인간이 육신의 옷을 입은 영혼일 뿐이라고 말함으로써 그렇게 주장했다) 영혼이 인간의 가장 중요한 부분이기 때문이다. 사물은 흔히 그 안에서 가장 중요한 요소로 일컬어지는 것이다.

이제, 인간의 나약함에 관하여 그가 말한 이 두 가지는 그가 위에서 천사들의 탁월성에 관해 말했던 것들과 대조된다. 그는 "토담집에 사는 자들"이라는 구절을 "당신을 섬기는 이들"(18절) 곧 그분과 결합되고 영적으로 그분 안에 사는 이들과 대조시키고, "먼지에 그 바탕을 둔 자들"이라는 구절을 "당신 천사들"(18절)과 대조시키는 것으로 보인다. 천사들은 본성상 비물질적이기 때문이다. 시편 103,4의 본문은(『성경』은 104,4) "그분께서는 당신 천사들을 영들로 만드신다."고 말한다.

죄는 죽음의 원인이다

이렇게 묘사된 인간 조건으로부터 엘리파즈는 그들의 비참한 결말을 결론으로 이끌어내며, "그들은 좀이 슬듯 으스러져 버린다."(19절)고 말한다. 사실 이 진술은 표면적으로, 인간이 그 바탕이 지상적이기 때문에 필연적으로 겪게 되는 신체적 죽음을 뜻하는 것으로 이해할 수 있다. 이러한 해석을 따르면서 이 구절이 두 가지의 죽음을 가리키는 것으로 볼 수 있다.

"그들은 좀이 슬듯 으스러져 버린다."는 자연적 죽음을 가리킨다. 좀이 옷에서 생겨나 옷을 갉아먹듯이 육신의 자연적 죽음도 그 내적인 원인들로부터 생겨난다.

"하루해를 넘기지 못하고 베어진다."(20절)는 첨가구는 폭력적 죽음을 가리킨다.

나무가 베어지는 것은 외적인 원인들로부터 오는 것이기 때문이다. 그는 매우 분명하게 "하루해를 넘기지 못하고"라고 말하는데, 자연적 죽음은 어떤 자연적인 표지들로 예견할 수 있지만 폭력적 죽음은 다른 원인들에 종속되어 있는 것이기에 전혀 예측할 수 없기 때문이다. 그래서, 어떤 사람이 아침부터 그날 저녁까지 살아 있을 것인지조차 알 수 없다.

죄는 유혹의 결과

그러나, 이 말들의 자구적 의미는 이것이 아님을 알아야 한다. 위에서 엘리파즈는 "당신 천사들의 잘못조차 꾸짖으시는데"(18절)라고 말하며 죄라는 결점을 지적했었다. 이제 결론이 전제들에 상응하기 위해서는 이 구절 역시 죄에 연관되어야 하는데, 죄는 인간 안에서 의로움의 생명을 두 가지 방식으로 파괴한다.

첫째는 내부로부터의 부패로서, 그는 "그들은 좀이 슬듯 으스러져 버린다."는 말로서 이를 의미한다. 옷이 그 안에서 생겨난 좀에 의하여 삭듯이, 인간의 의로움은 인간 안에서 불꽃같이 타오르는 악한 생각 등에 의하여 사라지게 된다.

다른 방식으로는 외부로부터의 유혹으로 의로움이 사라지게 되는데, "하루해를 넘기지 못하고 베어진다."는 구절이 이를 가리킨다.

그러나, 내부로부터의 유혹은 한 순간에 인간을 꺾는 것이 아니라 서서히 인간을 이긴다. 어떤 사람이 나태하여 자신 안에서 죄가 시작되는 것을 억누르지 않을 때, 집회 19,1에서 말하듯이 "작은 것을 무시하는 자는 조금씩 망하리라." 이는 옷을 털지 않으면 좀이 슬게 되는 것과 같다. 그러나 외부로부터 오는 유혹은 대개 갑자기 인간을 압도한다. 다윗이 여인을 본 순간에 간음을 저지른 것이나[5] 많은

---

5) 참조. 2열왕 19,2 이하(대중 라틴말 성경).

이들이 고문을 받으며 신앙을 부인한 것에서 이를 볼 수 있다.

  인간이 어떤 식으로 죄에 떨어지게 되는지, 그가 자기 죄를 인정하고 참회하면 그는 자비를 받을 것이다. 그러나 "허물을 누가 알겠습니까?"[6]라는 본문대로 자신의 죄를 모두 아는 사람은 없으므로, 많은 이는 그들의 죄를 알지 못하고 그 죄에서 벗어날 대책을 행하지 못한다. 이것이 "깨닫지 못하여", 즉 죄에 떨어짐을 알지 못하여 "그들" 즉 많은 이들이 죄에서 해방되지 못하고 "영원히 스러진다."는 말의 의미이다.

지혜도 없이 죽어 간다

  그러나 어떤 이들은 "숨겨진 잘못에서 저를 깨끗이 해 주소서."[7]라고 말했던 다윗처럼 자신의 죄를 온전히 알지 못하면서도 그 대응책을 사용하므로, 그는 "그러나 남겨질 자들", 즉 영원히 멸망할 이들에게서 따로 남게 될 이들은 "그들에게서 따로 떼어진다", 즉 그들의 무리에서 분리된다고 말한다(21절). "그들은 죽어 간다." 실상 어떤 사람이 자신의 죄를 참회한다 하더라도 그는 죽음의 필연성에서 벗어나지 못한다. 그러나 지혜는 그들 안에서 죽지 않기 때문에, "지혜 없이"라고 말한다.

  다른 해석으로는, "그들은 지혜도 없이 죽어 간다."는 방금 말한 것이 아니라 앞에서 말한 "영원히 스러진다."(20절)에 대응되고, 그래서 그 의미는 그들이 지혜 없이 죽으리라는 뜻이 된다.

  또는, "남겨질 자들"이 부모가 죽은 후에 남겨지는 자녀들을 가리키는 것으로 이해할 수 있다. 그들은 부모의 죄를 본받아, 그들 자신도 지혜 없이 죽어 스러진다.

---

6) 시편 18,13(대중 라틴말 성경. 『성경』은 19,13).
7) *Ibid.*

결론

욥도 인간의 나약함 때문에 죄를 지었다

 이 모든 논거에 의지하여 엘리파즈는, 인간 조건이 나약하여 알지도 못하는 채 죄를 짓고 자신도 그 자녀들도 멸망하게 된다는 결론을 도출하려 한다. 그에 따라, 욥이 스스로 죄인이라고 인정하지 않는다 해도 그와 그의 자녀들은 어떤 죄를 범했기 때문에 멸망했다고 믿어야 한다는 것이다.

05장

하느님께 맞서기 위해 의지할 이는 없다

엘리파즈의 계시는 참되다

> 1) 자, 불러 보게나. 자네에게 대답할 이 누가 있는지? 거룩한 이들 가운데 누구에게 하소연하려나?(5,1)[1]

엘리파즈는 그가 받은 계시를 설명한 다음, 욥이 그 계시를 믿지 않을 수도 있었으므로 이렇게 덧붙인다. "자, 불러 보게나. 자네에게 대답할 이 누가 있는지?"(1절). 이것이 나에게 계시되었음을 자네가 믿지 않는다면, 혹시 이러한 의문에 대해 하느님께서 자네에게 대답해 주실지 자네가 하느님을 불러 보라는 것이다. 자네의 공로로 하느님으로부터 이러한 응답을 얻을 수 있다고 생각하지 않는다면, "거룩한 이들 가운데 누구에게" 하소연하여 그의 중개를 통하여 하느님으로부터 진실을 알아볼 것이다. 여기서 그가 "거룩한 이들 가운데 누구"라고 말하는 것은, 어떤 방식으로든 더러운 영들을 통해서 감추어진 일들을 알아내는 것은 허락되어

---

1) Antoine Dondaine이 토마스의 *Expositio Super Job*의 레오 판 서문에서 고찰하듯이(p. 141), 성 토마스가 사용한 성경에서 욥기 본문의 구분은 일반적으로 사용되는 식스토-클레멘스 판 대중 라틴말 성경에 언제나 일치하는 것은 아니다. 차이가 나는 경우가 세 곳에 있다. 1) 클레멘스 판의 5장은 *Expositio*에서보다 한 절 먼저 시작된다(참조. ch. 4, l. 575). 2) 클레멘스 판의 14장은 *Expositio*에서보다 네 절 먼저 시작된다(참조. ch. 13, l. 436). 3) 클레멘스 판의 37장은 *Expositio*에서보다 두 절 늦게 시작된다(참조. ch. 37, l. 48). 레오 판은 이러한 차이들을 그 자리에서 지적하지만, 토마스의 주해의 구분을 존중한다. 그렇게 하지 않는다면 *Expositio*의 구조를 혼란시키게 될 것이다.

있지 않고 오직 하느님을 통해서 또는 하느님의 성인들을 통해서만 알아볼 수 있기 때문이다. 이사 8,19에서는 "사람들이 너희에게 말한다. '속살거리며 중얼대는 영매들과 점쟁이들에게 물어보아라. 백성마다 자기네 신들에게 물어보아야 하지 않느냐?'"라고 말한다.

어리석거나 소심한 인간은 죄로 기운다

> 2) 정녕 미련한 자는 역정 내다가 죽고 작은 자는 질투하다가 숨진다네. 3) 나도 미련한 자가 뿌리내리는 것을 보았네만 나는 즉시 그의 아름다움을 저주하였네. 4) 그의 자식들은 구원에서 멀리 떨어진 채 성문에서 짓밟혀도 도와줄 이 없었다네. 5) 그가 거둔 것은 배고픈 자가 먹어 치우고 무장한 자가 그를 사로잡으며 목마른 자가 그의 재산을 마셔 버리네. 6) 지상에서 아무것도 원인 없이 일어나지 않고 재앙이 땅에서 솟을 리 없다네. 7) 사람은 수고를 위해 태어나고 새는 날기 위해 태어난다네.(5,2-7)

엘리파즈가 받았다고 말한 계시에서는 다른 것과 함께 "먼지에 그 바탕을 둔 자들이야! 그들은 좀이 슬듯 으스러져 버린다."(4,19)는 진술이 들어 있었으므로, 그는 인간의 서로 다른 조건들로부터 이를 보여 주려 한다. 인간의 조건들 가운데 어느 것에서도, 어떤 죄로 기우는 경향이 없는 경우는 없기 때문이다. 그런데, 사람들은 두 가지로 구분된다.

1. 어떤 이들은 거칠고 격한 영을 지니고 있는데, 그들은 쉽게 분노한다. 분노는 이전에 받은 침해에 대해 보복하고자 하는 욕구인데, 어떤 사람의 영이 격할수록 그는 더 작은 이유에서도 침해를 받았다고 느끼기 때문이다. 그러므로 그는 더 쉽게 분노하고, "미련한 자는 역정 내다가 죽는다."(2절)는 말은 이를 의미한다. 여기

서 엘리파즈는 교만하고 격한 영을 지닌 사람을 어리석다고 부르는데, 이는 인간이 교만으로 쉽게 이성의 한계를 넘어서는 반면 겸손은 지혜로 이르는 길을 준비해 주기 때문이다. 잠언 11,2는 "겸손한 이에게는 지혜가 따른다."고 말한다. 분노의 어리석음도 여기에 부합된다. 철학자가 가르치듯이 분노한 사람은 침해에 대해 보복하고자 할 때에 이성을 사용하는데, 보복에서 이성의 절제를 따르지 않는다면 그 이성을 그릇되게 사용하는 것이고,[2] 이성이 그릇되다면 그것은 어리석음이다.

2. 그러나 어떤 이들은 소심하고, 그래서 쉽게 질투한다. 그래서 그는 "작은 자는 질투하다가 숨진다네."(2절)라고 덧붙인다. 여기에는 그럴 만한 이유가 있다. 질투는 다름 아닌 다른 사람이 번영할 때 그의 번영이 자기 자신의 번영을 가로막는다고 여겨 슬퍼하는 것이기 때문이다. 그러나, 번영하고 있는 다른 사람들 사이에서 자신이 번영할 수 없다고 생각하는 것은 소심한 사람의 특징이다.

그러므로, 인간은 어떤 조건에 있든지 어떤 죄로 기울게 되어 있다는 것이 명백하다. 다른 죄들에 대해서도 쉽게 이와 유사한 예들을 들 수 있을 것이다.

위에서 말한 모든 것들로 엘리파즈는 이 세상의 역경이 죄에 대한 갚음으로서만 일어난다는 것을 입증하려 한다. 그러나 이러한 주장에 대하여 두 가지 이의가 있는 듯하다. 그 가운데 하나는 많은 의인이 역경을 당하고 있는 듯이 보인다는 사실인데, 엘리파즈는 인간이 쉽게 죄로 기운다는 것으로 이러한 이의를 물리친 것으로 보인다.

악인들의 번영은 덧없다

두 번째 이의는, 불의하면서도 이 세상에서 번영을 누리는 이들이 있다는 것이

---

2) Aristotle, *Nicomachean Ethics* VII.7, 1149a 25ff. 참조. *ST* I-II.46.4, *ad* 3.

다. 엘리파즈는 그들의 번영이 그들 자신에게 해가 된다는 논거로 이를 반박하려 한다. 그래서 그는 "나도 미련한 자가"(3절), 즉 자신의 부를 자랑하는 사람이 "뿌리 내리는 것", 즉 이 세상에서 번영을 누리는 듯한 모습을 보았지만 자신은 그 번영을 인정하지 않았다고 말한다. 실상, "나는 즉시 그의 아름다움을 저주하였네." 여기에서, 그가 나무의 비유를 통하여 사람에 대해 말하고 있음을 고려해야 한다. 그 뿌리가 튼튼할 때에는 가지와 열매가 아름답다. 그래서 엘리파즈는 많은 부를 소유한 사람의 번영을 나무의 아름다움에 비기고 그것을 저주한다. 저주한다는 것은 악하고 해롭다고 선언하는 것이다.[3] 코헬 5,12에서 "고통스러운 불행이 있으니 나는 태양 아래에서 보았다. 부자가 간직하던 재산이 그의 불행이 되는 것을."이라고 말하는 바와 같다. 여기에 그는 "즉시"라고 덧붙여, 그가 이러한 판단에 전혀 의심을 갖지 않았음을 보여 준다.

어리석은 사람의 번영으로부터 어떤 해악이 나오는지에 관하여, 그는 먼저 그 아들들과 연관된 해악을 제시한다. 흔히 부유하고 세력있는 사람이 어리석은 사람의 특징대로 자녀들을 버릇없게 기르면, 그 자녀들은 많은 위험에 처하게 된다. 실상 때로 그들은 그들 자신에 대한 증오를 불러 일으켜 재판도 없이 멸망을 당하거나, 무질서하게 쾌락을 누리며 스스로 조심하지 않다가 목숨까지 잃게 된다. 이에 관하여 그는 "그의 자식들은 구원에서 멀리 떨어질 것"(4절)이라고 말한다. 그러나 때로는 그들이 다른 이들을 중상하거나 다른 이들에게 해를 입혀 재판관 앞에 소환되고 거기서 단죄를 받게 되는데, 이러한 위험에 대해서는 "성문에서 짓밟힌다."라고 말한다. 과거에는 재판관들이 성문 앞에 앉았기 때문이다. 또한, 어리석은 이들은 부유할 때에 주저 없이 다른 이들을 해치기 때문에 역경에 처할 때에 지지자를 찾지 못한다. 그래서 그는 "도와줄 이 없었다네."라고 덧붙인다.

그러나 누군가는 "내가 이 세상에서 번영을 누린다면 내 자녀들에게 무슨 일이

---

3) 참조. 위의 3,1 주해.

일어나든 상관없다."고 말할 수도 있기 때문에, 그는 두 번째로 어리석은 사람이 그 자신과 그 재산에게서 겪게 되는 불행을 말한다. "그가 거둔 것은 배고픈 자가 먹어 치우고"(5절). 흔히, 재산이 많고 어리석은 사람은 가난한 이들을 억압하고 그 가난한 이들은 곤궁함을 견딜 수 없어 어쩔 수 없이 부유한 이들의 재산을 빼앗는다.

이처럼 그들은 흔히 평온하게 살아가면서 삶의 쾌락 속에서 영의 힘을 잃어버리고 나약하게 되어, 호전적인 가난한 이들에게 쉽게 무너진다. 그래서 마치 아무 저항도 없는 듯이 "무장한 자가 그를 사로잡으며"라는 말이 뒤따른다. 그리고 그가 추수에 대해 말한 것이 일반적으로 이해되도록 "목마른 자", 즉 다른 사람의 재산에 탐욕을 부리는 자가 "그의 재산을 마셔 버리네."라고 덧붙인다.

죄인들이 불행을 당한다

앞서 인용된 이의들을 반박한 다음 마지막으로 엘리파즈는 자신의 주된 주장, 곧 이 세상에서 역경은 죄에 대한 갚음으로만 일어난다는 것을 입증할 근거를 제시한다. 그 근거는, 지상에서 일어나는 모든 것은 그 고유하고 특정한 원인들로부터 나온다는 것이다. 그러므로 이 세상에서 어떤 사람에게 역경이 일어난다면 그 역경에는 특정한 이유가 있을 것인데, 그 이유는 다른 것이 아니라 죄라고 생각된다. 이것이 "지상에서 아무것도 원인 없이 일어나지 않고"(6절)라는 말의 의미이다. 모든 결과는 특정한 원인들에서 나오는 것임을 우리가 볼 수 있기 때문이다. 그는 이 사실에서부터 결론을 도출하듯이 "재앙이 땅에서 솟을 리 없다네."라고 덧붙인다. 이것은 비유적 표현이다. 어떤 풀들은 씨 없이 생겨나고, 이들에 대해서는 땅이 스스로 이들을 나오게 했다고 일컬어진다. 그러므로, 마치 씨가 없는 풀처럼 고유한 이유 없이 생겨나는 것은 비유적으로 땅에서 솟는다고 일컬어질 수 있다. 그런데 고통 곧 역경은 땅에서 솟지 않는다. 고통은 원인 없이 일어나지 않는 것이다.

이제 "지상에서 아무것도 원인 없이 일어나지 않고"라는 말로, 모든 사물은 그 고유한 작용에 적합한 본성적인 소인을 지니고 있고 그것은 원인이 없는 것이 아니라 특정한 목적을 위한 것임이 명백하게 드러난다. 그래서 엘리파즈는 "사람은 수고를 위해 태어나고 새는 날기 위해 태어난다네."(7절)라고 말한다. 새의 본성이 요구하는 고유한 운동이 나는 것이기 때문에 새는 그 본성에 의하여 날기에 적합한 도구인 날개와 깃털을 지니고 있다는 것이 명백하다. 그러나 인간은 이성을 가지고 있어서 이로써 자신의 수고로 자신에게 필요한 모든 도움을 얻을 수 있기 때문에 본성이 다른 동물들에게 주었던 모든 도움 없이, 곧 무장이나 무기나 그밖에 인간이 이성의 노력으로 자신의 수고로 구할 수 있었던 다른 것들을 지니지 않은 채로 생겨난다.

기도하기를 권하다

> 8) 그렇지만 나라면 하느님께 호소하고 내 일을 하느님께 맡겨 드리겠네. 9) 그분은 사물들을 크고 파악할 수 없으며 놀랍고 셀 수 없이 만드시는 분. 10) 땅에 비를 내리시고 들에 물을 보내시는 분. 11) 비천한 이들을 높은 곳에 올려놓으시니 슬퍼하는 이들이 큰 행복을 얻는다네. 12) 그분께서 교활한 자들의 계획을 꺾으시니 그들의 손이 성공을 거두지 못하고 13) 그분께서 슬기롭다는 자들을 그들의 꾀로 붙잡으시니 간사한 자들의 의도가 좌절된다네. 14) 그들은 낮에도 어둠에 부딪히고 한낮에도 밤중인 양 더듬거린다네. 15) 그러나 그분께서는 칼에서, 저들의 입에서, 강한 자의 손에서 가난한 이를 구하신다네. 16) 그래서 약한 이에게 희망이 주어지고 불의는 제 입을 다물게 된다네.(5,8-16)

엘리파즈는 지상에서 일어나는 모든 일에는 일정한 원인이 있다고 주장했고, 자연 사물들이 어떤 목적을 위하여 안배되는 것으로 보인다는 것을 보임으로써 이를 입증하려고 했었다. 바로 이 사실, 곧 자연 사물들이 어떤 목적을 위하여 존재한다는 것이 세상이 하느님의 섭리에 의해서 통치되며 아무것도 우연에 의해 일어나지 않는다는 것을 보여 주기 위한 가장 강한 논거이므로, 엘리파즈는 이 전제들로부터 곧바로 세상이 하느님 섭리로 통치된다는 결론을 끌어낸다. 여기서, 하느님의 섭리가 배제된다면 기도의 결실이나 하느님께서 인간사를 아신다는 것 역시 배제된다. 또한 섭리의 통치를 인정하는 사람은 하느님께서 인간사를 아신다는 것을 가정해야 한다. 그래서 엘리파즈는, 지상에서 일어나는 모든 일이 어떤 목적을 위한 것이므로 필연적으로 섭리의 통치를 인정해야 한다는 결론을 내린다. "나라면 하느님께 호소하겠네"(8절). 이는 하느님께서 인간사를 안배하시는 그만큼 기도에 결실이 존재하기 때문이다. "내 일을 하느님께 맡겨 드리겠네." 이는 하느님께서 인간의 행위와 말과 생각을 아시기 때문이다. 이러한 입장을 확증하기 위하여 그는 하느님의 섭리를 특히 분명하게 보여 주는 경우들을 덧붙인다.

섭리의 개입은 부인할 수 없다

1. 섭리는 인정하지 않는 이들은 이 세상에 나타나는 모든 것이 본성적 원인들의 필연성으로부터, 말하자면 열기와 냉기, 무거움과 가벼움 등의 필연성으로부터 이루어진다는 것을 알아야 한다. 그러므로 하느님의 섭리는 이와 같은 본성적 원리들로부터 설명되지 않는 사물들에게서 가장 강력하게 드러나는데, 그 가운데 하나가 이 세상 사물들의 크기이다. 본성적 원리들을 기초로 해서는, 어째서 태양이나 달 또는 땅이 이러한 크기이고 그보다 더 크거나 작지 않은가 하는 이유를 설명할 수 없다. 그러므로 그렇게 크기를 분배한 것은 어떤 이성이 질서를 부여한 결과라고 말해야 한다. 그는 "사물들을 크게 만드시는 분"(9절)이라는 구절로, 곧 사

물들을 일정한 크기로 안배하시는 분이라는 구절로 이러한 추론을 지칭한다.

2. 또한, 만일 모든 것이 본성적 원리들의 필연성으로부터 존재한다면, 본성적 원리들은 우리에게 알려져 있으므로 우리는 이 세상의 모든 것을 탐구할 수 있을 것이다. 그러나 이 세상에는 우리가 탐구함으로써 파악할 수 없는 것들이 있다. 예를 들어 영적 실체들, 별들의 거리 등이 그러하다. 그러므로, 모든 것이 본성적 원리들의 필연성으로부터 나오는 것이 아니며 그것들은 어떤 상위의 이성에 의하여 설정된다는 것이 명백하다. 그래서 그는 "파악할 수 없으며"라고 덧붙인다.

3. 마찬가지로, 우리가 보는 어떤 것들은 전혀 이유를 설명할 수 없다. 예를 들어, 하늘의 이쪽에는 별들이 이런 형태로 배치되어 있고 저쪽에는 다른 형태로 배치되어 있다는 것이 그러하다. 그러므로 이러한 현상은 본성적 원리들로부터 나오는 것이 아니라 어떤 상위의 이성으로부터 나오는 것이며, 그래서 그는 "놀랍고"라고 덧붙인다. 파악할 수 없는 것과 놀라운 것의 차이는, 파악할 수 없는 것은 그 자체로 감추어져 있으며 도달될 수 없는 것인데 비하여 놀라운 것은 사실상 드러나 있지만 그 원인을 알 수 없는 것이라는 데에 있다.

4. 또한, 어떤 이들은 사물들의 배치가 어떤 수적인 순서에 따라 하느님으로부터 나온다고 주장했다는 것을 알아야 한다. 첫 번째의 단순한 일자로부터는 단 하나의 첫 번째 결과만이 나오며 그 안에는 이미 복합성과 다수성이 존재한다는 것이다.[4] 이렇게 그것[일자]으로부터 둘 또는 셋이 나오며 이들은 그보다 덜 단순하고, 다시 그들로부터 수많은 사물 모두가 점차로 발전한다. 이러한 견해에 따르면, 우주의 배치 전체는 신적 이성이 질서를 부여한 결과가 아니라 본성의 필연성에서 나온 것이다.

이러한 주장을 반박하기 위해 그는 "셀 수 없이"라고 덧붙인다. 셀 수 없는 것은 사물들이 수적 질서의 필연성과 관계없이 존재하게 된 것이기 때문에도 그렇고,

---

[4] Thomas, *De Potentia* III.16, 여기서는 Avicenna, *Metaphysics* IX.4를 인용한다.

헤아릴 수 없이 많은 사물이 우리를 위하여 직접적으로 하느님에 의하여 만들어졌기 때문에도 그렇다. 그들의 수가 헤아릴 수 없다는 사실은 특히 수많은 별이 있는 첫째 하늘에서 명백히 드러난다. 이렇게 하여 엘리파즈는 사물들이 하느님에 의하여 만들어지는 것이며 본성의 필연성에서 생겨나는 것이 아님을 보여 준다.

5. 다음으로 그는 만들어진 사물들의 추이가 하느님의 섭리에 의하여 통치되는 것임을 보여 준다. 첫째로 그는 자연 사물들 안에서 이를 증명한다. 요소들의 자연적 질서는 다른 무엇을 요구하는데도 자연 사물들이 인간과 다른 동물들의 용도에 적합하게 만들어진 것으로 보이기 때문이다.[5] 요소들의 무거움과 가벼움을 고찰해 본다면, 땅은 본성적으로 물보다 아래 있고 물은 공기 아래에, 그리고 공기는 불 아래에 있게 된다는 것이 명백하다.

그런데 땅의 어떤 부분은 물에 덮이지 않고 바로 공기 아래에 있다. 그렇지 않다면 호흡하는 동물들이 땅 위에서 살 수 없을 것이기 때문이다. 또한 물로 덮이지 않은 땅이 건조하여 쓸모없고 살 수 없는 곳이 되지 않도록 하느님께서는 두 가지 방식으로 그 땅을 적셔 주신다. 첫째로는 비로써 땅의 표면을 적시시는 것이고, 이에 관하여 그는 "땅에 비를 내리시고"(10절)라고 말한다. 다른 방식으로는 샘과 개울, 강을 통하여 땅에 물을 대시는 것인데, 비의 원천이 하늘에 있는 것과 같이 샘과 강의 원천은 땅 속에 있다. 이러한 방식에 관하여 그는 "들에 물을 보내시는 분"이라고 말한다.

인간사 안의 하느님

6. 다음으로 엘리파즈는 인간사에서도 섭리의 작용을 보여 준다. 인간사가 그

---

[5] 참조. 다음의 내용에 관하여, Aristotle, *Physics* IV.5, 213a 1ff.와 *On the Heavens* IV.5, 312a 25ff.

배치가 요구하는 대로 일정하게 흘러간다면 하느님의 섭리는 그 안에서 거의 또는 전혀 나타나지 않을 것이지만, 인간사가 다른 식으로 흘러가기에 상위의 원인들을 염두에 두지 않는 어리석은 이들은 이 상황을 우연과 운명에 의한 것이라고 여긴다. 솔로몬은 코헬 9,11에서 그들의 입을 빌어 이렇게 말한다. "나는 또 태양 아래에서 보았다. 경주가 발 빠른 이들에게 달려 있지 않고 전쟁이 전사들에게 달려 있지 않음을. 또한 음식이 지혜로운 이들에게 달려 있지 않고 재물이 슬기로운 이들에게 달려 있지 않으며 호의가 유식한 이들에게 달려 있지 않음을. 모두 정해진 때와 우연에 마주하여 있기 때문이다." 반면 엘리파즈는 이를 상위의 원인으로 곧 하느님의 섭리로 돌린다.

그는 먼저 억압받는 이들에 대하여, 가장 낮은 자리에서 높은 자리로 들어높여진 이들을 언급한다. 그는 이러한 상황에 관하여 "비천한 이들" 곧 버림받은 이들을 "높은 곳에 올려놓으시니"(11절) 그들이 고통으로부터 기쁨으로 옮겨진다고 말하고 "슬퍼하는 이들이 큰 행복을 얻는다네."라고 말한다.

둘째로는 억압하는 이들에 대하여 말하는데, 여기에는 두 종류가 있다. 어떤 이들은 공공연하게 권력으로 다른 이들을 억누르는데, 이들에 대해서는 "그분께서 교활한 자들의 계획을 꺾으시니 그들의 손이 성공을 거두지 못하고"(12절)라고 말한다. 그들이 자신들의 일을 추진할 때에 하느님께서 그들을 가로막으시어 그들의 악한 생각이 효과를 거두지 못하게 하시기 때문이다. 그러나 어떤 이들은 영리하게 사람을 속인다. 그들에 대해서는 "그분께서 슬기롭다는 자들을 그들의 꾀로 붙잡으시니"(13절)라고 말한다. 그들이 슬기롭게 계획한 일들이 그들의 의도와 반대로 되어, "간사한 자들의 의도가 좌절된다네." 그들은 슬기롭게 계획한 것 같지만, 어떤 방해를 받기 때문에 그 일에 성공하지 못한다. 그러나 때로는, 슬기롭게 계획한 일들이 실행에서 방해를 받을 뿐만 아니라 그들의 정신도 흐려지게 해서 계획을 하는 데에서도 더 좋은 계획을 식별하지 못할 때가 있다. 그래서 그는 "그들은 낮에도 어둠에 부딪히고"(14절)라고 덧붙인다. 명백한 상황 속에서도 그들은 그들이

하고 있는 것에 대해 전혀 알지 못하고, "한낮에도 밤중인 양 더듬거린다네." 전혀 의심스러울 것이 없는 상황에서도 그들은 불확실한 것에서와 마찬가지로 의심을 하게 되는 것이다.

이러한 일들이 하느님의 섭리로 이루어지는 것으로 드러날 수 있도록, 그는 그러한 전제들에서 나오는 장점들을 제시한다. 악인들의 꾀가 가로막힐 때에 가난한 이들은 그들의 속임수에서 해방된다. 그래서 그는 "그분께서는 칼에서, 저들의 입에서 구하신다네."라고 덧붙인다. 악한 일에 영리한 자들은 거짓말로 다른 이들을 유혹하고, 이 말들은 해를 끼치는 칼에 비유된다. 시편 56,5에서("성경』은 57,5) "그들의 혀는 날카로운 칼입니다."라고 말하는 바와 같다.

그러나 강하고 악한 이들이 하는 일들을 하느님께서 가로막으신다면 가난한 이들은 구원된다. 그래서 "강한 자의 손에서 가난한 이를 구하신다네."(15절)라는 말이 뒤따른다.

이러한 진술로부터 두 가지 결론이 도출된다. 한 가지는, 하느님께서 인간사를 돌보시기 때문에 스스로 힘이 없는 이들이 하느님의 능력에 의탁한다는 것이다. 그래서 그는 "그래서 약한 이에게 희망이 주어지고"(16절)라고 덧붙인다. 또 하나의 결론은 강하고 악한 이들이 완전한 멸망을 피하기 위하여 물러나게 되는 것이다. 그래서 "불의는 제 입을 다물게 된다네."라는 말이 뒤따른다. 그럼으로써, 그 불의가 다른 이들을 무너뜨리는 데에 남김없이 사용되지 않게 된다.

하느님께서는 상처를 입히시고 치유해 주신다

> 17) 여보게, 하느님께서 꾸짖으시는 이는 얼마나 행복한가! 전능하신 분의 훈계를 물리치지 말게나. 18) 그분께서는 아프게 하시지만 상처를 싸매 주시고 때리시지만 손수 치유해 주신다네. 19) 그분께서 여섯 가지 곤경에서 자네를 건져

> 내시니 일곱 번째에는 악이 자네를 건드리지도 못할 것이네. 20) 기근 때 죽음에서, 전쟁 때 칼의 손에서 자네를 구하실 것이네. 21) 자네는 혀의 채찍에서 보호를 받고 멸망이 닥친다 해도 두려워할 필요가 없다네. 22) 또 멸망과 굶주림을 비웃고 야수도 두렵지 않을 것이네. 23) 자네는 들판의 돌멩이들과 계약을 맺고 들짐승은 자네와 화평을 이룰 것이네. 24) 그러면 자네 천막이 평화로움을 알게 되고 자네의 아름다움을 바라보면서 자네는 죄를 짓지 않을 것이네. 25) 또한 알게 될 것이네, 자네 자녀들이 많음을, 자네 후손들이 땅의 풀과 같음을. 26) 그런 다음 자네는 제철이 되어 곡식 단이 쌓이듯 풍요를 누리며 무덤에 들어갈 것이네. 27) 여보게, 이것이 우리가 밝혀낸 것으로 사실이 그러하니 자네도 귀담아듣고 알아 두게나.(5,17-27)

앞서 말한 바와 같이[6] 위의 절들에서 엘리파즈는 복된 욥이 인내를 잃었고 또 스스로 무죄하다고 주장함으로써 주제넘은 일을 했다고 비난했다. 그러나 이제 그는 절망에 대해 비난하려 한다. 그는 욥이 자신의 삶을 탄식했던 말들이 절망에서 나오는 것이라고 여겼던 것이다. 여기에서, 위에서(8-16절) 엘리파즈가 자연 사물들과 인간사 모두에서 하느님의 섭리가 작용함을 주장했을 때 그는 인간에게 닥치는 모든 역경이 하느님의 심판에 의한 것이라고 여겼음을 알아야 한다. 그 심판은 교정이 불가능한 이들에게는 최종적인 단죄로 내려지는 것이지만 역경을 통해 개선되는 이들에게는 교정을 위하여 내려지는 것이다. 그래서 그는 후자에 속한 이들을 행복하다고 주장한다. "하느님께서 꾸짖으시는 이는 얼마나 행복한가!"(17절) 인간은 어느 정도의 교정이 유익한 것인지를 완전히 알지 못하고 또 전능하시 않아서 악을 제거하고 선을 가져올 능력이 없는데도 인간의 교정이 유익할 수 있다면, 전지전능하신 하느님의 교정은 그보다 훨씬 더 유익하고 효과적이라고 여겨진다.

---

6) 4,2,7 주해.

이러한 견해를 근거로 그는 논증을 끝맺으며 "전능하신 분의 훈계를 물리치지 말게나."(17절)라고 말한다. 욥은 자신의 죄 때문에 하느님의 손에서 이러한 역경을 겪고 있지만, 이것은 주님께서 자네를 바로잡기 위한 훈계라고 여겨야 하고 따라서 이 역경 때문에 삶을 혐오할 만큼 그 역경을 원망해서는 안 된다는 것이다.

그는 이러한 진술의 이유들을 첨가한다. "그분께서는 아프게 하시지만"(18절), 즉 큰 역경을 주시지만 "상처를 싸매 주시고", 악을 치워 주시고 선을 회복시켜 주신다. 덜 무거운 역경들로 "때리시지만" "손수", 그분의 작용으로 "치유해 주신다네."(18절) 그분께서 그 역경에서 해방시켜 주시리라는 것이다. 엘리파즈는 주님께서 꾸짖으시는 이가 내세의 삶 때문에 복되다고 말하지 않는다. 그는 내세의 삶을 믿지 않는다. 오히려 그는, 현세의 삶에서 하느님의 꾸짖으심 이후에 불행을 면하고 많은 재산을 얻게 될 것이기 때문에 그가 행복하다고 말한다. 그래서 그는 불행을 면하는 것에 관하여 덧붙여 말한다. "그분께서 여섯 가지 곤경에서 자네를 건져 내시니 일곱 번째에는 악이 자네를 건드리지도 못할 것이네"(19절). 7일로 한 주간이 모두 지나가므로, 7이라는 숫자는 보통 전체성을 나타낸다.[7] 그러므로, 치유된 후에는 어떤 역경도 주님께서 꾸짖으신 사람을 해치지 않을 것이다. 엘리파즈의 견해에 따르면 잘못에서 정화되었을수록 이 세상에서 역경을 겪지 않을 것이므로, 그는 "일곱 번째에는 악이 자네를 건드리지도 못할 것이네."(19절)라고 말한다. 교정 이전에는 역경을 벗어나지 못하다가, 역경에서 벗어나기 시작할 때에는 하느님께서 그를 해방시키시는 동안 맞으면서도 짓밟히지는 않게 되고, 그 해방이 완성된 후에는 전혀 맞지 않게 된다.

이러한 진술은 실상 정신에 대해서는 참되다. 정신이 현세적 사물들을 목적으로 추구하면, 현세적 역경들에 짓밟힌다. 현세적 사물들에서 사랑을 거두어 하느

---

[7] Thomas, ST III.31.3, ad 3, 여기서는 Augustine, De Consensu Evangelistarum II.4 [PL 34, 1077]을 인용한다. 참조. 42,8 주해.

님을 사랑하기 시작하면, 역경 속에서 슬픔을 겪게 되지만 짓밟히지는 않는다. 이 세상에 희망을 두지 않기 때문이다. 그러나 그 정신이 온전히 세상을 멸시하게 되면 현세적인 역경들은 거의 그를 건드리지 않는다.

그러나 이러한 견해는 엘리파즈가 생각한 것처럼 육신에 적용되지는 않는다. 매우 뛰어난 사람들도 때로는 심각한 역경을 겪게 되기 때문이다. 시편 43,22는(『성경』은 44,23) "저희는 온종일 당신 때문에 살해됩니다."라고 말하는데, 이것은 사도들에게 적용된다.[8]

일곱 가지 시련

그는 일곱 가지 시련을 말했으므로, 이어서 그들을 하나씩 열거한다.

1. 때로 역경은 어떤 사람에 대한 특정한 위험의 결과이고, 때로는 필수적인 것들이 결핍됨으로써 신체적 생명을 잃게 되는 위험일 때도 있다. 이러한 상황에 관하여 그는 "기근 때 죽음에서 자네를 구하실 것이네."(20절)라고 말한다. 그가 주님의 벌을 받아 기근을 겪겠지만 하느님께서 구해 주실 것이므로 그 기근 때문에 죽지는 않으리라는 것이다. 이것이 첫 번째 시련이다.

2. 그러나 때로는 해를 가하는 사람의 폭력으로 목숨을 잃기도 한다. 이에 관하여 "전쟁 때 칼의 손에서", 곧 그 힘에서 "자네를 구하실 것이네"라고 말한다. 전쟁은 덮쳐 오겠지만 칼의 힘에 넘겨지지는 않으리라는 것이다. 이것이 두 번째 시련이다. 자연적 죽음으로도 신체적 생명을 잃을 수 있지만, 그것은 시련으로 간주되지 않는다. 그것은 인간의 본성이 요청하는 것이기 때문이다.

3. 때로는 한 사람의 명예가 개인적으로 위험에 처할 수도 있다. 이것은 사회 생

---

8) 참조. 로마 8,36.

활에 관련되고, 이러한 시련에 대해 그는 "자네는 혀의 채찍에서 보호를 받을 것이네."(21절)라고 말한다. 다른 사람을 심히 비방하는 사람의 모욕은 혀의 채찍이라고 일컬어지고, 거기에서 보호를 받는 것은 그가 비방을 받을 수 있는 그의 행동들이 비방하는 사람에게 걸려들지 않음으로써다. 이것이 세 번째 시련이다.

4. 때로는 사람들과 사물을 위협하는 일반적 위험으로부터 역경이 오기도 한다. 예를 들어 적군이 한 나라를 침입하고 모든 이가 죽음이나 포로가 되는 것을 두려워할 때가 그러하다. 이러한 시련에 관하여 그는 "멸망이 닥친다 해도 두려워할 필요가 없다네."라고 말한다. 나라의 외적이 위협해 온다 하더라도 그는 두려워하지 않으리라는 것이다. 이것이 네 번째 시련이다.

5-6. 사물들에 대해 전체적인 위험이 닥치는 것은 기근 때에 있게 되는 땅의 황폐화나 적군의 정복에 의해서이다. 이 두 가지 시련에 대하여 그는 "자네는 멸망과 굶주림을 비웃을 것이네."(22절)라고 말한다. 그는 풍요를 누릴 것이고 그것이 기쁨의 계기가 되리라는 것이다. 이렇게 해서 다섯째와 여섯째 위협을 다루었다.

7. 전체적으로든 개별적으로든, 때로는 들짐승들의 공격으로 역경을 겪을 수 있다. 이러한 시련에 관하여 그는 "야수도 두렵지 않을 것이네."라고 말한다. 이것이 일곱째 시련으로서, 여기서도 불행은 그를 건드리지 않을 것이다.

여섯 가지 행복

불행을 면하게 되는 것을 말한 다음 그는 풍부한 복을 말한다.

1. 첫째로는 땅의 비옥함에 관하여, "자네는 들판의 돌멩이들과 계약을 맺고"(23절)라고 말한다. 돌이 많고 거친 땅까지도 자네에게는 결실을 맺어 주리라는 것이다. 신명 32,13에서 "바위에서 나오는 꿀을 빨아 먹게 하시고…"라고 말하는 바와 같다.

2. 둘째로 그는 들짐승들과 연관된 복의 풍부함을 고찰한다. "들짐승은 자네와

화평을 이룰 것이네." 그들이 그를 공격하지 않으리라는 것이다. 이 두 구절은 다른 식으로도 해석할 수 있다. 돌들은 완고하고 야비한 사람을 나타내고, 짐승들은 잔인한 사람을 나타낸다는 것이다.

3. 셋째로는 그의 집안 사람들과 연관된 복의 풍부함을 고찰한다. "자네 천막이 평화로움을 알게 되고"(24절)라는 말은, 욥의 집안이 서로 평화롭게 지내리라는 것이다.

4. 넷째로 그는 특별히 그의 아내와 연관된 복의 풍부함을 고찰하며, 이에 관련하여 "자네의 아름다움을 바라보면서 자네는 죄를 짓지 않을 것이네."라고 말한다. 고귀하고 평화로운 아내를 가질 것이며 죄를 짓지 않고 그 아내와 함께 살 수 있으리라는 것이다.

5. 다섯째로는 자녀들과 관련하여 "자네 후손들이 땅의 풀과 같음을 [알게 될 것이네]."(25절)라고 말한다. 많은 자녀와 손자들을 갖게 되리라는 것이다.

6. 여섯째로는 평화롭고 평온한 죽음에 관하여, "풍요를 누리며 무덤에 들어갈 것이네."(26절)라고 말한다. 재산을 잃지 않고 번영 속에서, "제철이 되어 곡식 단이 쌓이듯", 말하자면 갑작스런 때 이른 죽음을 맞지 않고 죽으리라는 것이다.

마지막으로 그는 지금까지 한 말들을 확증하며 말한다. "여보게, 이것이 우리가 밝혀낸 것으로 사실이 그러하네"(27절).

그러나 엘리파즈는 욥이 슬픔에 함몰되어 이러한 점들을 깊이 생각하지 않는다고 판단하여, 그에게 주의를 기울이게 하기 위하여 이렇게 말한다. "자네도 귀담아듣고 알아 두게나."

06장

불행 속에서 인간은 자신의 불행만을 안다

죄와 고통은 저울의 양편에 놓여 있지 않다

> 1) 욥이 말을 받았다. 2) 내가 분노를 산 나의 죄와 내가 겪고 있는 재앙을 저울판에 달아 보았으면! 3) 그것이 이제 바다의 모래처럼 더 무거우니 내 말이 갈피를 못 잡는구려. 4) 전능하신 분의 화살이 내 몸에 박혀 내 영이 그 독을 마시고 하느님에 대한 공포가 나를 덮치는구려. 5) 풀이 있는데 들나귀가 울겠는가? 꼴이 있는데 소가 부르짖겠는가? 6) 간이 맞지 않은 것을 소금 없이 어찌 먹겠으며 맛을 보면 죽음을 가져올 것을 어찌 맛보겠는가? 7) 내 영혼이 전에는 건드리기 싫어하던 것이 이제 내 양식이 되었으니 나의 괴로움 때문이네. 8) 아, 누가 내 소원을 이루어 주고 하느님께서 내 소망을 채워 주신다면! 9) 시작하신 그분께서 나를 으스러뜨리시고 당신 손을 푸시어 나를 자르신다면! 10) 그분께서 나를 고통으로 괴롭히기를 마다하지 않으심이 나의 위로가 되었으면. 내가 거룩하신 분의 말씀을 어기지 않았으면. 11) 내게 무슨 힘이 있어 더 견디어 내고 내 끝이 무엇이기에 더 참으란 말인가? 12) 내 힘이 바위의 힘이고 내 살이 놋쇠란 말인가? (6,1-12)

"욥이 말을 받았다.". 앞의 절들에서 분명히 드러나듯이, 엘리파즈는 욥의 탄식에서 세 가지를 지적했다. 첫째는 절망인데, 그가 존재하지 않기를 갈망하는 것으로 보이기 때문이다. 둘째는 인내를 잃음 내지 지나친 슬픔인데, 그가 한숨과 신음을 겪고 있다고 말했기 때문이다. 셋째는 주제넘음인데, 그가 자신이 죄가 없다고 주장했기 때문이다.[1] 위에서 엘리파즈의 담론은 모두가 이 세 가지를 중심으로 하는 것으로서, 욥이 죄를 지었고 그래서 역경을 겪고 있는 것임을 보여 주려 했다. 다른 것들과 함께 그는 인간 조건의 나약함을 주장했다. 그 나약함 때문에 아무도 죄가 없다고 가정할 수 없다는 것이었다.[2] 욥은 여기에서부터 그의 대답을 시작한다.

인간의 나약함으로 인하여, 아무리 의롭게 보이는 사람이라 하더라도 죄가 없을 수 없다는 것은 확실하나. 그러나 의인의 죄는 대죄, 사죄가 아니라 소죄이며 소홀함과 실수로 범하는 것이다. 이제 엘리파즈가 주장하려고 했던 대로 죄에 대한 적절한 벌이 현세의 삶에서의 역경이라면 무거운 죄 때문에는 무거운 역경을 겪고 가벼운 죄 때문에는 가벼운 역경을 겪을 것이며, 그렇다면 의인은 결코 심한 역경을 겪지 않을 것이다. 그러나 이것은 분명 그렇지 않다. 욥은 엘리파즈의 논박에 맞서 이러한 추론을 제시하여 말한다. "욥이 말을 받았다. '아, 내가 분노를 산 나의 죄와 내가 겪고 있는 재앙을 저울판에 달아 보았으면!'"(1-2절) 욥은, 내 안에 죄가 없다고는 말할 수 없지만 그 죄들이 사죄가 아니라 소죄라는 것은 확신한다. 그러므로 내가 하느님의 분노를 샀다면, 그리고 그 죄들에 대한 벌을 받게 된 것이라면[3] 나의 재앙과 나의 죄를 정의의 저울에 달아 보아 이들이 서로 동등해야 할 것이다.

그러나 역경은 죄보다 훨씬 더 무겁게 보인다. 그래서 그는 "그것" 곧 재앙이 "바다의 모래처럼" 비교할 수 없이 "더 무거우니"(8절)라고 말한다. 이 세상에서의 역경들은 오직 죄에 따라 주어지는 것이라는 엘리파즈의 견해가 옳다면, 범죄자들의

---

1) 참조. 5,17 이하, 4,1 이하, 4,17 이하 주해.
2) 참조. 4,19 주해.
3) 참조. 3,26 주해.

죄에 비하면 욥의 죄는 아무것도 아닌데도 많은 범죄자가 오히려 가벼운 역경을 겪고 있는 것으로 보이기 때문이다.

여기에서 출발하여 그는 더 나아가 그가 말로 표현했던 고통에 대하여 이유를 설명하며, 그것 때문에 "내 말이 갈피를 못 잡는구려."라고 말한다. 이러한 결론으로 그는, 그의 고통이 역경의 중대함으로 인한 것임을 시사한다.

현재와 미래의 슬픔

이제 그는 그의 슬픔에 대하여 두 가지 이유를 구별한다. 슬픔은 때로는 이미 겪은 일에서 기인하지만, 다른 경우에는 장차 겪을 일에 대한 두려움에서 생기기도 한다. 그래서 그는 이미 겪은 일들에서 기인하는 슬픔을 지적하며, "전능하신 분의 화살이 내 몸에 박혀"(4절) 있다고 말한다. 여기서 그는 그가 뜻밖의 슬픔을 당했음을 보여 준다. 화살은 멀리서 갑자기 날아오기 때문이다. 또한 그 타격의 심각함을 보이기 위하여 그는 "내 영이 그 독을 마시고"라고 말한다. 나에게 숨쉬는 것도 허락되지 않았고, 내 안에 있을 수 있었던 힘과 위로가 완전히 사라지게 되었다는 것이다.

다음으로는, 앞으로 겪게 될 수 있는 일을 두려워하는 데에서 슬픔이 생겨날 수 있음을 보여 주며 "하느님에 대한 공포가 나를 덮치는구려."라고 말한다. 곤경에 처한 이들은 대개 더 나은 상태에 대한 희망으로 위로를 받는데, 슬픔이 있은 후에 그와 유사하거나 더 큰 슬픔이 다시 올 것을 두려워한다면 어떤 위로도 남아있지 않게 되는 것이다.

이제 누군가는, 욥이 슬퍼할 만한 이유가 있지만 그것 때문에 슬픔의 말들을 터뜨리지는 말아야 한다고 말할 수도 있을 것이다.

탄식하는 것은 본성적이다

이러한 이의에 맞서 욥은, 다른 동물들에게서 나타나는 반응들을 근거로 대답한다. 인간은 그 감각적 본성에 있어 다른 동물들과 유사하다. 그러므로, 감각적 본성에 따르는 반응들은 다른 동물들에게서와 마찬가지로 인간에게도 본성적이다. 그리고 본성적인 것은 완전히 억제될 수 없다. 그런데 다른 동물들은 감각적인 고통을 입으로 표현한다. 이를 가리켜 그는 이렇게 말한다. "풀이 있는데 들나귀가 울겠는가? 꼴이 있는데 소가 부르짖겠는가?"(5절). 그렇지 않다. 들나귀가 울고 소가 부르짖는 것은 그들에게 필요한 먹이가 없을 때이다. 이러한 유비를 통하여, 내적인 고통을 목소리로 표현하는 것이 동물들에게 본성적임이 드러난다.

그러나, 슬픔을 느끼고 입으로 표현하는 것은 본성적이지만 스토아학파에서 주장하듯이 현명한 사람은 어떤 이유로도 마음에 슬픔을 품는 것이 맞지 않는다고 말할 수도 있을 것이다.[4]

그러나 욥은 이러한 입장이 감각적 본성에 반대된다는 것을 보여 준다. 감각들은 해로운 것이나 부적합한 것을 거부하지 않을 수 없고, 그래서 그는 "간이 맞지 않은 것을 소금 없이 어찌 먹겠으며"(6절)라고 말한다. 그렇게 먹을 수는 없다. 맛이 없는 음식은 미각에 즐거움을 주지 않기 때문이다. 마찬가지로 인간의 마음은 즐겁지 않은 것을 기꺼이 받아들일 수 없으며, 괴롭거나 해로운 것은 더욱 그렇다. 그래서 그는 이렇게 덧붙인다. "맛을 보면 죽음을 가져올 것을 어찌 맛보겠는가?"(6절) 맛볼 수 없다. 외적인 감각에서 이렇게 무감각할 수 없는 것과 마찬가지로, 내적인 감각에 의하여 해롭다고 감지된 것을 받을 때에도 슬픔을 느끼지 않을 수 없다.

---

4) 참조. 1,20 주해.

욥은 슬픔의 죄를 피하기 위하여 탄원한다

그러나 지혜로운 사람은 슬픔을 겪을지라도 그의 이성이 슬픔에 빠져버리지는 않으므로, 이어서 욥은 슬픔을 느끼면서도 그에게는 슬픔에 맞서 자신을 지키지 못하거나 슬픔에 끌려 악을 범하지 않을까 하는 큰 염려와 두려움이 있다는 것을 보여 준다. 이러한 악을 피하기 위하여 그는 죽음을 바라며, 이러한 희망을 표현한다. "내 영혼이 전에는 건드리기 싫어하던 것이 이제 내 양식이 되었으니 나의 괴로움 때문이네"(7절). 전에는 내 영혼이 꺼리던 것을 이제는 기꺼이 찾고 있다는 것이다. 이어서 그것이 무엇인지를 설명하기 시작한다. "누가 내 소원을 이루어 주고"(8절). 이 소원을 입으로만 청하고 있는 것이 아니라 마음 속 깊은 곳에서부터 청하고 있다는 것을 보이기 위해 그는 "하느님께서 내 소망을 채워 주신다면!"이라고 덧붙이고, 그 청원이 무엇인지를 말한다. 나를 괴롭히기 "시작하신 그분께서" 죽음으로써 "나를 으스러뜨리신다면"(9절). 이를 말하기 위해 그는 다시 덧붙인다. "당신 손을 푸시어 나를 자르신다면!"

그는 자신을 괴롭히신 하느님의 권능을 하느님의 손이라 부른다. 그 손이 그를 괴롭히기를 멈출 때에는 어떤 식으로 하느님의 뜻과 자비에 매여있는 것 같지만, 그를 죽여 끝내시기까지 치실 때에는 하느님 뜻과 자비에서 벗어나 있는 것처럼 느껴진다.

욥은 그가 전에는 건드리기를 꺼리던 것들이 이제는 양식이 되었다고 말했으므로, 이제 이 말을 어떻게 이해해야 하는지를 보여 준다. 그에게 끔찍한 것이었던 죽음이 이제는 감미로운 것이 될 것이다. 그래서 이렇게 덧붙인다. "그분께서"(10절), 곧 하느님께서 "나를 고통으로 괴롭히기를 마다하지 않으심이", 즉 당신의 손을 거두지 않으시고 나를 죽음으로 데려가심이 "나의 위로가 되었으면." 그리고 욥은 왜 이러한 결과를 바라는지를 밝히며 "내가 거룩하신 분의 말씀을 어기지 않았으면."이라고 덧붙인다. 하느님의 심판이나 그분께서 나를 괴롭히신 선고를 거스르지 않기를 바라는 것이다.

인내를 잃기보다는 죽음을 원함

욥은 그의 많은 고통들 때문에 인내를 잃거나 이성이 슬픔을 제어하지 못하게 될 것을 두려워했다. 인내를 잃는 것은 슬픔으로 이성이 약해져서 하느님의 심판을 거스를 때이다. 그러나 감각적으로는 슬픔을 느낀다 하더라도 이성은 하느님의 뜻을 따를 수 있다면, 인내를 잃는 잘못을 범한 것은 아니다. 그러므로 엘리파즈가 "불행이 들이닥치자 자네가 기운을 잃는군."(4,5)이라고 욥을 비난한 것은 경솔한 일이었다. 그는 슬픔을 느꼈지만 절망한 것은 아니었기 때문이다.

다음으로 욥은 그가 거룩하신 분의 말씀을 거스르게 될 것을 두려워한 이유를 자신의 나약함으로부터 설명한다. 그러한 두려움은 두 가지 원인으로 제거될 수 있다. 첫째로, 자유의지가 은총으로 강화되는 이들에게서와 같이 이성이 대단히 굳세어서 결코 정복되지 않을 경우이다. 그러나 욥은 자신 안에서 그러한 굳셈을 느끼지 않으므로, "내게 무슨 힘이 있어 더 견디어 내고"(11절)라고 말한다. 어떻게 시련을 더 견딜 수 있겠느냐는 것이다.

둘째로, 시련과 슬픔을 견뎌야 하는 것이 짧은 기간 동안이라면 두려움을 물리칠 수 있다. 욥은 그의 경우가 그렇지 않다는 것을 말하기 위하여 "내 끝이 무엇이기에 더 참으란 말인가?"(11절)라고 말한다. 나의 시련들에 어떤 한계가 정해져 있기에 내가 그것을 바라고 인내를 지킬 수 있다고 생각할 수 있겠느냐는 것이다.

이러한 말들을 설명하여 그는 "내 힘이 바위의 힘이란 말인가?"(12절)라고 계속 말한다. 돌의 굳셈은 감각이 없기 때문이다. 그러나 인간의 굳셈에는 해로운 것에 대한 감각이 함께 있기 때문에 그는 덧붙여 "내 살이 놋쇠란 말인가?", 곧 감각이 없다는 것인가 묻는다. 사멸할 인간의 이성이 아무리 강하다 해도, 육신의 측면에서는 고통의 감각을 느끼지 않을 수 없는 것이다.

이러한 고찰로, 복된 욥의 슬픔을 비난하던 엘리파즈의 꾸짖음은 거부된다. 복된 욥의 정신이 굳세다 하더라도 육신의 편에서는 고통의 감각이 있으며 거기에서 그의 슬픔이 나오기 때문이다.

  동시에 이러한 고찰로써, 지혜로운 사람은 슬픔을 느끼지 않는다고 말하는 스토아학파의 견해도 반박된다. 엘리파즈는 그들과 같은 견해를 가지고 있었던 것으로 보인다. 그러나 복된 욥은 지혜로운 사람은 슬픔을 느끼지만, 부적절한 상태로 빠져들지 않도록 이성을 통하여 노력한다고 주장한다.[5] 이는 소요학파도 주장했던 견해이다.

의지할 곳 없는 병자

13) 진정 나는 의지할 데 없고 도움은 내게서 멀리 사라져 버렸다네. 14) 친구에게 동정을 거두어가는 자는 주님께 대한 경외심을 버리는 것이네. 15) 그러나 내 형제들은 나를 지나쳐 갔다네, 계곡을 흐르는 급류처럼. 16) 서리를 무서워하는 이들 위에 눈이 내린다네. 17) 그러다가 흩어질 때에는 멸망해 버리고 데워지면 그 자리에서 스러져 버리지. 18) 그들이 걸어가는 길은 엉클어져 광야로 나섰다가 사라져 버린다네. 19) 테만의 길들을, 스바의 도로를 바라보고 잠시 기다려 보게. 20) 그들은 내가 그들에게 기대했기 때문에 당황한다네. 그들도 왔다가 수치를 당했다네. 21) 자네들은 왔지만, 무서운 모습을 보더니 두려워 떠는구려. 22) 내가 이렇게 말하기라도 했단 말인가? "내게 좀 주게나. 나를 위해 자네들 재산에서 좀 갚아 주게나. 23) 원수의 손에서 나를 구해 주고 난폭한 자들의 손에서 나를 빼내 주게!" 하고 말일세. 24) 나를 가르쳐 보게나, 내가 입을 다물겠네. 내가 무엇을 몰랐는지 깨우쳐 보게나. 25) 자네들은 어째서 내 참된 말을 비방하는가? 자네들은 누구도 나를 나무랄 수 없네. 26) 자네들은 남의

---

5) 참조. 위의 각주 4.

> 말을 탓할 생각만 하는가? 절망에 빠진 이의 이야기는 바람에 날려도 좋단 말인가? 27) 자네들은 고아에게 달려들고 친구를 무너뜨리려 하는구려. 28) 자, 이제 자네들이 시작한 일을 끝내게. 내가 거짓말을 하는지 귀를 기울이고 보게. 29) 다투지 말고 응답하고, 무엇이 옳은가 판단하여 말하게. 30) 내 입술에 불의가 묻어 있다는 말인가? 내 입속이 파멸을 깨닫지 못한다는 말인가?(6,13-30)

욥은 앞의 절들에서, 그가 고통을 느꼈고 합당하게 고통의 말들을 했지만 그가 겪은 것 때문에 고통에 빠져들지는 않았음을 보여 주었다. 그러나 때로 인간은 역경을 겪더라도 스스로 그리고 다른 사람들의 도움과 위로로 자신을 경계하여 고통을 거의 또는 전혀 느끼지 않을 수도 있으므로, 복된 욥은 그에게 그러한 방책들이 없었음을 보임으로써 그가 고통에 대해 합당하게 말을 한 것임이 더 명백하게 드러나게 하고자 한다.

먼저 그는, 그 자신이 앞서 언급한 방책들을 갖고 있지 않았음을 말한다. "나는 의지할 데 없네"(13절). 그가 재산 일부를 약탈당했다 하더라도, 그가 스스로 잃어버린 재산을 되찾고 그가 당한 피해를 갚을 수 있었더라면 그 약탈을 슬퍼하지 않고 견딜 수 있었을 것이다. 그러나 그는 그것을 할 수 없었으며 그가 가진 모든 재산과 그의 자녀들, 그리고 그의 몸의 건강까지 잃었다.

실망스런 친구들

또한, 우리 스스로 할 수 없다 하더라도 친구들의 도움으로 할 수 있는 일들도 많이 있다. 그래서 욥은 두 번째로, 그가 친구들의 도움도 받을 수 없었다고 말한다. "도움" 곧 나의 친지와 가족은 "내게서 멀리 사라져 버렸다네." 그는 그들에게 탓이 없지 않다는 것을 설명하여, 친구가 곤궁할 때에 "친구에게 동정을 거두어가는 자는 주님께 대한 경외심을 버리는 것이네."(14절)라고 말한다. 그런 사람은 하느님께 가져야 할 공경심을 저버리는 것이다. 그분으로 인하여 그리고 그분 안에서 그의 이웃을 사랑해야 하는 것이기 때문이다. 1요한 4,20에서는 "눈에 보이는 자기 형제를 사랑하지 않는 사람이 보이지 않는 하느님을 사랑할 수 없습니다."라고 말한다.

방관하는 친척들

다음으로 그는 자신이 친척들에게서도 버림을 받았다는 것을 말한다. "내 형제들" 즉 친척들은 "나를 지나쳐 갔다네"(15절). 그는 비유적으로, 길을 함께 걸어가고 있는 사람들에 대해 말한다. 한 사람이 구덩이에 빠져도 다른 이들은 그를 버리고 그대로 계속 간다. 그들이 그를 돕다가 지쳐서 또는 그를 돕는 것이 절망적이었기 때문에 그를 떠나갔다면 그들은 어느 정도 변명할 수 있다. 그러므로 그는 친척들에게 변명의 여지가 없도록, 그들이 즉시 그리고 갑자기 그를 버렸다는 것을 보여 준다. 그는 매우 빨리 흐르는 "계곡을 흐르는 급류처럼"이라는 말을 덧붙인 것이 이를 의미한다.

불행한 사람을 버리는 것은 잘못이다

또한 그들이 그렇게 하고도 벌을 받지 않으리라고 생각하지 않도록, "서리를 무서워하는 이들 위에 눈이 내린다네."(16절)라고 덧붙인다. 이는 작은 위험을 두려워하여 정의와 자비를 저버리는 사람이 더 큰 위험을 겪게 되리라고 말하는 것과 같다. 그러므로 욥에게 동정을 베풀지 않으려고 그를 피해갔던 그의 형제들은 그들 자신이 손실을 입고 슬픔을 겪게 될 것이다. 그리고 그들이 당할 위험에는 대책이 없으리라는 것을 보여 주기 위하여, "흩어질 때에는" 즉 그들이 어떤 위험을 겪게 될 때에는 완전히 "멸망해 버리고", 또한 "데워지면 그 자리에서 스러져 버리지."(17절)라고 덧붙인다. 그는 앞에서 언급했던 눈의 비유를 사용한다. 눈은 얼어서 단단해지면 따뜻해지기 시작할 때에 즉시 녹지 않지만, 아직 얼지 않았을 때에는 햇빛이 비치면 즉시 녹아 흐른다. 이것이 "데워지면 그 자리에서 스러져 버리지."라는 말의 의미이다. 따뜻해지기 시작할 때처럼, 역경이 처음 시작될 때에 즉시 그들의 번영은 사라진다는 것이다.

사심을 품은 우정

그리고는 그 이유를 보이기 위하여 "그들이 걸어가는 길은 엉클어져"(18절)라고 말한다. 엉클어진 것은 꼬여서 다시 제자리로 돌아간다. 자신에게 이익이 되지 않으면 친척과 친구를 돌보지 않는 이들의 길은 엉클어져, 그들은 부유할 때에는 친구인척 하지만 역경을 당할 때에는 친구를 버린다.

그러나 부정하게 자신의 이익을 찾는 사람들의 희망은 대개 이루어지지 않는다. 그래서 그는 "광야로 나섰다가"라고 말한다. 광야 속으로 들어간다는 말은 목적지에 이르지 못하는 것을 뜻하기 때문이다. 그리고, 그들의 희망이 이루어지지 않을 뿐 아니라 그 반대의 일이 일어날 것이다. 그래서 "사라져 버린다네."라는 말이 뒤따른다. 그들은 완전히 무너지리라는 것이다.

우리 도움을 기다리는 이들을 부끄러워함

결국 욥은 스스로도 식구들에게서도 친척들에게서도 도움을 받지 못했다. 이어서 말하듯이 그는 다른 친구들에게서도 도움을 받지 못했다. 그래서 그는 "테만의 길들을, 스바의 도로를 바라보고"(19절)라고 말한다. 그는 특히 이 지역들에 친구들이 있었던 것으로 보인다. 엘리파즈도 테만에서 왔기 때문이다. "잠시 기다려 보게." 이 길에서 누가 도움을 주러 오는지 보라는 것이다. 그러나 도와 줄 사람을 볼 수 없을 것이다. 그들은 왔다가 "그들은 내가 그들에게 기대했기 때문에 당황한다네"(20절). 내가 그들에게 도움을 기대해야 하는 순간이었기 때문에 당황한다는 것이다. 돕지 않으려고 하는 사람은, 마땅히 그에게 도움을 청할 수 있다고 생각하는 사람들을 방문하고는 당황하는 것이다.

"그들도 왔다가", 실상 그들 가운데 몇 명은 왔었지만, "수치를 당했다네." 그들은 도와주어야 한다는 것을 알고서도 도움을 주지 않았기 때문이다. 더 지혜롭다고 여겨지는 자네들도 그랬으니, 다른 사람들이 그랬다고 해서 놀랄 것도 없다. "자네들은 왔지만, 무서운 모습을 보더니 두려워 떠는구려"(21절). 자네들은 나를 도와주어야 할 수도 있다는 것을 두려워하네. 그러나 두려워 말게. 나는 자네들에게 아무 도움도 요청하지 않았네. 나는 돈으로 나를 도와 달라고도 청하지 않았네. "내가 이렇게 말하기라도 했단 말인가? '내게 좀 주게나. 나를 위해 자네들 재산에서 좀 갚아 주게나'"(22절). 또한 나는 자네들에게 원수들과 전쟁을 하면서 도움을 청하지도 않았네. 그래서 그는 "원수의 손에서 나를 구해 주고 난폭한 자들의 손에서 나를 빼내 주게!"(23절)라고 말한 적이 없다고 덧붙인다. 가르침을 청하지도 않았다. 사변적인 문제들에서 "나를 가르쳐 보게나, 내가 입을 다물겠네. 내가 무엇을 몰랐는지 깨우쳐 보게나"(24절)라고 청한 적도 없다는 것이다.

욥이 친구들을 부른다

친구들은 욥에게 도움을 베풀지 않았을 뿐 아니라 할 수 있는 대로 말로도 욥을 괴롭혔다. 그래서 그는 이렇게 덧붙인다. "자네들은 어째서 내 참된 말을 비방하는가?"(25절). 여기서 "참된 말"은 그가 탄원할 때 처음에 했던 말을 가리킨다. 엘리파즈는 그가 탄원했을 때 질책했던 것으로 보인다.[6] 이러한 비난이 용서할 수 없는 것으로 보이도록, 그는 질책하는 사람이 비난을 받지 않을 수 있는 모든 경우들을 배제시킨다.

  1. 그 첫 번째는, 더 큰 권위를 가진 사람이 다른 사람의 잘못을 꾸짖을 때이다. 욥은 이를 배제하여 "자네들은 누구도 나를 나무랄 수 없네."라고 말한다.

  2. 둘째는 어떤 사람이 상황을 격앙시키기 위해서가 아니라 다른 사람의 선익을 위하여 모진 말을 할 경우이다. 그래서 그는 "자네들은 오직" 나의 선익을 위해서가 아니니 "나를 비빙하기 위하여 멋진 말들을 하고" 가벼운 말처럼 보이지 않기 위해서 말들을 잘 엮는다고 말한다.

  3. 셋째는 어떤 사람이 다른 사람을 반대하는 말들을 유효한 이유들로 밑받침할 경우이다. 그는 이 가능성을 배제하여 "자네들의 말을 바람에 날리는군."(26절)이라고 말한다. 자네들의 말은 공허하고 근거가 없다는 것이다.

  4. 넷째는 어떤 사람이 다른 사람을 꾸짖어서 그가 악화되는 것이 아니라 개선되리라고 추측할 수 있는 때와 상황을 보아 꾸짖을 때이다. 그러나 상대방이 영적으로 혼란스럽고 쉽게 분노할 상황에서 그를 꾸짖으려 한다면 이는 그의 교정을 바라는 것이 아니라 그를 뒤집어 놓으려는 것으로 보인다. 그래서 그는 "자네들은 고아에게 달려들고 친구를 무너뜨리려 하는구려."(27절)라고 말한다. 욥이 자신을 고아라고 부르는 것은, 슬픔을 당하여 어떤 도움도 받지 못하고 있기 때문이다.

---

6) 참조. 위의 각주 1.

진리를 발견하는 데에서의 장애

그리고, 욥이 자신의 의견이 참되고 그의 주장이 정당하다는 것을 확신하지 못하여 그들과 논쟁하기를 두려워하여 이 말을 말하고 있다고 여기지 않도록 그는 "자, 이제 자네들이 시작한 일을 끝내게."(28절)라고 덧붙인다. 두 편 사이의 토론으로 진리가 드러나게 하라는 것이다. 그래서 그는 "내가 거짓말을 하는지 귀를 기울이고", 즉 듣고 "보게", 즉 판단하라고 덧붙인다.

1. 토론을 통하여 진리를 발견하는 데에서 첫 번째 장애는, 어떤 사람이 반대편이 한 말을 듣지 않으려고 할 때이다.

2. 두 번째 장애는 들은 것에 대해 시끄럽게 매도하는 대답이다. 이러한 장애가 없도록 그는 "다투지 말고 응답하게."(29절)라고 말한다. 암브로시우스가 말하듯이 다툼은 "큰 소리의 무게로 진리를 공격하는 것"이기 때문이다.[7]

3. 세 번째 장애는 토론하는 사람이 진리가 아니라 승리와 영광을 추구하는 것인데, 논쟁적이고 궤변적인 토론에서 그러한 경우들이 있다.[8] "무엇이 옳은가 판단하여 말하게."라는 말은, 자네에게 참이라고 보이는 것을 인정하고 거짓이라고 보이는 것을 부인하라는 뜻이다. "그러면"(30절), 이렇게 한다면 "내 입술에 불의가 없고" 즉 나의 이웃에게 지켜야 할 정의에 어긋나는 것이 없고 "내 목구멍이 어리석은 소리를 내지 않는다는 것을", 즉 하느님에 대해 올바르게 깨닫는 지혜에 어긋나는 것이 없음을 보게 될 것이다. 욥은 하느님과 인간에 관한 진리를 옹호하고 입증하려 하기 때문이다.

---

[7] 참조. *ST* II-II.38.1.
[8] 참조. Aristotle, *On Sophistical Refutations* I.11, 171b 18ff.

07장

욥이 삶의 고통 속에서 자신을 저주한다

전투와 같은 삶

> 1) 인생은 땅 위에서 전투요 그 나날은 날품팔이의 나날과 같지 않은가? 2) 그늘을 애타게 바라는 종, 일의 끝을 고대하는 품팔이꾼과 같지 않은가? 3) 그렇게 나도 허망한 달들을 물려받고 고통의 밤들을 나누어 받았네. 4) 누우면 '언제나 일어나려나?' 생각하고, 다시 저녁을 기다리지만 어두워질 때까지 고통만 가득하네.(7,1-4)

엘리파즈는 앞의 절들에서 복된 욥을 절망에서 구해 내고자, 그가 주님의 꾸짖음을 거부하지 않는다면 현세적 행복을 누릴 것이라고 약속했었다.[1] 그래서 복된 욥은 그가 슬퍼하는 합당한 이유들을 보여 준 다음 더 나아가서 현세적 행복의 약속에 기초한 엘리파즈의 이 위로가 부적절한 것임을 보여 주고자 한다.

이를 증명하기 위하여 그는 먼저 현세 생활의 조건에서 시작하고, 나중에는(5절) 그 자신의 조건에서부터 이를 증명한다.

---

1) 참조. 5,17-27 주해.

현세 생활의 일반적 조건

그러나, 현세 생활의 조건에 관하여 사람들의 의견은 여러 가지이다. 어떤 이들은 궁극적인 행복이 현세의 삶 안에 있다고 주장하는데, 엘리파즈의 말들은 이러한 견해를 따르는 것으로 보인다. 인간의 궁극 목적은 그가 선행과 악행에 대하여 최종적인 갚음을 기다리는 곳에 있다. 그러므로, 엘리파즈가 주장하려 하는 것처럼 인간이 현세의 삶에서 하느님으로부터 선행에 대해 상을 받고 악행에 대해 벌을 받는다면 인간의 최종 목적은 현세 안에 있어야 하는 것으로 보인다.

그러나 욥은 이러한 견해를 반박하려 하며, 인간의 현세 생활이 그 자체 안에 궁극 목적을 지니고 있지 않고 현세의 삶과 최종 목적 사이의 관계는 운동과 정지, 길과 그 목적지의 관계와 같음을 보이려 한다. 그래서 그는 이를 어떤 목적을 추구하는 인간의 상태, 즉 군대의 전투에서 승리를 얻으려고 애쓰는 군인들의 상태에 비유한다. "인생은 땅 위에서 전투"(1절)라는 말은 이를 뜻한다. 우리가 땅 위에서 살아가는 현세 생활은 승리의 상태가 아니라 전투의 상태와 같다는 것이다. 또한 그는 이 삶을 날품팔이의 상태에 비기며, 인간이 땅 위에서 사는 날에 대하여 "그 나날은 날품팔이의 나날과 같지 않은가?"라고 덧붙인다.

욥이 현세의 삶을 이 두 가지 상태에 비기는 것은 현세의 삶에서 인간에게 일어나는 두 가지 일 때문이다. 첫째로 인간은 장애와 해로운 것들에 맞서야 하고 그래서 삶이 전투에 비유되며, 둘째로 인간은 어떤 목적을 위하여 유용한 일들을 수행하기 때문에 인간이 날품팔이에게 비유된다. 이 두 가지 예는 현세의 삶이 하느님의 섭리에 종속되어 있음을 의미한다. 군인들은 장군 아래에서 전투를 하고 고용된 사람은 그들을 고용한 사람으로부터 임금을 기다리기 때문이다.

또한 이 두 예에서, 엘리파즈가 옹호하던 견해가 그릇됨이 충분히 드러난다. 군대의 장군은 용감한 군인들에게 위험이나 수고를 피하게 하지 않고 오히려 때로는 전투 계획이 요청하는 대로 그들을 큰 위험이나 큰 수고에 노출시키지만, 승리를 거둔 다음에는 더 용감한 군인들에게 더 큰 영예를 주는 것이다. 마찬가지로 한 집안의 가장은 좋은 일꾼들에게 더 무거운 일들을 맡기지만, 임금을 줄 때에는 그들에게 더 큰 갚음을 준다.

그러므로, 하느님의 섭리도 현세의 삶에서 선한 이들에게 역경과 수고를 면하게 하지 않지만 이는 마지막에 그들에게 더 큰 갚음을 주기 위해서이다.

우리가 가진 것으로 충분치 않다

이러한 말들로 엘리파즈의 주장 전체가 흔들리게 되었으므로, 욥은 효과있는 추론으로 이를 확증하고 증명하려 한다. 어떤 사물이든 그 최종 목적이 달성되고 나면 정지해 있다는 것이 명백하므로, 인간의 의지가 그 최종 목적을 달성한다면 거기에 머물러 있을 것이며 더 이상 움직이며 다른 사물을 갈망하지 않으리라는 것은 필연적이다. 그러나 현세 삶의 경험은 이와 반대된다. 인간은 마치 현재에 만족하지 않은 듯이 언제나 미래의 선을 갈망하기 때문이다. 그러므로 최종 목적은 현 삶에 있지 않으며, 마치 전투가 승리를 향한 것이고 날품팔이의 하루가 임금을 향한 것이듯이 현세의 삶은 다른 목적을 향하고 있음이 명백하다.

여기서, 현세의 삶에서 현재의 상황들로 충분하지 않고 갈망이 미래를 향하는 데에 두 가지 이유가 있다는 것을 알아야 한다. 그 첫째는 현세의 삶의 고통들이다. 그래서 그는 그늘을 바라는 종의 예를 들며, 더위로 고통을 받아 시원한 "그늘을 애타게 바라는 종"(2절)에 대해 말힌디. 둘째로는 여기에서 우리가 소유하지 못하는 완전한 최종적 선이 결핍되어 있기 때문이다. 그래서 그는 날품팔이의 예를 들어, "일의 끝을 고대하는 품팔이꾼"을 말한다. 인간의 끝, 목표는 완전한 선이기 때문이다. "그렇게 나도 허망한 달들을 물려받고"(3절) 나도 지난 몇 달이 무익하게, 최종적인 완성을 얻지 못한 달들처럼 지나갔다고 여겼다. "밤"은 고통들로부터 쉬는 때이지만, 나는 "고통의 밤들을 나누어 받았다." 밤에도 끝에 이르는 데에서 방해를 받았기 때문에 그 밤들을 수고스럽다고 느꼈던 것이다.

이제 욥은 그가 어떻게 허망한 달들과 고통의 밤들을 보냈는지를 설명하여 덧붙인다. "누우면"(4절), 밤이 되어 자러 갈 때가 되면 낮을 열렬히 갈망하여 "언제나 일어나려나?"라고 말하지만, 낮이 되면 "다시 저녁을 기다린다." 언제나 갈망으로 미래를 향해 내뻗고 있는 것이다.

이 갈망은 땅 위에 살고 있는 모든 사람에게 공통된 것이지만, 기쁨과 슬픔을 겪고 있는 정도에 따라 그 갈망도 덜 느끼거나 더 느끼게 된다. 기뻐하고 있는 사람은 미래를 덜 갈망하고, 슬퍼하고 있는 사람은 더 갈망한다. 그러므로, 욥은 그에게 이 갈망이 강렬하다는 것을 말하기 위하여 "어두워질 때까지 고통만 가득하네."라고 덧붙인다. 고통 때문에 현재는 괴로운 것이 되었고, 그래서 더 미래를 갈망하는 것이다.

욥의 개인적인 상태

> 5) 내 살은 부패하여 흙먼지로 뒤덮이고 내 살갗은 갈라지고 곪아 흐른다네. 6) 나의 나날은 베 짜는 사람이 천을 끊듯 희망도 없이 사라져 가는구려. 7) 기억해 주십시오, 제 목숨이 한낱 바람일 뿐임을. 제 눈은 더 이상 행복을 보지 못할 것입니다. 8) 인간의 눈은 저를 보지 못하고 당신의 눈이 제 위에 있으며 저는 이미 없을 것입니다. 9) 구름이 사라져 가 버리듯 저승으로 내려간 이는 올라오지 못합니다. 10) 다시는 제집으로 돌아가지 못하고 그가 있던 자리도 그를 다시는 알아보지 못합니다.(7,5-10)

복된 욥은 위에서 지상 생활에서 누리는 행복의 약속에 기초한 엘리파즈의 위로가 인간의 지상 생활의 일반적 조건에 비추어볼 때 부적절하다는 것을 보여 주었으나, 이제는 그 위로들이 그 자신의 조건을 토대로 볼 때에 부적절하다는 것을 밝히고자 한다. 그래서 그는 자신이 지상의 번영을 기대할 수 없는 두 가지 이유를 제시한다.

치유될 수 없는 질병

그 첫째는 그가 겪고 있는 육신의 질병이다. 중대한 질병에 붙잡혀 있는 사람에게는, 어떤 일도 이 세상에서 그를 행복하게 만들 수 없다. 그래서 그는 "내 살은 부패하여"(5절)라고 말한다. 나의 몸은 마치 옷으로 덮이듯이 온통 상처로 덮였다. 그리고 상처를 처음부터 돌보면 건강을 얻게 되므로, 그는 그의 상처들이 방치되었다고 말한다. "흙먼지로 뒤덮인" 것은 위에서 말한 바와 같이 그가 글자 그대로 쓰레기 더미에 앉아 있어서[2,8] 제대로 치료받지 못했기 때문이다. 때로는 상처를 방치했더라도 본성이 강하면 치유를 바랄 수 있지만, 욥의 경우는 그의 본성의 힘도 다했다. 그래서 "내 살갗은 갈라지고 곪아 흐른다네."라고 말한다. 나이 때문에 또는 질병 때문에 그의 살갗은 수분이 없다. 그래서, 현세의 삶 안에서 욥은 더 이상 행복을 기대할 곳이 없는 듯하다.

연로함

그기 번영을 바랄 수 없는 두 번째 이유는 그의 싦의 시간이 서의 시나갔기 때문이다. 시간이 조금밖에 남지 않아, 그는 그 사이에 대단한 행복을 바랄 수 없다. 그래서 그는 "나의 나날은 베 짜는 사람이 천을 끊듯" 빨리 지나갔다고 말한다(6절). 인간의 삶은 어느 면에서 천을 짜는 것과 같다. 천을 짜는 사람이 천이 완성되도록 실을 더하고 완성되면 천을 끊듯이, 삶이 완성될 때까지 날들이 더해진다. 그러나 삶이 완성되고 나면 그 삶은 끊어진다. 그러나 그는 삶의 날들이 천이 끊어지는 것보다 더 빨리 지나간다고 말한다. 천 짜는 사람은 천을 짜면서 때로는 멈추지만, 인간의 시간은 멈추지 않고 끊임없이 흘러가기 때문이다.

윤회

그러나 누군가는, 욥의 삶 대부분이 지나갔다 하더라도 그는 과거의 삶의 상태로 돌아가기를 바랄 수 있다고 말할 수도 있을 것이다. 어떤 이들은 죽은 다음 많은 해가 흐른 다음에 인간이 과거에 살았던 것과 같은 삶으로 돌아간다고 주장했기 때문이다. 예를 들어 플라톤은 미래에도 아테네에서 강의하며 그가 전에 했던 것과 같은 일들을 할 것이라고 했다.[2] 그렇게 생각한다면, 어떤 사람이 그의 삶에서 대부분의 시간을 이미 보냈다 하더라도 그는 지상 생활에서 행복을 되찾기를 기대할 수 있을 것이다.

욥은 이러한 가능성을 배제하며 "희망도 없이 사라져 가는구려."라고 덧붙인다. 이전의 날들로 되돌아갈 희망이 없다는 뜻이다. 그리고 이를 증명하기 위하여 그는 하느님께 말씀드린다. "인생은 땅 위에서 전투요"(1절) 이하의 단락은 하느님을 향한 것으로 보인다. "기억해 주십시오, 제 목숨이 한낱 바람일 뿐임을"(7절). 바람이 지나가고는 되돌아오지 않듯이, 인간의 삶도 지나가고 나면 되돌아오지 않는다. 여기서 그는 "제 눈은 더 이상 행복을 보지 못할 것입니다."(7절)라고 덧붙인다. 과거에 누렸고 지금은 잃어버린 그 지상 생활의 행복을 다시 보지는 못하리라는 것이다. 그리고, 내 삶이 지나가고 나면 지상적 행복을 다시 보지 못하게 될 것과 마찬가지로, 지상적인 눈들이 나를 보지도 못할 것이다. 그래서 "인간의 눈은 저를

---

2) 참조. *CG* IV.82, 그리고 Augustine, *City of God* XII.13.

보지 못하고"(8절)라는 말이 뒤따른다.

하느님은 어떤 방식으로 죽은 이들을 보시는가

욥은 이렇게 두 가지로써, 그가 다시 인간 사회로 돌아가지 못할 것임을 말한다. 보는 것과 보여지는 것이 인간 사회의 주된 요소로 여겨지는 것은, 시각이 감각들 가운데 가장 세밀한 것으로서 감각적 삶에서 우위를 차지하기 때문이다.[3] 그러나 욥은, 죽은 다음에 인간의 눈이 그를 보지 못할 것이라고 말한 다음에도 하느님의 눈이 그를 보리라고 고백한다. "당신의 눈이 제 위에 있으며."(8절) 영적인 사물들을 보시는 하느님께서는 죽은 이들이 보인다. 죽은 이들은 인간의 눈이 볼 수 있는 육에 따라서는 살아있지 않지만, 영에 따라서는 살아있기 때문이다.

그러나 이 구절에서 어떤 이들은, 마치 죽은 이들이 그들이 이미 떠났던 삶으로 되돌아오는 듯이, 하느님의 눈이 인간을 현재 상태에 따라서가 아니라 그분께서 미래의 사물들을 보시듯이 본다고 이해할 수 있다. 이러한 오해를 배제하기 위하여 그는 "저는 이미 없을 것입니다."라고 덧붙인다. 그는 당신의 눈이 죽은 다음에 제 위에 있으리라고 말하지만, 이것은 욥이 이 현세 생활의 상태로 돌아오라는 의미에서가 아니다. 그는 비유를 통하여 이를 증명하며 이렇게 덧붙인다. "구름이 사라져 가 버리듯 저승으로 내려간 이는 올라오지 못합니다"(9절).

죽은 이들이 저승으로 내려간다고 일컬어지는 것은, 영에 따라서이거나 또는 육에 따라시이다. 영에 따라서는, 그리스도의 죽음 이전에는 모든 이가 지옥으로 내려갔기 때문이다. 육에 따라서는, 그들이 땅 아래에 묻히기 때문이다. 지금의 논의와 관계해서는, 어떻게 설명하든 차이가 나지 않는다. 욥은 다만 죽은 이들은 과

---

3) 참조. Aristotle, *Metaphysics* I.1, 980a 26f.; *On Sence and Sensibility* 2, 437a 3ff.

거의 삶으로 되돌아오지 않는다고 말하려 하며, 이에 대하여 일종의 표상으로 합리적인 증거를 제시하려 한다. 철학자가 『생성과 소멸에 대하여』 2권에서 가르치듯이,[4] 소멸하는 사물들에서나 불멸의 사물들에서나 일종의 순환적 움직임이 나타난다. 그러나, 천상적 사물들의 경우 동일한 것이 반복하여 회전을 한다. 예를 들면 동일한 태양이 다시 반복하여 떠오르는 것이고, 그러한 변화에서 실체는 파괴되지 않고 장소만이 변화한다.

사물은 같은 종 안에서 영속화된다

그러나 생성 소멸할 수 있는 사물들의 경우 동일한 개체가 반복되는 것이 아니라 그것이 속한 같은 종이 반복된다. 태양이 매년 순환적으로 움직이는 데에 따라 자연의 배열에서 일종의 순환이 일어나는 것은 분명하다. 겨울에는 구름이 있고, 이어서 여름에는 구름이 사라진다. 다시 겨울이 되돌아오면 구름이 되돌아온다. 그러나 동일한 개체의 구름이 되돌아오는 것이 아니라 같은 종이 되돌아오는 것이다. 이전에 존재했던 구름들은 완전히 사라지기 때문이다. 인간의 경우도 이와 유사하다. 전에 존재했던 동일한 개체의 인간이 대대로 되돌아오는 것이 아니라 다만 같은 종이 되돌아오는 것이다.

이러한 설명을 바탕으로, 동일한 생명과 동일한 활동들이 되돌아온다고 주장하는 이들을 반박할 수 있다.[5] 그들은 하위의 사물들이 천체들의 운동에 따라 규정된다고 믿었고, 그래서 오랜 기간이 지나 별들이 다시 같은 위치로 돌아오면 같은 개체들이 되돌아온다고 믿었다. 그러나 앞서 말했듯이, 같은 개체들이 되돌아오는

---

4) Aristotle, *On Generation and Corruption* II.11, 338b 11ff.
5) 참조. 위의 각주 2.

것은 필요하지 않으며 돌아오는 것은 다만 같은 종이다. 더 나아가서 그들은 일정한 기간이 지나면 죽은 사람이 살아날 뿐 아니라 그가 가졌던 동일한 재산과 집도 되찾는다고 여겼다.

이러한 주장을 반박하기 위하여 욥은 "다시는 제집으로 돌아가지 못하고"(10절)라고 덧붙인다. 또한 그들은 죽은 이가 이전에 하던 것과 같은 일을 하고 같은 직무와 영예를 가지게 된다고 주장했으므로, 이를 반박하여 "그가 있던 자리도 그를 다시는 알아보지 못합니다."라고 덧붙인다. 그는 그의 자리로 다시 되돌아가지 않으리라는 말이다. 또한 '자리'는 어떤 사람이 그 도시에서 중요한 자리를 차지했다는 표현에서처럼 통상적으로 한 사람의 신분을 가리키기도 한다.

이 절들을 근거로 볼 때, 여기서 욥은 신앙이 주장하는 부활을 부인하는 것이 아니라 인간이 육신의 삶으로 되돌아간다는 유다인들과[6] 일부 철학자들의[7] 주장을 부인하고 있음이 분명하다. 또한 욥의 입장은 어떤 이들이 현세의 삶으로 되살아났다는 성경의 이야기들과도[8] 모순되지 않는다. 후자는 기적적으로 이루어진 일들이고 욥은 자연의 흐름에 따라 이루어지는 일에 대해 말하고 있기 때문이다.

여기서는 욥이 앞에서처럼, 즉 마치 하느님께서 잊으신다는 듯이 "기억해 주십시오, 제 목숨이 한낱 바람일 뿐임을"(7절)이라고 말하지 않았다는 점도 염두에 두어야 한다. 오히려 그는 반대자들의 입장의 가설에 따라 말한다. 하느님께서 삶이 이미 거의 지나간 사람에게 현세의 삶에서 행복을 약속하신다면, 하느님은 인간의 삶이 바람처럼 지나가고 되돌아오지 않는다는 것을 잊으신 셈이 될 것이기 때문이다.

---

6) Dondaine, *ad loc.*은 토마스가 여기서 *Lectura super Mattheum*, ad 22,28에서와 같이 바리사이파를 지칭한다고 볼 것을 제안한다. 그러나 토마스는 단순히 아우구스티누스를 따르고 있고(위의 각주 2에서와 같이), 아우구스티누스는 코헬 1,9-10의 솔로몬의 말을 인용하는 이름이 밝혀지지 않은 이들을 언급한다.
7) 위의 각주 2에 언급된 곳에서 아우구스티누스는 영원한 순환의 학설을 주장한 익명의 철학자들을 언급한다.
8) 1열왕 17,23; 2열왕 4,35; 마태 9,25; 27,52.

엘리파즈는 그를 절망에 빠뜨리게 하는 셈이 될 것이다

> 11) 그래서 이 몸은 입을 다물지 않겠습니다. 제 영의 곤경 속에서 토로하고 제 영혼의 쓰라림 속에서 탄식하겠습니다. 12) 제가 바다입니까? 제가 고래입니까? 당신께서 저를 감옥에 가두시다니. 13) '잠자리나마 나를 위로하고 이불 속에서 나 자신과 이야기하는 것이 내 탄식을 덜어 주겠지.' 생각하지만 14) 당신께서는 꿈으로 저를 공포에 떨게 하시고 환시로 저를 소스라치게 하십니다. 15) 제 영혼은 처형을, 제 뼈는 죽음을 택하겠습니다. 16ㄱ) 저는 절망했습니다. 제가 영원히 살 것도 아니지 않습니까?(7,11-16ㄱ)

욥은 설득력 있는 논거들을 통하여 지상적 번영을 약속하는 엘리파즈의 위로가 불합리하다는 것을 보인 다음, 이제 부조리로의 환원을 통하여 만일 그가 지상적 번영의 희망에 기초하여 엘리파즈가 그에게 주었던 희망에 의지하려 한다면 앞서 증명한 바와 같이 그 희망은 경솔한 것이므로 그는 여전히 슬픔 속에 남아있고 슬픔의 말들을 하며 완전히 절망에 빠지게 될 것임을 말한다.

엘리파즈의 견해를 반박하듯이 그는 "그래서"라고 결론을 내린다(11절). 앞에서 증명했듯이 지상적 번영을 기대하는 것은 헛된 일이므로, 그리고 엘리파즈는 다른 무엇으로도 자신을 위로하지 못할 것이므로, "이 몸은" 위로를 잃고 "입을 다물지 않겠습니다."라고 말한다. 마음속에 떠오르는 탄식의 말들을 침묵하지 않겠다는 것이다. 그래서 그는 이렇게 덧붙인다. "제 영의 곤경 속에서 토로하고", 내가 겪고 있는 시련이 나의 영에게 말하게 하는 대로 말할 것이다. 외적인 시련만이 아니라 거기에서 생겨나는 내적인 슬픔도 그를 괴롭히고 있으므로, 그는 "제 영혼의 쓰라림 속에서 탄식하겠습니다."라고 덧붙인다. 나는 내 영혼의 쓰라림이 나에게 내주는 대로 헛되고 허황된 말을 하겠다는 것이다.

고통의 원인

쓰라림을 겪는 사람들이 하는 말에서는, 특히 쓰라림의 원인을 찾곤 한다. 쓰라림을 당하는 사람이 스스로 완전히 부당하게 또는 정당한 것 이상으로 고통을 당하고 있다고 여기지 않는 경우는 매우 드물기 때문이다. 그래서 욥은 괴로움을 겪는 사람의 역할을 하며 그 고통의 원인을 묻는다. "제가 바다입니까? 제가 고래입니까? 당신께서 저를 감옥에 가두시다니"(12절).

여기서, 하느님의 섭리는 이성적 피조물의 경우와 비이성적 피조물의 경우에 서로 다른 방식으로 작용한다는 것을 알아야 한다. 이성석 피소물의 경우 사유의시 때문에 공로와 잘못이 있고 그에 따라 때문에 처벌과 보상이 주어지는 것이 마땅하지만, 비이성적 피조물의 경우 자유의지가 없으므로 보상을 받을 공로도 없고 처벌을 받을 잘못도 없다. 오직 하느님께서 우주의 선익에 부합하게 그들을 확대 또는 제한하신다.

이러한 예비 또는 계획에 따라 하느님께서는 바다의 한계를 그으시어 지표면 전체를 덮지 않게 하심으로써 동물들과 땅에서 태어난 피조물들이 살 곳이 있도록 하신다. 마찬가지로, 하느님께서는 고래를 깊은 바다 밑에 가두어 두시어 바다의 다른 곳에서 누군가를 해치지 못하게 하신다. 그래서 욥은 그가 고통을 당하는 원인이 바다 또는 고래가 제한을 받는 원인과 유사한 것인지를 묻는다. 즉, 그에게 공로가 부족해서가 아니라 다른 이들을 위한 어떤 유익 때문에 그가 고통을 겪는 것인지를 묻는다.

욥은 위로를 받지 못한다

이제 욥은 그가 감옥에 갇혔다고 말한다. 그가 어디서도 해방이나 위로를 받을 수 없는 시련에 짓눌렸기 때문이다. 그래서 다음으로 그는, 자신이 고통받는 이들에게 보통 위로가 되는 방책들로 도움을 받지 못했음을 보여 준다. 그 한 가지는 잠이다. 잠이 들면 슬픔이 누그러지기 때문이다. 그는 이 사실을 지적하여 이렇게 말한다. 잠을 잘 때에, "'잠자리나마 나를 위로하겠지.' 생각하지만"(13절).

또 하나의 방책은 지혜로운 사람이 이성의 숙고를 통하여 스스로를 위로하는 것이다. 이 방책에 관하여 그는 이렇게 말한다. "이불 속에서 나 자신과 이야기하는 것이", 즉 이성의 숙고가 "내 탄식을 덜어 주겠지", 슬픔에 억눌린 데에서 벗어나게 해 주리라는 것이다. 실상, 지혜로운 사람들은 혼자 있어 사람들과 다른 일들로 분산되어 있지 않을 때에 이성에 따라 어떤 것에 대해 숙고하며 그들 자신과 이야기한다.

그러나 그러한 방책들은 욥을 도와주지 못한다. 그가 이러한 방책들을 사용했어야 할 시간에 그를 방해하는 다른 장애들이, 곧 무서운 꿈과 끔찍한 환시들이 그를 괴롭히는 것이다. 그래서 그는 이렇게 덧붙인다. "당신께서는 꿈으로 저를 공포에 떨게 하시고 환시로 저를 소스라치게 하십니다"(14절). 여기서 꿈은 자는 동안에 나타나는 것을 가리키고, 환시는 깨어 있으나 외적인 감각들을 사용하지 못하고 있는 상태에서 나타나는 것을 가리킨다. 밤에 나타나는 환상들은 보통 낮에 생각하는 것들과 비슷하고, 욥은 낮에 비참한 것들에 대해 생각하고 있으므로 밤에도 비슷한 환상들에 시달린다. 육신의 허약함은, 사람들이 잘 때에도 환상들로 시달리게 한다.

고통보다는 죽음이 낫다

이렇게 어디서도 위로를 받을 수 없으므로, 나는 이제 죽음을 통해서 밖에는 이 많은 어려움들을 피할 길이 없다. 그러니 나는 이렇게 고통스런 삶보다는 차라리 비참한 죽음을 바라겠다. 그래서 욥은 "제 영혼은 처형을 택하겠습니다."(15절)라고 말한다. 그리고 이것이 그에게 있는 두 가지 생각 가운데 더 약한 쪽을 말한 것으로 보이지 않도록 하기 위하여, 그는 자신 안에는 죽음을 바라지 않는 더 강한 생각이 없다는 뜻으로 덧붙여 "제 뼈는 죽음을 택하겠습니다."라고 말한다. 성경에서 뼈는 인간의 강함을 지칭하기 때문이다.[9]

다음으로 그는 죽음을 선택하는 이유를 보여 주며 "저는 절망했습니다."(16절)라고 덧붙인다. 당신께서 주셨던 희망, 다시 지상적인 행복을 누리리라는 희망에 대해 절망했다는 것이다. 그리고는 그가 절망한 이유를 보여 준다. "제가 영원히 살 것도 아니지 않습니까?"

여기에서, 욥이 위에서 제기했던 두 가지 이의를 이해할 수 있다(6절).
1. 그의 삶의 대부분은 이미 지나갔다.
2. 죽은 다음에는 땅 위에서 살 수 있도록 동일한 삶으로 돌아올 수도 없다.

욥에게는 이것이 엘리파즈의 위로에서 나오는 부정적인 결과들이었다. 그는 절망하고, 죽음을 선택하고, 그 슬픔을 억누를 길이 없게 되었다.

인간의 미소함

> 16) 저를 내버려 두십시오. 제가 살날은 한낱 입김일 뿐입니다. 17) 사람이 무엇이기에 당신께서는 그를 대단히 여기시고 그에게 마음을 기울이십니까? 18) 아침마다 그를 살피시고 순간마다 그를 시험하십니까? 19) 언제면 제게서 눈을 돌리시렵니까? 침이라도 삼키게 저를 놓아주시렵니까? 20) 사람을 감시하시는 분이시여 제가 잘못했다 하여도 당신께 무엇을 할 수 있습니까? 어찌하여 저를 당신과 맞서게 하셨습니까? 어찌하여 제가 저에게 짐이 되었습니까? 21) 어찌하여 저의

---

9) 참조. Allan of Lille, *Distinctiones*, s.v. "Os" [*PL* 210, 885].

> 죄를 용서하지 않으십니까? 어찌하여 저의 죄악을 그냥 넘겨 버리지 않으십니까? 제가 이제 먼지 속에 잠들면 아침에 당신께서 찾으셔도 저는 이미 없을 것입니다.(7,16ㄴ-21)

욥은 지상적 행복의 약속에 기초한 엘리파즈의 위로가 그를 절망에 빠뜨리고 죽음을 갈망하게 한다는 것을 보여 준 다음, 이제 그가 하느님께 바랄 수 있는 것이 무엇이 남아 있는지를 말한다. 그것은 그에게 주어진 시련이 멈추는 것이다. 그래서 그는 "저를 내버려 두십시오."라고 말한다. 나는 현세적인 번영에 대한 희망을 버렸고, 다만 나를 치시기를 그만두시고 내버려 두시는 것으로 족하다는 것이다.

어떤 사람의 미소함과 비참함은 보통 그를 아무것도 못하게 하므로, 그는 "제가 살날은 한낱 입김일 뿐입니다."라고 덧붙인다. 이 말은 인간의 작음과 그 삶의 짧음을 가리키는 것으로 보이는데, 이는 모든 인간에게 일반적으로도 해당되고 욥 자신에게도 해당된다. 그의 날들은 이미 거의 지나갔기 때문이다.

그러나 이어서 그는 두 가지의 약함에 대해 계속 말한다. 먼저 인간의 미소함에 대하여, "사람이 무엇이기에"(17절)라고 묻는다. 인간의 몸이 얼마나 작고 약하기에, "당신께서는 그를 대단히 여기시고" 다른 피조물들 가운데 인간을 영예롭게 하시고, "그에게 마음을 기울이십니까?" 특별히 그를 지키고 보호하십니까?

여기에서, 만물이 하느님의 섭리 아래 있고 그 모두가 자신의 상태에 따라 하느님으로부터 위대함을 얻지만 그것은 서로 각각 다른 방식으로 이루어진다는 것을 알아야 한다.

우주 안에 있는 모든 개별적인 선은 마치 부분이 전체를 향하고 불완전한 것이 완전한 것을 향하듯이 우주의 공동선을 향하며, 이렇게 하여 어떤 사물들은 그들이 우주에 대하여 지니고 있는 관계에 따라 하느님의 섭리에 따라 안배된다.

그런데, 사물들은 그것이 영원성에 참여하는 방식에 따라 본질적인 방식으로 우주의 완성을 지향하고, 그들이 영원성을 지니고 있지 못한 만큼은 그들 자체적으로가 아니라 우유적으로 우주의 완성에 관련된다는 것을 알아야 한다.

그러므로, 사물들은 그들이 영원한 만큼 그들 스스로 때문에 의하여 하느님의 안배를 받고 그들이 사멸하는 만큼 다른 사물들 때문에 하느님의 안배를 받는다. 종에 있어서도 영원하고 개체에 있어서도 영원한 사물들은 그들 자신 때문에 하느님의 통치를 받고, 개체에 있어서는 사멸하지만 종에 있어서만은 영원한 사물들은 종에 따라서는 그 자체 때문에 하느님의 안배를 받지만 개체에 있어서는 그 종 때문에 하느님의 안배를 받는다. 들짐승들에게 선과 악이 일어나는 것은 이와 같다. 이 양이 저 이리에게 또는 다른 이리에게 죽임을 당하는 것은 하느님께서 이 이리나 이 양의 공로나 잘못 때문이 아니라 종의 선익을 위하여 안배하시는 것이다. 각각의 종에게 하느님께서 당신 섭리로 그 먹이를 정해 주신 것이기 때문이다.

하느님께서 인간에게 마음을 기울이신다

이를 가리켜 그는 "그에게 마음을 기울이십니까?"라고 말한다. 하느님께서 사람에게 그의 선익을 위하여 무엇을 베푸실 때에 그에게 마음을 기울이신다는 것이다. 그러나 하느님께서는 개별 동물에게는 마음을 기울이지 않으시고 영원할 수 있는 것인 그들의 종의 선익에 마음을 기울이신다.

이제 그는 하느님께서 어떻게 인간에게 마음을 기울이시는지를 보이며 "아침마다 그를 살피시고"(18절)라고 덧붙인다. 그가 태어나는 처음부터 살기 위하여 그리고 자라나기 위하여 필요한 물질적, 영적 사물들을 당신의 섭리로 돌보신다는 것이다. "순간마다 그를 시험하십니까?"는 역경으로 그를 시험하여 그가 덕을 지향하는지를 드러내신다는 것이다. 집회 27,6에서는(『성경』은 27,5) "옹기장이의 그릇이 불가마에서 단련되듯이 어려움의 시련은 의인을 시험한다."고 말한다.

하느님께서 인간을 시험하신다는 것은 하느님께서 그가 어떤 사람인지를 아시기 위해서가 아니라 다른 사람들이 그를 알도록 하시기 위해서, 그리고 인간이 그 자신을 알도록 하시기 위해서이다.

욥의 이 말들은 인간에 대한 하느님의 관심을 부인하는 사람의 말로 이해해서는 안 되고, 질문하며 경탄하는 사람의 말로 이해해야 한다. 인간에게서 외적으로 드러나는 모습은 작고 약하고 덧없으며, 따라서 인간 안에 영원할 수 있는 무엇인가가 감추어져 있지 않다면 하느님께서 인간에게 그렇게 큰 관심을 기울이신다는 것이 이상하게 여겨진다.

그래서, 욥의 질문과 경탄으로 엘리파즈의 견해가 배제된다. 인간에게 지상의 삶 외에 다른 삶이 없다면 하느님께서 인간에게 그렇게 큰 관심을 기울일 가치가 없을 것이기 때문이다. 그러므로, 하느님께서 인간에게 보이시는 특별한 관심은 인간에게 육신의 죽음 이후에 다른 삶이 있다는 것을 증명해 준다.

이어서 그는 하느님께서 그를 내버려 두셔야 할 이유로 삶이 짧다는 데에서 도출되는 다른 이유를 첨가하며 질문 형식으로 말한다. "언제면 제게서 눈을 돌리시렵니까?"(19절). 인간의 삶은 짧고, 나의 삶에서 많은 부분은 이미 지나갔다고 말하는 것이다. 당신께서 지금 나를 가만히 두지 않으신다면, 당신께서 나를 내버려 두시기를 언제까지 기다려야 내가 잠시라도 쉴 수 있겠는가?

그는 이러한 어려움을 표현하여 "침이라도 삼키게 저를 놓아주시렵니까?"라고 덧붙인다. 말을 하고 있을 때에는 침을 삼킬 수가 없다. 그러므로, 말을 할 때에 잠깐 쉬어야 침을 뱉거나 삼킬 수 있다. 욥은 삶의 남은 시간을 이 짧은 시간에 비긴다. 당신께서 나를 내버려 두시기를 미루신다면 나는 말하는 사람들이 침을 삼키는 순간만큼도 쉴 수 없다는 것이다.

이러한 고찰 역시 엘리파즈의 전제로부터 나온다. 인간에게 이 지상의 삶 외에 다른 삶이 없다면, 하느님께서 현세의 삶에서 욥을 내버려 두지 않으신다면 그를 가만히 두실 다른 시간은 남아 있지 않게 될 것이기 때문이다.

욥이 자신의 죄 때문에 재앙을 겪고 있다고 생각했던 엘리파즈의 견해대로 욥이 그의 죄 때문에 더 고통을 겪어야 하는 것이어서 하느님께서 욥을 내버려 두실 만하지 않다고 말할 수도 있을 것이기 때문에, 욥은 "제가 잘못했다 하여도"(20절)라고 덧붙인다. 내가 죄를 지었고 그래서 벌을 받아 마땅하다 하더라도, 그래도 당신께서 나를 내버려 두셔야 할 이유가 있다는 것이다. 그는 여기에, 인간의 나약함으로부터 출발하여 하느님께서 그를 내버려 두셔야 한다는 세 가지 이유를 덧붙인다.

인간은 죄를 갚을 수 없다

그 첫째는 인간에게 죄를 갚을 힘이 없다는 것이다. 인간은 자신의 힘으로 하느님을 거슬러 범한 잘못을 갚을 만한 무엇을 할 수가 없다. 그래서 그는 "사람을 감시하시는 분이시여, 제가 당신께 무엇을 할 수 있습니까?"라고 말한다. 당신께서 인간을 감시하시듯이 인간에게 관심이 많으시어 그들의 행위 하나하나에 대해 그 이유를 따지신다면, 내 힘으로는 당신께서 죄를 사해 주실 만한 무엇을 할 수가 없다. 그러므로, 그런 보속을 기다리신다면 당신은 결코 나를 용서할 수 없으실 것이다. 그러니 이러한 무력함에도 불구하고 그냥 나를 내버려 두어 주시라는 것이다.

인간은 선에 항구할 수 없나

둘째 이유는 인간이 항구할 수 없다는 데에서 나온다. 인간 본성이 부패한 이래로 인간은 하느님의 은총 없이는 항구할 수 없다. 그러므로, 성경에서도 관습적으로 하느님께서 인간의 마음을 완고하게 하신다거나 눈을 멀게 하신다는 표현으로 그분께서 인간이 온순하게 되고 볼 수 있게 되는 은총을 베풀지 않으심을 말하곤 한다.[10] 여기에서도 욥은 그와 같은 방식으로 말한다. "어찌하여 저를 당신과 맞서게 하셨습니까?" 이 말은, 어찌하여 당신께서는 저에게 제가 항구하며 죄로 당신께 맞서지 않을 은총을 주지 않으셨느냐는 뜻이다. 죄를 짓는 사람은 기록된 율법에 전수된 것이든 인간의 이성에 본성적으로 새겨진 것이든 하느님의 명을 어기며 그분에게 맞서는 것이기 때문이다.

여기에서, 이성은 영혼의 모든 능력 가운데 가장 강하다는 것을 알아야 한다. 그 증거는, 이성이 다른 능력들을 지배하고 자신의 목적을 위하여 능력들을 사용한다는 사실이다.[11] 그러나, 이성은 때로 사욕이나 분노나 하위의 다른 격정들로 부분적으로 흐려지는 일이 있고 그래서 인간이 죄를 짓는다. 그렇지만 하위의 능력들은 이성이 자신의 본성을 되찾아 그 본성으로써 자신의 본래적 목적인 영적 선들을 향하지 않도록 붙잡아둘 수 없다. 그러므로, 이성이 사욕이나 분노로 흐려져 죄를 지었기 때문에 이성이 인간 자신을 거슬러 싸우려고 할 때에는 인간이 자기 자신과 싸우는 일종의 투쟁이 벌어진다.

또한 과거의 죄로 말미암아 하위의 능력들이 습성적으로 그와 유사한 행위들로 기울게 될 때에, 이성은 상위의 선들을 향하도록 하위의 능력들을 자유롭게 사용하거나 그 능력들을 하위의 선들로부터 떼어놓을 수 없다.

그래서, 인간이 죄로써 하느님께 맞서게 될 때에는 그는 자기 자신에게도 짐이 된다. 이 때문에 그는 "어찌하여 제가 저에게 짐이 되었습니까?"라고 덧붙인다. 이 말에서, 죄에는 즉시 그 벌이 따른다는 것을 알 수 있다. 그리고 이 처벌 후에는 인간이 더 쉽게 용서가 주어지는 듯하다.

---

10) 참조. 탈출 4,21; 10,1; 이사 6,9; 63,17; 로마 9,18.
11) 참조. *ST* I-II.17.1.

인간은 죄를 없앨 수 없다

세 번째 이유는 인간에게 죄를 없앨 능력이 없다는 데에서 나온다. 인간은 스스로 죄에 빠져들지만, 죄의 용서는 오직 하느님께 속한다. 그래서 욥은, 죄가 남아 있는 한 자신을 향한 처벌이 멈추지 않는다면, 그리고 당신만이 죄를 없애실 수 있으시다면, 내가 하느님을 거슬러 또는 나 자신을 거슬러 지은 죄들을 "어찌하여 용서하지 않으십니까?"(21절)라고 묻는다. 그리고 이웃을 거슬러 저지른 죄에 대하여, "어찌하여 저의 죄악을 그냥 넘겨 버리지 않으십니까?"라고 말한다.

여기에서, 욥은 하느님의 심판에 대해 성급하게 질문하는 것이 아니라 그의 반대자들의 그릇된 주장을 무너뜨리려 하고 있는 것임을 염두에 두어야 한다. 그들은 인간의 행위들에 대한 갚음으로 하느님으로부터 행복과 불행을 받는 것이 오직 이 세상 안에서 뿐이라고 주장한다. 그러나 일단 이렇게 가정하고 나면, 하느님 심판의 기본 원칙들이 흔들리게 된다. 그 원칙들에 따라 하느님께서는, 당신께서 사람들을 내세에서 영광으로 예정하시는지 또는 질책하고자 하시는지에 따라 그들의 죄를 현세의 삶에서 벌하거나 용서하거나 하시는 것이다.

그런데 내세의 삶이 없고 현세의 삶만 있다면, 하느님께서 용서하려고 하시는 이들을 용서하시거나 아니면 그들을 의화하고 그들에게 상을 주시는 것을 연기하시는 이유를 설명할 수 없게 된다.

그래서 욥은 자신의 의도를 드러나게 하기 위하여 이어서 말한다. 이제 내 삶의 마지막에 내가 죽어서 먼지 속에 사라질 날이 이미 임박했으니, "제가 이제 먼지 속에 잠들 것입니다." 내일이라도 내가 죽을 것인지를 분명하게 알 수 있는 확실성이 없기 때문에, "아침에 당신께서 찾으셔도 저는 이미 없을 것입니다."(21절) 나는 내가 내일 아침까지 살아 있을 것인지도 약속할 수 없고, 내세의 삶이 없다면 하느님께서 나를 용서하시리라고 기대할 수 있는 긴 기간 후에까지는 더욱 약속할 수 없다는 것이다.

여기서, 욥이 토론자와 같은 방식으로 진행하고 있음을 고려해야 한다. 토론자에게는, 처음에는 그릇된 견해를 논박하는 것으로 충분하다. 그 다음에 그는 자신이 진리에 대해 생각하는 것을 밝힌다.

하느님께서는 왜 우리가 고통을 겪게 하시는가

또한, 욥은 그가 앞에서 했던 말들에서 어떤 이들이 현세의 삶에서 하느님께 벌을 받는 세 가지 이유를 언급했음을 기억해야 한다.

1. 그 첫째 이유는 그가 다른 이들을 해칠 수 없도록 그의 악을 제한하기 위해서이다. "제가 바다입니까? 제가 고래입니까? 당신께서 저를 감옥에 가두시다니."라는 구절은 이 이유에 관한 것이다(12절).

2. 둘째는 그를 시험하여 그의 덕이 사람들에게 드러나게 하기 위해서이다. 이 이유에 관련하여 그는 "아침마다 그를 살피시고 순간마다 그를 시험하십니까?"라는 구절은 이 이유에 관한 것이다(18절).

3. 셋째는 죄인들을 벌하기 위해서이다. "사람을 감시하시는 분이시여 제가 잘못했다 하여도…"(20절)라는 구절은 이 이유에 관한 것이다.

08장

하느님의 의로우심에는 저항할 수 없다

다른 사람들의 논리를 파악하는 데에서의 어려움

> 1) 수아 사람 빌닷이 말을 받았다. 2) 자네는 언제까지 이런 것들을 이야기하고, 자네 입에서 나오는 교만한 말은 언제까지 변덕을 부리려나? 3) 아무려면 하느님께서 공정을 왜곡하시고 전능하신 분께서 정의를 왜곡하시겠나? 4) 자네 아들들이 그분께 죄를 지었고 그분께서는 그들을 그 죄과의 손에 넘기신 것이네. 5) 그러나 자네가 새벽부터 하느님 앞에 서서 전능하신 분께 자비를 구한다면, 6) 자네가 결백하고 옳다면 이제 그분께서는 자네를 위해 일어나시어 자네 정의의 거처를 평안하게 해 주실 것이네.(8,1-6)

앞의 절들에서 복된 욥은 엘리파즈가 한 말들에 깊이 있고 효과적으로 응답했지만, 수아 사람 빌닷은 엘리파즈의 의견에 동의하며 복된 욥의 심오함을 이해하지 못했다. 그래서 그는 사람들이 이해하지 못한 의견을 반박하여 말할 때에 보통 하는 식으로 복된 욥의 응답을 반박한다.

화자의 생각을 이해하지 못하는 사람들은 보통 두 가지로 잘못한다. 첫째로 그들은 화자들이 언제 그들이 생각한 결론에 도달하는지를 알지 못하고, 둘째로는 화자 말의 논리를 파악하지 못한다.

빌닷의 말들에서는 이러한 잘못이 명백히 드러난다. 본문은 이렇게 말한다. "수아 사람 빌닷이 말을 받았다. '자네는 언제까지 이런 것들을 이야기하려나?'"(1-2절). 그는 욥이 그의 담론을 어디까지 끌고 가려 하는지를 고려하지도 이해하지도 않았으므로, 그에게는 욥이 지나치게 말을 하고 있다고 보였다.

또한 이와 마찬가지로, 그는 욥이 한 말들의 논리를 파악하지 못하고 그 말들이 서로 어떻게 연결되어 있는지를 알지 못하여 "자네 입에서 나오는 교만한 말은 언제까지 변덕을 부리려나?"라고 말한다.

그는 욥이 이성에 따르지 않고 충동에 따라 변덕스럽게 이야기하는 사람처럼 서로 연결되지 않는 말들을 하고 있고 그래서 그의 말들의 논리를 파악할 수 없다고 여긴다.

빌닷은 욥의 말들을 오해한다

앞서 말한 바와 같이 빌닷은 욥의 의도를 파악하지 못하고 그의 말들을 다른 뜻으로 받아들여 그 부조리함을 드러내려 한다.

엘리파즈는 이 세상의 역경들이 인간의 죄에 대한 갚음으로 일어나는 것이며, 하느님께 벌을 받은 죄인들은 회심한다면 다시 번영을 누리게 되라고 주장했다. 욥은 이 두 가지 견해를 반박했다. 첫째 입장에 반대하여, 앞에서 설명한 바와 같이 그는 "나의 죄와 내가 겪고 있는 재앙을 저울판에 달아 보았으면!"이라고 말했었다(6,2). 두 번째 입장에 반대해서는 "저는 절망했습니다. 제가 영원히 살 것도 아니지 않습니까?"라고 말했었고(7,16), 위의 절들에서 분명히 드러나듯이 그와 유사한 여러 가지 표현으로 말했었다.

욥이 이러한 말들을 한 것은, 하느님으로부터 죄에 대한 벌과 의로움에 대한 상을 기대할 것은 현세의 삶에서가 아니라는 뜻에서였다.

그러나 다른 삶을 알지 못했던 빌닷은 욥이 하느님께서 죄를 벌하거나 선행을 갚아 주지 않으신다는 뜻으로 이 말들을 한 것으로 받아들였는데, 그것은 하느님의 의로우심에 반대되는 것으로 보인다. 그래서 그는 "아무려면 하느님께서 공정을 왜곡하시고 전능하신 분께서 정의를 왜곡하시겠나?"(3절)라고 질문한다. 하느님께서 이 세상에서 죄 없는 사람들을 벌하시거나, 죄의 정도보다 지나치게 벌하신다거나, 아니면 당신께로 회심한 이들을 갚아 주지 않으신다면, 자네의 말들에서 이러한 결론이 나온다는 것이다.

교활함과 폭력은 정의를 훼손시킨다

여기에서, 정의는 두 가지로 훼손된다는 것을 알아야 한다. 첫째는 지혜로운 사람의 교활함을 통해서이고 둘째는 힘 있는 사람들의 폭력을 통해서이다. 그런데 하느님께는 완전한 지혜와 전능함이 있으시다. 그러나 그분은 우리가 하느님을 지칭하는 그 지혜로 교활하게 행동하시어 공정을 왜곡하시거나 당신의 전능으로 폭력적으로 행동하시어 정의를 왜곡하지 않으신다.

엘리파즈가 말한 대로 욥이 하느님께 회심한다고 하더라도 그에게 이전의 번영이 회복될 수 있는 가능성을 가로막는 것이 두 가지 있는 것으로 보인다.[1]

욥은 다시 행복해질 수 없다

1. 첫째는 그가 잃어버린 자녀들이 이미 죽었다는 것이다. 그가 회심한다고 해서 그들이 다시 살아나기를 기대할 수는 없었다. 그래서 빌닷은 "자네 아들들이 그분

---

1) 참조. 5,23 주해.

께 죄를 지었고 그분께서는 그들을 그 죄과의 손에 넘기신 것이네."(4절)라고 말한다. 다시 말하면, 욥이 하느님께 회심한다면 그 자신의 죄 때문에 잃어버린 것들은 되찾겠지만, 그 자녀들은 그의 죄 때문이 아니라 그들의 죄 때문에 죽은 것이다. 그러므로, 그가 회심한 다음에 자녀들이 살아나지 않는다 해도 그것은 회심한다면 다시 번영을 누리게 되리라는 엘리파즈의 주장에 반대되는 것이 아니다.

여기서, 빌닷은 현세의 삶에서 죄에 대한 갚음으로 처벌이 있게 된다고 믿었고 죽음은 현세의 최종적인 처벌이므로 어떤 사람이 죄 때문에 죽게 된다면 그는 그 죄에 대하여 완전하게 처벌을 받은 것으로 여겼다는 것을 주목해야 한다. 그래서 그는 "그들을 그 죄과의 손에 넘기신 것이네."라고 분명히 말한다. 그들 자신의 죄의 권세에 맡기어, 그 죄에 대한 벌을 남김없이 받게 하셨다는 것이다.

2. 욥이 이전의 번영으로 되돌아가는 것을 가로막는 것으로 보이는 또 하나의 사실은, 욥이 앞서 말했듯이[2] 욥의 살아있을 시간이 이미 거의 지나갔고 조금밖에 남지 않았다는 점이다. 그러므로, 그가 하느님께 회개한다고 하더라도 그 짧은 시간 안에 이전의 번영이 충분히 회복될 수 있을 것으로는 보이지 않는다. 그래서 빌닷은 그에게, 회심한 다음에는 시간이 양적으로 짧다는 것에 대한 보상이 있으리라고 약속한다. 그는 짧은 시간 동안 부를 누릴 것이므로, 그 대신 이전에 가졌던 것보다 훨씬 많은 부를 소유하게 되리라는 것이다.

회심을 위한 세 가지 요건

그래서 빌닷은 먼저 그에게, 어떻게 회심해야 할 것인지를 설명한다. 회심을 위해서는 세 가지가 요구된다. 첫째는 죄인이 지체 없이 그의 죄로부터 일어나야 한

---

2) 참조. 7,6 주해.

다는 것이다. 그러한 의미로 "새벽부터", 즉 첫 번째 기회에 죄를 버리고 "하느님 앞에" 서야 한다고 말한다(5절). 집회 5,8은(『성경』은 5,7) "주님께 돌아가기를 미루지 마라."고 말한다. 둘째로 요구되는 것은 자신의 죄에 대하여 보속해야 한다는 것이고, 이러한 요구와 관련하여 그는 "전능하신 분께 자비를 구한다면"이라고 말한다. 보속 행위 가운데 기도는 탁월한 것이기 때문이다. 셋째로 요구되는 것은 다시 죄에 떨어지지 않도록 꾸준히 주의하는 것이고, 그래서 그는 "자네가 결백하고 옳다면"(6절)이라고 말한다. 육신의 부정함과 이웃을 해치는 불의를 피해야 한다는 것이다.

하느님께서는 의인들과 회심한 이들 위에 깨어 계신다

이렇게 완전한 회심을 묘사한 다음 그는 번영의 약속을 덧붙인다. "이제 그분께서는 자네를 위해 일어나실 것이네." 하느님께서 의인들이 고통받도록 허락하실 때 그분은 마치 잠들어 계신 것처럼 보이지만, 그들을 옹호하실 때에는 깨어나시는 것처럼 보인다. 시편 43,23은(『성경』은 44,24) 이렇게 말한다. "깨어나소서, 주님, 어찌하여 주무십니까?"

그리고 그는 이 깨어남의 결과를 가리켜 "자네 정의의 거처를 평안하게 해 주실 것이네."라고 말한다. 그가 죄를 지었을 때는 집과 가족이 어려움을 겪었지만, 그가 의롭게 될 때는 거기에 평화가 있으리라는 것이다.

욥이 시간이 짧다는 것에 대하여 불평할 수 없도록 그는 다시 넘치는 번영을 약속한다. "자네의 시작은 보잘것없었지만"(7절), 곧 앞으로의 행복에 비하면 이전의 행복은 작은 것이 되리라는 뜻이다. 그리고 "자네의 앞날은 크게 번창할 것이네."라고 덧붙여, 번영의 규모가 역경 속에서 보낸 시간에 대한 보상이 되리라는 것을 말한다.

전통은 경험을 알려 준다

> 8) 자, 지난 세대에 물어보고 그 조상들이 터득한 것에 유의하게나. 9) 우리는 어제 갓 태어난 사람들, 아무것도 모르고 우리의 인생은 땅 위에서 그림자일 뿐. 10) 그분들이야말로 자네를 가르치고 일러 주며 그들의 마음으로부터 말씀을 이끌어 내지 않는가? 11) 습지가 없는데 왕골이 솟아나고 물이 없는데 갈대밭이 자라겠는가? 12) 아직 꽃이 피어 있고 손으로 베지 않았어도 그것들은 온갖 풀보다 먼저 말라 버릴 것이네. 13) 하느님을 잊은 모든 자의 길이 이러하고 위선자의 소망은 무너져 버린다네. 14) 그의 어리석음은 꺾이고 그의 신뢰는 거미집이라네. 15) 제집에 의지하지만 서 있지 못하고 그것을 붙들지만 지탱하지 못한다네. 16) 해가 뜨기 전에는 습기가 있어 보이고 돋아날 때에는 싹이 튼다네. 17) 돌무더기 주위로 그 뿌리가 감기고 바위 틈새를 파고든다네. 18) 그러나 그를 그 자리에서 뜯어내 버리면 그 자리조차 "난 너를 본 적이 없어!" 하고 모른 체하지. 19) 보게나, 이것이 그 길의 기쁨이라네. 그런 뒤 흙에서는 다른 싹이 솟아 나오지. 20) 보게나, 하느님께서는 흠 없는 이를 물리치지 않으시고 악을 행하는 자의 손을 잡아 주지 않으신다네. 21) 그분께서는 여전히 자네 입을 웃음으로, 자네 입술을 환호로 채워 주실 것이네. 22) 자네를 미워하는 자들은 수치로 옷 입고 악인들의 천막은 간곳없이 될 것이네. (8,8-22)

수아 사람 빌닷은 앞의 절들에서 테만 사람 엘리파즈와 같은 견해를 옹호하며 현세에서 죄에 대하여 하느님께 벌을 받은 사람들은 회개한 후에 다시 번영을 누리게 된다고 주장했었고, 이제 이러한 주장을 보충하려 한다. 그는 두 가지 길로 이를 증명하는데, 첫째는 경험을 통해서이고 둘째는 유비를 통해서이다.

개별적인 사물들에 있어서는 경험이 어떤 점을 증명하는 데에 매우 효과적이며, 특히 오랜 기간 동안 관찰되고 틀림없는 것으로 밝혀졌을수록 더욱 그러하다. 오랜 시간을 요구하는 경험들은 조상들의 기억을 통해 입증되고, 그래서 빌닷은 자신의 주장에 증거를 대기 위하여 조상들의 기억에 의존한다. 더 오래된 일들에 대해서는 "자, 지난 세대에 물어보고"(8절)라고 말하고, 가까운 일들에 대해서는 아버지들이 기억하는 것을 지칭하여 "그 조상들이 터득한 것에 유의하게나."라고 말한다.

지난 세대에게 물어보는 것은 오래된 업적들의 기록과 고대인들에 대하여 전통으로 전해진 것들을 고찰함으로써 이루어진다. 그러나 고대의 일들에 대해서는 많은 이야기가 전설의 형태로 기록되고 또 구전되므로, 아무도 여기서 자신이 속고 있다고 결론을 내릴 수 없도록 빌닷은 욥을 자신들이 본 것을 이야기해 줄 수 있는 그의 조상들에게 가게 한다.

그는 이러한 탐구의 필요성을 보이기 위하여 "우리는 어제 갓 태어난 사람들"(9절)이라고 덧붙인다. 말하자면 우리는 어제 태어난 것과 같아 고대의 업적들에 대해 "아무것도 모른다." 그가 이렇게 말하는 것은 우리의 삶이 짧다는 것을 보여 주기 위해서이다. 그래서 그는 "우리의 인생은 땅 위에서 그림자일 뿐."이라고 덧붙인다. 빛을 가리는 장애물이 제거되면 그림자는 바로 사라진다. 사이에 끼어 그림자를 만드는 물체가 움직이면, 이전의 그림자는 사라지고 다른 그림자가 그 뒤를 잇는다. 마찬가지로 인간의 날들도 끊임없이 지나간다. 날들에 다른 날들이 이어지고 그 다른 날들에 또 다른 날들이 이어지는 것이다.

다음으로 그는 그러한 탐구에서 어떤 유익을 얻는지를 보여 준다. "그분들이야말로"(10절), 즉 그가 질문을 하는 지난 세대와 조상들이야말로 "자네를 가르치고 일러 주지 않는가?" 조상들은 말을 통해서, 고대인들은 그들의 기록과 선동을 통해서 앞서 말한 것들에 대한 진리를 가르쳐 줄 것이다. "그들의 마음으로부터 말씀을 이끌어 내지 않는가?" 이 표현은 그 가르침이 참되다는 것을 보여 주기 위하여 첨가된 것으로, 그들은 속일 이유가 없으므로 그들이 마음으로 깨달은 것만을 가르칠 것이라는 뜻이다.

왕골과 갈대

다음으로 빌닷은 그의 주장을 증명하기 위하여 물질적 사물들로부터 유비를 끌어들인다. 그는 땅에서 자라는 두 식물의 예를 든다.

그중 하나인 왕골은 땅에 습기가 있어야 살 수 있다. 그래서 그는 "습지가 없는데 왕골이 솟아나겠는가?"(11절)라고 말한다.

다른 식물인 갈대는 물이 있는 곳을 필요로 한다. 갈대는 숲을 이루며, 끝이 뾰족하고 늪지대에서만 자란다. 그래서 그는 "물이 없는데 갈대밭이 자라겠는가?"(11절)라고 덧붙인다. 그런 풀들이 자라는 곳은 갈대밭이라 불린다.

그는 왕골은 습기를 필요로 하고 갈대밭은 물을 필요로 한다고 말하는데, 다른 이유가 없이 습기나 물이 없어지기만 해도 그들은 쉽게 말라버리기 때문이다.

그러나, 땅에 자라는 다른 식물들이 마르는 데에는 두 가지 이유가 있다. 하나는 자연적인 이유로, 나이가 들었기 때문이다. 다른 이유는 강제적인 것으로서, 뿌리가 뽑힐 때이다. 그러나 이 두 이유 가운데 아무것도 없을 때에도 왕골과 갈대밭은 단순히 습기와 물만 없어져도 말라 버린다. 그래서 "아직 꽃이 피어 있고"(12절)라고 덧붙인다. 아직 젊고 힘이 있어도, 나이가 든 것이 아니고 "손으로 베지 않았어도", 폭력을 겪지 않았어도 "그것들은 온갖 풀보다 먼저 말라 버릴 것이네." 이들은 다른 모든 풀보다 더 쉽게 말라 버리리라는 것이다.

하느님과 일치하면 영이 생기를 되찾는다

이제 빌닷은 이 예를 그의 주장에 적용시킨다. 여기서, 그는 습기가 풀이 싱싱한 원인이 되듯이 인간이 하느님을 따르는 것이 현세적인 번영의 원인이 된다고 보았음을 염두에 두어야 한다. 그가 이렇게 생각한 이유는, 그가 인간의 선이 지상적인 번영이라고 여겼기 때문이다. 그러나, 인간의 선이 그가 하느님께 결합되는 데에 있음은 명백하다. 그러므로 그는 욥의 지상적 번영이 사라진 것이 그가 하느님께 결합되지 않았기 때문이라고 믿었다. 이러한 믿음은 인간의 참된 선인 영적 행복에 대해서는 참이지만, 인간의 참된 행복을 위한 수단으로써 기여하는 가장 작은 선들 가운데 하나로 여겨지는 지상적 번영에 대해서는 그렇지 않다. 그래서 그는 "하느님을 잊은 모든 자의 길이 이러하고 위선자의 소망은 무너져 버린다네."(13절)라고 덧붙인다.

여기서 빌닷은 그가 위에서 제시한 두 가지 예에 대응되는 다른 두 가지 고찰을 덧붙이고 있음을 주목해야 한다. 갈대밭은 싱싱하기 위하여 물을 필요로 하고 물이 없으면 말라 버린다. 한편 왕골은 땅에 감추어진 물을 필요로 하고 거기에서 습기를 취해야 하며 그 물이 없으면 말라 버린다. 마찬가지로, 그의 견해에 따르면, 어떤 이들은 명백하게 하느님께 결합되지 않기 때문에, 다시 말하면 그들이 명백하게 하느님을 거스르는 행위를 하기 때문에 멸망한다. 그는 이들을 가리켜 "하느님을 잊은 자"라고 말한다. 드러나게 악을 행하기를 주저하지 않는 사람들은 하느님을 전혀 두려워하지 않으며 그분을 기억하지 않는 것으로 보이기 때문이다.

위선자의 헛된 희망

그러나 빌닷의 견해에 따르면, 드러나지 않는 하느님과의 결합을 버리기 때문에 멸망하는 사람들도 있다. 이들은 위선자들이다. 외적으로는 하느님을 따르는 척하면서 마음은 지상적인 사물들로 향해 있기 때문이다. 그래서, 하느님을 잊은 자들에 대해서 말할 때는 길, 곧 그들의 행위를 강조하고 위선자들에 대해서 말할 때에는 희망을 강조한다. 하느님을 잊은 자들의 경우 행위가 하느님에게서 멀어지지만, 위선자들의 경우 그들의 희망이 하느님에게서 멀어지기 때문이다.

이제 빌닷은 위선자들의 소망이 어떻게 무너지는지를 보여 준다. "그의 어리석음은 꺾이고"(14절). 여기에서, 위선자의 마음은 허영심에 차 있으며 영적인 것들을 소홀히 하고 현세적인 사물들에만 기울어 있음을 염두에 두어야 한다. 이러한 상황은, 현세적인 것들이 그가 바라는 대로 되어가는 한에서만 그에게 만족스럽다.

그러나 현세적 사물들이 사라지고 나면, 그가 하느님께 진실하고 확고한 마음을 갖고 있지 않았었다는 사실은 그를 실망시킬 수밖에 없다. 그래서 그는 "그의 어리석음은 꺾이고"라고 말한다. 역경이 오면, 그가 하느님께 바른 마음을 갖지 않았었다는 것이 그의 마음에 들지 않을 것이다. 현세 사물에 대해 그가 가졌던 관심은 완전히 허물어질 것이다. 그래서 "그의 신뢰는 거미집이라네."라고 덧붙인다. 그가 신뢰했던 것들은 거미줄처럼 쉽게 무너질 것이다.

위선자는 하느님의 도우심에 신뢰하지 않고 그의 집의 굳건함, 곧 풍부한 재산과 많은 친척 등을 신뢰했는데, 이들이 쉽게 그에게서 사라질 것이다. 그래서 다음의 관찰이 뒤따른다. 그는 "제집에 의지하지만"(15절), 즉 그의 집의 번영으로 안정을 누리리라고 믿지만 "서 있지 못하고" 하느님의 도우심이 없을 때는 그 번영이 무너지고 말 것이다.

때로 미래의 역경을 예상하는 사람은 그 역경에 대비하여 자신과 자신의 집안을 위한 대책을 마련해 두지만, 그것마저 그에게 도움이 되지 않을 것이다. 그는 "그것을 붙들지만", 무너질 위험이 있는 집에 버팀목을 세우듯이 역경에 대비하는 방책들을 세우지만, "지탱하지 못한다네." 그 자신도 그의 집안도 번영의 상태로 일어나지 못한다.

왕골의 나약함

빌닷은 희망의 나약함에 대한 그의 견해에 앞에서 제시한 왕골의 유비를 적용시킨다. 두 가지 이유에서 왕골에 신뢰를 둘 수 있는 것처럼 보인다. 첫째는 그 싱싱함 때문이다. 그러나 해가 뜨고 땅의 습기를 말려 버리면 그 싱싱함은 곧 사라진다. 그래서 이렇게 말한다. "해가 뜨기 전에는"(16절), 곧 해가 떠서 그 싱싱함이 사라지게 되기 전에는 왕골이 "습기가 있어 보이고", 또 그 왕골이 "돋아날 때에는 싹이 튼다네." 그때에는 금방 자라서 열매를 맺는 것처럼 보인다.

이와 같이 위선자도 성공을 거두는 것처럼 보인다. 처음에는 행운이 그에게 미소를 짓기 때문이다. 그러나 해가, 곧 시련이 오면 그의 번영은 곧 사라진다.

둘째로, 왕골에 신뢰를 둘 수 있는 다른 이유는 외적인 요인들에 있다. 함께 숲을 이루는 왕골들이 많아서 또는 놀이 많은 곳에 왕골이 자라날 때는 그 장소가 굳건해서 그것을 신뢰할 수도 있다. 그래서 그는 "돌무더기 주위로" 왕골의 "그 뿌리가 감기고"(17절)라고 말한다. 많은 왕골의 뿌리가 한데 얽혀 있기 때문이다. 이것은 첫째 이유에 대해 말하는 것이다. 둘째 이유에 관해서는 "바위 틈새를 파고든다네."라고 말한다.

악인들의 성공은 덧없다

마찬가지로 위선자도, 그 자신의 번영 때문만이 아니라 그의 친척과 식솔들이 많기 때문에, 아니면 그가 살고 있는 왕국이나 도시의 세력 때문에 안심하고 있을 수 있다. 그러나 이러한 신뢰는, 왕골의 경우와 같이 무너지고 말 것이다. "그러나 그를 그 자리에서 뽑아내 버리면 그 자리조차 '난 너를 본 적이 없어!' 하고 모른 체하지"(18절). 왕골이 그 자리에서 뿌리 뽑히면 그 자리에는 아무 흔적도 남지 않고, 그 자리는 왕골이 다시 심어질 수 있도록 아무것도 하지 않는다.

그는 덧붙여 이유를 말한다. "보게나, 이것이 그 길의", 즉 그 삶의 "기쁨이라네. 그런 뒤 흙에서는 다른 싹이 솟아 나오지"(19절). 어떤 장소에 살고 있는 왕골의 성장과 삶은 본성적 성향으로 그러한 목적을 지향하지도 않고, 뿌리를 뽑힌 동일한 왕골의 개체가 다시 심어짐으로써 보존되지도 않는다. 오히려 같은 종의 다른 왕골들이 다시 자라난다.

마찬가지로, 어떤 사람이 죽음으로 또는 다른 방법으로 강한 사람들의 사회에서 떨어져 나가면 그는 즉시 잊혀진다. 시편 30,13은(『성경』은 31,13) "저는 죽은 사람처럼 마음에서 잊혀지고"라고 말한다. 그러나 그 사회는 그의 뒤를 잇는 이들에 대해 기뻐한다. 코헬 4,14는(『성경』은 4,15) "나는 태양 아래에서 돌아다니는 산 이들이 모두 늙은 임금 대신 왕좌에 오르는 이 젊은 후계자와 함께함을 보았다."라고 말한다.

이 구절들을 인용한 것은, 때로 악인들에게 어느 정도의 번영이 주어지더라도 그것은 그들이 신뢰할 수 있는 확고한 번영이 아니라 곧 지나가는 것임을 말하기 위해서이다. 그러므로 그것은 무가치한 것으로 여겨져야 한다.

하느님께서는 고통받는 단순한 이들에게 다시 웃음을 주신다

이어서 그는, 위에서 말한 모든 것으로 그가 말하고자 하는 바가 무엇인지를 보여 준다. "하느님께서는 흠 없는 이를 물리치지 않으시고"(20절), 곧 그를 멀리하시어 단순한 마음으로 당신을 추종하는 이들을 지탱하지 않으시는 것이 아니며, "악을 행하는 자의 손을 잡아 주지 않으신다네." 그분께서는 악인들을 도와 주시어 그들이 번영을 더해주지 않으신다.

그런데 욥은 여기에 반박할 수도 있을 것이다. 그가 하는 모든 말과 유비로 확증하려고 하는 모든 것이 욥 자신의 경험과 반대된다고 말할 수 있는 것이다. 욥은 단순한데도 역경을 겪고 있으며, 악한 반대자들이 그를 억누르고 있기 때문이다.

빌닷은 이러한 가능성을 배제하기 위하여 "그분께서는 여전히 자네 입을 웃음으로, 자네 입술을 환호로 채워 주실 것이네."(21절)라고 덧붙인다. 내가 말한 것은 참되어서, 그가 단순하게 되기만 하다면 장차 번영을 누리게 되어 큰 기쁨에서 나오는 웃음과 환호를 터뜨리게 됨으로써 이를 깨닫게 되리라는 것이다.

반면 "자네를 미워하는 자들은 수치로 옷 입고"(22절), 드러나게 여러 방식으로 수치를 당하여 그들에게 수치가 마치 옷처럼 될 것이다.

그들이 현재 번영을 누리고 있기 때문에 이것이 불가능하다고 여기게 되지 않도록, 그는 이어서 "악인들의 천막은 간곳없이 될 것이네."라고 말한다. 대부분의 동방 민족들은 친막에서 살고 천막 안에 그들의 재산과 가수들을 가지고 있어서, 천막은 현세 생활의 번영에 속하는 모든 것을 나타낸다고 이해할 수 있다.

그러나, 빌닷이 위선자와 단순한 사람을 언급한 것은 그가 욥이 참으로 거룩한 사람이 아니라 위선자이고 그래서 그의 번영이 무너진 것이라고 여겼기 때문이며, 그가 단순한 사람이 되기 시작한다면 번영을 누릴 것이라고 약속한다는 점을 고찰해야 한다.

09장

하느님의 정의는 어떤 법보다도 위에 있다

인간은 하느님께 답변하지 못한다

> 1) 욥이 말을 받았다. 2) 물론 나도 그런 줄은 알고 있네. 사람이 하느님 앞에서 어찌 의롭다 하겠는가? 3) 하느님과 소송을 벌인다 한들 천에 하나라도 그분께 답변하지 못할 것이네. 4) 그분은 마음이 지혜롭고 힘이 강하신 분. 누가 그분과 겨루어서 평화를 누리오? 5) 산들을 옮기시고 당신께서 분노하시어 뒤엎으신 이들도 알지 못했던 분. 6) 땅을 바닥째 뒤흔드시어 그 기둥들을 요동치게 하시는 분. 7) 해에게 솟지 말라 명령하시고 별들을 봉해 버리시는 분.(9,1-7)

복된 욥은 앞에서 엘리파즈의 말들에 대한 그의 응답에서, 엘리파즈가 하느님의 정의에 관하여 제기했던 한 가지 문제를 간과한 것으로 보인다. 엘리파즈는 "인간이 하느님보다 의로울 수 있으랴?"(4,17)라고 말했던 것이다. 오히려 욥은 "제가 바다입니까? 제가 고래입니까?"(7,12) 이하의 말들과 또한 "언제면 제게서 눈을 돌리시렵니까?"(7,19) 이하의 말들로써 하느님과 다투며 논쟁하는 것으로 보였다.

그래서 수아 사람 빌닷은 복된 욥의 대답에 응답하여 하느님의 정의를 옹호하기 시작했었다. "아무려면 하느님께서 공정을 왜곡하시겠나?…"(8,3). 그리고 "하느님께서는 흠 없는 이를 물리치지 않으신다네."(8,20) 이하에서 같은 어조로 그의 담론을 끝냈다.

그러므로 이 응답에서 복된 욥은 먼저 그가 하느님의 정의를 부인하려 하지 않으며 하느님께 맞서 논쟁하려고 하지도 않는다는 것을 밝힌다. "욥이 말을 받았다. '물론 나도 그런 줄은 알고 있네'"(1-2절). 빌닷이 말한 대로 그도 "하느님께서 공정을 왜곡하지 않으신다."는 것과 "하느님께서는 흠 없는 이를 물리치지 않으신다."는 것을 알고 있고, 또한 "사람이 하느님 앞에서 의롭다 할 수 없으며" 하느님과 대등해질 수 없음을 알고 있다는 것이다. 이로써 욥은 엘리파즈가 위에서 말했던 "인간이 하느님보다 의로울 수 있으랴?"(4,17)라는 말에 응답한다.

다음으로 욥은 어떻게 그가 이를 알게 되었는지에 대한 일종의 표시를 보여 준다. 누가 다른 사람과 비교하여 더 의롭다면 그는 자유롭고 확실하게 그와 논생할 수 있을 것이다. 토론을 통하여 정의와 진리가 드러나기 때문이다. 그러나 어떤 사람도 하느님과 논쟁할 자신은 없다. 그래서 그는 "하느님과 소송을 벌인다 한들"(3절), 즉 인간이 하느님과 소송을 벌인다면 "천에 하나라도 그분께", 인간이 하느님께 "답변하지 못할 것이네."라고 덧붙인다.

천이라는 숫자

숫자들 가운데에서 고유한 이름을 가지고 있는 가장 큰 숫자가 천이다. 그보다 더 큰 수들은 모두 더 적은 수들의 중복으로, 예를 들어 천의 열 배, 백 배라는 식으로 지칭되기 때문이다. 이것은 합리적이다. 어떤 고대인들에 따르면 숫자의 종류는 열 가지이다. 그 후에는 이전의 숫자들이 반복되기 때문이다. 사물들의 실제가 어떠하든, 이러한 사실은 숫자들의 이름을 붙이는 데에서 명백히 드러난다. 그런데, 십의 세제곱이 천이다. 십 곱하기 십 곱하기 십이 천이기 때문이다. 그러므로 욥은 우리의 언어에서 이름이 붙여진 가장 큰 숫자인 천으로써 아무리 큰 수라도 포함하는 일정한 수를 지칭한다.

"천에 하나라도"(3절) 인간이 하느님께 답변할 수 없다는 말은, 어떤 크기의 숫자도 하느님의 정의가 인간의 정의를 얼마나 능가하는지를 측량할 수 없다는 뜻이다. 인간의 정의는 유한한데 하느님의 정의는 무한하기 때문이다.

다음으로 욥은, 인간이 하느님과 다툰다면 그분께 맞갖게 대응할 수 없음을 말한다. "그분은", 곧 하느님은 "마음이 지혜롭고 힘이 강하신 분"(4절)이시다. 다툼에는 두 종류가 있다. 하나는 토론에서의 논쟁이고, 이러한 종류의 다툼은 지혜에 달려 있다. 다른 하나는 싸움으로 다투는 것인데, 그러한 종류는 힘에 달려 있다. 그러나 두 가지 모두에서 하느님은 인간을 능가하신다. 힘에서나 지혜에서나 그분께서 모든 힘과 지혜를 능가하시기 때문이다.

이어서 그는 그 두 가지를 하나씩 설명한다.

하느님의 힘은 인간보다 강하다

그는 먼저 힘의 우위를 보여 주면서 인간을 언급하여 "누가 그분과 겨루어서 평화를 누리리오?"(4절)라고 말한다. 아무도 그럴 수 없는 것이다.

여기에서, 인간은 자신보다 강한 사람에게서와 자신보다 덜 강하거나 동등하게 강한 사람에게서 서로 다른 방식으로 평화를 얻는다는 것을 알아야 한다. 더 강한 사람은 더 약한 사람과 맞서 싸움으로써 그에게서 평화를 얻는다는 것이 명백하다. 예를 들어 강력한 임금이 그 나라의 반역자와 전쟁할 때는, 승리를 얻음으로써 나라에 평화를 회복시킨다. 이와 유사하게, 때로는 동등하게 강한 사람과도 싸워서 평화를 얻는다. 그를 눌러 꺾지는 못한다고 하더라도 줄기차게 싸움으로써 그를 지치게 하여 화평을 이루게 만들 수 있는 것이다.

그러나 더 강한 사람에게서는 저항하거나 싸움으로써가 아니라 겸손되이 그에게 복종함으로써 평화를 얻는다.

그런데, 누구도 하느님께 저항함으로써 평화를 얻을 수 없고 오직 겸손되이 그분께 순종함으로써만 평화를 얻는다는 것은 하느님의 힘이 모든 인간의 힘을 능가한다는 분명한 표지이다. 그래서 이사 26,3은 "당신께서 평화를 베푸시니 그들이 당신을 신뢰하기 때문입니다."라고 말한다. 이러한 의미로 여기에서는 "누가 그분과 겨루어서 평화를 누리리오?"라고 말한다.

다음으로 그는 하느님의 힘이 모든 자연 사물의 힘을 능가한다는 것을, 상위의 사물들과 하위의 사물들 모두에게서 증명한다.[1]

혼합된 사물

하위의 사물들에서, 욥은 하위의 사물들 가운데 특별히 안정되고 확고하게 보이는 것들을 하느님께서 당신 뜻에 따라 움직이신다는 사실로부터 이를 증명한다.

그가 인간에 대해 말한 다음에 다루는 혼합된 사물들[2] 가운데에서, 산들은 특별히 확고하고 안정되게 보인다. 성경에서는 성인들의 굳건함을 산의 굳건함에 비겨서, 시편 124,1에서는(『성경』에서는 125,1) "주님을 신뢰하는 이들은 시온산 같아"라고 말한다. 그러나 하느님께서는 당신 능력으로 산들을 옮기신다. 그래서 "산들을 옮기시고"(5절)라고 덧붙인다. 산을 옮기는 것은 하느님의 능력으로 기적적으로 이루어질 수도 있는 것이 사실이다. 마태 21,21에서 이것은 굳센 믿음에 대한 응답으로 약속되어 있는 것으로 보인다. "너희가 믿음을 가지고 의심하지 않으면, 이 산더러 '들려서 저 바다에 빠져라.' 하여도 그대로 이루어질 것이다." 1코린 13,2도 "산을 옮길 수 있는 큰 믿음이 있다 하여도"라고 말한다. 그러나, 이것은 자연적인 사

---

1) 하늘의 사물들과 땅의 사물들을 뜻한다.
2) 네 가지 단순한 요소들, 곧 흙, 물, 공기, 불의 혼합으로 구성된 모든 사물들을 말한다. 참조. Aristotle, *On Generation and Corruption* II.8, 334b 31ff.

물들의 과정을 가리킨다고 보는 것이 더 적절한 듯하다.

자연 질서는 자연적으로 생성된 모든 것이 어느 순간에는 소멸하게 되어 있고,[3] 산들의 생성이 자연적이므로 산들이 때로는 자연적으로 무너지지 않을 수 없다. 사실상 자연적인 이러한 산들의 소멸을 그는 옮겨짐이라고 부른다. 산들이 흩어지고 무너지는 것은 그 산을 이루는 부분들이 옮겨짐으로써 이루어지기 때문이다.

그가 자연적으로 일어나는 일들을 하느님의 능력에 귀속시키는 것은 불합리하지 않다. 자연은 어떤 목적 때문에 행위하는데,[4] 어떤 특정한 목적을 지향하는 모든 사물은 스스로 그 목적을 향하거나 아니면 다른 무엇에 의하여 그 목적을 향하게 된다. 그러므로 스스로 그 목적을 알아서 스스로의 노력으로 그것을 향할 수 없는 자연 사물들은 필연적으로 어떤 상위의 이성에 의하여 그것을 향하게 된다.

하느님의 이성이 우주를 다스리신다

그러므로 자연의 작용 전체는 마치 화살의 움직임과 사수의 관계와 같이[5] 자연 사물들을 어떤 목적으로 향하게 하는 이성에 비유되며, 우리는 그 이성을 하느님이라 부른다. 그러므로, 화살의 움직임이 적합하게 사수에게 귀속되듯이 자연의 모든 작용도 적합하게 하느님의 능력에 귀속된다. 그러므로 산들이 자연의 작용으로 무너진다면, 하느님의 능력이 그 산들의 안정성보다 위에 있음이 명백하다.

때로는 사람들 사이에서 어떤 임금이 자신의 능력으로 어떤 무장된 도시를 공격하여 점령하는 일이 있는데, 그 점령이 갑작스럽고 예기할 수 없이 이루어질수록 그 임금의 능력은 더 크게 드러난다.

---

3) 참조. Aristotle, *On the Heavens* I.12, 282b 4ff.
4) 참조. ST I-II *sed c.*, 그리고 Aristotle, *Physics* II.8, 196b 21과 13, 199a 7.
5) 참조. Aristotle, *Nicomachean Ethics* I.2, 1094a 23f.

그렇다면 산들이 움직여지는 경우도, 그 일이 갑자기 그리고 산 주위에 사는 이들도 예기하지 못한 채로 일어나 그들이 미리 알지 못한 채로 죽을 정도라면 그것은 하느님의 능력을 더 크게 드러내 보이게 된다. 그래서 "당신께서 분노하시어 뒤엎으신 이들도 알지 못했던 분"이라고 덧붙인다. 하느님께서는 그렇게도 크신 위업을 갑작스럽게 행하시어, 산 주위에 사는 이들마저 미리 알지 못한다. 그들이 알지 못했음은 명백하다. 그들이 미리 알았더라면 그들은 스스로 주의하여 뒤엎어지지 않도록 했을 것이기 때문이다.

여기에 그는 "분노하시어"라고 덧붙여, 하느님께서는 사람들의 죄를 벌하기 위하여 필요한 경우에 당신 섭리의 질서에 따라 자연적 작용을 조종하신다는 것을 보여 준다. 하느님께서 죄인들에게 복수를 하실 때에 비유적으로 그분이 분노하셨다고 일컬어지는데, 그것은 복수가 우리에게서는 보통 분노의 결과이기 때문이다.[6]

땅과 지진

이제 그는 혼합된 사물들에 대한 고찰을 마치고 요소들로 건너간다.[7] 그 요소들 가운데 가장 확고하고 가장 안정된 것은 흙이라고 생각된다. 흙은 모든 운동의 중심으로서 움직이지 않지만,[8] 때로는 철학자들이 말하듯이 그 일부가 땅속에 갇혀 있는 수증기 때문에 움직이게 된다.[9] 이를 가리켜 "땅을 바닥째 뒤흔드시어"(6절)라고 말한다. 물론 땅 전체가 완전히 움직여진다는 것은 아니지만, 지진의 경우아 같이 땅의 몇몇 부분들이 흔들릴 때 이러한 일이 생긴다.

---

6) 참조. 3,26 주해.
7) 참조. 위의 각주 2.
8) 참조. Aristotle, *On the Heavens* II.14, 296b 21ff.
9) 예를 들어, Aristotle, *Meteorology* II.8, 366a 4ff.

실상 이렇게 땅이 흔들릴 때는 땅에 박힌 기둥들인 산들도 요동친다. 그래서 이어서 "그 기둥들을 요동치게 하시는 분"이라고 말한다.

또한 기둥이라는 단어는 자구적인 의미로, 땅에 붙어 있는 것처럼 보이는 기둥과 다른 건물들로 이해할 수도 있다. 지진이 나면 이들이 흔들리는 것이다.

아니면 땅의 기둥이 땅의 낮고 깊은 부분을 뜻하는 것으로 이해할 수도 있다. 한 집의 안정성이 그 기둥들 위에 굳건히 세워지듯이, 땅의 안정성은 땅의 모든 부분들이 본성적으로 향하고 있는 그 중심으로부터 나오는 것이고 따라서 땅의 모든 낮은 부분은 말하자면 기둥처럼 윗부분을 버티고 있기 때문이다. 그래서, 지진은 땅의 깊은 부분으로부터 일어나므로 마치 땅의 기둥들이 흔들림으로써 일어나게 된 것으로 보이게 되는 것이다.

천체들

마지막으로는 천체들을 언급하는데, 이들 역시 하느님의 능력에 복종한다. 여기에서, 부동성과 안정성이 땅의 본성이듯이 하늘의 본성은 언제나 움직이고 있는 것임을 염두에 두어야 한다.[10]

그러므로, 땅에서 나타나는 운동을 통하여 하느님의 능력이 땅의 능력보다 위에 있음이 드러나는 것과 마찬가지로, 해와 별들이 뜨고 지는 운동이 멈추어지는 것을 통하여 하느님의 능력이 천체들의 능력보다 위에 있음이 드러난다. 그래서 그는 "해에게 솟지 말라 명령하시고"(7절)라고 덧붙인다.

그러나 사실에 있어서는 하늘의 움직임은 계속되므로, 이렇게 말하는 것은 실제

---

10) 참조. Aristotle, *On the Heavens* I.2, 269b 1ff.와 II.6, 287a 23ff.; *Metaphysics* XII.7, 1072a 20ff. 이 단락에서 '능력'이라는 단어는 라틴어 *virtus*를 번역한 것이다.

로 해가 뜨지 않기 때문이 아니라 때로는 해가 뜨지 않는 것처럼 보이기 때문이다. 예를 들어 구름이 많이 끼어 땅에 사는 이들에게 일출이 다른 때와 같이 찬란하게 보이지 않을 경우가 그러하다. 그런데 이렇게 구름이 끼는 것은 자연의 작용에 의하여 일이므로, 하느님의 명에 의한 것이라고 적절하게 일컬어질 수 있다. 앞서 말한 바와 같이[11] 자연의 모든 작용은 하느님의 명으로 다스려지는 것이기 때문이다.

그가 해가 뜨지 않는다는 말을 해가 뜨는 것이 가려진다는 의미로 이해한다는 사실은, 이어서 덧붙여진 "별들을 봉해 버리시는 분"이라는 말에서 명백하게 드러난다. 하늘이 구름으로 덮여 별들이 보이지 않을 때 별들은 봉해진 것처럼 보이기 때문이다.

하느님의 깊은 지혜

> 8) 당신 혼자 하늘을 펼치시고 바다의 물결 위로 걸으시는 분. 9) 북두칠성과 오리온자리, 묘성과 남녘의 내부를 만드신 분. 10) 위대한 업적들과 측량할 수 없는 것들, 헤아릴 수 없는 기적들을 이루시는 분.(9,8-10)

복된 욥은 하느님의 능력이 강함을 말한 다음, 여기에서는 하느님의 지혜가 깊음을 말하기 시작한다. 그러나 이제는 앞에서와 반대 순서로 진행한다. 앞에서는 먼저 인간사 안에서 하느님의 능력을 보여 주고 이어서 천체들을 다루었는데, 여기에서는 천체들에서 시작하여 인간사로 가는 것이다. 이렇게 하는 데에는 이유가 있다.

만드신 분의 지혜는 그분께서 안정적인 작품들을 만드신다는 데에서 드러난다.

---

11) 9,5 주해.

그러므로, 하느님의 지혜를 보여 주기 위해서는 하느님 지혜의 더 분명한 표지를 지니고 있는 더 안정적인 피조물에서 시작한다. 반면 힘의 능력은 그것이 다른 사물들의 상태를 변화시킬 수 있다는 사실에서 드러나므로 – 그래서 사람들은 돌을 들어 올리거나 던지는 것으로, 또는 상대방을 땅에 넘어뜨리는 것으로 힘을 겨룬다 – 하느님 힘의 능력을 보여 주려 할 때는 변화가 명백하게 드러나는 사물들로 시작했던 것이다.

이제 그는 하느님의 지혜를 보여 주기 위하여 천체들로부터 시작하며, "당신 혼자 하늘을 펼치시고"(8절)라고 말한다. 이와 관련하여, 하느님의 지혜는 세 가지에서 특별히 뛰어나게 나타난다는 것을 알아야 한다.

창공의 광대함

1. 첫째는 물론 그분께서 당신 지혜와 슬기로 어떤 넓은 공간이라도 측량할 수 있으시다는 점에서이고, 이 사실에 대하여 그는 "당신 혼자 하늘을 펼치시고"라고 말한다. 하늘의 넓이를 통해 그것이 양적으로 얼마나 큰 것인지가 표현되는 것이다. 그리고, 하느님 혼자 하늘을 펼치셨다고 하는 것은 그분만이 당신의 지혜로 측량하시는 그 크기를 부여할 수 있으셨기 때문이다.

움직임의 질서

2. 둘째로 하느님의 지혜는 변할 수 있고 불확실한 상태가 될 수 있는 사물들에 질서를 부여하여 그것을 당신 지혜의 통치에 종속시킬 수 있으시다는 점에서 뛰어나다. 이러한 사실과 관련하여 그는 "바다의 물결 위로 걸으시는 분"이라고 덧붙인다. 바다의 물결은 떠다니는 바람에 따라 때로는 이쪽으로, 때로는 저쪽으로 움직여져서 매우 무질서하게 보인다. 그런데도 하느님께서는 당신의 통치에 그 물결을

종속시키시어 그 위로 걸으신다.

하늘의 별자리들

3. 셋째로 하느님의 지혜는 하느님께서 당신 지혜의 계획에 따라 인간에게 놀랍게 보이고 인간이 그 계획을 파악할 수 없는 많은 사물을 만드셨다는 데에서 뛰어나게 드러난다. 이러한 사물들로는 특히 별들의 자리와 그 배치에서 나타나는 놀라움을 들 수 있는데, 이들은 하느님께서 매우 지혜롭고 합리적으로 배치하신 것이다.

그는 북극에서 시작하여 남극으로 나아가면서 이 경이로운 별자리들을 열거한다. 그래서 "북두칠성을 만드신 분"(9절)이라고 말하는데, 북두칠성은 큰곰자리라 불리며 절대 지지 않고 늘 북극을 돌고 있는 일곱 개의 밝은 별들로 된 별자리이다. 다음으로는 "오리온자리"가 뒤따른다. 오리온은 그 크기와 별들의 밝기 때문에 하늘에서 매우 분명하게 보이는 별자리로서, 황소자리와 쌍둥이자리 안에 있다고 일컬어진다. 다음은 "묘성"인데, 이것은 황소자리의 가슴 위에 있는 별들로서 이들도 매우 눈에 띈다. 다음으로는 "남녘의 내부"가 뒤따른다.

여기서는 적도 지방에 사는 사람들을 생각해야 한다. 거기에 사는 사람이 있다면,[12] 그는 양쪽 극을 모두 볼 수 있다. 그들의 지평선은 그 두 극을 직각으로 가르고 있으므로, 두 극을 모두 통과하게 되는 것이다. 그러므로 앞서 말한 바와 같이 적도 위에 사는 사람들에게는 양쪽 극이 모두 보인다. 그러나 적도에서 멀어져 북극으로 다가가는 사람에게는 북극이 지평선 위로 올라오게 되고 남극은 그가 적도에서 멀어지는 만큼 이래로 내려가게 된다.

그러므로, 북반구에 사는 우리에게는 남극은 절대 보이지 않는다. 마찬가지로, 우리가 적도에서 떨어져 있는 그만큼 남극 가까이에 있는 별들도 우리에게는 숨겨

---

12) 참조. Aristotle, *Meterology* II.10, 362b 25ff.

져 있는 것이다. 그래서 이 별들은 "남녘의 내부"라 불린다. 이들이 마치 지평선 아래 가라앉아 감추어진 것처럼 우리에게는 감추어져 있기 때문이다.[13]

하느님의 지혜가 지금 언급한 천체들에서만 드러난다고 믿지 않도록, 욥은 이어서 하느님께서 우리가 헤아릴 수 없는 많은 유사한 일들을 하셨음을 말한다. 그는 하느님께서 "위대한 업적들"(10절)을 이루셨다고 말한다. 하느님의 지혜는 그 위대함에서 뛰어나게 드러나는 것이다. 이 절은 "당신 혼자 하늘을 펼치시고"(8절)라는 진술에 대응된다. 한편 "측량할 수 없는 것들"은 끊임없이 움직이기 때문에 인간이 파악할 수 없는 것들인데, 이들도 하느님의 통치로 질서 지어진다. 이 구절은 "물결 위로 걸으시는 분"(8절)이라는 진술에 대응된다. 또한 "기적들"은, 하느님께서 합리적으로 만드셨지만 인간이 그것을 알 수 없는 것들이다. 이 절은 "북두칠성을 만드신 분"(9절) 이하에 대응된다. "헤아릴 수 없는"이라는 첨가는 각각의 속성에 적용되는 것으로 이해해야 하지만, 하느님의 업적은 인간에게 헤아릴 수 없는 것이며 하느님께서는 헤아릴 수 있는 것이라는 의미로 이해해야 한다. 하느님께서는 "모든 것을 재고 헤아리고 달아서 처리하셨습니다."[14]

인간사에서 나타나는 하느님의 지혜

> 11) 그분께서 내 앞을 지나가셔도 나는 보지 못하고 지나치셔도 나는 그분을 알아채지 못하네. 12) 그분께서 갑자기 물으시면 누가 응답할 수 있으며, 누가 그분께 "왜 그러십니까?" 할 수 있겠나? 13) 아무도 하느님의 진노에 맞설 수 없

---

13) 참조. Aristotle, *On the Heavens* II.2, 285b 1ff.와 II.14, 297b 31ff., 그리고 Thomas, *In Libros Aristotelis de Caelo et Mundo Expositio* II.3, 특히 sec. 328과 II.28, sec. 542.
14) 지혜 11,21(『성경』은 11,20).

> 으니 세상을 떠받치고 있는 이들이 그분께 허리를 굽힌다네. 14) 그런데 내가 어찌 그분께 답변할 수 있으며 그분께 대꾸할 말을 고를 수 있겠나? 15) 내가 나 자신을 의롭다 여겨도 답변할 말이 없어 내 고소인에게 자비를 구해야 할 것이네. 16) 내가 불러 그분께서 대답하신다 해도 내 소리에 귀를 기울이시리라고는 믿지 않네. 17) 그분께서는 나를 폭풍으로 짓치시고 까닭 없이 나에게 상처를 더하신다네. 18) 내 영에게 쉼을 허락지 않으시고 오히려 쓰라림으로 나를 배불리신다네. 19) 힘으로 해 보려니 그분은 막강하신 분. 법으로 해 보려니 아무도 나를 위해 증언해 주려 하지 않네. 20) 내가 의롭다 하여도 내 입이 나를 단죄하고 내가 흠 없다 하여도 나를 그릇되다 할 것이네. 21) 내가 단순하다 하여도, 내 영혼은 그것을 알지 못하고 내 삶은 나를 지치게 할 것이네.(9,11-21)

복된 욥은 자신이 하느님과 논쟁하려는 것이 아님을 밝히기 위하여, 자연 사물들에서 나타나는 하느님 지혜의 깊이를 여러 가지로 보여 주었다. 그러나 이제 그는 인간사 안에서 하느님 지혜의 깊이를 보여 주려 한다.

여기에서, 인간사를 이끌어가는 이에게는 세 가지 역할이 있는 것으로 보인다는 점을 고려해야 한다. 첫째는 그는 그의 종속자들에게 정의로운 규범과 그 밖의 혜택들을 분배하는 것이다. 둘째는 그 종속자들의 행위를 살피는 것이다. 셋째는 잘못이 있는 이들을 벌하는 것이다. 이 세 가지 역할에서 욥은 하느님 지혜의 엄청난 깊이를 보여 준다.

하느님의 선물들

1. 첫째로, 하느님의 지혜는 그 은혜를 깊고 섬세하게 베푸시기 때문에 그것을 받는 이들마저도 그것을 파악할 수 없다. 그래서 그는 "그분께서 내 앞을 지나가셔

도 나는 보지 못하고 지나치셔도 나는 그분을 알아채지 못하네."(11절)라고 말한다. 여기에서, 성경에서는 하느님께서 인간의 정신을 비추어 주시거나 사랑을 불붙게 하시거나 또 어떤 식으로든 그에게 은혜를 주시는 것을 가리켜 인간에게 오신다고 일컫는다는 것을 알아야 한다. 그래서 이사 35,4에서는 "그분께서 오시어 너희를 구원하신다."라고 말한다. 반대로, 하느님께서 당신의 은혜나 보호를 거두실 때는 인간에게서 멀어지신다고 일컫는다. 그래서 시편 9,22에서는(『성경』은 10,1) "주님, 어찌하여 멀리 서 계십니까? 어찌하여 환난의 때에 숨어 계십니까?"라고 말한다.

그런데 때로 하느님께서는 어떤 사람에게 그의 구원을 위하여 시련이나 영적인 부족까지 겪게 하신다. 그래서 로마 8,28에서는 "하느님을 사랑하는 이들, 그분의 계획에 따라 부르심을 받은 이들에게는 모든 것이 함께 작용하여 선을 이룬다는 것을 우리는 압니다."라고 말한다. 이렇게 하느님께서는 인간에게 구원을 베푸심으로써 그에게 오시지만 인간은 그분을 보지 못한다. 그가 하느님의 은혜를 감지하지 못하기 때문이다. 그러나 반대로, 하느님께서는 많은 이에게서 그들에게 해가 되는 눈에 보이는 은혜들을 거두지 않으신다. 그래서 하느님께서는 인간에게서 멀어지실 때 인간이 그분께서 멀어지심을 알지 못한다고 일컬어진다. 이렇게 하여 하느님께서 그 은혜를 분배하시는 데에서 그분의 깊은 지혜가 드러난다.

인간의 행위는 하느님께 드러나 있다

2. 둘째로 하느님의 지혜는 인간의 행위를 살피시는 데서 드러난다. 그분께서는 은밀하고 효과적으로 인간을 검사하시어 아무도 어떤 구실로도 그분을 피할 수가 없다. 그래서 "그분께서 갑자기 물으시면 누가 응답할 수 있으며"(12절)라고 말한다. 하느님께서는, 내적으로 감도하시거나 아니면 외적으로 은혜나 불행으로 자극하시어 양심을 돌아보게 하심으로써 인간에게 질문하신다. 시편 10,6에서는(『성경』은 11,6)

"주님께서는 의인도 악인도 가려내시고"라고 말한다. 인간이 하느님께 충분히 응답하는 것은 하느님께서 그에게서 꾸짖을 것을 찾지 못하실 때인데, 이는 현세의 삶에서는 누구에게도 불가능하다. 그래서 잠언 20,9에서는 "'나는 내 마음을 깨끗이 보존하여 죄 없이 결백하다.'고 누가 말하랴?"라고 말한다. 여기서 욥은 분명하게 "그분께서 갑자기 물으시면"이라고 말한다. 인간에게 대답할 기간이 주어진다면 그는 참회로 자신의 죄를 씻을 수 있을 것이기 때문이다.

때로는 어떤 사람이 다른 사람들의 지나친 행위들을 조사하다가, 자신의 지나친 행위들도 다른 이들에게 조사받게 될 것을 두려워하여 태만하게 처리하는 경우가 있다. 그러나 하느님의 경우 당신의 행위에 관해 판단을 내릴 수 있는 윗사람이 없으시므로, 조사하시는 데에서 두려움 때문에 눈을 감아주실 일이 없으시다. 그래서 "누가 그분께 '왜 그러십니까?' 할 수 있겠나?"라는 질문이 덧붙여진다. 하느님에게서 잘못을 찾아내어 이렇게 질문할 수 없다는 것이다.

3. 셋째로 하느님 지혜의 깊이는 죄인들을 벌하시는 데에서 드러난다. 인간이 어디로 가도, 어떤 꾀나 힘도 하느님의 보복을 벗어날 수 없다. 시편 138,7에서(『성경』은 139,7) "당신 얼을 피해 어디로 가겠습니까? 당신 얼굴 피해 어디로 달아나겠습니까?"라고 말하는 바와 같다. 그래서 "아무도 하느님의 진노에 맞설 수 없으니"(13절)라고 말한다. 성경에서 하느님께서 진노하셨다고 말할 때는 정신의 동요를 뜻하는 것이 아니라 죄를 갚으심을 의미하는 것이기 때문이다.[15]

다음으로 그는 그의 진술에 대한 증거를 도입한다. "세상을 떠받치고 있는 이들이 그분께 허리를 굽힌다네." 아우구스티누스가 『삼위일체론(On the Trinity)』 III, 4에서 말하듯이[16] 하느님께서는 천상의 영들의 직무를 통하여 보는 물질적 피조물을 놓고 보고 계시는데, 그들이 세상을 떠받치고 있다고 이해해야 할 것이다. 그런데 이 천

---

15) 참조. 3,26 주해.
16) Trans. Stephen McKenna (Washington: Catholic University of America Press, 1963), p. 103f. [PL 42, 873].

상의 영들이 하느님께 허리를 굽히는 것은 그들이 모든 일에서 그분께 순종하기 때문이다. 그래서 시편 102,20에서는(『성경』은 103,20). "주님을 찬미하여라, 주님의 천사들아. 그분 말씀에 귀 기울이고 그분 말씀을 실천하는 힘센 용사들아."라고 말한다. 이렇게 천사들은 하느님께 순종하므로, 천사들에 의하여 관리되는 물질적 사물들의 모든 과정은 하느님의 뜻에 종속되며 인간은 하느님의 복수를 회피하기 위하여 어떤 피조물로부터도 도움을 받을 수 없다는 것이 명백하다. 시편 138,8은 (『성경』은 139,8). "제가 하늘로 올라가도 거기에 당신 계시고 저승에 잠자리를 펴도 거기에 또한 계십니다."라고 말한다. 실상, 지혜 5,21에서 말하듯이(『성경』은 5,20) "온 세상이 주님 편에 서서 미친 자들과 싸울 것이다."

이 구절을 다른 의미로 이해하여, 하느님께 굴복하는 세상의 임금들과 군주들도 세상을 떠받치고 있는 것으로 볼 수 있다. 잠언 8,15에서는 "내 도움으로 임금들이 통치한다."고 말하는 것이다. 아니면, 임금들 자신도 하느님의 진노에 맞설 수 없으므로 이 일반적인 경우에서부터 더 분명하게 다른 이들에 대한 결론이 도출될 수도 있다.

욥은 하느님과 논쟁하려 하지 않는다

이렇게 여러 가지로 하느님의 크신 능력과 깊은 지혜를 보여 준 다음, 욥은 결론을 내린다. 그는 하느님과 논쟁하려는 뜻이 아니라는 것이다. 그래서 그는 "내가 어찌"(14절) 얼마나 강하고 얼마나 지혜롭다고 "그분께 답변할 수 있으며", 가장 강하고 지혜로우신 하느님께 어찌 답변할 수 있으며, 그분께서 질문을 하신다면 "그분께 대꾸할 말을 고를 수 있겠나?"라고 말한다. 어떻게 그분의 행위들을 검사하며 그분께 "왜 그러십니까?"(12절)라고 말할 수 있겠는가? 나는 그분과 논쟁하기에 부족하다. 논쟁이란 답변하고 반박하는 것이기 때문이다.

때로 어떤 사람들은 대단히 강하지도 지혜롭지도 않으면서 자기 양심의 확실성 때문에 어떤 재판관하고라도 논쟁하려고 한다. 그러나 욥은 자신의 경우에 이러한 이유 때문에라도 하느님과 논쟁하지 않으려 하여 이렇게 말한다. "내가 나 자신을 의롭다 여겨도 답변할 말이 없어"(15절), 즉 나 자신의 의로움을 변호하며 나를 조사하시는 하느님께 답변할 수 없으며 "내 고소인에게 자비를 구해야 할 것이네." 그는 심판이 아니라 자비를 베풀어 주시기를 청해야 하는 것이다. 여기서 그는 분명하게 "내가 나 자신을 의롭다 여겨도"라고 말한다. 그는 "나 자신을 의롭다 여겨도"라는 표현으로 그는 인간적 의로움의 불확실함을 말한다. 바오로 사도가 1코린 4,4에서 "나는 잘못이 없음을 압니다. 그렇다고 내가 무죄 선고를 받았다는 말은 아닙니다."라고 하는 바와 같다. 그리고 하느님께서 살피신다면 인간의 의로움은 작고 불완전함을 보이기 위하여 "의롭다 여겨도"라고 말한다. 이사 64,5에 따르면, "저희의 의로운 행동이라는 것들도 모두 개짐과 같습니다."

기도를 듣지 않으신다고 느낄 때

이제 그는 그가 자비를 청하는 기도로 얻을 수 있을 것이 무엇인지를 가리켜, "내가 불러 그분께서 대답하신다 해도 내 소리에 귀를 기울이시리라고는 믿지 않네."(16절)라고 말한다. 의사가 쓴 약을 빼 주기를 바라는 환자의 요청에 귀를 기울이지 않듯이, 때로 하느님께서는 인간이 청하는 것이 아니라 그에게 유익한 것에 주의를 기울이시기 때문이다. 의사가 그 약이 건강에 필요하다는 것을 알기 때문에 그 약을 빼지 않는다면, 그는 환자의 유익에 주의를 기울이는 것이다. 이렇게 함으로써 환자가 가장 바라는 것인 건강을 가져올 수 있기 때문이다. 마찬가지로 하느님께서는 시련을 겪는 사람이 자비를 청하더라도 그에게서 시련을 거두지 않으신다. 그 시련들이 그의 최종적인 구원에 기여한다는 것을 아시기 때문이다. 그래서, 하느님께서는 참으로 그에게 관심을 기울이시지만 곤궁의 한복판에 처해 있는 인간은 하느님께서 그에게 마음을 쓰신다는 것을 믿지 않는다.

그는 자신이 믿지 않는 이유를 밝히며 "그분께서는 나를 폭풍으로 짓치시고"(17절)라고 덧붙인다. 그리고 그는 습관대로, 이러한 비유적 표현을 설명하여 덧붙인다. "까닭 없이 나에게 상처를 더하신다네." 짓치어 조각을 내는 것은 상처 곧 시련을 더하는 것과 같기 때문이다. 그런데 이렇게 짓치는 것은 폭풍 곧 무서운 어둠 속에서 이루어지고, 그래서 그는 "까닭 없이"라고 말한다. 고통을 당하는 인간이 알 수 있고 드러나 있는 이유가 없는 것이다. 고통을 당하는 사람이 하느님께서 그를 괴롭히시는 이유를 안다면, 그리고 그 고통이 그의 구원을 위하여 그에게 유익하다는 것을 안다면 그는 분명 하느님께서 그에게 귀를 기울이신다는 것을 믿을 것이다. 그러나 그는 이것을 알지 못하기 때문에, 하느님께서 귀를 기울이지 않으셨다고 믿는다.

그러므로 그는 외적으로만이 아니라 내적으로도 고통을 받는다. 쓴 약을 먹음으로써 건강해지리라는 것을 알지 못하는 환자가 미각에서만이 아니라 정신적으로도 고통을 받는 것과 마찬가지다. 그래서 그는 "내 영에게 쉼을 허락지 않으시고"(18절)라고 덧붙인다. 육이 고통을 받더라도 영은 마지막에 대한 희망으로 쉴 수 있기 때문이다. 그래서 주님께서는 마태 5,11-12에서 "사람들이 너희를 모욕하면 너희는 행복하다."라고 가르치시고, "너희가 하늘에서 받을 상이 크다."라고 덧붙이신다. 그러나 욥은 외적으로 고통을 받고 내적으로도 쉬지 못하여, "오히려 쓰라림으로 나를 배불리신다네." 하느님께서는 안팎으로 그를 쓰라림으로 가득 채우시는 것이다.

또한, "내가 불러 그분께서 대답하신다 해도"(16절) 이하의 단락에서는 그가 위에서 "그분께서 내 앞을 지나가셔도 나는 보지 못하고"(11절)라고 불분명하게 말했던 것을 설명하고 있음도 주목해야 한다. 욥이 하는 말에서는 거의 어디서나, 불분명하게 말한 것들이 나중에 다른 진술로 설명된다는 것을 알아볼 수 있다. 그는 위에서 짧고 요약적으로 "그런데 내가 어찌 그분께 답변할 수 있으며"(14절)라고 말했으므로, 아래에서는 이러한 표현을 더 길게 설명하면서 그가 심판관에게 답변하는 것이 아니라 오히려 자비를 청하는 이유도 밝힌다.

어떤 사람이 심판관에게 용감하게 대답한다면 거기에는 두 가지 경우가 있을 수 있다. 첫째는 물론 심판관이 나약하여 그가 재판해야 할 사람을 복종시키지 못하는 경우이다. 그러나 욥은 이러한 가능성을 배제한다. "힘으로 해 보려니"(19절), 하느님 안에서 당신께 종속된 이들을 지배하시는 힘을 찾아보니 "그분은 막강하신 분", 모든 힘을 능가하시는 분이시기 때문이다.

심판관에게 용감하게 내답할 수 있는 둘째 경우는 재판에 자신이 있을 때인데, 때로는 옹호자들이 많기 때문에 그러한 경우도 있다. 그러나 그는 이 가능성도 배제한다. "법으로 해 보려니", 자기편에 많은 증인들이 있다면 무죄 판결을 받을 수 있겠지만, "아무도 나를 위해 증언해 주려 하지 않네." 인간의 이해는, 인간의 의로움이 그를 고발하시는 하느님의 진리보다 더 크다고 생각하지 않기 때문이다.

인간 양심의 세 단계

그러나 때로는, 자기편의 다른 증인이 없더라도 자기 양심의 증언에 의지하여 재판에서 자신이 있을 수도 있다. 그러나 양심의 증언은 하느님의 반박을 이길 수는 없다. 욥은 몇 단계들을 거쳐 이를 보여 준다. 양심의 증언에는 세 단계가 있는데, 그 가운데 최고의 단계는 자신의 양심이 그가 외롭다고 증언하는 것이다. 로마 8,16은 "이 성령께서 몸소, 우리가 하느님의 자녀임을 우리의 영에게 증언해 주십니다."라고 말한다. 그러나 이 증언은 하느님의 질책을 이기지 못한다. 그래서 그는 "내가 의롭다 하여도"(20절)라고 말한다. 하느님께서 내가 불경하다고 나를 반박하실 때 내가 나는 의롭다고 말하려 한다 해도, "내 입이 나를 단죄하고", 내가 하느님을 모독했다고 단죄받게 될 것이다.

둘째 단계는, 스스로 의롭다고 자처하지 않더라도 자신의 양심이 어떤 죄에 대해서 가책을 느끼게 하지는 않는 것이다. 1코린 4,4에서 "나는 잘못한 것이 없음을 압니다."라고 말하는 경우가 그러하다. 그러나 이 증언 역시 하느님을 이기지는 못한다. 그래서 그는 "내가 흠 없다 하여도"라고 말한다. 내가 나에게 죄가 없음을 보이려 한다면, "나를 그릇되다 할 것이네." 그분께서 나에게나 다른 이들에게 내가 알지 못하는 죄들을 드러내실 것이다. 시편 18,13에서(『성경』은 19,13) "뜻 아니한 허물을 누가 알겠습니까?"라고 말하는 바와 같다.

셋째 단계는 어떤 사람이 스스로 죄가 있음을 알고 있으면서도 자신에게 나쁜 의도가 없었거나, 악의나 거짓에서 행한 것이 아니라 무지와 약함에서 저지른 것이기 때문에 스스로 무죄하다고 여기는 것이다. 그러나 이 증언도 하느님을 이기지는 못한다. 그래서 그는 "내가 단순하다 하여도", 즉 나에게 거짓이나 이중적인 악한 의도가 없다 하여도, "내 영혼은 그것을 알지 못할 것이네."(21절)라고 말한다. 인간의 감정은 다양하고 또한 많은 격정의 충동으로 혼동되기 때문에, 인간은 자신의 감정을 파악하지 못한다. 그래서 예레 17,9는 "사람의 마음은 만물보다 더 교활하여 치유될 가망이 없으니 누가 그 마음을 알리오?"라고 말한다. 이렇게 인간은 자신을 알지 못하고 자신의 상태도 알지 못하므로, 그의 삶은 의로운 이들에게도 지겨운 것이 된다. 그래서 그는 "내 삶은 나를 지치게 할 것이네."라고 덧붙인다.

의인들은 죽음뿐 아니라 고통도 겪는다

> 22) 그래서 내 말인즉 흠이 없건 탓이 있건 그분께서는 멸하신다네. 23) 그분께서 벌하신다면, 차라리 그를 바로 죽이시고 무죄한 사람의 징벌을 보고 웃지 마셨으면! 24) 세상은 악한 자의 손에 넘겨지고 그가 판관들의 얼굴을 가려 버렸

다네. 그가 아니라면 도대체 누구란 말인가? 25) 저의 날들은 경주자보다 빨리 지나가고 행복을 보지도 못한 채 달아납니다. 26) 과일을 나르는 배들처럼 흘러가고 먹이를 덮치는 독수리처럼 날아갑니다. 27) 제가 이렇게 말해도 아무 소용이 없다고 생각하고, 표정을 바꾸어 고통으로 시달립니다 28) 저는 저의 모든 일들이 두려우니, 당신께서 죄인을 그대로 두지 않으실 것을 알기 때문입니다. 29) 그래도 제가 불경하다면, 어찌 공연히 고생해야 한단 말입니까? 30) 눈으로 제 몸을 씻고 제 손이 깨끗한 듯 빛난다 해도 31) 당신께서는 저를 시궁창에 빠뜨리시어 제 옷마저 저를 역겨워할 것입니다. 32) 그분은 나 같은 인간이 아니시기에 나 그분께 답변할 수 없고 우리는 함께 법정으로 갈 수 없다네. 33) 우리 둘 모두를 논박하고 우리 둘 위에 손을 얹을 심판자가 우리 사이에는 없다네. 34) 그분께서 당신 매를 내게서 거두시고 그분에 대한 공포가 나를 더 이상 덮치지 않는다면 35) 나 두려움 없이 말할 수 있으련마는! 그러나 두려워하면서는 답변할 수 없구려.(9,22-35)

복된 욥은 자신이 하느님과 논쟁하려는 뜻이 없음을 밝힌 다음, 그가 반대자들과 논쟁하던 주제를 제시한다. 엘리파즈는 하느님께서 죄 때문에만 고통을 보내시는 것이라고 말했었고[17] 욥은 위에서의 응답에서 이러한 입장을 논박했다.[18] 그러나 빌닷이 엘리파즈의 견해를 지지하려 했으므로 욥은 다시 자신의 견해를 되풀이하여 말한다. "그래서 내 말인즉 흠이 없건 탓이 있건 그분께서는 멸하신다네"(22절). 현세의 징벌 가운데 가장 큰 징벌인 죽음은 죄인에게만 있는 것이 아니라 무죄한 이들에게도 있다.[19] 하느님께서 그 죽음을 보내시는 것이다. 그리므로, 자신의 죄 때문에만 인간이 하느님께 벌을 받는다는 말은 참이 아니다. 여기서, 죽

---

17) 참조. 4,7 주해.
18) 참조. 6,1 이하 주해.
19) 8,4 주해.

음이 하느님으로부터 온다는 것은 신명 32,39에서 나오는 말이다. "나는 죽이기도 하고 살리기도 한다."

그러나 하느님께서 모든 이에게 공통적으로 죽음을 보내시기에, 설명하기 어려운 일이 발생한다. 무죄한 이들이, 누구나 겪는 죽음에 덧붙여 현세의 삶에서 많은 역경을 겪는다는 것이다.

욥은 이러한 상황의 이유를 알고자 하여, "그분께서 벌하신다면, 차라리 그를 바로 죽이셨으면!"(23절)이라고 말한다. 죽음의 징벌이 누구에게나 공통된 것이라면, 하느님께서는 스스로 죄를 짓지 않은 무죄한 사람에게 공통된 죄로 인한 죽음 외에 다른 벌을 내리지 않으셔야 마땅할 것이다. 엘리파즈가 말하듯이 죄 때문에만 고통이 가해지는 것이라면, 무죄한 이들이 현세에서 징벌을 겪고 있다는 것은 명백하므로, 그들은 이유 없이 마치 그들을 벌하시는 것이 그 자체로 하느님의 마음에 드는 것인 듯이 벌을 받는 것이다. 그래서 그는 "무죄한 사람의 징벌을 보고 웃지 마셨으면!"이라고 덧붙인다. 우리는 보통 그 자체로 우리를 즐겁게하는 것들에 대해서 웃기 때문이다.

하느님께서는 당신 권능을 포기하지 않으셨다

무죄한 사람들이 받는 징벌이 그 자체로 하느님께 즐거운 일이라는 것이 부조리하다면, 그런데도 지상에서 무죄한 사람들이 흔히 벌을 받고 있다면, 거기에서 또 하나의 부조리함이 도출된다. 그러한 징벌이 하느님의 심판에서 유래하는 것이 아니라 세상을 지배하며 의인들을 벌하는 불의한 주인에게서 유래하는 것으로 보인다는 것이다. 그래서 "세상은 악한 자의 손에 넘겨지고"(24절)라는 말이 뒤따른다. 지상에서 벌을 받는 무죄한 이들의 징벌이 그 자체로 하느님의 마음에 드는 것이 아니라면, 하느님께서 세상의 통치를 악한 자에게[20] 맡기셨다는 것을 인정하지 않을 수 없게 된다. 그의 죄악으로 제상의 심판이 왜곡되어 무죄한 이들이 벌을 받게 된 것이다.

그래서 "그가 판관들의 얼굴을 가려 버렸다네."라고 덧붙인다. 그가 탐욕이나 증오나 사랑으로 그들의 정신을 흐리게 하여, 올바른 재판을 하지 않도록 한 것이다. "그가 아니라면", 세상을 넘겨받았고 무죄한 이들의 징벌을 불러일으킨 그 악한 자가 아니라면, "도대체 누구란 말인가?" 이 징벌의 원인은 누구란 말인가? 앞서 증명한 바와 같이,[21] 죄만이 현세 징벌의 원인이라는 자네의 입장을 따른다면 이러한 상황은 하느님으로부터 오는 것이라고 할 수 없게 되기 때문이다.

여기서, "세상은 악한 자의 손에 넘겨지고"라는 진술은 어떤 면에서는 참이다. "죄를 짓는 자는 누구나 죄의 종이다."[22]라는 말씀대로, 하느님께서는 지상적인 인간을 악마의 권세 아래 두셨기 때문이다. 그러나 엄밀히 말하면 그 진술은 거짓이다. 세상의 통치는 악마가 원하는 것을 마음대로 할 수 있도록 그에게 완전히 맡겨진 것이 아니며, 악마에게 허락되는 것은 모든 것을 합당한 이유에 따라 안배하시는 하느님의 결정에서 나오는 것이기 때문이다.

그러므로, 무죄한 이들이 벌을 받는다는 사실은 절대적으로 악마의 악의에 달려있는 것이 아니라 그것을 허락하시는 하느님의 지혜에 달린 것이다. 따라서, 무죄한 사람들이 벌을 받는 것이 죄 때문이 아니라고 해서 그것을 악마의 악의로 돌릴 수 있는 것은 아니다. 하느님께서 그것을 허락하시는 다른 합당한 이유가 있어야 하고, 그래서 그는 분명하게 "그가 아니라면 도대체 누구란 말인가?"라고 말한다. 악마의 악의기 무죄한 이들이 벌을 받는 충분한 원인이 아니라면, 다른 이유

---

20) 사탄을 말한다.
21) 참조. 9,22 주해.
22) 요한 8,34.

를 찾아야 한다는 것이다.[23]

현세 재산의 덧없음

　무죄한 이들이 이 세상에서 고통을 받는 이유를 찾기 위해서 욥은 먼저 그가 재산을 잃으면서 겪었던 몰락을 언급하며, 현세적 번영의 무상함을 이 세상에서 가장 빠르게 보이는 사물들과 비교해 설명한다. 그러나, 현세의 번영에 대하여 사람들은 서로 다른 태도를 갖는다는 점을 염두에 두어야 한다.

　어떤 이들은 그 번영 자체를 목적으로 하며 그것을 넘어 다른 무엇을 바라지 않는다. 모든 상과 벌이 현세에서 이루어진다고 여기는 이들의 생각은 이편으로 기우는 것으로 보인다. 그런 이들은 이 세상의 번영을 놓치지 않지만, 그들이 그것을 잃어버릴 때 이 세상의 번영은 그들에게서 벗어난다.

　그러나 어떤 이들은, 욥도 그 축에 끼는데, 이 세상의 번영을 목적으로 하지 않고 다른 목적을 추구한다. 이러한 사람들은, 이 세상의 번영이 그들을 떠나간다기보다는 그들 자신이 그것에 마음을 두지 않는다.

어떤 목적을 이루기 위한 세 가지 조건

　여기서, 어떤 목적을 추구하는 사람에게는 세 가지가 필요하다.

　1. 첫째는 그 목적을 추구하는 것을 지체시키는 다른 무엇에도 마음을 두지 않고 그 목적을 이루기 위하여 서둘러야 한다는 점이다. 그래서 욥은 첫 번째로, 목

---

23) 참조. 10,8 주해.

표를 향하여 도중에서 지체하지 않는 경주자의 예를 든다. "저의 날들은 경주자보다 빨리 지나가고"(25절). 이 말들로 그는 현세 행복의 불안정성과 다른 목표를 추구하는 그 자신의 지향을 동시에 드러낸다. 그날들은 "달아납니다." 이 세상의 사물들에서 마음의 평화를 찾지 못한 듯이 달아난다. 그래서 그들은 "행복을 보지도 못한 채", 곧 내가 지향하는 참된 선을 보지 못했다. 그러므로 나는 내 의로움에 갚음을 받았다고 여기지 않는다. 그러나 만일 그 갚음이 현세의 번영이라고 여긴다면, 그 번영을 잃는 나는 무죄한 사람이면서 벌을 받은 것이다.

2. 둘째로, 어떤 목적을 추구하는 사람은 그 목적에 도달할 수 있기 위한 수단을 가져야 한다. 치료를 받기를 바라는 사람이 치료받기 위한 약을 얻어야 하는 것과 마찬가지다. 이와 유사하게, 참된 선에 도달하기를 바라는 사람은 그것을 얻을 수 있기 위한 덕을 구해야 한다. 그래서 그는 "과일을 나르는 배들처럼 흘러가고"(26절)라고 덧붙인다. 이 절에서도 그는 두 가지를 보여 준다. 첫째는 현세 행복의 불안정성인데, 과일을 나르는 배들은 지체함으로써 그 과일이 상하지 않도록 서둘러 판다. 둘째는 목적을 추구하는 열성이다. 자신의 날들은 헛되이 흘러가지 않았고, 자신은 목적을 이루기 위하여 덕을 쌓았다는 것이다.

3. 셋째는 그 목적에 도달해야 한다는 것이다. 그래서 그는 "먹이를 덮치는 독수리처럼"이라고 말한다. 이 절에서도 위에서 언급한 두 가지를 암시한다. 독수리는 빨리 나는 새이고, 특히 굶주림으로 재촉받을 때와 그가 힘을 얻을 먹이를 목적으로 할 때 더욱 그러하기 때문이다.

경건한 욥의 가책

이 말들에는 말하자면 그 자신이 의롭고 무죄하다는 것이 내포되어 있고 그의 반대자들은 그러한 함의가 주제넘은 것이라고 여겼으므로,[24] 그는 자신의 무죄함에 대해 홀로 양심을 심판하시는 하느님과 논의한다. 그래서 그는 이렇게 덧붙인다. 저는 마음속으로 "생각합니다"(28절). "제가 이렇게 말해도", 즉 그가 의롭고 무죄하다고 말해도 "아무 소용이 없고", "표정을 바꾸어" 곧 자신의 무죄함을 확신하다가 이제 죄들을 찾아보려고 하면 "고통으로 시달립니다." 그는 죄 때문에 벌을 받는 것이 아닌지 자신의 양심을 살피는 것이다.

또한 그는 그의 고통의 이유를 지칭하여 "저는 저의 모든 일들이 두려우니"(28절)라고 말한다. 어떤 사람이 무엇을 매우 염려하는데도 바로 그가 피하려고 애를 쓰는 상황에 처하게 되면 그것은 큰 고통의 이유가 되기 때문이다. 실상 욥은 자신의 모든 일들을 매우 염려하며 그가 어떤 식으로 정의를 벗어날까 두려워했었다. 그래서 "저는 저의 모든 일들이 두려우니"라고 말하는 것이다.

그가 그의 모든 일들을 두려워한 이유는, 하느님의 심판이 준엄하기 때문이었다. 그래서 그는 "당신께서 죄인을 그대로 두지 않으실 것을 알기 때문입니다."라고 덧붙인다. 시편 7,13에서 말하듯이, 죄인이 "회개하지 않으면 칼을 가시리라."

"그래도", 죄를 짓지 않으려고 그렇게 애를 쓴 후에도 "제가 불경하다면"(29절), 그래서 하느님께 그렇게 무거운 벌을 받아야 한다면, 그렇게 애써 무죄함을 보존하려고 "어찌 공연히 고생해야 한단 말입니까?" 힘들여 어떤 목적을 추구했으나 그것을 얻지 못했을 때 공연히 고생했다고 하는 것이다.

그러나 인간이 아무리 깨끗하다 해도 하느님께 조사받는다면 그 깨끗함에는 결함이 있을 것이다. 그래서 다음으로 그는, 자신이 깨끗하고 무죄하다고 말할 때 그것이 인간으로서 깨끗하고 무죄하다는 뜻이며 하느님 정의의 올바름을 거부하는 것은 절대 아님을 말한다.

---

24) 참조. 4,7 주해.

참회하는 사람의 깨끗함과 무죄한 사람의 깨끗함

여기에서, 깨끗함에는 두 종류가 있다는 것을 알아야 한다. 그 하나는 무죄한 사람의 깨끗함이고, 다른 하나는 참회하는 사람의 깨끗함이다. 하느님의 규범의 완전한 올바름에 비하면 그 둘은 모두 불완전하다.

그래서 그는 참회하는 사람의 깨끗함에 대해 "눈으로"(30절), 깨끗하게 하는 효과가 크다고 하는 눈으로 죄에서 정화되기를 갈망하여 "제 몸을 씻는다 해도"라고 말한다. 한편 무죄한 사람의 깨끗함에 대해서는 "제 손이 깨끗한 듯 빛난다 해도"라고 덧붙인다. 손은 행위를 가리키는데, 그 행위들에서 더러움이 없고 – 여기서 그는 인간에게는 완전한 깨끗함이 없음을 암시하여 "깨끗한 듯"이라고 말한다 – 정의의 찬란함이 빛난다 하더라도, "당신께서는 저를 시궁창에 빠뜨리실 것입니다"(31절). 당신의 정의에 비교하고 당신의 지혜에 비추어 본다면 나는 시궁창과 같으리라는 것이다.

인간에게는 언제나 결함이 있다

인간이 하는 일에는 언제나 결함이 있다. 그것은 때로는 이성의 허약함에서 오는 무지 때문이지만, 때로는 육신의 약함에서 오는 나태 때문이다. 그러나 때로는, 동일한 상태에 고정되어 항구히 머물지 않는 인간 마음의 가벼움으로 인하여 선한 일에서도 지상적인 집착이 섞이게 된다. 그래서 인간이 하는 일에서는 언제나 하느님 정의의 깨끗함에 미치지 못하는 부분이 있게 된다.

그런데, 깨끗하지 못하면서도 외적으로는 의로운 모습을 보이는 사람이 있다면 외적으로 드러나는 그 의로움의 표지는 그에게 부합하지 않는다. 그래서 그는 "제 옷마저 저를 역겨워할 것입니다."라고 덧붙인다. 마태 7,15에서 "그들은 양의 옷차림을 하고 너희에게 온다."고 말하듯이, 옷차림은 그 사람을 가리고 있는 외적 행실들을 가리키기 때문이다. 그렇다면, 어떤 사람의 옷이 그 사람을 역겨워한다는 것은 의로운 척하는 한 사람의 외적인 행동이 그 사람의 내적인 행동과 일치하지 않음을 의미한다.

다음으로 그는 인간이 아무리 깨끗하다 해도 하느님께서 그를 불결하다 하실 때에 자신을 변호할 수가 없는 이유를 보이기 위하여 하느님께서 인간을 능가하시는 두 가지 특성, 곧 하느님 정의의 깨끗함과 하느님 엄위의 권위를 언급한다.

전자에 관하여 그는 "그분은 나 같은 인간이 아니시기에 나 그분께 답변할 수 없고"(32절)라고 말한다. 다른 사람이 나를 불결하다고 한다면 나는 완전히 깨끗한 정의라는 개념이 인간 안에서 유지될 수 없다고 그에게 맞설 수 있겠지만, 아무 결함이 없으신 하느님께는 그렇게 답변할 수가 없다는 것이다.

하느님보다 상위의 심판자는 없다

후자에 관해서 그는 "우리는 함께 법정으로 갈 수 없다네."라고 말한다. 두 사람이 서로 논쟁할 때는 그 둘의 말을 조사할 심판자가 있을 수 있으나, 하느님과 인간 사이의 재판에서는 두 가지 이유로 이것이 불가능하다.

첫째 이유는, 그 심판자에게는 더 높은 지혜가 있어서 그것을 기준으로 두 편의 주장을 평가할 수 있어야 하기 때문이다. 하느님의 지혜는 모든 명제의 진실성이 시험받는 첫 번째 기준이라는 것이 명백하고, 그래서 그는 "우리 둘 모두를 논박할 심판자가 우리 사이에는 없다네."(33절)라고 덧붙인다. 하느님의 지혜보다 더 큰 지혜로 하느님의 잘못을 지적할, 하느님보다 더 높은 이가 없다는 것이다.

또 하나의 이유는 그 심판자에게는 두 편 모두를 구속할 수 있는 더 큰 힘이 있어야 한다는 것인데, 욥은 이를 배제하며 "우리 둘 위에 손을 얹을 심판자가 우리

사이에는 없다네."라고 말한다. 그 둘 모두를 구속할 수 있는 이가 없다는 것이다. 위에서 그가 증명한 바와 같은[25] 하느님의 지대한 능력으로 인하여 그것이 불가능하기 때문이다.

또한 앞에서 말한 바와 같이[26] 욥은 무죄한 이들이 이 세상에서 벌을 받는 이유를 찾고자 하고 있으므로, 그러한 탐구를 가로막을 수 있는 것이 무엇이며 그가 그렇게 찾고자 하는 의도가 무엇인가를 보여 준다.

고통과 두려움이 탐구를 방해한다

그는 두 가지 조건에 의하여 장애를 받을 수 있다. 첫째로는 그가 겪고 있는 고통에 의해서이다. 정신이 슬픔에 잠겨 있는 사람은 예리하게 탐구할 수가 없다. 이러한 장애에 관하여 그는 "그분께서 당신 매를 내게서 거두신다면"(34절)이라고 말한다.

둘째로는 그가 하느님께 대해 지니고 있는 경외심에 의해서이다. 때로 사람들은 그들이 하느님에 대해 지니고 있는 경외심 때문에 하느님에 대하여 탐구하지 않는다. 이 장애와 관련하여 그는 "그분에 대한 공포가 나를 더 이상 덮치지 않는다면"이라고 말한다. 다른 말로 하면, 그분께서 나의 영을 내가 지금 겪고 있는 고통에서 쉬게 해 주시고 또한 하느님의 일들에 관해 내가 토론하고 있다는 것이 하느님께 대한 불경으로 여겨지지 않는다면 내가 탐구를 할 수 있으리라는 것이다. 그래서 그는 "나 두려움 없이 말할 수 있으련마는!"(35절)라고 말한다. 즉, 마치 내가 그분을 두려워하지 않는 듯이 말할 수 있으리라는 것이다. "그러나 두려워하면서는

---

25) 참조. 9,4 이하 주해.
26) 참조. 9,23 주해.

답변할 수 없구려." 그분께 대한 두려움으로 주저하면서는 탐구를 할 수 없다는 뜻이다.

여기에서, 때에 따라서는 하느님께 대한 두려움이 하느님을 두려워하는 이들로 하여금 그분의 일들에 대한 탐구를 주저하게 하지 않는다는 것을 알아야 한다. 그 것은 그들이 이해할 수 없는 것을 알아내기 위해서가 아니라 진리를 알고자 하는 갈망에서, 그리고 그들의 이성을 신적 진리에 종속시키는 것을 규범으로 삼아 하느님의 것들을 탐구할 때이다. 그러나, 하느님에 대한 것들을 파악하려고 하면서 그들의 이성을 신적 진리로 규정하려 하지 않을 때 그들은 하느님께 대한 두려움에 붙잡히게 된다.

그러므로, 이 말들로써 욥은 그가 신적 진리를 반박하기 위해서가 아니라 그의 이성을 신적 진리에 종속시켜야 한다는 규칙에 따라 하느님의 섭리에 속하는 것들을 탐구하고 있음을 보여 준다. 신적 진리를 반박한다는 것은 하느님께 대한 경외를 거스르는 일이 될 것이다.

10장
욥은 하느님의 위력에 휘둘리고 있다고 느낀다

힘이 다하여 좌절함

1) 나는 내 생명이 메스꺼워 나 자신을 거슬러 탄식을 쏟아 놓으며 내 영혼의 쓰라림 속에서 토로하리라. 2) 나 하느님께 말씀드리리라. "저를 단죄하지 마십시오. 왜 저와 다투시는지 알려 주십시오. 3) 중상하시는 것이 당신께는 좋습니까? 악인들의 책략에는 빛을 주시면서 당신 손의 작품을 멸시하시는 것이 좋습니까? 4) 당신께서는 살덩이의 눈을 지니셨습니까? 당신께서는 사람이 보듯 보십니까? 5) 당신의 날도 사람의 날과 같습니까? 당신의 해도 인간의 세월과 같습니까? 6) 그래서 저의 죄를 찾으시고 저의 허물을 들추어내십니까? 7) 당신께서는 저에게 죄가 없음을, 저를 당신 손에서 빼낼 사람이 없음을 아시지 않습니까? 8) 당신 손들로 온전히 둘러싸게 저를 빚어 만드시고서는 이제 생각을 바꾸시어 저를 파멸시키려 하십니다. 9) 당신께서 저를 진흙처럼 빚어 만드셨음을 기억하십시오. 그런데 이제 저를 먼지로 되돌리려 하십니다. 10) 당신께서 저를 우유처럼 부으시어 치즈처럼 굳히지 않으셨습니까? 11) 살갗과 살로 저를 입히시고 뼈와 힘줄로 저를 엮으셨습니다. 12) 당신께서는 저에게 생명과 자애를 베푸시고 저를 찾아오시어 제 목숨을 지켜 주셨습니다." 13) "당신께서는 이런 것들을 마음에 숨기셨습니다. 그러나 당신께서 모든 것을 기억하심을 저는 압니다.(10,1-13)

욥은 앞에서[9,22 이하] 현세에서 무죄한 사람이나 악인이나 모두 시련을 받는다는 것을 말하고 무죄한 사람들이 벌을 받는 이유가 될 수 있는 한 가지를 제시했다. 세상이 하느님께 거의 버림을 받은 듯이 되어 악한 권세의 뜻에 내맡겨졌고, 그 권세가 무죄한 사람들을 제멋대로 벌한다는 것이다. 그러나 이러한 설명은 명백한 부조리를 포함하고 있기 때문에 배척되었다.

다음으로 그는 누가 어떤 이유로 무죄한 사람들을 벌하는가를 물었으며, 여기에서 이 질문을 계속 다루려 한다. 그러나 그 탐구에 앞서 그는 그가 어떤 마음으로 말하고 있는지를 보여 준다. 그는 그의 고통이 그에게 불러일으키는 감정대로, 고통받는 사람의 입장에서 말하고 있다.

그러므로, 먼저 그는 그가 겪고 있는 시련 때문에 현세의 삶에서 그가 당하는 괴로움을 말한다. 그 시련은 너무 심해서 삶 자체마저 지겨운 것이 된다. 사는 것은 즐거운 일이지만, 고통 속에 사는 것은 괴로운 일이다. 그래서 그는 "나는 내 생명이 메스꺼워"(1절)라고 말한다. 즐거운 사람이 삶을 살기를 원하듯이 괴로움에 지친 사람은 삶을 잃어버리는 편을 바라므로, 그는 "나 자신을 거슬러 탄식을 쏟아 놓으며"라고 덧붙인다. 어떤 사람을 파괴하는 것은 그를 거스른다. 그러므로 어떤 사람이 자신을 거슬러 말한다는 것은 그가 목숨을 잃기를 바랄 때이다.

하느님은 무엇을 생각하시는가?

그러나 그는 분명하게 "쏟아 놓으리라."고 말한다. 많은 경우 인간은 슬픔이나 욕정, 분노 또는 다른 어떤 격정에 마음이 동요되지만, 이성으로 모든 동요를 제어하여 밖으로 말하지 않는다. 그러나 이성이 그가 내적으로 겪고 있는 것을 보여 주고자 할 때는 감추어진 그 동요를 말로 표현하는데, 그때에는 지금까지 참아 두었던 탄식을 쏟아 놓는다고 말한다. 그래서 욥은 "내 영혼의 쓰라림 속에서 토로하리라."고 덧붙인다. 이제부터 내가 밖으로 내놓을 말들은 나의 내적인 쓰라림을 보여 주어, 괴로움을 당하는 사람의 입장에서 말하고 있음을 알게 해 주리라는 것이다.

그러나, 그가 말을 쏟아 놓는 것은 이성이 슬픔에 정복당했기 때문이 아니라는 것을 알도록 그는 "나 하느님께 말씀드리리라. '저를 단죄하지 마십시오.'"(2절)라고 덧붙인다. 이성이 격정에 정복되었을 때는 하느님을 거슬러 불평하고 때로는 하느님을 모독하는 말을 하게 되지만, 시련 속에서 이성이 올바르게 버티고 있을 때는 하느님께 복종하여 "저를 단죄하지 마십시오."라고 말하며 그분으로부터 치유책을 기다리기 때문이다.

동시에, 이 본문에서도 그는 앞에서의 질문을 다루기 시작한다. 앞에서 그는 [9,24] 무죄한 이들이 현세에서 고통을 받는 이유를 물었는데, 여기서는 하느님께 그를 단죄하지 말아 주시기를 청하면서 하느님께서 그 벌의 근원이심을 고백하는 것이다. 1사무 2,6에서는 "주님은 죽이기도 살리기도 하시는 분"이라고 말하는데, 이 본문에 의해 마니교 이단이 반박된다.[1]

이러한 말들을 먼저 해 두고 하느님께서 벌의 원천이심을 전제한 다음, 그는 그 자신이 벌을 받는 이유를 물으며 하느님께 말씀드린다. "왜 저와 다투시는지 알려 주십시오." 당신께서 나를 벌하시는 이유를 알려 주시라는 것이다. 그는 하느님의 가르치심을 받지 않고서는 이성의 탐구로 진리의 목표에 도달할 수 없음을 알았다. 다른 한편으로, 인간은 그가 벌을 받는 이유를 알아야 교정되거나 더 인내롭게 징벌을 견딜 수 있다.

그는 일종의 선언(disjunction)으로 이 질문을 이어 간다. 벌을 받고 있는 사람은 무죄한 사람이든지 아니면 죄인일 것이기 때문이다. 욥은 먼저 그가 무죄하다고 가정한다. 그리고, 우리는 인간적인 것들을 통하여 신적인 것들에 대한 지식에 이르

---

[1] 참조. 아래 각주 2.

게 되므로 그는 인간적 법정에서 무죄한 사람이 때로는 벌을 받게 되는 두 가지 방식을 제시한다.

하느님께서는 악하지 않으시다

　첫째 경우는 벌하는 사람의 악의의 결과로 무죄한 사람이 벌을 받게 되는 것인데, 여기에는 세 가지 방식이 있다. 때로는 교활하게 무죄한 사람을 중상할 경우가 있는데, 이러한 방식에 관하여 그는 "중상하시는 것이 당신께는 좋습니까?"(3절)라고 말한다. 그러나 때로는 힘으로 무죄한 사람을 억압하는데, 이에 관하여 그는 "당신 손의 작품을 멸시하시는 것이 좋습니까?"라고 덧붙인다. 그런데, 그들은 스스로의 동기로 무죄한 사람을 벌하는 것이 아니라 그들이 악인들을 옳지 않게 사랑하기 때문에 무죄한 사람을 억압하는 데에서도 그들을 돕는 경우도 있다. 그래서 "악인들의 책략에는 빛을 주시면서"라고 덧붙여져 있다.

　그러나 때로는 서로 다른 본성을 지닌 이들에게서 하나이고 동일한 자질이 선이 될 수도 있고 악이 될 수도 있음을 고려해야 한다. 예를 들어, 성을 내는 것은 개에게서는 좋은 것이지만 사람에게서는 나쁜 것이다. 그런데, 건전한 정신을 가진 사람이라면 아무도 하느님께서 악의에서 어떤 일을 하신다고 의심하지 않을 것이다. 최고선 안에는 어떤 악도 있을 수 없기 때문이다. 하지만 하느님의 선하심에 속하는 어떤 것이 인간에게는 악한 것이 될 수 있다. 예를 들어, 고통에 대하여 자비가 부르짖는 대로 자비를 베풀지 않는 것은, 그 고통이 하느님의 선하심이 그 완전성에 따라 요구하는 것일 때에도 인간에게서는 비난받을 일이다.

　여기에 언급된 세 가지 행위들 곧 중상과 무죄한 사람을 억압하는 것과 악인들의 책략을 도와주는 것은 인간에게서는 악이다. 그래서 욥은 이들이 하느님께는 선이 될 수 있는지 묻는다. 그런데 그는 "당신께서는 중상하시고 멸시하십니까?"라고 묻지 않고 "중상하시는 것이 당신께는 좋습니까? 당신 손의 작품을 멸시하시는 것이 좋습니까?"라고 묻는다. 그는 하느님께서는 분명 당신께 선으로 여겨지는 일만을 행하시며 하느님께 선으로 여겨지는 것은 참으로 선이라는 것을 전제하고 있다.

인간은 하느님의 피조물이다

마찬가지로, 본성적으로 존재하는 것은 누구에게도 잘못이나 악으로 간주되지 않는다는 점을 고려해야 한다. 그러나, 사물이 그 반대편을 파괴하는 것은 본성적이다. 그래서 최고선이신 하느님께서도 그분을 거슬러 이루어진 일들을 미워하시고 파괴하신다. 시편 5,7에서는 "거짓을 말하는 자들을 멸망시키십니다."라고 말한다. 그러므로, 마니교도들이 주장하듯이 인간이 하느님에 의하여 창조되지 않았고 그 반대 원리에 의해 창조되었다면[2] 하느님께서 인간을 그 자체로 억누르시는 것이 선으로 여겨질 것이다. 이러한 오류를 배제하기 위하여 욥은 단순히 "저를 멸시하시는 것"이라고 말하지 않고 "당신 손의 작품을 멸시하시는 것"이라고 말한다.

마찬가지로, 하느님께서 의인들이 바라는 바를 이루시는 것은 선으로 보인다. 그러나 무죄한 사람을 중상하거나 멸시하는 이들은 의인이 아니라 악인이며, 특히 그들이 무지에서 또는 우연적으로가 아니라 의도적, 계획적으로 이를 행할 때에는 더욱 그렇다. 그런데 욥은 앞에서 자신이 무죄하다고 말했으므로, 의도적인 계획으로 그를 멸시하거나 중상하려는 이들은 악인들이다. 그래서 그는 분명하게 "악인들의 책략"이라고 말한다.

그가 하느님 손의 작품이고 그를 멸시하는 원수들은 악인들이므로 이것이 하느님께 좋게 여겨지지 않기 때문에, 이러한 이유는 배제된다. 그래서 이제 그는 인간

---

2) Augustine, *De Haeresiis* 46 [PL 42,38].

법정에서 무죄한 이들이 고통을 받게 되는 두 번째 경우를 다룬다. 때로는 무죄한 사람이 재판관 앞에서 거짓으로 고발당하고, 재판관은 진실을 알기 위하여 정의에 따라 그를 고문하게 한다. 그러나 이러한 상황이 벌어지는 이유는 인간의 앎에 불완전함이 있기 때문이며, 이 불완전함은 세 가지이다.

인간 이성의 한계

그 첫째는 모든 인간의 앎이 감각에서부터 유래한다는 것이다. 감각들은 물질적이고 물질적 사물들을 대상으로 하므로, 재판관은 피고의 내적인 양심을 알 수 없게 되는 것이다. 그래서 그는 하느님께 이러한 결함이 없음을 밝히기 위하여 "당신께서는 살덩이의 눈을 지니셨습니까?"(4절)라고 말한다. 당신께서 물질적인 감각으로 인식하시고, 그래서 물질적인 사물들만을 보시며 내적인 사물들은 알지 못하시냐고 묻는 것이다. 여기서 그가 눈에 대해 말하는 것은 시각이 다른 감각들보다 뛰어나기 때문이다.

두 번째 결함은 인간이 물질적인 감각들을 통해서 물질적 사물들마저도 남김없이 볼 수 없다는 것이다. 인간은 멀리서나 감추어진 곳에서 일어나는 것을 볼 수 없다. 그러나 욥은 하느님께는 이러한 결함을 배제하여, "당신께서는 사람이 보듯 보십니까?"라고 말한다. 당신께서는 모든 곳에서 일어나는 일들을, 감추어진 것까지도 알 수 있지 않으신지 묻는 것이다.

인간 지식의 세 번째 결함은 시간에서 나오는 결과이다. 인간은 날이 흐를 수록 더 많은 것을 알게 되고, 또한 오랜 시간이 지나면서 그가 알던 것을 잊어버리게 되므로 그것을 다시 배워야 한다. 그는 하느님으로부터 이러한 결함을 배제하여, "당신의 날도 사람의 날과 같습니까?"(5절)라고 말한다. 그분의 지식이 날이 흐르면서 증가하는지 묻는 것이다. "당신의 해도 인간의 세월과 같습니까?" 시간이 흐르면서 그분의 지식도 감소하는지 묻는 것이다.

이어서 그는 "그래서 저의 죄를 찾으시고 저의 허물을 들추어내십니까?"(6절)라고 묻는다. 인간이 고문으로 죄를 밝히듯이 당신도 제가 행동으로 죄를 짓고 마음으로 악을 품었는지 징벌을 통해 밝히십니까? 그러한 조사 끝에 죄가 없음이 드러나면, "당신께서는 저에게 죄가 없음을 아시지 않습니까?"(7절). 당신께서는 고통으로 저를 치시는 것 외에는 다른 어떤 방법으로 이를 알아낼 수 없는 듯이 하신다는 것이다. 그리고 하느님은 반대도 받지 않고 자유로이 이를 행하신다. "저를 당신 손에서 빼낼 사람이 없음을 아시지 않습니까?" 때로 재판관들은, 조사받을 사람이 그들의 손에서 구출되었기 때문에 고문을 포기한다.

육신도 하느님의 작품이다

욥은 위에서(3절) 자신이 하느님 손의 작품이라고 말함으로써 하느님께서 마치 그를 억압하기를 기뻐하거나 하시는 것처럼 그를 억압하시는 것이 그 자체로 좋은 일로 여겨질 수 없음을 말했다. 이제 그는 앞에서 그가 전제했던 것을 밝혀 말한다. "당신 손들로 만드시고서는"(8절). 그리고, 마니교 이단에 따라[3] 인간의 영혼은 하느님께서 만드셨고 육신은 하느님과 반대되는 창조자에 의해 형성되었다고 믿지 않도록 "온전히 둘러싸게 저를 빚어 만드시고서는"이라고 덧붙인다. "둘러싸게"라고 말하는 것은 옷이 그 옷을 입은 사람을 감싸듯이 또는 집이 그 안에 사는 사람을 둘러싸듯이 육신이 영혼을 둘러싸고 있는 것으로 보이기 때문이다. "온전히"라고 말하는 것은 몸의 각 지체를 가리키는 것이다. "빚어 만드셨음"은 인간이 진흙에서부터 빚어졌다는 사실을 암시한다. 손은 하느님의 작용을 뜻한다. 그가 "손

---

[3] 참조. 앞의 각주 2.

들"이라고 복수로 말하는 것은 작용하는 하느님의 능력은 오직 하나이지만 그 작용의 결과는 여럿이기 때문인데, 이는 결과들이 다양하고 또 그 작용이 결과들을 일으키는 중간 원인들도 다양하기 때문이다.

이어서 그는 "이제 생각을 바꾸시어 저를 파멸시키려 하십니다."라고 덧붙인다. 어떤 사물을 만든 사람이 뚜렷한 이유 없이 그것을 없애려 하는 것은 뜻밖의 일로 보인다. 사물들을 만든 사람은 그것이 존재하기를 원해서 그것이 존재하도록 만든 것인데, 그것을 없애는 사람은 존재하지 않기를 바라는 것이기 때문이다. 그러므로 어떤 사람이 그가 앞서 만든 것을 파괴할 때는, 어떤 분명한 이유가 새로 발생하여 이전에 만든 것이 소멸되어야 하게 된 경우가 아니라면 그가 갑자기 뜻을 바꾼 것으로 보인다. 그런데 이렇게 갑자기 뜻을 바꾼다는 것은 하느님께는 일어날 수 없는 일이므로 그는 놀라서 말한다. "이제 생각을 바꾸시어 저를 파멸시키려 하십니다." 당신께서 이전에 만드셨던 것을 지금 이유 없이 파괴하신다면 부조리하게 보인다는 것이다.

또는, "만드셨음"은 실체를 구성함을 가리키고 "온전히 둘러싸게 빚으셨음"은 실체에 덧붙여지는 영혼이나 육신의 선익 또는 외적인 재산 등을 가리키는 것일 수도 있다.

욥은 하느님께 그를 잊지 마시기를 간청한다

그는 일반적으로 하느님께서 그를 만드시고 빚으셨음을 말했으므로, 이제는 어떤 사람에게 그가 잊어버린 것을 상기시키는 사람처럼 자신이 창조된 방식을 자세히 묘사한다. 그는 모든 것을 부분별로 설명하여 기억을 되살린다. 지금 하느님께서는 당신 피조물을 소멸하도록 하시고 그에게 베푸셨던 호의를 잊으신 듯이, 마치 기억하지 못하는 사람처럼 행동하신다. 시편 12,1에서도[4] 이러한 방식으로, "주님, 언제까지 마냥 저를 잊고 계시렵니까?"라고 표현한다. 그래서 그는 "당신께서 저를 진흙처럼 빚어 만드셨음을 기억하십시오."(9절)라고 말한다.

여기에서는 그가 인간의 두 가지 창조를 언급하고 있음을 주목해야 한다. 그 첫째는 인간의 본성을 처음 구성하는 것이다. 이를 암시하여 창세 2,7에서는 "주 하느님께서 흙의 먼지로 사람을 빚으시고"라고 말하고, 그래서 그는 "당신께서 저를 진흙처럼 빚어 만드셨음"이라고 말한다. 여기에서 그는 인간이 첫 요소들로부터 구성되는 것도 언급하는 것으로 보인다. 그리고 첫 인간에게 "너는 먼지이니 먼지로 돌아가리라."[5]라고도 말씀하셨으므로, 다음으로 그는 "그런데 이제 저를 먼지로 되돌리려 하십니다."라고 덧붙인다. 이 표현은 자연적인 물질에도 맞는 표현이다. 자연 질서에 따라, 흙에서 나온 사물들은 흙으로 분해되어야 하기 때문이다.

그러나 이를 기이하게 생각할 수도 있다. 흙으로부터 인간을 빚어 만드는 것이 한번 형성된 인간을 먼지로 되돌아가지 않게 유지하는 것보다 더 큰 일로 여겨지기 때문이다. 그러므로, 진흙으로부터 인간을 빚어 만드신 바로 그 하느님께서 인간이 먼지로 돌아가게 허락하신다는 것이다. 이것은 오직 물질적인 필연성의 결과여서 이 점에 있어 인간은 흙에서 빚어진 다른 사물들보다 나을 것이 없거나, 아니면 인간의 어떤 죄를 벌하시는 하느님 섭리의 결과이다.

인간의 형성

다음으로는 인간이 인간에게서 태어나는 번식 기능과 관련하여 인간의 창조를

---

[4] 마소라 본문에서는 13,2.
[5] 창세 3,19.

언급한다. 여기에서, 욥은 본성의 모든 작용을 하느님께 귀속시키고 있음을 염두에 두어야 한다. 이는 본성의 작용을 배제하기 위해서가 아니라 톱의 작용이 기술자에게 귀속되는 것과 마찬가지로 이차적 원인들에 의하여 이루어지는 일들이 그 첫 동인에게 귀속되도록 하기 위해서이다.

남성의 정자

인간의 출생에서는 먼저 정액이 방출되는데, 이러한 사실에 관하여 그는 "당신께서 저를 우유처럼 붓지 않으셨습니까?"(10절)라고 말한다. 정액이 양분이 흘러넘치는 것이듯이[6] 우유도 그렇기 때문이다.

여성적 요소

둘째로는 물질 덩어리가 모태에서 서로 결합된다. 이러한 사실에 관하여 그는 "치즈처럼 굳히지 않으셨습니까?"라고 덧붙인다. 인간과 다른 동물들의 출생에서, 여성이 제공하는 물질에 대한 정액의 관계는 치즈를 만드는 데에서 응고제의 관계와 같기 때문이다.[7]

기관들

셋째로는 기관들이 구별되는데, 그 견고함과 힘은 힘줄과 뼈에 기인한다.[8] 그러나 이들은 살갗과 살로 감싸여 있으므로, "살갗과 살로 저를 입히시고 뼈와 힘줄

---

6) 참조. Aristotle, *On the Generation of Animals* I.18, 725b 3f.와 726a 26f.
7) 참조. *Ibid*. II.4, 739b 20f.
8) 참조. Aristotle, *Topics* III.1, 116b 21f.

로 저를 엮으셨습니다."(11절)라고 말한다.

영혼

넷째로는 태아에게 생명 특히 이성적 영혼을 불어넣음을 말하는데, 이성적 영혼은 질료가 만들어질 때까지는 아직 주입되지 않는다.[9] 이성적 영혼과 함께 인간에게는 하느님에 의하여 덕행의 씨앗들도 주입되는데, 이들 가운데 일부는 모든 사람에게 공통되지만 일부는 어떤 사람들에게 특별히 주어져, 사람들이 각각 서로 다른 덕에 본성적 성향을 지니고 있게 된다.[10] 후에 욥은 "동정심은 내 어릴 때부터 나와 함께 자랐고, 내 어머니 배 속에서부터 나와 함께 나왔지"[31,18]라고 말할 것이고, 여기에서도 "당신께서는 저에게 생명과 자애를 베푸시고"(12절)라고 말한다.

태아와 신생아의 생명

마지막으로, 어머니의 태중에서나 모태에서 나온 후에나 생명이 보전되는 것은 어떤 부분에서는 본성적인 원리들에 의해서 이루어지지만, 어떤 부분에서는 본성에 더해진 하느님의 다른 은혜들로 이루어진다. 그 은혜들은 영혼에 속하거나 육신에 속하거나 외적인 선들에 속한다. 이러한 사실과 관련하여 그는 "저를 찾아오시어 제 목숨을 지켜 주셨습니다."라고 말한다. 성경에서는 하느님께서 어떤 사람에게서 은혜를 거두시는 것을 가리켜 그에게서 멀어지신다고 말하고, 그에게 은혜를 베푸실 때는 그를 찾아오신다고 일컫는다.

---

9) 참조. Aristotle, *On the Generation of Animals* II.3, 736a 35ff.
10) 참조. Aristotle, *Nicomachean Ethics* VI.13, 1144b 2ff.

하느님께서는 모든 것을 기억하신다

그런데, 그가 하느님께 "당신께서 저를 진흙처럼 빚어 만드셨음을 기억하십시오."(9절)라고 말씀드렸기 때문에 누군가가 그가 하느님께서 잊어버리시는 일이 있을 수 있다고 여긴다고 생각하지 않도록, 욥은 이를 설명한다. "당신께서는 이런 것들을 마음에 숨기셨습니다. 그러나 당신께서 모든 것을 기억하심을 저는 압니다"(13절). 하느님께서 당신의 지식이나 감정에 지니고 계신 것을 어떤 결과를 통하여 드러내 보이지 않으실 때, 인간과 유비적으로 표현하여 그분께서 무엇을 감추신다고 말한다. 그러므로 그는, 하느님께서 뜻하지 않게 멸망시키시는 그 사람을 하느님께서 만드셨음을 그분께서 인정하신다는 것이 어떤 결과로 드러나지 않기 때문에 앞에서 말한 것들을 하느님께서 마음 안에 숨기신다고 말하는 것이다.

하느님께서는 용서하신 이를 벌하지 않으신다

> 14) 제가 죄를 지었고 지금까지 당신께서 그냥 두셨다면, 어찌하여 제가 저의 죄악에서 깨끗해지기를 허락지 않으십니까? 15) 제가 유죄라면 저에게는 불행이고 무죄라 해도 머리를 들 수 없을 것입니다. 수치로 가득한 저는 저의 비참함을 잘 알고 있습니다. 16) 제가 교만하다면 당신께서는 사자처럼 저를 뒤쫓으시고 저를 거슬러 줄곧 이해할 수 없는 일을 보여 주십니다. 17) 당신께서는 저를 거슬러 증인들을 새로 세우시고 저를 향한 당신의 원한을 키우시며 저를 칠 군대를 계속 바꾸어 가며 보내십니다.(10,14-17)

욥은 위에서 자신이 무죄하다는 것을 전제하고 그가 벌을 받는 이유를 물었다.[11] 그러나 이제는, 자신이 죄인이기 때문에 벌을 받고 있는 것인지 묻는다.

그는 자신이 죄 때문에 벌을 받고 있지 않음을 먼저 다음의 추론으로 보여 준다. 그가 죄를 지었다면, 특히 그가 번영을 누리던 때에 지었을 것이다. 그런데 인간이 현세의 삶에서 역경을 당하는 이유가 오직 죄 때문이라면, 죄를 지은 직후에 역경이 뒤따라야 할 것이다. 그러나 욥은 번영을 누리던 때에 같은 생활 방식을 계속 따랐다는 것이 명백하다. 그러므로, 그가 그렇게 사는 것으로써 죄를 지었다면 그는 역경을 당하기 오래전에 죄를 지은 것이다.

그렇다면 역경이 죄에 즉시 뒤따르지 않은 것이므로, 하느님께서는 그가 역경을 당하지 않았던 기간 동안 그를 용서해 주셨던 것이라고 말해야 할 것이다. 그런데, 하느님께서 용서하셨던 죄에 대하여 다시 벌하신다는 것은 부조리하다. 그가 과거에 지었던 죄 때문에 지금 벌을 받는다는 것은 옳지 않게 보인다.

그래서 그는 이렇게 말한다. "제가 죄를 지었다면"(14절), 잘 지내던 때에 죄를 지었고 "당신께서 그냥 두셨다면", 즉 당신께서 즉시 역경을 보내지 않으셨다면, "어찌하여 제가 저의 죄악에서 깨끗해지기를 허락지 않으십니까?" 전에는 죄악을 그대로 두시어 깨끗한 사람으로 여기셨다면, 어째서 지금은 부정한 사람인 것처럼 자신을 벌하시는지를 묻는 것이다.

악인들은 지상에서 더 고통을 겪어야 할 것이다

이어서 그는 다음과 같은 다른 이유를 덧붙인다. 이 세상에서의 역경이 오로지 죄 때문에 겪는 것이라면, 의인은 이 세상에서 죄인들처럼 역경을 겪지 말아야 한

---

11) 참조. 10,2 주해.

다. 하지만, 의인이나 죄인이나 마찬가지로 역경을 겪는 것을 본다. 그래서 그는 이렇게 말한다. "제가 유죄라면 저에게는 불행이고"(15절), 역경을 겪을 것이고, "무죄라 해도", 과거에 의인이었든지 아니면 지금 바로 의인이 된다 해도 그것 때문에 마치 곤궁함을 벗어난 듯이 "머리를 들 수 없을 것입니다."

그의 처지는 슬픔 때문에 "수치로 가득"하고 가난과 곤궁함 때문에 "비참함"을 겪고 있다. 여기서 그는 자신이 수치와 비참함으로 가득하다고 말하는데, 이는 그가 회개한다면 역경에서 벗어나리라는 엘리파즈와 빌닷의 주장에 대립되는 것으로 보인다. 이러한 입장에 대하여 그는, 과거에 죄가 있었다면 그 죄에 대하여 충분히 벌을 받았지만, 그가 의롭게 되었다 하더라도 아직까지 그 때문에 역경에서 벗어나지는 않았다고 말한다. 그러한 처지를 그는 수치와 비참함으로 가득하다고 표현한다.

고통 위에 더해진 고통

엘리파즈는 욥이 스스로 무죄하다고 주장하기 때문에 그를 교만하다고 비난하였으므로, 욥은 "제가 교만하다면 당신께서는 사자처럼 저를 뒤쫓으시고"(16절)라고 덧붙인다. 또한 엘리파즈는 앞에서 욥을 두고 "사자의 포효, 암사자의 목소리도 그치고 새끼 사자의 이빨도 부러진다네"[4,10]라고 말했고, 그래서 욥은 "제가 교만하다면 당신께서는 사자처럼 저를 뒤쫓으시고"라고 말한다. 그의 말을 공격하는 이들에게 그를 교만한 암사자처럼 여겨지게 만드신다는 것이다.

이렇게 악한 사람으로 간주되는 것이 그에게는 고통 위에 더해진 또 하나의 고통이었다. 그래서 그는 "저를 거슬러 줄곧 이해할 수 없는 일을 보여 주십니다."라고 말한다. 처음에 그의 재산을 가져가시고 그의 몸에 상처를 입히심으로써 괴롭히셨듯이, 이제는 다시 돌아오셔서 친구들을 통하여 그를 괴롭히신다는 것이다.

이것은 이해할 수 없는 일이다. 친구들에게서는 오히려 위로를 받아야 하는 것이기 때문이다. 또는, 그가 이렇게 말하는 것은 친구들의 조롱을 받는 것이 특별히 괴로운 일이기 때문일 것이다.

이제 그는 그가 어떤 고통을 겪고 있는지를 밝힌다. "당신께서는 저를 거슬러 증인들을 새로 세우시고"(17절). 엘리파즈는 하느님의 정의를 옹호하려는 듯이 나서서 욥을 거슬러 그의 죄를 고발하며 말했고, 그렇게 함으로써 하느님의 증인으로 행세했다. 다른 친구들도 마찬가지였다. 그리고 이렇게 "저를 향한 당신의 원한을 키우시며", 즉 저를 여러 가지로 벌하심으로써 당신 분노의 결과들을 증가시키셨으며, "저를 칠 군대를 계속 바꾸어 가며 보내십니다." 마치 그들은 권위를 갖고 어떤 반대도 받지 않으면서 나를 공격하는 듯하다. 군인들은 보통 임금의 권위를 가지고 공격하며, 범죄자로 여겨지는 사람에게서 어떤 저항도 받지 않기 때문이다.

삶의 참된 가치

> 18) 어찌하여 저를 모태에서 나오게 하셨습니까? 제가 죽어 버렸다면 어떤 눈도 저를 보지 못했을 것을! 19) 그랬다면 제가 없었던 것처럼 되어 어머니 배에서 바로 무덤으로 옮겨졌을 것을! 20) 저의 짧은 날들이 곧 끝나지 않습니까? 제가 조금이나마 제 고통을 탄식하도록 저를 놓아주십시오. 21) 제가 돌아오지 못하는 곳으로, 죽음의 안개로 덮인 그늘진 땅으로 가기 전에. 22) 비참과 그늘의 땅, 죽음의 그림자와 혼돈, 영원한 두려움이 있는 곳으로 가기 전에 말입니다."(10,18-22)

욥의 탐구는 그가 의인이든 죄인이든 많은 시련을 겪게 되어 있다는 결론으로 끝났다. 이제 그는 누군가가 하느님께서 그를 괴롭히기를 좋아하신다고 믿지 않도록, 그것이 사실인지를 묻고자 한다.

모든 행위자는 자신이 행하는 결과에서 선을 목표로 하므로, 누가 자신이 행한 결과가 잘못되게 하려 한다는 것은 부조리하게 보인다. 이제 욥은, 앞에서 분명하게 말했듯이(3,8절) 그가 하느님의 작품임을 전제하고 하느님께 묻는다. "어찌하여 저를 모태에서 나오게 하셨습니까?"(18절). 나에게 시련을 겪게 하기 위하여 나를 태어나게 하셨느냐는 것이다.

누군가는 태어나지 않는 것보다는 이렇게 시련을 겪는 것이 낫다고 말할 수도 있으므로, 그는 이러한 가능성을 배제한다. "제가 죽어 버렸다면", 모태에서 죽었다면 "어떤 눈도 저를 보지 못했을 것을!" 그랬더라면 사람들의 눈이 나에게서 보았던 그 큰 불행들 때문에 어려움을 겪지 않았어도 되었을 것이다.

더구나 내가 어머니의 태중에서 죽었더라면 내가 살면서 겪었던 비참함을 당하지 않는 품위를 누렸을 것이다. "그랬다면"(19절) 나는 존재함에서의 선에 참여하고 "없었던 것처럼 되어", 마치 내가 존재하지 않았던 것처럼 현세 삶의 불행들을 면했을 것이다. 인간의 품위는 한없이 보존되는 데에 있는 것이 아니라 마지막에는 죽어서 죽은 이들을 위하여 준비된 무덤으로 옮겨지고 그 후에는 그에 대한 기억이 남는 데에 있는 것이기 때문이다. 나는 그것도 누릴 수 있었을 것이다. 그래서 "어머니 배에서 바로 무덤으로 옮겨졌을 것을!"이라는 말이 뒤따른다.

잔인함에도 한계가 있다

다른 사람을 괴롭히기를 즐기는 사람이라도, 그를 괴롭히기를 조금도 늦추지 않을 만큼 잔인한 사람은 없다. 그런데, 설령 하느님께서 인간의 출생 원인이 아니시라고 하더라도 인간의 날들은 짧고 더구나 하느님의 영원성에 비하면 매우 짧다. 그나마 한 사람의 삶의 대부분이 이미 지나갔다면, 그 짧은 시간은 곧 끝나리라고 예상하게 된다. 그래서 그는 "저의 짧은 날들이"(20절), 평생 얼마 되지 않는 나의 삶의 날들이 "곧 끝나지 않습니까?"라고 말한다. 그 적은 날들의 대부분이 이미 지나갔기 때문이다.

그러니 그 짧은 기간 동안 나를 더 이상 치지 않으신다고 해도 그것은 대단한 일이 아니다. 그래서 그는 "저를 놓아주십시오."라고 끝을 맺는다. 한 시간도 내가 고통을 겪지 않는 것이 당신께 거슬린다면, 당신께서 나를 더 이상 치지 않으신다 해도 나는 기뻐할 이유가 없고 다만 괴로워할 뿐임이 분명하다. 그래서 그는 "제 고통을 탄식하도록"이라고 덧붙인다. 지금까지 나를 치실 때 받았던 그 고통을 탄식하겠다는 것이다. 그가 이렇게 말하는 것은, " 당신께서는 저를 거슬러 증인들을 새로 세우시고"(17절)라는 말에서 언급했던 그의 친구들이 그를 비난하고 있었기 때문이다.

삶으로 되돌아옴

누군가는 그에게 "오히려 자네는 여기서 잠시 고통을 겪어야 하네. 여기서 떠나가면 위로를 받게 될 것이네."라고 대응할 수도 있을 것이다. 그 위로는 두 가지 방식으로 이루어질 수 있는데, 그 첫째는 현세의 삶으로 다시 돌아옴으로써 이루어진다[12] 그는 이 가능성을 배제하여 "제가 가기 전에", 즉 죽어서 떠나감으로써 그 후에 되살아 "돌아오지 못하는 곳으로 가기 전에"(21절)라고 말한다.

이 구절은 두 가지로 설명될 수 있다. 첫째는 어떤 사람들이 주장했듯이[13] 유사한 삶의 방식으로 되돌아오지 못하리라고 말하는 것으로 볼 수 있고, 아니면 그보

---

12) 참조. 7,6 주해.
13) Augustine, *City of God* XII.13에 따르면 일부 고대인들이 그렇게 주장했다. 참조. Thomas, *CG* IV. 82.

다는 그가 토론자의 입장에서, 즉 진리를 밝히기 전에 그의 반대자들의 견해에 따라 말하는 것으로 볼 수 있다. 아래에서 욥은 분명하게 부활의 진리를 지적할 것이다.[14] 그러므로, 그 앞의 모든 단락에서 그는 토론하고 있는 이들의 견해를 전제하고 부활에 대해 말한다. 그들은 현세의 삶 외에 다른 삶이 있다고 믿지 않으며,[15] 인간은 그들이 행하는 선과 악에 대해 오직 현세의 삶에서 상이나 벌을 받는다고 믿는다.

지옥

둘째로는 이 삶이 끝난 다음에 죽음의 상태에서 위로를 기대할 수 있을 것이다. 그러나 욥은 이 가능성을 배제하여, 내가 죽은 후에 가게 될 "그늘진 땅"이라고 말한다. 이 구절 역시 두 가지로 설명할 수 있다.

첫째로는, 지옥을 가리키는 것으로 볼 수 있다. 그리스도 이전 사람들의 영혼은 의인들의 영혼도 모두 지옥으로 내려갔다. 의인들은 감각적인 고통은 겪지 않고 오직 암흑만을 겪었고, 다른 이들은 고통과 암흑 모두를 겪었다. 그러나 욥은 그 자신이 사실 그렇듯이 의인인지 아니면 친구들이 그릇되게 고발하듯이 죄인인지를 의심하듯이 말했으므로, 그는 선한 이들에게나 악한 이들에게나 공통된 표현으로 지옥을 묘사한다.

---

14) 참조. 예를 들어 14,13과 19,25 주해.
15) 참조. 예를 들어 5,19와 8,3 주해.

빛이 없는 암흑

이렇게 지옥을 공통된 의미로 받아들이면서, 그는 그것을 "그늘진 땅"이라고 부른다. 거기에는 하느님을 뵙는 빛이 없기 때문이다. 그곳은 "죽음의 안개로 덮인" 땅이라고 일컬어지는데, 이는 죽음으로 인도하는 안개인 원죄를 가리킨다. 또한 지옥은 단죄받은 이들이 거기서 겪는 벌을 가리켜 "비참의 땅"(22절)이라고 일컬어진다. 또한 악인들이 범하는 본죄의 어두움과 관련하여 "그늘의 땅"이라 불린다. "죽음의 그림자" 곧 그 모상이 거기에 있다고 하는 것은 죽은 이들이 계속해서 죽어가는 것처럼 고통을 당하기 때문이다. 또한 거기에는 "혼돈"이 있다고 말하는데, 그것은 단죄받은 이들이 겪는 정신의 혼란스러움 때문이거나 아니면 거기에서는 여기에서와 같은 질서가 지켜지지 않기 때문이다. 여기에서는 불이 타오르며 빛을 주지만, 거기에서는 그렇지 않다. "영원한 두려움이 있는 곳"이라는 것은, 그들이 언제나 현재의 처벌 때문에 고통을 당하고 있으면서도 또한 미래의 처벌을 두려워하고 있기 때문이다.

그러나, 욥의 토론 상대는 영혼이 사후에도 존속한다는 불멸성을 인정하지 않고 욥은 아직 그들의 입장에 맞추어 말하고 있으므로, 이 단락은 자구적 의미로 더 잘 설명된다. 그 구절 전체가, 흙에 묻혀 흙으로 변화하는 육신에 대해 말하는 것으로 보는 것이다.

그래서 그는 그 자체로 어두운 것인 흙의 속성에 관하여 "그늘진 땅"이라고 말한다. 흙이 그 자체로 어둡다 해도 땅 위에 사는 이들은 땅을 덮고 있는 공기의 빛으로 비추어지지만, 죽은 이들은 그 빛을 누리지 못한다. 그래서 그는 "죽음의 안개로 덮인"이라고 덧붙인다. 죽음은, 사람이 죽은 후에는 살아 있는 이들이 누리는 빛을 누릴 수 없게 만든다는 것이다.

모든 것이 결핍된 비참함

그런데 때로는, 살아 있는 사람들도 땅을 둘러싸고 있는 빛을 누리지 못하는 경우도 있다. 그는 땅의 숨겨진 장소에서 자신의 성향에 따라 그가 원하는 것을 즐기며 이성으로 진리를 고찰한다.

그렇지만 죽은 이들은 이렇게 즐기지 못한다. 그래서 그는 즐길 수 있는 모든 것이 결핍됨을 가리켜 "비참의 땅"이라고 말하고, 진리를 고찰하지 않음을 가리켜 "그늘의 땅"이라고 말한다.

두려움이 있는 곳

살아 있는 이들이 즐기는 것들 가운데 중요한 것 한 가지가 마땅한 질서가 있는 인간 사회인데, 그 질서에 따라 어떤 이들은 지배하고 어떤 이들은 통치를 받으며 또 어떤 이들은 종이 된다. 그러나 죽은 이들에게는 이러한 질서가 없다. 그래서 그는 "죽음의 그림자"가 있는 곳이라고 말한다. 죽은 이들 사이에는, 산 이들이 그림자라고 여기는 것만이 있다. 지혜 17,4에서는 "침울한 얼굴을 한 음침한 유령들까지 나타났습니다."라고 말한다.

또한 "혼돈"이라고 말하는데, 죽은 이들에게는 영예와 품위의 차이가 없어 그들의 처지가 모두 비슷하기 때문이다. "영원한 두려움이 있는 곳"이라고 말하는 것은, 살아 있는 이들에게 죽은 이들은 두렵기 때문이다. 죽은 이들의 상태는 살아 있는 사람들이 몸서리칠 것밖에 남아있지 않고, 그들이 되살아나지 않는다면 그러한 상태는 영원할 것이다.

이렇게 욥은 자신이 시련을 겪는 이유를 물으면서, 그 고통이 세상이 악한 자의 손에 넘어가 그 악한 자로부터 오는 것도 아니고[9,24 이하], 하느님께서 그릇된 고

발로 그를 억압하시는 것도 아니며(3절) 그의 죄를 밝히려 하시거나(4절) 죄를 벌하시는 것도(14절 이하) 아니고, 그를 괴롭히기를 즐기시는 것도(18절 이하) 아님을 말한다. 그러므로 그가 시련을 받는 이유는 아직 밝혀지지 않았다.

고통의 원인은 누구 때문인가? 의문은 계속 남는다

욥이 이 모든 점을 질문하는 것은, 그의 반대자들로 하여금 의인들이 상을 받고 악인들이 벌을 받는 것과는 다른 삶을 인정하시 않을 수 없게 이끌기 위해서이다. 분명 의인은 때로 이 세상에서 시련을 겪는데, 그러한 입장이 가정되지 않는다면 그 시련은 어떤 이유로도 설명될 수 없기 때문이다.

11장

욥이 자기 죄를 인정한다면 하느님께서 용서하실 것이다

말을 잘한다고 의로운 것은 아니다

1) 나아마 사람 초파르가 말을 받았다. 2) 말을 많이 하는 사람은 듣기도 하지 않으리오? 말을 잘한다고 의롭다 할 수 있으리오? 3) 자네의 수다스러운 말이 사람들을 침묵하게 할 수 있나? 자네가 조롱하는데 아무도 핀잔하지 않을 수 있나? 4) 자네는 "저의 신조는 순수하고 저는 당신의 눈에 결백합니다." 하네만 5) 제발 하느님께서 말씀하시고 자네에게 당신 입술을 열어 주신다면! 6) 자네에게 지혜의 비밀을 알려 주시고 당신의 법이 다양함을 알려 주시어, 자네가 자네의 죄악이 받아 마땅한 벌보다 훨씬 적은 벌이 자네에게 요구되고 있음을 안다면! 7) 자네가 하느님의 발자취를 파악하고 전능하신 분을 완전히 알아낸단 말인가? 8) 그분께서 하늘보다 높으신데 자네가 어찌하겠는가? 저승보다 깊으신데 자네가 어찌 알겠는가? 9) 그분의 길이는 땅보다 길고 넓이는 바다보다 넓다네. 10) 그분께서 모든 것을 뒤엎으시거나 그들을 한 덩어리로 뭉치신다면, 그 누가 막겠나? 누가 그분께 "왜 그러십니까?" 할 수 있겠나?(11,1-10)

위에서 욥은, 그가 겪고 있는 다른 불행들 중에서도 특히 마치 하느님의 증인들처럼 그를 거슬러 일어나는 친구들 때문에[10,17] 이해할 수 없이 시달리고 있다고 말했다.

초파르는 이러한 말을 듣고 그에게 대답한다. 그래서 "나아마 사람 초파르가 말을 받았다. '말을 많이 하는 사람은 듣기도 하지 않으리오? 말을 잘한다고 의롭다 할 수 있으리오?'"(1-2절)라고 말한다. 그가 무질서하게 많은 말을 했으니, 친구들에게 비판을 받는 것도 놀라운 일이 아니라는 것이다. 말을 많이 하는 사람이 비판을 받지 않는다면, 말을 잘 한다는 사실만으로 그들이 의롭게 여겨지는 부조리가 나올 것이기 때문이다. 그래서 "말을 잘한다고 의롭다 할 수 있으리오?"라는 말이 뒤따른다.

  욥은 자신의 지위 때문에 그의 의견을 따라야 한다고 말할 수도 있으므로, 초파르는 이러한 가능성을 배제하여 덧붙인다. "네의 수다스러운 말이 사람들을 침묵하게 할 수 있나? 자네가 조롱하는데 아무도 핀잔하지 않을 수 있나?"(3절). 초파르는, 욥이 다른 이들을 하느님의 증인들이라고 불렀다는 데에서[10,17], 그리고 그가 위에서 "자네들은 어째서 내 참된 말을 비방하는가?"[6,25]라고 말했던 데에서 다른 이들이 조롱을 받았다고 생각한다. 그래서 그는, 욥은 다른 이들도 자신을 반박한다고 해서 놀라지 말아야 한다고 말한다.

  그러나 욥은 그들이 그를 거슬러 또는 그의 말들을 거슬러 아무런 할 말이 없다고 말할 수도 있으므로, 이러한 가능성을 배제하기 위하여 초파르는 "자네는 '저의 신조는 순수합니다.'라고 하네만"(4절)이라고 덧붙인다. 그는 욥이 위에서 "내 입술에 불의가 없고 내 목구멍이 어리석은 소리를 내지 않는다는 것을 알 것일세."[6,30]라고 말했던 것을 되받는다. "저는 당신의 눈에 결백합니다."라고 욥이 명백하게 말하지는 않았지만 욥은 그들이 자신의 말들로부터, "당신께서는 저에게 죄가 없음을 아시지 않습니까?"[10,7]라는 그의 진술로부터, 또는 앞에서 했던 "나는 감추지 않았던가? 나는 침묵하지 않았던가?"[3,26]라는 그의 말로부터 그가 죄 때문에 벌을 받은 것이 아니라고 주장하고 있음을 알아듣기를 바랐다.

하느님께서는 인간의 지혜를 감도하시며 그에게 말씀하신다

여기에서, 죄는 하느님의 법에서 벗어나는 것이므로[1] 하느님의 법이 알려져 있지 않다면 죄도 온전히 알 수 없다는 점을 염두에 두어야 한다. "올바른 것은 그 자체와 거기에서 벗어나는 것들의 심판자"이기 때문이다.[2] 욥은 자신이 죄가 없다고 또는 그가 벌을 받고 있는 만큼 심한 죄를 짓지 않았다고 말하고 있었으므로, 그 주장에서부터 초파르는 욥이 하느님의 법을 완전히 알지 않았다고 여겨 "제발 하느님께서 말씀하시고 자네에게 당신 입술을 열어 주신다면!"(5절)라고 말한다. 그는 욥을 모욕하여 이 말을 하는 것으로 보인다. 욥이 "왜 저와 다투시는지 알려 주십시오."[10,2]라고 말했기 때문이다.

또한, 하느님께서 인간의 마음 안에 당신 지혜의 영감을 주시기 위하여 그에게 직접 말씀하신다고도 말할 수 있다. 시편 84,9의 본문은(『성경』은 85,9). "하느님께서 무엇을 말씀하시는지 나는 듣고자 하네."라고 말한다. 한편 하느님께서 당신의 입술을 여시는 것은 어떤 결과를 통하여 인간에게 무엇인가를 계시하실 때이다. 우리가 마음의 내적인 개념들을 표현하는 말들이 입술로써 외적으로 형성되기 때문이다.

인간은 이 세상을 알지 못하고 하느님의 비밀들은 더욱 알지 못한다

여기에서, 우리는 두 가지 이유로 신적인 것들을 이해하지 못한다는 것을 생각해야 한다.

---

1) 참조. *ST* I-II.21.1.
2) Aristotle, *On the Soul* I.12, 411a 5.

그 첫째는 우리가 "하느님의 보이지 않는 본성을 조물을 통하여"[3] 알 수밖에 없는데 창조된 사물들은 그 창조자의 능력에 훨씬 미치지 못하므로 창조자에게서 많은 부분은 우리에게 감추어져 있는 채로 남을 수밖에 없기 때문이다. 이렇게 우리에게 감추어져 있는 것들이 하느님 지혜의 비밀들이라 일컬어지고, 이에 관하여 "자네에게 지혜의 비밀을 알려 주신다면!"(6절)이라고 말한다.

둘째 이유는, 우리가 하느님의 섭리에 의해 안배된 피조물의 질서마저도 온전히 이해할 수 없기 때문이다. 그 질서는 인간의 통치에서와 하느님의 통치에서 전혀 다른 방식으로 작용한다. 인간들에게 있어서는 통치에 있어 높은 사람일수록 그의 규정은 보편적인 일들에만 미치고 개별적인 것들은 하위의 통치자들의 안배에 맡겨져, 상위 통치자의 법은 보편적이고 단순하다.

하느님의 법은 작은 개별적인 것에도 미친다

그러나 하느님께서는 통치에 있어 높으신 그만큼 그분의 규정이 가장 작은 것들에게까지 미친다. 그러므로 하느님 통치의 법은 비밀스러울 뿐만 아니라, 피조물의 상대적인 능력 전체를 능가하는 그 통치자의 드높음을 본다면, 정확한 질서 안에서 가장 개별적이고 사소한 모든 것까지 안배하는 다양한 것이다. 그래서 그는 "당신의 법이 다양함"이라고 덧붙인다.

이러한 하느님의 통치 방식은 그분의 통치에 종속되어 있는 자연 사물들에서만이 아니라 인간사에서도 고찰할 수 있다. 인간의 법은 입법자들이 모든 개별적인 경우를 고려할 수 없기 때문에 대부분의 경우에 적용되는 보편적인 것들을 다룬다. 그러다보니 보편적인 인간적 법규가 개별적인 행위들에 적용되어야 하는 기준

---

3) 로마 1,20.

은 그 집행자의 현명함에 맡겨져 있다. 그래서, 인간은 올바름에서 부족함이 있으면서도 인간이 만든 법에는 저촉되지 않는 경우가 많다.

그러나 하느님의 법은 하느님의 지혜에 있으므로 가장 작은 것들을 포함하여 모든 개별적인 것에 미치고, 그래서 어떤 사람이 올바름에서 벗어난다면 하느님의 법을 위반한 것이 되지 않을 수 없다.

그러므로 하느님의 법은 하느님 지혜의 비밀 안에 있는 것이어서 인간은 하느님의 법 자체를 샅샅이 알 수 없기 때문에 그 다양성을 알 수 없고, 그래서 때로는 하느님의 법을 거슬러 행동하고 있다고 생각하지 않지만 실제로는 그렇게 하고 있을 수도 있고, 작은 죄를 짓고 있다고 생각하지만 실제로는 큰 죄를 짓고 있을 수도 있다.

피조물에 나타나는 하느님의 발자취

그래서 그는 "자네가 안다면!"이라고 덧붙인다. 이 말은 하느님 지혜의 비밀과 그분 법의 다양성이 자네에게 드러났다면! "자네의 죄악이 받아 마땅한 벌보다", 자네가 자네의 죄악으로 인정하지도 않고 아니면 작은 것으로 여기는 그 죄악에 비해서 "훨씬 적은 벌이 자네에게 요구되고 있음을", 지금 겪고 있는 처벌이 적은 것임을 "자네가 안다면!"이다. 여기서 초파르는 욥이 앞에서 "내가 분노를 산 나의 죄와 내가 겪고 있는 재앙을 저울판에 달아 보았으면! 그것이 이제 바다의 모래처럼 더 무거우니"[6,2]라고 말했던 것을 비판하는 것으로 보인다.

초파르는 하느님 지혜의 비밀 가운데 일부가 아직 욥에게 알려지지 않았다고 전제했고, 이 전제를 부인하지 못하도록 확증한다. "자네가 하느님의 발자취를 파악한단 말인가?"(7절). 발자취는 길을 따라 가는 사람의 흔적을 말한다. 하느님의 업적들은 그분의 길들이라고 불리고[4] 하느님께서 피조물들을 만들어 내신 것은 하느님께서 피조물들을 향해 가신 것으로 이해된다. 하느님으로부터 유래하고 하느님 안에 전적으로, 최고로 존재하는 하느님의 선이 단계적으로 그 결과들로 나아가고, 그 결과로 상위의 피조물들은 하위의 피조물들보다 더 완전하게 되는 것이기 때문이다. 하느님의 발자취는 피조물들을 통하여 하느님이 어느 정도 인식될 수 있는, 피조물들 안에 나타나는 흔적들이다.

그러나 인간의 정신은 피조물들 그 자체도 전적으로 완전하게 알 수가 없으므로, 창조주에 대해 완전히 안다는 것은 더욱 불가능하다. 그래서 그는 계속하여 "자네가 전능하신 분을 완전히 알아낸단 말인가?"라고 묻는다. 자네가 피조물도 완전히 알 수 없다면, 창조주는 훨씬 더 알기 어렵다는 것이다. 그는 분명하게 "알아낸다"고 말하는데, 이는 일종의 조사를 통하여 이성이 결과로부터 원인으로 나아가고, 그 결과들을 통하여 원인을 알게 되면 그것을 알아냈다고 말하기 때문이다.

피조물들도 완전히 알려져 있지 않다면, 창조주가 완전히 알려지지 않는다는 것은 놀라운 일이 아니다. 피조물들이 완전히 알려졌다 하더라도 창조주는 완전히 알려지지 않을 것이다. 결과들이 원인의 능력을[5] 남김없이 드러낼 때에만 결과들을 통하여 원인이 완전히 알려질 수 있는데, 하느님께는 그렇게 말할 수가 없기 때문이다.

그래서 초파르는 "그분께서 하늘보다 높으신데 자네가 어찌하겠는가? 저승보다 깊으신데 자네가 어찌 알겠는가? 그분의 길이는 땅보다 길고 넓이는 바다보다 넓다네."(8절)라고 덧붙인다.

이것은 비유적인 표현이다. 하느님은 비물질적이시므로 그분께서 물질적인 크기를 지니신다고 생각할 수 없고, 다만 하느님 능력의 위대하심을 물질적인 크기에

---

[4] 예를 들어 탈출 33,13. Maimonides, *Guide of the Perplexed* I.54에 따라.
[5] 참조. 예를 들어 *CG* III.49. "능력"으로 번역된 라틴어는 *virtus*이다.

비유하여 표현하는 것이다. 물질적인 양들이 높이나 깊이나 넓이나 길이에서 아무리 크게 보인다 하더라도, 그것은 그보다 더 큰 것을 만들 수 있으신 하느님 능력의 위대하심에는 미치지 못한다. 그래서 그는 앞에서 하느님을 분명하게 "전능하신 분"(7절)이라고 지칭했었다.

이 본문에서 그는, 피조물들 안에서 하느님을 완전히 찾아낼 수 없음을 보여 준다. 모든 피조물이 완전히 알려졌다 하더라도, 창조주와 동등한 능력은 그 피조물들로부터 알려질 수 없기 때문이다. 그렇다면, 모든 피조물을 능가하는 하느님의 능력을 어떤 수단으로 알 수 있을 것인가? 이러한 난점을 가리켜 그는 "자네가 어찌하겠는가?" 그리고 "자네가 어찌 알겠는가?"라고 말한다.

창조주는 당신께서 만드신 것을 자유로이 보존하신다

하느님의 능력은 창조에서뿐만 아니라 보존에서도 모든 피조물을 능가한다. 하느님에 의해서가 아니면 피조물이 보존되지 않으며, 하느님의 의지가 피조물을 보존하고자 한다면 피조물 안에는 그 의지에 맞설 수 있는 능력이 없다.

그래서 초파르는 "그분께서 모든 것을 뒤엎으시거나"(10절), 곧 그들에게서 존재를 거두시어 그들을 무로 만드시거나 "그들을 한 덩어리로 뭉치신다면", 곧 그분께서 사물들을 구별하시는 질서를 없애시어 혼돈에 빠뜨리신다면 "그 누가 막겠나?"라고 덧붙인다. 피조물의 어떤 힘이 그에 맞서, 그분의 뜻을 거슬러 자기 자신이나 다른 사물들을 보존할 수 있겠나? 그러나 누군가는 그분을 통해서가 아니면 아무것도 존재하도록 보존될 수 없지만 그분께서는 마치 어떤 의무를 지고 계신 것처럼 사물들을 보존하신다고 말할 수 있으므로, 이러한 주장을 배제하기 위하여 초파르는 "누가 그분께 '왜 그러십니까?' 할 수 있겠나?"라고, 과거의 빚을 갚을 것을 요구하듯이 말할 수 없다는 것을 덧붙인다.

목적이 없는 허무함

> 11) 정녕 그분께서는 인간의 허무함을 아시는데 그들의 죄악을 보시면서 알아내지 못하신단 말인가? 12) 허무한 인간은 교만으로 들뜨며, 들나귀 새끼처럼 자신이 자유롭다고 생각하네. 13) 그러나 자네는 마음을 완고하게 하고 하느님께 손을 펼쳤네. 14) 자네 손에 죄악이 있다면 멀리 치워 버리고 티 없는 손을 들어 올리게나. 15) 그러면 자네는 거리낌 없이 얼굴을 들 수 있고 안전하게 되어 두려워하지 않을 것이네. 16) 또 자네는 고통을 잊고 그것을 흘러간 물처럼 되돌아볼 수 있겠지. 17) 한낮의 광채가 황혼에 자네에게 떠오르고, 자네 스스로 소진되었다고 생각할지라도 자네는 샛별처럼 일어날 것이네. 18) 희망이 있기에 자네는 신뢰할 수 있으며 둘러보고서는 안심하고 자리에 들 것이네. 19) 자네가 누우면 무섭게 하는 자 없고 많은 이가 자네 얼굴이 보고 싶어 기도할 것일세. 20) 그러나 악인들의 눈은 스러져 가고 그들에게는 도피처가 없어진다네. 그들의 희망은 영혼에 대한 혐오뿐이라네. (11,11-20)

초파르는 하느님의 지혜 안에는 인간이 파악할 수 없는 비밀스런 것이 있음을 말한 다음 이어서 그가 앞에서 당연한 것으로 전제했던 다른 점, 곧 하느님께서 인간에게 죄에 대해 벌을 내리심으로써 당신께서 인간의 행위들을 아신다는 사실을 드러내고자 하신다는 점을 보여 주려 한다. 그래서 그는, 자네의 죄에 마땅한 벌보다 작은 벌이 주어지고 있다고 말한다. "정녕 그분께서는 인간의 허무함을 아신다"(11절). 그분께서 인간의 헛된 행위를 아신다는 뜻이다.

사물들이 허무하다고 일컬어지는 것은 보통 그것들이 마땅한 목적을 향해 고정되어 있지 않아서 안정되어 있지 못할 때이다. 그렇다면 인간의 허무함은 그의 마음이 진리에 고정되지 않은 데에서 온다. 마음은 진리에 의해서만 안정성을 지닐 수 있는 것이다. 그런데 그 마음이 진리에서 멀어져 악을 행하는 것은, 그 마음이 실제로 선한 것을 추구하지 않고 선하게 보이는 것을 추구할 때이다. 그래서 그는 하느님께서 인간의 허무함에서 나오는 "그들의 죄악을 보시면서 알아내지 못하신단 말인가?"라고 덧붙인다.

허무함에서 죄가 나온다

죄를 범하는 것을 본 재판관이 그것을 못본 척 하거나 벌을 부과하지 않으면 그는 그것을 깨닫지 못하고 지나가는 것으로 보이는데, 하느님께서는 이렇게 말할 수 없다. 그분께서는 인간의 허무함을 보시고 죄악에 대해 벌을 부과하시기 때문이다.

인간이 허무함으로 인하여 죄악으로 기울게 되는 것과 마찬가지로, 그 같은 허무함의 결과로 인간은 자신이 하느님의 심판을 받게 되어 있다고 여기지 않게 된다. 그래서 초파르는 "허무한 인간은 교만으로 들뜨며"(12절) 자신이 상급자에게 종속되어 있다고 여기지 않는다고 말한다. 이를 가리켜 그는 "들나귀 새끼처럼 자신이 자유롭다고 생각하네."라고 덧붙인다.

숲에 사는 들나귀 새끼는 인간의 지배로부터 자유롭게 태어나지만, 인간이 소유하고 있는 나귀 새끼는 인간에게 예속되어 태어난다. 이와 같이 자신이 하느님의 심판에 종속되어 있다고 생각하지 않는 사람들은, 같은 처지의 다른 사람들은 하느님의 심판을 받도록 되어 있다고 여기면서 자신들은 들나귀 새끼처럼 태어났다고 생각한다.

초파르는 욥의 말들을 들으면서 욥이 하느님과 동등한 처지에서 논쟁하려 한다고 생각하여 복된 욥을 조롱하여 이 말을 하고 있는 것으로 보인다. 욥이 "그분께서 당신 매를 내게서 거두시고 그분에 대한 공포가 나를 더 이상 덮치지 않는다면 나 두려움 없이 말할 수 있으련마는!"[9,34]이라고 말했기 때문이다. 그래서 그는 이렇게 덧붙인다. "그러나 자네는 마음을 완고하게 하고"(13절) 자네의 죄악을 변호했고, 그렇게 마음을 완고하게 하면서도 "하느님께 손을 펼쳤네." 곧 "나 하느님께 말씀드리리라. '저를 단죄하지 마십시오'"[10,2]라고 말하며 기도했네. 그러므로 그 기도는 소용이 없다는 것이다.

기도의 효과

인간이 먼저 자신의 죄악을 버리고 그 다음에 하느님께 벌을 멈추어 주시기를 청할 때에 기도가 소용이 있는 것이기 때문이다. 그래서 그는 "자네 손에 죄악이 있다면 멀리 치워 버리고"(14절), 아직도 손에 붙잡고 있는 죄스런 일들을 멀리하고 "자네 천막에 불의가 머무르지 못하도록 하게나."라고 덧붙인다. 자네가 불의하게 받아서 창고에 쌓아 둔 것을 되돌려 주고, 집안을 바로 잡으라는 것이다. 집안 사람들의 과실 때문에 가장이 벌을 받는 일도 있다. 그들을 꾸짖기를 게을리 했기 때문이다. "그러면 자네는 거리낌 없이 얼굴을 들 수 있고"(15절), 다시 말하면, 기도 중에 하느님께 죄의 거리낌 없이 얼굴을 들 수 있게 될 것이다.

이렇게 한다면, 무엇보다 먼저 미래에 있어서 단죄가 중지될 것이다. 그래서 그는 "[자네는] 안전하게 될 것이네."라고 덧붙인다. 더 이상 시련으로 괴롭힘을 당하지 않을 것이고, 미래의 위험에 대해 "두려워하지 않을 것이네."

악은 잊어버린다

때로는 미래를 두려워하지 않으면서도 과거의 손실이나 고통 때문에 괴로워하는 경우도 있으므로 초파르는 "자네는 고통을 잊을 수 있겠지."(16절)라고 덧붙인다. 지금까지 겪었던 고통을 장차 맞게 될 행복 때문에 잊어버리게 되리라는 것이다. 그리고는 예를 들면서 그의 논거를 확증한다. "그것을 흘러간 물처럼 되돌아볼 수 있겠지." 이렇게 말하는 것은, 폭풍 후에 고요가 되돌아오면 인간은 과거의 폭우를 잊어버리기 때문이거나 아니면 강물이 매우 빨리 흘러가서 그 물이 지나가고 나면 그에 대한 기억이 남지 않기 때문이다.

그러나 욥은 위에서 현세적 번영의 약속에 맞서 두 가지 논거를 제시했었다. 그 자신의 몸이 멸망하고 있다는 점을 들어 "내 살은 부패하여 흙먼지로 뒤덮이고"[7,5]라고 말했었고, 그의 삶의 날들이 지나간다는 점을 들어 "나의 나날은 베 짜는 사람이 천을 끊듯…"[7,6]이라고 말했었던 것이다.

이 두 가지 반대 주장을 배제하기 위하여 초파르는 이렇게 덧붙인다. "한낮의 광채가 황혼에 자네에게 떠오를 것이네"(17절). 즉, 자네에게는 자네의 날들이 지나가 버린 것처럼 보이고 자네의 삶이 황혼과 같이 끝에 도달했다고 여겨지더라도, 아직도 젊은 시절의 즐거움으로 돌아가게 해 줄 큰 번영이 자네에게 올 수 있다는 것이다. 황혼이 노년을 뜻하는 것으로 이해되듯이, 한낮은 젊음을 뜻하는 것으로 이해된다. 여기서 그는 지상적 번영의 찬란함을 광채라고 부른다. 또한 욥이 자신의 몸이 스러지는 것에 대해 말했던 것과 반대로 여기서는 "자네 스스로 소진되었다고 생각할지라도", 자네가 겪은 질병 때문에 그렇게 생각할지라도 "자네는 샛별처럼 일어날 것이네."라고 말한다. 자네의 몸은 이전의 아름다움을 되찾게 될 것이라는 것이다.

어떻게 산 이들이 죽은 이들을 기억하는가

그리고 욥이 위에서 그의 날들이 "희망도 없이"[7,6] 사라져 간다고 말했으므로 초파르는 "희망이 있기에 자네는 신뢰할 수 있으며"(18절)라고 덧붙인다. 그리고 위에서 욥이 죽은 사람이 수많은 세월이 흐른 뒤에 다시 현세의 삶으로 돌아온다고 말하는 이들의 견해를 인정하지 않았으므로[7,6 이하], 초파르는 이러한 회귀의 희망이 아니라 죽은 후에 사람들의 기억 속에서 계속 살아 있다는 희망을 말한다. 이 기억에는 두 가지가 있다.

그 첫째는 무덤과 관련된다. 무덤에는 그 죽은 이들에 대한 기억이 보존되게 하기 위하여 죽은 이들의 육신이 묻혀 있다. 그래서 무덤은 기념비라 불리기도 한다. 이에 관하여 그는 "[자네는] 안심하고 자리에 들 것이네."라고 말한다. 아무도 자네의 무덤을 훼손하지 않을 것이고, 누가 그런 짓을 하지 않을까 두려워할 필요도 없을 것이라는 것이다. 그래서 그는 "자네가 누우면 무섭게 하는 자 없고"(19절)라고 덧붙인다.

둘째로는, 죽은 이들은 살아 있을 때에 한 선행 때문에 사람들의 기억 속에 살게 된다. 그래서 사람들은 그들의 삶을 그리워하게 될 것이고, 이에 관하여 그는 "많은 이가 자네 얼굴이 보고 싶어 기도할 것일세."라고 덧붙인다. 많은 이들이 자네의 현존을 간절히 바라거나, 아니면 자네의 호의를 기억하며 자네 무덤에 경의를 표할 것이라는 것이다.

엘리파즈는 욥이 그의 죄악을 버린다면 이러한 갚음이 있으리라고 약속한 것이므로, 이어서 악인들에게는 그러한 갚음이 주어지지 않는다는 것을 보여 준다. "그러나 악인들의 눈은 스러져 간다네"(20절). 그것은 그들이 원했던 좋은 것들을 얻지 못하기 때문이다. 눈이 스러져 간다는 말은 얻을 수 없는 것을 붙잡으려고 바라봄을 나타내는 것이다. 그리고 그들은 바랐던 선을 얻지 못하는 동시에 그들이 겪고 있거나 두려워하는 불행을 피할 수 없게 된다. 그래서 "그들에게는 도피처가 없어진다네."라는 말이 뒤따른다. 그들이 그들의 불행을 피할 수 없을 것이기 때문이다.

그들이 죽은 후에 사람들은 그들을 공경하거나 그리워하지 않고, 그들이 행한 악 때문에 그들을 혐오하게 될 것이다. 그래서 "그들의 희망은 영혼에 대한 혐오뿐이라네."라고 덧붙인다. 그들이 죽은 후에 바랄 수 있는 것은 사람들이 그들을 혐오하는 것뿐이다.

12장

하느님의 지혜는 당신 능력으로 행하신 파괴에서도 드러난다

친구들의 논증

1) 욥이 말을 받았다. 2) 자네들만 인간인가? 자네들이 죽으면 지혜도 함께 죽겠구려. 3) 나도 자네들처럼 마음이 있고 자네들에게 뒤떨어지지 않네. 누가 그런 것들을 모르겠나? 4) 나처럼 제 친구의 웃음거리가 된 사람이 하느님을 부르면 그분께서 응답하실 것일세. 의인의 단순함 때문에 웃음거리가 되고, 5) 정해진 때를 위하여 마련된 그의 빛은 부유한 자들의 생각에서 멸시를 당하네. 6) 폭력배들의 천막은 풍요롭고 그들은 겁 없이 하느님을 노하시게 하네. 그분께서 모든 것을 그들 손에 주셨기 때문일세. 7) 그러나 이제 짐승들에게 물어보게나. 그것들이 자네를 가르칠 걸세. 하늘의 새들에게 물어보게나. 그것들이 자네에게 알려 줄 걸세. 8) 아니면 땅에다 대고 말해 보게. 그것이 자네를 가르치고 바다의 물고기들도 자네에게 이야기해 줄 걸세. 9) 이 모든 것 가운데에서 누가 모르겠나? 주님의 손이 그것을 이루셨음을, 10) 그분의 손에 모든 생물의 목숨과 모든 인간 육체의 숨결이 달려 있음을.(12,1-10)

앞에서 초파르는, 마치 하느님과 논쟁하려는 듯이 보이는 욥을 조롱하기 위하여 인간이 하느님 지혜의 비밀을 이해할 수 없음을 입증하려 했다. 그의 말들과 다른 친구들의 말에서, 그들이 세 가지를 목적으로 하고 있었음을 알아볼 수 있다.

1. 첫째로 그들은 하느님의 훌륭한 업적들을 말하려 하고, 그분의 지혜와 능력과 정의를 찬양한다. 그럼으로써 그들의 주장을 더 긍정적으로 보이게 하려는 것이다.

2. 둘째로 그들은 하느님께 대한 그와 같은 훌륭한 가정들을 그릇된 교의에 적용시킨다. 인간은 의로움 때문에 이 세상에서 번영을 누리고 죄 때문에 시련을 겪으며, 현세의 삶이 끝나면 아무것도 기대할 수 없다는 것이다.

3. 셋째로 그들은 그러한 주장에 비추어 욥이 고통을 겪고 있다는 것을 근거로 그가 악인인 듯이 고발하고, 그가 죄악을 버린다면 땅에 묻힌 다음에 "안심하고" 잠들 것이며 한낮의 광채가 황혼에 그에게 떠오르리라고 헛된 약속을 한다[11,17,18]는 것이다.

욥은 그 친구들 못지 않다

욥은 친구들의 약속들을 조롱으로 여기고, 그들의 주장들에 대해 답변한다. 첫째로, 그는 그들이 스스로를 찬양하면서 마치 자신들만 하느님의 위대한 업적들을 알고 있고 욥은 알지 못하는 듯이 말하고 있기 때문에 그들을 반박한다. "욥이 말을 받았다. '자네들만 인간인가?'"(1-2절). 누구나 알고 있는 하느님의 위대하심을 그들은 자신들만 알고 있는 것처럼 여기기 때문이다. 그리고 하느님의 위대하심을 아는 것이 바로 지혜이므로, 그들만이 그것을 안다면 지혜는 그들에게만 있는 것이고 그들이 존재하지 않게 되면 지혜도 존재하지 않게 된다는 결론이 나온다. 그래서 욥은 "자네들이 죽으면 지혜도 함께 죽겠구려."라고 덧붙인다. 자네들만이 인간이라거나 자네들만이 지혜롭다는 것은 부조리하다는 말이다.

그러나 그들은 "우리들만 아는 것은 아니지만 자네는 모르고 있네."라고 말할 수 있으므로, 그는 여기에 응답한다. "나도 자네들처럼 마음이 있고"(3절), 즉 그것들을 알고 있고 그러한 지혜에 있어서 "자네들에게 뒤떨어지지 않네."

이 말이 교만으로 여겨지지 않도록 그는 "누가 그런 것들을 모르겠나?"라고 덧붙인다. 그것은 누구나 아는 것이니 자네들이 아는 것을 내가 안다고 말해도 그것은 대단한 것이 아니고, 자네들이 내가 그것을 모른다고 여긴다면 누구나 아는 것을 내가 모른다고 여긴 것이니 나를 모욕하는 것이다. 그래서 그는 "나처럼 제 친구의 웃음거리가 된 사람"(4절)이라고 덧붙인다. 자네들이 나를 지혜롭지 못한 사람이라고 여긴다면, "하느님을 부르면 그분께서 응답하실 것일세." 인간의 도움이 없는 곳에 특별히 하느님의 도우심이 있기 때문이다. 시편 26,10에서는(『성경』은 27,10) "내 아버지와 어머니가 나를 버릴지라도 주님께서는 나를 받아 주시리라."고 말한다. 이 논거로 그는 위에서 초파르가 말했던 "그러면 자네는 거리낌 없이 얼굴을 들 수 있을 것이네."[11,15]라는 말에 답변하는 것으로 보인다. 친구들이 나를 비웃었다는 바로 그 사실로 하느님께 의지할 희망이 생겼으니, 나는 더 이상 신뢰를 가지고 기도하며 기다릴 필요가 없다는 것이다.

부유한 이들은 가난한 이들을 조롱한다

이제 욥은 친구의 웃음거리가 된 사람에게 하느님께서 응답해 주시는 이유를 밝힌다. "의인의 단순함 때문에 웃음거리가 되고"라는 말에서 그는 조롱을 받는 이들이 누구이며 그들이 어떤 이유로, 누구에게서 조롱을 받는지를 보여 준다. "부유한 자들의 생각에서 그의 빛은 멸시를 당하네"(5절).

조롱을 받는 것은 가진 것이 없는 사람의 특징이고, 조롱하는 것은 가진 것이 많은 사람의 특징이다. 덕이 풍부한 사람은 덕이 부족한 사람을 조롱하지 않고 오히려 동정심을 보여 주며, 할 수 있다면 그들을 돕는다. 그러나 현세 재산이 풍부한 사람은 그렇지 못한 사람들을 비웃곤 하며, 특별히 가난한 이들이 현세 재산을 얻기 위하여 애를 쓰지 않을 때 그렇다.

그러나 의인은 현세 재산을 얻기 위해서가 아니라 올바름을 추구하기 위해서 애를 쓴다. 그들은 사람들이 흔히 부를 얻는 수단인 사기와 거짓을 멀리하고, 이 때문에 순진하다고 여겨져 많은 조롱을 받는다. 그들이 조롱을 받는 이유는 그들의 단순함이지만, 그것은 드러난 악이기 때문이 아니라 감추어진 선이기 때문에 조롱을 받는다.

그래서 이 단락에서 단순함은 정의의 밝음 때문에 "빛"이라 불리며, "부유한 자들" 곧 부를 목적으로 하는 이들의 생각에서 "멸시를" 당한다. 부를 최고선으로 여기는 이들은 어떤 사물이 부를 얻는 데에 노움이 될수록 그것을 더 선한 것으로 여긴다. 따라서, 재산 증식에 방해가 되는 의인의 단순함은 그들에게 멸시를 받는다.

그러나 이러한 의인의 단순함이 부유한 자들의 사고방식에서는 멸시를 받는다 해도, 그것이 제때가 되면 얻게 될 그 목적을 빼앗기지는 않는다. 그래서 그는 "정해진 때를 위하여 마련된"이라고 말한다. 그러나 그는 현세 삶의 어느 특정한 순간에 의인에게 그의 단순함에 대한 갚음으로 지상적 부가 주어지리라고 말하지 않고, 그 정해진 때가 언제이며 의인의 단순함이 무엇을 위하여 마련된 것인지를 미결로 남겨 둔다. 토론은 아직 거기에 이르지 않았기 때문이다. 그 마지막은 이후의 부분들에서 드러날 것이다.

이렇게 욥은 은밀한 방식으로 그가 친구들에게 조롱을 받는 이유를 암시한다. 그는 친구들이 부유하다고 말하는데, 그들이 마치 이 세상의 번영이 인간의 의로움에 대한 보상인 듯이 그것을 인간의 목적으로 여기고 있기 때문이다. 그러니 욥 자신은 단순하여 이러한 보상을 찾지 않고 정해진 때의 다른 보상을 찾으며, 그래서 자신이 하느님을 부르면 하느님께서 들어 주시리라는 확신을 갖는다.

부유한 이들은 하느님을 무시한다

더 나아가서, 부유한 자들은 의인의 단순함을 비웃는 데서 그치지 않고 하느님을 모욕하기까지 하므로, "폭력배들의 천막은 풍요롭고"(6절)이라고 덧붙여진다. 사람들이 부를 그들의 목적으로 할 때 그들은 사기든 다른 어떤 방법이든 무슨 수를 써서라도 이 최종적 목적을 이루려 하며 그래서 폭력배가 되고, 또한 폭력으로 빼앗은 것으로 그들은 풍요로워진다.

이러한 풍요로움의 결과로 그들은 하느님을 무시한다. 그래서 "그들은 겁 없이 하느님을 노하시게 하네."라고 덧붙여진다. 겁이 없어지는 것은 자신이 하고 있는 것이 옳다고 믿을 때이다. 양심의 가책으로 괴로울 때에는 악을 범할 때 두려움이 없을 수 없기 때문이다. 지혜 17,10에서는(『성경』은 17,11) "악이란 비열한 것으로서 제 입으로 자신을 단죄합니다."라고 말한다. 그러나 부를 최종 목적으로 삼는 이들은 이 목적을 얻는 수단이 되는 것은 무엇이든 선한 것이라고 여긴다. 그런데, 그들이 폭력으로 부를 얻는다면 그들은 하느님의 정의를 거슬러 행함으로써 하느님을 노하시게 하는 것이 명백하다. 그래서 그들은 겁 없이 하느님을 노하시게 하는 것이다.

또는 다른 의미로, 부의 결과로 인간이 교만해져서 스스로 그 부로 충분하다고 생각하며 그래서 그 부를 신뢰하며 겁 없이 하느님을 무시할 수도 있다. 신명 32,15에서는 "여수룬은 살이 찌더니 불평을 늘어놓았다."고 말한다.

욥이 하느님을 노하시게 하는 폭력배들의 천막이 풍요롭다고 말했지만, 누군가는 그러한 풍요로움은 하느님으로부터 오는 것이 아니라고 대답할 수도 있다. 그래서 그는 "그분께서 모든 것을 그들 손에 주셨기 때문일세."라고 덧붙인다. 그분께서 모든 것을 그들의 권한에 내어 주셨다는 것이다. 그릇된 일을 하려는 의지는 자기 자신에게서 올 뿐이지만 사람을 해칠 권한은 하느님으로부터만 오기 때문이다. 그러므로, 그들이 폭력으로 강탈할 때에 그들은 하느님께 도전하는 것이지만 그 결과로 누리는 부유함은 하느님께로부터 오는 것이다.

피조물은 하느님의 업적이다

이어서 이를 입증하여 그는 이렇게 덧붙인다. "그러나 이제 짐승들에게 물어보게나. 그것들이 자네를 가르칠 걸세. 하늘의 새들에게 물어보게나. 그것들이 자네에게 알려 줄 걸세. 아니면 땅에다 대고 말해 보게. 그것이 자네를 가르치고 바다의 물고기들도 자네에게 이야기해 줄 걸세"(7-8절). 이어서 그는, 질문을 받는다면 이 모든 것이 어떻게 대답할 것인가를 보여 준다. "이 모든 것 가운데에서 누가 모르겠나? 주님의 손이 그것을 이루셨음을"(9절). 핵심은, 이들 모두가 그들이 하느님으로부터 만들어졌음을 드러낸다는 것이다. 인간이 피조물들을 자세히 고찰하는 것을 가리켜 그들에게 질문한다고 하는데, 그 피조물들이 질문을 받고 대답한다는 것은 인간이 그들을 고찰함으로써 그들의 각 부분들의 배치와 그들의 행위의 질서 안에 있는 규칙들이 어떤 상위의 지혜의 안배에 의해서가 아니라면 있을 수 없는 것을 깨달음을 의미한다.

그러한 피조물들이 하느님에 의하여 만들어졌다면, 생산품이 그것을 만든 사람의 권한 하에 있는 것과 마찬가지로 그들은 하느님의 권한 하에 있음이 명백하다. 그래서 그는 "그분의 손에" 곧 그분의 권한 안에 "모든 인간 육체의 숨결이 달려 있음을."(10절)이라고 말한다. 그런데 그들이 그분의 권한 하에 있다면, 그분께서 주시지 않으신다면 아무도 그것들을 가질 수 없음이 명백하다. 다니 4,14에서 "가장 높으신 분께서 인간들의 나라를 지배하시고 그분께서는 원하시는 이에게 그 나라를 주신다."라고 하는 바와 같다.

인간의 부는 위에서 그가 언급한 땅과 가축들로 이루어지는데 하느님께서 이것들을 주지 않으신다면 아무도 그것을 가질 수 없다. 그러므로 만일 폭력배들이 부유하다면 하느님께서 그것을 그들의 손에 주신 것이다. 이러한 논거로 그는 부가 의로움 덕분으로 하느님께서 주시는 것이라는 주장을 논박한다. 폭력배들에게도 하느님께서 부를 주셨기 때문이다.

감각적 경험의 가치

> 11) 입이 음식 맛을 보듯 귀가 말을 식별하지 않는가? 12) 백발에 지혜가 있고 장수에 슬기가 깃든다 해도 13) 오직 그분께만 지혜와 능력이 있고 경륜과 슬기도 그분만의 것이라네. 14) 그분께서 부수시면 아무도 세우지 못하고 그분께서 가두시면 아무도 풀려나지 못한다네. 15) 그분께서 물을 막으시면 메말라 버리고 내보내시면 땅을 뒤집어 버린다네. 16) 오직 그분께만 능력과 지혜가 있고 현혹되는 자와 현혹하는 자 모두를 그분께서 아시네. 17) 그분은 자문관들을 바보로 만드시고 판관들을 당황케 하시는 분. 18) 임금들의 띠를 푸시고 그 허리를 포승으로 묶으시는 분. 19) 사제들을 부끄럽게 하시고 권세가들을 넘어뜨리시는 분. 20) 진리를 말하는 이들에게서 언변을 앗아 버리시고 노인들에게서 가르침을 거두어 버리시는 분. 21) 귀족들에게 수치를 쏟아부으시고 억눌린 이들을 구하시는 분. 22) 어둠에서부터 은밀한 것을 드러내시고 죽음의 그림자를 빛 속으로 끌어내시는 분. 23) 민족들을 흥하게도 망하게도 하시며 그들이 전복되었을 때에 온전하게 회복시키시는 분. 24) 나라 백성의 수령들에게서 마음을 바꾸시고 그들을 길 없는 광야에서 헤매게 하시는 분. 25) 그래서 그들은 빛 없는 어둠 속에서 더듬거리고 그분께서는 그들을 술취한 자같이 헤매게 하신다네.(12,11-25)

앞에서 욥은 하느님의 위대하심에 대해서 초파르가 말한 것이 누구에게나 명백하다고 주장했으므로, 여기에서는 인간사 안에서 하느님의 능력과 지혜를 경험함으로써 이를 알 수 있다는 것을 보여 주려 한다. 먼저 그는 어떻게 인간이 경험을 통하여 앎에 도달하게 되는지를 말한다. "귀가" 말소리를 들을 때에 "말을 식별하지 않는가?" "입이 음식 맛을 보지 않는가?"(11절).

경험은 감각으로부터 오는 것이므로, 그는 적절하게 감각의 판단을 통하여 경험의 힘을 드러낸다. 특별히 그는 청각과 미각을 말하는데, 청각은 모든 감각 가운데에서 가장 훈련될 수 있는 것이어서 관상적인 학문을 위하여 가장 가치있는 것이다. 또한 미각은 인간이 살기 위해 필요한 음식들을 감지한다. 그러므로 미각의 판단을 통하여 그는 활동적 생활의 요소들에 대한 경험을 나타낸다. 그래서, 이 두 감각들의 판단으로부터 그는 사변적인 목적에서나 실천적인 목적에서나 경험의 힘을 보여 주며 "백발에 지혜가 있고"(12절)라고 덧붙인다. 이 지혜는 관상에 속하는 지혜이다. 노인들은 많은 것을 들었기 때문이다. 또한, "장수에 슬기가 깃든다."에서 슬기는 행위에 속한다. 오랜 기간 동안 인간은 유익한 것이나 해로운 것이나 많은 것을 맛본다.

하느님의 속성들

이렇게 경험의 힘을 보여 준 다음 그는 인간이 하느님에 대해 경험할 수 있는 것이 무엇인지를 말한다. "오직 그분께만 지혜와 능력이 있고 경륜과 슬기도 그분만의 것이라네"(13절). 그는 하느님께 네 가지 속성을 부여하는데, 여기에는 순서가 있다.

1. 첫째는 감추어진 것에 대한 지식으로, 이것은 슬기에 연관된다.
2. 둘째는 활동적인 일들 안에서 어떤 목적을 위하여 적절한 수단이 무엇인지를 아는 능력인데, 이것은 경륜에 연관된다. 사변적인 것들에서 인간이 이해하는 것들로부터 어떤 결론에 이르기 위한 추론을 이끌어내는 것과 마찬가지다.
3. 셋째는 알아낸 것들에 대한 올바른 판단을 내리기 위한 것인데, 이것은 지혜에 연관된다.
4. 넷째는 행해야 한다고 판단하는 것을 훌륭하게 실행하기 위한 것인데, 이것은 능력에 속한다.

하느님의 능력

그러나 경험은 감각적 사물들로부터 나오고 그 감각적 사물들은 그 자체로서 그리고 본성에 있어서는 나중이지만 우리에게는 먼저이므로,[1] 그는 인간이 어떻게 하느님의 능력을 경험할 수 있는가를 보여 주는 것으로 시작하는데 그중에서도 인간사 안에서부터 출발한다. 우리는 어떤 사람들이 보호자들이 많이 있는데도 완전히 멸망하는 것을, 즉 자연적 존재에 있어서 죽음을 겪거나 사회적 지위에 있어서 완전히 파괴되는 것을 본다. 어떤 사람도 그들이 멸망하지 않도록 도울 수 없었다면, 그 멸망은 인간적 능력을 초월하는 감추어진 신적 능력에 의한 것임이 명백하다. 어떤 인간적 능력도 거기에 맞설 수 없기 때문이다. 그래서 그는 "그분께서 부수시면 아무도 세우지 못하고"(14절)라고 말한다.

이와 마찬가지로 우리는 어떤 사람들이 완전히 멸망하지는 않지만 지도자들이 많은데도 진보에서 가로막히는 경우를 본다. 그 멸망은 더 상위의 능력으로부터 오는 것임이 명백하므로, 그는 "[그분께서] 가두시면", 즉 많은 어려움에 얽매이게 하시면 "아무도 풀려나지 못한다네."라고 덧붙인다. 아무도 거기에서 벗어날 수 없다는 것이다. 그래서 집회 7,14는(『성경』은 7,13) "그분께서 구부리신 것을 누가 똑바로 할 수 있으랴?"라고 말한다.

다음으로 욥은 인간이 어떻게 자연 사물 안에서, 특히 비와 가뭄에서 하느님의 능력을 경험하는가를 보여 준다. "그분께서 물을 막으시면"(15절), 그래서 비가 내리지 못하게 하시면 땅에서 싹트는 모든 것이 "메말라 버리고", 많은 양을 "내보내시면" 홍수 때와 같이 "땅을 뒤집어 버린다네."라고 말한다. 때로는 자연적 원인들에 의하여 가뭄이 들만큼 비가 멈추기도 하고 또 때로는 땅을 뒤집을 만큼 많은 비가 내리기도 하지만 이러한 상황들은 하느님의 능력과 관계없이 이루어지는 일이

---

1) 참조. Aristotle, *Posterior Analytics* I.2, 71b 34ff.와 *Metaphysics* V.11, 1018b 30ff.

아니며 하느님의 능력이 바로 그 자연적 원인들이 그들의 효과들을 내도록 명하는 것이다. 그러므로 그는 전제들로부터 결론을 내리듯이 "오직 그분께만 능력이 있고"(16절)라고 덧붙인다.

지혜

다음으로 그는 두 번째 속성을 다루기 시작하면서 "오직 그분께만 지혜가 있고"라고 덧붙이며 그가 설명하고자 하는 것이 무엇인지를 제시한다. 사물들에 대하여 올바른 판단을 내릴 수 있는 것은 지혜를 가짐으로써이다. 그런데, 사물들의 진리에 관하여 올바르게 판단하는 사람은 어떻게 어떤 사람이 진리에서 벗어나 현혹되는지를 식별하는 사람이다. 그래서, 하느님께 지혜가 있다는 것을 보이기 위하여 그는 "현혹되는 자와 현혹하는 자 모두를 그분께서 아시네."라고 덧붙인다. 그분께서는 올바로 판단하시어, 어떤 사람이 진리의 올바른 지식에서 벗어나 현혹하는 것을 알아보신다. 욥은 인간사가 하느님의 심판 하에 있다는 주장에 그와 그의 친구들이 모두 동의한다는 사실로부터 이러한 고찰들을 전개한다. 하느님께서 인간의 죄를 아셔야 인간사를 판단할 수 있으시고, 기만과 사기는 인간의 죄에서 큰 부분을 차지하기 때문이다.

경륜

다음으로 욥은 인간사 안에서 나타나는 일들을 통하여 하느님께 경륜이 있음을 보여 준다. 그러나 이 점에 있어서는, 하느님께서는 사변적 학문들의 원리와 그 결론들, 그리고 그들 서로간의 질서를 아시지만, 원리들을 통하여 결론들을 아시는 것이 아니라 모든 것을 첫 단순한 통찰로 아신다는 것을 염두에 두어야 한다.

그러므로, 실천적인[2] 학문들에 있어서도 그분은 목적과 그 목적을 위하여 있는 사물들과 어떤 목적을 이루기 위한 적절한 방법들을 모두 아시지만, 우리가 계획을 세울 때처럼 목적으로부터 그 방법들을 찾으시는 것이 아니다. 그러므로, 하느님께서 결과들에 대한 그 원리들의 질서를 아시기에 그분께 이성이 있다고 일컬어지지만 그렇다고 해서 그분께서 이성이 하듯이 추론을 통하여 어떤 것을 탐구하신다는 것은 적합하지 않듯이, 그분께 경륜이 있다고 하는 것은 물음을 통해서가 아니라 단순하고 절대적인 지식을 통해서 그렇다는 것이다.

여기서, 어떤 사람의 경륜의 깊이는 두 가지에 달려 있다. 첫째는 반대자들이 경륜에 있어 훈련된 이들이라 하더라도 치밀한 경륜으로 그들을 그들에게 필요한 것으로 이끌 때이다. 그들의 모든 방법이 실패하여 부적절한 결말에 이르도록 하는 것이다. 이러한 능력에 관련하여 그는 "그분은 자문관들을 바보로 만드시고"(17절)라고 말한다. 하느님께서 당신의 깊은 경륜으로 그들이 고안한 방법들을 가로막으시어 그들이 하려고 한 결과에 이르지 못하게 하시기 때문이다.

두 번째로, 경륜의 깊이는 치밀한 경륜으로 반대자들을 어떻게 해야 좋을지 알 수 없는 지경으로 이끌 수 있을 때에 드러난다. 이러한 능력과 관련하여 그는 "판관들을 당황케 하시는 분."이라고 덧붙인다. 여기에서 그는 보통은 무엇을 해야 할 것인지 올바른 판단을 내리는 사람들을 판관들이라고 부른다.

사변적인 토론에서 때로는 반대자들을 부조리에 이르게 하거나 반박할 수 없이 자신의 주장을 단언하는 사람을 유능한 토론자라고 하듯이, 하느님께서는 당신 반대자들이 스스로 선택한 길들로 멸망으로 이끄시고 당신의 진리와 업적을 확증하시어 그들이 저해하지 못하게 하신다.

---

2) 자구적으로는, "작용적인"(operative). 참조. *ST* I.14.16.

정치가들

욥은 이러한 고찰들을 일반적으로 말했기 때문에 이제 구체적인 예를 들며, 인간적으로는 훌륭하게 보이는 모든 것이 하느님의 깊은 경륜을 통하여 어리석음과 당황함으로 이르게 되는지를 밝힌다. 인간사에서 임금들은 권력에 있어 뛰어나게 보이고, 그래서 그는 그분께서 "임금들의 띠" 곧 칼을 차는 띠를 "푸신다"(18절)고 말한다. 칼을 차는 띠는 그들의 권력을 상징하는 것이다. 시편 44,4에서는(『성경』은 45,4) "오, 용사시여, 허리에 칼을 차소서."라고 말한다. 그리고 "그 허리를 포승으로 묶으시는 분"이라는 것은 그들이 포로로 끌려갈 때를 말하는데, 이 표현은 그들의 권력이 완전히 무너짐을 나타낸다.

사제들

그리고 사제들은 존경을 받는 것으로 뛰어난데, 그들에 대해서는 "사제들을 부끄럽게 하시고"(19절)라고 덧붙인다.

고문관들

또한 한 도시나 왕국의 고관들과 고문관들은 현명한 경륜으로 뛰어난데, 이들에 대해서는 "권세가들을 넘어뜨리시는 분"이라고 덧붙인다. 그들을 현혹시키신다는 것이다.

철학자들

철학자들은 진리를 고찰하는 데에서 뛰어난데, 그들에 대해서는 "진리를 말하는 이들에게서 언변을 앗아 버리시고"(20절)라고 말한다. 진리를 말하고자 애쓰는 이들에게, 하느님께서 때로는 그들에게서 당신의 은혜를 거두시어 그들이 진리를 발견하지 못하도록 그들의 정신을 흐리게 하시고, 그래서 그들이 진리를 말할 수 없게 된다는 것이다. 로마 1,22에서 "그들은 지혜롭다고 자처하였지만 바보가 되었습니다."라고 말하는 바와 같다.

노인들

노인들 역시 젊은이들을 지도하는 것으로 뛰어난데, 그들에 관하여 "노인들에게서 가르침을 거두어 버리시는 분"이라고 덧붙인다. 이는 그들이 노쇠하게 되기 때문이기도 하고 공공 활동에서 완전히 물러나기 때문이기도 하다. 이사 3,1에서(『성경』은 3,2-3) "주님께서는 예루살렘에서 재판관과 예언자, 점쟁이와 원로를 없애 버리시리라."고 하는 바와 같다.

군주들

군주들은 다른 이들에게 명령하는 권위로 뛰어난데, 그들에 대해서 그는 "귀족들에게 수치를 쏟아부으시고"(21절)라고 말한다. 그들에게 순종해야 할 이들로부터 무시를 당하게 하신다는 것이다.

힘 없는 이들

이 모든 진술은 "그분은 자문관들을 바보로 만드시고"(17절)라는 진술 안에 포함된 것으로 보이지만, 때로 어떤 사람들은 가장 낮은 지위에서부터 가장 높은 지위로 오르게 된다는 사실은 "판관들을 당황케 하시는 분"(*Ibid.*)이라는 표현 안에 포함된 것으로 보이며 이에 관하여 그는 "억눌린 이들을 구하시는 분"(21절)이라고 말한다. 이로써 이 구절은 높은 이들의 권력에 억압받는 힘없는 이들에 관한 것이 된다.[3] 때로는 억압자들이 무너진 다음 힘 없는 이들이 권력을 갖게 되는 것이다.

미천한 이들

그러나 낮은 지위에서 영예 없이 드러나지 않게 살던 사람들에 대해서는 "어둠에서부터 은밀한 것을 드러내시고"(22절)라고 말한다. 하느님께서는 가장 낮은 지위에 있어 알려져 있지 않은 이들, 그늘 속에 있는 이들을 다른 사람들에게 드러내시어 그들을 영광스럽게 하신다는 뜻이다.

무지한 이들

무지하고 어리석게 여겨지는 이들에 대해서는 "죽음의 그림자를 빛 속으로 끌어내시는 분"이라고 덧붙인다. 죽음의 그림자는 무지와 어리석음을 가리키는 것으로 보인다. 특히 지식을 통하여 생물은 무생물과 구별되기 때문이다. 그러므로, "죽음의 그림자를 빛 속으로 끌어내시는 분"이라는 것은 그분께서 무지한 이들에게 지혜를 주시거나 또는 지혜로웠지만 그 지혜가 알려지지 않았던 이들이 실제로 지혜롭다는 것을 드러내실 때를 말한다.

욥은 이렇게 말함으로써 "억눌린 이들을 구하시는 분"이 "임금들의 띠를 푸시고"(18절)와 대립되게 하고, "어둠에서부터 은밀한 것을 드러내시고"라는 구절은 "귀족들에게 수치를 쏟아부으시고"(19절)라는 진술에 대조되게 한다. 그러나 "죽음의 그림자를 빛 속으로 끌어내시는 분"은 그 앞의 모든 구절에 대비되는 것일 수 있다.

---

[3] 라틴어 본문은 여기에서 impotentes와 potentia로 되어 있다.

민족들

그는 개인들에게 있어서 그러한 고양과 몰락이 하느님에 의해 이루어진다고 말했던 것과 마찬가지로 인류 전체에 대해서도 그러하다고 말한다. 하느님께서는 "민족들을 흥하게도 하시고", 즉 그들의 수효가 많아지게 하시고 "망하게도 하시며", 전쟁이나 질병으로 무너뜨리시며, 또한 이러한 재앙이나 부당하게 통치하는 이들의 억압으로 "그들이 전복되었을 때에 온전하게 회복시키시는 분", 곧 좋은 상태로 복구하시는 분이시다.

이성과 의지

하느님 안에 능력과 지혜, 경륜이 있음을 보인 다음 마지막으로 그는 그분 안에 슬기가 있음을 보인다. 우리는 앞에서 슬기가 감추어진 것들에 대한, 특히 마음속에 감추어져 있는 것들에 대한 앎에 관련된다고 말했다. 이제 욥은 하느님께서 사람의 마음 안에서 작용하신다는 사실로부터 하느님께서 이것들을 아신다는 것을 보여 준다. 그분께서는 마음에 감추어진 것들을 당신 자신에 의하여 이루어진 결과들을 아시듯이 아신다.

그래서 그는 "나라 백성의 수령들에게서 마음을 바꾸시고"(24절), 즉 그들의 의지를 바꾸어 놓으신다고 말한다. 잠언 21,1에서도 "임금의 마음은 주님 손안에 있는 물줄기, 주님께서 원하시는 대로 이끄신다."고 말한다. 하느님께서는 모든 사람들의 의지를 이끄시지만, 임금들과 군주들을 특별히 언급하는 것은 많은 이들이 그들의 의지를 따르므로 그들의 의지가 더 큰 무게를 갖기 때문이다.

그러나 슬기에 관하여 욥은 "그들을 헤매게 하시는 분"이라고 덧붙인다. 이렇게 말하는 것은 그분께서 그들을 그릇된 견해로 이끄시기 때문이 아니라 그들에게서 당신 빛을 거두시어 진리를 알지 못하게 하시고, 그들의 이성을 흐리게 하시어 그들이 계획하는 악을 이룰 적당한 방법을 찾지 못하게 하시기 때문이다. 그래서 "그들을 길 없는 광야에서 헤매게 하시는 분"이라는 말이 뒤따른다. 그들은 잘못된 길을 따라가기 때문에 그들의 목적에 도달할 수 없는 것이다.

무지와 격정

어떤 사람이 행동에서 오류를 범하는 데에는 두 가지 방식이 있다. 첫째 길은 무지로 인한 것인데, 이 길에 대하여 그는 "그들은 빛 없는 어둠 속에서 더듬거리고"(25절)라고 말한다. 어둠은 무지를, 빛은 지식을 나타낸다. 어떤 사람이 바로 앞에 있는 것들만 손으로 만져 보아 감각할 수 있을 뿐이라면 그는 눈먼 사람과 같이 무지를 통하여 길을 더듬게 된다.

다른 방식으로는, 어떤 이들은 개별적인 일들에서 그들의 이성이 격정에 매여 있어 보편적 지식을 그들의 행위에 적용시키지 못하기도 한다. 이에 관련하여 그는 "그분께서는 그들을 술취한 자같이 헤매게 하신다네."라고 덧붙인다. 이성은 일종의 술취함에 의해서처럼 격정에 의하여 얽매이는 것이기 때문이다.

13장

욥은 친구들이 거짓말을 한다는 것을 깨닫는다. 하느님의 심판이 더 낫다

욥은 친구들에게 뒤떨어지지 않는다

1) 여보게들, 이 모든 것을 내 눈이 보았고 내 귀가 들어 이해하였다네. 2) 자네들이 아는 만큼은 나도 알고 있으니 자네들에게 결코 뒤떨어지지 않네그려. 3) 나는 전능하신 분께 여쭙고 하느님께 항변하고 싶을 따름이네. 4) 그러나 먼저 자네들은 거짓을 꾸며 내는 자들, 모두 그릇된 교설을 숭배하는 자들임을 보여 주고 싶네. 5) 아, 자네들이 제발 입을 다문다면! 그것이 자네들에게 지혜로운 처사가 되련마는. 6) 이제 나의 훈계를 듣고 내 입술이 하는 변론에 유의하게나. 7) 하느님께 자네들의 거짓이 필요하셔서 자네들은 그분을 위하여 허위를 말하려나? 8) 자네들은 하느님 편을 들어 그분을 변론하려는가? 9) 그분께는 아무것도 감추어져 있을 수 없는데, 이것이 그분 마음에 드시겠는가? 10) 자네들이 몰래 편을 든다면 그분께서는 기필코 자네들을 꾸짖으실 것일세. 11) 그분께서 움직이시기만 하면 그분은 자네들을 혼란에 빠뜨리시고 그분에 대한 공포가 자네들을 덮치지 않겠는가? 12) 자네들의 기억은 재에 비교될 것이요 자네들의 목은 진흙 속으로 떠밀릴 것이네.(13,1-12)

욥은 하느님 능력의 탁월함이 경험으로 인식될 수 있음을 보인 다음, 결론을 내리듯이 덧붙인다. "여보게들, 이 모든 것을 내 눈이 보았고 내 귀가 들어 이해하였다네"(1절). 앞서 말한 하느님의 능력과 지혜의 결과들을[1] 나는 부분적으로는 봄으로써 부분적으로는 들음으로써 알게 되었고, 또한 나의 지식은 이러한 감각적인 결과들에만 머물러 있지도 않고 그것들로부터 진리를 이해하는 데까지 올라갔다는 것이다. 그래서 그는 "이 모든 것을 이해하였다네."라고 덧붙인다. 그는 그 결과들이 하느님에 대해서 또는 그분의 지혜나 슬기나 경륜이나 능력에 대해서 보여 준다는 것을 이해했다.

그러므로, 그들이 하느님의 위대하신 업적들을 보여 주면서 자신들이 욥보다 낫다고 자랑하지 못하도록 그는 "자네들이 아는 만큼은 나도 알고 있으니"(2절), 하느님의 위대하심에 관한 것들을 알고 있으니 "자네들에게 결코 뒤떨어지지 않네그려."라고 말한다. 그가 부족하게 또는 불완전하게 알고 있거나 아니면 그들에게서 비로소 배우고 있는 것이 아니라는 뜻이다.

그러나 초파르는 욥이 하느님과 논쟁하려 한다고 욥을 비판하기 위하여 하느님의 탁월하심을 말한 것이었으므로,[2] 욥은 "나는 전능하신 분께 여쭙고 싶을 따름이네."(3절)라고 덧붙인다. 나는 하느님의 여러 가지 결과들로부터 자네들 못지않게 하느님의 지혜와 능력의 탁월함에 대해 알고 있지만, 그렇다고 해서 마음들을 살피시고 판단하시는 그분께 나의 마음을 열어 보이고 모든 진리의 스승이신 그분으로부터 진리를 찾기 위하여 하느님께 말씀드리고자 하는 그 뜻이 바뀐 것은 아니다.

---

1) 참조. 12,13 이하 주해.
2) 참조. 11,6 이하 주해.

거짓을 꾸며 내는 자들

　그래서 그는 "하느님께 항변하고 싶을 따름이네."라고 덧붙인다. 하느님의 심판을 인정하지 않으려는 것이 아니라, 친구들의 오류를 무너뜨리기를 원하는 것이다. 그 오류들을 전제한다면 하느님께 불의가 있다는 결론이 나오게 될 것이기 때문이다. 그래서 그는, 먼저 "자네들은 거짓을 꾸며 내는 자들임을 보여 주고 싶네."(4절)라고 덧붙인다. 그들이 욥이 죄악의 삶을 살았다는 거짓말을 만들어 냈기 때문이다. 그런데 욥의 친구들이 이러한 거짓에 도달한 것은 그들이 현세의 삶에서 공로에 대한 갚음과 징벌이 이루어진다고 믿음으로써 하느님을 공경하는 신앙에 관하여, 오류에 빠져 있었기 때문이다. 그래서 그는 그 친구들이 "그릇된 교설을 숭배하는 자들"이라고 덧붙인다. 하느님에 대한 참된 지식을 벗어나는 사람은 하느님이 아니라 하느님에 관하여 스스로 만들어 낸 그릇된 교설을 숭배하는 것이다.

　"그러나 먼저 보여 주고 싶네."라는 표현은 이어서 나오는 가르침에 관련하여 먼저 그들의 잘못된 교설을 논박하고 그 다음에 하느님과 논쟁하겠다는 뜻으로 이해해서는 안 되고, 그가 하느님과 논쟁할 때에 그의 첫 번째 의도가 그들의 교설을 무너뜨리는 것이라는 뜻으로 이해해야 한다.

　때로 어떤 사람들은 거짓이지만 그럴듯한 제안을 하지만, 그 제안들을 옹호하거나 설득력있게 증명하지 못하여 오히려 말을 함으로써 지혜가 없음을 드러내게 된다. 욥의 친구들에게서 이러한 일이 일어나고 있다. 그래서 그는 "아, 자네들이 제발 입을 다문다면! 그것이 자네들에게 지혜로운 처사가 되련마는."(5절)이라고 덧붙인다. 자네들이 부적절하게 자네들의 그릇된 교설을 옹호하고 증명한다는 바로 그 사실이 자네들이 지혜롭지 못함을 입증한다. 자네들은 그릇된 학설을 제시하고 그것을 증명하기 위하여 부적절한 수단들을 사용하고 있으니 훈계가 필요하다. 그래서 그는 "이제 나의 훈계를 들게나."(6절)라고 결론을 내린다. 이로써 나는 자네들의 논증을 바로잡을 것이니, 내가 자네들의 그릇된 교설을 단죄할 "내 입술이 하는 변론에 유의하게나."라고 말하는 것이다.

  지금 욥은 먼저 그들의 부적절한 논증을 바로잡으려 한다. 그들은 선행과 악행에 대한 상급과 처벌이 현세의 삶에서 되돌아온다고 주장하고 있으므로, 하느님의 의로우심을 변호하기 위해서 거짓을 사용할 수밖에 없다. 무죄하고 의로운 사람도 현세의 삶에서 역경에 짓눌리는 경우가 있음은 명백한데, 하느님의 의로우심을 옹호하려면 그 의로운 사람들에게 탓을 돌려야 하고 그래서 그들은 고통을 당하고 있는 욥을 죄인이라고 탓하고 있는 것이다. 그러나 거짓으로 진리를 옹호하는 사람은 적합한 수단을 사용하는 것이 아니다. 그래서 욥은 "하느님께 자네들의 거짓이 필요하신가?"(7절)라고 묻는나. 하느님의 의로우심을 옹호하기 위하여 거짓을 사용하는 것이 필요한가? 사실상, 거짓을 통해서가 아니고서는 옹호될 수 없는 것이라면 참일 수 없다.

허위와 기만으로 하느님을 옹호할 수는 없다

  어떤 사람이 명백한 진리를 거슬러 거짓을 말하려고 애쓴다면, 그는 거짓을 기만으로 감추기 위하여 속임수를 만들어내지 않을 수 없다. 그들 역시 모든 사람에게 명백한 것이었던 욥의 의로움을 거슬러 거짓을 말하려고 했을 때에 기만을 사용했다. 그들은 쉽게 죄로 떨어지는 인간의 나약함을 지적하고 그것을 하느님의 탁월하심과 비교하면서, 하느님께서 불의하시다는 것보다는 욥이 죄가 있다는 것이 더 가능성이 크다고 여겨지게 만들었다. 그래서 욥은 "그분을 위하여 허위를 말하려나?"라고 덧붙인다. 하느님께서 의로우시다는 주장을 옹호할 수 있기 위하여 욥을 불경한 사람으로 만들려고 기만적인 시도를 할 때 그들은 하느님을 위하여 허위를 말하고 있었던 것이다.

  그러나 누군가는 그들이 욥을 거슬러 허위를 말하는 것이 아니라 다만 그들이 생각한 것을 말하고 있다고 주장할 수도 있었다. 그래서 욥은, 만일 이것이 사실이라면 그들은 허위라는 혐의는 벗어나겠지만 다른 악에, 즉 편견에 떨어지는 것임을 밝힌다. 편견은 판단하는 사람 편의 의로움을 손상시킨다. 편견은 어떤 사람의 의로움에 대해 알지 못하면서도 다른 사람을 편들어 그 사람의 명백한 의로움을 무시하거나 부인하는 것이다.

욥의 친구들이 그의 명백한 의로움을 보았으면서도 그를 죄인이라고 판단했다면, 그것은 오직 그들이 하느님의 위대하심을 편들려 했기 때문이다. 그들은 욥이 어떻게 하느님께 정의로운 처벌을 받게 되는지를 그들 자신의 교설을 근거로 해서 이해할 수 없었지만, 그들은 말하자면 하느님을 편들었던 것이다. 그래서 욥은 "자네들은 하느님 편을 들어 그분을 변론하려는가?"(8절)라고 덧붙인다. 그는 이것을 분명하게 말한다. 다른 사람을 편들어 판단하는 사람은 어떤 사람의 의로움을 알지 못하면서 어떤 방법으로든 그가 의롭다는 것을 증명할 길을 만들어 내려고 애쓰는 것이기 때문이다.

때로는 어떤 사람이 다른 사람을 거짓으로 옹호하면서, 비록 그 사람이 의인이라 하더라도, 그의 마음에 들게 되는 때가 있다. 여기에는 두 가지 경우가 있다. 첫째는 옹호를 받은 사람이 자신의 주장이 불의하다는 것을 모를 경우이다. 그래서, 다른 사람이 자신을 옹호해 주는 것은 그의 마음에 든다. 욥은 하느님께 대하여 이러한 경우를 배제하여 "이것이 그분 마음에 드시겠는가?"(9절)라고 말한다. 자네들이 그분을 편들어 불의한 판단을 내리려고 애쓴다는 것을 그분께서 모르실 수 없는데, 이것이 그분 마음에 드시겠는가? 그래서 그는 "그분께는 아무것도 감추어져 있을 수 없는데"라고 덧붙인다.

다른 경우는 거짓으로 옹호를 받는 사람이 그 옹호자의 거짓에 기만되어 그의 변론이 올바른 것으로 생각하는 경우인데, 욥은 이 경우도 하느님에 대하여 배제한다. "사람을 속이듯 그분을 속일 수 있겠나?"

진리는 거짓 없이 옹호될 수 있기에, 하느님의 선하심과 의로우심은 거짓말을 필요로 하지 않는다는 것이 명백하다. 이러한 고찰로부터, 그들의 교설을 가정한다면 하느님의 의로우심을 옹호하기 위하여 거짓이 필요하다는 결론이 나온다는 것은 그들이 제시한 교설이 그릇되다는 것을 입증한다.

그러나 더 나아가서, 하느님의 의로우심과 선하심을 밝히기 위하여 거짓을 사용하는 사람은 하느님께서 필요로 하지 않으시는 일을 할 뿐 아니라 바로 그 행위 자체로서 하느님을 거스르는 것임을 고찰해야 한다. 하느님께서는 진리이시고 모든 거짓은 진리에 반대되므로, 하느님의 위대하심을 밝히기 위하여 거짓을 사용하는 사람은 그 사실 자체로서 하느님을 거슬러 행동하는 것이다. 이러한 사실은 사도 바오로가 1코린 15,15에서 명백하게 밝혀 놓았다. 그는 이렇게 말한다. "우리는 또 하느님의 거짓 증인으로 드러날 것입니다. 죽은 이들이 정말로 되살아나지 않는다면 하느님께서 그리스도를 되살리지 않으셨을 터인데도, 하느님께서 그리스도를 되살리셨다고 우리가 하느님을 거슬러 증언한 셈이기 때문입니다." 하느님께서 죽은 이들을 되살리셨다는 것이 사실이 아닌데 그렇게 말하는 것은, 하느님의 능력을 드러내는 것처럼 보이지만 사실은 하느님을 거스르는 것이다. 그것이 하느님의 진리를 거스르기 때문이다.

하느님께서는 거짓말하는 이들을 벌하신다

그러므로, 하느님을 옹호하기 위하여 거짓을 사용하는 이들은 마치 그들이 하느님이 마음에 든 것처럼 말해도 갚음을 받지 못할 뿐 아니라 오히려 하느님을 거슬러 행동하는 것처럼 벌을 받게 된다. 그래서 그는 "자네들이 몰래 편을 든다면 그분께서는 기필코 자네들을 꾸짖으실 것일세."(10절)라고 덧붙인다. 그가 "몰래"라고 말하는 것은, 욥의 친구들이 외적으로는 하느님의 의로우심을 아는 듯이 하느님을 변호했지만 그들의 양심 안에서는 그것을 알지 못했기 때문이다. 욥은 그들이 알지 못한 그 의로우심에 따라 벌을 받은 것이었다. 그래서, 그들은 그릇되게 그분의 정의를 옹호하려 하면서 마음 안에서 몰래 하느님을 편들었던 것이다.

이어서 그는 하느님께서 그들을 어떻게 꾸짖으시는지를 설명한다. "그분께서 움직이시기만 하면 그분은 자네들을 혼란에 빠뜨리시고"(11절). 다시 말하면, 그들은 역경을 겪고 있지 않기 때문에 평온한 정신으로 하느님의 의로우심에 대하여 토론하지만, 그들에게 시련이 덮친다면 특히나 그들의 정신은 진리를 토대로 서 있지 않기 때문에 혼란에 빠질 것이다. 욥은 성경에서 징벌을 하느님의 진노라고 부르는 것과 같은 방식으로[3] 시련을 하느님의 움직이심이라고 부른다.

그리고, 욥의 친구들은 현세적인 사물들 외에는 다른 어떤 것도 행복이나 불행으로 여기지 않기 때문에, 그들이 불행이 떨어지지 않도록 죄를 조심할 때에 그들은 오직 현세의 불행에 대한 두려움 때문에 하느님을 섬기는 것으로 보인다. 그래서 그는 "그분에 대한 공포가 자네들을 덮치지 않겠는가?"라고 말한다. "악인에게는 무서워하는 일이 닥친다."라고 말하는 잠언 10,24에 따라, 그들이 하느님을 두려워하는 유일한 이유 곧 현세적인 역경이 그들에게 덮칠 것이다.

죽은 다음에는 재와 진흙으로

그리고 그들은 욥에게 죽은 후에도 그가 사람들의 기억 안에 남아있게 되리라고 헛되이 약속했으므로,[4] 그는 그들을 조롱하여 그들에게 그 반대의 것을 약속한다. "자네들의 기억은 재에 비교될 것이네"(12절). 재가 나무가 탄 후에 잠시 남아있듯이, 인간의 명예는 죽은 후에 곧 사라진다. 따라서 죽은 후의 명예를 기대하는 것은 헛되게 보인다.

---

3) 예를 들어 에제 38,19; 지혜 18,20.
4) 참조. 11,15 주해.

또한 욥의 친구들은 그에게 죽은 후에 그의 무덤이 침해를 입지 않을 것이고 그 무덤에 경의를 표할 것이라고 약속했으므로,[5] 그는 이 약속 역시 아무 가치가 없다고 여기면서 그들에게 그 반대의 것을 약속한다. "자네들의 목은 진흙 속으로 떠밀릴 것이네." 목은 권력과 위엄을 나타내고, 그것이 "진흙 속으로" 떠밀린다는 것은 경멸스럽고 약한 처지에 있게 될 것임을 뜻한다.

욥은 인내를 잃지도 않았고 주제넘지도 않았다

13) 내 마음에 떠오르는 것은 무엇이든 말할 수 있게 잠시 조용히 하게. 14) 왜 내가 내 몸을 이로 물어뜯고 내 영혼을 손으로 나르겠는가? 15) 그분께서 나를 죽이신다 해도 나는 그분께 희망을 두네. 다만 그분 앞에서 내 길을 고발할 뿐. 16) 그분께서 나의 구원자가 되실 것이네. 위선자는 그분 앞에 들 수도 없기 때문일세. 17) 제발 내 말을 들어 보게나. 내 수수께끼를 자네들 귀로 말일세. 18) 내가 심판을 받는다면 내가 정당함을 나는 알고 있다네. 19) 나와 소송을 벌일 자 누구인가? 나와 보게. 왜 내가 입을 다물고 죽어가야 하는가? 20) 저에게 이 두 가지를 하지 말아 주십시오. 그러면 당신 앞에서 숨지 않아도 되겠습니다. 21) 당신의 손을 제게서 멀리 치우시고 당신에 대한 공포가 저를 덮치지 않게 해 주십시오. 22) 그러시고는 부르십시오. 제가 대답하겠습니다. 아니면 제가 아뢰겠으니 저에게 대답해 주십시오. 23) 얼마나 많습니까, 저의 범행과 죄가? 저의 죄악과 과실을 저에게 알려 주십시오. 24) 어찌하여 당신의 얼굴을 감추십니까? 어찌하여 저를 당신의 원수로 여기십니까? 25) 바람에 날리는 잎사귀에 맞서 당신 능력을 드러내시렵니까? 메마른 지푸라기를 뒤쫓으시렵니

---

5) 참조. 11,19 주해.

> 까? 26) 제가 쓰라린 일들을 당하게 결정하시고 젊은 시절의 죗값을 거두게 하시렵니까? 27) 제 발에 차꼬를 채우시고 저의 길을 모두 지켜보시며 저의 발바닥에 표를 새기시렵니까? 28) 이 몸은 썩은 것처럼, 좀먹은 옷처럼 부스러져 갑니다.(12,13-27)

욥은 거짓으로 하느님의 정의를 옹호하려 하는 친구들을 논박한 다음 이제 하느님과 토론하는 형식으로 그들의 그릇된 교설을 무너뜨리려 한다.

먼저 그는 마치 대단히 중요한 것들을 말하려는 듯이 귀를 기울여줄 것을 요청한다. "내 마음에 떠오르는 것은 무엇이든 말할 수 있게 잠시 조용히 하게"(13절). 잠시 동안 어떤 소리든지 하는 것을 듣는 것은 어려운 일이 아니지만, 그가 이렇게 말하는 것은 혹시나 그들이 "자네는 어리석은 소리를 하고 있네. 자네 말은 들을 가치가 없네."라고 말하지 않도록 하기 위해서이다. 아니면, 그가 이러한 요청을 덧붙이는 것은 그가 거짓이나 기만을 말하려는 것이 아니라 그가 생각하는 것을 말하려 하는 것임을 밝히기 위해서일 것이다.

욥의 친구들은 욥에게 두 가지를, 즉 인내 없음과 자기 자랑을 책망했었다.[6] 그는 두 가지 모두를 배제하여, 이하의 토론에서 분노에서나 교만에서 말하는 것으로 보이지 않도록 한다. 여기서, 인내를 잃는 것은 이성으로 조절되지 않은 지나친 슬픔의 결과이고 지나친 슬픔은 절망을 가져온다는 것을 생각해야 한다. 그런데, 인간은 절망의 결과로 육신과 영혼의 건강을 소홀히 하게 될 수 있다.

그래서 그는 자신이 인내를 잃었다는 가능성을 배제하기 위하여, "왜 내가 내 몸을 이로 물어뜯겠는가?"(14절)라고 말한다. 내가 육체적 삶에 실망하여 굶주림에 짓눌려 제 살을 먹는 사람처럼 인내를 잃고 육체의 건강에 대해 절망할 이유가 없다는 것이다. 또한, "왜 내가 내 영혼을 손으로 나르겠는가?"라는 것은, 내가 내 영

---

6) 참조. 4,2.7 주해.

혼의 건강을 소홀히 할 이유가 없다는 것이다. 손에 나르는 물건은 쉽게 잃어버린다. 잃어버릴까 두려워한다면 조심스럽게 숨길 것이므로, 손에 나른다는 것은 잃어버려도 대수롭지 않다고 여기는 것이라고 보인다.

그리고 그는, 인내를 잃고 자신의 몸을 물어뜯거나 영혼을 손에 나르지 않아야 하는 이유를 말한다. "그분께서 나를 죽이신다 해도 나는 그분께 희망을 두네"(15절). 내가 겪고 있는 현세적 불행 때문에 내가 더 이상 하느님께 희망을 두지 않는다고 믿지 말라는 것이다. 내가 하느님께 희망을 두는 것이 현세적 선 때문이었다면 "저는 절망했습니다."[7,16]라고 말했던 것처럼 나는 절망하지 않을 수 없었을 것이다. 그러나 내가 하느님께 희망을 두는 것은 죽은 후에도 남는 영적인 선들 때문이므로, 그분께서 나를 괴롭히시어 죽이기까지 하시더라도 내가 그분께 두고 있는 희망은 스러지지 않을 것이라는 것이다.

그러나 과도한 희망은 억측으로 변질되므로, 그는 "다만 그분 앞에서 내 길을 고발할 뿐."이라고 덧붙인다. 내가 그분께 희망을 둔다는 것은 내가 죄에 그대로 머물면서도 그분께서 나를 해방시켜 주셔야 한다는 것이 아니라, 내가 내 죄를 끊어버린다면 그분께서 나를 해방시켜 주시리라는 것이다. 그래서 그는 "그분께서 나의 구원자가 되실 것이네."(16절)라고 덧붙인다. 내가 나의 죄들을 멀리한다면 말이다.

이제 욥은 하느님께서 당신 앞에서 자기 자신의 길을 고발하는 이들을 구원하시는 이유를 보여 준다. "위선자" 곧 죄인이면서 자신이 의인이라고 공언하고 그분 앞에서 자신의 길을 고발하지 않는 사람은 "그분 앞에 들 수도 없기 때문일세." 그분 안에 인간의 최종적 구원이 있는데, 그들은 하느님을 뵐 수 없다. 이에 대하여 그는 아래에서 길게 설명할 것이다.[7] 그러나 그는 마치 심판을 받기 위해서처럼 그분 앞으로 올 것이다.

---

7) 참조. 특히 14,13 이하와 19,25 이하 주해.

논쟁 준비

　이러한 논거들로 욥은 그 친구들의 중상이 그치도록 스스로 하느님 앞에서 자신의 길들을 고발하겠다는 말로 자신이 인내를 잃었고 주제넘게 스스로 무죄하다고 주장했다는 것을 물리친다.

　다음으로, 그는 토론을 시작하려 하면서 먼저 두 가지로 청중들에게 귀를 기울이도록 한다. 첫째로 그는 감추어진 것을 말하겠다고 한다. 우리가 이제 말하려는 것이 어렵다고 하면 듣는 이들은 더 귀를 기울이게 되기 때문이다. 그래서 그는 "제발 내 말을 들어 보게나. 내 수수께끼를 자네들 귀로 말일세."(17절)라고 말한다. 표면상으로는 어떤 것을 말하는 것처럼 보이지만 내적으로는 다른 것을 의미하는 분명치 않은 말을 수수께끼라 한다.

　그러나 둘째로 그는 그가 하려고 하는 말이 참되다는 확실성으로 그들이 주의를 기울이게 한다. 그래서 그는 "내가 심판을 받는다면 내가 정당함을 나는 알고 있다네."(18절)라고 덧붙인다. 물론 이것은 자신의 삶의 의로움에 대한 말이 아니다. 그는 위에서 "그분 앞에서 내 길을 고발할 뿐"(15절)이라고 말했기 때문이다. 그는 그들이 재판하듯이 논쟁하고 있는 가르침의 진리에 대해 말하는 것이다. 재판에서는 그가 옳다고 판결이 난 사람이 정당하다고 여겨진다. 그러므로, 어떤 사람이 토론에서 진리를 말하고 있는 것임이 입증되면 그것은 재판에서 무죄함이 입증되는 것과 같은 것이다.

침묵 속에 죽어간다

　그는 듣는 이들에게 주의를 기울이도록 한 다음 토론 방법을 결정한다. 그는 다른 토론자와 논쟁하듯이 토론하려 하기 때문에, "나와 소송을 벌일 자 누구인가?"(19절)라고 덧붙인다. 내가 누구와 진리에 대해 토론할 수 있을 것인가? "나와 보게." 토론하러 나오라는 것이다. 그 다음에 그는 그가 진리에 대해 토론을 하고자 하는 이유를 덧붙인다. "왜 내가 입을 다물고 죽어가야 하는가?"

　인간은 현세의 삶이 흘러가면서 조금씩 죽어가고, 특히 욥처럼 질병이 있을 때에는 더욱 그러하다. 침묵 속에 죽어가는 것은 현세의 삶을 살면서 가르침을 통하여 자신의 지혜의 흔적을 남기지 못하는 사람의 경우이다. 그러므로 욥은 이러한 운명을 겪지 않기 위하여 진리에 대해 침묵하지 않기로 결정한다. 그럼으로써, 죽은 다음 그의 몸은 사라져도 그의 가르침 안에서 살아 있기 위해서이다. 이러한 결심은 다른 의도로 설명할 수도 있다. 어떤 사람이 내적으로 겪는 고통을 밖으로 표현하면 그의 정신은 어느 정도 누그러지지만, 말없이 내면에 간직할 때에는 더 그 고통에 시달리고 어떤 식으로 자신의 침묵으로 소멸되고 마는 것이다.

진리는 사람에 따라 달라지지 않는다

　욥은 "나와 소송을 벌일 자 누구인가?"라고 말하며 토론 상대를 찾았고 앞에서는 "하느님께 항변하고 싶을 따름이네."(3절)라고 말했으므로, 이제부터는 하느님께서 그의 앞에 계시고 그가 그분과 토론하듯이 말한다. 그러나 하느님께서는 인간보다 절대적으로 우위에 계시므로, 인간이 하느님에 맞서 토론한다는 것은 부적절해 보인다. 그러나 진리는 사람에 따라 달라지지 않는다는 것을 생각해야 한다. 그래서 어떤 사람이 진리를 말할 때는 누구와 토론하더라도 꿀릴 수 없는 것이다. 욥은 자신이 하느님께서 믿음과 지혜의 선물을 통하여 그에게 감도해 주신 진리를 말하고 있음을 확신하고 있다. 그래서 그는 자신이 옳다는 것을 확신하면서, 현재 겪고 있는 불행 때문에 또는 다른 불행들에 대한 두려움 때문에 하느님의 힘에 짓눌리지 않기를 청한다. "저에게 이 두 가지를 하지 말아 주십시오. 그러면 당신 앞에서 숨지 않아도 되겠습니다"(20절). 그렇게 해 주시면 당신과 토론하는 것을 두려워하지 않겠다는 말이다. 두려움에 사로잡힌 사람들은 보통 그들이 두려워하는 사람의 얼굴 앞에서 숨기 때문이다.

이제 그는 그 두 가지가 무엇인지를 밝힌다. "당신의 손을 제게서 멀리 치우시고"(21절), 곧 지금의 재앙들로 저를 치지 마시고, "당신에 대한 공포가 저를 덮치지 않게 해 주십시오." 장차 올 재앙들로 나를 두렵게 만들지 마시라는 것이다. 진리를 확실하게 알고 있다 하더라도, 육신이 방해를 받고 있거나 영혼이 공포나 다른 어떤 걱정으로 염려하고 있으면 토론으로 그 진리를 옹호하는 데 장애를 받게 되기 때문이다.

토론은 두 사람 사이에 이루어진다. 한 사람은 질문을 제기하고 다른 사람은 거기에 대답한다. 하느님과 토론을 시작하면서 욥은 하느님께 그 두 역할, 질문하는 것과 대답하는 것 가운데 어느 편이든지 택하시도록 선택권을 드린다. "부르십시오. 제가 대답하겠습니다"(22절). 당신께서 질문하시면 저는 대답하겠다는 것이다. "아니면 제가 아뢰겠으니 저에게 대답해 주십시오." 욥은 비유적으로 말하며, 그가 공언하는 진리를 옹호하는 것이나 진리에 어긋나는 것을 반박하는 것이나 어느 편이라도 준비되어 있음을 보여 준다.

욥이 하느님께 죄를 밝혀 주시기를 청한다

먼저 그는 하느님께서 질문을 하시도록 한다. "얼마나 많습니까, 저의 범행과 죄가? 저의 죄악과 과실을 저에게 알려 주십시오"(23절). 여기에서, 욥의 친구들은 마치 하느님을 편들듯 하면서 욥에 맞서 토론하는 것으로 보인다는 점을 염두에 두어야 한다. 욥은 위에서 "자네들은 하느님 편을 들어 그분을 변론하려는가?"(8절)라고 말했던 것이다. 욥의 친구들은 그를 거슬러, 그가 죄 때문에 벌을 받았다고 고발했다. 그는 하느님께서 그에게 이를 반박해 주시기를 바란다. "얼마나 많습니까, 저의 범행과 죄가? 저의 죄악과 과실을 저에게 알려 주십시오."라는 말은, 친구들이 당신을 편들어 말하려고 하는 것처럼 당신께서 저의 죄 때문에 저를 괴롭히시는 것이라면, 어떤 죄 때문에 저를 그렇게 심하게 괴롭히시는지를 보여 주시라는 것이다. 그래서 그는 "제가 무슨 죄를 지었는지"라고 말하지 않고 "얼마나 많습니까, 저의 범행과 죄가?"라고 말한다. 욥의 친구들이 생각했듯이 현재의 역경의 이유가 오직 인간의 죄 때문이라면, 이렇게 큰 고통들로 벌을 받는 죄들은 반드시 지극히 큰 죄들이어야 하기 때문이다.

죄를 짓는 세 가지 방식

그런데, 어떤 죄들은 행함으로써 짓는 죄들로서 법률의 부정적 규정들을 어기는 것이고, 다른 죄들은 행하지 않음으로써 짓는 죄들로서 긍정적인 규정들을 소홀히 하는 것이다. 법률의 규정을 거스르는 잘못은 세 가지로 범할 수 있다.[8] 첫째로, 강도, 살인 등 이웃에게 해로운 일들인데, 이들은 "범행(iniquities)"이라 불린다. 그것이 각 사람에게 마땅한 정의의 형평성(equity)에 위배되는 것이기 때문이다.

둘째로, 자신의 무질서한 행위로 자기 자신을 거슬러 죄를 짓는 것이다. 이는 특히 탐욕과 방종 등에서 나타나며, 인간의 무질서에 속한 것으로서 "죄"라 불린다.

셋째로, 직접 하느님을 거슬러 범하는 죄들로서 신성 모독, 독성 등이 있는데, 이들은 그 중대함으로 인하여 "죄악"이라 불린다. 그러니 행하지 않음으로써 짓는 죄는 "과실"이라 불린다.

---

8) 참조. 1,1 주해.

욥이 하느님께 질문한다

질문을 제기하는 역할을 맡은 편에서 침묵하시는 듯하므로 이제 욥이 질문을 제기하는 역할을 하며 그가 벌을 받는 이유를 묻는다.

욥은 하느님의 원수가 아니다

1. 첫째로, 누군가는 하느님께서 그를 원수로 여겨 벌하신다고 말할 수 있으므로 그는 이 이유를 배제하여 "어찌하여 당신의 얼굴을 감추십니까? 어찌하여 저를 당신의 원수로 여기십니까?"(24절)라고 말한다. 어떤 사람이 이유 없이 다른 사람을 원수로 여긴다면 그것은 악한 것으로 여겨진다. 공격을 받은 경우를 제외하고는 원수가 되기에 합당한 이유는 있을 수 없다. 어떤 사람의 죄가 명백하게 드러났을 경우 하느님께서 그를 당신의 원수로 생각하신다는 것은 명백하다. 그러나 욥은 그의 죄들을 보여 주시기를 청했지만 하느님께서는 보여 주지 않으셨다. 따라서, 하느님께서 그를 적대하시는 이유는 명백하지 않다. "어찌하여 당신의 얼굴을 감추십니까?"라는 말은 이를 암시한다. 하느님께서는 드러나지 않은 이유로 은밀하게 욥을 미워하시는 것과 같다는 것이다. 미워하는 사람의 얼굴은, 그 미움의 이유를 감추고 있지 않을 때에 드러나는 것이기 때문이다.

인간은 나약한 잎사귀이다

2. 둘째로, 하느님께서 욥을 벌하시는 것이 그에게서 당신의 능력을 드러내시기 위해서라고 말할 수 있으므로, 그는 이러한 이유를 배제하여 "바람에 날리는 잎사귀에 맞서 당신 능력을 드러내시렵니까?"(25절)라고 말한다. 매우 강한 사람이 매우 약한 것에게서 자신의 능력을 보여 주려 한다는 것은 맞지 않기 때문이다. 인간 조

건이 바람에 날리는 잎사귀에 비유되는 것은, 인간이 그 자체로서도 쉽게 떨어지는 잎사귀와 같이 나약하고 또한 잎사귀가 바람에 날리듯이 인간도 시간의 흐름과 운명의 변화에 이리저리 끌려 다니기 때문이다. 그러므로, 하느님께서 오직 그 인간에 맞서 당신 능력을 드러내시기 위하여 인간을 벌하신다는 것은 맞지 않게 보인다.

젊은 시절의 죄 때문에 나이 든 사람을 벌하지는 않는다

3. 셋째로, 욥이 젊은 시절에 지은 죄 때문에 하느님께서 욥을 벌하신다고 말할 수도 있으므로 그는 이 이유를 배제하여 "메마른 지푸라기를 뒤쫓으시렵니까? 제가 쓰라린 일들을 당하게 결정하시고 젊은 시절의 죗값을 거두게 하시렵니까?" (26절)라고 말한다. 젊은 사람은 푸른 풀에 비유되지만, 나이가 들었을 때에는 지푸라기에 비유된다. 나이 든 사람을 젊은 시절의 죄 때문에 벌하는 것은, 푸른 풀의 결함에 대하여 지푸라기에게 화를 내는 것과 같아 보인다. 그러나, 그는 이렇게 질문하면서도 인간의 역경이 하느님의 심판의 결과로 이루어진다는 견해를 부인하지 않는다는 것에 주목해야 한다. 이러한 견해를 말하기 위하여 그는 "제가 쓰라린 일들을 당하게 결정하시고"라고 말한다. 쓰라린 일들, 곧 인간의 역경은 하느님의 결정에서 나오는 것이다.

작은 죄에 대한 무거운 처벌

4. 넷째로, 욥은 큰 죄를 짓지 않았지만 현세의 삶에는 죄가 없을 수 없고 욥도 어떤 죄들을 저질렀을 것이며 그래서 이렇게 벌을 받고 있는 것이라고 말할 수 있으므로, 그는 이러한 이유도 배제한다. "제 발에 차꼬를 채우시고 저의 길을 모두 지켜보시며 저의 발바닥에 표를 새기시렵니까? 이 몸은 썩은 것처럼, 좀먹은 옷처

럼 부스러져 갑니다"(27-28절).

감옥에 갇힌 이들은 차꼬가 채워져 그 차꼬에서 벗어날 수 없다. 인간의 발이 차꼬로 채워지듯이, 인간이 거치는 길 역시 하느님 정의의 법칙에 매여 있고 거기에서 벗어나는 것이 허락되지 않는다. 그래서 그는 "제 발에 차꼬를 채우시렵니까?"라고 말한다.

하느님은 어디서나 그를 지켜보신다

인간의 행위를, 각자가 행하는 것만이 아니라 어떤 정신으로, 어떤 목적으로 했는지까지 평가하는 것이 하느님 정의의 일이다. 그러므로 그는 "저의 길을 모두 지켜보시며"라고 행동들에 대해 말하고 "저의 발바닥에 표를 새기시렵니까?"라는 말로 행위자의 감정과 그 행위의 상황까지 언급한다.

그런데, 육신의 죽음 이후에 인간이 더 이상 전혀 존재하지 않는 것이라면 하느님께서 그 행위들을 이렇게 꼼꼼히 살피시는 것은 불합리하게 보인다. 육신의 죽음은 자연적인 것이지만 때로는 폭력적인 경우도 있어서, 그는 이들 각각에 대한 언급을 덧붙인다. "이 몸은 썩은 것처럼"은 자연적 죽음을 지칭하는 것이고, "좀먹은 옷처럼"은 폭력적인 죽음을 지칭하는 것이다. 만일 친구들이 생각하는 대로 인간에게 썩음으로써든 잘려 나감으로써든 잃어버리게 되는 현세의 삶 외에 다른 삶이 없다면, 하느님께서 작은 죄와 태만함에 대해서까지 인간을 벌하실 만큼 엄격하게 인간의 행위들에 주의를 기울이신다는 것은 불합리할 것이다.

14장

죽음은 돌이킬 수 없다. 죽음으로 모든 것이 사라진다

인간은 짧은 기간, 고통 속에 산다

> 1) 사람이란 여인에게서 난 몸, 수명은 짧고 혼란만 가득합니다. 2) 꽃처럼 솟아났다 시들고 그림자처럼 사라져 오래가지 못합니다. 3) 바로 이런 존재에게 당신께서는 눈을 부릅뜨시고 손수 그를 법정으로 끌고 가십니다. 4) 그 누가 부정한 씨에서 잉태된 것을 정결하게 할 수 있습니까? 오직 당신 아니십니까?(14,1–4)[1]

13장 마지막에 한 말로써 진리 탐구의 큰 길이 열렸으므로 그는 이제 이 길을 더 열심히 드러내려 하고, 그가 개인으로서 자신에 대해 한 말을 모든 인류에게 일반적으로 적용한다.

여기에서 먼저 그는 인간 조건의 나약함을 그 기원에서부터 설명한다. "사람이란 여인에게서 난 몸"(1절)으로서, 나약한 것에서부터 생겨났다. 그 지속 기간에 대해서는 "수명은 짧고"라고 말한다. 또한 인간의 조건에 대해 그는 "혼란만 가득합니다."라고 말한다. 이것은 그가 위에서 말한 "바람에 날리는 잎사귀에 맞서 당신 능력을 드러내시렵니까?"[13,25]라는 말을 설명하는 것으로 보인다.

---

1) 참조. 5,1 주해.

모든 것이 곧 시든다

둘째로 그는 인간이 자랑할 수 있는 것들을 배제시킨다. 그 가운데 첫 번째는 인간이 젊은 시절에 지니고 있는 신체의 아름다움이다. 그런 자랑은 헛되다. 그 아름다움은 꽃과 같이 빨리 사라져가기 때문이다. 그래서 그는 "꽃처럼", 즉 쉽게 "솟아났다 시들고"(2절)라고 말한다. 둘째는 명성인데, 그것도 오래 지속되지 않는다. 그래서 그는 "그림자처럼 사라져"라고 말한다. 지나가는 그림자는 흔적이나 기억이 남지 않기 때문이다. 셋째로, 어떤 사람들은 힘과 권력으로 자기 자신과 재산을 보존하려 하는데 이러한 자랑에 맞서 그는 "오래가지 못합니다."라고 말한다.

이 세 가지 자랑은 위의 세 가지 진술에 연결될 수 있다. 여인에게서 난 인간은 꽃처럼 솟아났다 시들고, 수명이 짧아서 그림자처럼 흔적 없이 사라진다. 또한 한 순간 부와 즐거움을 누리기도 하지만 혼란만 가득하여 결코 같은 상태로 머물러 있지는 못하는 것이다.

섭리는 인간을 특별히 돌본다

셋째로 그는 인간에 대한 하느님 섭리의 꼼꼼함을 놀랍게 여긴다. 그렇게도 약하고 무가치한 인간을 하느님께서 그렇게 돌보신다는 것이 놀랍게 보이기 때문이다. 모든 사물이 하느님의 섭리 하에 있지만, 인간에 대한 하느님의 섭리는 세 가지 면에서 특별하다.

1. 첫째는 하느님께서 인간에게 살아가기 위한 법률과 계명을 주셨다는 사실에서이다. 그는 이를 가리켜 "바로 이런 존재에게 당신께서는 눈을 부릅뜨시고"(3절)라고 말한다. 어떤 사람에 대해 눈을 부릅뜬다는 것은 그를 인도하고 그의 길을 지켜보는 것을 뜻한다.

2. 둘째는 하느님께서 인간의 선행을 갚으시고 악행을 벌하신다는 사실에서이다. 이에 관하여 그는 "순수 그를 법정으로 끌고 가십니다."라고 말한다.

3. 셋째는 하느님께서 인간에게 죄의 더러움에 맞서 자신을 깨끗하게 보존할 수 있도록 덕을 주신다는 사실에서이다. 이에 관하여 그는 "그 누가 부정한 씨에서 잉태된 것을 정결하게 할 수 있습니까?"(4절)라고 말한다. 실상 인간의 씨는 본성에 의해서가 아니라 사욕에 감염되었기 때문에 부정하다.

인간 안에 있는 깨끗함의 원천은 하느님

그러나 이 부정한 씨에서 잉태된 인간은 때로는 덕을 통하여 깨끗하게 된다. 차가운 것을 따뜻하게 만드는 능력이 그 자체로 따뜻한 것에게 속하듯이, 부정한 것을 깨끗하게 만드는 능력은 스스로 깨끗하신 분에게 속한다. 그래서 그는 "오직 당신 아니십니까?"라고 덧붙인다. 당신만이 참으로, 그리고 당신 스스로 깨끗하신 분이시라는 것이다. 순수함과 깨끗함은 오직 불완전함도 결함도 없으신 하느님 안에서만 완전하게 발견된다. 그러므로, 어떤 식으로든 깨끗하거나 순수한 것은 그 깨끗함과 순수함을 하느님으로부터 지니고 있는 것이다.

삶의 끝은 정해져 있다

> 5) 진정 그의 날들은 짧고 그의 달수는 당신께 달려 있으며 당신께서 그의 경계를 지으시어 그가 넘지 못합니다. 6) 그러니 그에게서 잠시 눈을 돌리십시오, 그가 바라던 날이 올 때까지 쉴 수 있게, 날품팔이처럼 자기의 날을 즐길 수 있게.(14,5-6)

욥은 하느님께서 인간을 중시하시는 것을 놀랍게 여겼다. 인간의 현세 생활의 상태를 본다면 인간의 조건은 나약하고 비참하기 때문이다. 그러나 인간에게 현세의 삶 다음에 다른 삶이 있고 그 삶은 영원히 지속되리라는 것을 고려한다면, 이러한 놀라움은 사라지게 된다. 이제 그는 이 사실을 보여 주려 한다. 그는 자신이 입증하려 하는 것을 전제하는 듯이, 현세의 삶이 짧다고 말한다. 그는 "진정 그의 날들은 짧고"(5절), 그 삶의 길이는 하느님께서 결정하신다. "그의 달수는 당신께 달려 있습니다." 마치 우리가 숫자를 결정하는 사물들이 우리에게 달려 있는 것과 같다. 또 그는 하느님의 결정이 바뀔 수 없다는 것을 말한다. "그의 경계를 지으시어 그가 넘지 못합니다."

하느님의 결정은 벗어날 수 없어서, 인간은 지금 죽기도 하고 자신이 생각한 것보다 일찍 죽는 일이 생기기도 하지만 하느님께서 결정하신 것보다 길게 또는 짧게 살 수는 없다. 또한 인간 삶의 한계는 물질적인 원인들에 의해서, 예를 들어 체질이나 여타 요인에 의해서도 결정되어, 인간의 삶은 어떤 우연적 원인에 의해 그 전에 끝날 수는 있지만 그 한계를 넘어 연장될 수는 없다. 이처럼 인간의 삶은 하느님의 섭리에 따라 결정된 한계를 넘어설 수는 없으며 그것을 줄이거나 늘릴 수 없다.

죽음은 휴식과 같다

욥은 또한 "그러니 그에게서 눈을 돌리십시오, 그가 바라던 날이 올 때까지 쉴 수 있게, 날품팔이처럼 자기의 날을 즐길 수 있게."(6절)라고 말할 때에도 다른 삶에 대한 기대를 전제한다. 여기에서, 해가 낮의 원인이듯이 하느님께서 삶의 창시자이심을 생각해야 한다. 해가 물러나면 낮이 끝나고 밤이 온다. 마찬가지로 욥은 하느님께서 물러나시는 것이 인간이 하느님으로부터 받은 현세의 삶의 끝이라고 이해한다. 현세의 삶은 많은 시련으로 가득하고, 그래서 인간은 "혼란만 가득합니다."(1절)라고 일컬어졌다. 그리고 휴식은 노고의 끝으로 여겨지기 때문에 그는 죽음을 휴식이라고 부른다. 그래서 그는 "그에게서 잠시 눈을 돌리십시오, 그가 쉴 수 있게"라고 말한다. 당신께서 인간을 살도록 만드시는 당신의 능력을 거두시어 그가 죽을 수 있게 해 주시라는 것이다. 그러나 인간의 죽음은 영원하지 않다. 그는 다시 불멸의 삶으로 회복될 것이다. 인간 죽음의 상태는, 그 부활이 얼마나 멀든, 미래의 불멸 상태에 비하면 짧은 기간이다. 그래서 그는 분명하게 "잠시"라고 말한다. 사멸하여 하느님께 돌아가지 않는 다른 것들의 경우 하느님은 잠시가 아니라 영원히 떠나가신다. 그러나 죽었다가 다시 살아나는 인간에게서는 어느 정도의 기간 동안 멀어지시는 것이다.

내세에서의 갚음

위에서 욥은 지상에서 인간의 삶이 품삯을 기다리는 날품팔이의 날과 같다고 말했었다[7,1]. 그러나 인간에게 갚음이 주어지는 때는 욥의 친구들이 생각한 것처럼 현세의 삶에서가 아니라 인간이 부활하여 회복된 그 삶에서이다. 그래서 그는 "쉴 수 있게", 곧 죽을 수 있게 해 주시기를 청한다. 그러나 그것은 영원히 죽는 것이 아니라 날품팔이가 그의 품삯을 받는 날을 기다리듯이 "그가 바라던 날이 올 때까지" 죽어있는 것이다. 여기에서 처음으로 욥은 그 날에 대한 열망을 드러낸다. 그는 하느님께서 인간의 행위를 갚으시거나 벌하지 않으신다는 의미에서 현재의 역경이 징벌이라는 것을 부인하는 것이 아니라, 응보의 때는 다른 삶에서 있게 되리라는 것을 견지한다.

나무는 되살아날 수 있다

> 7) 나무에게도 희망이 있습니다. 잘린다 해도 움이 트고 잎을 내며 싹이 그치지 않습니다. 8) 그 뿌리가 땅속에서 늙는다 해도 그 그루터기가 흙 속에서 죽는다 해도 9) 물기를 느끼면 싹이 트고 묘목처럼 가지를 뻗습니다. 10) 그렇지만 인간은 죽어서 벗겨지고 스러집니다. 그가 어디 있습니까? 11) 바다에서 물이 빠져나가고 강이 말라 메마르듯 12) 사람도 잠들면 일어서지 못하고 하늘이 다할 때까지 일어나지도, 잠에서 깨어나지도 못합니다.(14,7-12)

욥은 자신의 견해를 제시한 다음, 여기서 그것을 증명하기 시작한다. 먼저 그는, 현세의 삶을 볼 때에 인간이 특히 나무의 경우에서처럼 죽은 후에 다시 회복되는 하위의 피조물들보다도 못한 조건에 처해 있는 것처럼 보인다는 점을 지적한다. 나무의 생명은 인간의 생명과 마찬가지로 두 가지 방식으로, 즉 폭력적으로 또는 자연적으로 죽게 된다.

나무의 폭력적인 죽음에 관하여 그는 "나무에게도 희망이 있습니다. 잘린다 해도"(7절)라고 말한다. 여기서 희망은 나무의 본성적 성향에 의하여 다시 회복되리라는 희망을 말한다. 그 나무가 심어진다면 스스로 다시 "움이 트고 싹이 그치지 않습니다." 여기에서 그 나무는 전과 같이 완전한 생명을 회복했음을 볼 수 있게 된다.

나무의 자연적 죽음에 대해서는 "그 뿌리가 땅속에서 늙는다 해도"(8절)라고 덧붙인다. 뿌리의 본성적 힘이 다하여 양분을 흡수할 수가 없고 그래서 "그 그루터기가 흙 속에서 죽는다 해도", 일부는 썩어서 흙이 되어버린다 해도, "물기를 느끼면 싹이 트고"(9절) 비가 오면 그 썩은 나무가 생명의 씨를 지니고 있어 새싹을 틔워 "잎을 내며 묘목처럼 가지를 뻗습니다."

인간은 죽음으로 스러진다

그러나 현세의 삶에서 인간에게는 이러한 상황이 이루어지지 않는다. 그러므로 그는 "그렇지만 인간은 죽어서 벗겨지고 스러집니다. 그가 어디 있습니까?"(10절)라고 덧붙인다. 그리고 욥은 인간이 잃어버리는 세 가지를 단계적으로 제시한다. 첫 번째로는 영혼이 육신으로부터 분리된다. "인간은 죽어서"라는 표현은 이 분리에 해당한다. 두 번째로 인간은 육신의 옷과 장식을 잃어버린다. 육신의 옷과 장식은 죽은 후에 얼마 동안은 인간에게 남아 있지만, 그 후에는 없어진다. "벗겨지고"라는 표현은 여기에 해당한다. 그리고 마지막으로는 육신의 골격 자체도 해체된다. "스러집니다."라는 표현은 여기에 해당한다. 이러한 해체가 모두 이루어지고 나면 인간의 흔적은 전혀 감각으로 파악되지 않는다. 그래서, 감각적인 것과 물질적인 것 외에는 아무것도 존재하지 않는다고 믿는 사람들에게 인간은 완전히 무로 환원된 것처럼 보인다. 이러한 사람들의 의문을 표현하여 그는 "그가 어디 있습니까?"라고 말한다.

마른 강과 같아

여기서, 나무가 잘리거나 늙는 경우에 대해 말했던 것처럼(7-9절) 완전히 소멸하지 않는 것들은 회복될 수 있는 것으로 보인다는 점을 염두에 두어야 한다. 그러나, 바다나 강의 물이 완전히 마를 때처럼 아무것도 남지 않은 것들은 다시 회복될 수 없게 보인다. 그런데 인간은, 앞에서 이미 말한 바와 같이[2] 죽음으로 소멸되어 그에게서 아무것도 남지 않는 듯이 보인다. 그러므로 이러한 추론에 따른다면

---

2) 참조. 10절 주해.

인간이 다시 삶으로 돌아온다는 것은 불가능할 것이다.

그래서 그는 "바다에서 물이 빠져나가고 강이 말라 메마르듯 사람도 잠들면" 즉 죽으면 죽음으로부터 "일어서지 못합니다."(11–12절)라고 말한다. 불멸의 것이 소멸할 수 없는 것과 마찬가지로, 완전히 소멸한 것이 다시 회복된다는 것도 불가능하게 보인다. 하늘은 불멸한다.[3] 그래서 그는 "하늘이 다할 때까지 일어나지도 못합니다."라고 덧붙인다. 그는 되살아나지 못하리라는 것이다. 또한 생명의 활동들을 하기 위하여 "잠에서 깨어나지도 못합니다." 하늘이 닳아 없어지는 것 즉 소멸하는 것이 불가능한 것과 마찬가지로, 죽은 사람이 다시 살아나는 것도 불가능하다는 것이다. 그리고 이것은, 앞서 말했듯이[4] "그가 어디 있습니까?"(10절)라는 말에 따라 인간이 죽고 나면 아무것도 남지 않는다는 것을 전제로 하는 말이다.

또는 이 구절은 이 세상 전체가 소멸하고 다시 회복되어야 한다고 주장하는 이들의 의견으로 여겨질 수 있다. 물론 그들은 이러한 회복을 통하여 동일한 인간들이 되돌아올 것이라고 주장했다.[5] 그렇다면 그 의미는, 이 세상이 계속되는 동안은 인간이 죽음에서 되살아나지 않으리라는 것이 된다. 가톨릭 신앙은 이 세상의 실체가 사라지리라고 주장하지는 않으며 "이 세상의 형체가 사라지고 있기 때문입니다."라는 1코린 7,31의 본문에 따라 지금 존재하는 이 세상의 상태가 사라지리라고 믿는다. 이렇게 세상의 형체가 변화하는 것을 여기에서는 하늘이 다한다는 말로 나타내고 있다고 이해할 수 있다. 세상이 끝날 때에 죽은 이들 모두의 부활이 있을 것으로 예정되어 있기 때문이다. 요한 11,24의 본문은 이렇게 말한다. "마지막 날 부활 때에 오빠(라자로)도 다시 살아나리라는 것을 알고 있습니다."

---

3) 참조. Aristotle, *On the Heavens* I.3, 270a 12ff.
4) 참조. 11절 주해.
5) 참조. 7,6 주해.

욥이 하느님의 보호를 청한다

> 13) 누가 저에게 당신께서 지옥에서 저를 보호해 주시고 당신의 진노가 그칠 때까지 저를 숨겨 주시며 당신께서 저를 기억하실 때를 약속해 주시도록 해 주겠습니까? 14) 사람이 죽으면 다시 살아날 수 있습니까? 제 고역의 나날에 저는 고대합니다. 제 해방의 때가 오기까지. 15) 당신께서 부르시면 제가 대답할 것입니다. 당신은 당신 손의 작품에게 오른손을 뻗치실 것입니다. 16) 당신께서는 정녕 저의 발걸음을 세셨지만, 저의 죄는 용서하십니다. 17) 저의 허물은 자루에 봉하셨지만 제 죄악은 낫게 하셨습니다.(14,13-17)

    욥은 감각에 나타나는 사물들로부터 인간의 부활에 대해 어떤 결론에 이를 수 있는지를 보여 준 다음 이제 여기에서 부활에 관한 자신의 견해를 제시한다. 인간이 죽음으로 사라져 다시는 생명으로 되돌아올 수 없게 된다면 매우 끔찍하고 비참할 것이다. 모든 존재는 본성적으로 존재하기를 바라기 때문이다.[6] 그러므로 욥은 미래 부활에 대한 그의 갈망을 표출한다. "누가 저에게" 제가 죽은 다음에 "당신께서 지옥에서 저를 보호해 주시도록 해 주겠습니까?"(13절) '그 때에 누가 당신께서 인간을 보호하시는 그 돌보심으로 저를 지켜 주시도록 해 주겠습니까?'라는 말이다. "당신의 진노가 그칠 때까지"라는 것은 죽음의 시간이 지날 때까지를 뜻한다. 위에서 말했듯이[7] 인간의 죽음은 그의 생명을 보존하시는 하느님의 작용이 사라짐으로써 일어나는 것이기 때문이다. 그래서 그는 앞에서 "그에게서 잠시 눈을 돌리십시오."(6절)라고 말했었다. 특히 우리가 죽음이 첫 인간의 죄로 오게 되었다는 것을 믿기 때문에, 하느님께서 그로부터 삶의 은혜를 거두어 가실 때에 하느

---

6) 참조. Aristotle, *On Generation and Corruption* II.10, 336b 27ff.
7) 참조. 6절 주해.

님께서 그에게 진노하신 것으로 보인다. 이제 욥은 그가 지옥에서 어떤 보호를 받기를 원하는지를 설명하며 "당신께서 저를 기억하실 때를 약속해 주시도록"이라고 덧붙인다.

하느님께서 삶의 은혜를 거두어 가실 때는 그 사람을 잊으신 것으로 보인다. 그를 기억하시는 것은 그를 다시 삶으로 돌아오게 하실 때이다. 그러므로 하느님께서 죽은 사람을 기억하실 때를 정한다는 것은 바로 부활의 때를 정하는 것이다. 그는 매우 적절하게 이것을 "보호"라고 부른다. 기술자가 그의 작품을 분해한 후에 집이든 어떤 것이든 같은 재료로 그것을 다시 지을 의도가 없다면, 그는 그 분해된 건물의 재료들에 신경을 쓰지 않을 것으로 생각된다. 그러나 그가 건물을 복구하기 위해 그 재료를 다시 사용하고자 한다면 그는 그 재료를 못쓰게 되지 않도록 잘 보존할 것이다. 이렇게 지키는 것을 그는 보호라고 부른다.

때로 사람은 불가능한 것을 갈망하기도 하므로, 그는 부활에 대한 갈망을 표현한 다음 언젠가 그가 갈망한 일이 이루어질 것인지를 묻는다. "사람이 죽으면 다시 살아날 수 있습니까?"(14절). 그리고는 그 자신이 이에 대하여 느끼는 바를 말한다. "제 고역의 나날에 저는 고대합니다, 제 해방의 때가 오기까지."

평온한 삶에 대한 갈망

여기에서, 그가 위에서 지상의 삶을 군대의 전투과 날품팔이의 날들에 비유했음을 생각해야 한다. 군인들과 날품팔이들은 그들의 현재 상태가 지난 다음에 무엇인가를 기대하고 있기 때문이다.[8] 그러므로, 그는 위에서 부활의 상태를 날품팔

---

8) 참조. 7,1 이하 주해.

이가 기다리고 있는 날로 표현했던 것처럼[9]] 이제는 전투하는 군인의 비유로 같은 내용을 말한다. 여기서, 그는 그가 바라는 그 끝을 현세 생활의 어느 시점에 기대하지 않는다는 점에 주목해야 한다. 그는 현세 생활의 모든 날들을 군대의 전투에 비기며 "제 고역의 나날에"라고 말한다.

마찬가지로, 그는 지금의 삶과 유사한 또 하나의 삶을 기대하지 않는다는 것도 주목해야 한다. 그랬더라면 그 삶 역시 전투가 되었을 것이다. 그러나 그가 바라는 것은 전투하는 삶이 아니라 승리하고 통치하는 삶이므로, 그는 "제 해방의 때가 오기까지"라고 말한다. 그는 현재의 이 삶에서 평생 전쟁을 하고, 변화와 수고와 고통을 겪지만, 수고와 고통이 없는 다른 삶의 상태도 해방되기를 바란다. 이 해방에 대하여 바오로 사도는 1코린 15,51에서 "우리 모두 죽지 않고 다 변화할 것입니다."라고 말한다.

인간은 스스로 내세의 삶을 이룩하지 못한다

누군가는 인간이 본성적 힘에 의하여 해방되어 내세의 상태로 건너간다고 믿을 수 있으므로, 욥은 이 가능성을 배제하여 "당신께서 부르시면 제가 대답할 것입니다."(15절)라고 덧붙인다. 미래의 해방은 당신 목소리의 능력으로부터 또는 당신의 명령으로부터 이루어지리라는 것이다. 요한 5,28-29에서는 "무덤 속에 있는 모든 사람이 그의 목소리를 듣는 때가 온다. 그들이 무덤에서 나올 것이다."라고 말한다. 부르는 것은 명령에 해당되지만 대답하는 것은 창조주께 대한 피조물의 순종에 해당한다.

그러나 죽은 이들은 하느님의 명령으로 일어나 다시 삶으로 되돌아갈 뿐 아니

---

9) 참조. 6절.

라 더 상위의 상태로 해방되고 이것이 하느님의 능력을 통해 이루어진다. 그래서 그는 "당신은 당신 손의 작품에게 오른손을 뻗치실 것입니다."라고 덧붙인다. 부활한 인간은 본성의 작품이 아니라 하느님 능력의 작품이 될 것이다. 그 작품에게 당신 오른손으로 도움을 베푸시면, 그는 당신 은총의 도움으로 새로운 영광으로 고양된다.

또는, 그가 "당신께서 부르시면 제가 대답할 것입니다."라고 말하는 것을 육신의 회복에 연결시키고 "당신은 당신 손의 작품에게 오른손을 뻗치실 것입니다."를 영혼에 연결시킬 수 있다. 영혼은 본성적으로 육신에 결합되려 하는데, 하느님께서 영혼이 당신 오른손으로 도움을 베푸시는 것은 그 영혼이 하느님의 능력으로 자신의 능력으로는 도달할 수 없는 것에 도달함을 의미한다.

섭리는 너그럽다

죽은 이들의 미래 부활에 관한 자신의 견해를 제시한 다음, 욥은 그가 위에서 놀랍게 여겼던 것, 곧 "제 발에 차꼬를 채우시고 저의 길을 모두 지켜보시며 저의 발바닥에 표를 새기시렵니까?"[13,27]라고 물으며 하느님께서 인간의 행위를 꼼꼼히 살피신다는 것에 대해 질문했던 것으로 되돌아가 "당신께서는 정녕 저의 발걸음을 세셨지만"(16절)이라고 덧붙인다. 이제는 그분께서 인간의 행위를 그렇게 꼼꼼히 조사하신다는 것이 그렇게 놀라운 일이 아니다. 다른 삶을 위하여 그를 남겨 두시기 때문이다.

여기서, 하느님의 섭리는 인간의 행위에 대하여 두 가지로 주의를 기울인다는 것을 생각해야 한다. 첫째로는 그 행위를 조사하고 평가하는 것인데, 욥이 "당신께서는 정녕 저의 발걸음을 세셨지만"이라고 말할 때 이를 지칭한다. 우리는 어떤 것에 큰 관심이 있을 때 그것을 센다. 그러나 하느님께서 나약한 인간의 행동들을 그렇게 열심히 살피신다는 것이 심한 엄격함의 표지로 여겨지지 않도록, 이어서 욥은 하느님께서 기꺼이 용서를 베푸심을 암시하여 "저의 죄는 용서하십니다."라고 말한다. 당신께서는 제 발걸음들을 세셨지만, 저는 당신께서 용서하시리라는 희망을 갖고 있다는 것이다.

그러나 두 번째로 하느님의 섭리는 인간의 행위를 갚으시려고 주의를 기울여 그 선행과 악행을 기억하신다. 그래서 그는 "저의 허물은 자루에 봉하셨지만"(17절)이라고 덧붙인다. 자루에 봉해진 것은 잘 보존되기 때문이다. 그리고 이것이 하느님의 자비를 배제하지 않도록, "제 죄악은 낫게 하셨습니다."라고 덧붙인다. 당신께서는 죄에 대한 징벌을 남겨 두시면서도, 참회를 통하여 죄악을 낫게 하신다는 것이다.

산들도 무너진다

> 18) 그러나 산도 무너져 내리고 바위도 제자리에서 밀려나듯, 19) 물이 돌을 부수고 큰비가 땅의 흙을 씻어 가듯 인간도 그렇게 멸하시럽니까? 20) 그가 잠시 동안 능력을 가지고는 영원히 사라지도록 만드셨습니까? 당신께서는 그의 얼굴을 바꾸시고 내쫓으십니까? 21) 그의 아들들이 영광을 누려도 그는 알지 못하고 그들이 비천하게 되어도 깨닫지 못합니다. 22) 다만 그의 몸은 자기의 아픔만을 느끼고 그의 영은 자신만을 애통해합니다.(14,18-22)

욥은 미래 부활에 관한 자신의 건해를 제시한 다음 이제 실득력 있는 근거들로 이를 확증한다. 첫째 근거는 인간을 회복의 희망 없이 완전히 사라지는 하위의 피조물들과 비교하는 데에서 나온다. 생성된 모든 것은 소멸하게 되어 있으므로,[10]

---

10) 참조. 9,5 주해.

흔들림 없게 보이는 산들마저도 어느 기간이 지나고 나면 어떤 원인들에 의하여 해체된다. 그래서 그는 "산도 무너져 내리고"(18절)라고 말한다. 바위들도 매우 튼튼하게 보이지만 폭력에 의해서이든 어떤 자연적 원인에 의해서이든 깎이게 된다. 그래서 "바위도 제자리에서 밀려나듯"이라고 말한다.

돌 역시 단단하게 보이지만 물에 의하여 구멍이 뚫리고, 그래서 "물이 돌을 부수고"(19절)라고 덧붙인다. 흙도 매우 안정된 것으로 보이지만 조금씩 그 배열이 바뀌므로, "큰비가 땅의 흙을 씻어 가듯"이라고 덧붙인다.

인간은 사라지지 않는다

그런데, 인간이 소멸하는 이유와 여기 언급된 사물들이 소멸하는 이유가 동일하다면 그것은 부적절할 것이다. 그래서 그는, 이것이 부적절하다는 뜻으로 "인간도 그렇게 멸하시렵니까?"라고 끝맺는다. 인간이 다른 물질적 피조물들과 비슷하게 소멸된다는 것은 적절하지 않다고 말하는 것이다. 물질적 피조물들은 완전히 소멸하여, 같은 개체가 회복되지 않는다. 그러나 인간은 그 육신에 따라서는 소멸하지만 모든 종류의 물질적 사물을 초월하는 영혼에 따라서는 소멸하지 않고, 그래서 회복에 대한 희망이 남게 된다.

자유와 이성의 무한한 힘

다음으로 욥은 인간의 속성들로부터 근거를 제시한다. 인간은 두 가지 속성에서 다른 모든 하위의 피조물을 능가한다. 첫째는 작용적 능력이다. 인간은 다른 어떤 물질적 피조물도 가지고 있지 않은 자유의지를 통하여 자신의 행위의 주인이 되고, 그래서 다른 물질적 피조물들보다 더 큰 능력을 가지고 있다. 그래서 인간은 다른 피조물들을 자신을 위하여 사용하기까지 한다.

인간이 뛰어난 또 하나의 속성은 이성적 인식이다. 그것은 정신 안에 있지만 육신 특히 얼굴에도 어떤 표지들이 나타난다. 인간의 얼굴은 다른 동물들의 얼굴과는 매우 다른 것이다.

이 두 가지 속성의 결과로, 인간은 다른 피조물들처럼 소멸하여 영원히 존재하지 않게 되지는 않는다.

이들 가운데 첫 번째 속성에 관련하여 그는 "그가 잠시 동안 능력을 가지고는 영원히 사라지도록 만드셨습니까?"(20절)라고 말한다. 인간에게 짧은 시간 동안 그렇게 큰 힘을 주시고는 그 후에는 영원히 존재하지 않도록 하셨다는 것은 적절하지 않다는 것이다. 어떤 사람이 튼튼한 도구를 만들어서는 잠시 사용하고 완전히 내버린다면 그것은 어리석게 보일 것이기 때문이다. 물질적 피조물 각각의 능력은 유한한 결과들을 만들어내도록 하기 위하여 정해진 것이지만, 자유의지의 능력은 무한한 행위들을 만들어낸다. 이것은 영혼의 힘이 무한히 지속된다는 증거가 된다.

다음으로 두 번째 속성, 곧 이성에 대하여 그는 "당신께서는 그의 얼굴을 바꾸시고 내쫓으십니까?"라고 말한다. 당신께서 그의 얼굴을 바꾸시고, 즉 다른 동물들과 다르게 만드시고는 생명의 상태에서 영원히 쫓아내시어 다른 동물들처럼 영원히 되돌아오지 못하게 하신다는 것은 부적절하다는 것이다, 얼굴은 이성적 피조물의 속성이기 때문에 보통 이성적 인식을 나타낸다.[11] 이러한 이성적 인식은 철학자들이 입증한 바와 같이[12] 불멸의 실체에게만 합당하다.

그러나 누군가는 인간은 죽은 다음에 되살아나지 않지만 그의 자녀들 안에서

---

11) 참조. Aristotle, *History of Animals* I.8, 491b 9f.
12) 참조. Aristotle, *On the Soul* III.4, 429a 188ff., b 5ff.

계속 살아 있으므로 영원히 사라지는 것은 아니라고 할 수도 있다. 빌닷이 위에서 "보게나, 이것이 그 길의 기쁨이라네. 그런 뒤 흙에서는 다른 싹이 솟아 나오지."[8,19]라고 말했을 때에 그 말들도 이러한 생각을 반향하는 것이었다.

이성은 선을 지향한다

그러나 욥은 이러한 대답을 배제하며 "그의 아들들이 영광을 누려도 그는 알지 못하고 그들이 비천하게 되어도 깨닫지 못합니다."(21절)라고 말한다. 인간은 이성을 통하여 영원한 선을 파악하고, 그래서 본성적으로 그것을 원한다. 인간이 죽음으로 완전히 소멸되고 영원히 존재하지 않게 된다면, 자녀들이 대를 잇는 것으로 이루어지는 선은 이성의 갈망을 충족시키지 못한다. 이성적 욕구는 선을 인식하는 것으로만 충족되기 때문이다. 그런데 인간이 죽은 후에 완전히 더 이상 존재하지 않게 된다면 그는 살아 있을 때에나 죽은 후에나 자녀를 통해 대를 잇는 것으로 이루어지는 선을 알 수 없다. 인간의 이성적 욕구는 이 선의 영원성을 향하지 않고 자신 안에 지니는 선이나 악을 향한다. 그래서 그는 "다만 그의 몸은 자기의 아픔만을 느끼고 그의 영은 자신만을 애통해합니다."(22절)라고 덧붙인다. 여기서 그는 두 가지 아픔을 구별한다. 몸의 아픔은 감각적 지각의 영역이고, 영혼의 아픔은 이성적 인식이나 상상으로부터 온다. 영혼의 아픔이 고유하게 슬픔이라 불리는데 여기서는 애통이라고 일컬어진다.[13]

---

13) Thomas, *ST* I-II.35.2, arg.1, Augustine, *City of God* XIV.7에서 인용.

15장

아무도 하느님 앞에서 잘못이 없을 수 없다

욥이 교만하고 분노했다고 비난받는다

1) 테만 사람 엘리파즈가 말을 받았다. 2) 현인이 바람 같은 지식으로 대답하고 제 배를 격정으로 채워서야 되겠는가? 3) 자네는 자네와 같지 않은 분을 말로 비난하고, 자네에게 무익한 것을 말하는구려. 4) 자네야말로 경외심을 깨뜨리고 하느님 앞에서 기도를 거두었구려. 5) 정녕 자네는 자네 죄가 가르치는 대로 말하고 하느님을 모독하는 자들의 말을 본받는구려. 6) 자네 입이 자네를 단죄하지, 내가 아닐세. 자네 입술이 자네를 거슬러 증언하고 있다네. 7) 자네가 첫째로 태어난 사람이기라도 하며 언덕보다 먼저 생겨나기라도 하였단 말인가? 8) 자네가 하느님의 회의를 엿듣기라도 하였으며 그분의 지혜가 자네보다 못하단 말인가? 9) 우리가 모르는 무엇을 자네가 알고 있나? 우리에게는 없는 깨우침을 얻기라도 하였단 말인가? 10) 우리 가운데에는 백발이 성성하시고 자네 부친보다도 훨씬 연로하신 분이 계시다네. 11) 하느님께서 자네를 위로하시는 것이 대단한 일인가? 그러나 자네의 사악한 말들이 이를 가로막고 있네. 12) 어찌하여 자네 마음이 자네를 부풀게 하였나? 어찌하여 대단한 일들을 생각하듯이 놀란 눈을 하고 있는가? 13) 그러면서 자네의 그 격분을 어찌 하느님께 터뜨리고 입으로는 말을 함부로 토해 내는가?(15,1-13)

엘리파즈는 욥의 말을 듣고는 그의 깊은 생각에 응답하지 않고 그가 한 몇 가지 말들을 중상하여 비난하려 한다. 그는 그 말들을 그 깊은 내용에 따라서가 아니라 말들 그 자체의 표면적 의미에 따라서 고찰한다.

첫 번째로 그는 욥이 그의 담론 첫머리에서 "나도 자네들처럼 마음이 있고 자네들에게 뒤떨어지지 않네."[12,3]라고 했던 것을 꾸짖는다. 이 구절에서 그는 두 가지를 비난한다. 첫째는 헛된 자랑이다. 그가 자기 자신을 자랑하기 때문이다. 그래서 그는 "현인이 바람 같은 지식으로 대답해서야 되겠는가?"(2절)라고 말한다. 영광을 얻기 위하여 말을 지어내는 사람은 구름에 대고 말을 하는 것과 같기 때문이다. 둘째는 분노를 비난한다. 그가 "자네들만 인간인가?"[12,2] 등으로 그들을 꾸짖으며 말을 시작했기 때문이다. 그래서 그는 "제 배를 격정으로 채워서야 되겠는가?"라고 덧붙인다. 자신의 영을 분노로 채워서야 되겠느냐는 것이다.

하느님과 동등하게 논쟁하려 했다

다음으로는 욥이 "하느님께 항변하고 싶을 따름이네."[13,3]라고 말하고 또 "저에게 이 두 가지를 하지 말아 주십시오. 그러면 당신 앞에서 숨지 않아도 되겠습니다."[13,20] 등의 말을 했던 것에 대하여 여러 가지로 꾸짖는다. 그 첫째는 교만이다. 그가 자신보다 위대하신 분과 논쟁했기 때문이다. 이에 관하여 엘리파즈는 "자네는 자네와 같지 않은 분을 말로 비난하는구려."(3절)라고 말한다. 둘째는 어리석음이다. 엘리파즈는 그러한 토론이 욥에게 해롭다고 여겼고, 그래서 그가 하느님과 토론함으로써 "자네에게 무익한 것을 말하는구려."라고 덧붙인다.

하느님을 경외하고 기도해야 한다

그리고는 그분과 토론하는 것이 왜 무익한지를 보여 주는데, 그 이유는 그러한 토론이 절대적으로 필요한 두 가지를 배제시키기 때문이다. 그 가운데 첫 번째는 하느님에 대한 경외심이다. 어떤 이를 경외하는 사람은 그와 논쟁하려고 나서지 않기 때문이다. 욥은 위에서 "당신에 대한 공포가 저를 덮치지 않게 해 주십시오."[13,21]라고도 말했었고, 그래서 엘리파즈는 여기에서 "자네야말로 경외심을 깨뜨리고"(4절)라고 덧붙인다. 하느님께 대한 경외심을 멀리했다는 것이다.

둘째는 하느님을 향한 기도이다. 하느님께 청하는 것과 그분과 논쟁하는 것은 같은 것이 아니기 때문이다. 그래서 그는 "하느님 앞에서 기도를 거두었구려."라고 덧붙인다. 이는 엘리파즈가 앞에서 "나라면 하느님께 호소하겠네."[5,8]라고 말했던 것에 반대된다.

하느님을 모독하는 자들의 말

욥은 교만에서가 아니라 진리에 대한 확신에서 하느님과 토론한 것이었는데, 엘리파즈는 성급하게 그의 행위가 죄악에서 나온 것이라고 판단했다. 그래서 그는 "자네는 자네 죄가 가르치는 대로 말하고"(5절)라고 덧붙인다. 이것은 욥이 하느님을 모독하고 있다는 데에서 분명히 드러난다. 그래서 "하느님을 모독하는 자들의 말을 본받는구려."라는 말이 뒤따른다. 하느님을 모독하는 자는 하느님의 정의를 부인하는 사람이고, 하느님의 정의에 대해 그분과 토론하는 사람은 하느님을 모독하는 사람들의 말을 모방하는 것으로 보인다. 어떤 것에 대해 논쟁하는 것은 그것을 의심하는 사람의 특징이고, 의심은 부인에 가깝기 때문이다.

욥의 토론은 부당하다

엘리파즈는 욥의 토론을 반박하기 위하여, 먼저 욥이 자신을 꾸짖는 사람이 필요하지 않다고 명백하게 잘못 말했다고 지적한다. 그 말들 자체가 그의 악의를 보여 준다는 것이다. 이를 가리켜 그는 "자네 입이 자네를 단죄하지, 내가 아닐세. 자네 입술이 자네를 거슬러 증언하고 있다네."(6절)라고 말한다. 욥의 말들에는 다른 응답자가 필요하지 않고, 그 말들이 스스로를 무너뜨리고 있다는 것이다.

1. 그는 가장 뛰어난 피조물이 아니다

그러나 엘리파즈는 여러 가지로 앞에서 언급한 토론이 부적절함을 보인다. 첫째로 그는 욥을 모든 피조물과 비교한다. 만일 어떤 피조물이 하느님과 논쟁할 수 있다면, 그 임무는 특히 첫 번째이고 가장 뛰어난 피조물에게 적합할 것이다. 그 조건은 욥에게 맞지 않는다. 그래서 엘리파즈는 "자네가 첫째로 태어난 사람이기라도 하며 언덕보다 먼저 생겨나기라도 하였단 말인가?"(7절)라고 말한다. '그래서 자네가 온 인류를 대신하여 또는 모든 피조물을 대신하여 하느님과 토론할 수 있단 말인가?'라는 것이다.

2. 그는 하느님의 계획을 알지 못한다

둘째로 엘리파즈는 욥을 하느님과 비교한다. 어떤 사람의 행위에 대해 토론하기에 적합하려면 그가 그렇게 행위하는 이유를 알아야 할 것인데, 그 이유는 두 가지 방법으로 알 수 있다. 그로부터 배워서 알거나 아니면 그보다 더 뛰어난 지혜로 그 행위들에 대해 판단함으로써이다. 그러나 인간을 하느님과 비교할 때 이 가운데 어느 것도 욥에게는 적합하지 않다. 그래서 첫째 방법에 관하여 "자네가 하느님의 회의를 엿듣기라도 하였으며"(8절)라고 말하고, 둘째 방법에 관하여 "그분의 지혜가 자네보다 못하단 말인가?"라고 말한다. '그래서 자네가 하느님과 토론할 수 있단 말인가?'라는 것이다.

3. 그는 다른 사람들보다 더 알고 있는 것이 아니다

셋째로 엘리파즈는 욥을 다른 사람들과 비교하여 이를 입증한다. 욥이 다른 사람들보다 더 지식이 많아서 그 힘에 의지하여 하느님과 토론하러 나설 수 있다고 생각되시 않기 때문이다. 그래서 그는 "우리가 모르는 무엇을" 신앙이나 계시를 통해서 "자네가 알고 있나?"(9절)라고 말한다. 더 나아가 "우리에게는 없는 깨우침을" 자연적 인식을 통하여 "얻기라도 하였단 말인가?"라고 말한다.

그러나 욥이 다른 이들로부터 받은 지식을 자랑할 수도 있으므로 그는 이렇게 덧붙인다. "우리 가운데에는 백발이 성성하시고"(10절), 지식과 삶의 품위에서 더 뛰어나시고 "자네 부친보다도 훨씬 연로하신 분이 계시다네."(10절) 즉, 시간상으로 더 오래 산 분이라는 의미이다. 여기서 '부친'은 그가 가르침을 받은 스승들을 뜻하기도 하고 자구적으로 그의 부모를 뜻하기도 한다. 연로함이라는 말은 더 큰 지혜를 뜻한다. 오랜 세월 동안의 경험을 통하여 사람이 더 지혜롭게 되기 때문이다.[1]

4. 헛되고 무익한 토론

넷째로 엘리파즈는 욥 자신이 하느님과 토론하기에 부적합힘을 밝힌다. 첫째로, 실상 하느님과 토론하는 것은 그에게 해롭다. 그래서 그는 앞에서 "자네에게 무익한 것을 말하는구려."(3절)라고 했던 것을 설명한다. "하느님께서 자네를 위로하시는

---

1) 참조. Aristotle, *Nicomachean Ethics* VI.8, 1142a 15ff.

것이 대단한 일인가?"(11절). 하느님께서 그에게 다시 번영을 누리게 하시는 것은 쉬운 일이다. 그가 위에서 말했듯이, "그분께서는 아프게 하시지만 상처를 싸매 주시기"[5,18] 때문이다. 그래서 "그러나 자네의 사악한 말들이 이를 가로막고 있네."라고 말한다. 그의 말들이 오히려 하느님의 분노를 불러 일으키고 있기 때문이다.

둘째로 엘리파즈는 욥의 토론이 헛되고 교만한 것임을 보인다. 여기서 그는 앞서 "현인이 바람 같은 지식으로 대답해서야 되겠는가?"(2절)라고 한 것을 설명하는 듯하다. 그래서 그는 "어찌하여 자네 마음이 자네를 부풀게 하였나?"(12절)라고 덧붙인다. '교만으로 부풀어 그렇게 자네의 지혜를 내세우게 되었나?'라는 것이다. 또한 그는 교만의 표지를 지적하며, "어찌하여 대단한 일들을 생각하듯이 놀란 눈을 하고 있는가?"라고 덧붙인다. 어떤 사람이 대단하고 놀라운 일들을 생각할 때에는 당황하여 놀란 눈을 하게 되기 때문이다.

5. 불경한 말

마지막으로 엘리파즈는 욥의 토론이 주제넘고 불경한 것임을 지적하며, 위에서 "자네는 자네와 같지 않은 분을 말로 비난하는구려."(3절)라고 했던 것을 설명한다. "그러면서 자네의 그 격분을 어찌 하느님께 터뜨리고 입으로는 말을 함부로 토해 내는가?"(13절). '어찌하여 자네는 그 말들로 하느님께 논쟁을 불러일으키려 하는가?'라는 것이다.

인간은 나약하며 결백할 수 없다

> 14) 사람이 무엇이기에 결백할 수 있으며 여인에게서 난 자가 어찌 의롭다 하리오? 15) 그분의 거룩한 이들 가운데서도 변치 않는 이가 없고 하늘도 그분 눈에

> 는 순결하지 못한데 16) 하물며 역겹고 타락하여 불의를 물 마시듯 저지르는 인간이야!(15,14-16)

욥이 하느님께 토론을 요구하며 도전했기 때문에, 엘리파즈는 주제넘게 지혜를 내세우는 것으로 보이는 행동에 대하여 그를 꾸짖었다. 이어서 그는 욥이 의로움을 내세웠던 것에 대하여 그를 꾸짖는다. 욥이 앞에서 "내가 심판을 받는다면 내가 정당함을 나는 알고 있다네."[13,18]라고 말했기 때문이다.

엘리파즈는 이러한 진술을 공격하는데, 첫째로는 인간 조건의 나약함 때문이다. 이 나약함 때문에 인간은 죄를 피하기가 어렵다. 그래서 그는 "사람이 무엇이기에 결백할 수 있으며"(14절)라고 말한다. 또한 선을 행하는 것도 어렵다. 그래서 그는 "여인에게서 난 자가 어찌 의롭다 하리오?"라고 말한다. 잠언 15,5에서 "의로움이 가장 큰 덕이다."라고 했듯이(『성경』 본문은 15,9), 가장 하위의 것에서 기원한 인간은 의로움을 지닐 수 없는 것으로 보인다.

천사들도 완전하지 않다

둘째로 엘리파즈는 더 탁월한 피조물들과 비교하여 욥을 반박한다. "그분의 거룩한 이들"(15절) 즉 천사들 가운데서도 "변치 않는 이가 없고", 그 본성상 변치 않는 이는 없고 오직 하느님 은총의 선물로만 변치 않아 죄로 기울지 않을 수 있고, 사물들 가운데 순수함에 있어 가장 높은 곳인 "하늘도" 하느님과 비교하면 "그분 눈에는 순결하지 못한데"라고 말한다. 그것은 하늘이 물질적이고 형체가 있으며 변화가 가능하기 때문이다.

욥은 죄인이다

셋째로 엘리파즈는 욥 자신의 처지를 근거로, 대전제로부터 결론을 끌어내듯이[2] 그의 말을 반박한다. "하물며" 죄 때문에 "역겹고" 의로움을 잃어버리고 "타락하여 불의를 물 마시듯" 아무것도 아닌 것처럼 멋대로 "저지르는 인간이야!"(16절). 포도주를 마시는 사람은 취하지 않도록 조심해서 마시는데, 물을 마실 때에는 이러한 조심을 하지 않는다. 여기에서 그는 욥이, 쉽게 기꺼이 물을 마시려고 하는 사람처럼 쉽게 죄로 기운다고 비난한다.

엘리파즈는 노인들의 지식을 알고 있다고 자랑한다

17) 자네에게 일러 줄 테니 듣게나. 내가 본 것을 이야기해 주겠네. 18) 현인들은 그들 조상을 드러내고 숨기지 않는다네. 19) 땅은 오직 그들에게만 주어지고 낯선 자는 그 가운데를 지나간 적이 없었지. 20) 악인은 날마다 교만을 부리고 폭군의 햇수는 불확실하네. 21) 무서운 소리가 그의 귓가에 울리고 태평스러울 때도 그는 배반을 의심한다네. 22) 그는 어둠에서 벗어나기를 바라지도 못하고 칼에 맞을 운명이라네. 23) 그는 "어디 있나?" 하면서 먹을 것을 찾아 헤매며 어둠의 날이 이미 그의 곁에 마련되었음을 깨닫는다네. 24) 시련이 그를 두렵게 하고 불안이 그를 에워싸며 공격 태세를 갖춘 임금처럼 그를 압도한다네. 25) 그가 하느님을 거슬러 손을 내뻗고 전능하신 분께 으스대었기 때문이지. 26) 그는 목을 세우고 그분께 달려들었고 그 목에는 살이 쪘지. 27) 제 얼굴을 기름기로 뒤덮고 옆구리에는 비계가 매달렸지.(15,17-27)

---

2) 15절에 내포된 대전제로부터.

엘리파즈는 욥이 하느님과 토론하겠다고 도전했고 또 스스로 의롭다고 내세웠기 때문에 그를 책망한 다음, 이제는 그가 토론에서 사용했던 말들, 특히 "어찌하여 저를 당신의 원수로 여기십니까? 바람에 날리는 잎사귀에 맞서 당신 능력을 드러내시렵니까?"[13,24], "제 발에 차꼬를 채우시렵니까?"[13,27] 등의 말에 대하여 그를 책망한다. 먼저 그는 주의를 환기시키며 "자네에게 일러 줄 테니"(17절)라고 말한다. 하느님에 대해 자네가 묻고 있는 것을 알려 줄 테니 "듣게나."라고 한다. 그리고는 그가 어디에서부터 이를 보여줄 수 있는지 그 원천을 밝힌다. "내가 본 것을", 즉 나 자신의 이성으로 발견한 것을 "이야기해 주겠네."

또한 그는 다른 이들에게 들은 것을 말해 주기를 부끄러워하지 않을 것이며 그들을 권위자로 끌어들이겠다고 말한다. "현인들은 그들 조상을 드러내고 숨기지 않는다네"(18절). 현인들은 그 조상들로부터 지혜를 받았음을 드러내는데, 어리석고 교만한 사람들은 다른 사람들에게서 받은 것을 자신의 것인 듯이 내세운다는 것이다.

현인들의 지위

그리고 그들의 가르침이 감추어지지 말아야 하는 이유로 그들의 높은 품위를 지적하며 "땅은 오직 그들에게만 주어지고"(19절)라고 덧붙인다. 이 구절은 현인들에게도 그 조상들에게도 적용될 수 있다. 그는 그 조상들도 현명한 사람들로 이해되기를 바란다. 땅이 지혜로운 이들에게만 주어진다고 한 것은 그들이 지상적 재화의 주인들로서 그들 자신의 선을 위하여 이를 사용하는 데에 비하여, 어리석은 이들은 자신에게 해가 되게 그것을 사용하기 때문이다. 지혜 14,11에서는 "그것들이 어리석은 이들의 발에 덫이 되었기 때문이다."라고 말한다. 그리고 다시, 그들의 품위를 나타내기 위하여 그는 "낯선 자는 그 가운데를 지나간 적이 없었지."라고 덧붙인다. 지혜에 낯선 자들은 현인들의 무리에 들 수 없다. 또는, 현인들은 낯선 자들에게서 도움을 받지 않기 때문이기도 하다. 낯선 자라고 말한 것은 그에게 정복되고 종속된 이들 사이로 지나가는 이를 지칭하기 때문이다.

욥은 고통에 잠겼다

엘리파즈는 듣는 이들에게 주의를 기울이게 한 다음 이제 토론에서 욥이 한 말들에 대응하려 한다. 그의 말들에서 그는 두 가지를 깨달았다. 첫째는 욥이 마치 하느님께서 그를 추격하시고 그를 잡으려고 복병을 숨겨 두시는 듯한 고통과 두려움 속에서 살고 있다는 것이다. 그래서 욥은 "어찌하여 저를 당신의 원수로 여기십니까?"[13,24], "저의 길을 모두 지켜보시렵니까?"[13,27]라고 말했었던 것이다. 둘째로 엘리파즈는 욥이 자신이 사라져간다는 의심을 품었다고 믿는다. 그가 "제가 쓰라린 일들을 당하게 결정하시고 젊은 시절의 죗값을 거두게 하시렵니까?"[13,26]라고 말했기 때문이다. 그는 먼저 욥의 첫 번째 의견에 대하여 말하고 그 다음에 두 번째 의견에 대하여 "그는 폐허가 된 성읍에 살았지."(28절)라고 대답한다.

두려움의 근원. 의심과 두려움

먼저 그는 앞서 언급한 의심이 욥의 마음속에 생겨난 근원을 보여 준다. 그것은 그의 불경함으로부터, 그리고 해로운 일을 하려는 뜻에서부터 나온다는 것이다. 그래서 그는 "악인은 날마다 교만을 부리고"(20절)라고 말한다. 악인은 하느님을 거슬러 자신을 들어 높이고 다른 이들을 해친다. 여기서 그는 그의 삶의 날들이 아니라 그의 권력과 번영의 날들을 그의 날들이라고 부른다. 그러나 해를 끼치려는 의지는 인간 자신에게 속하는 반면 그 권한은 하느님으로부터 오는 것이므로,[3] 그는 그에게 주어진 불경한 의지를 행할 권한이 얼마 동안 그에게 주어질 것인지 알지 못한다. 그래서 그는 "폭군의 햇수는 불확실하네."라고 덧붙인다.

그리고 그 불확실성으로부터 의심과 두려움이 나오는데, 이어서 그는 이를 묘사한다. "무서운 소리가 그의 귓가에 울리고"(21절), 무슨 소리가 나도 그는 그를 거슬러 음모를 꾸미고 있다고 두려워하고 아무도 믿지 못한다. 그래서 "태평스러울 때도 그는 배반을 의심한다네."라고 덧붙인다. 아무도 음모를 꾸미지 않는데도, 그는 누구라도 해치려고 하는 그 자신의 불경한 의지 때문에 모든 사람을 무서워한다.

아무도 믿지 않는 사람의 절망

어떤 사람이 원수를 두려워할 때, 한때는 그가 원수에게 굴복하게 되더라도 친구들의 도움으로 해방되기를 바랄 수 있다. 그러나 아무도 믿지 못하고 모든 사람을 두려워하는 사람은 억압을 받은 후에 해방될 희망을 가질 수 없다. 그래서 그는 "그는 어둠에서 벗어나기를 바라지도 못하고"(22절)라고 덧붙인다. 그는 또 역경의 상태에서 번영의 상태로 돌아올 수 없고, "칼에 맞을 운명이라네."라고 말한다. 그는 사방에서 원수들이 자신을 위협하는 것을 본다. 그는 특히 욥이 "이 몸은 썩은 것처럼, 좀먹은 옷처럼 부스러져 갑니다."[13,28]라고 말했었기 때문에 이 말을 한다. 이 말들에서 엘리파즈는 욥이 절망했다고 본다.

그런데 때로는 폭군이 낯선 사람들은 모두 두려워면서도 가족과 식구들과는 안심하고 살 수도 있다. 하지만 그의 악의가 너무 지나칠 때에는 그는 함께 살고 있는 식구들마저 두려워하게 된다. 그래서 다음의 진술이 뒤따른다. "그는 "어디 있

---

3) 참조. 1,12 주해.

나?" 하면서 먹을 것을 찾아 헤매며 어둠의 날이" 곧 죽음의 날이 "이미 그의 곁에 마련되었음을 깨닫는다네"(23절). 폭군은 낯선 사람들과 관계해야 하는 집밖에서 배신을 의심할 뿐 아니라 집안에서 일어나는 일들, 먹고 마시는 등의 일에서도 집안사람들이 자신을 죽이려고 준비하고 있다고 여긴다.

이렇게 폭군은 모든 사람을 두려워하기 때문에 평온하지 못하고 언제나 그가 두려워하는 이들에 대하여 음모를 꾸미며, 그래서 두려워할 기회는 더 늘어난다. 그래서 그는 이렇게 덧붙인다. "시련이 그를 두렵게 하고"(24절), 다른 사람들의 행위가 그를 위협하고, "불안이 그를 에워싸며", 사방에서 마음의 두려움으로 그를 에워싸며 "공격 태세를 갖춘 임금처럼 그를 압도한다네." 전투를 준비하는 임금은 지는 것을 두려워하면서도 원수를 물리치려고 계획하기 때문이다.

교만하여 하느님을 믿지 못한다

이어서 엘리파즈는 불경하고 폭군적인 사람이 그렇게 큰 두려움을 갖게 되는 이유를 보여 준다. "그가 하느님을 거슬러 손을 내뻗고" 하느님을 거슬러 행동하고 "전능하신 분께 으스대었기 때문이지"(25절). 즉, 그에게 주어진 능력을 하느님을 거슬러 사용했다는 것이다. 그리고 그는 욥이 어떻게 하느님을 거슬러 행동했는가에 관하여, "그는 목을 세우고", 즉 교만하게 행동하며 "그분께 달려들었고"(26절)라고 말한다. 인간이 겸손으로 복종해야 할 하느님께 가장 크게 반항하는 것은 교만을 통해서이다. 집회 10,14는(『성경』은 10,12) "인간의 오만은 주님을 저버리는 데서 시작되니"라고 말한다. 하느님을 사랑하는 사람이 기꺼이 하느님을 섬기고자 하기 때문에 그분의 길을 달려간다고 일컬어지듯이, 교만한 사람은 그 영의 주제넘음 때문에 하느님을 거슬러 달려간다고 일컬어진다. 그런데 교만은 흔히 현세적 사물들이 풍요로운 데에서 생겨나므로,⁴⁾ "그 목에는 살이 쪘지."라는 말이 뒤따른다. 하느님을 거슬러 교만하게 행동함으로써 그렇게 된 것이다. 살이 찌는 것은 수분이 많아서인데, 이로써 그는 현세 재물의 풍부함을 가리킨다.

부유함이 사람을 교만하게 만든다

겸손이 지혜의 시작이듯이⁵⁾ 교만은 지혜를 방해한다. 그래서 다음의 관찰이 뒤따른다. "세 얼굴을 기름기로 뒤덮고"(27절), 여기서 얼굴을 뒤덮는다는 것은 앎을 방해함을 말한다. 교만의 원인이 되는 부유함은 그의 안에서만 나타나는 것이 아니라 그의 무리에게도 확장된다. 그래서 "옆구리에는 비계가 매달렸지."라고 말한다.

이 모든 표현으로 엘리파즈는, 욥이 부유함의 결과로 교만에 떨어졌고 그 교만으로 하느님을 거슬러 일어났으며 사람들에게 폭행을 저질렀다고 말하려 한다. 그래서 그가 하느님을 반대자요 복병으로 의심하게 되었다는 것이다.

절망한 사람의 쓰라림

> 28) 그는 폐허가 된 성읍에, 사람이 거주할 수 없이 무덤이 되어버린 집에 살 것이네. 29) 그는 부자가 되시도 못하고 그의 재산은 일지도, 그는 땅에 뿌리를 내리지도 못한다네. 30) 그는 어둠을 벗어나지 못하고 그의 새싹은 불길에 타 버

---

4) 참조. 12,6 주해.
5) 참조. 잠언 11,2.

> 리며 그의 입김에 쓸려 가 버린다네. 31) 그는 헛것을 믿어 자신에게 속지 말아야 하리니 그의 보상이 헛되기 때문이라네. 32) 그는 때가 되기도 전에 끝나 버리고 그의 손들은 말라 버리네. 33) 그는 포도나무 줄기처럼 설익은 열매를 떨어뜨리고 올리브 나무처럼 꽃을 흘려 버릴 것이네. 34) 위선자들이 모은 것은 이렇듯 씨가 마르고 뇌물을 좋아하는 자들의 천막은 불이 집어삼켜 버린다네. 35) 재앙을 잉태하여 불행만 낳으니 그들의 모태는 속임수만 마련할 뿐이라네.(15,28-35)

엘리파즈는 악인이 평화로운 상태에서도 겪게 되는 두려움의 고통을 보여 준 다음, 이제 악인이 역경에 내던져졌을 때 그를 소멸시키는 쓰라림들에 대해 말한다. 욥이 "제가 쓰라린 일들을 당하게 결정하시고 젊은 시절의 죗값을 거두게 하시렵니까?"[13,26]라고 말했기 때문이다.

1. 도망가서 숨음

그 쓰라림 가운데 먼저, 그가 도망자가 된다는 것을 말한다. 보통 도망자들은 숨을 수 있고 사람이 살지 않는 장소를 찾게 되며, 그래서 그는 "그는 폐허가 된 성읍에, 사람이 거주할 수 없이 무덤이 되어버린 집에 살 것이네."(28절)라고 말한다. 도망자들이 흔히 그러한 곳에 피신하기 때문이다.

2. 재산을 잃음

두 번째의 쓰라림은 재산을 잃어버리는 것이다. 그래서 그는 "그는 부자가 되지도 못하고", 즉 다시 부를 얻지도 못하고 "그의 재산은 일지도 못한다네."(29절)라고 말한다. 그는 전에 얻었던 부도 보존하지 못하는 것이다. 세 번째로는 그 부를 회복할 수 없음을 말한다. "그는 땅에 뿌리를 내리지도 못한다네."

3. 가족이 뿌리 뽑힘

세 번째 쓰라림은 그 재산을 회복할 수 없다는 것이다. 그래서 그는 "그는 땅에 뿌리를 내리지도 못한다네."라고 말한다. 나무가 뿌리 뽑히고 다시 심겨졌을 때, 땅에 뿌리를 내리면 튼튼하게 자랄 것이지만 땅에 뿌리를 내리지 못한다면 튼튼하게 자라지 못한다. 이를 설명하듯이 그는 이렇게 덧붙인다. "그는 어둠을 벗어나지 못하고"(30절), 역성의 상태를 벗어나지 못할 것이다. 그리고 그가 빛으로 돌아오지 못하는 이유를 밝힌다. "그의 새싹은 불길에 타 버린다네." 나무가 뿌리 뽑힐 때, 그 가지들이 푸르다면 다시 심겨질 수 있기 때문에 아직 회복의 희망이 있다. 그러나 가지들이 불타 버린다면 더 이상 회복의 희망은 없다.

사람의 가지들은 자녀와 친척들이고, 때로는 그들을 통하여 역경의 상태로부터 다시 일어날 수 있다. 그러나 욥의 자녀들은 죽임을 당했고 그 가족은 멸망했으며 그 자신도 질병을 겪고 있다. 엘리파즈는 이러한 사실을 가리켜 "그의 입김에 쓸려가 버린다네."라고 말한다. 즉, 그의 교만한 말들 때문에 쓸려가 어떻게도 회복될 수 없게 된 것이다. 그 교만한 말들로 공격했던 하느님으로부터도 회복을 바랄 수 없다. 그래서 그는 "그는 헛것을 믿어 자신에게 속지 말아야 하리니 그의 보상이 헛되기 때문이라네."(31절)라고 말한다. 어떤 도움으로도 그는 시련에서 해방될 수 없으리라는 것이다.

4. 짧은 삶

악인의 네 번째 쓰라림은 수명이 짧아지는 것이다. "그는 때가 되기도 전에 끝나 버리고"(32절), 삶의 시간이 다 채워지기 전에 죽을 것이다. "그의 손들은 말라 버리네." 그의 자녀들과 친척들이 멸망하리라는 것이다. 그 다음에 그는 예를 든다. "그는 포도나무 줄기처럼 설익은 열매를 떨어뜨리고"(33절). 이러한 일은 보통 추위의 결과로 일어나는데, 그는 이로써 외적인 박해를 나타낸다. "올리브 나무처럼 꽃을 흘려 버릴 것이네." 이것은 보통 내적인 이유에서 일어나고 이로써 그는 고통을 당하는 사람 스스로 겪게 되는 역경을 나타낸다.

불의한 부의 헛됨

이에 연관하여 그는 이렇게 덧붙인다. "위선자들이 모은 것은 이렇듯 씨가 마르고", 즉 위선으로 모은 것은 쓸모가 없어지고, "뇌물을 좋아하는 자들의 천막은 불이 집어삼켜 버린다네"(34절). 때로는 하느님의 심판으로, 악하게 얻은 것들이 쉽게 사라지는 일이 있다. 엘리파즈는 욥이 탐욕스럽고 위선적이라고 비난하면서, 마치 욥이 이러한 죄를 저질렀기 때문에 그에게 역경들이 닥쳐왔다는 듯이 말한다.

욥의 기만

또한 엘리파즈는 세 번째 죄인 기만을 덧붙인다. "재앙을 잉태하여"(35절), 즉 그는 마음속에 어떻게 다른 사람을 괴롭힐 것인지를 획책했고, 이렇게 재앙을 잉태한 것이 부당한 해악을 가져왔다. 그래서 "불행만 낳으니"라는 말이 뒤따른다. 다음으로 그는 악인이 이 목적을 이루는 방법을 가리켜 "그들의 모태는 속임수만 마련할 뿐이라네."라고 말한다. 위선자들의 특징은 다른 이들에게 드러나게 해를 끼치는 것이 아니라 속임수를 쓰며 이를 행하는 것이다. 모태는, 육적인 잉태가 모태에서 이루어지듯이 영적인 잉태가 이루어지는 곳인 마음을 가리킨다.

16장

인간의 불의에서 하느님의 정의로

쓸모없는 위로자들

1) 욥이 말을 받았다. 2) 그런 것들은 내가 이미 많이 들어 왔네. 자네들은 모두 쓸모없는 위로자들이구려. 3) 그 공허한 말에는 끝도 없는가? 자네가 그렇게 말하는 데에 어떤 어려움이라도 있는가? 4) 자네들이 내 처지에 있다면 나도 자네들처럼 말할 수 있지. 5) 자네들에게 좋은 말을 늘어놓으면서 자네들에게 머리를 젓고 6) 내 입으로 자네들의 기운을 북돋우며 자네들을 아끼는 양 입술을 움직일 수 있지. 7) 내가 말을 해도 이 아픔이 줄지 않는구려. 그렇다고 말을 멈춘들 내게서 무엇이 덜어지겠는가? 8) 이제 내 고통이 나를 부서뜨리고 내 사지가 모두 없어져 버렸네. 9) 나의 주름살이 나의 반대 증인이 되고, 거짓말쟁이가 내 면전에서 일어나 나에게 맞서는구려. 10) 그가 나를 거슬러 분노를 모으고, 나에게 이를 갈며 나를 위협하며 내 원수가 내게 날카로운 눈길을 보내네. 11) 사람들은 나에게 입을 마구 놀리고 조롱으로 내 턱뼈를 뚫으며 나의 처벌을 기뻐하는데 12) 하느님께서는 나를 악당에게 넘기시고 악인들의 손에다 내던지셨네. 13) 전에는 그 부자였던 내가 갑자기 멸망했고, 그분께서 덜미를 붙잡아 나를 부수시며 당신의 과녁으로 삼으셨네. 14) 그분의 창들은 나를 에워싸고 그분께서는 내 허리에 상처를 입히시고 나를 그냥 두지 않으시며, 나의 내장을 땅에다 쏟으셨네. 15) 나를 쓰러뜨리시고 상처 위에 다시 상처를 내시며 전사처

> 럼 달려드시니 16) 나는 자루옷을 내 맨살 위에 꿰매고 내 뿔을 먼지 속에다 박고 있네. 17) 내 얼굴은 통곡으로 부어오르고 내 눈꺼풀 위에는 암흑이 자리 잡고 있다네. 18) 내 손에 폭력이란 없고 내 기도는 순수하건만! 19) 땅이여, 내 피를 덮지 말아 다오. 내 부르짖음이 쉴 곳도 나타나지 말아 다오. 20) 지금도 나의 증인은 하늘에 계시네. 나의 보증인은 저 높은 곳에 계시네. 21) 내 친구들이 나를 빈정거리니 나는 하느님을 향하여 눈물짓는다네.(16,1-21)

엘리파즈는 그의 대답에서 거친 말로 욥을 공격했었다. 그래서 욥은 그의 담론을 시작하면서, 그가 잘못된 방법으로 위로했다고 그를 책망한다. 첫째로, 엘리파즈와 그의 친구들은 같은 말들을 자주 되풀이했다. 그래서 욥은 "그런 것들은 내가 이미 많이 들어 왔네."(2절)라고 말한다. 그들의 말은 언제나 같은 주장을 되풀이한다는 것이다. 사실 그들은 여러 가지 표현으로, 오직 욥이 자신의 죄 때문에 역경에 떨어졌다고 말하려 한 것이다. 그래서 그는 "자네들은 모두 쓸모없는 위로자들이구려."라고 말한다. 위로자의 임무는 고통을 덜어주는 말을 하는 것이므로, 쓸모없는 위로자들은 욥의 영을 더 절망에 빠뜨리는 말을 하는 사람들을 가리킨다. 그러나, 그렇게 절망에 빠뜨리는 말들이 유용한 것이고 또 진리를 담고 있다면, 아니면 적어도 그들이 짧게 잠시 그런 말들을 했다면 그래도 이해할 수 있을 것이다.

하지만 어떤 사람이 거짓되고 무익하게, 그리고 매우 길게 절망적인 말들을 하여 다른 사람을 더 슬프게 만든다면 그는 쓸모없는 위로자가 될 것이다. 그래서 욥은 "그 공허한 말에는 끝도 없는가?"(3절)라고 덧붙인다. "그 공허한 말에는 끝도 없는가?"라고 말함으로써 그는 그들이 절망적인 말들을 오랫동안 말하고 있었음을 드러낸다. 여기서 "공허한 말"이라고 할 때에는, 그 말들이 무익하고 거짓된 것이며 충실치 못한 것임을 보여 준다.

어려움이 없을 때에는 쉽게 말을 한다

다음으로 그는, 이 토론에서 양편이 공평하지 않음을 보여 준다. 욥의 친구들은 아무 어려움 없이 말하고 있기 때문이다. 그래서 그는 "자네가 그렇게 말하는 데에 어떤 어려움이라도 있는가?"라고 말한다. 자네들은 나를 중상하기 위하여 그렇게 한참 말을 하는데, 그것은 아무런 어려움도 느끼지 않기 때문이라는 것이다. 그러나 욥은 어려움을 겪고 있다. 그리고 누군가가 욥의 친구들은 탁월한 지식을 가지고 있어서 토론이 쉬웠고 욥은 지식이 부족해서 토론이 어려웠다고 생각하지 않도록, 욥은 이러한 생각을 배제하며 그가 역경에 시달리지 않고 친구들과 같은 처지에 있었더라면 그도 비슷하게 말할 수 있었으리라고 말한다. "자네들이 내 처지에 있다면", 그리고 내가 역경으로 짓눌리고 있지 않다면 "나도 자네들처럼 말할 수 있지"(4절). 그는 이를 체험할 기회를 바란다. 그들이 내 처지에 있기를, 내가 겪고 있는 역경을 겪어 보기를 바라는 것이다. 욥은 미움의 감정에서 또는 보복하려는 앙심에서 이 말을 하는 것이 아니라, 그들이 잔인하게 욥을 절망시키고 있음을 깨닫게 하려는 것이다. 그들이 같은 처지에서 자신들이 한 것과 같은 말을 듣는다면 그것이 거친 말이 된다는 것을 알게 될 것이기 때문이다.

그래서 그는 이렇게 덧붙인다. "[나도] 자네들에게 좋은 말을 늘어놓으면서", 자네들이 나를 위로한 말들과 비슷한 말들로 자네들을 위로하며 "자네들에게 머리를 저을 수 있지"(5절). 머리를 젓는 것은 동정심의 표시가 될 수도 있고 그들이 그를 꾸짖는 것과 같은 비난의 표시가 될 수도 있다. 그리고 "내 입으로 자네들의 기운을 북돋우며" 자네들이 인내를 잃지 않도록 하고 "자네들을 아끼는 양 입술을 움직일 수 있지"(6절)라고 말한다. 자네들이 나에게 하듯이, 동정심에서 말을 하는 척 할 수 있다는 것이다.

신체적 고통의 무게

내가 자네들의 처지에 있다면 나도 자네들처럼 쉽게 말을 할 수 있겠지만, 지금은 말로도 침묵으로도 사라지지 않는 고통으로 방해를 받고 있다. 그래서 그는 이렇게 말한다. "내가 말을 해도 이 아픔이 줄지 않는구려. 그렇다고 말을 멈춘들 내게서 무엇이 덜어지겠는가?"(7절). 고통에는 두 가지 종류가 있다.[1] 첫째는 내적인 고통으로서 슬픔이라 불리는데, 이것은 안에 지니고 있는 고통에서 오는 것이다. 둘째는 외적인 고통인데, 이것은 신체적 고통과 같이 감각에 따른 고통이다. 이 두 가지 고통 가운데 첫 번째의 것은 함께 대화함으로써 제거될 수 있지만, 두 번째 것은 그렇지 않다.

이어서 그는 말로 제거되지 않는 두 번째 고통이 무엇인지를 보여 준다. "이제 내 고통이 나를 부서뜨리고"(8절), 그래서 나의 이성을 예전처럼 자유롭고 쉽게 사용할 수 없도록 방해를 받는다.[2] 감각에 격렬한 고통이 있을 때는 영혼의 주의가 산만해지거나 이성적 문제들을 고찰하는 데 방해를 받지 않을 수 없기 때문이다. 또한 그는 신체적 고통에 대하여 "내 사지가 모두 없어져 버렸네."라고 말한다. 앞에서 말한 바와 같이 그의 모든 지체에 부스럼이 났기 때문이다. "이에 사탄은 주님 앞에서 물러 나와, 욥을 발바닥에서 머리 꼭대기까지 고약한 부스럼으로 쳤다"[2,7].

---

1) 참조. 14,22 주해.
2) 참조. *ST* I-II.37.1.

병자는 잘못한 사람으로 여겨진다

나의 지체들이 손상되는 것은 나에게 감각적인 고통만을 일으키는 것이 아니다. 그것은 나를 반박하기 위한 논거로도 사용된다. 욥의 친구들은 그가 부스럼으로 뒤덮인 것을 보고는 이것이 죄에 대한 벌이라고 생각하며 그 사실을 근거로 그가 큰 죄를 지었다고 고발했다. 그래서 "나의 주름살이 나의 반대 증인이 되고"(9절)라는 말이 뒤따른다. 몸에 주름이 진 것은 질병의 결과로 또는 고령의 결과로 수분이 없어졌기 때문이다.[3] 이제 그는 주름살이 어떻게 그에게 반대 증인이 되는지를 보여 주며 "거짓말쟁이가 내 면전에서 일어나 나에게 맞서는구려."라고 덧붙인다. 엘리파즈가 욥이 죄 때문에 병에 걸렸다고 거짓을 말했기 때문이다.[4]

악마의 분노

다른 해석에서는, 욥이 성령의 비추심을 받아 그의 역경이 악마에 의하여 하느님의 허락으로 이루어진 것임을 깨달았다고 말할 수도 있다. 그가 겪은 모든 것은, 재산과 자녀를 잃어버린 것이든 그의 몸에 부스럼이 난 것이든, 아니면 그의 아내와 친구들의 괴롭힘이든 모든 것을 그는 이를 사주한 악마에게 돌린다. 욥은 엘리파즈를 그의 면전에서 거짓말쟁이라고 부르는데, 이는 그가 그의 친구들이 악마의 사주로 그에게 맞서고 있음을 알았기 때문이다.

이러한 의미에 따른다면, 이어지는 "그가 나를 거슬러 분노를 모으고"(10절)라는 말도 더 분명해진다. 악마가 욥을 온갖 방법으로 공격했을 때 악마는 그의 모든

---

3) 참조. 7,5 주해.
4) 참조. 4,7 주해.

분노를 욥을 거슬러 모았던 것으로 보이기 때문이다. 그리고 그는 과거에만 나를 공격한 것이 아니라 미래에 대해서도 나를 위협한다. 그래서 그는 "나에게 이를 갈며 나를 위협하며"라고 말한다.

여기서 그는 이로 사람을 위협하는 짐승을 비유로 든다. 그가 이렇게 말하는 것은 엘리파즈가, 죽음에까지 이르는 불행이 악인인 그를 위협하고 있다고 미리 예고했기 때문이다.[5] 그러나 욥은, 엘리파즈의 입에서 나온 그러한 위협들이 악마에 의한 것임을 알았고 그래서 그가 이를 간다고 말한 것이다.

엘리파즈는 불행을 예언하며 말로만 그를 위협한 것이 아니라 그의 행동에 대해서도 그를 나쁘게 판단하며, 그를 죄인이며 위선자라고 불렀다.[6] 그래서 그는 "내 원수가 내게 날카로운 눈길을 보내네."라고 덧붙인다. 부드러운 눈길로 다른 사람을 바라볼 때에는 그의 행동들을 호의적으로 해석하지만, 선한 행동들을 부정적으로 해석할 때에는 날카로운 눈길로 그를 바라보는 것이다. 그래서 그는 "사람들은", 즉 나의 친구들은 내 원수의 사주를 받아 "나에게 입을 마구 놀리고"(11절)라고 덧붙이고, 이를 설명하여 "조롱으로 내 턱뼈를 뚫으며"라고 말한다. 어떤 사람의 면전에서 그에게 부당한 말을 하는 사람은 그의 얼굴에 구멍을 뚫으려고 하는 것이기 때문이다. 욥의 친구들은 욥을 거슬러 많은 부당한 말을 했고, 많은 죄로 그를 비난했다. 의인들은 죄가 벌을 받는 것을 보고 그 정의를 기뻐한다. 시편 57,11에서는(『성경』은 58,11) "의인은 복수를 보며 기뻐하고"라고 말한다. 그래서 욥의 친구들은 스스로 의롭다고 여기고 욥은 죄인이라고 여기며, 마치 하느님의 정의를 환호하듯이 그의 처벌에 대해 기뻐한다. 그래서 "나의 처벌을 기뻐하는데"라는 말이 뒤따른다.

---

5) 참조. 15,23 주해.
6) 참조. 15,20.34 주해.

사탄이 개입했다는 네 가지 표지

그러나 누군가는 욥이 스스로 원수에게서 괴롭힘을 받았다고 말했기 때문에 그가 그러한 처벌이 하느님에게서 고통을 받은 것이 아니라고 생각했다고 믿을 수도 있으므로, 이러한 생각을 배제하여 그는 이렇게 말한다. "하느님께서는 나를 악당에게 넘기시고", 즉 나를 악마의 권세에 넘기시고 "악인들의 손에다 내던지셨네"(12절). 여기서 악인들은 악마의 사주로 말이나 행동으로 그를 괴롭힌 이들을 지칭한다. 욥은 그의 고통들이 악마로부터 온 것임을 알았지만 거기에는 물론 하느님의 허락이 있는 것이고, 그는 이러한 사실에 대하여 네 가지 명백한 표지들을 지적한다.

갑작스런 몰락

1. 첫째는 욥이 보통 사람들이 겪는 것처럼 최고의 행복에서 점차로 몰락한 것이 아니라 갑자기 완전히 멸망했다는 사실인데, 이는 갑작스런 재앙만으로 일어났을 수는 없고 오직 하느님의 명에 의한 것이라고 생각된다. 그래서 그는 "전에는 그 부자였던 내가 갑자기 멸망했고"(13절)라고 말한다. "부자"라는 표현은 재산이 많음을 나타내고, "그"라는 표현은 그의 명예가 빛났음을 나타낸다. 그 명예로 그는 모든 이의 주목을 받았던 것이다.

완전한 경제적 파멸

2. 두 번째 표지는 그가 완전히 멸망했다는 것이고, 이러한 완전한 파멸을 가리켜 그는 "그분께서 덜미를 붙잡아 나를 부수시며"라고 말한다. 여기에서 그는, 매우 강한 사람이 약한 사람의 목덜미를 붙잡고는 그 목을 꺾어 그를 완전히 죽여 버리는 비유를 사용한다. 욥이 바로 그렇게 번영을 완전히 잃어버렸기 때문이다.

수많은 역경

3. 세 번째 표지는 위에서 이야기된 바와 같이[7] 욥이 어떤 하나의 역경에 의해서가 아니라 동시에 일어나는 많은 역경으로 부서졌다는 점이다. 이러한 상황에 관련하여 그는 "당신의 과녁으로 삼으셨네."라고 말한다. 그는 많은 화살을 맞도록 세워졌다는 것이다. 그래서 그는 "그분의 창들은 나를 에워싸고"(14절)라고 덧붙인다. 여기서 그는 역경들이 많다는 것을 세 가지로 묘사한다.

재산을 잃음

첫째로 그는 그가 외적으로 재산에 손실을 입었음을 보여 준다. "그분의 화살들은 나를 에워싸고"라는 말은 이러한 사실에 연관된다. 우리 주변의 외적 사물들은 우리 밖에 있는 것이기 때문이다. 그러므로 한 사람이 역경의 화살들로 에워싸이는 것은 그가 외적 사물들의 손실을 겪을 때이다.

자녀들의 죽음

둘째로 그는 사람들을 잃음으로써 내적으로 타격을 입었다고 말하며 "내 허리에 상처를 입히시고"라고 덧붙인다. 나는 사방에서 창에 둘러싸였을 뿐만 아니라 상처가 속안까지 이르렀다고 말하는 것이다. 허리는 즐거움이 자리하는 내부 기관을 지칭한다. 허리에 출산의 즐거움과 그 기원이 있기 때문이다.[8] 이 때문에 허리는 그의 죽은 자녀들도 나타낼 수 있다. 더 나아가서, 그는 상처의 쓰라림으로 여러 차례 타격을 입었음을 말하며 "나를 그냥 두지 않으시며"라고 덧붙인다. 그분께서는 너무 심하게 상처를 입히지 않도록 손을 떼지 않으셨다는 것이다. 오히려 그분은

---

7) 참조. 1-2장 주해.
8) 참조. Isidore, *Etymologies* XI.1 [*PL* 82, 409], 그리고 40,11 주해.

심한 상처를 입히셨으므로, 이를 가리켜 "나의 내장을 땅에다 쏟으셨네."라고 말한다. 그분께서는 단 한 번의 재앙으로 그의 모든 자녀를 죽도록 치셨기 때문이다.

치유될 수 없는 질병

셋째로 그는 그 자신의 몸에 겪은 타격들이 많았음을 말하기 위하여 "나를 쓰러뜨리시고", 즉 나의 몸을 쓰러뜨리시고 "상처 위에", 자녀들의 죽음 위에 "다시 상처를 내시며"(15절) 심한 부스럼이 나게 하셨다고 덧붙인다.

저항할 수 없는 하느님의 권능

4. 넷째 표지는, 그의 시련이 하느님의 섭리에서 오는 것이었기 때문에 거기에는 저항할 수도 없고 방책도 없다는 것이다. 위의 9,13에서는 "아무도 하느님의 진노에 맞설 수 없으니"라고 말했고, 여기서는 덧붙여서 "전사처럼 달려드시니"라고 말한다. 약한 사람은 전사의 강한 힘에 맞설 수 없기 때문이다.

이 모든 표지는 욥을 가두신 하느님으로부터, 또는 그분께서 그를 가두게 하신 악마로부터 오는 것으로 이해할 수 있다.

욥은 친구들과 동등하게 논쟁할 수 없다

욥이 이렇게 그의 크나큰 역경에 관하여 특별한 점들을 말한 것은, 그가 역경을 겪지 않고 있는 친구들과 동등한 입장에서 토론할 수 없음을 보여 주기 위한 것이었다. 그러나 엘리파즈는 그가 교만하다고 꾸짖으며 "어찌하여 자네 마음이 자네를 부풀게 하였나?"라고 말했었고, 이 교만이 혐오스런 것일수록 그것을 교정하기 위해서는 역경이 더 심해야 하는 것이었다. 그 사람들에 맞서 시편 34,16은 (『성경』은

35,16). "그들은 멸망을 당하고서도 양심에 가책을 느끼지 않았습니다."라고 말한다. 그는 자신의 역경을 묘사한 다음, 비천한 처지가 되었음을 말한다.

의복

첫째로는 외적인 의복에 관하여, "나는 자루옷을 내 맨살 위에 꿰매고"(16절)라고 말한다. 요나 3,5에서 니네베인들이 자루옷을 입었다고 하듯이, 그러한 옷은 비천함의 표시이다. 이와 유사하게, 재도 자신의 나약함을 인정하기 위하여 사용되었다. 그래서 창세 18,27에서 아브라함은, "저는 비록 먼지와 재에 지나지 않는 몸이지만, 주님께 감히 아룁니다."라고 말한다. 그래서 그는 "내 몸을 재로 덮고 있네."라고 말한다. 또한 앞에서는 그가 비천함의 표시로 "쓰레기 더미 위에 앉아 있었다."[2,8]고 했었다.

눈물

두 번째로는 많은 눈물을 흘림으로써 자신의 비천함을 드러낸다. 이에 대하여 두 가지 표지를 제시한다. 그 첫째는 얼굴이 붓는 것인데, 이에 관하여 그는 "내 얼굴은 통곡으로 부어오르고"(17절)라고 말한다. 많은 눈물이 머리까지 올라가면, 우는 사람의 얼굴이 붓는다. 둘째 표지는 앞이 잘 보이지 않는 것인데, 그는 "내 눈꺼풀 위에는 암흑이 자리 잡고 있다네."라고 말한다. 울음 때문에 그렇게 되는 것인데, 눈물이 흐름으로써 글자 그대로 눈을 가로막기 때문이다.

결백하고 경건함

욥이 자신의 심한 역경과 비천함에 대해 말한 것에 대해 누군가는 그가 자신의 죄 때문에 고통을 겪고 있는 것이라고 여기고 자신의 죄가 무거움을 인정하는 듯이 참회로 스스로 자신을 낮추었다고 의심할 수도 있을 것이다. 실상 앞에서 엘리파즈는 "그분의 거룩한 이들 가운데서도 변치 않는 이가 없고…"[15,15]라고 말하면서 그가 자기 죄 때문에 고통을 겪는다고 말하려 했었다. 그래서, 이러한 의심을 배제하기 위하여 욥은 "내 손에 폭력이란 없고"(18절)라고 말한다. 이렇게 주장함으로써 그는 자신이 어떤 죄를 범했다는 것을 부인한다. 그리고는 "내 기도는 순수하건만!"이라고 덧붙여, 신심이 부족하거나 무엇을 소홀히 한 죄를 배제한다. 이러한 주장으로 그는 초파르가 위에서 11,14에서 "자네 손에 죄악이 있다면 멀리 치워 버리고 티 없는 손을 들어 올리게나."라고 말했던 데에 응답한다.

무죄한 이의 부르짖음. "땅이여, 내 피를 덮지 말아 다오."

엘리파즈는 욥의 무죄함을 부인하기 위하여 이미 두 차례 지상적 본성의 나약함에 기초한 논거를 사용했다. 위의 4,18에서 그는 "그분께서는 당신을 섬기는 이들도 믿지 않으시는데… 하물며 토담집에 사는 자들 먼지에 그 바탕을 둔 자들이야!"라고 말했었고, 후에는 15,15에서 같은 이의를 되풀이하며 "하늘도 그분 눈에는 순결하지 못한데 하물며 역겹고 타락하여 불의를 물 마시듯 저지르는 인간이야!"라고 말했었다. 이러한 논거를 배제하기 위하여 욥은 "땅이여, 내 피를 덮지 말아 다오."(19절)라고 덧붙인다. 여기서 그는 피라는 말로 그의 몸의 고통을 의미한다. 어떤 잘못 때문에 피가 흘려졌다면 그 피는 덮어지고 그래서 영광을 누리지 못할 것이다. 그러나 지상적인 나약함으로 인하여 그 전에 어떤 잘못이 있다고 추정할 이유가 있다면 그 피는 흙으로 덮일 것이다. 그러나 잘못 없이 피가 흘려졌다면 그는 그 피를 흘리는 사람에 대하여 정당한 탄원을 할 것이다. 그래서 창세 4,10에서는 "들어 보아라. 네 아우의 피가 땅바닥에서 나에게 울부짖고 있다."고 말한다.

그러나 잘못에 대하여 벌을 받는 사람의 탄원과 같이 그 탄원이 부당하다고 여겨진다면 울부짖음은 무시될 것이다. 그래서 그는 "내 부르짖음이 쉴 곳도 나타나지 말아 다오."라고 말한다. 즉, 내가 마치 잘못에 대하여 벌을 받고 있는 듯이 지상적인 삶의 나약함으로 인하여 내 탄원이 부당하게 보이지 않게 해 달라는 것이다.

나의 양심은 하늘에 알려져 있다

지상적인 삶을 살면서 대죄를 짓지 않기는 어렵다는 것이 사실이다. 그러나 하느님으로부터 은총으로 도우심을 받는다면 불가능하지 않다. 그리고 그 하느님께서는 내적인 순수함까지도 증언하신다.[9] 그래서 그는 "지금도 나의 증인은 하늘에 계시네."(20절)라고 덧붙인다. 하늘의 증언은 땅의 나약함에 근거한 추측보다 더 강하기 때문에, 땅이 나의 피를 덮을 수 없다는 것이다. 하늘의 증언은 유효하다. 하늘은 양심의 비밀까지도 살피기 때문이다. 그래서 "나의 보증인은 저 높은 곳에 계시네."라고 말한다. 그래서 땅의 가장 깊은 곳에서도 내 부르짖음은 쉴 곳을 찾을 수 없다. 나의 양심이 높은 곳에 알려져 있기 때문이다.

내 마음은 하느님을 향하여 눈물짓는다

> 21) 내 친구들이 나를 빈정거리니 나는 하느님을 향하여 눈물짓는다네. 22) 아, 사람과 사람 사이의 시비를 가리시듯 그분께서 한 인생을 위하여 하느님과 논쟁

---

9) 참조. *ST* I-II.109.8.

> 해 주신다면! 23) 내게 정해진 그 몇 해가 이제 다 되어 나 돌아오지 못할 길을 떠나기 때문이라네.(16,21-23)

욥은 자신의 역경과 자신의 비천함, 그리고 무죄함을 묘사한 다음[10] 더 나아가서 친구들이 그에게 되풀이하고 또 되풀이했던 헛된 위로, 즉 현세적 행복을 되찾게 되리라는 희망에 관한 위로를 책망한다. 이 희망에 대해서 엘리파즈는 위에서 "하느님께서 자네를 위로하시는 것이 대단한 일인가?…"[15,11]라고 말했었다. 그러므로 그는 이 위로가 공허함을 보여 주기 위하여 "내 친구들이 나를 빈정거리니"(21절)라고 말한다. 그들은 나에게 빈말로 약속하고 있다. 나의 위로는 현세 재산을 되찾는 것이 아니라 하느님을 누리는 것이다. 그래서 그는 "나는 하느님을 향하여 눈물짓는다네."라고 덧붙인다. 나의 눈은 하느님에 대한 갈망으로 울고 있다는 것이다. 시편 41,4에서(『성경』은 42,4) "사람들이 제게 온종일 '네 하느님은 어디 계시느냐?' 빈정거리니 낮에도 밤에도 제 눈물이 저의 음식이 됩니다."라고 하는 것과 같다.

욥의 희망은 하느님의 계획을 아는 것

욥은 앞에서 한 말에 대한 설명으로 "아, 사람과 사람 사이의 시비를 가리시듯 그분께서 한 인생을 위하여 하느님과 논쟁해 주신다면!"(22절)이라고 덧붙인다. 사람과 사람 사이의 시비를 가릴 때에는 각자가 상대방 앞에 있게 되고, 서로 자신의 입장을 제시하게 된다. 이렇게 욥은, 하느님 앞에 서서 하느님께서 행하시는 일들의 이유와 하느님의 계획을 알기를 원한다. 거기에 인간의 행복이 있고, 욥의 위

---

10) 참조. 14, 16, 18절.

로는 현세적 번영의 회복을 약속하는 친구들의 빈말에 있는 것이 아니라 그 희망에 있다.

욥의 수명은 얼마 남지 않았다

이 약속의 공허함을 밝히기 위하여 그는 "내게 정해진 그 몇 해가 이제 다 되어"(23절)라고 말한다. 앞서 말했듯이, 인간의 "수명은 짧기"[14,1] 때문이다. 욥의 삶에서 대부분의 시간은 이미 지나갔다. 그러므로, 그에게 남은 짧은 기간 동안 번영을 누리게 된다 해도 그것은 그에게 큰 위로가 되지 못한다. 기간이 짧기 때문이다.

어떤 이들은 인간이 죽은 다음에 현재와 같은 삶으로 되돌아온다고 믿었는데, 그렇다면 욥은 적어도 그 미래의 삶에서는 지상적 번영을 회복할 희망을 가질 수 있을 것이다.[11] 그래서 이러한 가능성을 배제하기 위하여 그는 "나 돌아오지 못할 길을 떠나기 때문이라네."라고 말한다. 인간은 사멸할 삶에서 나이가 먹음으로써 죽음을 향해 가고, 여기에는 되돌아옴이 없다. 어린아이가 되어 현세의 삶의 나이들을 다시 거쳐갈 수 없는 것이다.

---

11) 참조. 7,6 주해.

17장

욥은 선하게 살았으나 사람들에게 멸시를 받는다

욥의 삶은 기울어간다

> 1) 제 영은 산산이 부서지고 제 수명은 다해 가니 저에게 남은 것은 무덤뿐. 2) 저는 죄를 짓지 않았는데 제 눈은 쓰라림에서 떠나지 않고 있습니다. 3) 저를 해방시키시고 당신 곁에 있게 하시며, 누구의 손도 저를 거슬러 싸우지 않게 해 주십시오. 4) 당신께서 저들의 마음을 지혜에서 멀어지게 하셨으니 그들이 우쭐대지도 못하게 해 주십시오. 5) 그들은 '자기 아들들의 눈이 멀어 가는데 노획물을 받아 가라고 친구들을 청하는 자'와 같습니다. 6) 나는 백성의 이야깃거리로 내세워져 그들 앞에서 그의 본보기가 되었네. 7) 내 눈은 격분으로 흐려지고 사지는 모두 그림자처럼 되어 버렸네. 8) 올곧은 이들은 이것을 보며 질겁하고 무죄한 이는 위선자에게 격분하네. 9) 그러나 의인은 제 길을 굳게 지키고 손이 결백한 이는 힘을 더한다네.(17,1-9)

욥은 위에서 그의 많은 고통과 비참함, 정신의 무죄함, 되돌아올 수 없는 삶의 짧음을 보여 주었고 이로써 결론적으로 친구들이 빈말만 많이 했다는 것이 증명되었다. 이제 이 장에서 그는 앞에서 말했던 것들을 분명하게 입증하고 그들의 무지함을 확증하려 한다.

먼저 그는 그가 인생의 과정에 대해 말했던 것을 입증하려 한다. 그는 "제 영은 산산이 부서지고"(1절)라는 말로 인생이 짧은 이유를 제시한다. 육신의 삶은 심장으로부터 모든 지체로 확산되는 생명의 영들에 의해서 유지되며, 그 영들이 육신 안에 머무는 기간 만큼 지속된다.[1] 심장에서 본성적 열기가 약해지기 시작하면 그러한 영도 줄어들고, 욥은 이렇게 약해지고 줄어드는 것을 영이 부서진다고 표현한다. 그리고 여기서 나오는 결과를 덧붙여 "제 수명은 다해 가니"라고 말한다. 생명의 영이 약해지면 살 날이 줄어들기 때문이다.

여기서, 누군가는 약해진 영이 이 사멸할 삶의 형상 안에서 다시 강해지리라고 생각할 수도 있으므로 그는 이러한 가설을 배제하여 "저에게 남은 것은 무덤뿐"이라고 덧붙인다. 현세의 삶의 짧은 기간이 끝나면 나에게 이 삶에서 남는 것은 무덤과 그 무덤에 관련된 것뿐이라고 말하는 것이다.

욥은 무죄하지만 그의 눈물은 쓰다

다음으로 그는 다른 방식으로 친구들의 위로가 공허함을 보여 준다. 그들은 그러한 역경이 그의 죄 때문에 온 것이고 그가 참회한다면 다시 번영을 누리리라고 위로했었다. 그러나 그는 이러한 믿음을 배제하여 "저는 죄를 짓지 않았는데"(2절)라고 말한다. 그는 자신의 양심 안에서 그렇게 심한 역경을 당할 만한 큰 죄의 가책을 느끼지 않았기 때문이다. 그래서 그는 아래 27,6에서 "내 양심은 내 생애 어떤 날도 부끄러워하지 않으리라."고까지 말한다. 이것은 1요한 1,8에서 "만일 우리가 죄 없다고 말한다면, 우리는 자신을 속이는 것입니다."라고 하는 것에 반대되지 않는다. 이 주장으로 그는 그가 위에서 자신의 무죄함에 대해 "내 손에 폭력이란 없건만"[16,17]라고 말했던 것을 표현한다.

---

1) 참조. 18,12; 34,10 주해; Thomas, *De Motu Cordis*.

다음에 그는 "제 눈은 쓰라림에서 떠나지 않고 있습니다."라고 덧붙인다. 그가 복수형으로 '쓰라림들'이라고 말하는 것은 앞에서 열거한 바와 같이 많은 역경을 겪었기 때문이다. 또한 '떠나지 않고'라고 말하는 것은 그가 역경들 속에서 살에 자루옷을 꿰매고 자신을 낮추었지만 그래도 쓰라림이 계속되었기 때문이다. 그는 쓰라림을 눈에 결부시키는데, 이는 눈물 때문이다. 이에 대해 그는 위에서 "내 얼굴은 통곡으로 부어오르고"[16,17]라고 했었고 또한 "나는 하느님을 향하여 눈물짓는다네."[16,20]라고 했었다. 그의 눈이 쓰라림 속에서 눈물을 흘리고 있으며 오직 하느님의 도우심만을 바라고 있기 때문이다.

진정한 해방은 하느님 가까이에 있는 것

그래서 그는 "저를 해방시켜 주십시오."(3절)라고 말한다. 욥은, 자신을 사악한 자 곁에 가두신 그분에 의해서만 해방될 수 있음을 안다. 이제 그는, 역경을 겪은 후에 지상적 행복을 얻는 사람들과 같은 방식으로 역경에서 해방되기를 구하지 않는다. 그는 영적인 드높음에 이를 수 있기를 청하여, "저를 당신 곁에 있게 하시며"라고 덧붙인다. 하느님께서 바로 선의 본질이시므로, 하느님 곁에 세워진 사람은 필연적으로 악으로부터 해방된다.

인간이 하느님 곁에 있다는 것은 인식과 사랑을 통하여 그의 정신으로 하느님께 가까이 가는 것을 말한다. 이러한 다가감은 인간이 공격을 겪는 처지에서는 불완전하게만 이루어진다. 그러나 그는 하느님 곁에 세워졌으므로 이 공격들에 찢이지는 않는다.

반면 어떤 사람이 정신으로 완전하게 하느님 곁에 있게 것은 그가 더 이상 공격을 겪지 않는 최종적 행복의 상태에서이고, 욥은 이것이 그가 갈망하는 상태라는 것을 보여 주며 "누구의 손도 저를 거슬러 싸우지 않게 해 주십시오."라고 말한다.

어떤 사람이 아무리 나를 공격하기를 원한다 해도, 내가 완전하게 당신 곁에 있다면 누구의 공격도 나를 괴롭히지 못할 것이기 때문이다. 욥은 쓰라림 한가운데에서, 공격을 두려워할 수 없게 하느님 곁에 있게 되리라는 희망에서 위로를 받는다.

친구들의 무지함

그의 말 많은 친구들은 욥의 이러한 영적 위로를 이해하지 못했기에, 욥은 이렇게 덧붙인다. "당신께서 저들의 마음을 지혜에서 멀어지게 하셨으니"(4절), 즉 당신께서 그들을 인간이 현세적 선익들을 경멸하고 영적인 선들을 바라도록 가르치시는 당신의 영적인 지혜에서 멀어지게 하셨다는 것이다. 그들은 현세적이고 낮은 것에만 희망을 두어, 하느님 곁에 있다는 영적인 드높음에 이를 수 없다. 그래서 그는 "그들이 우쭐대지도 못하게 해 주십시오."라고 덧붙인다.

그들이 영적인 지혜에서 멀어진 결과로, 엘리파즈는 욥을 위로하면서 현세적 선만을 약속했다.[2] 그래서 그는 "노획물을 받아 가라고 친구들을 청하는 자"(5절)라고 덧붙인다. 그는 현세적 선을 약속하는데, 한 사람이 현세적 선을 잃으려면 다른 사람이 그것을 잃지 않을 수 없다. 그러므로 현세적 선을 얻는 것은 약탈과 비교된다.

그런데, 참회를 한 후에 현세적 번영을 되찾는다는 것이 언제나 참은 아니다. 선한 사람들이 언제나 현세적 번영을 누리는 것도 아니기 때문이다. 그래서 그는 "자기 아들들의 눈이 멀어 가는데"라고 덧붙인다. 여기서 아들들이라고 일컬어진 이들은, 그의 약속을 믿으면서 그들의 선행에 대해 현세적 선을 바라지만 그것을 얻지 못할 때에는 희망을 잃어버려 앞을 보지 못하는 사람들이다.

---

2) 참조. 5,18 주해.

욥은 사람들의 이야깃거리가 되었다

엘리파즈는 선을 행하는 사람들에게 현세적 선을 약속한 것과 같이 현세적 역경은 고통을 당하는 사람의 죄 때문에 일어나는 것이라고 주장하고 있었다. 그리고 욥이 많은 역경을 겪었기 때문에 엘리파즈는 그를 사람들에게 본보기로 제시했다. 그래서 욥은 "나는 백성의 이야깃거리로 내세워져 그들 앞에서 그의 본보기가 되었네."(6절)라고 덧붙인다. 그는 역경의 원인에 관한 자신의 견해를 주장하기 위하여, 마치 욥이 죄에 대하여 벌을 받은 듯이 그를 본보기로 삼았던 것이다.

의인의 거룩한 분노

의인의 열정은, 그릇된 교설에 의하여 하느님의 올바른 심판이 왜곡될 때에 분노한다. 그래서 욥은 이어서 그의 큰 열정을 두 가지로 드러낸다.

1. 첫째로는, 정신이 혼란스러워진다. 그레고리우스가 말하듯이, "악에 의한 분노는 눈을 멀게 하지만, 열정에 의한 분노는 눈을 혼란시킨다."[3] 그래서 그는 "내 눈은 격분으로 흐려지고"(7절)라고 덧붙인다. 이성의 눈이 열정의 분노로 인하여 혼란스러워진다는 것이다.

2. 둘째로는, 열정 때문에 분노가 몸 안에서까지도 고통으로 인한 동요를 일으킨다. 그래서 1마카 2,24의 본문은 마타티아스가 어떤 유다인이 우상에게 제물을 바치는 것을 보고는 "열정이 타오르고 심장이 떨리고 의분이 치밀어 올랐다."고 말한다. 그래서 여기서도 "사지는 모두 그림자처럼 되어 버렸네."라고 말한다. 그의 몸이 고통으로 쇠약해지는 듯한 것이다.

---

3) *Morals on the Book of Job* V.45 [PL 75. 726C].

여기서 누군가는 눈이 흐려지는 것이 정의에 반대되고 분노가 무죄함에 반대된다고 여길 수 있으므로, 이러한 생각을 배제하기 위하여 그는 "올곧은 이들은 이것을 보며 질겁하고"(8절)라고 덧붙인다. 의로운 사람은 악한 이들의 가르침을 보고 당황하게 된다는 뜻으로, 위에서 그는 이러한 당황함을 가리켜 흐려짐이라고 말한 것으로 보인다. 그 다음에는 "무죄한 이는 위선자에게 격분하네."라는 진술이 뒤따른다. 정의에 대한 열정으로 분노한 사람이 참된 가르침을 왜곡시키는 위선자에 대하여 격분하는 것은 무죄함에 반대되는 것이 아니라는 말이다.

앞서 말한 바와 같이[4] 열정에 의한 분노는 정신을 혼란시키지만 눈멀게 하지는 않으므로, 의로운 사람은 열정으로 당황하거나 흐려진다 해도 의로움에서 물러나지는 않는다. 그래서 "그러나 의인은 제 길을 굳게 지키고"(9절)라고 말한다. 그는 열정으로 인한 분노 때문에 의로움을 버리지는 않을 것이다. 그러한 분노는 이성에 앞서 나오는 것이 아니라 이성을 뒤따르는 것이기 때문에,[5] 그 사람을 의로움에서 떼어놓을 수 없다. 열정으로 인한 분노는 유익하다. 그것이 인간으로 하여금 더 강한 영의 힘으로 악에 맞서 일어나게 하기 때문이다. 그래서 "손이 결백한 이는 힘을 더한다네."라고 덧붙인다. 그는 열정으로부터 힘을 받는 것이다. 그래서 철학자도 『니코마코스 윤리학』 제3권에서 분노가 굳셈을 도와 준다고 말한다.[6]

진리로 돌아오라는 권고

> 10) 그렇지만 자네들 모두 보게나. 나는 자네들 가운데에서 현인을 찾아내지 못할 것이네. 11) 나의 날들은 흘러가 버렸고 나의 계획들도 흩어져 내 마음을 괴

---

4) 7절 주해.
5) 참조. *ST* II-II.158.1, *ad* 2.
6) Aristotle, *Nicomachean Ethics* III.8, 1116b 31ff.

> 롭히네. 12) 저들은 밤을 낮이라 하고 어둠 앞에서 빛이 가까웠다 하건만. 13) 내가 견딘다 해도 저 아래 세상이 나의 집이요 암흑 속에 잠자리를 펴는데, 14) 구덩이에게 "당신은 나의 아버지!", 구더기에게 "나의 어머니, 나의 누이!"라 부르는데 15) 도대체 어디에 내 희망이 있으리오? 누가 나의 고통을 생각하리오? 16) 그것이 나와 더불어 저승의 가장 깊은 곳을 향하여 내려가겠는가? 거기서 나마 내가 쉴 수 있으리라고 생각하는가?(17,10-16)

욥은 엘리파즈의 견해를 논박하는 논거들을 제시한 다음, 이제 앞에서 말한 것들을 종합하여 그의 수장을 보여 준다.

첫째로 그는 관심을 불러일으키기 위하여 "그렇지만"(10절)이라고 말한다. 앞서 한 말들이 참이므로, "자네들 모두" 그리고 함께 나에게 맞섰던 자네 아버지들은 그 오류에서 "돌아와" 진리를 살펴보라고 말한다. 그렇게 살펴본 다음에는 그들이 참된 지혜에서 멀리 떨어져 있었음을 분명히 깨닫게 될 것이다. 그래서 그는 "나는 자네들 가운데에서 현인을 찾아내지 못할 것이네."라고 말한다. 그가 이렇게 말하는 것은 15,9에서 엘리파즈가 교만하게 "우리가 모르는 무엇을 자네가 알고 있나?…"라고 말하고 또 "현인들은 그들 조상을 드러내고 숨기지 않는다네."[15,18]라고 했기 때문이다.

현재의 불행

여기서 욥은 특히, 현세적 번영의 약속으로 그를 위로하려 했다는 데에서[7] 그들에게 지혜가 없음을 보여 주려 한다. 이를 반박하여 먼저 그는 그의 삶의 대부분

---

[7] 참조. 5,19; 8,6; 11,17 주해.

이 이미 지나갔다는 점을 제시하며 "나의 날들은 흘러가 버렸고"(11절)라고 말한다. 다음으로는 그가 겪고 있는 불행들을 제시하며, "나의 계획들도 흩어져"라고 말한다. 그는 몸의 고통이 심하기 때문에 고요하게 지혜를 관조하는 데에 방해를 받고 있다. 그래서 그는 "내 마음을 괴롭히네."라고 말한다. 그의 생각이 감미롭게 진리를 관상할 수 없고 그의 마음을 괴롭히는 쓰라림 속으로 끌려가고 있기 때문이다.

휴식을 위하여 따로 떼어진 시간인 밤에도 그 마음의 괴로움은 그치지 않는다. 그래서 그는 "저들은 밤을 낮이라 하고"(12절)라고 말한다. 앞에서 언급된 생각들 때문에 그는 밤도 낮과 같이 잠을 이루지 못하고 보내고 있기 때문이다. 낮보다 밤에 잠을 자지 못하는 것이 더 고통스럽다. 낮에는 다른 사람들이 함께 있고 빛을 볼 수 있어서 마음이 가벼워지기 때문이다. 욥은 밤에 잠을 잘 수 없으므로 밤이 빨리 지나가기를 바란다. 그래서 "어둠 앞에서 빛이 가까웠다 하건만"이라고 덧붙인다. 나는 밤의 어둠이 지나가고 빛이 오기를 바라는 것이다

절망적인 미래

그러나 엘리파즈는 그에게 미래에 대한 희망으로 모든 역경을 인내롭게 견디라고 권고했으므로,[8] 욥은 이어서 미래에 그에게 남은 현세적 사물들이 무엇인지를 보여 준다. 그래서 그는 "내가 견딘다 해도"(13절), 그 고통들을 인내롭게 받는다 해도 나에게 남은 것은 무덤 속에서 사는 것뿐이라는 뜻으로 "저 아래 세상이 나의 집이요"라고 말한다. 그는 무덤을 저 아래의 세상이라고 부르는데, 이는 그와 토론하는 사람들의 견해에 따른 표현이다. 그들은 영혼이 죽은 후에 남아있지 않고 육신만이 무덤에 남는다고 믿었고, 무덤은 땅보다 아래에 있기 때문에 아래 세상이

---

8) 참조. 5,17 주해.

라고 불렀다.⁹⁾ 무덤에 누워 있는 사람은 감각이 없기 때문에도, 그리고 외적인 빛이 없기 때문에도 어둠을 겪는다. 그래서 그는 "암흑 속에 잠자리를 펴는데"라고 덧붙인다.

인간이 부모로부터 태어나기에 그 기원으로 인하여 그들과 유사성의 관계를 맺듯이, 죽은 후에 무덤에 누워 있을 때에는 부패 속으로, 그리고 그의 몸에서 생겨난 벌레들 속으로 사라지게 되므로 그는 "구덩이에게 '당신은 나의 아버지!', 구더기에게 '나의 어머니, 나의 누이!'라 부르는데."(14절)라고 말한다. 무덤 속에서는, 현세 사물들 가운데 썩음과 구더기 외에는 아무것도 나와 유사한 것이 남지 않는다는 것이다.

마치 이러한 전제들로부터 부정합을 이끌어내듯이, 그는 "도대체 어디에 내 희망이 있으리오?"(15절)라고 말한다. 내가 현세적 번영의 희망으로 위로를 받는다면, 나의 그 기대는 헛되다. 그리고 다시 더 큰 부정합을 끌어내며, "누가 나의 고통을 생각하리오?"라고 덧붙인다. 내가 인내롭게 견딘다고 해도 나에게는 무덤, 어둠, 부패, 벌레만 남을 것이다. 그런데 여기서 내가 하느님께로부터 받을 현세적 선 때문에 인내를 가진 것이라면 하느님께서는 나의 인내를 생각하지 않으신다는 결론이 나올 것인데, 이는 섭리를 부인하는 것이다.

혹시 누군가가 무덤 속에서도 하느님께서 그에게 현세적 번영을 주실 수 있다고 말하지 않도록, 욥은 조롱하듯이 "그것이 나와 더불어 저승의 가장 깊은 곳을 향하여 내려가겠는가?"(16절)라고 말한다. 나에게는 무덤만 남을 것인데, 나의 소유물을 그 무덤 속으로 가져갈 수 있을 것인가? "거기서나마 내가 쉴 수 있으리라고 생각하는가?" 거기서도 나는 지상적 번영을 기대해야 할 것인가? 이러한 주장이 어리석음은 명백하다.

---

9) 참조. 5,18; 7,1; 8,3; 10,21 wngo.

18장

욥의 분노는 하느님의 정의를 비난하지 않는다

욥에게는 이해력이 부족하다

> 1) 수아 사람 빌닷이 말을 받았다. 2) 자네는 무슨 목적으로 말들을 내뱉는가? 잘 생각해 보게나. 그러고 나서 우리 이야기하세. 3) 어찌하여 우리가 짐승처럼 여겨지며 자네 눈에 멍청하게 보인단 말인가? 4) 어찌하여 자네는 분노하여 자네 영혼을 잃어버리는가? 자네 때문에 땅은 황폐하게 되고 바위는 제자리에서 밀려나야 한단 말인가? 5) 정녕 악인들의 빛은 꺼지고 그 불꽃은 타오르지 않네. 6) 그 천막 안의 빛은 어두워지고 그를 비추던 등불은 꺼져 버리지. 7) 그의 힘찬 걸음걸이는 좁아지고 그는 자기 꾀에 넘어간다네. 8) 그는 제 발로 그물에 걸려들고 그물눈 안으로 걸어가며 9) 올가미가 그의 뒤꿈치를 움켜쥐고 목마름이 그에게 타오르네. 10) 땅에는 그를 옭아맬 밧줄이, 길 위에는 올무가 숨겨져 있네. 11) 공포가 사방에서 그를 덮치고 걸음마다 그를 뒤쫓는다네.(18,1-11)

수아 사람 빌닷은 그의 이해력으로 앞에서 복된 욥이 한 말을 파악하지 못하고, 말하고 있는 사람도 자기가 하는 말이 무엇인지 깨닫지 못하고 어리석게 말했다고 여겼다. 그래서 그는 대답을 시작하며 "자네들은 언제면 이런 식의 말에 끝을 내려나?"(2절)라고 말한다. 여기서 빌닷은 세 가지로 욥을 책망하는 것으로 보인다.

1. 첫째로는 말에 효과가 없다는 점이다. 마치 욥이 앞에서 한 말이 아무것도 확

증해 주지 못한다는 듯이 책망하는 의미가 "무슨 목적으로"라는 표현 안에 들어 있다.

2. 둘째로는 말을 쓸데없이 많이 한다는 점이다. 욥이 한 말들이 앞에 언급된 내용의 무게를 담고 있지 못하다는 듯한 책망이 "말들을"이라는 표현에 들어 있다.

3. 셋째는 그의 말들이 무질서하게 연결되어 있다는 점이다. 이러한 책망이 "내뱉는가?"라는 표현 안에 들어 있다. 말을 내뱉는다고 하는 것은 무질서하게 말을 흩어 놓는 사람을 가리키기 때문이다. 그러나 이 세 번째의 책망은 교만을 보이는 것에 연관될 수도 있다.

어떤 사람의 담론에 이 세 가지 결점이 있다면 이는 이해력이 부족하기 때문인데, 이해력이 부족한 사람과 토론하는 것은 아무 소용이 없다. 그래서 그는 "잘 생각해 보게나. 그러고 나서 우리 이야기하세."라고 말한다. 자네가 효과 없이 가볍고 무질서하게 말을 하는 것을 보니 자네는 분명 이해력이 부족하다는 의미이다. 그래서, 먼저 자네가 이해하도록 노력을 해 보고 그런 다음에 우리가 서로 토론할 수 있으리라는 것이다.

주제넘음

다음으로 빌닷은 욥이 "나는 자네들 가운데에서 현인을 찾아내지 못할 것이네."(17,10)라고 말하며 그들을 지혜롭다고 여기지 않은 것에 대해서, 그의 주제넘음을 책망한다. 그래서 그가 한 말에 응답하여 그는 "어찌하여 우리가 짐승처럼 여겨지며 자네 눈에 멍청하게 보인단 말인가?"(3절)라고 말한다. 지혜가 부족한 사람은 짐승처럼 여겨지고 멍청하게 보인다. 인간의 영예와 영광은 지혜에 있기 때문이다.

분노

다음으로 빌닷은 욥의 분노를 책망한다. 그가 "내 눈은 격분으로 흐려지고"[17,7]라고 말했기 때문이다. 빌닷은 이 말을 오해하여, 그 분노가 그에게 지혜의 빛을 잃게 만들었다고 여겼다. 그는 이어서 욥이 "의인은 제 길을 굳게 지키고"[17,9]라고 말한다. 그래서 그는 "어찌하여 자네는 분노하여 자네 영혼을 잃어버리는가?"라고 말한다. 분노 때문에 영혼의 선들인 지혜와 정의를 버리는 사람은 분노하여 영혼을 잃어버리는 것이기 때문이다.

빌닷의 주장은 확고하다

이와 같이 욥이 이해력이 부족하고 주제넘고 분노했다고 책망한 다음 빌닷은 논쟁의 주된 명제, 즉 현세 생활의 역경들이 죄에 대한 벌이라는 명제를 다룬다. 이러한 명제에 반대하여 욥은 "저는 죄를 짓지 않았는데 제 눈은 쓰라림에서 떠나지 않고 있습니다."[17,2]라고 말했었다. 그러나 빌닷은 자신의 견해를 긍정하기 위한 근거를 댈 수 없었으므로, 모든 이가 그렇게 생각하기 때문에 그의 견해가 가장 확고한 견해라고 단언하려 했다. 그래서 그는 그것을 움직여질 수 없는 사물, 곧 땅과 바위에 비유했다. "자네 때문에 땅은 황폐하게 되고 바위는 제자리에서 밀려나야 한단 말인가?" '역경들이 죄에 대한 갚음으로 일어난다는 견해는 땅이나 바위처럼 확고한데, 욥의 주장 때문에 그것이 움직여져 그가 무죄함이 입증되어야 한단 말인가?'라는 것이다.

죄인은 빛을 잃는다

다음으로 빌닷은 더 길게 자신의 견해를 설명하며, 죄인들에게 닥쳐오는 불행들을 하나하나 이야기한다. 그는 그 가운데 첫 번째로 번영과 성공이 그치는 것을 들며, 이를 불빛에 비유한다. 요한 11,9에서는 "사람이 낮에 걸어 다니면 이 세상의 빛을 보므로 어디에 걸려 넘어지지 않는다."고 말하기 때문이다. 그들이 바라는 대로 성공과 번영을 누리는 사람들은 모든 일에서 빛 속을 걷고 있는 것으로 보인다.

그래서, 이 빛 곧 번영을 잃어버리는 것에 관하여 그는 "정녕 악인들의 빛은 꺼지고"(5절)라고 말한다. 그의 번영은 사라진다는 것이다. 물리적인 빛이 불꽃에서 나오는 것과 마찬가지로, 번영의 찬란함도 어떤 사람이 바라는 것을 얻을 때 그의 감정에서부터 나온다. 그래서 그는 "그 불꽃은 타오르지 않네."라고 말한다. 아가 8,6에서 "그 열기는 불의 열기"라고 하듯이, 불은 흔히 사랑의 열기를 의미한다.

여기서, 인간적 성공은 두 가지 원인으로부터 온다는 점을 고찰해야 한다. 때로는 물론 인간적인 준비로부터 온다. 예를 들어 어떤 사람이 신중하고 조심스럽게 모든 것을 처리할 때에 그렇다. 이러한 원인에 관련하여, 번영이 사라지는 것을 그는 "그 천막 안의 빛은 어두워지고"(6절)라고 말한다. 그와 그의 집안이 계획하는 데에서 번영을 잃을 것이기 때문이다.

그러나 때로 인간적 성공은 더 상위의 원인으로부터, 즉 하느님의 섭리로부터 온다. 이러한 원인에 관하여, 번영이 사라지는 것을 묘사하여 그는 "그를 비추던 등불은 꺼져 버리지."라고 말한다. 물론, 그의 위에 빛이 비치지 않는다는 뜻이 아니라 불경한 자에게 빛을 주지 않는다는 뜻이다.

그는 인간의 계획을 빛이라고 불렀는데 이는 그것이 다른 데서 빌어온 것임을 나타내고, 하느님의 섭리를 등불이라 부른 것은 그 자체로 빛을 내는 것임을 나타낸다. 그는 인간적 계획의 빛에 대하여 먼저 말했는데, 이는 인간이 이성의 빛을 버림으로써 하느님 섭리의 빛의 보호를 받기에 합당하지 않게 되는 것으로 보이기 때문이다.

불행한 사람은 아무것도 하지 못한다

번영이 사라지는 것 다음으로는 역경에 대하여 다룬다. 이에 관하여 그는 먼저 행동과 노력의 장애들을 제시한다. 인간은 두 가지 방식으로 그가 행하는 행동의 결과에 도달하려고 노력한다. 그 첫째 방식은 자신의 힘으로써 하는 것이고, 이러한 방법에 맞서 그는 "그의 힘찬 걸음걸이는 좁아지고"(7절)라고 말한다. 그가 힘써 노력한 것이 큰 진전을 가져오지 못한다는 것이다. 두 번째 방식으로는, 지혜를 통하여 어떤 것을 얻으려고 노력한다. 이러한 방식에 관하여 그는 "그는 자기 꾀에 넘어간다네."라고 말한다. 그가 이롭다고 생각한 것이 그에게 해를 가져온다는 뜻이다.

죄의 그물

빌닷은 이러한 장애의 원인이 바로 욥의 죄들로부터 나온다는 뜻으로 "그는 제 발로 그물에 걸려들고"(8절)라고 덧붙인다. 일부러 그물에 발을 넣는 사람은 스스로 잡힐 준비를 하는 것이다. 이와 마찬가지로, 의도적으로 죄에 자신을 내던지는 사람은 그의 성공이 장애를 받도록 스스로 준비하는 것이다. 잠언 5,22는 "악인은 제 악행에 붙잡히고"라고 말한다. 그리고 그물 하나 안에 여러 그물눈들이 있듯이 죄는 매우 다양해서 사람들이 여러 가지로 걸려들기 때문에 그는 "그물눈 안으로 걸어가며"라고 덧붙인다. 한 종류의 죄에서 다른 종류의 죄로, 아니면 죄를 짓는 한 가지 방식에서 다른 방식으로 계속 나아간다는 것이다. 그리고 그는 스스로 위험에 자신을 내던지고 멈추지 않고 계속 더 나아가고 있으므로, 때로는 가로막히는 것을 느끼기도 한다. 그래서 그는 "올가미가 그의 뒤꿈치를 움켜쥐고"(9절)라고 덧붙인다. 그의 뜻이나 그가 하는 일이 앞으로 나아가는 데에서 어떤 반대에 의해 장애를 받게 된다는 뜻이다.

죄 속에서 걸어가는 사람들에게 그러한 장애는 세 가지 원인들로부터 나온다.

죄는 더 죄를 지으려는 마음을 갖게 한다

1. 첫째는 죄인 자신으로부터이다. 죄를 지을수록 그에게는 더 죄를 지으려는 욕구가 생긴다. 이 원인에 관련하여 그는 "목마름이 그에게 타오르네."라고 말한다. 때로 죄인은 이성에 따라서 어떤 것이 그에게 해롭다고 여기지만, 죄를 지으려는 불타는 갈망이 그로 하여금 자신의 판단을 거슬러 행동하지 않을 수 없게 만든다.

외부적인 장애

2. 둘째로, 해악의 원인은 때로는 그가 죄를 짓는 바로 그 사물로부터 나온다. 코헬 5,12의 본문에서 "부자가 간직하던 재산이 그의 불행이 되는 것을."이라고 말하는 바와 같다. 그런 해악은 때로는 이미 획득한 사물들로부터 나오고, 이에 관하여 빌닷은 "땅에는 그를 옭아맬 밧줄이 숨겨져 있네."(10절)라고 말한다. 지상적 사물들 안에 죄인의 발이 걸려들 수 있는 위험들이 감추어져 있다는 뜻이다. 반면 때로는 재산을 얻는 과정에서 해악이 나온다. 이러한 상황에 관련하여 그는 "길 위에는 올무가 숨겨져 있네."라고 말한다. 죄인인 그가 추구하는 목표에 도달하기 전에, 그 도중에서 이미 위험이 기다리고 있다는 뜻이다.

다른 사람들의 공격

3. 셋째로 그러한 해악들은 다른 사람들에게서 나온다. 죄인은 그들이 숨어 공격하는 것을 두려워한다. 그래서 그는 "공포가 사방에서 그를 덮치고"(11절)라고 말한다. 지혜 17,10에서 말하듯이(『성경』은 17,11), "악이란 비열한 것으로서 제 입으로 자신을 단죄합니다." 그는 모든 사람을 경계하므로, 많은 순간의 행동에 방해를 받는다. 그래서 그는 "걸음마다 그를 뒤쫓는다네."라고 덧붙인다. 그는 어디나 자유롭게 돌아다닐 수가 없는 것이다.

신체적 고통

> 12) 그의 기력이 굶주림으로 메말라 가 배고픔이 그의 갈비뼈를 공격할 것이네. 13) 그의 살갗은 질병으로 문드러지고 죽음의 맏자식이 그의 팔을 갉아먹지. 14) 그는 자기가 믿던 천막에서 뽑혀 파멸이 임금처럼 그를 짓밟을 것이네. 15) 존재하지 않는 자의 동료들이 그의 천막에 머물고, 그의 소유지에는 유황이 뿌려진다네. 16) 밑에서는 그의 뿌리가 마르고 위에서는 그의 수확이 시들며 17) 그에 대한 기억은 땅에서 사라지고 그의 이름은 거리에서 자취를 감추네. 18) 그는 빛에서 어둠으로 내몰리고 세상에서 내쫓기어 19) 그에게는 제 겨레 가운데 자손도 후손도 없고 그의 거처에는 살아남은 자 하나도 없네. 20) 그의 날을 보고 젊은이들이 질겁하고 첫 주민들이 몸서리치네. 21) 정녕 불의한 자의 천막이 이러하고 하느님을 모르는 자의 처소가 그러하다네.(18,12-21)

빌닷은 앞에서 외적인 역경에 속하는 죄인들의 처벌에 대해 말했는데, 여기서는 죄인들 자신에게 속하는 처벌에 대해 말하기 시작한다. 여기에서, 죄는 그 자체로 죄인을 외적인 역경에 빠지게 한다는 점을 생각해야 한다. 그래서 그는 외적인 역경들을 다룰 때에 그것을 어느 정도 확실한 듯이 예고했었다.

그러나 탐식이나 방탕한 생활과 같이 자신의 몸을 거슬러 짓는 죄의 경우를 제외하고는 죄에 의하여 직접적으로 신체적인 처벌이 일어나게 되지는 않는 것으로 보인다. 그래서 그는 신체적인 처벌에 대해서는 그러한 처벌을 선고하기보다 오히려 기원하는 형식으로 언급한다.

굶주림

빌닷은 먼저 죽음을 선행하는 신체적 처벌들을 언급하며, 생명은 음식을 먹음으로써 유지되는 것이기 때문에 먼저 죄인들에게 그 음식이 끊어지게 되기를 기원한다. 그렇게 되면 인간은 먼저 힘이 약해지고, 이에 관하여 그는 "그의 기력이 굶주림으로 메말라 갈 것이네."(12절)라고 말한다. 그러나 그 후에는 음식이 끊어지면 목숨마저도 잃게 되므로, 이에 관련하여 그는 "배고픔이 그의 갈비뼈를 공격할 것이네."라고 말한다. 이 표현은 생명 작용이 약화됨을 의미한다. 생명 작용의 원천은 심장이고 심장이 갈비뼈 아래 들어 있는 것이다. 이렇게 굶주림으로 약해지기 시작하는 육신의 선들은 죽음으로 완전히 소멸된다.

때 이른 죽음

여기서, 육신의 특별한 선들은 아름다움과 힘이라고 생각된다. 그래서 그는 "그의 살갗은 질병으로 문드러지고"(13절)라고 덧붙인다. 아름다움은 겉으로 드러나는 외적인 것에서 고찰되기 때문이다. "죽음의 맏자식이" 즉 자연적인 수명이 다하기

전의 때 이른 죽음이 "그의 팔을", 힘이 나타나는 자리인 팔을 "갉아먹지."

무덤

그리고 죽은 사람은 집 밖으로 옮겨지므로, 이 사실에 관련하여 그는 "그는 자기가 믿던 천막에서 뽑혀"(14절)라고 덧붙인다. 그는 하느님께 희망을 두는 것이 아니라 재산에, 그리고 자기 집의 화려함에 희망을 두었는데, 죽은 다음에는 그 집으로부터 내몰리게 된다. 그리고 집에서 내몰린 다음에는 무덤 속에 갇혀 그곳에서 죽음에 의하여 완전히 소멸된다. 이에 관하여 그는 "파멸이 임금처럼 그를 짓밟을 것이네."라고 말한다. 임금처럼 강한 힘을 지닌 죽음이 그를 짓밟아 먼지로 만들어버릴 것이다.

장례

그가 집에서 떠난 다음, 죽은 사람이 살아 있을 때에 함께 지냈던 그의 가족들은 그대로 집에 남아 있다. 그래서 그는 "존재하지 않는 자"(15절), 즉 이제는 더 이상 사람들 사이에 있지 않은 죽은 사람의 "동료들이 그의 천막에 머물고"라고 덧붙인다. 가족들은 가장이 죽은 다음 그를 애도하며 슬픔의 표지로 어둡고 허름한 옷을 입거나 불쾌한 냄새를 풍긴다. 이러한 관습에 관련하여 그는 "그의 소유지에는 유황이 뿌려진다네."라고 말한다. 여기서 유황은, 향기가 행복의 표지인 것과 마찬가지로 슬픔을 나타내는 표지가 될 수 있는 모든 것을 나타낸다.

수확의 파괴

한 사람이 죽으면 흔히 그의 모든 것이 사라지게 된다. 이것을 보여 주기 위하여 빌닷은 먼저 땅에서 자라나는 것들에서 시작하는데, 심어진 것의 일부는 그가 죽은 다음에도 남아 있다. 이렇게 남아 있는 것들에 대하여 그는 "밑에서는 그의 뿌리가 마르고"(16절)라고 말한다. 그가 씨를 뿌리거나 심은 것이 있다면 그것은 파괴되어 열매를 맺지 못하게 된다. 그러나 어떤 곡식들은 이미 결실을 맺을 때에 이르렀는데, 이에 관하여 그는 "위에서는 그의 수확이 시들며"라고 말한다. 이 말은 이미 시작했거나 거의 끝난 일들에 적용될 수 있다.

모든 이가 그를 잊음

다음으로는 죽은 다음에 남게 되는 명성에 대해 말한다. 어떤 이들은 그 명성을 통하여 사람들의 기억 속에 살아 있고 죽은 다음에도 영예를 누리기를 갈망한다. 그래서 그는, 죄인이 사람들의 기억에서 잊혀지는 것에 관하여 "그에 대한 기억은 땅에서 사라지고"(17절)라고 말한다. 또한 그의 유명하던 명예가 사라지는 것에 관하여 "그의 이름은 거리에서 자취를 감추네."라고 말한다. 이렇게 특별히 말하는 것은 명성은 많은 사람이 모인 곳에서 기억되는데 사람들은 보통 거리에서 모이기 때문이다. 그리고, 그의 이름에 대한 기억과 명성이 사라지면 그의 명성의 찬란함은 영원한 망각의 어둠으로 바뀐다. 그래서 "그는 빛에서 어둠으로 내몰리고"(18절)라고 말한다. 이는 세상의 명예로부터 망각으로 내몰리는 것을 뜻한다.

자녀들의 죽음

이렇게 명예가 사라지고 육신이 죽음으로 소멸되면 그는 세상에 전혀 남아있지 않게 된다. 빌닷과 그의 동료들은, 죽은 다음에 영혼이 남지 않는다고 여겼기 때문이다.[1] 그는 "세상에서 내쫓기어", 아무것도 세상 안에 남지 않는다. 그러나 부모는 자녀 안에서도 살아 있으므로, 이러한 가능성을 배제하기 위하여 그는 "그에게는 제 겨레 가운데 자손도 없고"(19절)라고 말한다. 그의 자녀들이 죽을 것이기 때문이다. "후손도 없고", 손자나 증손자도 남지 않을 것이며 그의 후손이 하나도 없을 것이다. 그래서 그는 "그의 거처에는 살아남은 자 하나도 없네."라고 덧붙인다. 그를 기억해 줄 혈연이나 집안 사람들이 남지 않게 되리라는 것이다.

남은 이들의 놀람

이제 그는, 이러한 상황이 다른 사람들의 마음속에 불러일으키는 결과들을 보여 주며 이렇게 덧붙인다. "그의 날을 보고"(20절), 즉 그가 파멸하는 날에 "젊은이들이 질겁하고"라고 덧붙인다. 주민들 가운데 젊은 사람들은, 그 죄인이 누렸던 큰 영예가 갑자기 사라져버리는 것을 보고 크게 놀랄 것이다. 또한 노인들에 관하여 그는, "첫 주민들이 몸서리치네."라고 말한다. 그들은 자신들에게도 그와 유사한 일이 닥칠까 두려워하는 것이다.

이로써 빌닷은 욥이 위의 14,21에서 했던 말에 응답하는 듯하다. 욥은 "그의 아들들이 영광을 누려도 그는 알지 못하고 그들이 비천하게 되어도 깨닫지 못합니다."라고 말했고, 이 진술로 친구들의 위협이나 죽은 다음에 일어날 미래 사건들

---

1) 참조. 17,13 주해.

에 관한 그들의 말을 반박한 것으로 보였다. 그러나 여기서 빌닷은, 죽은 사람이 알지 못하더라도 그가 죽은 후에 일어나게 될 이러한 불행들은 다른 이들을 교정하기 위하여 하느님께서 벌로 가하시는 것이라고 대답한다.

불의한 자의 천막

빌닷은 앞에서 죄인에 대한 어떤 벌들은 현세 생활의 삶의 방식과 연관되고 다른 벌들은 이 길의 끝, 즉 죽음이나 사후의 일들에 연관된다고 말했으므로, 이제 요약하듯이 이렇게 말한다. "정녕 불의한 자의 천막이 이러하고"(21절), 이는 현세 생활의 여정이 이러하다는 것이다. 길을 가는 사람들이 천막을 사용하기 때문이다. 그러나 움직임의 끝인 마지막에 대해서는, 불신으로 또는 불순종으로 "하느님을 모르는 자의 처소가 그러하다네."라고 말한다.

19장

하느님과 사람들에게 버림받은 욥은 신앙의 승리를 확신한다

말이 많은 친구들

1) 욥이 말을 받았다. 2) 자네들은 언제까지 나를 슬프게 하고 언제까지 나를 말로 짓부수려나? 3) 자네들은 이미 열 번이나 나를 모욕하고 괴롭히면서 부끄러워하지도 않는구려. 4) 내가 참으로 무지했다 하더라도 그 무지는 내 문제일세. 5) 자네들은 나를 거슬러 일어나 나를 책망하고 비난하고 있네. 6) 그렇지만 알아 두게나, 하느님께서 나에게 불공평한 판결을 내리시고 당신의 징벌로 나를 포위하셨음을. 7) "폭력이야!" 소리쳐도 대답이 없고 호소해 보아도 법이 없네그려. 8) 내가 지날 수 없게 그분께서 내 길에 담을 쌓으시고 내 앞길에 어둠을 깔아 놓으셨네. 9) 나에게서 명예를 빼앗으시고 내 머리의 관을 치워 버리셨다네. 10) 사방에서 나를 때려 부수시니 나는 죽어 가네. 그분께서 나의 희망을 나무처럼 뽑아 버리셨다네. 11) 내 위에 당신의 분노를 태우시고 나를 당신의 원수처럼 여기시니 12) 그분의 군대가 함께 몰려와 나를 치려고 길을 닦고 내 천막 둘레에 진을 쳤다네. 13) 내 형제들은 내게서 멀어지고 내 친구들은 남이 되어 버렸다네. 14) 친척과 친지들은 떨어져 나가고 나를 알던 이들은 나를 잊었으며 15) 내 집의 소작인들과 계집종들은 나를 낯선 자로 여기니 저들 눈에 나는 이방인이 되었다네. 16) 종을 부르건만 대답조차 하지 않아 이 입으로 그에게 애걸해야만 하네. 17) 내 입김은 아내에게 메스껍고 내 몸의 자식들에게도 나는

> 간청한다네. 18) 어리석은 자들조차 나를 업신여기고 내가 물러나면 나를 두고 비아냥거리네. 19) 내게 가까운 동아리도 모두 나를 역겨워하고 내가 사랑하던 자들도 내게 등을 돌리는구려. 20) 내 살은 없어져 내 뼈는 살가죽에 달라붙고 이 주위에 입술만 남았다네. 21) 여보게, 나의 벗들이여, 날 불쌍히 여기게나, 불쌍히 여기게나. 하느님의 손이 나를 치셨다네. 22) 자네들은 어찌하여 하느님처럼 나를 몰아붙이는가? 내 살덩이만으로는 배가 부르지 않단 말인가?(19,1-22)

빌닷은 앞의 말들에서 두 가지를 목표로 한 것으로 보인다. 첫째는 욥의 어리석음, 교만, 분노에 대해 비난하려 했고, 다른 친구들과 마찬가지로 이러한 비난으로 그를 괴롭히려고 했다.[1] 그래서 욥은 "자네들은 언제까지 나를 슬프게 하려나?"(2절)라고 말한다. 둘째로 빌닷은, 현세 생활의 역경들이 죄의 결과라는 자신의 견해를 확증하려 했다. 그는 다른 증거를 대지 않고 여러 역경들을 열거함으로써 이 주제를 폭넓게 다루었다.[2] 이에 관하여 욥은 "언제까지 나를 말로 짓부수려나?"라고 말한다. 증거로 자신을 설득하려 하지 않고 말로만 자신을 지치게 한다는 것이다.

어떤 사람이 한 번 친구에게 거슬리는 말을 하면 참을 수 있지만, 그러한 말들을 많이 되풀이한다면 그는 확실한 악의를 품고 있는 것으로 보인다. 그래서 그는 "자네들은 이미 열 번이나 나를 모욕하고"(3절)라고 말한다. 그들이 스스로 말을 함으로써, 그리고 그의 말을 듣고 분노함으로써 그를 모욕했기 때문이다.

"차라리 없어져 버려라, 내가 태어난 날"[3,3]에서 시작한다면, 이 응답을 하기 전에 욥은 다섯 차례 말을 했고[3] 그의 친구들은 그에게 다섯 차례 대답을 했나.[4]

---

1) 18,2 주해.
2) 참조. 18,4 이하 주해.
3) 3, 6-7, 9-10, 24-14, 16-17장.
4) 4-5, 8, 11, 15, 18장.

이제 그들은, 우정 때문이 아니라면 할 만큼 했기 때문에라도 고통받는 사람을 괴롭히는 것을 그만두어야 할 것이다. 그래서 그는 "괴롭히면서 부끄러워하지도 않는구려."라고 말한다. 그들은 말을 홍수처럼 퍼부으며 욥을 질책하여 괴롭히면서 부끄러워하지 않는다는 것이다.

욥의 무지는 그의 문제

빌닷은 욥을 책망하는 중에, 그가 무지하다고 꾸짖으며 "잘 생각해 보게나. 그러고 나서 우리 이야기하세."[18,2]라고 말했었다. 친구들은 그 무지를 참아 주었어야 했고, 그는 이해를 받아야 했다. 특히 역경을 겪고 있을 때 그에게 이에 대하여 책망하지는 말아야 했다. 그래서 그는 "내가 참으로 무지했다 하더라도 그 무지는 내 문제일세."(4절)라고 말한다. 그것은 자네들에게 짐이 되지 않고 오직 나에게 짐이 되는 것이니, 역경을 겪고 있을 때 내가 무지하다고 꾸짖는 것은 적절하지 않았다. 그래서 그는 이렇게 말한다. "자네들은 나를 거슬러 일어나", 자네들이 뛰어남을 과시하며 "나를 책망하고 비난하고 있네"(5절). 그들은 내 문제일 뿐 다른 사람에게 짐이 되지 않는 것을 가지고 나를 책망하고 있다는 것이다.

벌이 지나치다

친구들의 비난에 관하여 이렇게 말한 후에 욥은 주된 문제를 다루기 시작하며, 그들이 하는 말 곧 현세의 역경이 과거의 죄 때문에 오는 것이라는 말이 그릇된 것임을 보여 주려 한다. 친구들의 가정을 근거로 욥은 즉시 그 원리로부터 부정합을 도출해낸다. "그렇지만 알아 두게나, 하느님께서 나에게 불공평한 판결을 내리셨음을"(6절). 역경들이 오직 죄에 대한 갚음으로 오는 것이라면, 내가 큰 죄를 짓지 않았는데도 하느님께서 나에게 큰 고통을 겪게 하신 그분의 판결은 불공평한 것이다. 이어서 그가 "그렇지만 알아 두게나"라고 하는 것은, 지금까지 그가 여기에서처럼 그의 역경들을 하나하나 열거한 일이 없기 때문이다. 여기서 그는 자신이 역경들로 고통을 겪었을 뿐만 아니라 역경들을 피할 수 없어 그 속에 갇혔었다는 뜻으로 "당신의 징벌로 나를 포위하셨음을"이라고 말한다. 그 징벌들이 나에게서 해결 방법들을 막아버렸다는 것이다.

불행들의 악순환

그는 이제 먼저 이 불행의 해결 방법들을 다루기 시작한다. 역경 속에서 대책을 찾을 수 있는 것은 첫째로는 인간적 도움을 통해서이다. 인간적 도움은 두 가지로 찾을 수 있다. 하나는 행위가 일어나는 바로 그 순간에 도움을 받는 것인데, 예를 들어 다른 사람에게 폭력적으로 억압을 받고 있는 사람이 구조를 받을 경우가 그러하다. 이러한 방법을 배제하여 그는 "'폭력이야!' 소리쳐도 대답이 없고"(7절)라고 말한다. 폭력적으로 나를 억압하는 사람들을 거슬러 소리를 쳐도 아무도 나에게 귀를 기울이고 도와주려 하지 않는다는 것이다.

다른 방식으로는, 행위가 일어난 다음에 대책이 뒤따를 수 있다. 예를 들어, 어떤 사람이 침해를 입고 재판관에게 호소하며 재판관이 그의 침해를 회복시켜 주고 그의 판결에 따라 권리를 찾아 주는 경우가 그러하다. 이러한 방식을 배제하여 그는 "호소해 보아도 법이 없네그려."라고 말한다. 내가 호소하며 소리를 쳐도, 어떤 심판관도 그의 판결로 나를 해방시켜 주려 하지 않는다는 것이다.

두 번째로 역경 속에서 대책을 찾을 수 있는 길은 그 사람 자신이 역경을 벗어남으로써인데, 이것은 두 가지로 이루어진다. 첫째 방법은 힘을 통해서이다. 그는 이를 배제하여 "내가 지날 수 없게 그분께서 내 길에 담을 쌓으시고"(8절)라고 말한다. 그분께서 나의 길에 많은 장애물을 두시어 나는 그것들을 치울 수 없다는 뜻이다. 역경을 피하는 다른 방식은 현명함을 통해서인데, 이러한 방식을 배제하여 그는 "내 앞길에 어둠을 깔아 놓으셨네."라고 말한다. 내가 어떻게 나아가고 있는지 볼 수 없게 만드셨다는 뜻이다.

불행들을 열거함. 불명예

대책들을 배제한 다음 그는 역경들을 더 열거하며, 먼저 그가 잃어버린 외적 선들을 언급한다. 그 가운데 첫 번째로 그는 영예와 영광을 잃은 것을 가리켜 "나에게서 명예를 빼앗으시고"(9절)라고 말한다. 전에는 영예와 존경을 받았지만, 이제는 30,1에서 말할 것처럼 젊은이들마저도 그를 비웃는다.

품위를 잃음

둘째로는 품위를 잃은 것을 가리켜 "내 머리의 관을 치워 버리셨다네."라고 말한다. 29,25에서 말할 것처럼 전에는 "군대를 거느린 임금처럼 자리 잡고 앉아" 있었던 그가 지금은 2,8에서 말한 것처럼 "질그릇 조각으로 제 몸을 긁으며 쓰레기 더미 위에 앉아" 있기 때문이다.

빈궁해짐

셋째로는 외적 사물들을 잃어버린 것을 가리켜 "사방에서 나를 때려 부수시니"(10절)라고 말한다. 외적 선들을 무너뜨리시므로, "나는 죽어 가네." 역경들이 계속되면서 회복의 희망도 없어졌다. 그래서 그는 "그분께서 나의 희망을 나무처럼 뽑아 버리셨다네."라고 덧붙인다. 나무가 뿌리로 땅에 붙어 있는 한은, 가지가 잘려 나가더라도 다시 푸르게 되리라는 희망이 있다. 그러나 뿌리가 땅에서 뽑히고 나면 나무는 말라 죽는다. 그 역시 뿌리가 뽑힌 것처럼 현세적 번영을 회복하리라는 희망이 없다.[5]

희망의 두 가지 근원

그런데, 희망에는 두 가지 근원이 있다. 그 하나는 하느님의 도우심에 대한 희망이고 다른 하나는 인간의 도움에 대한 희망이다. 하느님께서 그에게 매우 분노하신 것으로 보이므로, 하느님의 처벌이 현세의 역경들로만 이루어진다고 여기는 이들의 견해에 따르면 하느님의 도우심에 대한 희망은 끊어진 것으로 여겨진다. 그래서 그는 "내 위에 당신의 분노를 태우시고"(11절)라고 말하는데, 이는 그분의 분노가 격렬함을 가리킨다.[6] 보통 분노는 격렬할수록 빨리 지나가고 그래서 분노한 사람에 대해 미래의 희망이 있다. 그러나 분노가 미움으로 바뀌면 더 이상 희망이 없다. 이러한 상황을 나타내기 위하여 그는 "나를 당신의 원수처럼 여기시니"라고 덧붙인다. 원수에게서는 역경에 대한 대책을 희망할 수 없는 것이다.

하느님께 버림받음

이제 욥은 하느님의 분노와 미움의 표지를 들어, "그분의 군대가 함께 몰려와"

---

5) 참조. 14,7 주해.
6) 참조. 21,30 주해.

(12절)라고 말한다. 그가 군대라고 부르는 것은 마치 합의한 듯이 동시에 그의 재산을 약탈했던 스바인들, 칼데아인들, 악마들이다. 그는 마치 욥의 친구들의 말대로[7] 그 약탈이 하느님의 명으로 이루어진 듯이 그들을 하느님의 군대라고 부른다.

이 군대는 존경심이나 두려움이 전혀 없이 드러내놓고 욥을 약탈했다. 그래서 그는 "나를 치려고 길을 닦고"라고 말한다. 그들은 마치 길에서 만난 원수처럼 나를 약탈했다는 것이다. 또한 그들은 남김없이 그리고 계속해서 그를 공격했다. 이러한 사실에 관하여 그는 이렇게 덧붙인다. "내 천막 둘레에", 즉 내 집의 재산 전부에, 그 모든 부분에 계속해서 "진을 쳤다네."라고 말한다.

이웃과 친척들

다음으로 그는 인간의 도움을 바라는 희망이 끊겼다는 것을 보여 주며, 자신을 도와주러 오리라고 생각했던 이들로부터 아무런 도움도 기대할 수 없음을 말한다. 첫째로 그는 집의 거처에서 멀어진 이들을 열거하며, 먼저 형제들에서 시작한다. "내 형제들은 내게서 멀어지고"(13절), 그래서 그들은 나를 도와주려 하지 않거나 아니면 도와줄 수가 없다. 다음으로는 친한 친구들을 언급하며, "내 친구들은 남이 되어 버렸다네."라고 말한다. 그들은 나에게 도움을 주지 않는다. 친척들이나 다른 어떤 식으로 그와 관계가 있던 이들에 대하여 그는 "친척과 친지들은 떨어져 나가고"(14절)라고 말한다. 그들도 나를 도와주지 않는다. 동시에 과거에 알고 지내던 이들에 대해서는 "나를 알던 이들은 나를 잊었으며"라고 덧붙인다. 한때는 친한 친구로 지냈지만, 지금 내가 시련을 당할 때에는 나에게 신경을 쓰지 않는다는 것이다.

---

[7] 참조. 1,14, 17, 19 주해. 그리고 5,17(엘리파즈), 8,3-4(빌닷), 11,6(초파르).

집안사람들

이 사람들에 대해 말한 다음에는 집안사람들을 열거한다. "내 집의 소작인들"(15절) 즉 나를 섬기던 사람들과 "계집종들은 나를 낯선 자로 여기니", 나의 고통에 대해 신경을 쓰지 않으며 "저들 눈에 나는 이방인이 되었다네."라고 말한다. 이는 그들이 나를 완전히 멸시하기 때문이다. 다음으로, 종들이 순종하지 않는 것에 대하여 그는 "종을 부를건만 대답조차 하지 않아"(16절)라고 덧붙인다. 또한 그는 교만한 경멸에 대해 "이 입으로 그에게 애걸해야만 하네."라고 덧붙인다. 종이 나를 무시하기 때문에, 내가 종에게 명령을 하는 것이 아니라 그에게 간청해야 한다는 뜻이다.

아내

다음으로 그는 특별히 가까운 관계에 있는 사람들, 즉 그의 아내와 자녀들을 든다. 아내에게 남편의 모습은 보통 특별한 기쁨을 주는 것이지만, 크게 몰락하여 혐오스럽게 되었을 때에는 그렇지 않다. 이러한 사실을 가리켜 그는 "내 입김은 아내에게 메스껍고"(17절)라고 말한다. 부스럼의 악취 때문에 그는 아내에게 혐오스럽게 되었기 때문이다.

자녀들

또한 자녀들은 부모가 눈짓만 해도 부모의 뜻을 행하는데, 그들이 부모를 경멸하게 되어, 아들이 존경해야 할 아버지가 애원하듯 아들에게 탄원해야 하게 되었다. 이를 가리켜 그는 "내 몸의 자식들에게도 나는 간청한다네."라고 말한다.

이것은 위의 1,19에서 말했던 것, 즉 그의 자녀들이 집이 무너져 깔려 죽었다는 것에 반대되게 보인다. 그러나 그 잔치에 참석하지 않았던 어린 자녀들이 살아남

앉을 수도 있고, 아니면 손자들이 부모의 죽음을 그들의 죄 때문이라고 여기면서 이 때문에 욥을 업신여겼을 수도 있다.

어리석은 자들

욥은 자신이 집안사람들과 바깥사람들 모두에게서 멸시를 받았음을 말한 다음, 어리석은 사람들과 지혜로운 사람들 모두에게서 멸시를 받았음을 보여 준다. 어리석은 사람들의 특징은 비참한 처지에 있는 사람을 멸시하는 것이다. 그들은 지상적인 선들만이 존중받을 가치가 있다고 여기기 때문이다. 그래서 그는 "어리석은 자들조차 나를 업신여기고"(18절)라고 말한다. 내가 그 자리에 있을 때에 나를 업신여긴다는 뜻이다. 또한, "내가 물러나면 나를 두고 비아냥거리네." 이는 내가 있는 자리에서는 말하기를 두려워하던 것을 입으로 발설한다는 뜻이다.

지혜로운 사람들

다음으로 그는, 그가 이전에 친하게 지내던 지혜로운 사람들에게서도 멸시를 받는다고 말한다. 그래서 그는 "내게 가까운 동아리도"(19절), 전에 내가 의견을 듣던 지혜로운 사람들도 "모두 나를 역겨워하고 내가 사랑하던 자들도 내게 등을 돌리는구려."라고 말한다. 그가 이 말을 하는 것은 아마도 그 자리에 있던 이들 가운데 특히 그에게 반대하던 한 사람 때문이었을 것이다.

몸이 소멸됨

이렇게 외적인 사물들에 관련된 역경들을 먼저 말한 다음 이제 그는 자신의 몸이 소멸되어 가는 것에 대하여 "내 살은 없어져 내 뼈는 살가죽에 달라붙고"(20절)라고 말한다. 그의 병이 심하여 살이 다 빠지고 피골이 상접하게 되었다는 것이다. 그러나 입술에는 살이 있고 그 입술이 뼈에 붙듯이 이에 붙어 있으므로, 그는 "이 주위에 입술만 남았다네."라고 덧붙인다. 이 말로 그는, 그의 지체들의 다른 기능들은 사라져가도 말하는 기능만은 그에게 남아 있음을 은근히 시사하는 것으로 보인다.

친구들을 부름

그는 역경들을 열거한 다음 친구들에게 동정을 청하며, 자신을 불쌍히 여겨 달라는 간청을 되풀이한다. 그의 곤경이 크기 때문이다. "여보게, 나의 벗들이여, 날 불쌍히 여기게나, 불쌍히 여기게나"(21절). 내가 다른 이들에게 버림받았기 때문이다. 그들이 불쌍히 여기는 이유는 그의 비참함이고, 그 비참함은 더 강한 원인에 의하여 야기된 것이기에 더욱 심하다.[8] 그래서 그는 "하느님의 손이 나를 치셨다네."라고 덧붙인다. 욥은 자신이 하느님께 맞은 것임을 알기 때문이다. 고통을 당하는 사람에게 더 고통을 가하는 것은 합당치 않게 보인다. 그래서 그는 "자네들은 어찌하여 하느님처럼 나를 몰아붙이는가?"(22절)라고 말한다. 하느님께서 나를 몰아붙이시는 것으로 충분하고, 자네들이 할 일은 오히려 나를 위로하는 것이라고 말하는 듯하다. 이제 그는 그들이 어떻게 그를 몰아세우고 있는지를 보여 주며 "내 살덩이만으로는 배가 부르지 않단 말인가?"라고 말한다. 이 질문은 비방하는 사람들에게 특히 해당된다. 그들은 다른 사람의 약함을 기뻐하므로, 사람의 살을 먹는 것과 같다고 일컬어진다.[9] 살은 동물에게서 가장 약한 부분이기 때문이다.

---

[8] Thomas, *ST* II-II.30.1, 여기서는 Augustine, *City of God* IX.5를 인용한다. 또한 Aristotle, *Rhetoric* II.8, 1385b 13ff.

[9] 참조. Gregory, *Morals on the Book of Job* XIV.49 [PL 75, 1068b].

기록된 말

> 23) 아, 제발 누가 나의 이야기를 적어 두었으면! 제발 누가 책에다 기록해 주었으면! 24) 철필과 납으로 바위에다 영원히 새겨 주었으면! 25) 그러나 나는 알고 있다네, 나의 구원자께서 살아 계심을. 마지막 날에 나는 먼지에서 일어서리라. 26) 나는 다시 내 살갗으로 감싸이고, 이 내 몸으로 나는 하느님을 보리라. 27) 내가 기어이 뵙고자 하는 분, 다른 누가 아니라 바로 내 눈이 그분을 보리라. 내 가슴 안에는 이러한 내 희망이 간직되어 있네. 28) 자네들은 "그자를 어떻게 몰아붙일까? 문제의 근원은 그에게 있지." 하고 말들 하네만 29) 칼을 두려워하게. 그분의 칼은 죄악의 복수자라네. 심판이 있음을 알아 두게나.(19,23-29)

욥은 위에서 그의 희망이 "나무처럼 뽑혔다"고 말했는데(10절), 여기서 말하는 희망은 그의 친구들이 여러 차례 그에게 주장했던 현세적 번영의 회복에 대한 희망을 가리킨다. 그러나 그는 위에서 여러 가지로, 그들의 논거가 부정합에 이르는 것을 보여 주며 그가 이러한 희망을 갖지 말아야 한다는 것을 말했다(11-20절). 이제 그는 분명하게 그의 의도를 드러내며, 자신이 하느님께 절망했기 때문이 아니라 그분 안에 더 높은 희망을 갖고 있기에, 현세의 선이 아니라 미래의 선에 관한 희망을 갖고 있기 때문에 이 말을 한 것이었음을 밝힌다. 그리고, 그는 웅대하고 놀랍고 확실한 것을 말하려 하고 있으므로 먼저 그가 제시하려고 하는 견해가 후대의 신앙 안에서 영원히 남게 되기를 바란다는 것을 보여 준다. 그런데 우리는 글을 쓰는 기능을 통하여 우리의 감각과 우리의 말들을 후대에 전달한다.

그래서 그는 "아, 제발 누가 나의 이야기를 적어 두었으면!"(23절)이라고 말한다. 내가 하느님 안에 가지고 있는 희망을 누가 적어 두어, 나의 말이 잊혀져 사라지지 않도록 해 주었으면! 하지만 잉크로 기록된 것들은 오랜 시간이 지나면 보통 지워지기 때문에, 기록된 것이 오래 보존되기를 원할 때에는 필기도구로 기록할 뿐만 아니라 가죽이나 쇠나 돌에 새겨 놓는다. 욥이 희망하는 것은 가까운 미래에 이루어질 것이 아니라 마지막 때에 이루어질 것이므로, 그는 "제발 누가 책에다"(23절) 가죽에 새기듯이 "철필로 새겨 주었으면!"(24절)이라고 말하고, 그것으로 부족하면 더 강하게 "납으로 된 판에", 그리고 그것으로도 부족하다면 "바위에다 영원히 새겨 주었으면!"이라고 덧붙인다.

구원자에 대한 희망

이어서 그는, 그렇게 잘 보존되기를 바라는 말들이 무엇인지를 보여 준다. "나는 알고 있다네, 나의 구원자께서 살아 계심을"(25절). 그리고, 이 말에 대하여 분명하게 근거를 제시한다. 우리는 확실하다고 여기지 않는 것에 대해서는 기억하려고 애쓰지 않기 때문이다. 그러므로 그는 분명하게 "나는 알고 있다네."라고 말한다. 그는 신앙의 확실함으로 이를 알고 있는 것이다. 이 희망은 미래 부활의 영광에 대한 희망이고, 그에 관련하여 그는 먼저 "나의 구원자께서 살아 계심"이라고 근거를 제시한다.

여기에서, 하느님께서 인간을 불멸의 존재로 만드셨지만 죄를 지어 죽음을 겪게 되었다는 것을 생각해야 한다. 로마 5,12에서는 "한 사람을 통하여 죄가 세상에 들어왔고 죄를 통하여 죽음이 들어왔듯이"라고 말한다. 인류는 그리스도를 통하여 구속되었고, 욥은 신앙의 영을 통하여 그 구속을 예견했다. 그리스도께서는 우리를 위하여 죽으심으로써 죽음을 통하여 죄로부터 우리를 구속하셨다. 그러나 그분은 죽음에 삼켜지지는 않으셨다. 당신 인성으로는 죽으셨으나 당신 신성으로는 죽을 수 없으셨기 때문이다. 그리고 신성의 생명에 따라 다시 삶으로 부활하심으로써, 인성도 회복되었다. 2코린 13,4에서 "사실 그리스도께서는 약한 모습으로 십자가에 못 박히셨지만, 이제는 하느님의 힘으로 살아 계십니다."라고 말하는 바와 같다.

그리스도는 부활의 원인

그뿐 아니라, 부활하신 그리스도의 생명은 모든 이가 부활할 때에 모든 사람에게 부어질 것이다. 그래서 사도는 같은 곳에서 말한다. "우리도 그리스도 안에서 약하지만, 하느님의 힘으로 그리스도와 함께 살아 있을 것입니다." 그래서 주님께서는 요한 5,25에서 "죽은 이들이 하느님 아들의 목소리를 듣고 또 그렇게 들은 이들이 살아날 때가 온다. 아버지께서 당신 안에 생명을 가지고 계신 것처럼, 아들도 그 안에 생명을 가지게 해 주셨기 때문이다."라고 말한다.

그러므로 하느님 아드님의 생명은 인간 부활의 주된 원인이며, 그 생명은 에비온파 사람들이 말하듯이 마리아로부터 시작된 것이 아니라[10] 언제나 존재했던 것이다. 히브 13,8에서는 "예수 그리스도는 어제도 오늘도 또 영원히 같은 분이십니다."라고 말한다. 그러므로 그는 분명하게, "나의 구원자께서 [미래에] 살아 계실 것이다."라고 말하지 않고 지금 "살아 계심"이라고 말한다. 이러한 근거로 욥은 미래 부활을 예고하고, 그 시간을 규정하여 "마지막 날에 나는 먼지에서 일어서리라."고 덧붙인다.

마지막 날

여기서, 어떤 사람들은 하늘의 움직임과 세상의 현재 상태가 영원히 지속되리라고 믿으면서 일정한 햇수가 지나 별들이 같은 위치로 돌아오면 죽은 이들이 다시 살아나리라고 주장했다는 점을 고려해야 한다.[11] 날은 하늘의 움직임으로 인하여

---

10) Thomas, *Super Libros Sententiarum* III, d.2, q.1, a.3, ac.2. 여기서는 Gennadius, *De Ecclesiasticis Dogmatibus*, ch.2를 인용한다[*PL* 58, 981C].
11) 참조. 위의 7,6 주해.

생겨나므로, 하늘의 움직임이 영원히 계속된다면 마지막 날은 없을 것이다. 그러므로 방금 언급한 오류를 제거하기 위하여 그는 분명하게 "마지막 날"이라고 말하고, 이는 요한 6,40에서 "나는 마지막 날에 그들을 다시 살릴 것이다."라고 하신 주님의 가르침에 부합된다.

또 다른 이들은, 사람들이 다시 살아나 지상적 육신이 아닌 천상적 육신을 취한다고 말했었다.[12] 이러한 생각을 배제하기 위하여 그는 "나는 다시 내 살갗으로 감싸이고"(26절)라고 말한다. 욥이 이렇게 분명하게 말하는 것은, 그의 뼈에 살갗만 남았기 때문이다. 바로 이렇게 말함으로써 그는 부활의 이유를 지적한다. 그것은, 영혼이 영원히 자신의 넓개 없이 헐벗게 되지 않기 위함이다.

불멸의 몸

또한, 어떤 이들은 영혼이 자신이 벗어 놓았던 그 동일한 육신을 동일한 조건으로 다시 취하게 되리라고 말했다. 즉, 영혼이 음식을 필요로 하게 될 것이고 현세의 삶에서와 같은 다른 육적인 활동들을 하게 되리라는 것이다. 그러나 그는 이러한 생각을 배제하여 "이 내 몸으로 나는 하느님을 보리라."고 말한다. 현세 생활의 상태에서, 인간의 몸은 사멸하게 되어 있다는 것이 명백하다. 지혜 9,15에서는 "썩어 없어질 육신이 영혼을 무겁게 하고"라고 말한다. 그리고, 썩어 없어질 육신을 지니고 살아 있는 이는 하느님을 뵙지 못한다. 그러나 영혼이 부활 때에 취할 육신은 같은 실체로 되어 있으면서도 하느님의 은총으로 불멸성을 지닐 것이다. 사도는 1코린 15,53에서 "이 썩는 몸은 썩지 않는 것을 입어야 합니다."라고 말한다. 그러므로 부활 때에 취할 육신은 영혼이 하느님을 볼 수 있는 것을 가로막지 않고 온

---

12) 참조. Thomas, *Super Libros Sententiarum* IV, d.44, q.1, a.1, qc.1; *De Articulis Fidei*, art.5.

전히 영혼에게 종속된 상태에 있을 것이다.

하느님을 뵙는다

이 사실을 알지 못한 포르피리우스는, 인간이 아니라 영혼이 하느님을 보리라는 것처럼 "복된 상태에 이르기 위해서 영혼은 육신을 온전히 벗어나야 한다."고 말했다.[13] 이러한 주장을 배제하기 위하여 욥은 "내가 기어이 뵙고자 하는 분"이라고 덧붙인다. 나의 영혼만이 하느님을 뵙는 것이 아니라 영혼과 육신으로 구성된 "내가" 그분을 뵐 것이다.

그리고 육신도 나름대로 하느님을 뵙는 데에 참여할 것임을 보여 주기 위하여 "내 눈이 그분을 보리라."고 말한다. 육신의 눈이 하느님의 본질을 볼 것이어서가 아니라, 육신의 눈이 인간이 되신 하느님을 뵐 것이기 때문이다. 또한 그 눈들은 아우구스티누스가 『신국론』의 끝부분에서 말하듯이[14] 하느님의 피조물 안에 빛나는 하느님의 영광을 볼 것이다.

그리고, 단지 동일한 종이 아니라 동일한 개체의 인간이 회복되어 하느님을 뵙게 된다는 것을 믿도록 "다른 누가 아니라 바로 내 눈이"라고 덧붙인다. 이는 아리스토텔레스가 『생성과 소멸에 관하여』 II.1.1에서 말한 바와 같이,[15] 실체가 소멸하는 사물들이 이동되면 그것들은 같은 개체 안에서가 아니라 같은 종에서 반복된다고 했던 방식으로 생명이 회복된다고 믿지 않도록 하기 위해서이다.

---

13) Thomas, *ST* I-II.4.6, 여기서는 Augustine, *City of God* XXII.26을 인용한다.
14) XXII.29.
15) 338b 16ff.

소중한 희망

부활의 근거에 대하여, 그리고 그 시간과 방법, 부활하는 사람의 영광, 그리고 그분께서 누구신지에 대하여 말한 다음 그는 "내 가슴 안에는 이러한 내 희망이 간직되어 있네."라고 덧붙인다. 나의 희망은 자네가 헛되이 약속하는 지상적 사물들에 있지 않고, 부활의 미래 영광에 있다는 것이다. 그는 분명하게 "내 가슴 안에는 간직되어 있네."라고 말하여, 이 희망이 말들에만 있는 것이 아니라 마음 안에 감추어져 있고, 의심스러운 것이 아니라 지극히 확실하며, 값싼 것이 아니라 가장 소중한 것으로 간직되어 있음을 보여 준다. 가슴 안에 감주어진 것은 비밀로 간직되고, 확고하게 보존되며, 소중하게 여겨지기 때문이다.

마지막 심판의 경고

욥은 자신이 하느님 안에 지니고 있는 깊은 희망을 보여 준 다음, 그가 현세 사물에 대한 희망을 갖고 있지 않기 때문에 마치 그가 하느님께 희망을 두지도 않고 하느님을 두려워하지도 않는다고 말했던 중상을 배제하며 말한다. "자네들은 '그 자를 어떻게 몰아붙일까?' 하고"(29절) 내가 하느님께 대해 절망하고 하느님을 두려워하지 않는 듯이 "'문제의 근원은 그에게 있지.' 하고 말들 하네." 자네들은 내가 하느님의 섭리를 부인한 듯이 내 말들을 인정하지 않는다는 것이다. 그러나 욥은 하느님의 섭리를 부인한 것이 아니라 오히려 그 섭리를 주장하고, 하느님께서 죽은 다음에라도 사람들에 대한 상과 벌을 준비하신다고 말하고 있다. 그러므로 그는 "칼을 두려워하게."라고 말한다. 칼은, 현세에서 번영을 누릴지라도 내세의 삶에서 마련되어 있는 하느님의 복수를 말한다. "그분의 칼은 죄악의 복수자라네." 이는 그분께서 직접 행하시는 복수가 죽은 후에 있을 것이라는 것이다. "심판이 있음을 알아 두게나." 이 말은 현세의 삶에서만이 아니라 이 삶 이후에, 선인과 악인이 부활할 때에 심판이 있을 것이라는 것이다.

20장

악인들은 하느님의 심판을 면치 못한다

논증에서 당황한 초파르

> 1) 나아마 사람 초파르가 말을 받았다. 2) 그런 이유로 내게는 여러 가지 생각이 꼬리를 물고, 나의 정신은 여러 방향으로 갈라지는구려. 3) 나는 자네가 나를 비판하는 그 가르침을 들을 것이지만, 내 이성의 정신은 자네에게 대답할 것이네. 4) 나는 알고 있다네, 땅 위에 사람이 세워졌을 때부터 5) 악인들의 칭찬은 얼마 가지 못하고 위선자의 기쁨은 한순간뿐임을. 6) 그의 높이가 하늘까지 이르고 머리가 구름까지 닿는다 해도 7) 그는 제 오물처럼 영원히 사라져 버려 그를 보던 이들은 "그가 어디 있지?" 하고 말한다네. 8) 그는 아무도 찾을 수 없게 꿈처럼 날아가 버리고 밤의 환영처럼 쫓겨나 버려 9) 그를 바라보던 눈은 더이상 그를 볼 수 없고 그가 있던 자리도 다시는 그를 보지 못하지. 10) 그의 자식들은 곤궁으로 몰락하고 그의 손은 그에게 그 자신의 고통을 돌려줄 것이네. 11) 그의 뼈도 그의 젊은 시절의 악들로 가득 차 그와 함께 먼지 위에 드러눕고 만다네. 12) 악이 입에 달콤하여 제 혀 밑에 그것을 감추고 13) 아까워서 내놓지 않은 채 입속에 붙들고 있다 해도.(20,1-13)

내세의 희망에 대한 욥의 견해를 들은 다음, 초파르는 말없이 이를 받아들이는 듯하다. 욥의 두 번째 응답 후에 그는 세 번째로 반대를 하지는 않는다. 그러나 그의 마음 안에는 아직도 이전의 견해를 완전히 철회하지 못하게 하는 무엇인가가 있었다. 그는, 그가 욥에게서 배운 바와 같이 내세의 삶에서 공로에 대한 갚음과 처벌이 있다 하더라도 현세의 삶의 번영과 역경은 덕이나 죄에 대한 갚음으로 하느님께서 인간에게 분배하시는 것이라고 여겼기 때문이다.

그래서, 어느 정도는 설득되었고 어느 정도는 이전의 견해를 고수하는 상태로 그는 이어서 말한다. "그런 이유로"(2절), 즉 내세의 삶에서의 희망에 대해 자네가 한 말들 때문에, "내게는 여러 가지 생각이 꼬리를 물고" 있다. 그러나 그 여러 가지 생각들이 어떤 사람이 단 하나의 결론에 대한 여러 가지 근거들을 생각할 때처럼, 동일한 견해에 관한 것으로 이해되지 않도록 그는 "나의 정신은 여러 방향으로 갈라지는구려."라고 덧붙인다. 두 가지 견해 각각에 대하여 제시될 수 있는 근거들 때문에 자신은 어떤 때는 이런 결론으로, 어떤 때는 저런 결론으로 이끌리게 된다는 것이다. 그래서 어느 한 편의 근거들이 반대편의 근거들을 충분히 반박하지 못하고 있다.

초파르에게는, 내세의 삶에서의 희망에 관한 욥의 견해를 반박하지 말아야 할 것으로 생각되었다. 그래서 그는 "나는 자네가 나를 비판하는 그 가르침을 들을 것이지만"(3절)이라고 덧붙인다. 미래 부활에 대한 말을 믿기는 할 것이다. 그러나 자신의 첫 번째 의견을 완전히 버린 것은 아니다. 그래서 그는 "내 이성의 정신은 자네에게 대답할 것이네."라고 말한다. 나의 이성은 아직도 욥에게 맞서 그 자신의 견해를 옹호하여 할 말이 있다는 것이다.

초파르는, 악인들이 번영을 누리는 일도 있지만 그것은 잠시뿐이며 현세의 삶 안에서 때 이른 죽음으로 또는 그 후의 불행으로 곧 끝나게 된다는 것이 확실하고 경험으로도 입증된다고 여겼다. 그래서 그는 "나는 알고 있다네."(4절)라고 덧붙인다. 그는 인류의 최초에서부터 그렇다는 듯이, "땅 위에 사람이 세워졌을 때부터"라고 말한다. "악인들의 칭찬은 얼마 가지 못한다는 것을"(5절).

때로는 악인들에게서 나타나는 어떤 선함의 표지나 조금이나마 선함이 나타나기 시작하는 것 때문에 그들이 어느 정도 칭찬을 받는 일이 있지만, 그 칭찬은 그들 안에 나타나기 시작하는 악행들의 결과로 곧 흐려진다. 그래서, 그들이 거짓된 태도로 지지를 받는 데에서 느끼던 기쁨도 곧 사라진다. 그래서 그는 "위선자의 기쁨은 한순간뿐임을"이라고 말한다. 마태 7,16에서 말하듯이, 그들은 열매로 알려지게 될 것이기 때문이다.

행복은 잠시뿐이다

때로는 가식으로 잠깐 사이에 얻은 호의로 인하여 악인이 어떤 높은 지위에 오르기도 한다. 초파르는 이러한 상태 역시 그에게는 안정된 것이 아님을 보여 주며 말한다. "그의 높이가 하늘까지 이르고"(6절), 즉 그가 높은 지위를 얻어 매우 교만하게 되고 지상적 피조물이면서 스스로 마치 천상적 피조물처럼 움직이지 않고 결코 몰락하지 않으리라 여긴다 해도, 그리고 "머리가 구름까지 닿는다 해도", 그래서 사람들의 보통 상태를 넘어 높이 오른다 하더라도, "그는 제 오물처럼 영원히 사라져 버려"(7절) 때 이른 죽음으로 오물과 같이 무가치하고 혐오스런 시체가 되어버리거나 — 예레 9,22에서는(『성경』은 9,21) "사람의 시체가 들판의 거름처럼 쓰러져 있는데"라고 말한다 — 아니면 그의 악이 드러나 모든 사람이 그를 쓸모없게 여기게 될 것이다. 집회 9,10에서 "모든 창녀는 길거리의 오물처럼 발에 짓밟히리라."라고 하는 바와 같다.

그의 교만이 무너지면, 그 갑자스런 몰락에 사람들이 놀랄 것이며 그에 대한 존경도 그칠 것이다. 그래서, 그를 두고 놀라거나 그를 멸시하는 사람들에 대하여 "그를 보던 이들은 '그가 어디 있지?' 하고 말한다네."라는 말이 덧붙여진다.

불행은 회복될 수 없다

이러한 몰락이 회복될 수 없는 것임을 보이기 위하여 초파르는 "그는 아무도 찾을 수 없게 꿈처럼 날아가 버리고"(8절)라고 덧붙인다. 날아가서 사람의 시야에서 쉽사리 사라지는 새와 같이, 꿈도 인간의 인식에서 쉽게 사라진다. 희미한 흔적도 남지 않고 다른 사람의 증언으로 되찾을 수도 없기 때문에, 그 기억은 회복할 수 없이 지나가 버린다. 이와 유사하게 초파르는, 악인의 몰락도 회복할 수 없는 것임을 알게 한다. 그리고 그는, 이렇게 회복할 수 없는 이유들이 많다는 것을 보여 준다.

죄인 자신

1. 첫째로는 죄인 자신이 멸망하기 때문이다. 그래서 "밤의 환영처럼 쫓겨나 버려"라고 말한다. 여기서는 일시적인 환영을 말하는 것이어서, 그 환영이 그친 다음에는 거기로 되돌아갈 수 없다. 낮에 보는 것은 그 대상이 계속 남아 있고, 따라서 어떤 사람이 그것을 보기를 멈추었다면 다시 그것을 볼 수 있다. 이와 유사하게, 죄인이 남아 있는 한에서는 역경이 닥치더라도 회복의 희망이 있다. 그러나 그 자신이 현세의 삶에서 떠나가고 나면 더 이상 회복의 희망은 없다.

다른 사람들 편에서

2. 둘째로 그는, 다른 사람들 편에서도 그의 몰락은 회복될 수 없는 것임을 보이며 "그를 바라보던 눈은 더 이상 그를 볼 수 없고"(9절)라고 말한다. 눈에서 멀어지면 기억에서도 쉽게 잊혀진다. 그러므로, 인간의 시야에서 멀어진 죽은 이들은 쉽게 잊혀져 그들의 영광도 기억되지 않으며, 그들의 친구들이 도와주려고 애쓰지도 않는다.

과거로 돌아갈 수 없다

3. 셋째로 그는, 악인이 이전의 상태로 되돌아갈 수 없기 때문에 그가 회복될 수 없음을 말하며 "그가 있던 자리도 다시는 그를 보지 못하지."라고 덧붙인다. 사람은 죽은 후에 이전과 같은 방식으로 살 수 없기 때문이다. 그 자신이 멸망하여 죽어 없어지고 사람들의 눈앞에서 멀어지며 그가 살던 자리로 되돌아올 수 없을 뿐만 아니라, 그의 자녀들 역시 그의 죄 때문에 벌을 받는다. 그래서 "그의 자식들은 곤궁으로 몰락하고"(10절)라는 관찰이 뒤따른다. 그들은 하느님의 의로우신 심판으로 몰락하게 된다. 그는 자식들이 부유하게 되도록 하기 위하여 죄를 지었으므로, 여기서도 그의 희망은 좌절된다. 그 자녀들은 결국 빈곤하게 될 것이기 때문이다.

내세의 징벌

다음으로, 초파르는 마침내 욥의 견해를 따르는 것처럼 내세의 징벌에 대해서도 덧붙이며 "그의 손은 그에게 그 자신의 고통을 돌려줄 것이네."라고 말한다. 스스로 범한 죄에 대한 갚음으로 징벌의 고통을 당하리라는 것이다. 이러한 고통의 응보가 죽은 후에 있을 것임을 알 수 있도록, "그의 뼈도 그의 젊은 시절의 악들로 가득 차 그와 함께 먼지 위에 드러눕고 만다네."(11절)라고 덧붙인다. 죽은 후에 그의 살이 민지가 된 다음에라도, 뼈만이 무덤에 남아있을 때라도 악인은 죄에 대한 벌을 받을 것이며, 늙어서 범한 죄만이 아니라 더 쉽게 죄로 기우는 시기인 젊어서 범한 죄들에 대해서도 벌을 받을 것이다.

징벌의 이유

그리고는, 죽은 후에라도 죄에 대해 벌을 받는 이유를 밝혀 "악이 입에 달콤하여 제 혀 밑에 그것을 감추고"(12절)라고 말한다. 그는 비유적으로, 달콤한 음식을 먹는 사람이 그것을 더 오래 즐기기 위하여 곧 삼키지 않고 오랫동안 입에 물고 있는다는 것을 말한다. 이 비유를 설명하여 그는 "아까워서"(13절)라고 덧붙인다. 악인이 달콤한 악이나 죄를 파괴하지 않으려 한다는 것이다. 악이나 죄는 그것을 버림으로써 파괴하게 된다. 그래서 "내놓지 않은 채"라는 말이 이어진다. 다음으로는 그가 내놓지 않는 이유를 밝히며, "입속에 붙들고 있다 해도"라고 덧붙인다. 악인은 아무에게도 그것을 드러내지 않으므로, 아무도 그에게 감추어진 죄를 버리라고 설득하지 않고 또한 죄를 고백하는 사람들에게 적용되는 치료책들도 사용하지 않는다. 어떤 사람의 죄가 죽은 후에 벌을 받는 이유는, 그가 살아 있는 동안 그 죄를 버리기를 원하지 않기 때문인 것이다.

음식이 독이 된다

14) 그의 음식은 내장 속에서 썩어 배 속에서 살무사의 독으로 변한다네. 15) 그는 집어삼켰던 재물을 토해 내야 하니 하느님께서 그것을 그의 배 속에서 밀어내시기 때문이지. 16) 살무사의 머리가 쳐들리고 독기를 빨고 독사의 혀가 그를 죽여 17) 그는 꿀과 버터가 흐르는 개울과 시내와 강을 바라보지 못하지. 18) 그는 자신이 행한 모든 것을 속죄해야 하고, 그러고도 그는 아직 남아 있을 것이네. 그가 꾸며낸 일들이 많은 그만큼 그는 [벌을] 견뎌야 할 것일세. 19) 그가 가난한 이의 집을 빼앗아 부수어 버리고, 집을 강탈하고는 짓지도 않았기 때문일세. 20) 그의 배 속은 만족을 모르니 그는 갈망하던 것을 차지해도 그것을 소유

> 하지 못한다네. 21) 그의 게걸스러움에 남아나는 것 없으니 그의 번영도 오래가지 못한다네. 22) 그는 배가 불러 좁아지고 염증이 나며, 온갖 고통이 그에게 달려드네 23) 그의 배가 채워져 그분께서 당신 진노를 그에게 보내시고 그 위에 당신 전쟁의 비를 내리시기를. 24) 그가 쇠 무기를 피하면 구리 화살로 달려드네. 25) 화살통에서 뽑혀 나와 번쩍이며 그를 괴롭힐 것이네. 무서운 악마들이 앞서가며 그를 엄습한다네. 26) 온갖 암흑이 그의 비밀 속에 감추어지고 아무도 피우지 않은 불이 그를 삼키며 그는 천막에 버려져 고통을 당한다네. 27) 하늘은 그의 죄악을 드러내고 땅은 그를 거슬러 일어선다네. 28) 그의 집의 후손들은 노출되고, 그분 진노의 날에 끌려가지. 29) 이것이 악한 사람이 하느님에게서 받을 운명이며 그의 말이 주님으로부터 받을 유산일세.(20,14-29)

초파르는 죄인의 뼈가 젊은 시절의 죄악으로 가득 채워진다고, 즉 죽은 후에 그에 대한 벌을 받는다고 말했으므로,[1] 이제 그의 징벌에 관하여 더 폭넓게 다루며 먼저 그가 이 세상에서 누렸던 행복들이 그에게 불행이 되리라고 말한다. 그는, 음식을 먹는데 그 음식이 나쁜 것으로 바뀌는 비유를 사용한다. 이러한 일은 두 가지 경로로 발생한다.

1. 첫째는 소화가 되지 않은 음식이 속에 남아서 독성을 띠게 될 경우인데, 이에 관련하여 그는 "그의 음식은 내장 속에서 썩어 배 속에서 살무사의 독으로 변한다네."(14절)라고 말한다. 다시 말하면, 먹은 음식이 상하는 경우가 있는 것과 같이 그가 이 세상에서 죽을 때까지 소유했던 선들도 죽음의 쓴맛이 될 수 있다는 것이다.

---

[1] 참조. 11절 주해.

선들을 잘못 사용함

2. 둘째로는, 먹은 음식이 소화될 수 없어서 구토를 일으키며 혐오감과 고통을 가져오는 경우이다. 마찬가지로, 때로 죄인들은 그들이 이 세상에서 얻었던 현세적 선들을 잘 사용하지 않기 때문에 하느님의 심판으로 마치 소화가 안된 것처럼 고통스럽게 그것을 잃게 된다. 그래서 그는 이렇게 말한다. "그는 집어삼켰던 재물을"(15절). 즉 탐욕스럽게 긁어모은 재물을 "토해 내야 하니", 괴롭게 잃어버려야 하니 "하느님께서" 그분의 심판으로 "그것을 그의 배 속에서", 곧 그들이 소유하고 있던 것에서 "밀어내시기 때문이지."라고 말한다. 그들은 강제로 그것을 잃게 될 것이다.

원수들

3. 그리고, 악인이 소유했던 행복들이 불행으로 바뀔 뿐 아니라 그는 원수들의 말과 행동에서도 고통을 겪게 된다. 그래서 그는 두 가지 예를 드는데, 첫째는 물어 죽이는 살무사이다. 그는 "살무사의 머리가 쳐들리고"(16절)라고 말한다. 그 머리는 그를 거슬러 쳐들리고 그를 물려고 하는데, 이 비유는 악인들의 우두머리 또는 그를 공격하는 악마를 의미한다. 두 번째로는 독사의 예를 드는데, 독사는 혀로 독을 퍼뜨린다. 그래서 "독사의 혀가 그를 죽여"라는 말이 뒤따르는데, 이는 독사의 혀에 있는 독처럼 사람의 혀로부터 나오는 이런저런 해악들을 의미한다.

재산을 잃음

4. 다음으로 그는 재산을 잃어버리는 처벌을 가리켜, "그는 꿀과 버터가 흐르는 개울과 시내와 강을 바라보지 못하지."(17절)라고 덧붙인다. 꿀과 버터는 먹기에 달콤하다는 의미에서 서로 유사하지만, 꿀은 벌들의 훌륭한 역할로 꽃에서 모아지는

것인 반면 버터는 인간의 수고로 가축에게서 얻어진다. 그래서 꿀은 인간의 수고 없이 얻어지는 선을 나타내고, 버터는 인간의 노력으로 얻어지는 선들을 나타낸다.

그런데, '개울'은 갑자기 덮쳐 온다. '강'이라는 단어는 강에 물이 많기 때문에 풍부함을 나타내고, '시내'는 선의 분배를 나타낸다. 모든 사람이 모든 현세적 또는 영적 선을 가지고 있는 것이 아니라, 어떤 사람은 현세적 선을 가지고 있고 어떤 사람들은 영적 선들을 가지고 있기 때문이다.

초파르의 견해에 따르면, 선한 사람에게는 인간의 협력에 의해서나 인간의 수고 없이 하느님의 섭리에 의해서나 질서 있는 분배에 따라서 풍부하게 갑자기 선의 감미로움이 쏟아신다는 것이다. 그는 죄인은 이러한 선들이 빼앗긴다고 주장한다.

모든 죄를 속죄해야 한다

5. 때로는 많은 벌을 받아 더 이상의 벌을 견딜 수 없게 되기도 하므로, 초파르는 죄인이 현세의 삶에서 수많은 벌을 받았다 하더라도 내세의 벌이 아직 더 남아 있다는 것을 덧붙인다. "그는 자신이 행한 모든 것을 속죄해야 하고"(18절) 그의 죄 하나하나에 대해 벌을 받을 것이며, "그러고도 그는 아직 남아 있을 것이네." 영에 따라서는 남아 있으리라는 것이다. 영은 미래에 벌을 받도록 남겨진다.

벌은 죄에 상응할 것이다

다음으로 초파르는 악행을 범한 죄인들에 대한 처벌이 마땅함을 보여 주며 "그가 꾸며낸 일들이 많은 그만큼", 즉 그가 고안해 낸 죄들이 많은 그만큼 "그는 [벌을] 견뎌야 할 것일세."라고 말한다. 처벌은 지은 그 악행들에 상응할 것이기 때문이다.

강탈

1. 여기서 먼저 그는 강탈에 대해 말하면서, 두 가지 악행을 차례로 든다. 그 가운데 첫째는 폭력으로 약탈하는 것이다. 이를 가리켜 그는 "그가 가난한 이의 집을 빼앗아 부수어 버리고"(19절)라고 덧붙여, 부수는 것으로 폭력을 나타내고 빼앗음으로 약탈을 나타낸다.

태만

2. 둘째로는 되돌려 주기를 소홀히하는 악행을 말하며, 이에 관련하여 "집을 강탈하고는 짓지도 않았기 때문일세."라고 말한다. 어느 집에서 가져간 것 또는 집을 부수면서 파괴한 것에 대해서 보상을 해 주지 않는다는 것이다.

그리고는 이러한 악행에 마땅한 처벌을 덧붙인다. "그의 배 속은 만족을 모르니"(20절)라는 것은, "그가 가난한 이의 집을 빼앗고"(19절) 그 자신의 선을 누리지 못하게 하였으므로, 그의 욕구는 그가 정당하게 소유하고 있는 선들로도 그가 부당하게 획득한 선들로도 충족되지 않으리라는 뜻이다. 코헬 5,9에서 말하듯이 "돈을 사랑하는 자는 돈으로 만족하지 못하고 큰 재물을 사랑하는 자는 수확으로 만족하지 못하기" 때문이다. 이 두 번째 부분에 연관하여 그는 "갈망하던 것을 차지해도 그것을 소유하지 못한다네."라고 덧붙인다. 그가 그것으로부터 멀어지게 되거나 그것이 그에게서 멀어지게 되기 때문이다. 그가 빼앗은 것을 스스로 갚아 주려 하지 않았으니, 억지로 그것을 잃는 것이 마땅하다.

탐욕

3. 다음으로 초파르는 탐욕의 죄에 대하여 같은 점들을 보여 준다. 그는 "그의

게걸스러움에 남아나는 것 없으니"(21절)라는 말로 탐욕을 나타낸다. 그가 가진 모든 것은 그 자신이 써버리고, 다른 사람들의 필요를 위해서는 아무것도 남겨 두지 않기 때문이다. 그리고 이에 대한 마땅한 벌로, "그의 번영도 오래가지 못한다네."라고 말한다. 그 번영은 오래가지 못하는데, 그가 모든 것을 잃게 될 것이기 때문이다. 이러한 처벌이 마땅한 이유는, 그가 다른 이들을 위하여 그의 선들을 남겨 두기를 원하지 않았기 때문이다. 그래서 그를 위해서도 아무것도 남겨지지 않는 것이 마땅하다.

낭비

4. 그러나 그가 그에게 남는 것들을 자신을 위하여 다 사용했다는 것에 관하여 그는 다시 "그는 배가 불러 좁아지고"(22절)라고 덧붙인다. 그는 과식하는 사람의 비유를 사용한다. 지나치게 먹은 음식에 눌려 그의 내장이 비좁아지는 것이다. 이러한 비유를 통하여, 자신에게 남는 것을 자신을 위하여 써버리거나 자기 자신을 위하여 지나치게 끌어 모으는 사람은 자신이 모은 것을 올바로 처분할 수 없어 제약을 겪게 될 것임을 나타낸다. 루카 12,18에서, 밭에서 많은 수확을 거두어 창고를 부수고 더 큰 창고를 지으려고 하는 부유한 사람에 관한 구절에서 이것이 분명히 드러난다.

그리고, 내장이 비좁아지는 데에서부터 무질서한 열과 고통이 일어난다. 그래서 "염증이 나며"라고 덧붙인다. 이와 유사하게, 자신을 위하여 무질서하게 많은 재산을 긁어모으는 사람들은 지나친 염려로 고통을 받는다. 마지막으로, 지나치게 먹었을 때에는 보통 온몸이 고통을 겪는다. 그래서 그는 "온갖 고통이 그에게 달려드네."라고 덧붙인다. 이와 유사하게, 지나친 재산을 모은 사람들은 여러 가지 방식으로 손실을 겪을 때에 많은 고통을 당한다.

초파르의 저주

그러므로 초파르는, 악인의 욕망이 충족되는 것이 그에게 해롭다고 여기며 정의에 대한 열정으로 그가 현세적 선들로 충족되어 나중에 벌을 받게 되기를 기원한다. 그래서 다음 구절이 뒤따른다. "그의 배가 채워져"(23절), 많은 현세적 선들로 채워져 "그분께서", 즉 하느님께서 "당신 진노를 그에게 보내시고" 무자비하게 복수하시기를 기원하는 것이다. 그리고 그분께서 얼마나 진노하시는가를 보여 주고자 "그 위에 당신 전쟁의 비를 내리시기를."이라고 덧붙인다. "비를 내리시기를"이라는 표현으로 그는 많은 불행을 나타낸다. "그 위에", 즉 죄인의 힘 위에라는 표현은 그가 저항할 힘이 없음을 나타낸다. 그러나 "당신 전쟁"이라는 표현에서 그는 그 불행이 아버지가 아들을 꾸짖듯이 규율상의 도구로 그에게 훈계하기 위한 것이 아니라 원수를 무너뜨리는 절멸의 도구로 그에게 가해지는 것임을 나타낸다.

그래서 그는 이렇게 덧붙인다. "그가 쇠 무기를 피하면"(24절), 즉 현재의 처벌을 피하여 쇠로된 칼과 같이 가까이에서 타격을 입히는 처벌을 인내로이 견디지 않으면 "구리 화살로 달려드네." 그는 꺾을 수 없는 구리 화살과 같이 멀리서부터 그를 치는 내세의 처벌을 받게 될 것이다. 이로써 그는 미래의 처벌에 끝이 없을 것임을 나타낸다.

다음으로 초파르는 이 화살에 대해 설명한다. "화살통에서 뽑혀 나와"(25절)는 '화살'을 보충한다. 화살이 화살통에 있는 동안은 그를 치지 않는다. 이와 유사하게, 미래의 단죄라는 복수가 마치 화살통과 같이 하느님의 예견 안에 있을 때에는 해를 입히지 않는다. 그러나 악의로 하느님을 자극할 때에 그 화살은 하느님의 결정으로 화살통에서 뽑혀 나오게 된다.

그는 그 효과를 보이기 위하여 "번쩍이며 그를 괴롭힐 것이네."라고 말한다. 번개가 거센 힘과 빛을 내며 갑자기 치듯이 죄인에 대한 하느님의 복수는 갑자기 내려질 것이며, 그가 저항할 수 없을 만큼 강한 힘으로, 어떤 변명의 여지도 없을 만

큰 강한 정의의 빛으로 닥쳐올 것이며 그 결과로 죄인은 괴로움으로 가득하게 될 것이다. 이어서 초파르는 복수의 징벌을 한 부분씩 설명한다.

힘을 잃음

1. 먼저 죄인이 악마의 권세에 넘겨지리라는 것에 관련하여, "무서운 악마들이 앞서가며 그를 엄습한다네."라고 말한다. 악마들이 그에 대하여 무제한의 권세를 받으리라는 것이다.

상실

2. 다음으로 초파르는 상실의 벌을 가리켜 "온갖 암흑이 그의 비밀 속에 감추어지고"(26절)라고 말한다. 악인은 하느님의 빛으로부터 떨어져 안팎으로 완전한 암흑을 겪을 것이기 때문이다. 그리고 초파르는 이 암흑이 비밀 속에 있다고 말하는데, 그것은 성인들의 광채가 현세의 우리에게 감추어져 있듯이 악인들의 암흑도 그렇기 때문이다.

고통

3. 다음으로 그는 감각의 벌을 가리켜 "불이" 곧 지옥이 "그를 삼키며", 그를 고통으로 삼켜버리리라고 말한다. "아무도 피우지 않은"이라는 것은 인간의 노력으로 된 것이 아니라 하느님의 능력으로 피워진 불을 뜻한다. 이사 30,33에서는, "주님의 숨결이 유황 개울처럼 거기에서 타오르리라."고 말한다. 이러한 벌들을 겪을 때에 그는 아무런 도움도 받지 못할 것이다. 그래서 그는 "그는 천막에 버려져 고통을 당한다네."라고 덧붙인다. 그는 그가 벌을 받도록 정해진 장소에 아무 도움

없이 버려질 것이기 때문이다.

　죄인이 스스로 받아야 할 벌들을 말한 다음, 그는 악인들이 죽은 후에 현세에 남아 있는 방식들에서 관련되는 벌들을 첨가한다.

진리의 순간

　1. 첫째로 그가 사람들의 기억 안에 남는다는 사실과 관련하여, "하늘은 그의 죄악을 드러내고"(27절)라고 말한다. 하늘의 능력으로, 그가 살아 있는 동안에 감추어져 있던 그의 죄악들이 그가 죽은 다음에 드러나게 될 것이다. "땅은 그를 거슬러 일어선다네." 그의 죄악이 드러난 다음, 그가 살아 있을 때에 그를 존경했던 사람이 죽은 사람을 거슬러서라도 일어날 것이다.

후손들이 없어짐

　2. 다음으로 그는 그가 자녀들 안에서 남아 있다는 사실과 관련하여, "그의 집의 후손들은 노출되고"(28절)라고 말한다. 그의 자녀들이 시련에 노출되리라는 것이다. 그 후손들은 "그분 진노의 날에", 즉 하느님께서 복수하시는 날에 현세의 삶으로부터 "끌려가지." 이 구절은 성인들이 죄인들의 죄악을 드러내고 온 세상이 "미친 자들과 싸우는"[2] 마지막 심판에도 적용될 수도 있다. 그들의 후손들, 즉 죄의 행업이 드러날 것이고 악마는 마침내 지옥으로 끌려갈 것이다.

---

[2] 지혜 5,21. Thomas, *Super Libros Sententiarum IV*, d.47, q.1, a.2, qc.1. 「성경」은 지혜 5,20.

악인들의 운명

다음으로 그는 요약하며 "이것이 악한 사람이 하느님에게서 받을 운명"(29절)이라고 말한다. 이것이 그가 악한 행동을 통하여 스스로 벌어들인 결과이다. 또한 이것이 "그의 말이 주님으로부터 받을 유산", 즉 그가 자신의 악한 말로 얻은 결과이다.

여기서, 초파르는 지금까지 한 말에서 미래의 벌과 현재의 벌을 혼합했음을 생각해야 한다.

21장

현실에서 악인들은 즉시 벌을 받지 않고 오히려 성공을 거둔다

욥은 주의를 기울이라고 요청한다

1) 욥이 말을 받았다. 2) 내 말을 귀담아듣고 참회하게. 3) 참아 주게나, 내가 말을 하게. 내 말이 끝난 뒤에 비웃어도 좋네. 4) 내가 사람과 논쟁을 하는 것이어서 마땅히 슬퍼할 수 없단 말인가? 5) 나에게 귀를 기울이고 두려워 하며 손을 입에 갖다 대게. 6) 나는 생각만 해도 소스라치고 전율이 내 몸을 사로잡는다네. 7) 어째서 악인들은 오래 살며 드높아지고 재산으로 위로를 받는가? 8) 자식들은 그들 앞에서, 후손들은 그들 눈앞에서 든든히 자리를 잡지. 9) 그들의 집은 안전하고 평화로우며 하느님의 회초리는 그들 위에 내리지도 않아 10) 그들의 수소는 영락없이 새끼를 배게 하고 그들의 암소는 새끼를 낳고는 잃는 일이 없지. 11) 아이들을 양 떼처럼 풀어 놓으면 그 어린것들이 마구 뛰어논다네. 12) 손북과 비파에 맞추어 목청 돋우고 피리 소리에 흥겨워하며 13) 행복 속에 나날을 보내다가 한 순간에 저승으로 내려간다네. 14) 그런데도 하느님께 이런 소리나 한다네. "우리 앞에서 비키십시오. 당신의 길을 안다는 것이 우리 마음에는 내키지 않습니다. 15) 전능하신 분이 무엇이기에 우리가 그를 섬기며 무슨 이득이 있다고 그에게 매달리리오?" 16) 그렇지만 그들의 행운은 그들 손에 달려 있는 게 아니지. 악인들의 뜻은 나와는 거리가 멀다네. 17) 악인들의 등불이 꺼지고 그들에게 홍수가 덮치며 그분께서 당신 진노의 고통을 나누실 때마다

> 18) 그들은 바람 앞의 검불과 같고 폭풍이 휩쓸어 가는 재와 같다네. 19) 하느님께서는 그를 위한 재난을 그 자식들에게 내리려 간직하시며, 그분께서 갚으실 때에 그가 깨달을 것이네. 20) 그의 눈이 그들의 멸망을 보고 그 자신이 전능하신 분의 분노를 마실 것이네. 21) 죽은 뒤에 그의 집안에 일어나는 일이 무슨 근심거리가 되겠나? 그의 달수가 절반에서 잘라지고 만다면?(21,1-21)

초파르가 앞에서 이미 어떤 면에서는 욥의 견해에 동의하여 죽은 후에 죄에 대한 벌을 받는다고 하면서도 아직 그 자신의 견해를 견지하여 죄들이 살아 있는 동안에도 현세적으로 벌을 받는다고 수상했으므로, 욥은 그들을 참된 견해로 완전히 설복할 수 있으리라는 희망을 얻었다. 그래서, 먼저 그는 겸손하게 주의를 기울여 줄 것을 청한다. "내 말을 귀담아듣게"(2절).

그리고 지금까지 그들이 그의 말을 빈정거리며 들었으므로, "참회하게."라고 덧붙인다. 자네들이 내 말을 조롱한 것에 대해서, 또는 진리를 반대한 것에 대해서 참회하라는 것이다.

그리고 자네들은 모두 이미 두 차례 말을 했으니,[1] "참아 주게나, 내가 말을 하게"(3절). 이는 마지막에 제시된 바에 대하여 응답하기 위해서이다.

그리고 그들이 그의 말을 듣기도 전에 그를 단죄하는 판단을 내리지 않도록, "내 말이 끝난 뒤에 비웃어도 좋네."라고 덧붙인다. 자네들이 나의 이 견해가 우습다고 여기더라도, 먼저 나의 대답을 들어 보고 그 대답이 충분치 않다고 여긴다면 그 후에 더 정당하게 나를 비웃을 수 있으리라는 것이다.

---

1) 4-5장과 15장(엘리파즈), 8장과 18장(빌닷), 11장과 20장(초파르).

중대하고 위험한 문제를 다룬다

그리고, 그의 말이 조롱을 받아야 할 것이라고 여기지 않도록, 그는 이제 중요한 문제에 대해서, 곧 사람들의 심판이 아니라 하느님의 심판에 대해 말할 것임을 밝힌다. 그래서 그는 "내가 사람과 논쟁을 하는 것이어서 마땅히 슬퍼할 수 없단 말인가?"(4절)라고 덧붙인다. 내가 토론을 하는 의도가 어떤 사람이 나를 괴롭힌 것이 정당한지 부당한지를 따지는 것이라면, 그것이 어떻게 되든지 나는 마땅히 슬퍼하지 않을 것이다. 그러나 나의 논쟁은 어떻게 하느님의 정의로운 심판에 의하여 이러한 일이 일어났는가 하는 것이다.

그 토론이 중요한 문제를 다루는 것이기에, 주의를 기울여 들어야 한다. 그래서 그는 "나에게 귀를 기울이게."(5절)라고 말한다. 또한 이것은 경박하게 빈정거리며 들을 것이 아니라 심각하게, 경외심을 갖고 들어야 한다. 그래서 그는 "두려워 하며"라고 덧붙인다. 또한 투덜거리지 말고 침묵하며 들어야 하므로, 그는 "손을 입에 갖다 대게."라고 말한다.

그리고 마치 자신의 권위를 드높이려고 교만하게 말하는 것으로 보이지 않도록, 욥 자신도 이 문제가 드높음을 두려워한다는 것을 보여 주며 "나는 생각만 해도 소스라치고"(6절)라고 덧붙인다. 그는 이렇게 중대한 문제에서 진리를 그르치거나 하느님의 심판에 관하여 불경하게 말하게 될 것을 두려워하는 것이다. 그 두려움은 생각 속에서 그치지 않고 몸에까지 이른다. 그래서 그는 "전율이 내 몸을 사로잡는다네."라고 말한다. 몸도 영의 강한 격정에 영향을 받기 때문이다.

악인들의 성공

이러한 전제들로 그들의 주의를 끌기에 충분하므로 그는 이제 문제를 다루기 시작한다. 그리고, 초파르는 악인의 번영이라는 것이 있다 하더라도 그것은 곧 끝나고 그 번영이 불행으로 바뀌고 만다고 말했으므로,[2] 욥은 즉시 그러한 견해를 반대하며 "어째서 악인들은 오래 살며"(7절)라고 말한다. 악인이 날아가는 새처럼, 그리고 밤중의 환영처럼 곧 사라진다면[3] 어째서 그렇게 많은 악인이 오래 사는가? 또한, "위선자의 기쁨은 한순간뿐"[20,5]이고 그 후손이 곧 멸망한다면, 어째서 그들은 "드높아지고" 높은 자리에 오르는가? 마찬가지로, "그는 집어삼켰던 재물을 토해 내야" 한다면[20,15] 어째서 그들은 "재산으로 위로를 받는가?" 어째서 그들의 재산이 굳건해지는가?

또한 초파르가 "그의 자식들은 곤궁으로 몰락하고"[20,10]라고 말했던 것에 반대하여 그는 "자식들은 그들 앞에서"(8절)라고 말한다. 그 자식들이 보전되고 악인들이 그 자식들을 본다는 것이다. 그는 다른 가족들에 대해서도 같은 말을 덧붙인다. "후손들은 그들 눈앞에서 든든히 자리를 잡지." 이 말로 그는 두 가지의 번영을 가리킨다. "자리를 잡지"라는 표현으로 그 후손들이 죽음으로 없어지지 않는다는 것을 지칭하고, "그들 눈앞에서"라는 표현으로 그들이 유배나 다른 어떤 일로 멀어지지도 않는다는 것을 지칭하는 것이다.

안전한 집

다음으로 욥은 앞에서 말한 악인들의 번영을 하나하나 다룬다. 첫째로는 악인들 자신에 대해서, 그들이 불행을 겪지 않음을 말한다. "그들의 집"(9절) 곧 그들의 가족과 필요한 재산은 원수의 공격으로부터 "안전하고" 내부의 분열 없이 "평화롭

---

2) 참조. 20,5 주해.
3) 참조. 20,8 주해.

다." 그뿐 아니라 그들은 하느님의 징벌도 받지 않는다. 이 사실에 관하여 그는 "하느님의 회초리는 그들 위에 내리지도 않아"라고 덧붙인다. 그들은 현세에 사는 동안 하느님의 징계도 받지 않는 것이다.

재산의 증가

또한 욥은 악인들의 재산이 많아지는 것에 대해서도 말한다. 그들의 재산은 새끼를 낳지 못하거나 열매를 잃지 않는다. 그는 소들을 예로 드는데, 소는 고대인들에게 농경에 사용되기 때문에 가장 중요한 것이었다. 그래서 그는 "그들의 수소는", "영락없이 새끼를 배게 하고"(10절)라고 말하여 새끼를 못 낳는 것이 없음을 말한다. 가축이 새끼를 낳는 데에서 첫 단계가 수태이다. 두 번째는 태중에 수태된 태아가 형성되고 일정 기간 동안 임신되는 것인데, 그 임신은 유산으로 방해를 받을 수 있다. 이에 관련하여 그는 "그들의 암소는 유산하는 일 없이"라고 말한다. 세 번째는 출산이고, 이에 관하여 그는 "새끼를 낳고는"이라고 말한다. 수소와 암소는 같은 동물을 가리키는데, 두 가지 명칭을 모두 사용하는 것은 문장을 꾸미기 위해서 또는 운율을 위해서이다. 넷째는 새끼를 기르는 것이고, 이러한 역할에 대하여 그는 "잃는 일이 없지."라고 말한다. 새끼가 죽어 일찍 잃어버리는 일이 없다는 것이다.

행복한 자녀들

다음으로 욥은 악인들의 자녀들에 관련하여 그들의 번영을 말한다. 이에 관하여 그는 첫째로 자녀가 많음을 일컬어 "아이들을 양 떼처럼 풀어 놓으면"(11절)이라고 말한다. 죽음으로 아이들을 잃어버리지 않고, 많은 아이가 서로 화합하며 길거리로 걸어 나간다는 것이다. 둘째로 그는 그들의 건강에 관하여 "그 어린것들이 마구 뛰어논다네."라고 말한다. 그들은 질병에 시달리지 않는다. 셋째로 그는 그들의 교육에 대해 말하는데, 고대의 자유민은 교육의 일부로서 음악을 배웠으므로 그는 "손북과 비파에 맞추어 목청 돋우고 피리 소리에 흥겨워하며"(12절)라고 말한다. 그들은 스스로 잘 연주할 수도 있고 다른 이들의 음악을 듣고 판단할 수도 있도록 교육을 받는다.

고통 없이 살고 편안히 죽음

그러나, 누군가가 그들의 이러한 번영이 "한순간"[20,5] 지속될 뿐이라고 말하지 않도록 그는 그 반대로 "행복 속에 나날을 보내다가"(13절)라고 덧붙인다. 그들은 평생의 모든 날을 번영 속에 지낸다는 것이다. 그들은 인간의 공통된 조건의 결과로 마지막에는 죽음을 겪지만, 죽기 전에 미리 고통을 겪지는 않는다. 그래서 그는 "한 순간에 저승으로", 즉 죽음으로 "내려간다네."라고 덧붙인다.

위에서 그가 말했던[4] 구세주께서 오시기 전에 모든 고대인은 저승으로 내려갔지만,[5] 어떤 이들은 한 순간에 저승으로 내려간 것이 아니라 창세 37,35에서 "나는 슬퍼하며 저승으로 내 아들에게 내려가련다."라고 말했던 야곱처럼 살면서 겪는 역경들에 짓눌려 온갖 괴로운 일들을 통해서 저승으로 내려갔다. 그러나 죽을 때까지 번영을 누린 이들은 한 순간에 저승으로 내려간다.

---

4) 참조. 19,25 주해.
5) 참조. 7,9 주해.

무신론자들의 삶

　악인들이 그들이 저지른 수많은 악 속에서도 하느님을 사랑함으로써 또는 그분을 인정하거나 어떤 행위로 하느님을 섬김으로써, 아니면 최소한 그분께 현세 재산을 구함으로써 하느님으로부터 지상적 번영을 받을 수 있게 되었다고 대응할 수도 있다. 그러나 욥은 이러한 가능성을 배제하여 "그런데도 하느님께 이런 소리나 한다네"(14절)라고 덧붙인다. 그들은 분명한 마음으로 죄를 지으며, 확고한 악의에서 말하듯이 "우리 앞에서 비키십시오."라고 말한다. 사랑이 없는 것이다. "당신의 길을 안다는 것이 우리 마음에는 내키지 않습니다." 이것은 분명히 의도적으로 알지 않으려 하는 데서 나오는 지식의 결여이다. 여기서 주님의 길은 하느님께서 우리를 다스리시는 그분의 계명과 판단들을 가리킨다. 또한 "전능하신 분이 무엇이기에 우리가 그를 섬기며"(15절)라는 질문은 하느님을 무시하는 데에서 나오는 선행의 결여에 관련된 질문이다. "무슨 이득이 있다고 그에게 매달리리오?" 이는 희망을 갖고 있지 않아서 기도를 경멸하는 질문이다.

　이렇게 해서 욥은, 죄인들이 하느님으로부터 어떤 좋은 것을 받을 공로가 없는데도 현세의 삶에서 번영을 누리고 또한 큰 역경을 겪지도 않는다는 점을 들어, 현세적 번영이 언제나 덕에 대한 갚음이 아니고 현세적 역경이 언제나 죄에 대한 벌이 아님을 보여 줌으로써 그들의 견해를 매우 분명하게 논박한다.

지상적 번영은 하느님께로부터 온다

　여기서 어떤 이는 다음과 같이 이의를 제기할 수 있다. 번영이 죄인들의 몫이 된다면, 그리고 그들이 역경을 겪지도 않는다면, 악에서 돌아설 이유가 없지 않은가? 그래서 코헬 9,3은, "모두 같은 운명이라는 것. 그래서 인간의 아들들의 마음은 악으로 가득하다."라고 말한다. 그러나 욥은 이러한 이의에 대응하여, "그렇지만 그들의 행운은 그들 손에 달려 있는 게 아니지. 악인들의 뜻은 나와는 거리가 멀다네."(16절)라고 말한다. 여기서, 어떤 선들은 인간의 손에 즉 그들의 힘에 달려 있다는 것을 알아야 한다. 그러한 선들로서는 덕의 의지적 행위들이 있는데, 인간은 하느님의 은총으로 도움을 받은 자유의지를 통하여 그 행위들의 주인이 된다. 그러므로 덕 있는 사람은 그들이 원한다면 언제나 그러한 선을 가질 수 있고, 그래서 그러한 선들을 추구하는 계획을 받아들여야 한다.

그러나 현세적 번영이라는 선은 그것을 가진 사람의 힘에 달려 있지 않아서 원하면 그것을 얻거나 보유할 수 있는 것이 아니다. 그래서, 번영을 누리며 살기 위하여 하느님을 무시하고 정의를 무시하는 계획들은 거부되어야 한다. 그들은 이러한 수단으로 그들이 원하는 바를 이룰 수 없고 때로는 오히려 역경을 당하게 되기 때문이다.

불행이 악인들을 흩어버린다

더 나아가서, 악인의 역경은 의인의 역경보다 더 심하다는 것을 생각해야 한다. 의인이 현세적 역경을 겪을 때에는 덕과 하느님의 위로의 도움을 받을 수 있어서, 그는 완전히 멸망하지 않는다. 그러나 악인들에게서는, 그들이 자신들을 위하여 추구했던 유일한 것인 현세적 선들을 잃어버리고 나면 그들에게는 어떤 도움도 남지 않는다. 그래서 욥은 이렇게 덧붙인다. "악인들의 등불이"(17절) 즉 그들의 번영이 "꺼지고", 즉 끝에 이르고 "홍수가", 즉 폭풍같은 역경이 하느님의 심판으로 그들에게 "덮치며", 그리고 "당신 진노의", 즉 그분의 진노로부터 나오는 "고통을" "나누실 때마다", 즉 정해진 양대로 분배하실 때마다 그들은 "바람 앞의 검불과 같다네"(18절). 검불은 가벼워서 바람에 견디지 못하기 때문이다. 또한, "폭풍이 휩쓸어 가는 재와 같다네." 재는 나무가 타고 나서 남는 것으로서, 자신을 지탱할 수분을 지니고 있지 못하다. 이와 같이 악인들은 역경에 견디지 못한다. 그들은 하느님께 대한 희망이 없어 역경이 올 때 견디지 못하고, 덕이라는 수분이 없어 여러 가지 생각들로 흩어져 버린다.

아버지들이 자식들의 멸망을 본다

그 다음에 욥은 역경을 자녀들과 관련하여 고찰하면서 이렇게 덧붙인다. "하느님께서는 그를 위한 재난을 그 자식들에게 내리려 간직하시며"(19절). 아버지에 대한 벌은, 그 아버지의 악을 본받는 자식들에게까지 확장된다. 그리고 그 벌은 아버지가 세상을 떠날 때까지 유예되지 않고, 아버지가 살아서 그것을 알 때에 이미 이루어진다. 그래서 그는 "그분께서 갚으실 때에", 즉 하느님께서 자식들을 벌하실 때에 "그가", 아버지가 "깨달을 것이네."라고 말한다. "그의 눈이 그들의"(20절), 그 자식들의 "멸망을" 또는 다른 역경들을 보고 "그 자신이 전능하신 분의 분노를 마실 것이네." 그가 살아 있는 동안에 자식들이 벌을 받는다는 사실은 아버지가 받는 벌에 속하기 때문이다. 그래서 그는 이렇게 덧붙인다. "죽은 뒤에 그의 집안에 일어나는 일이 무슨 근심거리가 되겠나?"(21절). 그의 후손들이 벌을 받는다 해도, 특히나 죽은 후에 죄인이 그것을 알지 못한다면 그는 그것으로 고통을 받지 않는다는 것이다. 위의 14,21에서는 "그의 아들들이 영광을 누려도 그는 알지 못하고 그들이 비천하게 되어도 깨닫지 못합니다."라고 했었다. 또한, "그의 달수가 절반에서 잘라지고 만다면" 그것이 그에게 무슨 상관이 있겠는가? 그는 무슨 일이 일어나는지를 알지 못할 것이므로, 살아서 그 일로 고통을 받지 않을 것이다.

하느님께서는 모든 것을 아신다

> 22) 높은 이들을 심판하시는 분이신데 누가 하느님께 지식을 베풀 수 있겠는 가? 23) 어떤 이는 힘을 가지고 건강하며 부유하고 복되게 죽어 가지. 24) 옆구리는 굳기름으로 가득하고 뼛골은 아직도 싱싱한 채 말일세. 25) 그러나 어떤 이는 영혼의 쓰라림 속에 죽어 가지. 행복을 맛보지도 못한 채 말일세. 26) 그러면서도 둘 다 먼지 위에 드러누우면 구더기들이 그들을 덮어 버리지. 27) 그래, 나는 자네들의 생각을 알고 있네, 나를 해치려 꾸미는 그 속셈을 말일세. 28) 자네들은 "귀족의 집이 어디 있나? 악인들이 살던 천막이 어디 있나?" 하네만 29) 길손들에게 물어보지 않았나? 그들의 증언을 자네들도 부인하지는 못할 걸세. 30) 악한은 멸망의 날을 위하여 구원되고 진노의 날로 인도됨. 31) 누가 눈앞에서 그의 행적을 밝혀내고 누가 그가 행한 것을 되갚으리오? 32) 그가 묘지로 들려 가면 죽은 이들의 모임에서 그는 밤을 새울 것이네. 33) 코치투스의 자갈에게 그는 감미로웠지. 그 강은 모든 사람을 끌고 가고, 그를 앞서 간 자들도 무수하다네. 34) 그런데도 어떻게 자네들은 나를 헛되이 위로하려 하는가? 자네들의 대답은 진리에 위배되는 것으로 드러났네.(21,22-34)

욥은 위에서 악인들이 현세의 삶에서 때로는 번영을, 때로는 역경을 겪는다고 말했고, 이러한 상황이 사람들에게 의혹을 불러일으킨다.[6] 그래서 그는 이러한 의혹을 제거하기 위하여 이러한 상황이 하느님의 지식이 부족해서 일어나는 것이 아님을, 말하자면 어떤 사람이 번영을 누린다면 하느님께서 그의 악함을 알지 못하시기 때문이 아님을 말한다. 그래서 그는 "누가 하느님께 지식을 베풀 수 있겠는가?"(22절)라고 말한다. 하느님께서 누구에게 번영을 주시고 누구에게 역

---

6) 참조. 토마스의 서문도 보라.

경을 주실지 아시도록 다른 누가 그분께 인간의 공로에 대해 알려드릴 필요가 없다는 것이다.

그가 덧붙인 "높은 이들을 심판하시는 분이신데"라는 말은 두 가지로 적용될 수 있다. 첫째로는, 인간사에서 재판관이 피고의 행위를 알기 위하여 증인의 가르침을 필요로 하지만 하느님께서는 높은 이들, 즉 이 세상에서 번영을 누리는 이들을 심판하기 위하여 누구의 가르침을 필요로 하지 않으신다는 뜻이 될 수 있다.

둘째로는, 앞에서 한 말을 증명하는 것으로 이해될 수 있다. 하느님께서 모든 것을 아시고 다른 이들로부터 가르침을 받을 필요가 없으시다는 것은, 그분께서 아무리 높은 사람이라 하더라도 모든 사람을 심판하신다는 사실에서부터 명백하게 드러난다. 아무도 자신이 알지 못하는 것을 심판하지 않는다. 그러므로, 아무리 높은 사람이라 하더라도 하느님이 그에 대해서 알지 못하신다는 것은 불가능하다.

인간적 체험에서 제기되는 의문들

부유한 이들

먼저 하느님의 지식이 충분함을 말한 다음, 욥은 어떤 사람들은 죽을 때까지 번영을 누리고 어떤 사람들은 비참하게 죽어가는 인간사의 여러 가지 상황들에 관련하여 제기될 수 있는 의문거리들을 더 열거한다.

현세적 번영은 첫째로는 권력으로 이루어진다. 이러한 사실에 관련하여 그는 "어떤 이는 힘을 가지고 죽어 가지."(23절)라고 말한다. 둘째는 몸의 건강인데, 이러한 사실에 관련하여 그는 "건강하며"라고 덧붙인다. 셋째로는 외적 사물들의 풍요로움인데, 이에 관하여 그는 "부유하고"라고 덧붙인다. 넷째는 자신의 계획과 하는 일들의 성공인데, 이에 관하여 그는 "복되게"라고 덧붙인다. 어떤 사람들은, 기도

한 대로 모든 일이 잘 되는 사람을 복되다고 일컫기 때문이다.[7]

그리고, 넉넉할 뿐 아니라 넘칠 정도의 부유함을 나타내기 위하여 그는 "옆구리는 굳기름으로 가득하고"(24절)라고 덧붙인다. 기름기는 영양이 넘치는 데에서 생겨나는 것이기 때문이다. 또한 그의 권력이 여러 가지 도움으로 지탱됨을 보여 주기 위하여 "뼛골은 아직도 싱싱한 채"라고 말한다. 뼈는 힘을 나타내는데, 그 뼈의 힘은 골수로 지탱되기 때문이다.

불행한 이들

다음으로 그는 다른 사람들의 역경에 관한 관찰을 덧붙인다. "그러나 어떤 이는 영혼의 쓰라림 속에 죽어 가지"(25절). 물론 이 말은 신체적인 상해나 불행한 사건들로 받게 되는 내적인 고통을 나타낸다. 여기에 그는 외적인 사물들의 결핍을 가리키며 "행복을 맛보지도 못한 채 말일세."라고 덧붙인다.

죽어서는 모두 마찬가지다

그러나, 같은 공로를 가진 사람들이 살아서는 이렇게 차이가 나더라도, 적어도 육신에 관련된 것에서는 그들의 운명이 죽은 후에 달라진다고 말할 수 없다. 그들의 육신이 죽은 후에 같은 처지에 있게 될 것이기 때문이다. 그래서 그는 "그러면서도 둘 다 먼지 위에 드러누우면"(26절)이라고 말한다. 그들은 마찬가지로 땅에 묻힐 것이고, "구더기들이 그들을 덮어 버리지." 그들의 신체는 마찬가지로 썩어 버릴 것이다. 그러므로, 번영을 누리는 사람이나 역경을 겪는 사람이나 그들 사이에 어떤 차이가 있다고 할 근거가 없다. 그들의 공로나 잘못에 따라 죽은 후에 그들의

---

[7] Thomas, *ST* I-II.5.8, arg.3, 여기에서는 Augustine, *On the Trinity* XIII.5[PL 42, 1020]를 인용한다.

신체가 서로 다른 처지에 있게 되리라고 할 수 없는 것이다.

경험은 친구들이 틀렸다는 것을 증명한다

욥의 친구들은 위에 언급된 차이들이 공로의 차이에 근거한다고 주장했는데, 이는 경험의 증거에 반대된다. 어떤 죄인들은 번영을 누리고 어떤 이들은 역경을 당하기 때문이다. 그러므로 욥은 마치 그들의 견해가 그릇됨이 이미 입증된 것처럼 반박하며 덧붙인다. "그래, 나는 자네들의 생각을 알고 있네"(27절). 성급하게 욥을 단죄하려 했던 그들의 생각을 안다는 것이다. 그들의 말로 "나를 해치려 꾸미는 그 속셈을 말일세." 내가 겪고 있는 역경을 이유로 부당하게 나를 죄인이라고 비난하고 있기 때문이다. 그래서 "자네들은 '귀족의 집이 어디 있나? 악인들이 살던 천막이 어디 있나?' 하네만"(28절)라고 덧붙인다. 그들은 마치, 욥과 욥의 집안은 악인의 천막이 무너지듯이 그렇게 드높은 데서부터 몰락했다는 듯이 말했다는 것이다.

길손들이 그것을 확인해 준다

욥은 이렇게 그들의 견해가 부당함을 보여 준 다음, 스스로 진리를 확증하여 말한다. 먼저 그는, 그가 하려는 말이 새로운 것이 아니라 많은 사람들의 상식임을 말하여 "길손들에게 물어보지 않았나?"(29절)라고 덧붙인다. 나는 대단한 노력으로 증언을 찾은 것이 아니다. 그 증언은 길을 지나가는 사람 누구에게나 구할 수 있는 것이기 때문이다. 또는, 현세의 삶을 목적지가 아닌 길처럼 살아가는 이들을 길손들이라고 부르는 것으로 볼 수도 있다. "그들의 증언을 자네들도 부인하지는 못할 걸세." 내가 자네들에게 말하려고 하는 것과 같은 것을 그들도 알고 있음을 보게 될 것이다. 그러므로, 자네들이 모든 사람이 상식으로 여기는 진리를 부인한다면 변명의 여지가 없다.

악인은 내세에서 벌을 받을 것이다

그는 이 진리를 설명하여 말한다. "악한은 멸망의 날을 위하여 구원되고"(30절), 악인이 현세의 삶에서 벌을 받지 않는 이유는 그가 더 심하게 벌을 받을 다른 때를 위하여 그의 처벌이 유보되어 있기 때문이다. 그래서 그는 "진노의 날로 인도됨을."이라고 덧붙인다. 진노는 분노에 불이 붙은 것이므로,[8] 진노라는 말은 더 심한 보복을 가리킨다.

이어서 악인이 멸망과 진노의 날을 위하여 보존되는 이유를 보여 준다. "누가 눈앞에서 그의 행적을 밝혀내고 누가 그가 행한 것을 되갚으리오?"(31절).

여기서 그는 두 가지 이유를 들고 있는 것으로 보인다. 첫째는, 그에게 지혜가 너무 부족하여 벌을 받는다 해도 자신의 잘못을 배워 알지 못하고 징벌을 받으면서도 마치 부당하게 벌을 받고 있는 것처럼 불평을 할 것이기 때문이다. 그래서 그는 "누가 눈앞에서 그의 행적을 밝혀내고"라고 말한다. 누가 그로 하여금 자신의 죄스런 길을 깨닫게 하겠느냐는 것이다.

또 하나의 이유는, 현세의 처벌이 그렇게 큰 죄를 벌하기에는 충분치 않다는 것이다. 벌이 엄중하다면 곧 그 죄인을 죽게 만들 것이니, 현세의 삶에서 "누가 그가 행한 것을 되갚으리오?"

그래서 그는, 앞에서 언급한 멸망과 진노의 날은 현세에 있는 것이 아니라 죽은 후에 있는 것이라는 결론을 내린다. "그가 묘지로 들려 가면"(32절), 즉 그가 죽은

---

8) 참조. 19,11 주해.

다음에, 그는 영 안에서는 살아 있을 것이다. 이를 가리켜 그는 "죽은 이들의 모임에서 그는 밤을 새울 것이네."라고 말한다. 그가 육신의 죽음을 통해서는 잠을 자는 것으로 보인다 하더라도, 영혼의 삶을 통해서는 밤을 새운다는 것이다.

그들은 내세에서 고통을 겪을 것이다

그리고 악인이 죽은 후에 기쁨으로 건너가는 것으로 보이지 않도록, 그는 "코치투스의 자갈에게 그는 감미로웠지."(33절)라고 덧붙인다. 그는 길손들의 증언까지 들었으므로, 악인들이 죽은 후에 벌을 받는다는 진리를 사람들이 보통 하는 이야기의 형태로 제시한다. 저승의 강들 가운데 코치투스(Cocytus)라는 이름의 강이 있는데, 그 이름은 보통 비탄이라는 뜻으로 해석된다.[9] 악인들의 영혼은 여기로 가게 되고, 다른 강들이 자갈을 끌고 가듯이 그 강은 어떤 식으로 악인들의 영혼을 휩쓸어간다. 그래서 악인들에 대해서 "코치투스의 자갈에게 그는 감미로웠지."라고 말한다. 악인들이 그와 함께 있는 것을 좋아했으니, 그는 비탄에 잠겨 있는 악인들 사이에 함께 있게 될 것이라는 뜻이다.

헛된 위로는 소용이 없다

이 강이 사람들에게 미치는 영향에 대해 그는 "그 강은 모든 사람을 끌고 가고"라고 묘사한다. 모든 사람은 어떤 비탄 속에 죽는다. 그 강의 가장 안쪽에 있는 것은 죽은 다음에 있는 것이고, 그 앞에 있는 것은 현세의 삶 동안에 이루어지는 것

9] 참조. Gregory, *Morals on the Book of Job* XV.60[*PL* 75, 1118D].

들이다. 그러므로 그는 "그를 앞서 간 자들도 무수하다네."라고 덧붙인다. 비탄이 현세의 삶에서도 대부분의 사람들을 덮치기 때문이다.

이렇게 욥은 자신의 의견을 그 나름의 순서로 설명했다. 먼저 앞의 19,25에서 의인들의 희망은 내세의 삶의 갚음이라는 것을 보여 주었고, 반면 여기에서는 악인들에게는 죽은 후의 처벌이 남겨져 있다는 것을 표현한다.

이렇게 두 측면에서 반대자들의 견해를 반박한 다음 그는 이렇게 덧붙인다. "그런데도 어떻게 자네들은 나를 헛되이 위로하려 하는가?"(34절). 어찌하여 현세적 번영을 약속함으로써 나를 위로하려 하는가? "자네들의 대답은 진리에 위배되는 것으로 드러났네." 자네들은 보상과 징벌이 현세의 삶에서 주어진다고 주장했으나, 이는 위에서 여러 차례 반증되었기 때문이다.

22장

하느님께서는 오직 정의의 이름으로 징벌하신다

욥의 주제넘음

> 1) 테만 사람 엘리파즈가 말을 받았다. 2) 사람이 완전한 지식을 가졌다 해도, 그가 하느님과 비교될 수 있는가? 3) 자네가 의롭다 하여 전능하신 분께 무슨 낙이 되며 자네가 흠 없는 길을 걷는다 하여 그분께 무슨 득이 되겠나? 4) 하느님께서 두려움 때문에 자네를 꾸짖으시겠나? 자네와 함께 법정으로 가시겠나? 5) 자네의 악이 크지 않은가? 자네의 죄악에 끝이 없지 않은가? 6) 자네가 까닭 없이 형제들에게 담보를 강요하고 헐벗은 이들의 옷을 벗겼기 때문일세. 7) 자네는 목마른 이에게 물을 주지 않았고 배고픈 이에게 먹을 것을 거절하였네. 8) 자네는 팔의 힘으로 땅을 차지하고, 강력한 힘으로 그것을 소유하지. 9) 자네는 과부들을 빈손으로 내쫓고 고아들의 팔을 부러뜨렸네. 10) 그래서 그물이 자네 주위를 둘러치고 공포가 갑자기 자네를 소스라치게 한다네. 11) 자네는 어둠을 보지 않으리라고, 홍수물의 힘이[1] 자네를 억누르지 않으리라고 생각했지. 12) 하느님께서는 하늘 보다 높으시고, 별들의 끝보다 높이 계시지 않나? 13) 그런데 자네는 이렇게 말하는군. "하느님께서 무얼 아시리오? 먹구름을 꿰뚫어 심판하시겠는가? 14) 구름이 그분의 은신처요 그분은 우리의 은신처를 살피지 않으시며, 하늘의

---

1) 여기서 번역은 beta(1) gamma Rho 사본을 따른다.

경첩 주위를 돌아다니실 뿐이라네."(22,1-14)

복된 욥의 말이 끝났을 때, 엘리파즈는 그의 말들을 본래의 의도대로 받아들이지 않았다. 첫째로 엘리파즈는 욥이 그 문제의 드높음을 보여 주기 위하여 "내가 사람과 논쟁을 하는 것인가?"[21,4]라고 했던 것을, 그가 하느님과 다투려는 의도에서 그렇게 말한 것으로 받아들였다. 그래서 그는, 세 가지 점에서 그가 주제넘게 말했다고 책망한다.

하느님의 지식은 무한하시다

첫째로, 어떤 사람에게 토론이나 논쟁을 하려고 도전하는 것은 그가 진리에 대한 지식에서 자신과 비교될 수 있다고 보아 서로 대비함으로써 드러나 있지 않은 어떤 것이 밝혀질 수 있다고 여기기 때문이다. 그런데, 인간이 자신의 지식을 하느님의 지식과 비교하려 한다는 것은 대단히 주제넘은 일이다. 그래서 그는, "사람이 완전한 지식을 가졌다 해도, 그가 하느님과 비교될 수 있는가?"(2절)라고 말한다. 그렇지 않다는 것이다. 하느님의 지식은 무한하기 때문이다.

하느님께는 아무것도 유용하지 않다

둘째로, 어떤 사람에게 토론이나 논쟁을 하려고 도전하는 것은 그로부터 어떤 것을 받았기 때문에, 준 것과 받은 것을 비교하기 위해서이다. 그런데, 인간이 자신이 행하는 선한 일들이 하느님께 유용하다고 생각하는 것은 주제넘은 일이다. 그래서 시편 저자는 시편 15,2에서 "주님께 아룁니다. '당신은 저의 주님, 당신께서는 저의 재산을 필요로 하지 않으십니다."[2]라고 말한다. 그래서 그는 "자네가 의롭다 하여"(3절), 올바른 일들을 행한다 하여 "전능하신 분께 무슨 낙이 되며"라고 말하고, 또 "자네가 흠 없는 길을 걷는다 하여", 즉 죄를 짓지 않는 것으로 "그분께 무슨 득이 되겠나?"라고 말한다.

아무도 하느님을 두렵게할 수는 없다

셋째로, 어떤 사람에게 토론이나 논쟁을 하려고 도전하는 것은 더 상위의 권력이 그를 심판으로 부를 것을 두려워하기 때문인데, 하느님에 대해 이렇게 생각하는 것은 죄이다. 그래서 그는 "하느님께서 두려움 때문에"(4절), 즉 어떤 심판자를 두려워하여 자네를 고발하며 "자네를 꾸짖으시겠나?"라고 덧붙인다. 또한, 마치 동등한 사람처럼 소환되어 "자네와 함께 법정으로 가시겠나?"

욥에 대한 하느님의 심판은 정의롭다

다음으로, 욥은 그의 집이 "악인들이 살던 천막"[21,28]처럼 몰락했다고 말하던 그들의 견해가 불의하다고 말했으므로, 엘리파즈는 자신의 견해가 옳다는 뜻으로 "자네의 악이 크지 않은가? 자네의 죄악에 끝이 없지 않은가?"(5절)라고 덧붙인다. 하느님께는 두려움에서가 아니라 정의에 대한 사랑에서, 자네의 죄를 벌하기 위해서 징벌로 자네를 꾸짖으신다는 것이다. 여기서 '악'은 욥이 다른 이들에게 피해를 끼친 죄들을 가리키고 '죄악'은 정의의 일들을 행하지 않은 것을 가리킬 수 있다.

---

2) 이 구절에서 대중 라틴말 성경은 마소라 본문(시편 16,2)과 차이가 난다.

그래서 그는 그의 죄가 '크고' 그의 죄악이 '끝이 없다'고 말한다. 행함으로써 죄를 짓는 경우보다 행하지 않음으로써 죄를 짓는 경우가 더 많기 때문이다.

이웃을 거스른 악

여기서 엘리파즈는 이웃에게 행한 침해에 관련하여 한 가지 관찰을 덧붙인다. 때로는 정의라는 구실로 중상함으로써 이웃에게 악을 행한다. 그래서 그는 "자네가 까닭 없이 형제들에게 담보를 강요하고"(6절)라고 말한다. 자네는 담보 없이 형제를 신뢰할 수 있으니, 그렇게 해야 할 이유가 없었다는 것이다. 때로는 정의를 가장하지 않고 해를 끼치는데, 이러한 상황에 관하여 그는 "헐벗은 이들의 옷을 벗겼기 때문일세."라고 말한다. 이 말은 두 가지로 이해될 수 있다. 첫째로는, 그들의 옷을 벗겨서 그들을 아무것도 없이 헐벗게 만들었다는 뜻이 될 수 있다. 둘째로는, 그들이 헐벗고 충분한 옷이 없었는데 그들이 가진 적은 것마저 빼앗았다는 뜻이 될 수 있다.

궐함

그 다음으로는 선행을 행하지 않은 것에 관하여 말한다. "자네는 목마른 이에게 물을 주지 않았고"(7절). 이는 길에서 지쳐 갈증으로 시달리는 사람에게 물을 주지 않았다는 뜻으로, 수고하고 고통을 당하는 이들에게 도움과 위로를 주지 않았다는 것이다. "배고픈 이에게 먹을 것을 거절하였네." 이는 곤궁한 사람을 도와주지 않았다는 것이다. 물론 이 모든 것은 그가 한 개인으로서 범한 죄들에 대해 말한 것이다.

폭력적이고 불의한 군주

1. 이제는 그의 통치에 속하는 죄들이 언급된다. 그 가운데 첫 번째로 엘리파즈는, 욥이 정의를 통해서가 아니라 폭력으로 통치권을 얻었음을 말한다. "자네는 팔의 힘으로 땅을 차지하고"(8절). 이는 권력으로 땅의 소유권을 얻었다는 뜻이다.

권력의 남용

2. 둘째로는, 그가 종속자들을 정의를 통해서가 아니라 힘으로 다스린다는 것을 말한다. 지혜 2,11에서 "우리 힘이 의로움의 척도가 되게 하자."고 말하는 것과 같다. 그래서 그는 "강력한 힘으로 그것을 소유하지."라고 덧붙인다. 그가 큰 권력을 가지고 종속자들을 지배한다는 것이다.

편파적인 재판

3. 셋째로는 그의 판결이 불의하다는 것, 즉 그가 약한 이들에게 정당하게 해 주지 않는다는 것을 말한다. 그래서 그는 "자네는 과부들을 빈손으로 내쫓고"(9절)라고 덧붙인다. 과부들을 억누르는 이들에 대해 공정한 재판을 해 주지 않기 때문이다. 이사 1,23에서 "과부의 송사는 그들에게 닿지도 않는다."고 하는 바와 같다. 그뿐 아니라 그는 약한 이들을 억압했다. 그래서 "고아들의 팔을 부러뜨렸네."라고 덧붙인다. 그들이 조금이라도 힘이 있으면 그것을 없애려 했다는 것이다. 이는 시편 9,39의[3] "고아와 억눌린 이의 권리를 되찾아 주시고"에 반대된다.

---

[3] 마소라 본문은 10,13이다(역주. Yaffe의 각주에는 이렇게 되어 있으나, 『성경』에서는 10.18이다).

스스로 벌을 끌어들였다

그리고 그는 이러한 잘못들에 대한 갚음으로 욥이 겪게 되는 징벌들을 덧붙인다. "그래서 그물이 자네 주위를 둘러치고"(10절), 즉 사방에서 역경들이 그를 짓눌러, 그 속으로 떨어지고 나면 그는 도망칠 곳을 찾을 수 없을 것이다. 그리고 그 전에 도망을 칠 수도 없을 것이다. 갑자기 역경이 닥쳐올 것이기 때문이다. 그래서 "공포가 갑자기 자네를 소스라치게 한다네."라고 덧붙인다. 불행이 갑자기 덮칠 것이므로, 그는 또 다른 불행들을 두려워하게 될 것이다.

하느님을 피하겠다는 환상

이제 그는 역경들이 그에게 갑자기 닥치는 이유를 보여 준다. "자네는 어둠을 보지 않으리라고 생각했지"(11절). 즉 그는 어떻게 해야 할지 모르는 이런 의혹에 도달하게 되리라고 생각하지 않았다는 것인데, 이 상황을 그물로 나타낸 것이다. 다음으로 그는 그를 소스라치게 하는 두려움에 관하여 "홍수물의 힘이 자네를 억누르지 않으리라고 생각했지."라고 덧붙인다. 자네는 자네가 폭력을 당하리라거나 위에서 내려오는 수많은 역경을 겪으리라고는 결코 생각지 않았다는 것이다. 1테살 5,3에서 말하듯이, "사람들이 '평화롭다, 안전하다.' 할 때, 갑자기 그들에게 파멸이 닥칩니다."

어떤 사람이 자신이 죄에 대한 벌을 받지 않으리라고 생각하는 것은 하느님께서 인간사를 섭리하신다고 믿지 않기 때문이다. 아마도 엘리파즈는 이 원칙을 욥이 했던 말에 적용시키려고 했을 것이다. 욥은 "누가 하느님께 지식을 베풀 수 있겠는가?"[21,22]라고 말했었는데, 그는 이 말이 하느님의 지식이 부족함을 가리킨다고 오해했다. 그래서 그는, 욥이 하느님의 섭리를 부인한다는 것으로 여겼던 것이다.

하느님께서는 개별적인 것도 아신다

어떤 사람들은[4] 하느님의 실체가 드높다는 것 때문에 하느님께서 인간사를 아시고 섭리하신다는 것을 부인한다는 점을 생각해야 한다. 그들에 따르면, 하느님의 지식은 그분의 실체가 드높으신 것만큼 드높아서, 그분께서는 당신 자신만을 아신다. 그들은 그분의 지식이 하위의 사물에까지 확장된다면 그 지식의 가치가 낮아진다고 생각한다. 그래서 엘리파즈는 "하느님께서는 하늘 보다 높으시고"(12절)라고 말한다. 하느님께서는 피조 세계 전체보다 더 높으시고, 피조물 가운데 가장 높은 "별들의 끝보다 높이 계시지 않나?" 그리고 이러한 숙고의 결론을 덧붙인다. "그런데 자네는 이렇게 말하는군. '하느님께서 무얼 아시리오?'"(13절). 욥이, 하느님께서 그 하위의 사물들에 대해 무얼 아시겠느냐고 말한다는 것이다.

그러나 그런 사람들은 하느님께서 사물들에 대해 전혀 알지 못하신다고 하는 것이 아니라, 그것들을 보편적으로 아신다고 말한다. 예를 들어, 사물의 본성에 대해 아심으로써[5] 또는 보편적인 원인에 대해 아심으로써[6] 아신다는 것이다. 그래서 그는 욥이 "먹구름을 꿰뚫어 심판하시겠는가?"라고 말한다고 덧붙인다. 보편적으로만 아는 것은 불완전하게 아는 것이기 때문에, 그는 그러한 지식을 먹구름이라 부른다. 그것은 구름 속에서처럼 멀리서 본 것에만 의존하기 때문이다. 멀리서 구름 속에 있는 사람을 볼 때에는, 사람이 있다는 것은 알지만 그가 누구인지는 알 수 없다.

---

4) 참조. Averroes, *Aristotelis Metaphysicorum Commentrium* XI.51 (vol. 8, p. 335 I).
5) Thomas, *Super Libros Sententiarum* I, d.35, a.3, 여기서는 Averroes, *loc. cit.*[vol. 8, p. 337 A]을 인용한다.
6) Thomas, *Super Libros Sententiarum* I, d.36, q.1, a.1, 여기서는 Algazel, Metaphysics I, tr.3 and 5, sent.5[ed. Muckle (Toronto: Pontifical University of Mediaeval Studies, 1933), pp. 66, 71]을 인용한다.

인간 지식의 한계

이어서 그는 사람들 사이에서 일어나는 일들에서 취한 비유를 사용하는데, 어떤 장소에 숨어 있는 사람은 그 장소 밖에 있는 사람들을 보지 못하고 그들도 그를 보지 못한다. "구름이 그분의 은신처요 그분은 우리의 은신처를 살피지 않으시며"(14절). 말하자면, 그분께서 마치 구름 속에 감추어져 계시듯이 우리에게서 숨어 계시어 우리가 구름 위에서 일어나는 일을 온전히 알지 못하는 것과 마찬가지로, 그분께서도 우리에게 속한 일들이 마치 구름 아래 있는 것처럼 그것을 알지 못하신다는 것이다. 에제 9,9에서 어떤 사람들이 "주님께서는 이 땅을 버리셨다. 주님께서는 우리를 보고 계시지 않는다."라고 하는 것과 같다.

섭리에 관한 이단적 이해

그들은, 지상에 있는 사물들에는 많은 결함과 무질서가 있으므로 그것은 하느님의 섭리에 의해 다스려지는 것이 아니라고 주장한다. 흠 없는 질서가 유지되는 천상적 사물들만이 그 섭리의 다스림을 받는다는 것이다.[7] 그래서 "하늘의 경첩 주위를 돌아다니실 뿐이라네."라는 말이 뒤따른다. 문이 돌아가게 하는 것을 경첩이라 부른다. 그래서, 이 표현으로 그는 하늘이 하느님의 섭리로 움직이며 그 움직임으로부터 마치 문에서처럼 하느님의 섭리가 하위의 사물들에게 내려온다고 말힌다. 그들은, 하느님께서 인간사를 아시되 보편적으로만 아신다고 했던 것과 마찬가지로, 하느님께서 당신 친히 다스리시는 보편적인 원인들을 통해서만 인간사를 다스리신다고 말한다. 아마도 그 역시, 욥이 위에서 "높은 이들을 심판하시는

---

7) 참조. Maimonides, *Guide of the Perplexed* III.17, re Aristotle.

분"[21,22]이라고 말했던 것을 암시하려 했을 것이다.

하느님을 두려워하지 않음

> 15) 자네는 이 세상의 길을 따라가려는가? 사악한 인간들이 걸어간 그 길을? 16) 때가 되기도 전에 잡아채이고 그 터전이 강물에 휩쓸린 그들 말일세. 17) 그들은 하느님께 "우리 앞에서 비키십시오. 전능하신 분이라고 우리에게 무얼 할 수 있으리오?" 하였지만 18) 그들의 집을 좋은 것으로 채워 주신 분은 바로 그분이시지. 그렇지만 악인들의 뜻은 나와는 거리가 멀다네. 19) 의인들은 보고 즐거워하며 무죄한 이는 그들을 비웃네. 20) 그들이 오만이 꺾이지 않았는가? 그들에게 남은 것은 불이 삼켜 버렸다네. 21) 자, 이제 그분과 화해하여 평화를 되찾게. 그러면 자네에게 행복이 찾아올 것일세. 22) 그분 입에서 나오는 가르침을 받아들이고 그분의 말씀을 마음에 새겨 두게. 23) 자네가 전능하신 분께 돌아오면 회복될 걸세. 자네 천막에서 불의를 치워 버린다면 말일세. 24) 그러면 그분께서 흙 대신 부싯돌을, 부싯돌 대신 금의 강물을 주실 것이네. 25) 그러면 전능하신 분께서 자네의 원수들과 맞서시고 자네에게 은이 무더기로 쌓일 것이네. 26) 그러면 전능하신 분께서 자네의 기쁨이 되시고 자네는 하느님께 얼굴을 들게 될 것일세. 27) 자네가 그분께 기도하면 들어 주셔서 자네의 서원들을 채우게 될 걸세. 28) 자네가 일을 결정하면 이루어지고 자네의 길에 광명이 비칠 것이네. 29) 미천해진 사람은 영광스럽게 되고, 눈길을 돌린 사람은 구원을 받을 것이네. 30) 무죄한 사람은 구원을 받겠지만, 그는 자기 손의 결백함 덕분에 구원될 것이네.(22,15-30)

엘리파즈는 앞에서 한 말들로 욥이 하느님께서 인간사를 섭리하신다는 것을 믿지 않는다고 책망한 것으로 보인다. 이제 그는 다음으로 그 믿음이 결핍된 결과를 욥에게 돌린다. 하느님께서 인간사를 돌보신다고 믿지 않는 이들은 흔히 모든 일에서 자신의 뜻을 따르고, 하느님을 두려워하지 않는다. 그래서 그는 "자네는 이 세상의 길을 따라가려는가?"(15절)라고 덧붙인다. 눈으로 보이는 현세적 사물들만을 믿고 그래서 불의를 저지르는 사람들과 같은 길을 따라가려 하는가 묻는 것이다. 그래서 그는 "사악한 인간들이 걸어간 그 길을?"이라고 덧붙인다. 같은 길을 따른다는 말은 자주, 주저 없이, 의도적으로 어떤 길을 가는 사람을 지칭한다. 하느님의 섭리를 믿지 않는 이들은 자주, 확실하게, 의도적으로 불의를 행한다. 반면 하느님의 섭리를 믿는 사람은, 약함으로 인하여 때로 불의를 향한다 하더라도 이렇게 되지는 않는다.

즉각적인 징벌

그리고, 이렇게 하고서도 벌을 받지 않는다고 여기지 않도록 그는 "때가 되기도 전에 잡아채인 그들"(16절)이라고 덧붙인다. 그들은 자연적 수명이 다하기 전에 죽었다는 것이다. 그리고 그 원인은 "그 터전이 강물에 휩쓸린 그들 말일세."라고 말한다. 어떤 사람의 터전이란 그가 주로 희망을 두고 있는 것을 가리킨다. 이런 사람들은 하느님께 희망을 두는 것이 아니라 현세적 사물에만 희망을 두는데, 그것은 사물들이 변천하게 되어 있기 때문에 소멸된다. 그는 이를 강이라 부른다.

하느님을 거부함

이어서 그는 위에서 언급한 길이 무엇인지를 설명한다. "그들은 하느님께 '우리 앞에서 비키십시오' 하고"(17절). 그들은 스스로의 의지로 하느님과 그분의 영적 선들을 버린다. 또한 그는 이성에 있어서 그들의 부족함은 "'전능하신 분이라고 우리에게 무얼 할 수 있으리오?' 하였지만"이라고 일컬어진다. 인간사를 돌보는 것이 그분께 속한 일이 아니라면 그분은 인간에게 좋게도 나쁘게도 할 수 없으시다. 그러나 이는 전능하신 분이라는 개념 자체에 반대된다.

또한 그는 그들의 잘못을 강조하기 위하여 그들이 감사하지 않는다는 것을 덧붙인다. "그들의 집을 좋은 것으로 채워 주신 분은 바로 그분이시지"(18절). 현세적 선들은 하느님께서 인간에게 주신 것이기 때문이다. 그리고, 그들의 주장을 부인하며 그는 "그렇지만 악인들의 뜻은 나와는 거리가 멀다네."라고 덧붙인다.

의인과 악인의 서로 다른 운명

그러나 의인들도 악인들과 함께 멸망을 당할 수 있는 것으로 보이지 않도록, 엘리파즈는 이러한 가능성을 배제하여 "의인들은 보고 즐거워하며"(19절)라고 덧붙인다. 이 구절로, 의인들은 멸망하지 않고 행복을 누리리라는 것을 알게 된다. 그리고 의인들이 다른 이들의 파멸에 대해 기뻐했다는 것 때문에 그들이 의롭지 못하다고 여기지 않도록 그는 "무죄한 이는 그들을 비웃네."라고 덧붙인다. 그들은 무죄하므로, 자기들이 주장하는 바와 달리 멸망하게 될 악인들을 비웃을 수 있다. 이로써 의인들은 하느님의 정의를 기뻐하고, 이는 욥이 그들의 조롱에 탄식하듯 "내 말이 끝난 뒤에 비웃어도 좋네."[21,3]라고 말했던 바에 대응된다.

불이 교만한 자들을 삼킨다

또한, 악인들의 터전이 강물에 휩쓸렸다는 것을 아무도 의심하지 않도록, 그는 질문의 형태로 이 점을 명백한 것으로 제시한다. "그들이 오만이 꺾이지 않았는가?"(20절). 그들은 지상적 번영으로, 그리고 그들 자신의 교만으로 마치 나무 꼭대기처럼 하늘로 솟아오른 것으로 보였다. 그러나 나무가 자라 오르는 것이 베어짐으로써 중단되듯이, 악인들이 높이 오르는 것도 이러한 것들이 갑자기 사라짐으로써 중단된다.

때로는, 잘라진 나무가 위로는 자라지 못하지만 그래도 그 길이대로 남아있을 수도 있다. 그러나 거기에 불이 붙는다면 과거에 키가 컸던 흔적은 전혀 남지 않게 된다. 이와 마찬가지로, 악인이 죽거나 멸망한 다음 그 자손들도 역경의 불로 멸망하고 그의 재산은 사라질 것이다. 그래서 "그들에게 남은 것은 불이" 즉 시련이 "삼켜 버렸다네."라는 말이 뒤따른다. 야고 1,11에서 "해가 떠서 뜨겁게 내리쬐면, 풀은 마릅니다."라고 하는 바와 같다. 한 사람의 자녀들 또는 그가 남긴 재산이 "남은 것"이라 불린다.

욥은 하느님께 복종해야 한다

엘리파즈는 악인이 멸망하는 것이 그들이 하느님을 거슬렀기 때문이라고 말했으므로,[8] 욥이 그렇게 멸망하지 않도록 그는 "자, 이제 그분과 화해하여 평화를 되찾게."(21절)라고 말한다. 자네는 그분과 맞서 싸우려 했으므로 이 말들에 당황했을 것이고, "그러면" 즉 그분과 화해하여 평화를 되찾으면 "자네에게 행복이 찾아올 것일세." 그 화해의 결과로 가장 좋은 것을 얻을 수 있으리라는 것이다.

또한, 어떻게 그분과 화해해야 하는지를 보여 주기 위하여 "그분 입에서 나오는 가르침을 받아들이고"(22절)라고 덧붙인다. 인간사가 하느님의 섭리에 의해 다스려

---

[8] 참조. 16-17절 주해.

지지 않는다고 생각하지 말라는 것이다. 오히려, 그분 통치의 법에 따라 살아가야 할 것이다.

그리고, 어떤 사람들은 말로는 하느님 통치의 법을 고백하면서도 실천으로 따르지는 않으므로 그는 "그분의 말씀을 마음에 새겨 두게."라고 덧붙인다. 그분의 계명을 묵상하고 준수하라는 것이다.

하느님께 완전히 돌아감

이제 그는 그가 이렇게 행동함으로써 어떻게 "행복"(21절)을 얻을 것인지를 말한다. "자네가 전능하신 분께 돌아오면"(23절), 즉 그분의 전능하심을 믿고 거기에 복종한다면 "회복될 걸세." 자네의 번영하던 집이 무너졌으나 이제 다시 회복되리라는 것이다.

그리고, 어떻게 완전히 하느님께 돌아가야 하는지를 보여 주며 "자네 천막에서 불의를 치워 버린다면 말일세."라고 덧붙인다. 이 구절을 자구적으로 해석하기 위해서는, "만일"이라는 말을 넣어 이해해야 한다. 만일 자네가 자네의 천막에서 불의를 치워 버린다면, 그분께서 즉 하느님께서 "흙 대신 부싯돌을, 부싯돌 대신 금의 강물을 주실 것이네"(24절) 여기서 그가 한 말, 곧 "자네 천막에서 불의를 치워 버린다면"이라는 말은 앞에서 말했던 "자네가 전능하신 분께 돌아오면"을 설명해 준다. 그리고, 그는 "자네에게서 불의를 치워 버린다면"이라고 말하지 않고 "자네 천막에서"라고 말하여, 역경이 그 자신의 죄 때문만이 아니라 가족의 죄 때문에도 그에게 닥친 것임을 암시한다.

"그분께서 흙 대신 부싯돌을"이라는 구절은 "회복될 걸세."에 연결된다. 이 말은 회복이 이루어질 것임을, 그러나 이전보다 더 크게 복구될 것임을 뜻하는 것으로 이해된다. 그분께서는 잃은 것보다 더 큰 것들을 돌려주시리라는 것이다. 부싯돌은 흙덩어리보다 더 귀하고, 금은 부싯돌보다도 더 귀하기 때문이다.

다음으로 그는, 그가 회복되리라고 약속하는 선들이 무엇인지를 열거한다.

물질적 선

그 첫째는 하느님의 보호로부터 나오는 결과인 안전이다. "그러면 전능하신 분께서 자네의 원수들과 맞서시고"(25절), 그래서 그 원수들은 하느님께서 회복시켜 주실 것을 다시 약탈할 수 없을 것이다. 둘째는 많은 재산이다. "자네에게 은이 무더기로 쌓일 것이네." 은이라는 단어는 재산을 의미한다. 돈이 보통 은으로 만들어졌기 때문이다.

영적 선

물질적 선만을 약속하는 것으로 보이지 않도록 이어서 영적 선들에 대한 약속도 덧붙이는데, 그 가운데 첫째는 그가 하느님을 사랑하고 그분에 대해 기뻐할 수 있으리라는 것이다. 그래서 "그러면 전능하신 분께서 자네의 기쁨이 되시고"(26절)라는 말이 뒤따른다. 자네가 그분과 화해하면 그분 안에서 기뻐할 수 있으리라는 것이다. 그리고 사람은 자신이 좋아하는 것을 바라보기를 기뻐하므로 그는 "자네는 하느님께 얼굴을" 즉 정신을 "들게 될 것일세."라고 덧붙인다. 하느님께 얼굴을 드는 것은 그분을 자주 관상하기 위해서이다. 그리고 이 관상으로부터, 그분께 돌아갈 신뢰를 얻게 될 것이다. 그래서 그는 "자네가 그분께 기도하면"(27절)이라고 덧붙인다. 그 기도는 헛되지 않을 것이어서, "들어 주셔서"라는 말이 뒤따른다. 그런데, 하느님께서 기도를 들어 주신 사람들은 흔히 하느님께 청하며 했던 서원을 채운다. 그래서 그는 "자네의 서원들을 채우게 될 걸세."라고 덧붙인다. 이는 기도를 들어 주실 것이라는 표지이다.

계획의 성공

다음으로 엘리파즈는 욥의 계획들이 성공을 거둘 것임을 약속하며 이렇게 덧붙입니다. "자네가 일을 결정하면"(28절), 즉 자네의 계획으로 어떤 것이 어떻게 되도록 정하면 "이루어지고", 그 결정은 실패하지 않을 것이다. 그리고, 무엇을 선택해야 할 것인지 불확실하지 않도록 그것도 자네에게 드러날 것이다. 그래서 그는 "자네의 길에 광명이 비칠 것이네."라고 덧붙인다. 어떤 길로 나아가야 할 것인지 분명하게 나타나리라는 것이다.

겸손과 결백은 상급을 받을 것이다

이제 그는 이러한 약속들의 근거를 보여 주며 이렇게 덧붙인다. "미천해진 사람은"(29절), 즉 하느님께 의지를 복종함으로써 겸손해진 사람은 "영광스럽게 되고" 하느님으로부터 영광을 받을 것이고, "눈길을 돌린 사람은" 즉 하느님께 교만하고 어리석은 마음을 품지 않도록 이성을 통하여 눈길을 돌린 사람은 "구원을 받을 것이네." 그는 불행에서 해방되고 행복을 누릴 것이다.

그러나 구원을 위해서는 내적인 의지와 이성의 겸손만이 아니라 외적인 행동의 결백함도 요구된다. 그래서 그는 "무죄한 사람은 구원을 받겠지만"(30절)이라고 말하고, 그가 구원을 받게 되는 공로를 가리켜 "그는 자기 손의 결백함 덕분에", 즉 행위의 무죄함 때문에 "구원될 것이네."라고 덧붙인다.

여기서 엘리파즈는 욥에게, 위에서 그가 했던 것처럼[9] 그가 회개한다면 선한 사람에게나 악한 사람에게나 공통적으로 주어질 수 있는 것인 현세적 선들만을 약

---

[9] 참조. 5,17-26 주해.

속하는 것이 아니라 선한 사람들의 고유한 속성인 영적 선들을 약속하고 있음을 고찰해야 한다. 그러나 아직도, 현세의 삶에서만 이를 약속하고 있다.

23장

욥은 그의 하느님께서 멀리 계시다고 느낀다

그릇된 비판을 받은 욥의 쓰라림

1) 욥이 말을 받았다. 2) 오늘도 나는 쓰라림 속에서 말하고, 나를 치는 손은 내 탄식 위에 더 무거워지는구려. 3) 아, 누가 나에게 그분을 알고 그분을 찾아 그분의 옥좌까지 가게 해 주려나? 4) 그분 앞에 소송물을 펼쳐 놓고 내 입을 변론으로 가득 채우련마는. 5) 그분께서 나에게 어떤 답변을 하시는지 알아듣고 그분께서 나에게 무슨 말씀을 하시는지 이해하련마는. 6) 그분께서 그 큰 힘으로 나와 대결하시거나, 그 위대하심으로 나를 누르시는 것을 원하지는 않네. 7) 그분께서 나에게 공정을 보이시고 나의 판단이 승리를 얻는다면. 8) 그런데 동녘으로 가도 그분께서는 계시지 않고 서녘으로 가도 그분을 찾아낼 수가 없구려. 9) 왼쪽으로 가도, 내가 무엇을 하리오? 그분을 알 수 없고 오른쪽으로 가도 그분을 뵐 수 없구려. 10) 그분께서는 내 길을 알고 계시니 불을 통과하는 금처럼 나를 시험하실 것이네. 11) 내 발은 그분의 발자취를 놓치지 않았고 나는 그분의 길을 지켜 빗나가지 않았네. 12) 그분 입술에서 나온 계명을 벗어나지 않았고 내 가슴에 그분 입에서 나온 말씀을 간직하였네. 13) 그러나 그분은 유일하신 분, 아무도 그분의 생각들을 살필 수 없다네. 그분께서 원하시면 해내고야 마시거늘. 14) 나에 대해 결정하신 바를 마무리하시리니 이런 일들이 그분께는 많기도 하다네. 15) 그러니 그분 앞에서 내가 소스라치고 생각만 해도 그분을 무서

> 워할 수밖에. 16) 하느님께서는 내 마음을 여리게 만드시고 전능하신 분께서는 나를 소스라치게 하신다네. 17) 정녕 나는 어둠 앞에서 멸망해 가고 내 앞에는 암흑만 뒤덮여 있을 따름이네.(23,1-17)

앞에서 한 말들에서 엘리파즈는 욥을 두 가지로 책망한 것으로 보인다. 그 첫째는 그가 벌을 받은 것이 그의 많은 죄악 때문이라는 것이고, 둘째는 그가 하느님의 섭리를 의심하거나 심지어 부인했다는 것이다.[1] 사람들은, 그릇된 비판을 받을 때 보통 슬픔에 빠진다. 그래서 욥은 자신이 이런 죄가 있다고 인정하지 않으므로 "오늘도 나는 쓰라림 속에서 말하고"(2절)라고 말한다. 앞서 나를 비판하여 나를 슬프게 만들었듯이 지금도 그렇게 하고 있으니, 나는 괴로움 속에서 말할 수밖에 없다는 것이다. 또한 이미 고통을 받고 있는 사람에게 어떤 고통이 새롭게 더해질 때에는 이전의 고통들이 다시 기억 속에 떠오르고, 그 결과로 현재의 탄식이 더 심해진다. 그래서 그는 "나를 치는 손은", 즉 내가 이미 겪은 역경의 힘은 "내 탄식 위에 더 무거워지는구려."라고 말한다. 그 역경이 지금의 탄식을 더 심하게 만든다는 것이다.

주제넘은 비판

욥은 먼저 엘리파즈가, 욥의 악함 때문에 벌을 받은 것이라고 말했던 것에 대답한다. 욥은 자신이 하느님의 심판으로 벌을 받는 것임을 인정했었다. 그래서 그는 위의 16,12에서 "하느님께서는 나를 악당에게 넘기시고"라고 말한 것이다. 그러므로, 그가 벌을 받은 이유를 묻는 것은 하느님께서 심판하신 이유를 묻는 것이고 물론 그 이유는 하느님 외에는 아무도 알 수 없다. 이러한 상황을 볼 때, 엘리파즈

---

[1] 참조. 22,5.12 주해.

가 욥이 자신의 악함 때문에 벌을 받은 것이라고 주장한 것은 주제넘은 비판임이 분명하다. 그래서 욥은 이 점에 대해 엘리파즈와 논쟁하려 하지 않고, 홀로 당신 심판의 이유를 아시는 하느님과 토론하려 한다. 욥이 자신의 큰 죄악 때문에 벌을 받은 것이었다면, 그는 하느님의 심판을 받은 것이라고 여길 수 있었을 것이다.

어떤 재판관에 의하여 심판을 받은 사람들은 보통 먼저 그 재판관에게 가는데, 그가 어디에 있는지를 알지 않고서는 그에게 갈 수 없다. 그리고, 먼저 그가 누구인지를 알지 않고서는 그것마저도 할 수 없다. 전혀 알지 못하는 것을 찾고 발견할 수는 없기 때문이다. 그래서 그는 "아, 누가 나에게 그분을 알고 그분을 찾아 그분의 옥좌까지 가게 해 주려나?"(3절)라고 말한다. 욥은 하느님께서 자신의 지식을 능가하심을 알았고, 그래서 그분의 옥좌에까지, 즉 그분의 심판에 대한 온전한 지식에까지 이르는 길을 스스로 완전히 찾아낼 수 없음을 알고 있었다.

욥은 하느님의 재판을 바란다

재판관에게 심판을 받은 사람이 재판관에게 도달하면, 보통 그는 자신의 소송이 올바름을 변호한다. 그래서 그는 "그분 앞에 소송물을 펼쳐 놓고"(4절)라고 말한다. 나는 내 소송에 대한 올바른 판결이 어떠해야 하는지를 주장하리라는 것이다. "내 입을 변론으로 가득 채우련마는." 이것은 물론 하느님의 심판이 부당하다고 믿는다는 것이 아니라, 토론자들이 진리를 더 온전하게 이해하기 위하여 다른 사람들의 진술에 이의를 제기하듯이 질문을 하는 방식이다. 그래서 그는 "그분께서 나에게 어떤 답변을 하시는지 알아듣고"(5절)라고 덧붙인다. 이 구절은 대답이 진리임을 인정하는 것이다. "그분께서 나에게 무슨 말씀을 하시는지 이해하련마는." 이 구절은 그 말씀을 이해하는 것에 관련된다. 그에게 하는 말을 이해하지 못하고서는 그것이 참인지를 알 수 없기 때문이다.

공정에 대한 목마름

위에서 욥의 친구들은 하느님의 심판을 지지하려는 듯이 하느님의 힘과 위대하심을 자주 말했었다. 초파르는 위의 11,8에서 "그분께서 하늘보다 높으신데 자네가 어찌하겠는가?"라고 말했고 그에 이어서 다른 진술들도 했었다. 이러한 대답을 배제하여 욥은 "그분께서 그 큰 힘으로 나와 대결하시거나, 그 위대하심으로 나를 누르시는 것을 원하지는 않네."(6절)라고 말한다. 그런데, 하느님의 능력과 위대하심이 나에게 맞서서만 제시된다는 대답은 나를 만족시키지 않는다. 그분은 가장 강하시고 위대하시므로, 또한 가장 정의롭고 공정을 사랑하시는 분이시기 때문이다. 그래서 그는 "그분께서 나에게 공정을 보이시고"(7절)라고 덧붙인다. 공정에 근거한 이유가 밝혀진다면, 나는 나의 악함 때문에 벌을 받은 것이 아님이 드러날 것이다. 그러므로 그는 "나의 판단이", 내가 자네들과 논쟁하고 있는 근거인, 내가 죄 때문에 벌을 받는 것이 아니라는 판단이 "승리를 얻는다면."이라고 말한다.

그리고 욥이 "누가 나에게 그분을 알고 그분을 찾아 그분의 옥좌까지 가게 해 주려나?"(5절)라고 말했다고 해서 그가 하느님께서 물리적인 공간 안에 갇혀 계시다거나 피조물을 통해 충분히 알려지신다고 믿는다고 여기지 않도록, 그는 "동녘으로 가도 그분께서는 계시지 않고"(8절)라고 덧붙인다.

하늘의 부분들

아리스토텔레스에 따르면[2] 하늘에는 여섯 가지 위치가 구별된다는 점을 생각해야 한다. 그것은 위와 아래, 왼쪽과 오른쪽, 앞과 뒤이다. 창공 전체의 운동은 분

---

2) *On the Heavens* II.2, 284b 21ff.

명 동쪽에서 시작된다. 그런데 동물에게서는, 운동의 시작은 오른쪽이다. 그러므로, 창공의 운동을 동물의 운동처럼 상상한다면 우리는 하늘의 오른쪽을 동쪽에, 왼쪽을 서쪽에, 위를 남쪽에, 아래를 북쪽에 둘 것이며 앞을 위쪽 반구에, 뒤를 아래쪽 반구에 둘 것이다. 말하자면, 어떤 사람이 오른손으로 하늘을 동쪽에서부터 위쪽 반구로 움직인다고 상상한다면, 그의 머리는 남쪽을 향할 것이고 발은 북쪽을 향할 것이다. 그 사람의 앞쪽은 위쪽 반구를 향하고 뒤쪽 즉 그의 등은 아래쪽 반구를 향할 것이다.[3]

그러나 어떤 사람들은[4] 인간 몸의 배치를 생각하지 않고 오히려 하늘의 운동 순서를 고려하여, 하늘의 윗부분이 동쪽이라고 보았다. 운동이 거기서 시작하기 때문이다. 그러나 그들은 하늘의 오른쪽이 남쪽이라고 보았는데, 이것은 우리에게 있어서 별들의 운동이 향해가는 방향이다. 그러므로, 반대로 서쪽은 하늘의 아래쪽 반구가 되고, 북쪽은 하늘의 왼쪽으로 이해된다.

욥의 말도 이러한 방식으로 진행되는 것으로 보인다. 그는 오른쪽과 왼쪽을 동쪽과 서쪽에 대립되는 것으로 구분하고 있기 때문이다.

하느님께서는 장소적으로 한정되지 않으신다

하늘의 어떤 부분에도 하느님께서는 장소적으로 한정되어 계시지 않다는 것은 단순하게 이해될 수 있다. 그래서 그 의미는 다음과 같다. "동녘으로 가도 그분께서는 계시지 않고", 장소적으로 거기에 계신 듯이 더 가까이 나타나지 않으신다. "서녘으로 가도 그분을 찾아낼 수가 없구려." 거기 더 가까이 계시고 거기 한정되

---

3) 참조. Averroes, *De Coelo Commentarium* II.13 [vol. 5, p. 102 H].
4) 참조. Aristotle, *loc. cit.* 3, 285b 23ff.

어 계신 듯이 그분을 알 수는 없다. "왼쪽으로 가도"(9절), 즉 북쪽으로 가도 "내가 무엇을 하리오? 그분을 알 수 없고." 이는 그분께서 물질적으로 그곳에 위치해 계시지 않기 때문이다. "오른쪽으로 가도", 즉 남쪽으로 가도 "그분을 뵐 수 없구려." 마치 그곳에 계신 듯이 그분을 뵐 수는 없다.

다른 뜻으로는, 이 말들은 하느님을 한 장소에 자리하게 하는 것을 배제하기 위해서가 아니라 하위의 결과들로부터 충분히 그분을 찾아낼 수 없음을 말하기 위해서 도입된 것일 수 있다.

창공의 운동

물질적 사물들에 나타나는 결과들 가운데 가장 보편적이고 큰 것이 창공의 운동이다. 그러나, 이 운동의 시작은 분명히 동쪽에서 나타나지만 그것이 하느님 능력의 무한하심을 충분히 드러내지는 못한다. 그래서 그는 "동녘으로 가도", 즉 내가 고찰을 하는 데서 창공의 운동의 시작을 살핀다 해도 "그분께서는 계시지 않고", 그 고찰을 통해서 충분히 드러나지 않으신다고 말한다.

별들

하느님의 능력이 물질적 사물들에 비치는 두 번째 결과는, 창공의 운동에 반대되는 별들의 운동이다.[5] 그 시작은 서쪽에 있는데, 하느님의 능력은 이 운동으로부터도 충분히 고찰될 수 없다. 그래서 그는 "서녘으로 가도", 즉 내가 서쪽으로 가

---

5) 참조. *Ibid.*, 285b 31ff.

서 별들의 운동의 시작을 고찰한다 해도 "그분을 찾아낼 수가 없구려."라고 덧붙인다. 그는 매우 분명하게 말한다. 이 운동은 눈으로 명백하게 보이는 것보다는 별들의 위치의 차이로부터 이해되는 것이기 때문이다.

그러나 북쪽에서부터 시작되는 것은 암흑 밖에는 없는 것으로 보인다. 태양은 결코 북쪽으로 다가가지 않기 때문이다. 그런데 암흑은 운동을 방해한다. 요한 9,4에서는 "이제 밤이 올 터인데 그때에는 아무도 일하지 못한다."고 말한다. 그래서 그는 "왼쪽으로 가도", 즉 내가 고찰을 계속한다 해도 "내가 무엇을 하리오?"라고 덧붙인다. 나는 아무런 행위가 없음을 찾아낼 뿐이고, 거기에서 그분을 알 수 있는 흔적은 찾을 수 없을 것이다. 그래서 그는 어떤 식으로도 "그분을 알 수 없고"라고 덧붙인다.

그러나 남쪽에서는 우리에게 빛이 시작된다. 천체들이 우리에게 그쪽에서부터 나타나기 때문이다. 그래서 그는 "오른쪽으로 가도", 즉 하늘의 남쪽으로 가도 "그분을 뵐 수 없구려."라고 말한다. 나는 거기에서 물리적인 빛을 발견하겠지만, 그것으로도 그분은 뵐 수 없다는 것이다.

하느님께서는 우리의 모든 것을 보신다

그분께서는 이렇게 나에게 파악되지 않으시지만, 나에 관련하여 일어나는 일들은 그분을 벗어나지 않는다. 그래서 그는 "그분께서는 내 길을 알고 계시니"(10절)라고 덧붙인다. 그분께서 내 삶의 모든 일을 아신다는 것이다. 욥은, 엘리파즈가 그를 악인으로 여기며 "구름이 그분의 은신처요 그분은 우리의 은신처를 살피지 않으시며"[22,14]라는 악인들의 주장을 욥에게 돌렸던 것을 반박하여 이 말을 하는 것으로 보인다.

불을 통과하는 금처럼 시험을 받음

그리고, 누군가 "그분께서 자네의 길을 아신다면 그분은 자네의 죄 때문에 자네를 벌하신 것이네."라고 말할 수 있으므로, 그는 "그분께서는 불을 통과하는 금처럼 나를 시험하실 것이네."라고 대답한다. 여기에서 처음으로 그는 자신이 역경을 겪는 이유를 명시적으로 설명한다. 역경이 그에게 온 것은, 불을 견디는 것이 금으로 입증되듯이 역경의 결과로 그가 사람들에게 입증될 수 있기 위해서이다. 금이 불을 거친다고 해서 진짜 금이 되는 것이 아니라 그것이 진짜 금이었음이 사람들에게 드러나는 것이듯이, 욥이 역경으로 시험을 받는 것은 그의 덕이 하느님 앞에 드러나기 위해서가 아니라 사람들 앞에 드러나기 위해서이다. 그는 "나를 시험하실 것이네."라고, 미래의 시험까지 인내로이 견디겠다는 태도를 보인다.

자연법

욥은 그의 삶의 올바름을 통하여, 그가 이전의 죄 때문에 벌을 받은 것이 아님을 입증한다. 여기에서, 모든 것은 그 자체의 법칙에 부합됨으로써 올바름을 보여 준다는 것을 생각해야 한다. 인간 삶의 법칙은 두 가지이다.

첫째는 인간의 정신 안에 하느님께서 새겨 주신 자연법이다. 이로써 인간은, 하느님의 신하심과 닮아 신한 것이 무엇인지를 본성직으로 이해한다.

1. 이 첫 번째 경우에 있어서, 인간은 자신의 능력에 비례하여 자신의 감정과 행위에서 하느님 선하심의 작용을 본받는다는 것에 주의해야 한다. 마태 5,48에서 "하늘의 너희 아버지께서 완전하신 것처럼 너희도 완전한 사람이 되어야 한다."고 말하고 에페 5,1에서 "사랑받는 자녀답게 하느님을 본받는 사람이 되십시오."라고

하는 바와 같다. 그래서 그는 "내 발은"(11절) 즉 나의 의지는[6] – 우리의 행위는[7] 그 의지를 따르는 것인데 – "그분의 발자취를" 즉 비록 작은 부분이라 하더라도 하느님의 선하심의 유사성을 "놓치지 않았고" 모방했다고 말한다.

2. 둘째로, 마음을 다하여 하느님을 본받고자 노력하는 것이 필요하다. 그래서 그는 "나는 그분의 길을 지켜"라고 말한다. 그 길에서 벗어나지 않도록 주의했다는 것이다.

3. 셋째로는, 그 길에 항구하며, 부분적으로가 아니라 온전히 거기에 머무는 것이 필요하다. 그래서 그는 "빗나가지 않았네."라고 덧붙인다. 어떤 부분에서도 거기서 떠나가지 않았다는 것이다.

실정법

인간 생활의 둘째 법칙은 신적으로 전수된 외적 법이다. 인간은 이를 거슬러 두 가지로 죄를 짓는다. 첫째로는 그 법을 무시함으로써인데, 이 죄에 대하여 그는 "그분 입술에서 나온 계명을 벗어나지 않았고"(12절)라고 말한다. 어떤 계명들은 하느님께서 노아에게, 그리고 하느님께서 그들의 입을 통해 말씀하신 다른 거룩한 사람들에게 주신 것이다. 둘째로는 하느님의 법을 모름으로써 또는 잊음으로써 죄를 짓는다. 이에 관하여 그는 "내 가슴에", 즉 내 마음 속 깊은 곳에 "그분 입에서 나온 말씀을 간직하였네."라고 덧붙인다. 시편 118,11에서(『성경』은 119,11) "당신께 죄를 짓지 않으려고 마음속에 당신 말씀을 간직합니다."라고 하는 바와 같다.

---

[6] *affectus*. 참조. 31,5 주해. *ST* T.82.5, ad 1.
[7] *operandi*. 참조. 30,12 주해("작용하는").

하느님은 유일하시다

그리고, 누군가가 욥이 자신의 삶이 올바르다는 근거로 제시한 이 증거가 부적절하다고 말하지 않도록, 이어서 그는 하느님의 뜻은 파악할 수 없기 때문에 하느님의 심판에 관하여 절대적으로 분명하고 확증적인 증거는 제시될 수 없다는 것을 밝힌다. 그래서 그는 "그러나 그분은 유일하신 분"(13절)이라고 덧붙인다. 피조물 가운데 그분을 이해할 수 있는 그분과 유사하거나 동등한 존재가 없으며, 따라서 그분의 뜻도 알 수 없다는 것이다. 그래서 그는 "아무도 그분의 생각들을", 즉 그분 심판의 결정들을 "살필 수 없다네", 즉 분명하게 알 수 없다고 말한다. 그리고, 그분의 결정을 파악할 수 없는 것과 마찬가지로 또한 어떤 피조물도 그 결정에 저항할 수 없다. 그래서 "그분께서", 즉 그분의 뜻이 "원하시면 해내고야 마시거늘."라는 말이 뒤따른다. 그래서 아무도 저항할 수 없다는 것이다.

하느님 계획의 두려움

때로는, 특히 지혜로운 사람의 경우 자신의 능력으로 자기 의지를 다스리려 하지만 어느 정도에서 더 이상은 할 수 없는 경우가 있다. 욥은 하느님께 대하여 이러한 가능성을 배제한다. "나에 대해 결정하신 바를 마무리하시리니 이런 일들이 그분께는 많기도 하다네"(14절). 다른 말로 하면, 그분께서 나를 더 이상 역경 속으로 이끌지 않으신다면 그것은 그분께서 더 이상 하실 수 없으시기 때문이 아니니 더 이상을 원하지 않으시기 때문이다. "그러니"(15절), 즉 그분께서는 더 할 수 있는 능력이 있으시고 나는 그분께서 더 계속하기를 원하시는지 말할 수 없으므로 나는 "그분 앞에서 내가 소스라치고", 두려움으로 혼란스럽다. 그러니 그분의 능력을 "생각만 해도 그분을 무서워할 수밖에." 이는 그분께서 더 심한 역경으로 나를 시험하실 것을 두려워하는 것이다.

슬픈 체험

이어서 그는, 이렇게 두려움을 느끼는 이유로 하느님께서 치시는 것을 체험했다는 사실을 든다. "하느님께서는 내 마음을 여리게 만드시고"(16절), 나의 안전을 빼앗아 가시고 "전능하신 분께서는 나를 소스라치게 하신다네." 그분께서 당신의 전능하심으로 현재의 불행에 대한 슬픔과 미래의 불행에 대한 두려움으로 자신을 혼란에 빠뜨리셨다는 것이다.

미래에 대한 공포

이제 욥은, 자신의 잘못을 의식하지 않으면서도 미래를 두려워하는 이유를 말한다. "나는 임박한 어둠 때문에도"(17절), 즉 오류나 죄 때문에도 "멸망하지 않았고" 역경을 견뎌 냈다. 예를 들어 어떤 사람이 분명한 악의로 죄를 지을 때에는, 어둠이 사람의 마음속에 자리를 잡아 그를 위협한다.

그런데 때로는 한 사람 안에서 악이 확고하게 뿌리를 내리지 않으면서도 사욕편정이나 분노 등의 갑작스런 충동으로 죄를 짓게 한다. 욥은 자신에게서 이러한 가능성을 배제하며 "암흑이 내 얼굴을 덮지도 않았네."라고 덧붙인다. 특정한 일에 대한 판단이 격정으로 인하여 현혹될 때에는 이성의 눈이 흐려지기 때문이다.

24장

세상에서는 불의한 자들이 성공한다.
하느님은 그들의 편이신 것처럼 보인다

하느님은 시간 안에 사는 인간을 아신다

1) 시간은 전능하신 분께 감추어져 있지 않으나, 그분을 아는 이들은 그분의 날들을 알지 못하네. 2) 사람들은 경계선을 밀어내고 가축 떼를 빼앗아 기르며 3) 고아들의 나귀를 끌어가고 과부의 소를 담보로 잡는데. 4) 가난한 이들을 길에서 내쫓으며 그 땅의 온유한 사람들을 억누르네. 5) 그들은 광야의 들나귀처럼 일하러 나가네. 그들은 약탈하려고 눈을 밝히고 자식들을 위해 양식을 장만하네. 6) 그들은 남의 땅에서 추수하고 폭력으로 억누른 사람의 포도를 따 들이네. 7) 옷을 빼앗아 알몸으로 추위에 덮을 것도 없이 내쫓으니, 8) 산의 폭우로 흠뻑 젖은 채 피할 데 없어 바위에 매달리네. 9) 그들은 고아를 약탈하며 폭력을 저지르고 가난한 백성을 강탈하네. 10) 알몸으로 옷도 없이 돌아다니는 이들과 굶주린 이들에게서 밀 이삭을 빼앗네. 11) 그들은 곡식단 사이에서 낮잠을 자고 목마른 채 포도 확을 밟는다네. 12) 성읍에서는 사람들이 신음하고 치명상을 입은 이들이 도움을 빌며, 하느님께서는 벌을 받지 않도록 그냥 두지 않으시네. 13) 이들은 빛의 적이 된 자들, 광명의 길에 익숙하지도 않고 그 행로로 돌아오지도 잃는다네. 14) 살인자는 새벽같이 일어나 가련한 이와 가난한 이를 살해하고 밤에는 도둑처럼 된다네. 15) 땅거미가 지기를 노리는 간음자의 눈, '어

> 떤 눈도 나를 못 보리라.' 생각하며 얼굴에 가리개를 쓰네. 16) 도둑은 어둠 속에서 남의 집에 침입하고 낮에는 안에서 문을 걸어 잠그니 빛을 알지 못한다네. 17) 갑자기 아침이 되면 그는 그것을 죽음의 그늘로 생각하니 암흑 속에서 그들은 빛 속에서와 같이 걷기 때문이네. 18) 그는 삽시간에 물 위로 떠내려가고 그의 토지는 이 땅에서 저주를 받아 그는 포도밭 가는 길에 들어서지도 못하네. 19) 그는 눈 녹은 물에서 지나친 열기로 건너가고, 그의 죄는 지옥으로 가네. 20) 자비는 그를 잊고 그의 감미로움은 벌레가 될 것이네. 그는 기억되지 않을 것이며 열매 없는 나무처럼 베어질 것이네. 21) 그가 아이를 낳지 못하는 여인을 착취하고 과부에게 선행이라고는 베푼 적이 없기 때문이지. 22) 그는 강한 이들을 그의 힘에서 끌어 내렸으니, 그가 번창한다 해도 제 생명에는 자신이 없다네. 23) 하느님께서 그에게 참회할 기회를 주셨으나, 그는 교만하게 그 기회를 버렸다네. 눈들이 그의 길을 살핀다네. 24) 이런 자들이 높아진다 해도 조금 뒤에는 이미 없어지고 만물과 같이 비천해지고 사라지며 이삭 끝처럼 잘려나가네. 25) 그렇지 않다면 누가 나를 거짓말쟁이라 하고 하느님 앞에서 말을 했다고 나를 고발할 수 있겠는가?(24,1-25)

앞 장에서 욥은, 자신이 엘리파즈가 주장한 것처럼 죄악 때문에 벌을 받은 것이 아님을 보여 주었다.[1] 이제 그는, 자신은 엘리파즈가 주장하려 했던 것처럼[2] 하느님께서 인간사에 관심을 두지 않으신다고 생각하지 않음을 분명히 하고자 한다. 여기서, 어떤 사람들은 하느님께서 우리에게서 멀리 떨어져 계시기 때문에 인간사를 알지도 않으시고 관여도 하지 않으신다고 주장한다는 점을 생각해야 한다.[3] 그들은, 우리가 그러한 거리 때문에 그분을 알 수 없는 것과 똑같이 그분도 우리를

---

1) 참조. 22,5 주해.
2) 참조. 22,12-14 주해.
3) Idem.

알 수 없으시다고 믿는다.

그러나 욥은 이러한 전제를 배제하여 먼저 "시간은 전능하신 분께 감추어져 있지 않으냐"(1절)라고 말한다. 전능하신 분께서는 시간의 변천을 벗어나 계시지만 시간의 흐름을 아신다. 그러나 시간 안에 있는 이들은 그분을 알더라도 아직 그분의 영원성을 파악하지 못한다. 그래서 그는 "그분을 아는 이들" 즉 시간 안에 있으면서 자연적 인식을 통해서이든 신앙을 통해서이든 어떤 더 뛰어난 지혜를 통해서이든 조금이나마 그분을 아는 사람들은 "그분의 날들을 알지 못하네."라고 덧붙인다. 시간 안에 있는 이들은 그분의 영원성이 어떤 방식인지를 파악하지 못한다는 뜻이다.

인간의 죄

사기

그는 시간적 사물들의 흐름이 하느님께 알려져 있다고 말했으므로, 이제는 그분께서 어떻게 그 일들을 심판하시는지를 보여 준다. 먼저 그는 사람들의 여러 가지 잘못들에 대하여 말하는데, 어떤 이들은 사기로 다른 이들에게 피해를 입힌다. 그래서 그는 "사람들은 경계선을 밀어내고"(2절), 소유지 사이에 있는 경계선을 몰래 옮겨 놓고 목장의 가축들에 대해서도 이와 유사한 일을 한다고 말한다. "가축 떼를 빼앗아 기르며" 다른 이들에게 속하는 가축을 몰래 약탈하고는 마치 그들 자신의 것처럼 보이도록 그 가축들을 기른다.

약한 이들에 대한 억압

그리고 욥은, 그들이 피해를 입히는 사람들의 상태로 인하여 그들의 잘못이 더 중대함을 드러낸다. 사람들은 보통 나이가 어리고 부모의 돌봄을 받지 못하는 고아들을 불쌍히 여기므로, 그는 그 반대로 그들이 "고아들의 나귀를 끌어가고"(3절)라고 말한다. 그들은 고아를 불쌍히 여기지 않고 고아의 나귀를 빼앗기 위하여 나귀가 길을 잃게 만든다. 또한 이와 유사하게 사람들은 연약한 여성이고 남편의 위안을 받지 못하는 과부들을 불쌍히 여기지만, 그 반대로 그들이 "과부의 소를 담보로 잡는데"라고 말한다. 그들은 정의를 허울로 과부를 괴롭히는 것이다.

가난한 이들을 괴롭힘

또한 사람들은 재산이 없는 가난한 사람들을 불쌍히 여기는데 그는 그 반대로 "가난한 이들을 길에서 내쫓으며"(4절)라고 말한다. 그들은 가난한 이들을 여러 가지로 괴롭혀 그들이 스스로 필요한 것을 마련할 수 있는 방도를 빼앗아 버린다.

그리고 사람들은 보통 다른 이들을 해치지 않고 다른 이들과 화합하려 하는데, 그 반대로 그는 "그 땅의 온유한 사람들" 곧 다른 이들에게 시비를 걸지도 않고 다투지도 않는 이들을 "억누르네."라고 덧붙인다.

공공연한 폭력

어떤 사람들은 방금 언급된 사람들처럼 몰래 다른 이들을 해치는 것이 아니라 공공연히 폭력을 저지르며, 법의 제재를 받지 않는 듯이 악을 감행한다. 이런 사람들에 대하여 욥은 "그들은 광야의 들나귀처럼"(5절) 즉 숲을 돌아다니며 사람에게 봉사하도록 길들여지지 않은 나귀처럼 "일하러 나가네."라고 말한다. 이들은 마치

자기 일을 하듯이 강탈을 하러 큰길로 나간다. 그래서 그는 이렇게 덧붙인다. "그들은 약탈하려고", 즉 낚아채려고 "눈을 밝히고 자식들을 위해 양식을 장만하네." 그들은 약탈한 것에서 자기 자식들을 위한 양식을 마련한다.

약탈

이어서 그는 그 약탈의 종류를 밝혀 말한다. "그들은 남의 땅에서 추수하고"(6절) 강제로 다른 사람의 추수를 거두며, "폭력으로 억누른 사람의 포도를 따 들이네." 그들은 먼저 사람들을 억압하여 그 재산을 마음대로 빼앗는다.

옷을 빼앗음

그리고 그들은 외적인 재산만을 강제로 빼앗는 것이 아니라 몸을 따뜻하게 하기 위하여 몸에 입고 있는 것까지도 빼앗는다. 그래서 "옷을 빼앗아 알몸으로" 아무것도 없이 "내쫓으니"(7절)라고 덧붙인다.

이러한 약탈의 죄를 더 강조하기 위하여, 그는 약탈에 희생된 이들이 헐벗은 결과 겪게 되는 고통에 대해 "덮을 것도 없이"라고 덧붙인다. 다른 것으로라도 헐벗음을 덮을 수 있다면 어느 정도는 견딜 수 있을 것이기 때문이다.

옷은 추위를 막아 몸을 따뜻하게 하기 위해서 뿐만 아니라 비를 막기 위해서도 필요하다. 강도에게 옷을 빼앗긴 사람은 추위로 고통을 받아야 할뿐 아니라 비에 젖게 된다. 그래서 그는 "산의 폭우로 흠뻑 젖은 채"(8절)라고 덧붙인다. 사람들은 상도나 적을 두려워하여 요새와 같은 산지로 피신하는데, 거기에서는 공기가 차기 때문에 비가 더 자주, 그리고 더 많이 온다. 헐벗은 사람에게는 더욱 힘들다.

옷으로 몸을 덮지 못하는 사람에게는 최소한 그를 덮어줄 집이라도 있다면 그 헐벗음에 대한 일종의 대책이 될 수 있는데, 그는 그와 반대로 "피할 데 없어"라고 덧붙인다. 그는 덮을 옷도 집도 없는 것이다. "바위에 매달리네." 그들은 산지에서 찾아낸 바위 동굴에 숨는다.

고아의 것을 빼앗음

다음으로 그는 그들이 괴롭히는 불쌍한 사람들의 상황을 들어 그들의 잘못을 더 심한 것으로 드러낸다. "그들은 고아를 약탈하며 폭력을 저지르고"(9절), 즉 보호를 받아야 할 고아들을 오히려 약탈하고 도움이 필요한 "가난한 백성을 강탈하네." 가진 것이 충분한 사람들에게서 그 넉넉한 것을 빼앗으려 한다면 어느 정도 용인할 수 있을 것이다. 그래서, 그들의 죄악을 더욱 과장하여 그는 "알몸으로 옷도 없이 돌아다니는 이들"(10절), 즉 지나치게 곤궁하여 옷도 입지 않고 알몸으로 사람들 앞에 돌아다니는 사람들에게서 강탈한다고 말한다.

곤궁한 이들을 괴롭힘

또한 음식에 있어서도 가난을 겪음을 보여 주기 위하여 "굶주린 이들에게서"라고 덧붙인다. 그런 사람들에게서는 값진 것을 빼앗을 수 없지만, 악한 이들은 그들이 가진 작은 것을 빼앗기를 부끄러워하지 않는다. 그래서 그는 "밀 이삭을 빼앗네."라고 덧붙인다. 그들에게는 수확물이 없고, 그래서 많은 수확물을 빼앗는 것이 아니라 주워 모은 이삭을 빼앗는다.

혹시나 그들에게 무엇인가가 많게 보인다면, 그들이 다른 것들에서 얼마나 심한 곤궁을 겪고 있는지는 생각하지 않고 그것을 빼앗는다. 그래서 그는 "그들은 곡식 단 사이에서"(11절) 즉 결실을 쌓아 놓고 그 사이에서 "낮잠을 자고"라고 덧붙인다. 그들은 한낮에 쉬면서 거만을 부린다는 것이다. "목마른 채 포도 확을 밟는다네." 그들은 추수 후에 포도주가 별로 없는 사람들의 포도 확을 밟는다.

신체적 상해

그리고 악한 이들은 사람들에게서 외적인 사물들만을 강탈하는 것이 아니라 그들에게 직접 상해를 입힌다. 그래서 그는 "성읍에서는 사람들이 신음하고"(12절)라고 덧붙인다. 몇몇 사람들이 상해를 입으면 성읍의 많은 사람이 혼란에 빠지게 되고, 상해를 입은 그 사람들은 탄원을 한다. "치명상을 입은 이들이 도움을 빌며, 하느님께서는", 그분께는 시간 안에 이루어진 일들이 감추어져 있지 않으시므로, "벌을 받지 않도록 그냥 두지 않으시네." 하느님께서 인간사에 관하여 섭리하지 않으시는 듯이 그대로 내버려두지는 않으신다는 것이다.

하느님께서는 빛을 거부하는 이들을 벌하신다

이제 욥은 하느님께서 이러한 행동이 벌을 받지 않은 채로 그냥 두지 않으시는 이유를 밝힌다. 그것은 그들의 죄가 무지에서 나온 것이 아니라 악의에서 나온 것이며, 그들이 악의에서 자신들의 죄를 책망하는 지혜를 미워하기 때문이다. 그래서 그는 "이들은 빛의 적이 된 자들"(13절)이라고 말한다. 그들은 의도적으로 이성의 빛이 그들에게 명하는 바를 거슬러 행동한다. "지혜는 자기를 갈망하는 이들에게 미리 다가간다."[4]고 하였듯이, 또한 지혜는 지혜에 맞서 싸우는 사람들을 회피한다. 그래서 그는 "광명의 길에 익숙하지도 않고"라고 덧붙인다. 그들은 안으로 생각이 비뚤어져 지혜의 길을 알아볼 수 없다. 또는, 그들은 지혜의 명령을 받아들이지도 않고 그것을 따르려고 노력하기를 원하지도 않는다.

그리고 그는 그들이 참회하지 않는 것을 가리켜 "그 행로로 돌아오지도 않는다

---

4) 지혜 6,14(『성경』은 6,13).

네."라고 말한다. 실상, 죄를 지어 지혜를 거슬렀더라도 참회를 통해 지혜를 따르는 이들은 지혜의 길로 돌아온다.

어둠을 사랑하는 자들

악한 이들이 지혜의 영적 빛을 거슬러 싸운다는 표지로, 그는 그들이 "악을 저지르는 자는 누구나 빛을 미워한다."는 요한 3,20의 말씀을 따라 어둠을 사랑하면서 외적인 빛마저도 멀리한다는 것을 말한다. 그래서 여기에서도 "살인자는 새벽같이 일어나"(14절) 아직 어두울 때에 "가련한 이와 가난한 이를 살해하고"라고 말한다. 가난한 사람들은 곤궁함 때문에 아직 길을 돌아다닐 때가 되기 이전부터 일을 하는데, 강도들이 그들을 길에서 공격하는 것이다.

또한 집에서 무엇을 몰래 훔쳐내기 위하여 그들은 깊은 어둠을 필요로 한다. "밤에는 도둑처럼 된다네." 집에서 도둑질을 함으로써 그렇게 되는 것인데, 그러한 행동은 아침 일찍 하기에는 안전하지 못하다. 그 시간에는 사람들이 깨어나기 시작하기 때문이다.

간음하는 자들

다음에 그는 간음하는 사람의 경우에 대해서 같은 말을 한다. "간음자의 눈"(15절)은 다른 사람의 잠자리에 대해 음모를 꾸미며, 붙잡히지 않도록 "땅거미가 지기를 노리는" 것이다. 그래서 그는 "'어떤 눈도 나를 못 보리라.' 생각하며"라고 덧붙인다. 그는 다른 사람의 눈에 뜨이지 않도록 어둠을 찾는다. 또한, 밤에 숨는 것으로 충분치 못한 듯이 숨기 위한 다른 방법을 취한다. 그래서 그는 "얼굴에 가리개를 쓰네."라고 덧붙인다. 일종의 변장을 하는 것이다. 그리고, 그는 행동을 시작하기 위하여 어둠을 찾았던 것과 같이 어둠 속에서 행동을 실행한다. 그래서 "도둑은 어둠 속에서 남의 집에 침입하고"(16절)라고 덧붙인다. 사기와 폭력으로 모든 장애물을 없애는 것이다. 간음하는 남녀는 "낮에는 안에서 문을 걸어 잠그니 빛을 알지 못한다네." 그들은 그들의 악한 행동을 실행함으로써 빛을 흩어 버린다. "갑자기"(17절), 그들이 육적인 쾌락에 몰두해 있어 시간이 빨리 지나가기 때문에 깨닫지 못하는 사이에 "아침이 되면", 낮이 되기 시작하면 "그는 그것을 죽음의 그늘로 생각하니", 그들의 음탕한 행동을 계속할 수 없기 때문에 그 낮을 죽음의 그늘과 같이 미워한다.

그런데, 그들은 보통 두 가지로 스스로의 행동에 방해를 받는다. 첫째는 상황의 결과를 예상하지 못할 때이고, 둘째는 그들의 계획에 대한 지지가 약할 때이다.

그러나, 열렬한 욕정에 이끌려 간음을 하는 사람들은 어떤 결과가 나올 것인지를 알지 못하면서 먼저 생각 없이 위험에 자신을 내맡긴다. 이러한 사실을 가리켜 그는 "암흑 속에서" 즉 의심스럽고 어두운 상황 속에서 "그들은 빛 속에서와 같이" 즉 명백한 상황 속에서와 같이 "걷기 때문이네."라고 말한다.

둘째로, 그들을 사소하고 덧없는 것을 지나치게 신뢰한다. 그래서 그는 "그는"(18절) 즉 간음하는 사람은 "삽시간에 물 위로 떠내려가고"라고 말한다. 그는 민첩하게 움직이므로, 자신의 목적을 추구하기 위하여 물과 같이 흐르는 사물도 건너갈 수 있게 보인다는 것이다. 또는, "암흑 속에서 그들은 빛 속에서와 같이 걷기 때문이네."라는 진술은 자구적으로 간음하는 남녀 모두에게 적용되어 그들이 밤에 그들의 일을 하기를 좋아한다는 것을 뜻하고, "그는 삽시간에 물 위로 떠내려가고"라는 구절은 특히 간음하는 남자에게 해당될 수 있다. 그는 격렬한 욕정 때문에 그가 갈망하는 바를 누리기 위하여 물도, 즉 어떤 어려움이나 역경도 가볍게 지나갈 수 있다는 것이다.

현세의 벌

여러 종류의 죄들을 자세히 설명한 다음 그는 벌에 대하여 설명한다. 첫째로는 현세의 삶에서의 처벌에 관련하여, "그의 토지는 이 땅에서 저주를 받아"라고 덧붙인다. 모든 사람은 자신이 최고선으로 갈망하는 것을 그의 토지, 곧 자기 몫이라고 여긴다. 그런데, "이것도 우리의 몫이고 저것도 우리의 차지니"라는 지혜 2,9와 같이, 죄인은 자신의 토지와 같은 지상적 사물을 그의 최종 목적으로 여긴다. 그 땅이 저주를 받는 것은, 현세의 선들을 악하게 이용하면 그것이 그에게 악이 되기 때문이다.

그는 이러한 사실을 밝혀 "그는 포도밭 가는 길에 들어서지도 못하네."라고 말한다. 포도밭 길은 보통 그늘지고 날씨가 온화하다. 또한 포도밭을 위해서도 온화한 장소가 필요하다. 너무 추운 곳에서는 얼음으로 포도밭을 망치게 되고 너무 더운 곳에서는 열로 타죽게 되기 때문이다.[5] 악인은 포도밭 가는 길에 들어서지 못하는데, 그것은 그가 현세의 사물들을 절제하며 사용하지 않고 때로는 한쪽 극단으로, 때로는 반대쪽 극단으로 치우치기 때문이다. 이러한 사실에 관련하여 욥은 "그는 눈 녹은 물에서 지나친 열기로 건너가고"(19절)라고 덧붙인다. 그는 덕스러운 중간에 머물러 있지 못하기 때문에[6] 하나의 악습에서 그 반대의 악습으로 건너다닌다는 것이다. 그리고, 그러한 징벌이 모든 악인에게 이른다. 아우구스티누스가 『고백록』 1권에서 말하듯이, "무질서한 영은 그 자신에게 징벌이 되기" 때문이다.[7]

---

5) 참조. Albert the Great, *De Vegetabilibus et Plantis* VII.2.4.
6) 참조. Aristotle, *Nicomachean Ethics* II.7, 1107a 2ff.
7) 12장.

내세의 벌

다음으로 욥은 죽은 후에 있을 징벌을 언급하여 "그의 죄는 지옥으로 가네."라고 덧붙인다. 현세의 사물들을 무질서하게 사용할 때, 지상에서만 그의 몫이 저주를 받는 것이 아니다. 그는 지옥에서도 이 죄에 대한 벌을 겪을 것이다. 그가 앞에서 "눈 녹은 물에서…"(19절)라고 말했던 것은 이 징벌을 가리키는 것으로 해석할 수도 있다. 지옥에는 온화한 기온이 있지 않기 때문이다.

그리고, 아무도 그 징벌이 하느님의 자비로 끝나게 되리라고 믿지 않도록 그는 "자비는 그를 잊고"(20절)라고 덧붙인다. 하느님의 자비가 지옥에서 단죄받은 죄인을 잊어, 그는 결코 그곳에서 해방되지 않으리라는 것이다.

이어서 그가 어떤 벌을 받을 것인지를 보여 주며 "그의 감미로움은 벌레가 될 것이네."라고 덧붙인다. 죄의 즐거움이 그에게 벌레 곧 양심의 가책이 되리라는 것이다. 이에 관하여 이사 66,24에서는 "그들의 구더기들은 죽지 아니하리라."고 말한다.[8] 또한 이 벌에 끝이 없다는 것에 관하여 그는 "그는 기억되지 않을 것이며"라고 덧붙인다. 그가 하느님께 완전히 버림을 받아, 그분께서 그를 잊으신 듯이 해방의 방책이 없으리라는 것이다.

그는 비유를 들어 "열매 없는 나무처럼 베어질 것이네."라고 덧붙인다. 마태 3,10에서 말하듯이 "좋은 열매를 맺지 않는 나무는 모두 쩍혀서 불 속에 던져지고", 요한 15,2에서 말하듯이 열매가 많은 나무는 가지를 치게 되기 때문이다. "열매를 맺는 가지는 모두 깨끗이 손질하시어 더 많은 열매를 맺게 하신다." 그러므로, 악인은 벌을 받아 멸망하지만 의인은 벌을 받아 더 나아진다.

---

8) Thomas, *Super Libros Sententiarum* IV, d.50, q.2, a.3, qc.2 *sed contra*. 여기서는 Augustine, *City of God* XX.22를 인용한다.

악인은 열매 없는 나무와 같다

욥은 왜 악인이 열매를 맺지 않는 나무에 비유되는지 두 가지로 설명한다.
1. 첫째로는 그가 자신의 선들을 쓸모없는 데에 소모했기 때문이다. 그래서 그는 "그가 아이를 낳지 못하는 여인을 착취하고"(21절)라고 말한다. 그는 자신의 선들을 쓸모없는 데에 소모한 사람에 대하여 아이를 낳지 못하는 여인을 비유로 들어 말한다.
2. 둘째로, 그가 곤궁한 사람을 돕지 않기 때문이다. 곤궁한 사람을 돕는 행위는 그에게 유익했을 것이다. 그래서 그는 "과부에게 선행이라고는 베푼 적이 없기 때문이지."라고 덧붙인다. 여기서 과부는 모든 곤궁한 사람을 의미한다.

독이 있는 열매

악인은 독이 있는 열매를 맺는 나무와 같이, 유익하지 않을 뿐 아니라 해를 끼쳤다. 그래서 욥은 "그는 강한 이들을 그의 힘에서 끌어 내렸으니"(22절)라고 덧붙인다. 악인은 억압받는 이들을 돕기 위해서가 아니라 강한 이들을 몰아내기 위해서 권력을 사용한 것이다.

악인이 다른 이들을 해친다는 사실은 그 자신에게 해를 끼친다. 그는 자신이 해친 사람들에게 해를 입게 될 것을 두려워하기 때문에 스스로 안전한 삶을 살지 못하는 것이다. 그래서 그는 "그가 번창한다 해도" 즉 그가 역경을 겪지 않을 때에도 "제 생명에는 자신이 없다네."라고 덧붙인다. 그는 자기 목숨에 대한 걱정에서 벗어나지 못한다. 엘리파즈가 위에서 "무서운 소리가 그의 귓가에 울리고 태평스러울 때도 그는 배반을 의심한다네."[15,21]라고 했던 바와 같다.

참회할 시간

다음으로 욥은 죄인이 무자비한 벌을 받게 되는 이유가, 그가 하느님의 자비를 받을 수 있었을 때에 이를 원하지 않았기 때문이라고 설명한다. 그래서 그는 "하느님께서 그에게 참회할 기회를 주셨으나"(23절)라고 덧붙인다. 하느님께서 악인이 참회할 수 있도록 그에게 징벌을 늦추시어 얼마 동안 번영을 누리며 살게 해 주셨지만, 죄인은 하느님께서 선을 위하여 그에게 주신 것을 악으로 바꾸어버렸다. 그래서 욥은 "그는 교만하게 그 기회를 버렸다네."라고 말한다. 그는 죄를 지은 후에 바로 벌을 받지 않은 것을 하느님의 자비 덕분으로 여기지 않고, 이러한 은혜를 받고 오히려 겁 없이 죄를 지으며 하느님을 경멸하기까지 했다는 것이다. 그리고, 죄인은 죄를 짓기 위하여 어둠을 찾지만 아무에게도 보이지 않을 수는 없다. 그래서 그는 "눈들이" 즉 하느님의 눈들이 "그의 길을 살핀다네."라고 말한다. 그가 어둠 속을 걷는다 해도 그 눈들이 그의 행동을 살피는 것이다.

덧없는 성공

다음으로, "이런 자들이 높아진다 해도"(24절)라는 관찰이 뒤따른다. 하느님께서 그들에게 참회할 시간을 주시어 그들이 어떤 일시적인 지상적 명성을 누린다 해도 "조금 뒤에는 이미 없어지고" 끝을 맞는다. 그들이 교만하게 하느님의 자비를 남용했기 때문이다.

욥은 이에 관한 비유를 든다. 시간 안에서 생성되는 모든 것은 일정한 시간까지 자라나고 그 다음에는 쇠퇴하기 시작하여 마침내 완전히 소멸되며, 악인들도 마찬가지다. 그래서 그는 시간 안에서 성장하는 "만물과 같이 비천해지고"라고 덧붙인다. 그들이 절정에 이르고 나면 그들은 완전히 "사라진다." 그는 직유를 사용하여

"이삭 끝처럼 잘려나가네."라고 말한다. 곡식은 줄기에 붙어 자라는 동안은 잘려나가지 않고, 완전히 익으면 잘려나간다. 이와 마찬가지로 악인은 하느님께 즉시 벌을 받지 않고, 하느님께서 예견하신 정도에 따라 절정에 이르면 벌을 받는다.

하느님께서는 기다리신다

욥은 이러한 고찰을 통하여, 악인들이 현세에서 벌을 받지 않고 번영을 누리며 사는 것이 하느님의 섭리가 없어서가 아니라 하느님께서 적절한 때까지 징벌을 미루시기 때문이라는 것을 보여 준다.

그러므로, 엘리파즈가 욥이 하느님의 섭리를 부인했다고 고발한 것은 그릇되다는 것이 분명하다. 그래서 그는 "그렇지 않다면"(25절)이라고 덧붙인다. 내가 악인들의 벌에 대해 말한 대로, 인간이 언제나 현세의 삶에서 자신의 죄에 대하여 벌을 받는다는 자네의 주장대로가 아니라면, "누가 나를 거짓말쟁이라 하고" 하느님의 섭리를 부인했다고 고발하며 "하느님 앞에서 말을 했다고 나를 고발할 수 있겠는가?" 내 말들이 하느님의 섭리를 부인하며 하느님을 고발했다고 누가 비난할 수 있겠는가?라는 것이다.

25장

하느님의 전능하심에 대한 찬가

하느님의 권능

> 1) 수아 사람 빌닷이 말을 받았다. 2) 그분께는 주권과 공포가 있네, 당신의 높은 피조물들에게 평화를 이루시는 분. 3) 그분의 군대를 셀 수 있으랴? 누구 위에 그분 빛이 떠오르지 않으랴? 4) 하느님 앞에 사람이 어찌 의롭다 하리오? 여인에게서 난 자가 어찌 결백하다 하리오? 5) 보게나, 달도 밝지 않고 별들도 그분 눈에는 맑지 않건만 6) 하물며 사람은 부패이고 인간의 아들은 벌레라네.(25,1-6)

욥은 그의 응답에서, 엘리파즈가 이전 답변에서 그에게 제기했던 두 가지 중상을 물리치며 자신이 죄 때문에 벌을 받은 것도 아니고 하느님의 섭리를 부인하는 것도 아님을 보여 주었다.[1] 이어서 욥은, 죄인이 이 세상에서 번영을 누린다고 해도 그것이 하느님의 섭리와 모순되지 않음을 분명하게 보여 주었다. 그들에 대한 징벌은 다른 때로 유보되어 있기 때문이다. 그래서 친구들은 이 점에 대해서는 더 이상 욥에게 맞서 주장할 수 없었다.

그러나 다른 점, 즉 욥이 자신의 죄에 대하여 벌을 받은 것이 아니라는 것은 그

---

[1] 참조. 22,5.12 주해.

렇게 명백하게 입증한 것이 아니었고 오히려 "아무도 그분의 생각들을 살필 수 없다네."[23,13]라고 말함으로써 그의 증명이 약함을 드러냈었다. 그래서 빌닷은 이 점에 더 저항하려고 하며, 욥에게 맞서 욥이 자신이 죄에 대하여 벌을 받은 것이 아니라고 주장한 것을 꾸짖는다.

욥이 하느님의 능력 때문에 그분께서 자신과 대결하시는 것을 원하지 않는다고 말했던[2] 것을 잊어버린 듯이, 빌닷은 다시 하느님의 능력을 토론의 출발점으로 삼으며 하느님 능력의 위대하심을 두 가지로 제시한다.

천상의 평화를 유지하신다

1. 첫째는 그분께서 상위의 피조물들에게 주권을 행사하시며 그들을 절대적인 평화의 상태로 유지하심에 관련된다. 그래서 빌닷은 "그분께"(2절), 즉 하느님께 그분을 두려워해야 할 이유가 되는 "주권과 공포"가 있다고 말한다. "당신의 높은 피조물들에게 평화를 이루시는 분." 하위의 피조물들 사이에서는 많은 부조화가 있다. 이성적 피조물의 경우 이는 사람들의 의지가 서로 반대로 움직이는 데에서 나타나고, 물질적 피조물의 경우에는 그들이 서로 대립하여 생성과 소멸에 종속되는 데에서 나타난다. 그러나 상위의 물체들에서는 대립이 없고 그래서 이들은 불멸성을 갖는다.[3] 또한 이와 마찬가지로, 상위의 이성적 실체들 역시 지고의 조화 속에서 살기 때문에 그들에게는 불행이 없다. 그런데, 상위의 피조물들의 이러한 지고의 조화는 하느님의 주권에서 나온다. 그분께서 당신께 더 가까이 있는 상위의 피조물들을 당신의 단일성에 더 완전하게 참여하게 하신다. 그래서 그는 명시적으로 "당신의 높은 피조물들", 즉 당신 자신과 더 닮은 피조물들이라고 말한다.

---

2) 참조. 23,6 주해.
3) 참조. Aristotle, *On the Heavens* I.3, 270a 12ff.

인간은 천상적 존재들의 수를 알지 못한다

2. 둘째로 그는 하느님의 능력이 하위의 피조물들 안에서 작용하는 것을 근거로 그 능력을 제시한다. 그 능력은 상위의 피조물들을 통하여 상위의 피조물들에게 작용하는데, 그들의 엄청난 수는 인간에게 알려져 있지 않다.[4] 그래서 그는 "그분의 군대를 셀 수 있으랴?"(3절)라고 말한다. 그는, 군인들이 장군의 명령에 복종하듯이 하느님의 뜻을 따르는 모든 천상의 힘을 하느님의 군대라고 부른다. 그러나 이러한 천상 군대의 수는 인간에게 알려져 있지 않다. "그 군대를 수대로 다 불러내시는 분."이라고 말하는 이사 40,26의 내용도 이와 유사하다.

천사들은 하느님의 비추임을 받는다

그리고, 여러 신들을 섬기는 많은 이가 생각했듯이 천상의 힘들이 스스로를 다른 분의 명령에 복종하는 군대로 생각하지 않고 모든 것을 자신의 뜻대로 행하는 지도자나 지휘관으로 행동한다고 믿지 않도록,[5] 그는 "누구 위에 그분 빛이 떠오르지 않으랴?"라고 덧붙인다. 인간이 태양 빛이 그들 위에 떠오르는 것으로 지휘를 받듯이, 모든 천상적 힘은 하느님의 조명으로 지휘를 받는 것이다.

---

[4] 참조. Augustine, *On the Trinity* IX.4 [PL 42, 873].
[5] 토마스에 따르면 플라톤주의자들이 그러했다. Thomas, *ST* II-II.94.1, 여기서는 Augustine, *City of God* XVIII.14를 인용한다.

인간의 의로움의 한계

그는 이와 같이 하느님의 능력을 제시한 다음, 자신이 말하려고 한 것을 언급한다. "하느님 앞에 사람이 어찌 의롭다 하리오?"(4절). 하느님께서는 상위의 피조물들 사이에서도 이사 32,17에서 말하듯이("정의의 결과는 평화") 정의의 결과인 조화를 이루실 만큼 정의에 있어 위대하시고 뛰어나시므로, 인간의 모든 정의는 하느님의 정의와 비교하면 아무것도 아니다.

인간은 하느님 앞에서 불의하다

인간은 하느님과 비교하여 의롭다고 여겨질 수 없을 뿐 아니라, 그분과 비교하면 불의하게 보인다. 아주 작은 아름다움을 지닌 사물이 매우 아름다운 사물들과 비교되면 지저분하게 보이는 것과 같다. 그러므로 그는 "여인에게서 난 자가 어찌 결백하다 하리오?"라고 덧붙인다. 그가 이렇게 명백하게 말하는 것은, 인간이 욕정을 통하여 여인에게서 태어났다는 사실 자체로 그는 이미 더럽혀진 것이기 때문이다.[6]

희미한 달

다음으로 그는 비유를 통하여 그가 말했던 것을 확증한다. "보게나, 달도 밝지

---

[6] Thomas, *ST* II-II.153.2, arg.3, 여기서는 Augustine, *De Nuptiis et Concupiscentia* I.24 [*PL* 44, 429]를 인용한다.

않고 별들도 그분 눈에는 맑지 않건만"(5절). 여기에서, 그가 태양을 언급하지 않는다는 점에 주목해야 한다. 태양은 그보다 더 밝은 빛이 있을 때에 그 빛이 그늘진다는 것이 감각으로 파악되지 않기 때문이다. 반면 달과 별들은 태양이 있을 때에 어두워진다. 하물며 하느님의 빛의 강렬함에 비하면 달과 별의 빛은 일종의 어둠과 같다.

인간은 벌레다

이로써 빌닷은 그가 제시했던 것의 결론을 내리며, "하물며 사람은 부패이고 인간의 아들은 벌레라네."(6절)라고 덧붙인다. 인간은 하느님의 정의와 비교한다면 정의의 광채로 빛난다고 여겨질 수 없으며, 하느님의 순수하심과 비교된다면 무죄함으로 깨끗하다고 여겨질 수 없다. 그는 이제 명시적으로 사람을 부패에, 인간의 아들을 벌레에 비유한다. 사람은 가까이 다가오는 죽음 이후 부패하는 물질로 이루어지고, 벌레는 부패에서부터 생겨나기 때문이다.[7]

빌닷은 이러한 생각을 제시하여, 하느님의 심판에서 인간은 자신의 의로움과 무죄함을 내세울 수 없음을 보여 준다. 그 의로움과 무죄함이 아무리 크다 해도, 하느님과 비교하면 아무것도 아니기 때문이다.

---

7) 참조. Gregory, *Morals on the Book of Job* XVII.17 [PL 76, 23A]; 또한 위의 17,14 주해.

26장

하느님은 모든 것을 지배하신다

하느님께는 도움이 필요하지 않다

> 1) 욥이 말을 받았다. 2) 자네는 누구를 돕고 있는가? 힘없는 자를 돕는가? 자네는 맥없는 팔을 붙들어 주고 있는가? 3) 자네는 누구에게 충고하는가? 지혜가 없는 사람에게 하는가? 자네의 대단한 슬기를 과시하는가? 4) 자네는 누구를 가르치려 하는가? 그분은 숨결을 만드신 분이 아니신가? 5) 거인들이 몸서리치네, 물 밑에서 그 주민들과 함께. 6) 그분 앞에서는 저승도 벌거숭이 멸망의 나라도 가릴 것이 없네. 7) 북녘을 허공 위에 펼치시고 땅을 허무 위에 매다신 분. 8) 그분께서 물을 당신의 구름으로 싸매시니 구름 덩이가 그 물 밑에서 터지지 않네. 9) 어좌 위에 당신의 구름 덩이를 펴시어 그 겉모양을 가리신 분. 10) 빛이 어둠과 만나는 곳까지 물의 겉면에 둥근 경계를 지으셨네. 11) 그분의 눈짓에 하늘의 기둥들이 떨며 두려워하네. 12) 그분의 힘으로 바다가 갑자기 한데 모이고 그분의 슬기로 교만한 자를 치셨네. 13) 그분의 영이 하늘을 장식하고, 출생을 돕는 그분의 손으로 휘감긴 뱀을 몰아내셨네. 14) 이것들은 그분 길의 한 조각일 뿐, 그분 말씀들에서 우리는 얼마나 작은 속삭임만 듣고 있나? 그러니 그분 권능의 천둥소리를 누가 알아들을 수 있겠나?(26,1-14)

빌닷은 앞에서 했던 말들에서, 하느님의 능력은 누구에게나 두려운 것이며 그 앞에서 아무도 스스로 의로움이나 무죄함을 내세우면서 자신이 죄 없이 벌을 받았다고 주장할 수 없다는 것을 욥에게 설득시키려고 했다.

그래서 욥은 세 부분으로 된 답변을 제시하는데, 그 가운데 첫 번째는 특별히 하느님의 능력에 대한 고찰로 욥을 두려워하게 하려고 했던[1] 빌닷에게 맞서는 것이다. 심판관을 편들려고 하는 사람은 단죄받은 사람을 거슬러 이성적으로 추론하는 것이 아니라 심판관의 지혜를 끌어들인다.

그런데 어떤 사람을 편드는 것은 두 가지 이유에서이다. 첫째는 편을 들어주는 사람에게 능력이 부족하기 때문이고, 둘째는 그에게 지혜가 부족하기 때문이다.

하느님은 강하시다

1. 그 첫 번째 것, 곧 능력이 부족하다는 것에 관련하여 그는 "자네는 누구를 돕고 있는가? 힘없는 자를 돕는가?"(2절)라고 말한다. 즉, 자네가 말한 것들은 이성의 길을 따르는 것이 아니라 하느님을 편드는 것이니, 자네는 마치 약한 사람을 돕듯이 하느님을 도와 드리려고 그 말을 한 것이냐고 묻는 것이다. 다른 사람의 행위를 옹호하는 사람은 그를 돕는 것으로 보인다. 그래서 "자네는 맥없는 팔을 붙들어 주고 있는가?"라고 덧붙인다. 자네는 마치 하느님께서 당신 자신을 방어할 힘이 없으신 듯이, 나를 벌하시는 하느님의 행위를 자네의 말들로 옹호하려 하는가 묻는 것이다.

---

[1] 참조. 27,1과 29,1 주해.

하느님은 지혜로우시다

2. 다음으로 지혜가 부족한 사람을 편들어 도움을 주는 것에 있어서는, 그 도움에 두 가지 종류가 있음을 생각해야 한다.

그 첫째는, 해야 할 일에 관하여 충고를 주는 것이다. 이러한 종류의 도움에 관련하여 그는 "자네는 누구에게 충고하는가?"(3절)라고 말한다. 어떤 사람이 이유 없이 다른 사람을 옹호할 때에는 그에게 충고를 해 주는 것으로 보이지만, 완전한 지혜를 지니신 하느님께는 충고가 필요하지 않다. 그래서 그는 "지혜가 없는 사람에게 하는가?"라고 덧붙인다. 자네는 하느님께 지혜가 있으시다는 것을 의심하여, 그분을 위하여 그렇게 어리석게 말을 하는가?

한편 지혜로운 사람에게 충고하는 사람은, 자신의 지혜를 드러내기 위하여 그렇게 하는 것으로 보인다. 그래서 욥은 "자네의 대단한 슬기를 과시하는가?"라고 덧붙인다. 슬기가 풍부하다는 것을 보여 주고 싶어서 말을 하는 것인지 묻는 것이다.

하느님께서 생명과 지혜의 원리이신 영혼을 만드셨다

지혜가 부족한 사람을 도와주는 다른 방법은, 무지한 사람에게 그가 알 수 있을 만한 것을 가르쳐 주는 것이다. 이러한 방법에 관련하여 욥은 "자네는 누구를 가르치려 하는가?"(4절)라고 말한다. 나에게 맞서 그분의 능력에 대해 말할 때에 자네는 하느님을 가르치려 하는 것으로 보이지만, 인간의 모든 지식의 원인이신 그분은 가르침을 받을 필요가 없으시다. 그래서 그는 "그분은 숨결을 만드신 분이 아니신가?"라고 덧붙인다. 그분께서 인간 영혼을 만드셨고, 인간은 그 영혼을 통하여 이해하고 또 숨을 쉬는 것이 아닌가? 이성을 통하여 지식을 아는 영혼과 다른 힘을 통하여 육신에게 생명을 주는 영혼은 하나이고 동일한 영혼이기 때문이다.

홍수와 거인들

다음으로, 욥은 자신이 어떤 점에서도 하느님의 능력을 무시한 것으로 보이지 않도록 빌닷보다 더 길게 그 능력을 칭송하며, 홍수 때에 그분께서 인류에게 당신 능력으로 행하신 일들에서 시작하여 하느님 능력의 여러 결과들을 열거한다.

창세 6,4에서는 그 때에 땅 위에 거인들이 있었다고 말하고, 이어서 이렇게 말한다. "하느님께서 내려다보시니, 세상은 타락해 있었다. 정녕 모든 살덩어리가 세상에서 타락한 길을 걷고 있었다. 하느님께서 노아에게 말씀하셨다. '나는 모든 살덩어리를 멸망시키기로 결정하였다'"(창세 6,12-13). 그리고, "이제 내가 세상에 홍수를 일으켜, 하늘 아래 살아 숨 쉬는 모든 살덩어리들을 없애 버리겠다"(창세 6,17).

그는 하느님 능력의 이러한 결과들을 보여 주며 이렇게 덧붙인다. "거인들이"(5절), 즉 옛 거인들이 지옥에서 벌을 받으며 "몸서리치네." 홍수의 물속에 가라앉아 "물 밑에서 그 주민들과 함께." 그들만이 아니라 그 시대와 또 그 이후에 많은 이가 그들과 함께 멸망했기 때문인데, 그들 모두는 하느님 능력의 힘에 몸서리친다.

하느님께서는 저승도 보신다

그리고 누군가가 욥의 친구들이 생각했던 것처럼[2] 하느님의 섭리가 현세의 삶에서만 사람들을 심판하고 죽은 다음까지는 미치지 않는다고 믿지 않도록, 이러한 믿음을 배제하여 그는 "그분 앞에서는 저승도 벌거숭이"(6절)라고 덧붙인다. 저승에서 일어나는 일들은 그분 눈앞에 있으며 그분의 심판에 따라 이루어진다는 뜻이다. 그리고 이를 설명하여 그는 "멸망의 나라도 가릴 것이 없네."라고 덧붙인다. 멸

---

2) 참조. 5,18; 8,3; 10,21 등 주해.

망하여 저승에 있는 이들에게는, 우리에게서 감추어져 있듯이 하느님의 눈앞에도 감추어져 있도록 가릴 것이 없다.

다음으로 그는 자연 사물들 안에서 하느님 섭리의 결과들을 열거하며, 그 양극인 하늘과 땅에서 시작한다. 하늘과 땅에는 인간의 능력을 능가하는 하느님 능력의 결과로 이루어진 것들이 있다.

하늘은 천막처럼 펼쳐져 있다

감각에 나타나는 것에 따르면, 하늘은 천막처럼 땅 위에 펼쳐져 있고 땅은 천막의 바닥처럼 하늘 아래에 있는 것으로 보인다. 그러나, 천막을 치는 사람은 천막을 지탱하도록 그 아래에 무엇인가를 세우는데 하늘의 경우에는 그런 것이 보이지 않는다. 하느님의 능력 외에는 하늘을 지탱하는 것이 아무것도 없는 것으로 보인다. 그래서 그는 "북녘을 허공 위에 펼치시고"(7절)라고 말한다. 북녘이라는 말은 우리 위쪽의 반구를 뜻한다. 우리의 관점에서 북극은 지평선 위에 올라 있는 반면 남극은 지평선 아래 낮은 곳에 있기 때문이다.[3] 그래서 그는 북녘이 "허공 위에" 펼쳐져 있다고 말한다. 위쪽 반구에서 우리에게는 공기로 가득한 공간만이 나타나고 보통 사람들은 그 공간이 비어 있다고 여기기 때문이다.[4] 그는 성경에서 일반적으로 하듯이 보통 사람들의 생각에 따라 말한다.

---

3) 참조. 9,9 주해.
4) 참조. Aristotle, *Physics* IV.6, 213a 27ff.

땅을 지탱하는 것이 없다

마찬가지로, 바닥을 까는 사람은 그 바닥을 어떤 것 위에 고정시킨다. 그러나 하늘의 바닥인 땅은 그것을 지탱하는 무엇 위에 고정되어 있는 것으로 보이지 않고 오직 하느님의 능력으로 지탱되는 것으로 보인다. 그래서 그는 "땅을 허무 위에 매다신 분."이라고 덧붙인다. 이는 땅이 무거워서 떨어지지 않도록 밑받침이 필요하다거나 땅이 꺼질 수 있다는 말이 아니라, 사물들이 그들의 자리에 유지될 수 있는 본성적 힘들이 하느님의 능력으로부터 나오는 것임을 의미한다. 강제적인 움직임이 인간의 힘에 의해 이루어지듯이, 본성적 성향은 본성의 원리인 하느님 능력의 결과이기 때문이다.

빗방울

다음으로 그는 하늘과 땅 사이의 중간 공간에 나타나는 하느님 능력의 결과들을 열거한다. 먼저 공기 중의 것들을 언급하는데, 거기에서는 물이 수증기가 되어 들어 올려져 공기 중에 머무르며 한 번에 다 쏟아지지 않고 한 방울씩 비로 떨어지는 것이 눈에 띈다. 그래서 그는 "그분께서 물을 당신의 구름으로 싸매시니"(8절)라고 말한다. 구름은 그분의 능력으로 생겨나고, "구름 덩이가 그 물 밑에서 터지지 않네." 빗물은 한 방울씩 떨어져 땅을 부드럽게 한다. 그 물은 즉시 떨어지지 않도록 하느님의 능력으로 구름에 매여 있는 것과 같다. 하느님의 능력으로, 수증기는 동시에 응축되어 즉시 물로 변화되어 함께 떨어지지 않게 된다.

구름

구름에서 비가 내릴 때는 수증기를 일부 담아서 거기에서부터 구름이 생성되고,[5] 우리의 관점에서 보면 그 구름으로 "하늘이 나의 어좌"라고 일컬어지는 이사 66,1에 따라 하느님의 옥좌인 하늘이 덮인다. 이러한 사실에 관련하여 욥은 "그 [어좌의] 겉모양을 가리신 분"(9절)이라고 말한다. 그분은 하늘의 모습을 감추시는데, 구름으로 그 겉모양을 가리시므로 우리는 하늘을 볼 수가 없다. 그래서 그는 "어좌 위에 당신의 구름 덩이를 펴시어"라고 덧붙인다. 그 구름 덩이는 그분의 능력으로 만들어진 것이다.

바다의 경계

다음으로 욥은 물에 대한 하느님 능력의 결과를 보여 주며 "물의 겉면에 둥근 경계를 지으셨네."(10절)라고 말한다. 요소들의 본성적 질서에 따르면 물은 땅의 모든 면들을 덮어야 할 것인데, 땅의 일부가 물에 덮이지 않는 것은 하느님께서 당신 능력으로 물이 일정한 한계 안에서 땅을 덮도록 하셨기 때문이다.[6] 이러한 상황은 특히 땅을 사방에서 둘러싸고 있는 대양에 해당되는 것으로 보인다. 그래서 그는 "빛이 어둠과 만나는 곳까지"라고 덧붙인다. 낮의 빛과 밤의 어둠이 시작되고 끝나는 것은 태양이 우리가 살고 있는 거주지 위에 있는 위쪽 반구로 올라가거나 거기에서 떠나가는 것으로 이루어지는데, 그 거주지는 사방이 바다로 막혀 있다. 다른 의미로는, 빛과 어둠이 연속되는 세상의 현재 상태가 지속되는 한 물의 경계는 변할 수 없이 그대로 있으리라는 뜻으로 해석할 수도 있다.

---

5) 참조. Aristotle, *Meteorology* I.9, 346b 32ff.
6) 참조. 5,10과 38,10 주해. 또한 *ST* I.69.1, *ad* 4.

천사들도 두려워 떤다

이렇게 물질적 피조물들에 대한 하느님 능력의 결과들을 열거한 다음 그는 영적 피조물들에 대한 결과들을 제시한다. 그는 영적 피조물들을 하늘의 기둥들이라 부르는데, 이는 그들이 임무를 수행함으로써 하늘의 움직임이 관리되기 때문이다.[7] 그래서 그는 "그분의 눈짓에 하늘의 기둥들이" 즉 천사들이 "떨며 두려워하네,"(11절)라고 말한다. 천사들은 그분의 눈짓에 그분께 복종하는 것이다. 그는 주인을 두려워하며 떨고 주인의 눈짓에 복종하는 종의 비유를 사용한다. 두려움은 영혼에 관련되고 떠는 것은 육신에 관련된다.

여기에서, 거룩한 천사들이 징벌을 두려워한다고 생각해서는 안 된다. 여기서는 그들의 경외심을 두려움이라고 일컬을 것이며, 그래서 두려움은 의지에 해당되고 떨림은 그 외적 결과에 해당된다.[8]

선한 천사들과 악한 천사들의 구분

그러나 천사들 가운데에는 하느님께 드려야 할 공경을 저버린 이들이 있으며, 그들에 관하여 위의 4,18에서는 "그분께서는 당신 천사들의 잘못조차 꾸짖으시는데"라고 말했었다. 그래서 이제 그는 선한 천사들과 악한 천사들의 구분에 관한 말을 덧붙인다. 이 점에 있어서, 물질적 피조물들에 구분이 있듯이 영적인 피조물들에도 구분이 있는 것으로 생각된다. 그러므로 영적인 피조물들의 구분을 말하기 위하여 그는 먼저 물질적 피조물들에 대해 언급한다. "그분의 힘으로 바다가

---

7) 참조. Thomas, *Responsio 36 Questionibus*, qq. 1-4와 *Responsio 42 Questionibus*, 특히 qq. 3-5.
8) 참조. Gregory, *Morals on the Book of Job* XVII.29 [*PL* 76, 31].

갑자기 한데 모이고"(12절)라는 구절은 "하늘 아래 있는 물은 한곳으로 모여, 뭍이 드러나라."는 창세 1,9의 말씀을 따른 것이다. 그리고, 물질적 피조물들이 하느님의 능력에 의하여 구별되듯이 영적 피조물들도 그러하다. 그래서 그는 "그분의 슬기로 교만한 자를 치셨네."라고 덧붙인다. 그분 섭리의 능력으로 교만한 악마가 그 영광을 잃게 되었다는 것이다. 그리고 그를 치신 그 순간에 선한 천사들에게는 영적 은사들이 증가된다. 그래서 "그분의 영이 하늘을 장식하고"(13절)라고 덧붙인다. 하늘의 영들은 영적인 은사들로 하늘을 장식하는 것이다.

악마들이 쫓겨남

영광을 잃어버린 천사들이 성령을 지닌 이들과 그대로 함께 있는 것은 적절하지 않았다. 그래서 그는 "출생을 돕는 그분의 손으로" 선한 천사들의 무리로부터 "휘감긴 뱀" 즉 악마를 "몰아내셨네."라고 덧붙인다. 악마를 뱀에 비유하는 것은 악함의 독 때문이고, 휘감겼다고 일컬어지는 것은 그의 교활함 때문이다.[9] 그는 악마가 출생을 돕는 하느님의 손에 의하여 쫓겨났다고 분명하게 말한다. 때로는 산파가 죽은 아기를 끌어내어 산모가 해를 입지 않도록 하듯이, 하느님은 천사들 가운데에서 악마를 몰아내시어 선한 천사들의 무리가 해를 입지 않도록 하셨기 때문이다.

하느님의 능력은 파악할 수 없다

이러한 결과들이 위대하다 해도 아무도 그것이 하느님의 능력 전부를 나타낸다

---

9) 참조. *Ibid.*, XVIII.32 [PL 76, 35C].

고는 믿지 않도록, 그는 "이것들은 그분 길의 한 조각일 뿐"(14절)이라고 말한다. 여기서 "그분 길"은 우리가 하느님을 알게 되고 그분께서 우리에게 당신 자신을 전달하시는 그분의 업적들을 말한다.[10]

그리고 이들이 하느님의 능력 전체와 동일하지는 않더라도 상당히 비슷하게 보이지 않도록, 그는 이렇게 덧붙인다. "그분 말씀들에서 우리는 얼마나 작은 속삭임만 듣고 있나? 그러니 그분 권능의 천둥소리를 누가 알아들을 수 있겠나?" 지금까지 하느님 능력의 결과들에 대해 말한 모든 것을 하느님의 능력에 비한다면, 그 비율은 조용히 속삭이는 작은 말 한마디를 가장 큰 천둥소리에 비기는 것보다도 더 작다는 것이다.

---

10) 참조. 11,7; 36,23 주해.

27장

욥은 무죄하며 하느님은 악인들을 벌하실 것이다

초파르의 예상치 않은 침묵

1) 욥은 비유를 들어 이렇게 덧붙여 말하였다. 2) 나의 권리를 박탈하신 하느님께서 살아 계시는 한 내 영을 쓰라리게 하신 전능하신 분께서 살아 계시는 한 3) 나에게 목숨이 붙어 있는 한 하느님의 숨이 내 코에 있는 한 4) 맹세코 내 입술은 허위를 말하지 않고 내 혀는 거짓을 이야기하지 않으리라. 5) 나는 결단코 자네들이 정당하다고 인정할 수 없네. 죽기까지 나의 흠 없음을 포기하지 않겠네. 6) 나는 처음에 지녔던 정당함을 놓지 않을 것이며 나의 마음은 평생 나를 부끄럽게 하지 않았네. 7) 나의 적은 악인처럼, 나의 적대자는 불의한 자처럼 되어라. 8) 위선자가 재물을 탐욕스레 붙잡으려 하지만 하느님께서 그의 영혼을 풀어주지 않으신다면, 그는 무슨 희망을 가지겠는가? 9) 재앙이 그에게 닥쳤을 때 하느님께서 그의 부르짖음을 들으시겠는가? 10) 아니면 전능하신 분께서 그의 즐거움이 되시겠는가? 그가 계속하여 하느님을 부르겠는가? 11) 나는 자네들에게 하느님의 손으로 가르쳐 주고 전능하신 분께 있는 것을 감추지 않겠네. 12) 자, 자네들도 모두 보지 않았나? 그런데 어찌하여 근거 없이 어리석은 말을 하는가? 13) 이것이 악한 인간이 하느님에게서 받을 운명이요 난폭한 자들이 전능하신 분에게서 받을 상속 재산일세. 14) 그의 자식들이 많다 해도 칼에 맞고 그의 후손들은 양식을 배불리 먹지 못하네. 15) 생존자들은 폐허에 묻히고 그

> 과부들은 곡을 하지도 못하지. 16) 그가 은을 흙가루처럼 쌓아 올리고 옷을 흙더미처럼 쌓아 둔다 하여도, 17) 그가 그렇게 쌓아 둔다 하여도 의인이 그것을 입고 무죄한 이가 그 은을 나누어 가지네. 18) 그는 좀벌레처럼 제집을 지은 것이지. 파수꾼이 만든 초막처럼 말일세. 19) 부자는 잠이 들 때 아무것도 가져가지 않으며, 눈을 뜨면 이미 아무것도 없지. 20) 그것은 홍수처럼 그를 덮치고 밤에는 폭풍이 그를 휩쓸어 가 버리네. 21) 샛바람이 그를 불어 올리니 그는 사라져 가네. 샛바람이 그를 그 자리에서 날려 버린다네. 22) 그분께서 그의 위에 보내시고 그는 용서치 않을 것이며, 그는 그의 손으로부터 달아날 것이네. 23) 사람들은 그를 보며 손을 흔들고 그가 있던 자리를 생각하며 쉬쉬거리네.(27,1-23)

앞에서 욥은, 마치 욥이 하느님 능력의 위대하심을 알지 못한다는듯이 그를 거슬러 하느님의 능력을 주장했던 빌닷의 말을 반박했다. 욥이 빌닷에게 답변을 마친 다음, 그는 지금까지 해 오던 대로 친구들 가운데 세 번째인 초파르가 차례에 따라 대답하기를 기다렸으리라고 생각할 수 있다. 그러나 초파르가 마치 설득된 듯이 침묵하였으므로 욥은 다시 말을 시작하여, 다른 이유들을 들어 악인들이 이 세상에서 번영을 누리고 선인들이 고통을 겪는다는 사실이 하느님의 섭리를 반증하는 것이 아님을 밝힌다. 그래서 본문은 "욥은 이렇게 덧붙여 말하였다."(1절)라고 말한다. 아무도 그에게 대답하지 않은 다음, 그는 "비유를 들어", 즉 비유들을 드는 사람들처럼 수사법을 사용하여 말한 것이다.

욥의 맹세

욥은 자신의 입장을 밝히기 전에 먼저 자신이 친구들의 견해를 따르지 않겠다고 말하며 이를 강조하여 맹세한다. "나의 권리를 박탈하신 하느님께서 살아 계시는 한"(2절), 즉 죄인들에게만 현세의 역경을 내리는 것이 하느님 심판의 의로움이라는 자네들의 견해를 전제한다면 말이다. 그는 자신의 권리가 박탈되었다는 말의 의미를 설명하여 "내 영을 쓰라리게 하신 전능하신 분"이라고 덧붙인다. 나에게 잘못이 없는데도 외적인 역경을 당하게 하시어 그 결과로 나는 영의 쓰라림을 겪는다는 것이다. 그렇지만 나는 그분께 대한 경외와 사랑을 버리지 않으며, 이는 내가 그분께 맹세한다는 것이다.

생명을 주시는 하느님께 대한 감사

이제 그는 "나에게 목숨이 붙어 있는 한"(3절), 즉 내가 호흡으로 보존되는[1] 목숨을 가지고 있는 한이라고 덧붙이며 맹세를 도입한다. 그리고, 생명의 은혜가 하느님으로부터 오는 것임을 알고 있다는 것을 밝히며 "하느님의 숨이 내 코에 있는 한"이라고 덧붙인다. 아리스토텔레스가 그의 『동물사(History of Animals)』에서 말하듯이[2] 입으로 하는 호흡은 그다지 적절하지 않아 호흡은 주로 코를 통하여 이루어지기 때문이다. 그러므로, 주로 코에서 이루어지는 인간의 호흡은 여기에서 "하느님의 숨"이라 일컬어진다. 인간이 숨을 쉼으로써 살 수 있는 것은 그 숨이 하느님으로부터 오는 것이기 때문이다.

그리고 욥은 죄를 지음으로써 이러한 은혜를 모르는 사람이 되지 않으려 한다. 그래서 그는 "맹세코 내 입술은 허위를 말하지 않고"(4절), 즉 역경을 겪는 모든 사람은 죄인이라고 말하지 않으리라고 덧붙인다. 또한 "내 혀는 거짓을 이야기하지 않으리라."고, 즉 현세의 번영으로 의인의 공로를 갚아 주시고 현세의 역경으로 악

---

[1] 참조. Aristotle, *On Youth, Old Age, and Respiration* 5, 472b 27f.
[2] I.2, 492b 10-12.

인들의 죄를 단죄하는 것이 하느님의 정의라고 하지 않겠다고 말한다.

하느님의 진리

욥의 친구들이 그렇게 주장하고 있었으므로 그는 "나는 결단코 자네들이 정당하다고 인정할 수 없네."(5절)라고 말한다. 그가 그들의 부당한 견해를 인정하지 않는다면 그는 그들이 정당하다고 인정할 수 없을 것이며, 그렇게 한다면 그는 자신의 정당함을 버리는 셈이 될 것이다. 그러므로 그는 "죽기까지 나의 흠 없음을 포기하지 않겠네."라고 말한다. 내가 자네와 함께 이 세상에서 역경을 겪는 거룩한 사람들을 죄인이라고 판단한다면 나는 나의 흠 없음을 포기하는 것이 된다. 그리고, 나는 흠 없음을 포기하고 해를 끼치려 하지 않는 것과 마찬가지로 의로움의 길을 버리려고 하지도 않는다.

욥은 결코 친구들이 옳다고 인정하지 않을 것이다

그래서 그는, 어떤 사람이 번영을 누린다고 하여 그를 인정하지도 않고 또 어떤 사람이 현세의 삶에서 역경을 겪는다고 하여 단죄하지도 않음으로써 "처음에 지녔던 정당함을"(6절), 정의를 실천하는 것인 그 정당함을 친구들의 의견으로 기울어 "놓지 않을 것이며"라고 덧붙인다. 또한 한 번 죄를 지은 사람은 보통 더 쉽게 다시 죄를 짓고, 죄를 경험하지 않은 사람은 더 어렵게 죄에 떨어진다. 그래서 그는 "나의 마음은 평생 나를 부끄럽게 하지 않았네."라고 덧붙인다. 나는 경험을 통해 이를 배웠으므로 흠 없음을 포기하거나 정당함을 놓지 않으리라고 믿는다. 나는 평생 큰 죄를 범했다고 양심의 가책을 느끼지 않기 때문이다.

또는, 그 의미는 달리 연결될 수도 있다. 욥은 자신의 흠 없음을 포기하지도 않겠고 처음에 지녔던 정당함을 놓지도 않겠다고 했으므로, 누군가는 그전에 그에게는 흠 없음도 정당함도 없었다고 말할 수 있다. 그러므로 그는 자신에게서 이러한 가능성을 배제하여 "나의 마음은 평생 나를 부끄럽게 하지 않았네."라고 덧붙인다.

내가 불의와 불경을 지지하는 자네를 편든다면 나는 흠 없음에서 등을 돌리고 정당함을 놓아버리게 될 것이다. 그래서 그는 "나의 적은 악인처럼"(7절)이라고 덧붙인다. 그가 하느님 심판의 참되심을 거슬러 말하기 때문이다. "나의 적대자는 불의한 자처럼 되어라."라는 것은, 그 반대자가 내가 심한 고통을 겪었다고 해서 나를 악인이라고 말함으로써 나를 거슬러 악한 주장을 했기 때문이다.

죄인들이 차지한 선들은 덧없다

이렇게 친구들을 반박하고 자신의 입장을 견고하게 하는 말을 한 다음, 욥은 그의 주된 논점을 다루기 시작한다. 악인들이 이 세상에서 현세적으로 번영을 누리고 의인들이 현세적으로 역경을 겪는다고 해도 그것이 하느님의 섭리에 모순되지 않는다는 것이다. 위에서 그는 현세의 삶을 마친 후에 선인들과 악인들에게 유보되어 있는 미래의 갚음과 징벌을 근거로 이러한 입장을 밝혔었는데,[3] 이제는 악인들이 현세의 삶에서 소유하고 있는 현세적 선들의 덧없음과 선인들에게 주어진 영적 선들의 위대함으로부터 이를 증명할 것이다.

---

[3] 참조. 19,25; 21,32 주해.

영혼의 선들이 없다면 현세적 선들은 무익하다

먼저 그는, 죄인들이 영혼의 선 없이 이 세상에서 현세적 선들을 얻는 것이 소용없는 일이라고 주장한다. "위선자가 재물을 탐욕스레 붙잡으려 하지만"(8절), 즉 그가 불의하게 재산을 모은다 해도 "하느님께서 그의 영혼을 풀어주지 않으신다면" 즉 은총을 베푸심으로써 그를 죄에서 벗어나게 해 주지 않으신다면 "그는 무슨 희망을 가지겠는가?" 그 재산으로 그가 무슨 선을 얻을 수 있겠는가? 그가 모든 죄인을 대신하여 위선자, 곧 거짓되게 가장하는 사람이라고 말하는 것은 "공정을 가장하는 것은 이중의 쇠악"이고[4] 또한 위선자는 덕을 위조하는 사람으로서 하느님의 눈에 특히 혐오스럽기 때문이다. 아래 36,13에서는 "위선자들과 교활한 자들은 하느님의 진노를 불러일으키며"라고 말할 것이다.

이제 욥은 위선자들에게 두 가지 희망이 없음을 말한다.

하느님께서 기도를 들어 주시리라는 의인의 희망

1. 첫째는 의인들이 하느님께 품고 있는 희망으로, 곤경의 때에 그분께서 그들의 기도를 들어 주시리라는 희망이다. 욥은 악인들에게서 이러한 희망을 배제하며 "재앙이 그에게 닥쳤을 때 하느님께서 그의 부르짖음을 들으시겠는가?"(9절)라고 말한다. 그러지 않으시리라는 것이다. 이렇게 배제하는 이유는 잠언 1,24에서 지혜의 입으로 언급된다. "내가 불렀건만 너희는 들으려 하지 않았다." 그리고 몇 절 아래에서는 "그때" 즉 그들에게 고통이 닥칠 때 "그들이 나를 불러도 대답하지 않으리라"[잠언 1,28]고 말한다. 또한 잠언 28,9에서는, "율법을 듣지 않고 귀를 돌리는 자는 그 기도마저 역겹다."고 말한다.

---

[4] Thomas, *ST* II-II. 111.4, arg.1, 여기서는 *Glossa Ordinaria*의 콜로 3,23 주해를 인용한다.

고통 속에서 하느님의 사랑을 느끼리라는 희망

2. 다음으로 의인들의 두 번째 희망은, 시련 속에서 그들에게 현세적 위로가 없을 때에 그들이 하느님의 은혜를 누릴 수 있고 그분을 찬미하며 기뻐할 수 있다는 것이다. 그러나 욥은 악인들에게서 이러한 희망을 배제하며 "아니면 전능하신 분께서 그의 즐거움이 되시겠는가?"(10절)라고 덧붙인다. 그는 자신의 행위로, 그분을 사랑하지 않음을 증명한 것이다. "그가 계속하여 하느님을 부르겠는가?" 어떤 사람의 입에 언제나 하느님께 대한 찬미가 있다면 그것은 하느님께 대한 커다란 사랑에서 나오는 것이기 때문이다.

하느님의 생각은 명백하다

거룩한 이들이 지니는 의인들의 희망이 없이 악인들이 소유한 현세적 선들은 큰 가치가 없음을 보여 준 다음, 그는 악인들이 때로 소유하게 되는 현세적 선들이 덧없는 것임을 보여 준다. 그가 말하려고 하는 바를 주장하기 위하여 그는 먼저 두 가지를 말한다.

1. 첫째로는, 그가 말하고자 하는 바가 하느님의 지혜에 부합하는 것임을 밝힌다. "나는 자네들에게 하느님의 손으로" 즉 그분의 능력으로 "가르쳐 주고" 또한 "전능하신 분께 있는 것을" 즉 그분의 지혜 안에 결정되어 있는 바를 "감추지 않겠네"(11절). 하느님께서 나를 가르쳐 주시어 내가 배운 것을 감추지 않겠다는 것이다.

2. 둘째로는, 그는 그가 말하려고 하는 바가 명백한 것이어서 그들도 이를 모를 수 없다는 것을 보여 준다. 그래서 그는 "자, 자네들도 모두 보지 않았나?"(12절)라고 덧붙인다. 내가 말하려고 하는 것이 참되다는 것을 자네들도 알고 있다는 것이다. 명백한 진리를 거슬러 그렇게 비이성적으로 말하는 것은 이상한 일이다. 그러

한 의미로 그는 "그런데 어찌하여 근거 없이 어리석은 말을 하는가?"라고 말한다. 이성의 지지를 받지 못하는 말을 한다는 것인데, 어리석은 사람들은 전제들을 알고 있으면서도 그 전제들에서 나오는 결론을 깨닫지 못하기 때문이다.

하느님께서 선인들과 악인들에게 주시는 유산

여기서, 하느님께서는 만물의 창조자이시며 지배자이시므로 모든 사람은 마치 아버지로부터 유산을 받듯이 그분으로부터 무엇인가를 받는다는 것을 생각해야 한다. 악인들은 그들의 몫과 유산으로 하느님으로부터 이 세상의 현세적 선들을 받는다. 그래서 그들의 법칙에서는 "이것도 우리의 몫이요 저것도 우리의 차지니"[5]라고 말한다. 반면 선인들은 그들의 몫과 유산으로 영적 선들을 받는다. 시편 15,6(『성경』은 16,6)에서 "저의 차지로 좋은 땅 위에 측량줄 내려지니 저의 재산에 제 마음 흐뭇합니다."라고 말하는 바와 같다.

악인들의 지상적 선들의 덧없음

이어서 그는 악인들이 현세적 선들로 받은 몫이 얼마나 덧없고 불확실한 것인지를 묘사하여 "이것이 악한 인간이 하느님에게서 받을 운명이요"(13절)라고 말한다. 선인들에게 영적 선들이 주어지고 그들에게 현세적 선들이 주어질 때 그들이 높으로 받을 것은 이것이다. "난폭한 자들이" 곧 불의하게 현세적 선들을 얻어내는 자들이 "전능하신 분에게서 받을 상속 재산일세." 전능하신 분께서 허락하시고 그들에게

---

5) 지혜 2,4(『성경』은 2,9).

기회를 주시기 때문에 그들에게 이것이 주어진다. 위의 22,18에서 "그들의 집을 좋은 것으로 채워 주신 분은 바로 그분이시지."라고 말한 바와 같다.

후손이 가난하게 된다

1. 이제 그는 이 몫 또는 유산이 덧없는 것임을 보여 주는데, 먼저 악인들의 후손에게 보통 일어나는 일을 말한다. 후손은 현세적 선들 가운데에서 가장 중요하게 여겨지는데, 때로 이 세상에서 번영을 누린 악인들의 자녀들이 죽임을 당하는 일이 있다. 그래서 그는 "그의 자식들이 많다 해도"(14절)라고 말한다. 자식이 많은 상황은 큰 복으로 여겨졌지만, 그들은 "칼에 맞고" 죽을 것이다. 또한, 부유한 사람들의 자손이 아주 가난하게 되는 일은 드물다 해도, 그들의 손자나 후손들에게는 흔히 그런 일이 있다. 그래서 그는 "그의 후손들은" 빈곤하여 "양식을 배불리 먹지 못하네."라고 덧붙인다. 그리고 가족의 다른 이들에 대해서는 "생존자들"(15절) 즉 가족과 친구들은 "폐허에 묻히고" 죽임 당한 사람들처럼 종교적 예식도 없이 묻히리라고 말한다. 그는 그들의 부인들에 대해서도 "그 과부들은 곡을 하지도 못하지."라고 덧붙인다. 종교 예식에 따라 이루어지는 장례에서처럼 하지 못하는 것이다.

그들의 부는 다른 사람의 것이 된다

2. 악인들의 행복이 자녀와 친구들에 있어서 덧없고 불확실한 것과 마찬가지로, 그들이 소유한 재산에서도 그러하다. 재산 가운데에는 인공적인 부, 즉 돈이 있는데 그것은 철학자가 말하는 바와 같이 사물의 교환을 위한 기준으로 창안된 것이

다.[6] 이러한 사실에 관련하여 욥은 "그가 은을 흙가루처럼 쌓아 올린다 하여도"(16절)라고 말한다. 그가 흙만큼 많은 돈을 벌어들일 경우를 말하는 것이다.

인간의 본성적 필요를 위한 다른 재산들, 곧 빵과 포도주, 옷, 그리고 그 밖의 사물들은 자연적이다.[7] 이들에 관련하여 그는 "옷을 흙더미처럼 쌓아 둔다 하여도"라고 덧붙인다. 그에게 옷이 흙과 같이 많다 해도, "그가 그렇게 쌓아 둔다 하여도"(17절), 그것을 돌보느라고 염려하고 수고한다 해도, 다른 사람이 그것을 누릴 것이다. 때로는 스스로 그에 마음을 쓰지 않은 선인이 이를 누리게 된다. 그래서 그는 "의인이 그것을 입고"라고 덧붙인다. 의인이 자기 필요를 위하여 그 옷을 입게 되리라는 것이다. 또한, "무죄한 이가 그 은을 나누어 가지네." 의인은 그것을 분배하고 가난한 이들에게 줄 것이다. 그는 그것을 창고에 쌓아 두지 않을 것이다. 그렇게 하지 않는 것은 그의 무죄함에 반대될 것이다.

악인은 자기 집을 즐기지 못할 것이다

3. 집이 넓은 것도 지상적 번영에 속하지만, 그는 이 역시 불확실하다는 것을 두 가지로 보여 준다. 첫째로, 때로 어떤 사람은 폭력으로 다른 사람의 땅에 집을 짓는데, 거기에서 다시 밀려나게 된다. 그래서 그는 "그는 좀벌레처럼 제집을 지은 것이지."(18절)라고 말한다. 좀벌레는 다른 사람의 옷을 갉아 먹음으로써 자신의 자리를 마련하는데, 그 옷을 털면 거기에서부터 떨어져 나간다.

그는 이를 다른 식으로도 제시한다. 악인이 자신의 땅에 자기 집을 짓는다 해도 그는 오랜 기간 동안 그 재산을 돌보고 차지하지 못하고 짧은 기간 동안만 소유하

---

6) Thomas, *ST* II-II. 78.1. 여기서는 Aristotle, *Nicomachean Ethics* V.5, 1133a 20ff.와 *Politics* I.9, 1275a 35ff.를 인용한다.
7) Thomas, *ST* II-II. 188.7, *ad* 5, 여기서는 Aristotle, *Politics* I.7, 1257a 5ff.를 인용한다.

게 될 것이기 때문이다. 그래서 그는 포도밭의 "파수꾼이 만든 초막처럼 말일세."라고 덧붙인다. 파수가 끝나면 초막은 허물어지기 때문이다.

재산을 잃는다

이제 그는 그가 어떻게 자신이 얻은 재산을 잃어버리는지를 보여 준다. "부자는 잠이 들 때"(19절) 즉 그가 죽을 때 그가 소유한 것들 가운데 내세로 "아무것도 가져가지 않으며", "눈을 뜨면" 즉 부활 때에는 "이미 아무것도 없지." 그는 현세적 선들을 다시 소유하게 되지 않을 것이다.

때로는 이 세상에 살아 있는 동안에도 비가 사람을 덮치듯이 갑자기 재산을 잃어버리는 경우도 있다. 그래서 "그것은 홍수처럼", 빗물처럼 "그를 덮치고"(20절)라고 말한다. 뜻하지 않게 갑자기 그를 덮친다는 것이다. 그리고, 낮에는 비를 어느 정도 예견할 수 있지만 밤에는 전혀 예상치 못한 채로 비가 덮친다. 그래서 그는 "밤에는 폭풍이 그를 휩쓸어 가 버리네."라고 덧붙인다. 전혀 예상할 수가 없다는 것이다.

더위가 그를 죽게 만든다

마지막으로 그는 악인 자신에 관련하여 현세적 번영의 덧없음을 보여 준다. 인간은 때로는 열이나 어떤 박해로도 죽는다. 이러한 상황에 관련하여 그는 "샛바람이 그를 불어 올리니"(21절)라고 덧붙인다. 열이 그를 죽게 할 수도 있다는 것이다. "그는 사라져 가네." 더위가 살아 있는 사람들의 무리로부터 그를 데려가는데, 이는 갑자기 뜻밖에 이루어진다. 그래서, "샛바람이 그를 그 자리에서 날려 버린다네."라는 말이 뒤따른다. 강제로, 지체없이 그를 날려 버리는 것이다.

살인자가 그를 용서치 않는다

때로는, 내적인 약함 때문이 아니라 외적인 박해자에 의하여 죽임을 당한다. 그래서 그는 이렇게 덧붙인다. "그분께서"(22절), 즉 하느님께서 박해자를 "그의 위에 보내시고", 그보다 더 강하여 그가 저항할 수 없는 이를 보내실 것이며, "그는" 즉 박해자는 "용서치 않을 것이네." 그리고 악인은 "그의 손으로부터" 즉 그의 세력으로부터 죽음을 통해서라도 "달아날 것이네." "육신은 죽여도 그 이상 아무것도 못하기" 때문이다.[8]

사람들이 놀랄 것이다

악인이 죽은 후에 그의 친구들에게는 경악과 탄식이 남을 것이다. 그래서 욥은 이렇게 덧붙인다. "사람들은 그를 보며" 놀라서 "손을 흔들고", "그가 있던 자리를 생각하며", 즉 그가 이전에 지녔던 명예를 생각하며 "쉬쉬거리네"(23절).

---

8) 루카 12,4.

28장

지혜 찬가

지혜는 귀중한 선이다

> 1) 정녕 은에는 산지가 있고 금에는 제련하는 곳이 있다네. 2) 쇠는 땅에서 얻어지고 구리는 바위를 녹여 붓는다네. 3) 그분께서 어둠에 시간을 정하시고 만물의 끝을 생각하신다네. 흑암 속의 돌과 죽음의 그늘을. 4) 급류는 접근할 수 없는 이들을 길가는 사람들에게서 갈라 놓고, 곤궁한 이들의 발은 그들을 잊었네. 5) 땅에서는 양식이 솟아나지만 그 밑은 불로 뒤집힌다네. 6) 그곳의 돌은 청옥의 자리 흙가루는 금을 품고 있다네. 7) 그 길은 어떤 맹금도 알지 못하고 어떤 매의 눈도 본 적이 없으며 8) 상인의 아들들도 디뎌 본 적이 없고 사자도 그 위를 밟아 본 적이 없네. 9) 그분께서 단단한 암석에 손을 뻗으시고, 산들을 밑둥에서부터 뒤집으시네. 10) 그분께서 바위에 수로를 뚫으시고 그분의 눈은 온갖 보석을 확인하셨다네. 11) 그분께서 강의 깊은 곳을 살피시고 숨겨진 것들을 밝은 데로 가져오신다네.(28,1-11)

욥은 위에서 악인들이 하느님으로부터 받는 몫이 얼마나 덧없고 불확실한 것인지를 보여 주었다.[1] 이제 그는 그 반대로 의인들이 이 세상에서도 하느님으로부터

---

1) 참조. 27,13 주해.

받는 영적 선의 고귀함을 보여 주는데, 그는 이 영적 선을 지혜로 포함한다. 그래서 그는 지혜를 그 기원에 있어서나 그 귀중함에 있어서나 모든 물질적 사물에 앞세운다.[2]

먼저 그는, 물질적 사물들 가운데 귀중하다고 생각되는 모든 것은 어떤 장소에서 기원한다는 것을 보여 준다. 그는 사람들이 귀하게 여기는 금속들에서 시작한다.

금속

여기서, 금속은 태양과 다른 별들의 힘에 의하여 땅으로부터 방출된 축축한 증기로부터 생성되어 땅 속에 남아 있다는 것을 고려해야 한다. 그래서 금속들은 유연하고 녹일 수 있다. 이와 달리 두드려 펼 수도 없고 주조할 수도 없는 돌이나 다른 사물은 땅 아래에 묻혀 있는 건조한 발산물로부터 생성된다.[3]

금속의 종류는 방출된 증기의 순도에 따라, 그리고 녹이는 열의 차이에 따라 달라진다.[4] 그 가운데 가장 순수한 것이 금이고, 그 다음이 은이며, 그 아래는 구리고 가장 낮은 것이 철이다.

이와 같은 순도의 차이는 대개 금속들의 기원에 따라 달라진다. 금은 가장 순수하므로, 대부분 강의 모래에서 순수하게 생성된다. 강에서는 끊임없이 증기가 올라오고 모래에 열기가 있기 때문이다. 은은 대부분 흙이나 돌의 광맥에서 발견된다. 구리는 돌에 결합되어 있지만, 철은 아직 완전히 농축되어 돌이 생성되기에 이르지 않은 퇴적토 속에 많이 들어 있다.

---

2) 참조. 아래 15절 주해.
3) 참조. Aristotle, *Meteorology* III.6, 378a 26ff.; Albert the Great, *Meteora* III.5, *Mineralia* III.1.2와 5.
4) 참조. Albert the Great, *Mineralia* III.1.5와 10.

금속들이 있는 장소

1. 욥은 금속들이 발견되는 서로 다른 장소들을 열거하며, "정녕 은에는 산지가 있고"(1절)라고 말한다. 은은 은이 생성되기에 적합하도록 증기가 방출되는 특정한 장소들에서 나오는 것이다. 그래서, 지금 말한 증기가 흙이나 돌과 섞이면 그 자리에 은 광맥이 생겨난다.

2. 금에 관련하여 그는 "금에는 제련하는 곳이 있다네."라고 말한다. 많은 모래에서 금 알갱이가 모이고 그것을 녹여 한 덩어리로 만드는데, 이것은 아무 곳에서나 이루어지는 것이 아니라 적절한 양의 능동적 힘이[5] 그 종류에 맞는 물질과 결합되는 특정한 장소에서 이루어진다.

3. 다음으로 철에 관련하여 그는 "쇠는 땅에서 얻어지고"(2절)라고 덧붙인다. 쇠는 아직 바위가 되지 않은 흙 속에서 발견되기 때문이다.

4. 다음으로 구리에 대해서 그는 "구리는 바위를 녹여 붓는다네."라고 말한다. 돌에 그 본성에 비례하는 증기가 혼합되고 강한 불이 그 돌을 녹이면, 거기에 있는 구리의 본성이 불의 열로 녹아 흐르게 되는 것이다.

인간은 하느님의 안배를 알지 못한다

다음으로 그는 하느님 안배의 결과로 일정한 시간과 장소에서 이루어지는 다른 일들을 다룬다. 이들은 대개 인간에게는 감추어져 있지만, 하느님께서는 이들을 아신다. 태양과 다른 많은 것이 밤의 어둠으로 인하여 우리에게는 감추어지지만, 그것은 하느님의 안배로 이루어진다. 그래서 그는 "그분께서 어둠에 시간을 정

---

[5] 영역본 머리말에서 *virtus*에 관한 논의를 보라.

하시고"(3절)라고 말한다. 또한 어떤 사물들은 소멸되어 그들의 근원으로 분해됨으로써 우리에게서 감추어진다. 그 원천은 하느님께서는 아시지만 우리에게는 감추어져 있다. 그래서 "그분께서 만물의 끝을 생각하신다네."라고 덧붙인다. 사물들이 분해될 때의 끝을 아신다는 것이다.

근접할 수 없는 장소들

또 어떤 사물들은 갈 수 없는 장소에 있기 때문에 인간에게 감추어져 있다. 예를 들어, 올라갈 수 없는 산 위에 인간이 보지 못한 것이 있을 수도 있다. 이러한 상황에 관련하여 그는 "흑암 속의 돌"이라고 덧붙인다. 언제나 어두운 구름으로 덮여 있는 높은 산의 벼랑이 말하자면 그런 것이다. 그리고 "죽음의 그늘"은, 산골짜기로 둘러싸여 생명을 주는 태양의 열기가 미치지 않는 그늘진 장소를 말한다. "급류는 길가는 사람들에게서 갈라 놓고"(4절)라는 구절에서, 보통 산의 언덕 아래에는 건널 수 없는 급류가 흐른다. 그 한 편에 나그네들이 지나가는 길이 있고, 다른 편 둑으로는 건너갈 수 없다. 그리고 때로는 그렇게 근접할 수 없는 곳에 드문드문 사람들이 살고 있는데, 어디든지 돌아다니는 가난한 사람들마저도 가기가 어려워 그들에게 가지 않는다. 그래서 그는, 급류가 길가는 사람들을 접근할 수 없는 장소에 사는 사람들로부터 갈라놓고, "곤궁한 이들의 발은 그들을 잊었네."라고 덧붙인다. 그들에게 가는 길이 없기 때문에, 곤궁한 이도 그들에게 찾아가지 않는 것이다.

금속의 형성

또 어떤 장소들은 그 위치 때문이 아니라 어떤 사건들 때문에 접근할 수 없게

지혜 찬가 **547**

된다. 예를 들어 창세 19,24에서 소돔과 고모라에 대해 볼 수 있듯이 어떤 변동으로 전복된 장소가 그러하다. 그래서 그는 "땅에서는 양식이 솟아나지만"(5절), 즉 땅은 그 자체로는 좋은 장소이지만 "그 밑은 불로 뒤집힌다네."라고 덧붙인다. 지나친 열기 때문에 그 땅이 뒤집히는 것이다. 열기가 지나칠 때에는 건조한 것이든 습한 것이든 그 증기가 발산되고, 돌이나 금속과 같이 귀중한 것들이 거기에서 생성된다.[6] 건조한 증기로부터 생겨나는 보석들과 관련하여 그는 "그곳의" 즉 불로 뒤집힌 땅의 "돌은 청옥의 자리"(6절)라고 덧붙인다. 습한 증기로부터 생겨나는 귀금속에 대해서는 "흙가루는 금을 품고 있다네."라고 덧붙인다.

그리고, 사람들뿐만 아니라 짐승들도 유황이 많아 공기가 오염되어 땅이 뒤집힌 장소를 피한다. 먼저 새들에 대해서 말하는데, 이에 대해서는 자세히 고찰하지 않을 것이다. "그 길은", 즉 그 땅의 길은 "어떤 맹금도 알지 못하고"(7절). 공기가 오염되어 있기 때문에 그 위로 날아가려 하지 않으며 접근하려고도 하지 않는다. 그래서 그는 매의 눈은 보통 멀리서도 볼 수 있는데도 "어떤 매의 눈도 본 적이 없으며"라고 덧붙인다.

이 구절은 달리 설명할 수도 있다. 그 땅이 "맹금의 길을 알지 못하고", 즉 맹금이 그 위로 날아간 적이 없고 "그는" 즉 그 땅에 있는 사람은 "어떤 매의 눈도 본 적이 없으며"라고 번역할 수도 있는 것이다.

다음으로 그는 사람들에 관련하여 "상인의 아들들도", 즉 이익을 얻기 위해서는 어려운 장소에도 가는 상인들도 "디뎌 본 적이 없고"(8절)라고 말한다.

또한 네발 짐승에 관련하여, 숲이 우거진 장소에 사는 "사자도 그 위를 밟아 본 적이 없네."라고 덧붙인다.

---

[6] 참조. 1절 주해.

인간이 도달할 수 없는 것을 하느님께서는 아신다

이들이 인간에게는 감추어져 있을 수 있지만, 산에서나 강에서나 당신의 능력을[7] 행사하시는 하느님께는 감추어질 수 없다. 그래서 그는 "그분께서 단단한 암석에", 돌이 많은 산들에 "손을", 능력을 "뻗으시고"(9절)라고 덧붙인다. 그는 두 가지 결과로 이러한 사실을 드러낸다. 첫째는 때로 산들이 완전히 평평하게 된다는 것인데, 그래서 그는 "산들을 밑둥에서부터 뒤집으시네."라고 덧붙인다. 둘째는 마치 바위들 사이에 길이 내어진 것과 같이 하느님의 능력으로 "산과 산 사이로 [샘이] 흘러내린나."는 것이다.[8] 그래서 그는 "그분께서 바위에 수로를 뚫으시고"(10절)라고 덧붙인다. 물이 흐를 길을 내셨다는 것이다.

귀중한 것들을 드러내신다

그리고, 그분의 능력이 모든 훌륭한 것에 이루시듯이 그분의 지혜는 모든 귀중한 것을 아신다. 그래서 그는 "그분의 눈은 온갖 보석을 확인하셨다네."라고 덧붙인다. 그분께서 산들을 뒤집을 수 있으시다면, 그분께서 바위를 뚫으시고 온 땅에 그와 같은 능력을 행사하신다면, 결론적으로 그분은 인간의 눈이 보지 못하는 감추어진 귀한 것들을 보시는 것이다. 또한 그분의 눈은 땅 속에 숨겨진 것들을 보실 뿐만 아니라 "강의 깊은 곳을 살피시고"(11절), 마치 강의 깊은 곳에 숨겨진 것들을 조사하시듯이 그것들을 완전히게 이신다. 그 증거는 그분께서 "숨겨신 것들을 밝은 데로 가져오신다."는 것이다. 그분께서 그것을 인간에게 드러내신다는 뜻이다.

---

7) 위의 각주 5를 보라.
8) 시편 103,10(『성경』은 104,10).

지혜를 찾음

> 12) 그러나 지혜는 어디에서 찾을 수 있으리오? 슬기의 자리는 어디리오? 13) 사람은 그 값을 알지 못하고 즐겁게 살아가는 이들의 땅에서는 발견할 수 없다네. 14) 심연도 "나에게는 그것이 없어." 하고 바다도 "그것은 내 곁에 없어." 한다네. 15) 금덩어리로도 얻을 수 없고 그 값은 은으로도 잴 수 없으며 16) 인도의 물들인 색깔과도 비길 수 없고 값진 마노나 청옥으로도 안 되네. 17) 금과 유리도 그와 같을 수 없고 진금 그릇들과도 바꿀 수 없으며 18) 높고 탁월하다 해도 지혜에 비겨 말할 수 없다네. 지혜는 감추어진 것들로부터 나온다네. 19) 에티오피아의 황옥도 그와 같을 수 없으며 가장 순수한 염색도 비견될 수 없다네. 20) 지혜가 어디에서 오리오? 슬기의 자리는 어디리오? 21) 모든 살아 있는 사람의 눈에 감추어져 있고 하늘의 새들에게도 숨겨져 있다네. 22) 멸망과 죽음도 "우리 귀로 그에 대한 풍문은 들었지." 한다네. 23) 하느님께서 지혜의 길을 식별해 내시고 그 자리를 알고 계시니 24) 그분께서는 세상 끝까지 올려다 보시고 하늘 아래 모든 것을 보시기 때문이지. 25) 바람의 무게를 정하시고 물의 양을 결정하실 때 26) 비의 법칙과 뇌성 번개의 길을 정하실 때 27) 그 때에 그분께서 지혜를 보고 자세히 설명하셨으며, 그분께서 준비하고 탐구하시고는 사람에게 말씀하셨네. "보아라, 주님을 경외함이 곧 지혜며 악을 피함이 슬기다. 28) 그러고서는 사람에게 말씀하셨네. "보아라, 주님을 경외함이 곧 지혜며 악을 피함이 슬기다."(28,12-28)

1. 물질적 존재 안에서 발견되는 귀한 것들은 모두 일정한 장소에 자리하고 있고 그 장소가 인간에게 알려져 있지 않다 해도 하느님께는 알려져 있다는 것을 보여 준 다음, 지혜의 탁월함을 보이기 위하여 그는 먼저 지혜는 특정한 장소에 자리하고 있지 않다는 사실을 말한다. 그래서 그는 "그러나 지혜는 어디에서 찾을 수 있으리오?"(12절)라고 말한다. 그것은 물질적인 것이 아니므로, 어떤 물질적 공간에

도 갇혀 있지 않다. 물질적 존재 가운데서는 귀중한 사물들도 물질적 공간 안에 한정되어 있고 그 사물들의 기원도 마찬가지이지만, 지혜에 대해서는 이렇게 말할 수 없다. 그래서 그는 "슬기의 자리는 어디리오?"라고 덧붙인다. 슬기는 지식과 지혜의 원천이기 때문이다.

2. 둘째로 그는 지혜에 값을 매길 수 없다는 것을 들어 지혜의 고귀함을 말한다. 그래서 그는 "사람은 그 값을 알지 못하고"(13절)라고 덧붙인다. 인간이 알고 있는 그 어떤 것도 지혜의 값으로는 충분치 못하다.

이제 그는 각각의 전제와 그에 따른 결과들을 차례로 밝힌다.

지혜는 어떤 장소에 자리하고 있지 않다

첫째는 지혜가 특정한 장소에서 찾을 수 없다는 주장이다. 사람들 사이에서 귀하게 여겨지는 것들은 때로는 보석과 귀금속을 모으려고 애쓰는 세련된 사람들에게서 발견된다. 그래서 그는 지혜가 "즐겁게 살아가는 이들" 즉 세련된 사람들의 "땅에서는 발견할 수 없다네."라고 덧붙인다. 그들의 마음은 쾌락을 누리느라 바쁘기 때문에 지혜를 깨닫는 데에 방해를 받기 때문이다.

또한 물질적 사물들 가운데 귀한 것들은 때로는 깊고 어두운 곳에서 발견되지만, 지혜는 그렇지 않다. 그래서 그는 "심연도 '나에게는 그것이 없어.' 하고"(14절)라고 덧붙인다. 깊고 감추어진 장소에 감추어진 사물들은 인간 지혜에 특별히 감추어져 있다. 그러나 그 감추어진 것들은 어떤 경우 바다에서 발견된다. 조개껍질 속에 진주가 있듯이 그것이 거기에서 생성되기도 하고,[9] 또는 거기에 침몰한 배에서 보물을 잃어버리기도 하며, 보물들이 보통 바다를 거쳐 한 장소에서 다른 장소로

---

9) 참조. Albert the Great, *Mineralia* II.2.11.

옮겨지기도 하기 때문이다. 그러나 지혜는 그렇지 않다. 그래서 그는 "바다도 '그 것은 내 곁에 없어.' 한다네."라고 덧붙인다. 실제로, 바닷속에 있는 사물들은 인간 지혜로부터 감추어져 있다.

지혜와 보물들의 비교

다음으로 그는, 지혜에 값을 매길 수 없다는 말을 설명하며 인간에게 가장 귀한 것들을 열거한다. "금덩어리로도", 가장 순수한 금으로도 "얻을 수 없고"(15절), 지혜의 값은 아무리 많은 금으로도 매길 수 없다. 금 다음으로는 금속들 가운데에서 은이 가장 귀한 것으로 여겨지므로, 그는 "그 값은 은으로도 잴 수 없으며"라고 덧붙인다. 금속들 다음으로는 특히 인도에서 생산되는 여러 색깔의 보석들이 있는데, 이에 관련하여 그는 "인도의 물들인 색깔과도", 즉 인도에서 자연적으로 여러 색으로 물든 보석과도 지혜는 "비길 수 없고"(16절)라고 덧붙인다.

그리고는 다른 나라들에서 발견되는 몇 가지 보석들에 대한 언급도 덧붙인다. "값진 마노나 청옥으로도 안 되네." 마노는 "두 돌이 합성된 것"인데, 홍옥수는 "영을 기쁨으로 붉게 하고 정신력을 예리하게 하는" 붉은 색이고 얼룩마노는 마치 "슬픔과 두려움을 불러일으키는" 해로운 힘을 지니고 있는 듯이 홍옥수로 둘러싸여 있어서 그 해로움이 홍옥수로 저지된다.[10] 그래서 마노는 "방탕함을 몰아내고 인간을 정결하고 검소하게 하는" 속성이 있다고 일컬어진다.[11] 이 때문에도 마노는 매우 귀하게 여겨진다.

다음으로 그는 청옥을 덧붙인다. 청옥은 하늘색으로, 여러 능력을 지니고 있어

---

10) *Ibid*., II.2.17.

11) *Ibid*., II.2.13.

서 귀하다. 다른 어떤 보석이 더 귀하더라도 차이는 없다. 보석의 값은 모든 시대 모든 장소에서 동일하지 않기 때문이다.

아름다운 것들

다음으로 그는 아름다움 때문에 귀한 사물들을 언급한다. 금은 광채 때문에 아름답고, 유리는 가격에서는 두드러지지 않는다 하더라도 맑음 때문에 아름답다. 이러한 "금과 유리도 그와 견줄 수 없네"(17절). 다음으로는 장인의 솜씨 때문에 아름다운 사물들을 언급한다. "진금 그릇"이 크기에 있어 "높고" 그 형태가 "탁월하다 해도" 그것은 지혜와 "바꿀 수 없다"(18절).

이들은 지혜와 교환될 수 없으며, 지금까지 언급된 모든 것은 지혜에 비교하면 아무것도 아니다. 그래서 그는 "지혜에 비겨 말할 수 없다네."라고 덧붙인다. 지혜의 탁월함에 비하면 이들은 기억할 가치도 없다.

지혜는 감추어져 있다

앞에서 그는 어떤 물질적 사물들은 감추어져 있고 그래서 귀하게 여겨진다고 말했으므로, 다음으로는 지혜도 그러한 고귀함을 지니고 있음을 보여 주며 "지혜는 감추어진 것들로부터 나온다네."라고 덧붙인다. 인간 지혜의 기원은 두 가시로 감추어져 있다.

1. 첫째로는 이성적 빛의 측면에서인데, 그 빛은 만물의 가장 감추어진 원인이신 하느님으로부터 우리에게 온다.

2. 둘째로는 알려져 있는 사물들의 측면에서이다. 지혜는 그 사물들의 감추어진

속성과 본질을 탐구하고, 거기에서부터 지혜에 특별히 적절한 대상인 신적인 것들에 대한 지식으로 오르게 된다.[12]

그러므로 그는 고귀함에 있어서나 감추어져 있음에 있어서나 아무것도, 보석까지도 지혜와 비교될 수 없다는 결론을 내린다. 그래서 그는 "에티오피아의 황옥도 그와 같을 수 없으며"(19절)라고 말한다. 에티오피아의 황옥이라고 불리는 것은 "처음 발견된 장소 때문이거나 그 색깔이 금과 비슷하기 때문"이다.[13] 다음으로 값진 옷에 대해서 그는 "가장 순수한 염색도", 어떤 비단이나 모직도 "비견될 수 없다네."라며, 지혜와 비교될 수 없다고 말한다.

슬기의 자리는 어디리오?

그는 지혜가 무엇과도 비교될 수 없고 그 기원이 감추어져 있다고 말했으므로, 이제 지혜의 원천이 어디에서부터 오는 것인지를 묻는다. "지혜가 어디에서 오리오?"(20절). 지혜는 어디에서부터 도출되는가? "슬기의 자리는 어디리오?" 어떤 원천에서부터 인간은 슬기의 빛에 참여할 수 있을 것인가? 그는 이 원천이 인간의 모든 지식을 능가하는 것임을 보여 주며 "모든 살아 있는 사람의 눈에 감추어져 있고"(21절)라고 말한다. 집회 1,5에서 말하듯이 "지혜의 근원은 하늘에 계시는 하느님의 말씀"이기 때문이다.

---

12) 참조. 1,22 주해.
13) Albert the Great, *Mineralia* II.2.18. Thomas가 "그 색깔이"를 삽입한다.

점술가들의 추측

점술을 어떤 이들은 점술과 관련된 어떤 새들이 인간 이상으로 어떤 지혜의 효과에 참여한다고 믿었고 그래서 미래 사건들에 대한 지식이 그 새들로부터 인간에게 온다고 믿었으므로,[14] 그는 지혜가 이러한 점술을 능가한다는 것을 보여 주며 "하늘의 새들에게도 숨겨져 있다네."라고 덧붙인다. 이로써 지혜의 원천은 그러한 새들을 움직이게 하는 천체들을 넘어선다는 것을 알 수 있다.

영매술

또 어떤 사람들은 죽은 이들로부터 미래 사건에 대한 지식을 얻으려 하는데, 이 역시 지혜의 기원에까지 이르지는 못한다.[15] 그래서 그는 "멸망과 죽음도 '우리 귀로 그에 대한 풍문은 들었지.' 한다네."(22절)라고 덧붙인다. 그가 지혜에 대한 풍문을 멸망과 죽음에게 돌리는 것은, 멸망과 죽음은 지혜에서 나오는 선들로부터 물러나고 그것을 포기함을 내포하기 때문이다.

지금 언급한 세 가지는 비유적으로 해석하여 이성적 피조물의 세 부류에 적용시킬 수도 있다. "모든 살아 있는 사람의 눈에 감추어져 있고"는 인간에게 해당되고, "하늘의 새들에게도 숨겨져 있다네."는 천사들에게 해당되고, "멸망과 죽음도 '우리 귀로 그에 대한 풍문은 들었지.' 한다네."는 악마들에게 적용될 수 있는데, 악마들은 저주를 받아 하느님으로부터 멀리 떨어져 하느님 지혜에 대해 풍문만을 듣듯이 먼 원천으로부터 알 뿐이다.

---

14) Thomas, *ST* II-II.95.3, 여기서는 Isidore, *Etymologies* VIII.9 [*PL* 82,312]를 인용한다.
15) 앞의 각주를 보라.

피조물들 안에 있는 지혜

이제 그는 지혜의 뿌리를 보여 주며 "하느님께서 지혜의 길을", 즉 지혜의 과정 전체를 "식별해 내시고"(23절)라고 덧붙인다. 그분께서 바로 지혜의 기원이고 "슬기의 자리"(20절)이시기 때문이다. 그리고 그분께서 당신 자신을 완전히 아시므로 욥은 "그 자리를 알고 계시니"라고 덧붙인다. 그분께서는 당신 자신을 아시는데, 지혜는 그분 안에 마치 그 첫 기원에서처럼 완전하게 자리하고 있다.

기술이 장인의 정신으로부터 유래하여 그의 작품에 이르듯이, 지혜는 하느님으로부터 그분의 모든 피조물들에게 분배된다. 그래서 집회 1,10에서는 하느님께서 지혜를 "모든 피조물에게 후한 마음으로 쏟아 부으셨다."고 말한다. 그래서, 모든 피조물은 말하자면 지혜의 이차적인 자리와 같다. 그러므로 하느님께서 지혜의 장소를 아신다는 것을 보여 주기 위하여 그는 그분께서 모든 피조물을 아신다고 덧붙인다. 첫째로 그는 그 아래에 다른 모든 피조물이 자리하는 가장 꼭대기의 피조물들에 관련하여 "그분께서는 세상 끝까지 올려다 보시고"(24절)라고 말한다. 그분께서는 피조물들의 위계가 하위의 피조물들로부터 시작하여 점점 올라가 끝에 이르는 가장 높은 피조물들, 곧 천체들과 천상의 영들을 아신다. 다음으로 그는 그 아래에 있는 피조물들, 곧 여러 요소들 등에 대하여 "하늘 아래 모든 것을 보시기 때문이지."라고 덧붙인다.

피조물들의 원인이신 하느님

그리고, 누군가가 그분께서 우리처럼 사물들로부터 그 사물들에 대한 지식을 받아서 그것들을 아신다고 여기지 않도록, 그분께서는 만물의 원인으로서 그것들을 아신다는 것을 설명한다. 그래서 그는 몇몇 감추어진 피조물들, 곧 바람과 비에 대하여 "바람의 무게를 정하시고"(25절), 즉 바람에게 운동의 성향을 부여하셔서 바람이 때로는 이 방향으로, 때로는 다른 방향으로 움직이도록 하셨다고 말한다.

비

1. 다음으로는 비에 대해 말하는데, 첫째로는 비가 수증기로부터 구름으로 들어 올려진다는 것을 가리켜, 증발하는 "물의 양을 결정하실 때"라고 말한다. 하느님께서는 공기 중에 넘추어 있는 물의 양을 결정하실 때에 홍수가 나서 모든 것을 가라앉게 하거나 비의 양이 너무 줄어들어서 모든 것을 말려버리지 않도록 하신다는 것이다.

2. 둘째로 그는 비의 생성에 대해 말한다. "비의 법칙을 정하실 때"(26절), 즉 그분께서 비가 어느 때 어느 장소에 내려야 한다고 결정하신다는 것이다.

3. 셋째로는 그 결과 특히 바람의 변화로 특별히 불안정해지는 바다에 미치는 결과를 말한다. 그래서 그는 그분께서 "뇌성 번개의 길"을 정한다고 말한다. 바다에서 대기가 불안정해질 때에 폭풍이 어떤 장소에서 어떤 크기로 일어나도록 하느님께서 정하신다는 것이다.

하느님께서 당신 지혜를 관조하신다

그러나 하느님께서는 우리처럼 피조물들로부터 지혜를 얻으시는 것이 아니시므로 그는 이렇게 말한다. "그 때에", 그분께서 피조물들을 만드실 때 "그분께서 지혜를 보고"(27절), 당신 자신 안에서 지혜를 보셨다. 당신 지혜를 관조하심으로써 사물들을 존재하도록 하셨기 때문이다.

1. 지혜는 그분으로부터 먼저 천사들에게 분배되었고 그들은 하느님의 지혜에 참여하게 되었으며,[16] 그는 이러한 사실에 관련하여 당신 지혜를 "자세히 설명하셨으며"라고 말한다. 그분께서 천사들에게 그 지혜를 분명하게 드러내 보이신 것이다.

2. 둘째로는 그분께서 모든 피조물을 당신 지혜에 따라 안배하심으로써 그 피조물들에게 분배되었다. 이러한 사실에 관련하여 "그분께서 준비하고"라고 덧붙인다. 그분께서 당신 지혜 안에서 세상을 준비하셨다는 것이다.

3. 셋째로 그 지혜는 인간에게 분배되었다. 인간은 지혜의 진리가 자세히 설명된 천사들처럼 단순한 파악으로 지혜를 깨닫는 것이 아니라 이성의 탐구로 지혜에 도달한다. 그래서 그는 "그분께서 탐구하시고는"이라고 덧붙인다. 이는 그분께서 인간으로 하여금 탐구하게 하셨다는 뜻이다. 그래서 그는 "사람에게 말씀하셨네."(28절)라고 덧붙인다. 하느님께서는 당신 친히 비추심으로써 그리고 내적 감도를 통하여 지혜를 전달하신다. "보아라," 내가 지금 친히 너에게 주는 "주님을 경외함이 곧 지혜며", 주님을 경외함을 통하여 인간은 만물의 가장 높은 원인이시며 그분 안에 인간의 참된 지혜가 있는 하느님께 결합된다.

또한 "악을" 곧 죄를 지어 하느님을 잃어버리는 것을 "피함이 슬기다." 슬기가 특별히 필요한 것은 슬기를 통하여 인간이 선과 악을 식별하고 선행의 실천으로 악을 피함으로써 하느님의 지혜에 참여하게 되기 때문이다.

주님을 경외함이 곧 지혜다

그러므로 "주님을 경외함이 곧 지혜며 악을 피함이 슬기다." 따라서, 하느님을 경

---

16) Thomas, *De Veritate*, VIII.15, *sed contra* 1, 여기서는 Dionysus, *On the Divine Names* VII.2 (trans. p. 65)를 인용한다.

외하고 악을 멀리하는 의인은 지혜를 갖게 되고, 그 지혜는 악인들이 소유하고 있는 온갖 지상적 선들보다 더 낫다.

  이와 같이, 의인들에게 주어지는 영적 선들이 더 나은 선들이고 악인들에게 주어지는 현세적 선들은 덧없는 선들이라는 점에서 하느님의 섭리를 지지하는 근거가 명백하게 견지된다.

29장

욥의 탄원. 지난날의 행복에 대한 그리움

인간사의 상징인 욥

1) 욥이 비유를 들어 말을 계속하였다. 2) 아, 지난 세월 같았으면! 하느님께서 나를 보살피시던 날들. 3) 그분의 등불이 내 머리 위를 비추고 그분 빛으로 내가 어둠 속을 걷던 시절. 4) 내 나이 한창이었고 하느님의 우정이 내 천막을 감싸던 때. 5) 전능하신 분께서 아직 나와 함께 계시고 내 아이들이 내 둘레에 있던 때. 6) 내가 버터로 발을 씻고 바위는 내게 기름을 시내처럼 흘려 주던 시절. 7) 내가 성문으로 나가면 그들은 거리에 내 의자를 놓았지. 8) 나를 보고 젊은 이들은 물러서고 늙은이들은 몸을 일으켜 세웠지. 9) 고관들은 말을 삼가고 손을 입에 갖다 대었으며 10) 귀족들은 소리를 죽이고 그들의 혀는 입천장에 붙었지. 11) 귀는 내 말을 듣고 나를 복되다 말하며 눈은 나를 보고 기리며 증언하였지. 12) 하소연하는 가련한 이와 도와줄 이 없는 고아를 내가 구해 주었기 때문이네. 13) 죽어 가는 이의 축복이 나에게 쏟아지고 나는 과부의 슬픈 마음을 환호하게 하였지. 14) 나는 정의로 옷 입고 나 스스로 옷 입듯이 입었으며 공정을 관처럼 썼었지. 15) 나는 눈먼 이에게 눈이 되고 다리저는 이에게 다리가 되어 주었지. 16) 가난한 이들에게는 아버지였고 알지 못하는 소송도 살폈으며 17) 불의한 자의 이를 부수고 그 입에서 약탈물을 내뱉게 하였지. 18) 그래서 나는 이렇게 생각하였지. '내 보금자리에서 눈을 감고 내가 살 날을 종려나무처럼 많게

> 하리라. 19) 내 뿌리는 물가로 뻗어 내 수확에는 이슬이 남아 있으리라. 20) 내 명예는 나와 함께 늘 새롭고 내 손의 활은 젊음을 유지하리라.' 21) 사람들은 기대에 차 내 말을 듣고 나의 권고에 묵묵히 귀 기울였으며 22) 내 이야기에 사람들은 두말하지 않았고 내 말은 그들 위로 방울져 흘렀지. 23) 그들은 나를 비처럼 고대하였고 저녁의 비를 향하듯 입을 벌렸지. 24) 내가 웃으면 그들은 황송하여 믿지지 않아 하였고 내 얼굴빛은 땅으로 떨어지지도 않았지. 25) 내가 그들에게 가려 했을 때에는 으뜸으로 좌정하였으며 군대를 거느린 임금처럼 자리 잡고 앉아 애도하는 이들을 위로하는 사람과도 같았지.(29,1-25)

욥은 앞에서 한 말들에서 악인들이 번영을 누리고 선인들이 때로는 이 세상에서 현세적 번영을 누리지 못하는 것이 하느님의 정의에 모순되지 않는다는 것을 증명하는 추론을 보편적인 방식으로 보여 주었다. 의인들에게는 더 큰 선인 영적 선들이 주어진다. 이제는 마치 예를 들듯이 자기 자신의 경우에서 이 추론을 보여 주어, 그가 죄 때문에 역경을 겪은 것이라는 친구들의 주장도 반박하고자 한다.

먼저 욥은 자신이 과거에 누렸던 번영을 말한다. 그는 그 번영을 덕스럽게 사용했다. 다음으로는 그가 겪은 역경이 얼마나 큰 것이었는지를 보여 준다.[1] 마지막으로는 자신의 무죄함을 여러 가지로 입증한다.[2]

그는 앞에서 빌닷의 말에 응답한 다음에 초파르가 침묵하고 있었으므로 자신의 의도를 밝혔던 것과 마찬가지로,[3] 지금도 자신의 입장을 밝힌 다음 혹시 다른 이들이 말하려 하는지 기다렸다.

---

1) 참조. 30,1 주해.
2) 참조. 31,1 주해.
3) 참조. 26,1과 27,1 주해.

과거의 번영

그들 모두가 침묵하자 그는 다시 말을 시작한다. 그래서 "욥이 비유를 들어 말을 계속하였다."(1절)라고 한다. 그는 비유적으로 말할 것이기 때문이다. "아,… 같았으면!"(2절)이라는 말은 청을 하는 것이라기보다는 갈망을 나타낸다. "지난 세월 같았으면!"은, 과거에 그랬듯이 번영을 누렸으면 한다는 것이다.

그는 이러한 번영을 행운이나 자신의 힘에 의한 것으로 돌리지 않고 하느님의 도우심에 돌리고 있으므로, "하느님께서 나를 보살피시던 날들."이라고 덧붙인다. 이는 하느님께서 그를 역경에서 지켜 주시고 선을 향하여 그를 인도하시던 때를 나타내는데, 어떤 면에서 그분은 그의 기대를 넘어서까지도 선한 결과로 이끄셨다. 그래서 그는 "그분의 등불이", 즉 그분의 섭리가 "내 머리 위를 비추고"(3절), 나의 정신을 비추어 내 정신이 도달하지 못하는 많은 선으로 인도하시던 시절이라고 말한다.

하느님의 비추심

어떤 면에서, 욥은 마치 하느님께서 그가 무엇을 해야 하는지를 가르치시는 것과 같이 그분의 인도를 받았다. 그래서 그는 "그분 빛으로" 즉 그분의 가르치심으로 "내가 어둠 속을 걷던 시절", 즉 그는 불확실한 상황들 속에서 앞으로 나아가던 때에 대해 말한다. 그리고 이것이 그가 이전에 의로웠기 때문이라고 여기지 않도록, 그는 "내 나이 한창이었고"(4절)라고 덧붙인다. 나는 아직 그렇게 큰 복을 누릴 만한 공로를 쌓을 수 없었다는 것이다.

하느님과의 친밀함

다음으로 그는 그가 과거에 누렸던 좋은 것들을 하나씩 설명하며, 첫 번째로 그가 기도와 관상 가운데 느꼈던 하느님의 친밀하심에서 시작한다. 그래서 그는 "하느님의 우정이 내 천막을 감싸던 때."라고 말한다. 이는 홀로 기도하고 묵상하며 하느님의 현존을 느꼈을 때를 뜻하는 것으로, 관상을 가리킨다. 한편 행위에 관련해서는 "전능하신 분께서 아직 나와 함께 계시고"(5절)라고 말한다. 내가 덕스럽게 행동하도록 하느님께서 도와주시던 때를 말하는 것이다.

후손

다음으로는 후손들로 인한 행복을 묘사하여 "내 아이들이 내 둘레에 있던 때."라고 덧붙인다. 젊은 아버지의 아들들은 어린 아이들인 것이다.

다음으로 그는 삶의 향유에 관련된 풍부함을 말하며 "내가 버터로 발을 씻고"(6절)라고 덧붙인다. 고대인들에게 암소는 특별한 재산이 되었고, 아우구스티누스에 따르면 여기에서부터 돈에 이름에 붙게 되었다.[4] 암소의 생산물 가운데 우유의 지방인 버터는 가장 값진 것으로 보이고, 그는 버터가 풍부하다는 것을 비유적으로 버터로 발을 씻는 것으로 나타낸다. 예를 들어 어떤 사람에게 값진 액체가 대단히 풍부할 때 그것으로 발을 씻을 정도라고 표현하는 것과 같다. 그리고, 버터가 동물들의 산물 가운데 가장 값진 것이듯이 기름은 땅의 산물들 가운데 가장 값진 것이다. 그런데 가장 좋은 기름을 내는 올리브 나무는 보통 바위와 모래가 있는 장소에 있으므로, 그는 "바위는 내게 기름을 시내처럼 흘려 주던 시절."이라고 덧붙인

---

4) Thomas, ST II-II.117.2, ad 2, 여기서는 De Disciplina Christiana, ch. 6[PL 40, 672]를 인용한다.

다. 이 표현으로 그는 생산물의 풍요로움과 좋음을 나타낸다.

영광

다음으로는 이전의 영광이 위대했음을 설명하며 "내가 성문으로 나가면"(7절)이라고 덧붙인다. 이 표현으로 욥은 그가 재판의 권위를 가지고 있었음을 알게 한다. 고대인들 사이에서 재판은 성문에서 이루어졌기 때문이다.[5] 그리고, 그가 대수롭지 않은 재판관들 가운데 하나가 아니었음을 보여 주기 위하여 그는 "그들은 거리에 내 의자를 놓았지."라고 덧붙인다. 이 진술로 그는, 그가 특별한 품위를 지닌 인물이었음을 보여 주었다.

젊은이들

1. 이제 다음으로 그는 그의 재판의 권위를 보여 준다. 첫 번째로는 그가 젊은이들로부터 받았던 표지를 통해서 이를 보여 주며 이렇게 말한다. "나를 보고 젊은이들은", 쉽게 죄로 기우는 젊은이들은 "물러서고"(8절) 나의 재판을 두려워하여 숨었다는 것이다.

노인들

2. 둘째로 그는 노인들에 관련하여 그의 재판의 권위를 보여 준다. "늙은이들은 몸을 일으켜 세웠지." 그들은 나의 재판에 종속되었던 것이다.

---

5) 참조. 5,4 주해.

통치자들

3. 셋째로 그는 도시의 통치자들에 관련하여 그의 재판의 권위를 보여 주는데, 그들은 그의 재판을 존중하였다. 그가 말하려고 할 때에는 그들은 이미 시작한 말을 중단하였다. 그래서 그는 "고관들은 말을 삼가고"(9절)라고 덧붙인다. 또한 그가 말을 할 때에 그들은 감히 그의 말을 중단시키지 못했다. 그래서 그는 "손을 입에 갖다 대었으며"라고 덧붙인다.

장군들

4. 넷째로는 전쟁의 장군들과 관련하여 그의 재판의 권위를 보여 준다. 장군들은 대개 용감하며 곧은 말을 하곤 하는데, 그들도 그의 앞에서는 나서서 과감하게 말을 하지 못했다. 그래서 그는 "귀족들은 소리를 죽이고"(10절)라고 덧붙인다. 그들은 소리를 낮추어 겸손하게 말을 했고 때로는 감히 말을 잇지 못했다. 그래서 그는 "그들의 혀는 입천장에 붙었지."라고 덧붙인다. 그들이 말을 할 수가 없는 듯이 보였다는 것이다.

백성들

5. 그렇게 엄중한 권위를 가진 사람들은 흔히 사람들의 사랑을 받기보다는 사람들이 그를 두려워하므로, 욥은 그가 사람들의 사랑을 받았음을 보여 준다. 이것은 그가 높은 사람들에게 권위를 가졌으면서도 낮은 사람들에게 친절한 관대한 사람이었다는 표지이다.[6] 그래서 그는 "귀는 내 말을 듣고"(11절), 즉 나의 영광이나

---

6) Thomas, ST II-II.129.3, ad 5, 여기서는 Aristotle, *Nicomachean Ethics* IV.10, 1124b 18ff.를 인용한다.

나의 재판에 대해 다른 이들이 칭찬하는 것을 듣고는 나를 미워하거나 질투하는 것이 아니라 "나를 복되다 말하며", 내가 축복을 받았다고 여기고 나에게 복을 빌었다고 말한다. 이는 그와 함께 있지 않았던 이들에 관한 것이다. 한편 그와 함께 있었던 이들에 대해서는, "눈은 나를 보고", 즉 나의 영광과 재판을 보고 나의 덕에 대하여 다른 이들에게 "기리며 증언하였지."라고 말한다. 그들이 이렇게 한 이유는 내가 행한 자비의 행위들 때문이었다.

약자들

6. 그는 이 주장을, 먼저 가난한 이들에 관련하여 보여 준다. 그래서 그는 "하소연하는", 즉 탄원하는 "가련한 이를" 억압하는 이들에게서 "구해 주었기"(12절)때문이라고 덧붙인다. 둘째로는 고아들에 연관하여, 아버지를 잃어 "도와줄 이 없는 고아를 내가 구해 주었기 때문이네."라고 덧붙인다. 셋째로는 위험 속에서 살고 있는 이들과 관련하여, "죽어 가는 이의 축복이 나에게 쏟아지고"(13절)라고 덧붙인다. 위험 속에서 나의 도움을 받은 이들이 나를 축복했던 것이다. 넷째로는 과부들에 관련하여, "나는 과부의 슬픈 마음을 환호하게 하였지."라고 덧붙인다. 그는 남편의 위로를 잃은 과부들을 위로했던 것이다.

법정에서

7. 그러나, 재판에서는 정의를 포기하면서 동정을 베풀지는 말아야 한다. 그래서 그는 "나는 정의로 옷 입고"(14절)라고 덧붙인다. 이는 나의 재판에서 어디서나 정의가 나타났다는 뜻이다. 사람은 사방이 옷으로 둘러싸여 있기 때문이다. 또한 그가 강요를 받은 것이 아니라 스스로 정의를 행했음을 보여 주기 위하여 "나 스스로 옷 입듯이 입었으며"라고 덧붙인다. 내가 스스로 정의를 옷을 입듯이, 사방

에서 나 자신을 보호하고 장식하기 위하여 입었다는 것이다.

또한, 전쟁에서 승리자에게 관이 주어지듯이 재판관도 그의 재판을 통하여 정의에게 승리를 줄 때에 관을 받게 된다. 그래서 그는 "공정을 관처럼 썼었지."라고 덧붙인다. 나는 관을 쓰듯이 나의 공정을 입었다는 것이다.

곤궁한 이들에 대한 자비

8. 그리고, 그가 정의로우면서도 자비를 간직할 수 있었음을 보여 주기 위하여 그는 "나는 눈먼 이에게 눈이 되고"(15절)라고 덧붙인다. 나는 단순한 사람들에게 어떻게 그들의 일을 처리해야 하고 어떻게 무지로 인하여 손실을 당하지 않을 수 있는지를 가르쳤다. 그리고 그는 무지한 이들에게 조언만 해 준 것이 아니라 힘없는 이들을 도와주었으므로, "다리저는 이에게 다리가 되어 주었지."라고 덧붙인다. 나는 자신의 일을 처리하지 못하는 사람을 도와주어 일을 처리할 수 있도록 해 주었다. 또한 보호를 받지 못하는 사람들을 지켜 주었으므로, "가난한 이들에게는 아버지였고"(16절)라고 덧붙인다. 그들을 보호하고 돌보아 주었다는 것이다.

속임수를 살핌

9. 때로 어떤 사람들은 속임수로 단순하고 힘없고 가난한 이들에게 해를 입히는데, 이러한 관습에 맞서 그는 악인들의 사기를 막기 위하여 열심히 살폈다. 그래서 그는 "알지 못하는 소송도 살폈으며"라고 덧붙인다. 소송에 속임수가 감추어져 있지 않도록 주의깊게 살폈다는 것이다.

폭력에 맞섬

10. 어떤 사람들은 폭력으로 가난한 이들을 억누르고 말로써나 약탈로써 그들을 집어 삼키는데, 욥은 자신의 힘으로 그들의 폭력을 꺾었다. 그래서 그는 "불의한 자의 이를 부수고"(17절)라고 덧붙인다. 그는 더 이상 약탈을 하지 못하도록 폭력을 꺾었고, "그 입에서 약탈물을 내뱉게 하였지."라고 말한다. 이는 그들이 약탈로 이미 받은 것을 되돌려 주게 했다는 뜻이다.

행복한 사람의 희망

자기 집에서 죽는 것

1. 욥은 앞에서 말한 선한 행위들에 의지하여 그의 번영이 지속되리라고 믿었다. 그는 그 번영이 계속되는 것을 먼저 그 자신에 관련하여 묘사한다. "그래서 나는 이렇게 생각하였지. '내 보금자리에서 눈을 감으리라'"(18절). 그는 자신이 이전의 공로 덕분으로 집에서 쫓겨나서 또는 집이 파괴된 채로 죽는 것이 아니라 자기 집에서 평온하게 죽음을 맞으리라는 희망을 가졌던 것이다. 또한 그는 때 이른 죽음을 맞으리라고도 생각하지 않았다. 그래서 그는 "종려나무처럼", 매우 오래 사는 종려나무처럼 오래 살아 "내가 살 날을 많게 하리라."고 생각했었다.

지속적인 번영

2. 둘째로 그는 그의 재산과 관련하여 번영이 지속됨을 묘사하며, 그 재산이 늘어남을 표현하여 "내 뿌리는 물가로 뻗어"(19절)라고 덧붙인다. 물가로 뿌리를 뻗은

나무들은 보통 열매가 많기 때문이다. 그러므로 이 표현으로 그는 현세적 열매들이 많아짐을 나타낸다.

그런데 때로는 어떤 사람의 열매들은 많아지지만 어떤 장애로 인하여 그 열매들을 수확하지 못하는 일이 있다. 이러한 가능성을 배제하여 그는 "내 수확에는 이슬이 남아 있으리라."라고 말한다. 더운 땅에서는 그 강렬한 열기 때문에 추수꾼들이 추수밭에 머물러 있지 못하는 경우가 있는데, 이슬 구름이 그들을 시원하게 해 주어 추수에 어려움이 없도록 해 준다는 것이다. 이사 18,4에서 "수확철 더위 때의 이슬 구름처럼"이라고 하는 바와 같다.

명예의 증가

3. 셋째로 그는 그의 영광과 관련하여 번영이 계속됨을 말하여, "내 명예는 나와 함께 늘 새롭고"(20절)라고 덧붙인다. 그의 선행이 늘어남으로써 그의 명예도 새로워지는 것이다.

강한 힘

4. 넷째로는 힘이 계속됨에 관하여 "내 손의 활은 젊음을 유지하리라."라고 덧붙인다. 동방인들은 전쟁에 활을 무기로 사용했으므로, 활은 힘을 나타낸다.

지혜로운 조언자

앞의 단락들에서 욥은 그가 심판에서 보여 주었던 준엄함과 자비를 모두 묘사했는데,[7] 이제는 세 번째로 그가 지혜도 사용했음을 보여 준다. 첫째로는 재판에 있어서인데, 이 점에 관하여 그는 "사람들은 기대에 차 내 말을 듣고"(21절)라고 말한다. 나에게 재판을 받는 이들이 나에게서 매우 지혜로운 견해를 들으리라고 기대했다는 것이다. 그리고 그의 권고에 대해서는 "나의 권고에 묵묵히 귀 기울였으며"라고 말한다. 그들이 그의 권고를 기다리고 열심히 들었다는 것이다. 권고를 해 준 다음에 그들은 그 권고에 만족했다. 그래서 그는 "내 이야기에 사람들은 두말하지 않았고"(22절)라고 덧붙인다. 그들은 내 훌륭한 지혜를 높이 평가했기 때문이다. 그들은 나의 권고를 확고하게 따랐을 뿐만 아니라 그 권고가 자신들의 목적을 이루는 데에 효과적이라고 여기며 거기에서 위로를 받았다. 그래서 그는 "내 말은 그들 위로 방울져 흘렀지."라고 덧붙인다. 그의 말은 빗방울처럼 그들을 시원하게 해 주었던 것이다.

모든 이가 그를 그리워함

1. 그는 이미 재판과 조언에서 그가 어떤 사람이었는지를 말했으므로,[8] 다음으로는 사람들과의 일상적인 관계에서 그가 어떤 사람이었는지를 보여 준다. 첫째로 그는 그가 자애로운 사람이었음을 보여 준다. 그가 없을 때 사람들은 그를 그리워했기 때문이다. 그래서 그는 "그들은 나를 비처럼 고대하였고"(23절)라고 말한다. 한편 그가 있을 때 사람들은 그를 보는 것과 그의 말로 위로를 받았다. 그래서 그는 "입을" 즉 영을 "벌렸지."라고 말한다. 그들은 위로를 받기 위하여 그를 향하여 영을 열어 놓은 것이고, 그래서 그는 낮의 더위가 지난 다음 시원함을 가져다주는 "저녁의 비를 향하듯"이라고 덧붙인다.

---

7) 참조. 8-10절 주해와 11-16절 주해.
8) 참조. 21절 주해.

절제있고 평온함

2. 둘째로 그는 그가 사람들과 어울리는 데에서 절제가 있었고 즐거움으로 흐트러지지 않았다는 것을 보여 주며 "내가 웃으면"(24절), 즉 행복함의 표시를 보이면 "그들은 황송하여 믿기지 않아 하였고"라고 말한다. 내가 웃는다는 것을 믿을 수 없었다는 것이다. 이와 마찬가지로 그는 슬픔으로 우울해하지도 않았다. 그래서 그는 "내 얼굴빛은 땅으로 떨어지지도 않았지."라고 말한다. 탄식하며 슬퍼하는 사람은 보통 눈을 땅으로 떨어뜨리기 때문이다.

고통받는 이들의 위로자

3. 셋째로 그는 영예에 있어 무절제하지 않았으며 그것을 갈망하지도 않았음을 보여 준다. 그래서 그는 자신이 쉽게 사람들에게 가지 않았고 "내가 그들에게 가려 했을 때에는 으뜸으로 좌정하였으며"(25절) 그들 가운데에서 영예를 누렸다고 말한다. 그러나 그는 자신의 영예로 교만해지지 않았다. 그래서 그는 "군대를 거느린 임금처럼 자리 잡고 앉아" 곳곳에서 모든 사람들이 그를 존경하였으나, "애도하는 이들을 위로하는 사람과도 같았지."라고 말한다. 그는 그들을 멸시하지 않았던 것이다.

30장

지금 욥이 겪고 있는 고통

모든 이의 경멸

1) 그러나 이제는 나를 비웃네, 나보다 나이 어린 자들이. 나는 그 아비들을 내 양 떼를 지키는 개들과도 앉히려 하지 않았을 터인데. 2) 그들은 살 가치도 없다고 여겨졌었는데 그들 손의 힘이 나에게 무슨 소용이 있으랴? 3) 가난과 굶주림으로 바싹 야윈 채 황야에서 갉아먹으며 재앙과 곤궁으로 비참해진 그들. 4) 덤불 가에서 짠나물을 캐고 싸리나무 뿌리가 그들의 양식이라네. 5) 온 계곡에서 이 양식들을 찾고, 찾아낼 때마다 소리를 지르며 달려가네. 6) 그들은 골짜기의 벼랑에, 땅굴과 바위에 살아야 하는 자들. 7) 그런 장소에서 즐거워하고 가시나무 아래에서 기뻐하는 8) 어리석고 이름도 없는 종자들 이 땅에서 회초리로 쫓겨난 자들이라네. 9) 그러나 이제는 내가 조롱의 노랫거리가 되고 그들에게 이야깃거리가 되었네. 10) 그들은 나를 역겨워하며 내게서 멀어지고 내 얼굴에다 서슴지 않고 침을 뱉는구려. 11) 그분께서 화살통을 여시고 나를 괴롭히시며 내 입에 재갈을 물리시네. 12) 동녘의 오른편에서 곧바로 나의 재앙들이 일어나 나의 발을 뒤흔들고, 파도처럼 재앙의 길로 나의 발을 억눌렀네. 13) 내 길을 망가뜨리며 숨어서 나를 습격하고 나보다 더 세었어도 나를 도울 이 없어 14) 나의 벽이 갈라지고 나의 문이 열린 듯 나에게 밀려들어 나를 비참하게 하네. 15) 나는 다 사라졌네. 바람이 내 갈망을 거두어 가고 내 건강은 구름처럼

> 흘러가 버렸네. 16) 이제 내 넋은 빠져 버리고 고통의 나날만이 나를 사로잡는구려. 17) 밤이면 고통으로 뼈가 뚫리고, 나를 잡아먹는 이들은 잠들지도 않네. 18) 엄청난 힘으로 내 옷은 쭈그러지고 내 옷깃까지 나를 에워싸네. 19) 나는 진흙과 같아졌고 먼지와 재처럼 되고 말았네. 20) 제가 부르짖어도 당신께서는 대답하지 않으시고 줄곧 서 있어도 당신께서는 저에게 눈길을 주지 않으십니다. 21) 무자비하게도 변하신 당신, 당신 손의 그 완력으로 저를 핍박하십니다. 22) 저를 들어 올리셨다가는 바람에 실어 보내시고 아래로 내팽개치셨습니다. 23) 당신께서 저를 죽음으로, 산 사람들이 모두 모이는 집으로 넘기심을 저는 압니다. 24) 그러나 당신께서 손을 내뻗으시는 것은 그들의 소멸을 위해서가 아니며, 그들이 허물어지면 당신께서 그들을 구하십니다. 25) 나는 삶이 괴로운 이를 위하여 울지 않았던가? 내 영혼은 가난한 이를 위하여 슬퍼하지 않았던가? 26) 그렇건만 선을 기다렸는데 악이 닥쳐오고 빛을 바랐는데 어둠이 닥쳐오는구려. 27) 속은 쉴 새 없이 끓어오르고 고통의 나날은 다가오네. 28) 나는 탄식하며 돌아다니고 격분도 없이 일어나 회중 가운데서 소리쳤네. 29) 나는 뱀들의 형제요 참새들의 벗이 된 채 30) 살갗은 까맣게 벗겨지고 뼈는 열기로 타오르네. 31) 내 비파는 애도의 소리가 되고 내 혀는 곡하는 이들의 소리가 되었네.(30,1-31)

욥은 과거에 그가 누렸던 여러 가지 번영을 열거한 다음 이제 그가 지금 겪고 있던 역경들을 열거한다. 첫째로는, 과거의 영광과 존경과는 대조적으로 지금은 경멸을 받고 있음을 보여 준다. 경멸하는 사람의 성격이 비천할수록 경멸은 더 견디기 힘들어진다. 그래서 그는 그를 경멸하는 사람들이 여러 가지로 비천한 사람들이었음을 보여 준다.

젊은이들

1. 첫째로는 나이와 관련하여, "그러나 이제는 나를 비웃네, 나보다 나이 어린 자들이."(1절)라고 말한다. 이는 그가 위에서 "나를 보고 젊은이들은 물러서고 늙은 이들은 몸을 일으켜 세웠지."[29,8]라고 했던 것에 대조된다.

낮은 계층에 속한 이들

2. 둘째로는 경멸하는 이들이 낮은 계층 출신이라서 비천하다는 것을 보여 주며 "나는 그 아비들을 내 양 떼를 지키는 개들과도 앉히려 하지 않았을 터인데."라고 말한다. 나는 그들이 내 집에서 개를 돌보는 것과 같은 아주 천한 일을 하기에도 부당하다고 여겼다는 것이다. 이 말은 그가 위에서 "고관들은 말을 삼갔지."[29,9]라고 말했던 것과 반대 의미로 대응된다.

약한 이들

3. 셋째로는 그들의 힘이 미약하다는 점에서 그들이 비천했음을 보여 준다. "그들 손의 힘", 그를 비웃는 자들이나 또는 그들의 아버지의 힘이 "나에게 무슨 소용이 있으랴?"(2절). 전에는 그가 그들의 힘을 아무 소용이 없는 것으로 여겼다는 것이고, 이 말은 그가 위에서 "귀족들은 소리를 죽였지."[29,10]라고 말했던 것과 반대 의미로 대응된다.

영예가 없는 이들

4. 넷째로 그는 그들이 영예가 없다는 점에서 비천했음을 보여 준다. 그래서 그

는 "그들은 살 가치도 없다고 여겨졌었는데"라고 덧붙인다. 그들은 무거운 죄를 많이 지어 그렇게 여겨졌던 것이다. 이 말은 그가 위에서 "귀는 내 말을 듣고 나를 복되다 말하며…"[29,11]라고 말했던 것과 반대 의미로 대응된다.

가난한 이들

5. 다섯째로 그는 그들이 가난하여 비천했음을 보여 주며 이렇게 덧붙인다. 그들은 "가난과"(5절), 즉 가진 것이 부족하고 "굶주림으로", 즉 가난에 뒤따르는 고통 때문에 "바싹 여위어" 열매를 맺을 수 없다. 이는 그가 위에서 그 자신에 관하여 "바위는 내게 기름을 시내처럼 흘려 주던 시절."[29,6]이라고 말했던 것과 대조된다.

비참하게 살아가는 이들

6. 여섯째로 그는 그들의 생활이 심각하여 그들이 비천했음을 보여 준다. 그래서 그는 "황야에서 갉아먹으며"라고 덧붙인다. 그들은 예를 들어 도토리와 같이 광야에서 찾아낸 거친 음식들을 사용했다. 그들이 가난하여 밭의 결실을 소유하지 못했기 때문이다. 그는 이러한 상황의 결과들을 보여 주며 "재앙과 곤궁으로 비참해진 그들."이라고 덧붙인다. 그들이 볼품없이 되었다는 것이다. 재앙은 그들의 몸으로 겪은 역경들을 말하고, 곤궁은 외적인 역경들을 가리킨다.

다음으로 그는 그들이 무엇을 갉아먹고 있었는지를 설명하여 이렇게 덧붙인다. 그들은 "덤불 가에서 짠나물을 캐고"(4절), 즉 야생의 익히지 않은 나물들을 먹었고, "싸리나무 뿌리가 그들의 양식이라네." 이 말로 그는 그들의 음식이 거칠고 값싼 것이었음을 보여 준다. 다음으로 그는 그들에게 이러한 값싼 양식마저 풍부하지 않았다는 것을 보여 주며, 그들이 힘들게 양식을 얻었다는 뜻으로 "좁은 계곡에서 이 양식들을 찾고"(5절)라고 말한다. 그들은 기어 오르고 기어 내려가며 어렵게 양식들을 얻는다. 그리고 그 양이 적다는 뜻으로 "찾아낼 때마다"라고 말한다. 또한 양식을 얻기 위해 경쟁했다는 뜻으로 "소리를 지르며 달려가네."라고 말한다. 다른 사람보다 먼저 도달하기 위하여 그렇게 달려가는 것이다. 이 모두는 그가 위에서 "내가 버터로 발을 씻고"[29,6]라고 말했던 것과 반대 의미로 대응된다.

집 없는 이들

7. 일곱째로 그는 그들의 거처와 관련하여 그들의 비천함을 보여 준다. 그들이 머물 집을 가지고 있지 않았다는 뜻으로 그는 "그들은 골짜기의 벼랑에 살아야 하는 자들"(6절)이라고 말한다. 그들은 마른 강바닥에서 더위를 피해 살고 있고, 그늘이 있는 "땅굴"에, 그리고 가까이에 있는 물 때문에 또는 부드러운 모래 때문에 시원한 "바위에" 산다. 그들은 그런 곳에라도 머물 수 있다면 그것을 다행으로 여겼다. 그래서 그는 그들에게는 그런 장소마저도 많지 않았다는 듯이 "그런 장소에서 즐거워하고"(7절)라고 덧붙인다. 더 좋은 장소를 찾아내면 그들은 그것을 기뻐했다. 그래서 그는 "가시나무 아래에서", 즉 작은 나무들의 그늘에서 "기뻐하는 자들"이라고 말한다. 그곳은 앞에 언급된 곳들보다 머물기에 더 나았기 때문이다. 이 말은 그가 앞에서 "내 보금자리에서 눈을 감으리라."[29,18]라고 말했던 것과 반대 의미로 대응되는 것으로 보인다.

어리석은 자들의 자녀들

이렇게 그들의 빈궁함을 하나씩 열거한 다음, 욥은 요약하듯이 앞에서 말한 것을 종합하여 생각에 있어 "어리석고" 출신에 있어 "이름도 없는 종자들"(8절), 그리고 아무런 품위도 영예도 없는 "이 땅에서 회초리로 쫓겨난 자들"이라고 말한다.

조롱과 멸시를 받음

다음으로는 그가 그들에게서 당하고 있는 고통을 설명한다. 첫째로 그는 그가 그들에게서 말로 조롱을 받고 있음을 보여 준다. 그들은 장난으로 그를 조롱하기도 하는데, 이러한 의미로 그는 "그러나 이제는 내가 조롱의 노랫거리가 되고"(9절)라고 말한다. 그들이 그를 조롱하는 노래들을 만들고 있기 때문이다. 또 그들은 진지하게 그를 조롱하기도 하는데, 이 점에 관련하여 그는 "그들에게 이야깃거리가 되었네."라고 덧붙인다. 그들은 욥의 불행을 예로 들면서, 그를 죄와 비참의 본보기로 제시했던 것이다.

둘째로 그는 그들이 마음속으로 어떻게 그를 멸시했는지를 보여 주며 "그들은 나를 역겨워하며"(10절)라고 말한다. 그들은 그를 비열하고 부정한 사람으로 여겼던 것이다.

셋째로 그는 그들이 행동으로 어떻게 그를 멸시했는지를 보여 주며 "내게서 멀어지고"라고 덧붙인다. 이는 그가 위에서 "그들은 나를 비처럼 고대하였고"[29,23]라고 말했던 것에 반대된다. 그뿐 아니라 그들이 그에게 해를 입혔다는 뜻으로 "내 얼굴에다 서슴지 않고 침을 뱉는구려."라고 말한다. 이는 모욕과 경멸의 표시이다.

경멸의 이유

하느님의 징벌

1. 그리고 그가 어떤 잘못을 범했기 때문에 모욕을 당한 것이라고 생각하지 않도록, 그는 지금 언급한 모욕이 원인이 하느님께서 그를 치신 데에 있다는 것을 보여 준다. 첫째로 그는, 그의 고통이 하느님으로부터 온 것임을 보여 주며 "그분께

서 화살통을 여시고 나를 괴롭히시며"(11절)라고 말한다. 화살통으로부터 그를 치기 위한 화살을 꺼내시는 것이고, 위의 6,4에서 "전능하신 분의 화살이 내 몸에 박혀 내 영이 그 독을 마시고"라고 했던 바와 같이 화살은 하느님의 징벌을 뜻한다. 그렇다면 하느님의 화살통은 하느님의 안배이고, 거기에서부터 인간에게 역경들이 나오는 것이다. 그가 화살통이 열렸다고 말하는 것은 그가 내적으로나 외적으로나 고통을 겪었기 때문이다.

자신을 방어할 수 없음

2. 둘째로 그는, 그가 입은 모욕을 말로도 반박할 수 없게 하느님께서 막으셨다고 주장하며 "내 입에 재갈을 물리시네."라고 주장한다. 하느님의 징벌로 그는 다른 이들을 반박할 자신을 잃게 되었다. 그들이 바로 그 징벌들을 그를 반대하는 논거로 내놓았기 때문이다.

통상적이지 않은 역경들

1. 다음으로 그는 그러한 역경들이 인간에게 역경이 일어나는 보통의 방법을 벗어나 그에게 도달했다는 사실로부터 그 역경들이 하느님께서 그에게 보내신 것임을 밝힌다.

첫째로는, 그 역경들이 어디에서부터 왔는가를 근거로 든다. 그 지역에서 보통 습격은 야만적이고 흉포하며 호전적인 사람들이 살고 있던 북쪽으로부터 왔다. 예레 1,14에서 "북쪽에서 재앙이 터질 것이다."라고 하는 바와 같다. 그러나 복된 욥을 습격한 이들은 보통 덜 흉포하고 덜 호전적인 사람들이 사는 남쪽에서부터 왔다.[1] 위에서 그의 역경은 소와 나귀들을 약탈하고 머슴들을 죽인 스바인들에게서 시작되었다고 했기 때문이다.[2] 그래서 그는 "동녘의 오른편에서"(12절) 즉 동쪽에 대하여 오른편에 있는 남쪽에서부터 – 동쪽을 바라보는 사람에게는 오른편이 남쪽이 되기 때문이다 – "곧바로 나의 재앙들이 일어나", 스바인들이 쳐들어오기 시작하자 곧바로 재앙이 일어났다고 말한다.

연이은 재앙

둘째로 그는 그가 겪은 역경들이 연이은 그 습격의 수에 있어서 보통의 정도를 넘었다는 것을 보여 준다. 그는 사람이 일을 할 수 있는 수단이 되는 재산에서도 손실을 입었고, 이를 발로 나타내어[3] "나의 발을 뒤흔들고"라고 말한다. 그 재앙들은 나의 모든 능력을 파괴하였고, 그것도 쉽게 완전히 파괴했다. 그래서 그는 "재앙의 길로", 즉 아무 어려움 없이 재앙들이 지나가 "나의 발을 억눌렀네."라고 덧붙인다. 그리고 비유를 들어 "파도처럼"이라고 덧붙인다. 바다의 파도는 갑자기 땅이나 배를 덮어 그것을 완전히 삼켜버리기 때문이다. 그의 발 곧 그의 능력이 뒤흔들리고 나면 그의 길은 가로막힐 수밖에 없다. 그래서 "내 길을 망가뜨리며"(13절), 즉 나의 일들을 모두 흩어 놓았다는 말이 뒤따른다.

더 나아가서 그 재앙들은 나 자신도 괴롭혔다. 속임수로 나를 괴롭혔다는 뜻으로 그는 "숨어서 나를 습격하고"라고 말한다. 또한 힘으로 괴롭혔다는 뜻으로 그는 "나보다 더 세었어도"라고 말한다. 저항도 없었다. 그것을 가로막을 사람이 아무도 없기 때문이다. 그래서 그는 "나를 도울 이 없어"라고 말한다. 그가 억눌릴

---

1) Thomas, *On Kingship* II.1, 여기서는 Aristotle, *Politics* VII.7, 1327b 23ff.와 Vegetius, *Institutio Rei Militaris* I.2를 인용한다.
2) 참조. 1,15 주해.
3) 참조. 23,11과 31,5 주해.

때에 아무도 그 재앙들이 닥쳐오는 것을 막을 사람이 없었다는 것이다. 그래서 그는 "나의 벽이 갈라지고 나의 문이 열린 듯 나에게 밀려드네."(14절)라고 말한다. 아무 장애물이 없는 듯이, 아무 어려움도 없는 듯이 밀려든다는 것이다. 벽은 그 어려움을 나타낸다. 문이 열렸다는 것은 관심을 기울이는 사람도 없음을 의미한다. 재앙들은 그렇게 거리낌 없이 나에게 들어오면서 자비를 보이지 않는다. 그래서 그는 "나에게 밀려들어 나를 비참하게 하네."라고 덧붙인다. 오직 나를 비참하게 만들려고만 한다는 것이다.

모든 것을 잃음

3. 세 번째로 그는 이 역경들의 결과로부터 그것이 하느님께서 보내신 것임을 보여 준다. 그에게는 아무것도 남지 않았던 것이다. 그래서 그는 "나는 다 사라졌네."(15절)라고 말한다. 욥이 이렇게 말하는 것은 이전의 그의 번영에서 아무것도 남지 않았기 때문인데, 그 번영은 두 가지 방식으로 존재했었다. 그 첫째는 외적인 사물들인데, 그는 폭력으로 그것을 잃었다. 그래서 그는 "바람이" 즉 폭력이 "내 갈망을", 내가 외적 사물들로 소유하고 있던 모든 좋은 것들을 "거두어 가고"라고 덧붙인다. 두 번째는 그 자신의 건강이었는데, 이에 관련하여 그는 "내 건강은", 나 자신의 건강은 "구름처럼" 갑자기 그리고 완전히 "흘러가 버렸네."라고 말한다.

고통이 그의 넋을 빠지게 한다

그가 지니고 있던 선들이 사라졌으므로 그의 영혼은 슬픔에 빠진다. 그래서 그는 "이제 내 넋은 빠져 버리고"(16절)라고 덧붙인다. 자녀들과 재산을 잃어버린 다음 그의 영혼은 슬픔에 잠기지 않을 수가 없었기 때문이다. 그런데, 몸의 건강이 사라지고 나면 그 다음으로는 신체적 고통을 느끼게 되고 그래서 낮에도 쉴 수 없게 된다. 그래서 그는 "고통의 나날만이", 즉 몸의 고통이 "나를 사로잡는구려."라고 덧붙인다. 그 고통은 밤이면 더 심해지기 때문에 그는 "밤이면 고통으로 뼈가 뚫리고"(17절)라고 덧붙인다. 밤이면 고통이 더 커져서, 뼈에 구멍을 뚫는 것 같은 정도가 된다는 것이다.

벌레들이 그를 잡아먹는다

다음으로 그는 곪은 상처들이 고통의 원인이 됨을 보여 주며 "나를 잡아먹는 이들은" 즉 상처의 고름에서 생겨난 벌레들은[4] "잠들지도 않네."라고 말한다. 그 벌레들이 그를 쉬지 못하게 하는 것이다. 그리고 벌레가 많다는 것을 보여 주기 위하여 그는 "엄청난 힘으로 내 옷은 쭈그러지고"(18절)라고 덧붙인다. 벌레들이 너무 많아서, 살을 물어뜯을 뿐만 아니라 옷까지 갉아 먹는다. 그리고 그 벌레들이 몸의 한 부분에만 있는 것이 아니라 머리까지 온몸에 퍼져 있다는 것을 보여 주기 위하여 그는 "내 옷깃까지 나를 에워싸네."라고 덧붙인다. 벌레들이 많기 때문에, 띠와 옷 안에 들어있을 뿐만 아니라 목둘레의 열린 부분까지 파고 들어간다는 것이다.

그는 보기에 혐오스럽다

이제 그는 이러한 벌의 결과로 사람들에게 혐오스럽게 되었음을 보여 주며 "나는 진흙과 같아졌고"(19절)라고 말한다. 그 많은 벌레와 고름 때문에, 아무도 진흙을 가

---

4) 참조. 17,14와 25,6 주해.

까이하려 하지 않는 것과 마찬가지로 아무도 나에게 다가오려 하지 않는다. "먼지와 재처럼 되고 말았네." 그는 모두에게 내쳐졌고 모욕을 당하게 되었다.

하느님께서 욥을 핍박하신다

사람들에게 멸시를 당하는 이들은 보통 하느님의 도우심을 받는다. 그러나 욥은 현세적 역경 속에서 하느님께 버림받았다. 그래서 그는 "제가 부르짖어도", 이 역경에서 해방되기를 끊임없이 간청해도 "당신께서는 대답하지 않으시고"(20절) 바로 귀를 기울여주지 않으신다고 덧붙인다. "줄곧 서 있어도", 즉 꾸준히 기도하고 있어도 "당신께서는 저에게 눈길을 주지 않으십니다." 나를 역경에서 구해 주심으로써 나를 돌아보지 않으신다는 것이다. 내 현세적인 상태만 본다면 나는 당신을 잔인하고 가혹한 원수라고 여기게 될 것이다. 그래서 그는 "무자비하게도 변하신 당신"(21절)이라고 덧붙인다. 외적인 재앙들을 본다면, 구해 주시기를 기도하는 사람을 봐주지 않으시기 때문이다. "당신 손의 그 완력으로 저를 핍박하십니다." 나에게 심한 고통을 주심으로써 그렇게 하신다는 것이다. 이러한 외양을 보면, 당신께서 이전에 나에게 번영을 주셨던 것은 나를 괴롭히시기 위해서였던 것으로 보인다. 그래서 그는, 그가 번영을 누리던 때에 "저를 들어 올리셨다가는 바람에 실어 보내시고"라고 덧붙인다. 이는 가장 높은 상태를 가리키지만 바람처럼 불안정한 것이다. "아래로 내팽개치셨습니다." 높은 데서부터 땅바닥으로 나를 내팽개치시듯이 나에게 큰 상처를 입히셨다는 것이다.

마지막 단계, 죽음

그리고, 그가 절망에서 이렇게 말한 것으로 보이지 않도록 "당신께서 저를 죽음으로 넘기심을 저는 압니다."(23절)라고 덧붙인다. 다른 말로 하면, 나는 이 고통들에 대해 아무 숙고도 없이 그저 고통을 당하고 있는 것이 아니라는 것이다. 나는 내가 한 단계 더 내려갈 것임을, 즉 죽음으로 떨어질 것임을 알고 있다. 욥은 사멸할 삶의 조건 때문에 이를 안다고 말하며 "산 사람들이 모두 모이는 집으로"라고 밝힌다. 사람이 자기 집으로 가듯이 모든 사람은 죽음을 향해 가기 때문이다.

그러나, 죽음으로 인간이 완전히 소멸되는 것은 아니다. 불멸의 영혼은 남기 때문이다. 그래서 그는 "그러나 당신께서 손을 내뻗으시는 것은 그들의", 즉 살아 있는 이들의 "소멸을 위해서가 아니며"(24절)라고 덧붙인다. 당신의 능력으로 그들을 없애시려 하시는 것이 아니라는 말이다. "그들이 허물어지면", 죽음으로 허물어지면 "당신께서" 그들의 영혼을 축복하심으로써 "그들을 구하십니다." 나의 현세적 역경 속에서는 당신께서 나에게 잔인하고 가혹하게 보이시지만, 내가 당신의 자애를 바라는 것은 바로 이 때문이다.

욥은 선행을 했으나 불행이 왔다

먼저 이렇게 이전의 번영에 대해서와 그 후의 역경에 대해서 말을 한 다음[5] 욥은 앞에서 말한 내용을 요약하듯이 밀한다. 로마 12,15의 "우는 이와 함께 우십시오."라는 말씀대로, 내가 번영을 누리던 때에 "나는 삶이 괴로운 이를 위하여 울지 않았던가?"(25절) 또한 그는 불행을 당한 사람을 불쌍히 여겼다. 그는 "내 영혼은

---

[5] 참조. 29,1과 위의 1절 주해.

가난한 이를 위하여 슬퍼하지 않았던가?"라는 말로 이를 보여 준다. 위에서 말한 바와 같이 그는 감정적으로만이 아니라 실제적으로도 그들을 불쌍히 여겼다.[6] 그리고 그렇게 자비를 행한 데에 대한 갚음으로 "선을 기다렸는데"(26절), 친구들의 주장에 따라 이 세상의 번영이 오기를 기다렸는데 "악이", 역경들이 "닥쳐오고" 이로써 그들의 주장이 그릇됨이 분명해졌다. "빛을 바랐는데", 나를 불행에서 건져 줄 위로나 조언을 기다렸는데 "어둠이", 쓰라림과 의심이 "닥쳐오는구려."

일찍 노쇠함

다음으로 그는 그에게 닥쳐오는 악들을 설명하는데, 먼저 내적인 악에서 시작한다. "속은 쉴 새 없이 끓어오르고"(27절)라는 말은 높은 열로부터 일어나는 내장 기관들의 질병을 가리키거나 고통의 열기로부터 오는 마음의 아픔을 가리킨다. 그는 그러한 걱정들이 너무 일찍 왔다는 것을 보여 주며 "고통의 나날은 다가오네."라고 덧붙인다. 노년기에는 모든 사람이 건강 악화로 고통을 겪지만, 그는 젊은 시기에 이미 고통을 겪었기 때문이다. 다음으로 외적인 악에 관련하여 그는 "나는 탄식하며 돌아다니고"(28절)라고 덧붙인다. 곤궁을 겪은 다음 나는 사람들 사이에서 돌아다닐 때 슬픔을 그대로 지니고 있었던 것이다. 그러나, 슬픔은 분노의 원인이 될 수 있지만[7] 나에게는 분노가 없었다. 그래서 그는 "격분도 없이 일어나 회중 가운데서 소리쳤네."라고 덧붙인다. 그는 회중 가운데서 그의 고통을 설명했던 것이다.

---

6) 참조. 29,12 이하 주해.
7) Thomas, *ST* I-II.4.7.3, arg. 1, 여기서는 Aristotle, *Rhetoric* II.2, 1374a 15ff.를 인용한다.

친구들에게 버림받음

욥의 고통은 부분적으로는 친구들의 버림으로 인한 것이었다. 이에 관련하여 그는 "나는 뱀들의 형제요"(29절)라고 덧붙인다. 형제처럼 나를 사랑해야 할 이들이 뱀처럼 나를 물었다는 것이다. "참새들의 벗이 된 채"라는 표현에서 참새는 자기 둥지까지도 잊어버리곤 하는 이들을 가리킨다.[8] 그렇게 그들은 나를 잊었고 나를 도와주지 않았다.

또한 그의 역경은 부분적으로는 몸의 질병의 결과였다. 그래서 그는 먼저 외적인 질병에 관하여 "살갗은 까맣게 벗겨지고"(30절)라고 말한다. 이는 피부 질병의 분비물이 피부 안에서 변질되었기 때문이다. 다음으로는 내적인 질병에 관하여 "뼈는 열기로 타오르네."라고 덧붙인다. 지나친 열이 내 안으로 들어와 뼈의 골수가 말라 버렸다는 것이다.

그러나 그의 역경은 부분적으로는 슬픔의 외적인 표시에 있었다. 그래서 그는 기쁨의 표시들이 무엇으로 바뀌었는지를 덧붙인다. 기쁨의 표시들은 악기들이다. 그래서 그는 이러한 변화와 관련하여 "내 비파는 애도의 소리가 되고"(31절)라고 말한다. 즐거움을 위하여 사용하던 비파의 자리를 애도 소리가 차지하게 되었다는 것이다. 사람들의 노랫소리도 기쁨의 표시가 될 수도 있다. 그래서 그는, 기쁨을 위하여 사용하던 "내 혀는 곡하는 이들의 소리가 되었네."라고 덧붙인다.

---

8) 참조. 39,15 참조.

31장

변론. 욥은 자신의 무죄함을 주장한다

인간의 결백함

1) 나는 내 눈과 계약을 맺어 젊은 여자를 생각도 하지 않기로 하였네. 2) 위의 하느님에게서 오는 몫이 무엇이고 높은 곳의 전능하신 분에게서 오는 상속 재산이 무엇인가? 3) 불의한 자에게는 환난, 나쁜 짓 하는 자들에게는 재난이 아닌가? 4) 그분께서 내 길을 보시고 내 발걸음을 낱낱이 세지 않으시는가? 5) 내가 만일 허영 속에 걸어왔고 남을 속이려고 내 발이 서둘렀다면 6) 그분께서 나를 바른 저울판에 달아 보시라지. 그러면 하느님께서 내가 단순함을 알게 되실 것이네. 7) 만일 내 발걸음이 길에서 벗어나고 내 눈이 마음을 따라다녔으며 내 손에 얼룩이 묻어 있다면 8) 내가 뿌린 것을 남이 먹고 내 후손은 뿌리째 뽑혀도 괜찮네. 9) 만일 내 마음이 여인을 보고 기만되어 내가 이웃의 문을 엿보았다면 10) 내 아내가 남을 위해 창녀가 되고 다른 이들이 그 여자를 범해도 괜찮네. 11) 그것은 추행이요 가장 큰 죄악이기 때문일세. 12) 그것은 멸망에 이를 때까지 삼켜 버리는 불 내 모든 후손을 뿌리째 없애 버릴 것이네. 13) 남종과 여종이 내게 불평할 때 내가 만일 그들의 권리를 무시하였다면 14) 하느님께서 심판하실 때 내가 무엇을 하고 그분께서 신문하실 때 내가 무어라 대답하리오? 15) 어머니 배에서 나를 만드신 분이 그도 만드시고 바로 그분께서 우리를 모태에서 지어 내지 않으셨던가? 16) 내가 만일 가난한 사람들의 소망을 물리치고 과

> 부의 눈을 흐리게 하였다면 17) 내 빵 조각을 나 혼자 먹고 고아는 그것을 얻어 먹지 못하였다면 18) 동정심은 내 어릴 때부터 나와 함께 자랐고, 내 어머니 배 속에서부터 나와 함께 나왔지. 19) 내가 만일 헐벗은 채 버려진 이, 덮을 것도 없는 가련한 이를 보았는데 20) 그의 허리가 나를 축복하지 않고 그가 내 양털로 따뜻해지지 않았다면 21) 내가 성문에서 높은 자리에 앉아 있는 것을 사람들이 보았을 때에 내가 고아에게 손을 휘둘렀다면 22) 내 어깨가 죽지에서 떨어져 나가고 내 팔이 팔꿈치에서 부러져도 괜찮네. 23) 나는 언제나 하느님을 나를 덮치는 파도처럼 두려워하였고, 그분의 무게를 내가 견디어 내지 못할 것이기 때문일세.(31,1-23)

욥은 과거의 번영과 그 후의 역경들을 이야기한 다음[1] 그가 죄 때문에 역경으로 떨어졌다고 믿지 않도록 여기에서 그의 무죄함을 보여 준다. 먼저 그는 자신이 많은 사람이 범하는 방탕의 죄를 짓지 않았다는 것으로 자신의 무죄함을 옹호하기 시작한다. 이 죄는 미끄러지기 쉬운 곳에 있어서, 첫 걸음을 피하지 않으면 그 후의 걸음들에서 발을 빼기가 매우 어렵다.

그런데 이 죄의 첫 걸음은 눈으로 보는 것이고 아름다운 여자, 특히 젊은 여자를 바라보는 것이다. 둘째 걸음은 생각하는 것이고 셋째 걸음은 즐기는 것, 넷째 걸음은 동의하는 것, 다섯째 걸음은 행위이다.

그러므로 욥은 이 죄에 걸려들지 않기 위하여 그 시작을 피하려 했다. 그래서 그는 "나는 계약을 맺어"(1절)라고 말한다. 나의 마음 안에서 마치 계약을 체결한 것과 같이 결심을 했었다는 것이다. "내 눈"으로 보는 것으로부터 여인에 대한 깅한 갈망이 나오는데, 그는 여인에게 눈길을 돌리지 않기 위하여 "젊은 여자를 생각도 하지 않기로 하였네." 내적인 첫 걸음, 즉 생각하는 것에도 이르지 않기 위해

---

1) 참조. 29,1과 30,1 주해.

서였다. 그는 첫 걸음, 즉 생각에 빠진다면 다른 걸음들, 즉 즐거움과 동의에도 빠지지 않기가 어렵다는 것을 알았던 것이다.

방탕으로 하느님으로부터 멀어진다

다음으로 그는 왜 이 죄를 그렇게 주의깊게 피하려 했는지를 보여 준다. 첫째로 그는, 방탕의 죄로 인간이 쉽게 하느님으로부터 멀어진다는 것을 그 이유로 든다. 인간은 영적인 행위를 통하여 하느님께 가까이 가는데, 이것은 성적인 쾌락으로 특히 방해를 받는다.[2] 그래서 그는 "위의 하느님에게서 오는 몫이 무엇인가?"(2절)라고 말한다. 나의 정신이 더 높은 것들을 향해 있어야만 나에게 하느님에게서 오는 몫이 있을 것인데, 나의 정신이 방탕하여 육적인 즐거움에 빠진다면 위의 하느님에게서 오는 몫이 없으리라는 것이다.

때로는 방탕한 사람들도 잠시 하느님에 관하여 영적으로 생각하는 일이 있으나, 그들은 쾌락에 대한 욕정 때문에 다시 비천한 상태로 돌아가고 만다. 그래서, 그들에게 하느님의 몫은 유산처럼 확고할 수가 없다. 그래서 "높은 곳의", 즉 높은 곳에 사시는 "전능하신 분에게서 오는 상속 재산이 무엇인가?"라고 말한다. 내가 낮은 것들로 떨어졌다면, 그분으로부터 확고한 유산을 받을 수는 없을 것이다. 그러므로 그분의 유산은 분명 육적인 쾌락으로 내려가는 이들이 아니라 지고한 것, 즉 영적인 것을 추구하는 사람들에게 있을 것이다.

---

[2] Thomas, *ST* II-II.37.1, *ad* 2, 여기서는 Aristotle, *Nicomachean Ethics* VII.11, 1152b 18f.를 인용한다; *ST* II-II.180.2, *ad* 3, 여기서는 Augustine, *Soliloquia* I.10[*PL* 32, 878]을 인용한다.

방탕의 육적, 영적인 피해

둘째로 그는 그가 방탕의 죄를 피한 이유로 그 죄가 인간에게 가져오는 피해를 근거로 제시한다. 그 피해는 두 가지다. 그 첫째는 육적인 것으로, 방탕의 죄 때문에 자신의 몸이나 재산에 위험을 초래하는 경우이다. 그래서 그는 "불의한 자에게는 환난이 아닌가?"(3절)라고 덧붙인다. 이 죄를 범한 불의한 자는 환난으로 떨어지게 된다는 것이다. 두 번째 피해는 선행을 하는 데 장애를 받게 된다는 것이다. 그래서 그는 "나쁜 짓 하는 자들에게는 재난이 아닌가?"라고 덧붙인다. 강렬한 쾌락은 영을 너 자신에게 끌어들이므로, 방탕에 빠진 사람은 선행과 좋은 말로부터 멀어지게 된다.

하느님은 모든 것을 살피신다

셋째로 그는 하느님의 섭리를 그 이유로 드는데, 그 섭리는 사람들의 모든 행위를 주의깊게 살피며 따라서 아무도 벌을 피할 수 없다. 그래서 그는 "그분께서 내 길을 보시고"(4절)라고 덧붙인다. 그분께서는 내 행위들을 갚으시려고 살펴보신다는 것이다. 또한 그분께서는 길 전체를 아실 뿐만 아니라 그 각 부분들도 모두 아시므로, 그는 "내 발걸음을 낱낱이 세지 않으시는가?"라고 덧붙인다. 그분께서 당신의 심판으로 나의 행위들 가운데 비난할만한 것을 가장 작은 것까지도 모두 살피시니, 나는 그것에 대해 벌을 받지 않고 지나갈 수가 없다는 것이다.

욥은 속임수를 쓰지 않았다

이어서 욥은 자신이 속임수라는 악으로부터 깨끗함을 밝히는데, 여기에서와 그 이후의 토론들에서 그는 저주 형식으로 된 일종의 맹세를 사용한다. 그가 말한 것이 사실이 아니라면 반드시 어떤 벌을 받겠다고 맹세하는 것이다. 그래서 그는 "내가 만일 허영 속에" 즉 거짓 속에 "걸어왔다면"(5절)이라고 말한다. 확고함이 없는 것이 허영이라고 일컬어지는데[3] 가장 큰 확고함은 진리를 통한 것이기 때문이다.

그리고는 허영 속에 걷는다는 것이 어떤 것인지에 관하여 "남을 속이려고 내 발이 서둘렀다면"이라고 설명한다. 감정이나[4] 영혼의 다른 어떤 능력에서 그러한 움직임이 비롯되는 것이다.[5] 그는 분명하게 "남을 속이려고 내 발이 서둘렀다면"이라고 말한다. 인간은 진리의 길로는 매우 어렵게 얻을 수 있는 것을 거짓된 방법으로 빨리 얻으려고 하기 때문이다.

그런데, 어떤 사람이 거짓 없이 걸어간다는 것은 정의의 올바름을 조사함으로써 알 수 있고, 거짓스런 사람은 그 올바름에서 멀어진다. 그래서 그는 "그분께서" 즉 하느님께서 "나를 바른 저울판에 달아 보시라지."(6절)라고 덧붙인다. 당신의 정의에 따라, 내가 속임수를 썼는지를 살피시라는 것이다. 그런데 거짓은 주로 마음의 의도에 있는 것이므로, 하느님만이 거짓에 대해 판단할 수 있으시다. 그분께만 마음의 의도가 드러나 있기 때문이다. 그래서 그는 "그러면 하느님께서 내가 단순함을 알게 되실 것이네."라고 덧붙인다. 단순함은 이중적인 거짓에 대립되는 것이다. 그가 "알게 되실 것이네."라고 말하는 것은, 새롭게 알게 되신다는 뜻이 아니라 다른 이들이 새로운 사실을 깨닫게 하신다는 뜻이다. 그분께서는 당신의 정의 안에서 영원으로부터 이미 그것을 알고 계시기 때문이다.

---

3) 참조. 11,11 주해.
4) *affectus*. 참조. 23,10 주해.
5) 참조. 23,10과 30,12 주해.

욥은 도둑질하지 않았다

욥은 자신에게 거짓이 전혀 없다고 주장했으므로, 이제 사람들이 다른 사람의 이익을 거슬러 거짓되이 음모를 꾸미는 구체적인 죄들을 다룬다. 그 음모들은 도둑질과 간음으로 이루어진다.

도둑질의 경우는 이웃이 소유한 재산에 대해 거짓으로 음모를 꾸미는 것인데, 그는 자신이 이러한 죄를 범하지 않았다고 부인하며 "만일 내 발걸음이 길에서 벗어났다면"(7절)이라고 말한다. 정의의 길을 경멸하고 그 길에서 벗어나지 않았다는 것이다. 이 말로부터, 사람은 이웃의 재산을 빼앗기 위하여 배반하는 눈으로 그 재산을 쳐다본다는 것이 뒤따른다. 그래서 그는 "내 눈이 마음을" 즉 욕망을 "따라다녔다면"이라고 덧붙인다. 나의 눈은 내 마음이 갈망하는 것을 차지하려 하지 않았다는 것이다.

셋째로, 정의를 멸시하고 마음이 간절히 열망하는 것을 차지하려는 의도를 가진 다음에는 손을 움직여 다른 사람의 재산을 빼앗는다. 그래서 "내 손에" 다른 사람의 재산을 빼앗아 "얼룩이 묻어 있다면"이라는 말이 뒤따른다. 그런데, 어떤 사람이 다른 사람의 선들을 빼앗는다면 그의 선도 다른 이들에게 빼앗기는 것이 마땅하다. 그래서 그는 "내가 뿌린 것을 남이 먹어도 괜찮네."라고 덧붙인다. 내가 다른 사람의 선들을 빼앗았다면 나의 선들이 다른 이들에게 빼앗겨도 좋다는 것인데, 이는 자신에 대한 저주의 맹세이다.

그런데, 다른 사람의 선들을 빼앗는 것은 보통 자녀들을 위하여 부를 모으기 위해서이다. 그래서 나훔 2,13에서는 "그 수사자가 새끼들에게 먹을 것을 넉넉히 찢어 주고"라고 말한다. 그러므로, 다른 사람들의 선을 빼앗는 사람은 그 자신의 선들이 빼앗길 뿐 아니라 그 자녀들도 죽어야 한다. 그래서 그는 "내 후손은 뿌리째 뽑혀도 괜찮네."라고 덧붙인다. 약탈물은 그들을 위하여 보존된 것으로 보인다.

간음에 대한 갚음

간음의 경우는 이웃의 아내를 거슬러 거짓으로 음모를 꾸미는 것으로서, 이러한 음모에서는 먼저 마음의 속임수가 있게 된다. 강한 욕망으로 이성이 흐려질 때에 그런 일이 생기는 것이다. 그래서 그는 "만일 내 마음이 여인을 보고", 즉 다른 사람의 아내에 대한 욕망으로 "기만되어"(9절)라고 덧붙인다. 마음이 여자에 대한 욕정으로 정복되면, 그 마음은 어떤 속임수를 써서라도 그 갈망하는 여자를 얻으려 애쓴다. 그래서 "내가 이웃의 문을 엿보았다면"이라고 덧붙인다. 이는 이웃의 아내를 능욕하기 위하여 엿보는 것을 말한다. 그런데, 다른 사람의 아내를 간음으로 더럽히는 사람은 그의 아내도 다른 사람들에 의해 더럽혀지는 것으로 벌을 받는 것이 마땅하다고 보인다. 그래서 그는 "내 아내가 남을 위해 창녀가 되고"(10절), 내 아내가 다른 이들에게 몸을 팔고 다른 이들이 그 여자를 욕보여도 좋다고 말한다. 그래서 그는 "다른 이들이 그 여자를 범해도 괜찮네."라고 덧붙인다. 그 여자와 간음해도 괜찮다는 것이다.

하느님과 이웃을 거슬러

이어서 그는 자신이 이러한 죄를 피하는 이유를 보여 주며, "그것은 추행이기 때문"(11절)이라고 말한다. 그것은 남자와 여자를 혼인으로 맺어 주신 하느님의 규정을 거스르는 일이며,[6] 인간적 정의로 말하자면 "가장 큰 죄악"이다. 빼앗긴 선이 큰 것일수록 그 불의도 그만큼 큰 것이기 때문이다. 어떤 사람이 소를 훔친다면 그것은 양을 훔치는 것보다 큰 불의이고, 그래서 탈출 22,3에서처럼 더 무거운 처벌을 받

---

6) 참조. 마태 19,6.

는다. 그런데 간음을 범하는 사람은 남편에게서 매우 중요한 것, 즉 그와 한 몸인 그의 아내를 빼앗는 것이며[7] 후손의 확실성을, 그리고 유산의 상속을 가로챈다. 간음으로 인하여 유산이 다른 사람에게 가게 되는 경우도 있기 때문이다. 그래서 그는 "그것" 즉 간음은 "멸망에 이를 때까지 삼켜 버리는 불"(12절)이라고 덧붙인다. 방금 말한 바와 같이 간음은 한 사람의 유산 전체를 가로채는 것이므로, "내 모든 후손을 뿌리째 없애 버릴 것이네."라고 말한다. 간음이 자손들의 계승을 불확실하게 만들기 때문이다. 그래서 집회 23,23에서는, 제 남편을 떠나는 여자는 다른 혼인에서 대를 이음으로써 죄를 짓는다고 말한다.

아랫사람들에 대한 정의

욥은 다른 사람들의 재산을 훔치거나 그들과 결합된 이들을 능욕함으로써 해를 입힌 일이 없다는 점에서 스스로 불의를 범한 일이 없다고 밝힌 다음, 이어서 그가 정의를 행하지 않음으로써 불의를 범했다는 책망에 대하여 해명하며 "남종과 여종이 내게 불평할 때 내가 만일 그들의 권리를 무시하였다면"(13절)이라고 말한다. 내가 내 아래에 있는 사람들에게 정의를 행하기를 소홀히 했다면, 이러저러한 큰 불행들이 나에게 닥쳐와도 좋다는 것이다. 이어서 그는 그가 종들에게 권리를 찾아주기를 소홀히 하지 않은 이유를 보여 주며, "하느님께서 심판하실 때 내가 무엇을 하리오?"(14절)라고 덧붙인다. 내가 그분의 심판을 무시한다면, 그분께서 심판하러 나타나실 때 아무도 내가 피신할 수 있도록 나를 도와주거나 나에게 조언해 주지 않을 것이다. 그래서 그는 "그분께서 신문하실 때"라고 덧붙인다. 그분께서 나의 행위들을 살피실 때, 내 종들에게 심판을 받지 않도록 어떤 이유를 댈 수

---

[7] 참조. 창세 2,24.

있을 것인가? 아무런 이유도 댈 수 없을 것이다.

다음으로 그는, 모든 인간의 조건이 본성적으로 동일하다는 관찰로부터 이를 설명한다. "어머니 배에서 나를 만드신 분이 그도 만들지 않으셨던가?"(15절). 나는 나의 종들과 똑 같이 하느님께서 창조하신 영혼을 지니고 있다는 것이다. 나의 육신 역시, 같은 하느님의 능력으로 형성된 것이다. 그래서 그는 "바로 그분께서", 한 분이신 하느님, 그를 만드신 그 하느님께서 "나를 모태에서 지어 내지 않으셨던가?"라고 덧붙인다. 이러한 이유로, 하느님께서는 내가 그를 어떻게 대하는지에 관심을 기울이신다는 것이 명백하다는 뜻이다.

곤궁한 이들에 대한 자비

욥은 자신이 방탕하거나 불의하지 않았다는 것을 보여 준 다음(1절과 5절), 이제 그가 무자비하지 않았음을 밝힌다. 먼저 그는, 그가 가난한 이들을 돕기를 마다하지 않았다는 사실로 이를 증명한다. 어떤 사람들은 자선을 구하는 가난한 이에게 처음부터 거절을 하는데, 그는 자신이 이렇게 행하지 않았다고 말한다. "내가 만일 가난한 사람들의 소망을 물리쳤다면"(16절).

한편 어떤 사람들은 그들에게 거절하지는 않지만 주는 것을 미룬다. 그는 자신이 이렇게 행하지 않았다고 말한다. "과부의 눈을 흐리게 하였다면."

또 어떤 사람들은 자선을 주는 것을 거절하지도 지체하지도 않지만 스스로 무엇을 주는 일은 없다. 욥은 자신이 이렇게 행하지 않았다고 말하며, 그는 그의 소유 가운데에서 아무리 작은 부분이라도 다른 이들과 나누지 않고 혼자서만 그것을 사용하려 한 적이 없다고 말한다. 그래서 그는 "내 빵 조각을 나 혼자 먹고 고아는 그것을 얻어먹지 못하였다면"(17절)이라고 덧붙인다. 이 말에는, 그렇다면 이러저러한 중대한 결과들이 나에게 닥쳐와도 좋다는 의미가 내포되어 있다.

요청의 의미

여기서, 욥이 매우 예리하게 말하고 있음에 주목해야 한다. 가난한 이들은 구걸하는 데에 익숙해져 있을 뿐만 아니라 끈질기다. 그래서, 온갖 구실로 거절하지 않는다면 그들은 자선을 놓치지 않는다. 그러나 과부들은 구걸을 해도 끈질기게 구걸하는 것은 부끄러워한다. 그래서 그들에게 빨리 도움이 주어지지 않는다면 그들은 자비의 은혜를 입지 못한다. 고아들은 구걸하는 것마저도 하지 못한다. 그래서, 그들이 요청하지 않을 때에도 그들에게 자비를 베풀어야 한다.

너그러움을 배움

이제 그는, 그가 자비로웠던 이유를 두 가지로 보여 준다. 첫째로는, 그가 어렸을 때 시작한 오랜 습관에 의해서이다. 그래서 그는 "동정심은 내 어릴 때부터 나와 함께 자랐고"(18절)라고 말한다. 해마다 나이를 먹을수록 자비를 실천한 것이다. 둘째로는, 서로 다른 사람들이 서로 다른 덕들을 향한 본성적 성향들을 지니고 있듯이 그는 자비에 대한 본성적 성향을 지니고 있었다. 그래서 그는 "내 어머니 배 속에서부터 나와 함께 나왔지."라고 말한다. 내가 처음 태어날 때부터 나는 쉽게 자비를 베푸는 성향을 타고났다는 것이다.

자비를 가로막는 장애, 멸시

자비를 가로막는 장애는 보통 두 가지이다. 첫째는 가난한 사람들에 대한 멸시로, 그들이 자비를 받을 자격이 없다고 여기는 것이다. 허름한 옷을 입은 사람들은 흔히 멸시를 받고, 값진 옷을 입은 사람들은 흔히 존경을 받는다. 그래서 집회 19,27는 (『성경』은 19,30) "사람은 옷차림으로 그 인품을 드러낸다."고 말한다. 그러나 욥은 자신에게서 자비에 대한 이러한 장애를 배제하며, "내가 만일 버려진 이"(19절) 즉 길을 지나가는 낯선 사람이나 그가 알고 있는 "가련한 이"를 그가 "덮을 것도 없는" 사람이라 하여 멸시했다면, 나에게 이러저러한 결과들이 닥쳐도 좋다고 말한다.

그는 헐벗은 사람을 무시하지 않았을 뿐만 아니라 그들에게 입을 것을 주었다. 그래서 그는 "그의 허리가 나를 축복하지 않았다면"(20절)이라고 말한다. 그의 허리가 헐벗었을 때에 내가 덮어 주었고, 그 때문에 그가 나를 축복했던 것이다. 그는 이 축복의 이유를 설명하여 "그가 내 양털로 따뜻해지지 않았다면"이라고 말한다. 그에게 주었던 옷으로 그가 따뜻해지지 않았다면, 여기에서도 앞에서와 같은 결과들을 보충해야 한다(21절).

권력자의 교만

두 번째의 장애는 자신의 권력에서 나오는 교만인데, 이로써 다른 사람들 특히 약한 사람들을 괴롭히고도 벌도 받지 않으리라고 생각한다. 욥은 자신에게서 이러한 장애를 배제하며 이렇게 말한다. "내가 성문에서 높은 자리에 앉아 있는 것을 사람들이 보았을 때에", 즉 재판하는 곳에서 더 강한 위치에 있었을 때에 "내가 고아에게 손을 휘둘렀다면"(21절). 어떤 사람이 불의를 위하여 자신의 지체들을 사용한다면 그 지체들을 잃는 것이 마땅하다. 그래서 그는 그 벌로, 손만이 아니라 손이 붙어 있는 팔과 팔이 연결되어 있는 어깨까지 잃게 되리라고 말한다. "내 어깨가 죽지에서 떨어져 나가고 내 팔이 팔꿈치에서 부러져도 괜찮네"(22절). 내가 가난한 이들을 억압하는 데에 손을 사용했다면 말이다.

하느님을 두려워함

다음으로 욥은, 그가 높은 자리에 있으면서도 고아에게 손을 휘두르지 않은 이유를 밝힌다. 그는 어떤 사람 때문에 그러한 행동을 하지 않은 것이 아니라, 하느님의 심판을 두려워하며 그분 때문에 그렇게 하지 않은 것이다. 그래서 그는 "나는 언제나 하느님을 나를 덮치는 파도처럼 두려워하였고"(23절)라고 덧붙인다. 그는 바다를 항해하는 사람들의 비유를 든다. 그들은 파도가 배의 높이까지 올라올 때, 파도에 잠기게 될 것을 두려워한다. 이와 마찬가지로 그는 하느님의 위협을 밀려드는 파도처럼 두려워하였고, 고아를 억누르지 못하도록 금하는 하느님의 권위에 복종하였다. 그래서 그는 "그분의 무게" 즉 고아를 보호하시는 하느님의 권위를 "내가 견디어 내지 못할 것이기 때문일세."라고 덧붙인다. 그는 그 하느님의 권위에 굴복하지 않을 수 없는 것이다.

재산에 집착하지 않음

24) 내가 만일 황금에다 내 신뢰를 두고 순금을 나의 믿음이라고 불렀다면 25) 내가 만일 재산이 많다고, 내 손이 큰일을 이루었다고 기뻐하였다면 26) 내가 만일 해가 환하게 비추는 것이나 달이 휘영청 떠가는 것을 쳐다보며 27) 내 마음이 남몰래 유혹을 받아 손으로 입맞춤을 보냈다면 28) 이 또한 심판받아 마땅한 죄악이니 위에 계시는 하느님을 배신하는 일이기 때문일세. 29) 내가 만일 원수의 불운을 기뻐하고 그에게 불행이 내리는 것을 즐거워하였다면 30) – 나는 저주로 그의 생명을 요구하여 내 입이 죄짓도록 버려둔 적이 없다네.– 31) "그의 고기를 배불리 먹지 않은 자 누가 있으리오!" 하고 내 천막의 사람들이 말하지 않았다면 32) – 나는 언제나 길손에게 문을 열어 놓아 나그네가 밖에서

> 밤을 새운 일이 없다네.- 33) 내가 만일 내 죄악을 가슴속에 숨겨 사람들이 하듯 내 잘못을 감추었다면 34) 내가 만일 큰 군중을 두려워하고 여러 가문의 경멸을 무서워하여 입을 다물지 않고 문을 나서지 않았다면…. 35) 누가 나에게 도울 이를 보내 주어 전능하신 분께서 내 갈망을 들으시고, 심판자이신 그분께서 책에 기록하시도록 해 줄 것인가? 36) 나 그것을 반드시 내 등에 지고 다니며 면류관처럼 그것을 두르련만. 37) 나의 한 걸음 한 걸음으로 그것을 선포하고, 제후에게 하듯 그것을 드리련만. 38) 만일 내 밭이 나를 거슬러 울부짖고 그 이랑들도 함께 울어 댔다면 39) 내가 만일 값을 치르지 않고 그 수확을 빼앗으며 그 주인들을 상심하게 하였다면 40) 밀 대신 엉겅퀴가 나오고 보리 대신 가시가 자라도 괜찮네. 이로써 욥의 말은 끝난다.(31,24-40)

욥은 자신이 불의하거나 무자비하지 않았다고 밝힌 다음(5절과 16절), 이제는 그가 재산에 무질서하게 집착하지 않았음을 밝힌다. 재산에 대한 무질서한 집착은 두 가지로 나타난다.

1. 그 첫째는 재산을 지나치게 신뢰하는 것이다. 그는 이러한 비난을 배제하며 "내가 만일 황금에다 내 신뢰를 두었다면"(24절)이라고 말한다. 나의 힘이 재산에 있는 것이라고 여기지 않았다는 뜻이다. "순금을", 가장 순수한 금을 "나의 믿음이라고 불렀다면", 그것이 나의 안전이라고 불렀다면, 이것은 바오로 사도가 1티모 6,17에서 말하는 바에 반대된다. "현세에게 부자로 사는 이들에게는… 안전하지 못한 재물에 희망을 두지 말라고 지시하십시오."

2. 둘째로, 재산에 대한 인간의 집착은 그가 재산에 대하여 지나치게 기뻐할 때에 무질서한 것이 된다. 그러므로, 그가 이미 지니고 있었던 재산에 대하여 그는 "내가 만일 재산이 많다고 기뻐하였다면"(25절)이라고 말한다. 이는 그가 이미 소유하고 있었던 재산에 대한 말이다. 재산을 획득하는 것에 대해서는 "내 손이 큰일을 이루었다고 기뻐하였다면"이라고 말한다. 사람들은 보통 새로 벌어들이는 것들

에 더 기뻐하기 때문이다.

미신은 하느님을 거스르는 것

다음으로 욥은 자신이 하느님을 거스르는 미신의 죄를 짓지 않았다고 밝힌다. 고대에 우상 숭배자들은 하늘의 별들을 섬겼고, 특히 밝은 빛을 내는 별들을 섬겼다.[8] 그는 자신이 이러한 죄를 짓지 않았다고 밝히며 이렇게 말한다. "내가 만일 해가 환하게 비추는 것이나 달이 휘영청 떠가는 것을 쳐다보며"(26절), 그 광채 때문에 우상 숭배자들은 해와 달을 숭배했는데, "내 마음이 남몰래 유혹을 받아" 그것들을 섬기듯이 속으로 숭배했다면, 그리고 외적인 숭배로 해와 달을 공경하며 "손으로 입맞춤을 보냈다면."

그는 이러한 죄를 피한 이유를 설명한다. "이 또한 심판받아 마땅한 죄악이기 때문일세"(28절). 한 사람에게 주어야 할 것을 다른 사람에게 주는 것이 배신이라고 한다면, 하느님께 드려야 할 경배를 피조물에게 바치는 것은 큰 배신이다. 그리고 한 사람이 하느님과 피조물을 동시에 경배하는 것은 불가능하므로, 그는 "위에 계시는 하느님을 배신하는 일"이라고 덧붙인다. 어떤 피조물에게 참여를 통하여 하느님이라는 이름이 부여된다 하더라도, 흠숭은 지극히 높으신 하느님께만 드리는 것이기 때문이다. 그러한 예배가 다른 이들에게도 바쳐진다면, 그것은 하느님이 가장 높으신 분이심을 부인하는 것이 된다.

---

[8] Thomas, *ST* II-II.94.4, 그리고 *Expositio super Epistolam Pauli ad Romanos* 1,25 주해. 여기서는 지혜 13,2를 인용한다.

다른 사람의 불행을 기뻐하지 않음

일반적인 정의에 관련된 이러한 내용들을 먼저 말한 다음, 욥은 덕의 완성에 관련된 몇 가지를 덧붙인다. 그 가운데에서 그는 먼저 원수에 대한 미움을 배제한다. 그 미움은 원수의 완전한 멸망을 기뻐할 때에 특별히 분명하게 드러난다. 그는 이러한 가능성을 배제하며, "내가 만일 원수의 불운을 기뻐하였다면"(29절)이라고 말한다. 원수에게 닥치는 불행을 기뻐하는 경우도 있는데, 그는 이를 배제하여 "그에게 불행이 내리는 것을", 그에게 갑자기 덮치는 것을 "즐거워하였다면"이라고 덧붙인다.

그리고 자신이 이러한 죄를 피한 이유를 밝히며, "나는 저주로 그의 생명을 요구하여 내 입이 죄짓도록 버려둔 적이 없다네."(30절)라고 말한다. 인간은 본성적으로 자신이 기뻐하는 일을 바라고, 이러한 내적인 욕구를 말로 표현한다. 그러므로, 어떤 사람이 다른 사람의 불행을 기뻐한다면 그는 그 불행을 바랄 것이고 따라서 그를 저주함으로써 불행을 기원할 것이다.

관대함

다음으로 욥은 그가 다른 이들에게 넘치도록 많은 선을 베풀었다는 것으로 자신의 덕이 완전함을 보여 준다. 첫째로는 자기 집안 사람들에 관련하여 "'그의 고기를 배불리 먹지 않은 자 누가 있으리오!' 하고 내 천막의 사람들이 말하지 않았다면"(31절)이라고 말한다. 어떤 고기가 먹기에 좋으면 사람들은 그것을 배불리 먹기를 원한다. 이 말로 욥은, 그의 집안사람들이 그와 함께 있는 것을 좋아하여 육체적 현존으로 충족되기를 바랐다는 것을 알게 한다. 낯선 이들에 관련해서는 "나그네가 밖에서 밤을 새운 일이 없다네."(32절)라고 말한다. 나그네가 내 집안에 맞아들여지지 않은 일이 없다는 것이다. "나는 언제나 길손에게 문을 열어 놓아" 어려움

없이 들어올 수 있도록 했다.

솔직함

더 나아가서 욥은 부당한 두려움을 갖지 않았다는 점에서 그의 덕이 완전함을 보여 준다. 사람들은 수치를 두려워하여 때로는 정의를 거스른 자신의 죄를 감춘다. 사람들은 죄를 부인하기도 하는데, 욥은 이를 배제하여 "내가 만일 사람들이 하듯", 사람들이 보통 하듯이 부당하게 잘못을 부인하며 "내 잘못을 감추었다면"(33절)이라고 말한다. 아니면 사람들은 죄에 대해 변명하거나 미묘하게 죄를 덮는다.[9] 그래서 그는 "내 죄악을", 내가 고백해야 할 죄악을 "가슴속에 숨겨" 어떤 구실로 덮지 않았다고 덧붙인다.

용감함

다음으로 그는 신체적 위험을 지나치게 두려워하지 않았음을 밝히는데, 그러한 두려움은 특히 많은 사람이 한 사람에게 맞서 일어날 때에 생겨난다. 집회 26,5에서 "나는 마음속으로 두려워하는 것이 세 가지가 있고… 읍내의 중상과 군중의 모임과 모략…"이라고 말하는 바와 같다. 그래서 그는 "내가 만일 큰 군중을 두려워했다면"(34절)이라고 말한다. 이러한 두려움은, 어떤 사람이 그를 도와주어야 할 친족에게서 멸시를 받을 때에 더욱 심해진다. 그래서 그는 "여러 가문의 경멸을 무서워하였다면"이라고 덧붙인다. 한편 겁 없는 사람들은 주제넘게 많은 사람들에게

---

9) Thomas, *ST* II-II.69.1, *ad* 3, 여기서는 Gregory, *Morals on the Book of Job* XXII.15[*PL* 76, 230]을 인용한다.

맞서거나 때로는 말로만이라도 자신들보다 강한 반대자에게 맞선다. 욥은 자신이 그렇게 하지 않았다고 말하며, "입을 다물지 않았다면"이라고 말한다. 때로 사람들은 주제넘게 수많은 반대자를 공격하기까지 하는데, 그는 이를 배제하며 "문을 나서지 않았다면"이라고 말한다.

욥은 하느님의 심판을 요청한다

욥은 자신에 대해 많은 대단한 것들을 말했으므로, 그에 대해 하느님의 증언을 구하며 "누가 나에게 도울 이를 보내 주어"(35절)라고 말한다. 누가 나와 함께 하느님께 호소해 줄 것인가? 그리고 그는 무슨 도움을 받기를 바라는지를 밝혀 "전능하신 분께서 내 갈망을 들으시고"라고 덧붙인다. 또한 그의 갈망이 무엇인지도 설명하여, "그분께서 책에 기록하시도록"이라고 말한다. 앞에서 말한 주장들에 대해 나를 고발하거나 또는 칭찬하는 것을 기록하시기를 바라는 것이다. "심판자이신 그분"은 인간의 모든 행위, 내적 행위와 외적 행위를 심판하시는 분이시다. 이 책의 증언으로, 즉 진리를 분명하게 밝혀 줌으로써 나에게 죄가 있음이 드러난다면 나는 기꺼이 벌을 받겠다. 그래서 그는 "나 그것 반드시 내 등에 지고 다니며"(36절)라고 덧붙인다.

그러나 진리가 밝혀진 다음 내가 칭찬을 받아야함이 드러난다면 나는 승리의 관을 받을 것이다. 그래서 그는 "면류관처럼 그것을 두르련만."이라고 덧붙인다. 이 표현으로 욥은, 친구들에 의하여 부당하게 단죄받은 그가 하느님의 정의로운 심판으로 구원되는 것을 갈망하고 있음을 알게 한다.

이제 그는, 그가 앞서 언급한 하느님 증언의 책에 맞서지 않겠다고 약속한다. 그래서 그는 "나의 한 걸음 한 걸음으로", 내가 행하는 것들로 "그것을 선포하고"(37절)라고 덧붙인다. 나는 하느님의 증언이 참됨을 고백하고, 하느님의 증언에 따른 선고를 거부하지 않을 것이다. 그래서 그는 "제후에게 하듯 그것을 드리련만."이라고 덧붙인다. 하느님의 증언에 따라 그에게 내려지는 대로 기꺼이 받아들이겠다는 것이다.

탐욕이 없음

다음으로 욥은 자신이 재산을 늘리려고 지나친 탐욕을 부리지 않았다는 것을 밝힌다. 이러한 악습은 두 가지로 드러난다.

1. 그 첫째는 지나친 성삭으로 그의 소유지에서 과도한 결실을 얻어내려고 함으로써이다. 이러한 악습을 배제하여 욥은 비유적으로 "만일 내 밭이 나를 거슬러 울부짖고"(38절)라고 덧붙인다. 이는 땅을 쉬게 하지 않고 지나치게 경작함을 말하는 것이다. 그래서 그는 "그 이랑들도 함께 울어 댔다면"이라고 말한다. 그는 지나치게 착취를 당하는 사람의 비유를 들어 말한다.

2. 다른 방식으로, 지나친 탐욕은 일꾼들에게 임금을 주지 않는 것으로 드러난다. 그래서 그는 "내가 만일 값을 치르지 않고"(39절), 일꾼들에게 임금을 지불하지 않고 "그 수확을 빼앗으며" 일꾼들에게 지나친 노동을 강요하거나 그들의 임금을 가로챔으로써 "그 주인들을 상심하게 하였다면"이라고 말한다.

과도하고 특별한 이익을 바라는 사람이 마땅히 당하는 결과는, 정상적인 보통의 이익마저 잃어버리는 것이다. 그래서 그는 "밀 대신"(40절), 사람들의 양식이 되도록 씨를 뿌린 곡식 대신 "엉겅퀴가 나오고", 즉 쓸모없을 뿐만 아니라 성가신 것이 나오고, "보리 대신", 즉 소들의 양식으로 뿌린 것 대신 "가시가", 가축들을 씰러 다치게 하는 가시가 자라도 괜찮다고 말한다.

이렇게 먼저 자신을 저주하며 맹세한 다음, 맺음말로 "이로써 욥의 말은 끝난다."고 일컬어진다. 이후로 그는 자신의 견해를 주장하기 위하여 더 이상 아무것도 제시하지 않는다.

32장

엘리후의 담론. 노인들만이 지혜를 가진 것은 아니다

엘리후의 소개

1) 마침내 이 세 사람은 욥에게 대답하기를 멈추었다. 그가 자신을 의롭다고 여겼기 때문이다. 2) 그러자 람 가문 출신의 부즈 사람, 바라크엘의 아들 엘리후가 분노하고 화를 내었다. 욥이 스스로 하느님 보시기에 의롭다고 주장하므로 분노한 것이다. 3) 그는 세 친구에게도 화를 내었다. 그들이 대답할 말도 찾지 못하면서 욥을 단죄하였기 때문이다. 4) 그러나 엘리후는 그들이 자기보다 나이가 많기 때문에, 욥이 말하는 동안 기다렸다. 5) 엘리후는 그 세 사람이 더 이상 대답하지 못하는 것을 보고 화를 낸 것이다. 6) 그리하여 부즈 사람 바라크엘의 아들 엘리후가 말을 하기 시작하였다. 6) 저는 나이가 어리고 여러분은 연로하십니다. 그래서 저는 머리를 숙이고, 제 소견을 여쭙기를 망설였습니다. 7) 저는 '나이가 말을 하고 연륜이 지혜를 가르쳐야지.' 생각하였습니다. 8) 그렇지만 제가 보니 사람 안에 영이 있고 전능하신 분의 입김이 사람을 깨우치는 것이더군요. 9) 연만하다고 지혜로운 게 아니요 연로하다고 올바른 것을 깨닫는 게 아니랍니다. 10) 그래서 제가 말씀드리니 들어 보십시오. 저도 제 지식을 여쭙겠습니다. 11) 보십시오, 저는 여러분의 말씀을 기다렸습니다. 여러분이 말씀하시며 토론하시는 동안 여러분의 현명함을 귀여겨들었습니다. 12) 저는 여러분이 무엇인가 말씀하고 계시다고 생각하며 기다렸는데 보십시오, 아무도 욥에게 논박하

> 지 못하고 여러분 가운데 아무도 그에게 응수하지 못합니다. 13) "우리는 지혜를 발견했어. 사람이 아니라 하느님께서 그를 물리치셔야지." 하고 말하지 마십시오. 14) 그가 저에게 말을 걸지 않았기에 저는 그에게 여러분의 언설로 대답하지 않으렵니다. 15) 그들은 당황하여 더 이상 대답하지 못하고 말을 멈추어 버렸네. 16) 나는 기다렸는데, 그들은 말을 못하고 멈추어 더 이상 대답하지 못했네. 17) 이제는 나도 내 몫으로 대답하리라. 나도 내 지식을 보여 주리라. 18) 나는 하고픈 말로 가득하고 속에서는 영이 말하고파 나를 다그친다네. 19) 내 태중은 새 술 부대를 터뜨리는 바람구멍 없는 새 포도주와 같네. 20) 속이 후련히게 말을 해야지. 입술을 열고 대답해야지. 21) 어떤 인간의 편도 늘지 않고 하느님을 사람과 같게 여기지 않으리라. 22) 나는 내가 얼마나 오래 남아있을지 모른다네. 나를 만드신 분께서 나를 당장 앗아 가신다면.(32,1-22)

욥과 그의 세 친구의 논박이 끝난 다음, 욥에 대한 엘리후의 논박이 도입된다. 그는 욥에 맞서서 이전에 말하던 이들보다 더 예리한 논거들을 사용하며, 진리에 더 근접한다. 그러므로, 아래에서 분명히 드러나는 바와 같이 비록 그가 어떤 부분에서는 아직 진리에서 벗어나 있고 욥의 말을 그릇되게 해석하지만[1] 욥은 그에게 대답하지 않는다.

먼저 엘리후가 말을 하게 된 동기가 나오는데, 그것은 그가 욥과 그의 친구들에게 화가 났기 때문이다. 본문은 그에 앞서 그 친구들이 침묵했다는 것을 말한다. "마침내 이 세 사람은", 즉 위에서 언급된 이들은 "욥에게 대답하기를 멈추었다"(1절). 여기서, 마치 이 사선이 실제로 일어난 것이 아니라 비유로 말하고 있는 것처럼 본문이 그 사람들의 이름을 들고 있지 않다는 점에 주목해야 한다.[2] 본문은 그

---

[1] 참조. 33,10-13; 34,5.9; 35,2.3 주해.
[2] 참조. 서문과 1,1 주해.

들이 침묵한 이유를 보여 주며, "그가 자신을 의롭다고 여겼기 때문이다."라고 말한다. 욥은 그의 의로움을 보여 주는 많은 것을 말했고, 앞서 언급된 세 사람은 이에 맞설 수가 없었던 것이다.

엘리후의 분노

이 두 가지 모두, 곧 친구들의 침묵과 욥이 그들에게 의롭게 보였다는 것 모두가 곁에 서 있던 엘리후를 화나게 했다. 그래서 그가 마음속에서 "분노하고"(2절) 외적으로 분노의 표지를 보이며 "화를 내었다."고 일컬어진다. "람 가문 출신"은 그의 집안을, "부즈 사람"은 그의 고향을, "바라크엘의 아들"은 그의 기원을, "엘리후"는 그의 이름을 묘사한 것이다. 이러한 묘사 전체는 의미가 있다. 이로써 그가 역사적인 사건에 속한 사람으로 드러나게 되기 때문이다.

다음으로 본문은 그가 분노한 이유를 설명한다. 첫째로 그는 욥에게 분노했다. 본문은 이렇게 말한다. "욥이 스스로 하느님 보시기에 의롭다고 주장하므로 분노한 것이다." 욥은 스스로 하느님의 증언에 따라 의롭다고 주장한 것인데, 특히 그가 23,10에서 "그분께서는 내 길을 알고 계시니"라고 말하고 그 후에 나는 그분의 길을 지켜 빗나가지 않았네."[23,11]라고 했던 데에서 그러한 인상을 받게 된다.

또한 친구들에 관하여 본문은 "그는 세 친구에게도 화를 내었다. 그들이 대답할 말도 찾지 못하였기 때문이다."(3절)라고 덧붙인다. 욥이 자신이 의롭다고 주장한 데에 대답할 말을 찾지 못하면서 "욥을 단죄하였기 때문이다." 그들은 그가 죄를 지었다고 말했던 것이다.

연장자를 존중하는 젊은이의 침묵

다음으로 본문은 엘리후가 욥에게 지금까지 대답하지 않은 이유를 보여 주며 이렇게 덧붙인다. "그러나 엘리후는 그들이 자기보다 나이가 많기 때문에, 욥이 말하는 동안 기다렸다"(4절). 그는 그동안 그들의 말에 반박하지 않았다. 그는 그들의 나이에 걸맞게 그들이 더 지혜로운 사람들이리라고 여겼기 때문이다.[3] 그러나 진리를 훼손시키면서 사람에게 존경을 표해야 한다고는 여겨지지 않았으므로, 그는 더 젊은 사람이었지만 분노하여 연장자인 세 사람에게 응답하기 시작한다. "엘리후는 그 세 사람이 더 이상 대답하지 못하는 것을 보고", 욥의 말에 합당하게 대답하지 못하는 것을 보고 "화를 낸 것이다"(5절). 그는 그들의 게으름 때문에 진리가 사라진다고 여겨, 그들을 대신하여 그가 생각한 진리를 옹호하고자 했다. "그리하여 부즈 사람 바라크엘의 아들 엘리후가 말을 하기 시작하다"(6절). 그는 욥의 말과 논거들에 대답하기 시작하였다.

엘리후는 먼저 자신이 지금까지 침묵한 것에 대해 해명한다. 그것은 그의 나이 때문이기도 해서, "저는 나이가 어리고"라는 말이 뒤따른다. 또한 그들이 나이가 많기 때문이기도 해서, 그는 "여러분은 연로하십니다."라고 덧붙인다. 젊은이들은 연장자들에게 존경을 보여야 하기 때문이다. 그래서 "저는 머리를 숙이고" 존경과 겸손의 표시를 보이며, "제 소견을 여쭙기를 망설였습니다." 그의 말로 그보다 더 지혜로운 이들의 말을 가로막아 주제넘게 보이지 않기 위해서이다.

---

3) 참조. 12,12; 15,10 주해.

노인들의 지혜로움

노인들이 더 지혜롭게 말하리라고 여겨지는 것은 두 가지 이유에서이다.

1. 첫째로, 젊은이들은 영의 열기 때문에 자주 무질서하게 많은 의견을 내어 놓는데 비하여 노인들은 그 나이의 무게 때문에 더 성숙하게 말을 한다. 그래서 그는 "'나이가 말을 해야지.' 생각하였습니다."(7절)라고 덧붙인다. 그들은 더 절제있고 효과적으로 말을 하리라고 생각했던 것이다.

2. 둘째로, 노인들은 오랜 삶의 경험을 통하여 많은 것을 깨달을 수 있었고 따라서 지혜롭게 말할 수 있다.[4] 그래서 "연륜이", 즉 경험을 할 수 있게 해주는 오랜 기간이 그 체험으로 성숙해진 "지혜를 가르쳐야지."라고 생각했다.

나이가 아니라 하느님의 영감이 지혜를 갖게 한다

다음으로 그는 이제 말하기 시작함을 해명한다. 그는 경험으로, 나이가 아니라 하느님의 영감이 지혜의 원천임을 깨달았던 것이다. 그래서 그는 이렇게 덧붙인다. "그렇지만 제가 보니", 결과를 고찰해 보니 "사람 안에 영이 있고"(8절), 하느님의 영이 사람들 안에서 활동하신다. 그래서 그는 "전능하신 분의 입김"이라고 덧붙인다. 하느님께서 사람들에게 성령을 불어 넣으시고, 그 성령은 "지혜와 슬기의 영"[5] 즉 진리의 영으로서 성령이 불어넣어진 이들을 "깨우치신다." 그들에게 지혜의 시작인 진리를 깨닫게 하시는 것이다.

이제 그는, 나이가 완전한 지혜의 원인이 되지 않는다는 사실로부터 이러한 영

---

4) 참조. 앞의 각주.
5) 이사 11,2.

감이 지혜의 원인이 된다는 것을 입증한다. 그래서 그는 하느님의 진리를 아는 것과 관련하여 "연만하다고 지혜로운 게 아니오"(9절)라고 덧붙인다. 또한 인간의 행위를 질서짓는 것과 관련해서는 "연로하다고 올바른 것을 깨닫는 게 아니랍니다."라고 덧붙인다. 엘리후는 나이가 많지 않지만 하느님의 영감을 확신하고 있으므로, 용기를 내어 말을 한다. 그는 "그래서 제가 말씀드리니"(10절)라고 덧붙인다.

경청을 청함

그의 담론에서 엘리후는 먼저 하느님의 권위에 의지하여 그들에게 들으라고 권고한다. 그는 하느님의 영감으로 말을 하고 있는 것이다. 그래서 그는 그들이 그의 말을 중단시키지 않도록, "들어 보십시오."라고 말한다. 그는 그들이 듣는다면 지식에 기초한 가르침을 말하겠다고 약속하며 "저도" 비록 나이가 적어도 "제 지식을 여쭙겠습니다."라고 말한다. 그 지식을 기초로 욥의 논거들에 응답하겠다는 것이다. 그가 그들의 말을 들었으므로, 그들도 그의 말을 듣는 것이 마땅하다. 그래서 그는 "보십시오. 저는 여러분의 말씀을 기다렸습니다."(11절)라고 덧붙인다. 그들이 욥에게 응답하는 말들을 오랜 시간 동안 기다렸다는 것이다. 또한 그는 자신이 그들의 말 가운데 잘 한 말과 그렇지 않은 말을 식별할 수 있다고 여겼으므로, "여러분의 현명함을 귀여겨들었습니다."라고 덧붙인다. 그들의 말 가운데 현명한 것을 구별해 내었다는 말이다.

엘리후는 잠시 기다린 것이 아니라 오랫동안 기다렸다. 이제 그는 두 가지 이유에서 기다림을 끝낸 이유를 말한다. 첫째는 물론 그들의 뜻에 따라서이다. 그래서 그는 "여러분이 말씀하시며 토론하시는 동안"이라고 덧붙인다. 그들이 욥에게 맞서 토론하고자 하는 동안은 기다렸다는 것이다. 둘째로 그는 그들의 지혜로운 가르침에 희망을 두고 기다렸었다. 그래서 그는 "저는 여러분이 무엇인가 말씀하고 계시다고 생각하며 기다렸는데"(12절)라고 덧붙인다.

친구들의 논증에 대한 비판

어떤 사람이 주제에 관하여 쓸모있는 말을 하리라는 희망이 전혀 없다면, 그에게는 귀를 기울일 필요가 없다. 그런데 엘리후는 욥의 친구들이 욥을 반대하여 하는 말들이 효력이 없음을 보았다. 그 이유는 첫째로 그들이 논거를 들어 욥을 설득할 수가 없었기 때문이다. 그래서 "아무도 욥에게 논박하지 못하고"라고 말한다. 이유들을 제시하며 그를 설득하지 못한다는 것이다. 둘째로는 그 말들이 그의 논거들에 맞서지 못하기 때문이다. 그래서 그는 "여러분 가운데 아무도", 즉 그들의 생각이 또는 그들 가운데 한 사람이 "그에게 응수하지 못하십니다."라고 덧붙인다. 욥이 친구들에게 대응하는 말들에 충분히 응답하지 못한다는 것이다.

욥의 친구들이 욥에게 맞서는 주된 논거는, 그들이 욥의 역경들을 오류를 범할 수 없는 하느님의 심판에 돌린다는 사실에 기초하고 있었다. 엘리후는 이러한 응답이 충분치 않음을 보여 준다. "'우리는 지혜를 발견했어.' 하고 말하지 마십시오"(13절). 그 대답이 지혜로운 대답이 되기에 충분하다고 하지 말라는 것이다. 속을 수도 있고 속일 수도 있는, "사람이 아니라" 오류를 범할 수 없으신 "하느님께서 그를 물리치셔야지." 그분께서 그를 역경으로 내모셨다는 것이 그들의 주장이었다.

새로운 고찰

이제 엘리후 자신은 더 효과적인 대답을 하려 한다. 그래서 그는 "그가 저에게 말을 걸지 않았기에"(14절)라고 덧붙이는데, 이 말로 엘리후는 그가 도전을 받아서 말을 하고 있는 것이 아님을 보여 주고자 한다. "저는 그에게 여러분의 언설로 대답하지 않으렵니다." 그는 대답하는 데에 있어서 그들의 방식을 따르지 않을 것이며, 더 효과적으로 응답하는 방식을 찾을 것이다.

이제 엘리후는 욥뿐만 아니라 친구들에게도 그가 앞으로 할 응답에 대하여 해명하려 한다. 그래서 그는 다른 이들을 향하여, "그들은 당황하여"(15절) 더 말하기를 두려워하였다고 말한다. 그들은 더 명백하게 논박 당하기를 두려워했다는 것이다. 또한 그들은 욥에게 논거들을 들어 "더 이상 대답하지" 못했다.

친구들의 나태함

그리고 그들이 이렇게 침묵한 것이 욥의 논거 때문이 아니라 그들의 나태함 때문임을 보이기 위하여 그는 "그들은 말을 멈추어 버렸네."라고 덧붙인다. 그들은 나태하게 침묵했다는 것이다. 어떤 사람이 효과적인 논거에 설득될 때에는, 스스로 말을 멈추는 것이 아니라 다른 사람이 그의 말을 멈추게 한다. 엘리후는, 그 세 친구들이 실패했기에 이제 그가 그들의 부족함을 메우려 한다고 말한다. 그래서 그는 "나는 기다렸는데"(16절)라고 덧붙인다. 그는 그들에게 양보하여 오래 기다렸다. 그러나 "그들은 말을 못하고" 욥의 말들에 응답하지 못했다. "이제는 나도 내 몫으로 대답하리라"(17절). 모든 사람이 진리를 옹호해야 하고, 각자는 자신이 할 수 있는 대로 그 진리를 옹호하는 데에 힘써야 하기 때문이다.

허영심

엘리후는 진리를 옹호하려는 열정에 의해서만이 아니라 허영심에 의해서도 움직여졌기 때문에, "나도 내 지식을 보여 주리라."라고 덧붙인다. 자신에게 있는 뛰어난 자질을 과시하고 싶어하는 것이 허영심이다. 그래서, 이어서 그는 그에게 대답을 할 매우 뛰어난 능력이 있음을 보여 주며 "나는 하고픈 말로 가득하고"(18절)라고 말한다. 나에게는 대답할 말이 많다는 것이다. 그러나 행동을 하기 위해서는 능력을 지니고 있는 것만으로는 충분치 못하고 무엇인가에 의해 자극되어야 하므로, 그는 "내 태중에서는 영이 말하고파 나를 다그친다네."라고 덧붙인다. 모태는 임신이 되는 자리이다. 그래서 여기서 모태는 비유적으로 상이한 가지적 대상들을 생각하는 이성을 의미한다.[6] 태중의 영은 의지이며, 그 의지가 인간에게 마음이 품은 생각을 말로 드러내게 하는 것이다.

엘리후는 끼어들지 않을 수 없다

자신이 갈망하는 것을 행하지 않는 것은 힘든 일이다. 그러므로 그는 비유를 통하여, 침묵을 지키며 겪은 괴로움을 설명한다. "속에서는", 나의 정신은 거품을 내며 "새 술 부대를 터뜨리는 바람구멍 없는 새 포도주와 같네"(19절). 거품나는 새 포도주가 어디론가 기포를 내보내지 않는다면 때로는 부대 안의 기포가 부대를 터뜨리기에 이른다. 엘리후는, 자신이 젊기 때문에 자신을 새 포도주에 비유한다. 말하고자 하는 큰 갈망 때문에, 그는 말하지 않는다면 위험이 그를 위협하리라고 여긴다. "속이 후련하게 말을 해야지"(20절). 말을 함으로써 안에 있는 거품을 발산하여, 갈망으로 인한 초조함에서 벗어나야 하겠다는 것이다.

---

6) 참조. Gregory, *Morals on the Book of Job* XIII.55[*PL* 75, 1018A].

열등감 없이

이제 그는 그가 말하고자 하는 것이 무엇인지를 보여 주며 "입술을 열고 대답해야지."라고 덧붙인다. 욥의 말들에 대답하겠다는 뜻이다. 더 나아가서 그는 대답을 하는 데에서 어떤 기준을 따라야 할 것인지를 보여 주며 "어떤 인간의 편도 들지 않으리라."(21절)고 말한다. 대답하는 데서 편을 드는 사람은 사람에게 양보하여 진리를 버리는 것이기 때문이다. 그리고, 그렇게 하지 않으려 하는 이유를 밝히며 "하느님을 사람과 같게 여기지 않으리라."고 덧붙인다. 그에게는, 지금의 논쟁에서 사람에게 양보한다면 그것은 하느님의 탁월하심에 드려야 할 공경을 지키지 않는 것으로 보였기 때문이다.

그는 그가 이렇게 행동하기를 두려워하는 이유를 밝히며, "나는 내가 얼마나 오래 남아있을지 모른다네."(22절)라고 덧붙인다. 사멸할 시간이 이 삶에서 얼마나 더 남아 있을지 모르니, 회개할 시간이 오래 있으리라고 약속할 수 없다. "나를 만드신 분께서 나를 당장 앗아 가신다면." 그분께서 죽음으로써 그를 당신 심판으로 데려 가신다면 말이다.

이 말로, 엘리후는 욥과 마찬가지로 죄에 대한 갚음이 죽은 후에 있으리라는 데에 동의한다는 것이 분명하게 드러난다. 그렇지 않다면 그는 죽음이 가까웠다고 해서 하느님을 두려워할 필요가 없다고 여겼을 것이기 때문이다.

33장

공포와 질병은 하느님께서 인간에게 하시는 말씀이다.
천사의 전구

욥에 대한 비판

> 1) 그렇지만 이제 욥이시여, 제 말을 들으십시오. 제가 하는 모든 이야기에 귀를 기울이십시오. 2) 자, 이제 제가 입을 열고 제 입의 혀로 이야기하렵니다. 3) 제 말은 마음의 정직함에서 나옵니다. 제 입술로 아는 것을 솔직히 토로하렵니다. 4) 하느님의 영이 저를 만드시고 전능하신 분의 입김이 제게 생명을 주셨답니다. 5) 할 수만 있다면 제게 대답해 보십시오. 채비를 하고 저에게 맞서 보십시오. 6) 자, 하느님께는 저도 당신과 같은 몸, 저 또한 진흙으로 빚어진 몸이랍니다. 7) 그러나 제 기적을 무서워하지 마시고 저의 말에 우려하지 마십시오. 8) 그렇지만 당신은 제 귀에다 이야기하시어 저는 당신의 말소리를 들었습니다. 9) "나는 결백하여 잘못이 없고 순결하여 죄가 없다네. 10) 그런데도 그분께서는 내게서 구실을 찾아내시어 나를 당신의 원수로 여기시네. 11) 내 발에 차꼬를 채우시고 나의 길을 모두 지켜보시네."(33,1-11)

앞에서 엘리후는 욥과 그의 친구들에게 분노했다고 말했다[32,2-3]. 그는 욥의 친구들의 나태함을 반박한 다음, 이제는 욥을 반박하기 시작하며 먼저 그에게 주의를 기울이라고 말한다. "그렇지만 이제 욥이시여, 제 말을 들으십시오"(1절). 내가 이제 대답하려 하기 때문이다. 그리고 한 마디 한 마디를 신중하게 말하겠다는 의미로 "제가 하는 모든 이야기에 귀를 기울이십시오."라고 덧붙인다. 아무것도 빈말로 말하지 않으리라는 뜻이다.

그리고, 욥이 그에게 왜 아직까지 말을 하지 않았는지 묻지 않도록 "자, 이제 제가 입을 엽니다."(2절)라고 덧붙인다. 내가 지금까지 말을 하지 않고 입을 다물고 있었던 것은 연장자들에 대한 존경에서였다. 이제 그들이 가만히 있으니 나는 말하지 않을 수 없다. 그래서 그는 "제 입의 혀로 이야기하렵니다."라고 덧붙인다. 나는 다른 이들의 말을 따르지 않겠고, 나 자신의 생각으로 말할 것이다. 욥이 앞에서 그의 친구들에 대하여 그들이 말로 그를 괴롭히고 혼란에 빠뜨리고 있다고 말했으므로[19,2], 엘리후는 자신은 그렇게 하지 않겠다는 뜻으로 "제 말은 마음의 정직함에서 나옵니다."(3절)라고 덧붙인다. 그는 중상하기 위해서나 비웃기 위해서가 아니라 단순한 정신으로 진리를 밝히기 위하여 말하고 있다는 것이다.

그리고 욥이 앞서 세 친구에게 그들이 "거짓을 꾸며 내는 자들, 그릇된 교설을 숭배하는 자들"[13,4]이라고 비난했으므로, 엘리후는 자신에게서 그러한 비난을 배제하며 "제 입술로 아는 것을 솔직히 토로하렵니다."라고 말한다. 거짓이나 오류 없이 말하겠다는 것이다.

이제 엘리후는 그가 어디에서 그와 같은 진리에 대한 확신을 얻었는가를 보여 주며, "하느님의 영이 저를 만드시고"(4절)라고 덧붙인다. 그 영께서 당신 피조물을 움직이시고 완성하신다는 것은 놀라운 일이 아니다. 그래서 그는 "전능하신 분의 입김이 제게 생명을 주셨답니다."라고 덧붙인다. 그 입김이 나를 움직이고 삶의 활동들을 완성하도록 하셨으며, 진리에 대한 인식은 그 활동들 가운데 첫 사리를 차지한다.

욥은 대답할 수 있을 것이다

그러나 엘리후는 자신이 욥에게 하느님의 감도로 말하고 있는 사람에 맞서 대답할 수 없다는 생각을 갖게 하려 한 것으로 보이지 않도록, "할 수만 있다면 제게 대답해 보십시오."(5절)라고 덧붙인다. 그에게 맞서 엘리후가 말할 것들에 대해서, 할 수 있으면 대답해 보라는 것이다. "채비를 하고 저에게 맞서 보십시오." 내가 하는 말이 마음에 들지 않으면 나에게 맞서 보라는 말이다. 그리고, 욥이 자신의 유명한 지혜 때문에 젊은 엘리후와 토론하기를 마다하지 않도록 "자, 하느님께서는 저도 당신과 같은 몸"(6절)이라고 덧붙인다. 창조하신 분에 있어서는, 진리를 탐구하는 데서 우리 둘은 같은 희망을 가질 수 있다. 그러나 재료에 있어서 그들은 같은 장애에 맞닥뜨린다. 그래서 그는 "저 또한 진흙으로 빚어진 몸이랍니다."라고 덧붙인다. 그 진흙의 조야함으로 인하여 이성의 빛이 어두워진다.

엘리후는, 젊은이에게 매우 지혜로운 노인들과 토론할 지혜와 능력이 주어진다면 그것은 기적적인 일이라고 누군가 그에게 말할 수도 있다고 생각했다. 그래서, 그가 기적적으로 이러한 위치에 이르렀다는 듯이 "그러나 제 기적을 무서워하지 마시고"(7절)라고 덧붙인다. 기적적으로 지식을 얻은 사람에게 대답하기를 두려워하지 말라는 뜻이다. "저의 말에 우려하지 마십시오." 내 말을 듣고 놀라 당황하지 말라는 것이다.

비난

스스로 무죄하다고 주장했다

1. 도입으로 먼저 이렇게 말한 다음 엘리후는 그가 욥을 비난하려 하는 점들을

열거하며 "그렇지만 당신은 제 귀에다 이야기하시어"(8절)라고 말한다. 그가 직접 그 말을 했다는 것을 변명할 수 없다는 뜻이다. "저는 당신의 말소리를 들었습니다." 주의를 기울여 그의 말소리를 들었다는 것이다. 이제 먼저 엘리후는 욥의 말들에서, 그가 죄가 없다고 말했던 것을 지적한다[예를 들어 13,6과 16,18]. 그래서 그는 욥이 "나는 결백하다네."(9절)라고 했다고 말한다. 육의 더러움으로부터 결백하다는 뜻이다. "잘못이 없고"는 태만함이 없었다는 뜻이며, "순결하여"는 하느님을 거스르는 큰 죄가 없다는 뜻으로, 예를 들어 우상 숭배나 그와 유사한 죄를 짓지 않았다는 것이다. "죄가 없다네."는 이웃에게 부당하게 해를 끼치지 않았다는 것이다.

하느님의 심판이 부당하다고 주장했다

2. 둘째로 엘리후는 욥의 말에서, 그가 하느님을 거슬러 그분의 심판이 공정하지 않다고 비난했다는 점을 지적한다. 심판의 불공정함은 보통 심판관의 미움에서 나오게 되므로, 이에 관련하여 그는 욥이 "그분께서는 내게서 구실을 찾아내시어 나를 당신의 원수로 여기시네."(10절)라고 말했다는 점을 언급한다. 그런데, 위의 13,24에서 욥은 질문의 형태로 "어찌하여 당신의 얼굴을 감추십니까? 어찌하여 저를 당신의 원수로 여기십니까?"라고 말했다. 여기서 엘리후가 말하는 바와 같이 "그분께서는 내게서 구실을 찾아내시네."라고 말한 것으로는 나타나지 않는다. 그러므로 이것은 엘리후가 욥의 말을 잘못 이해하여 첨가한 것이다.

a) 심판관이 어떤 사람의 죄악을 확인한 다음 그를 벌하기 위하여 미워한다면 그 미움은 정당한 것으로 보인다. 그러니 심판관이 사소한 구실로 어떤 사람을 미워한다면 그것은 부당한 미움이다. 욥이 하느님께서 자신을 원수로 여기신다고 말했던 것을 엘리후는 바로 이렇게 해석했다.

b) 둘째로, 심판관이 어떤 사람에게서 정당한 변호의 능력을 박탈한다면 그것은 불공정한 일이다. 이 점에 관련하여 그는 "내 발에 차꼬를 채우시고"(11절)라고

덧붙인다. 그분께서 내가 내 일을 할 수 없도록 속박하셨다는 것이다.

c) 셋째로, 심판관이 어떤 사람을 단죄하기 위하여 사소한 일들을 모두 모아 놓는다면 그것도 불공정한 재판이다. 이 점에 관련하여 그는 "나의 길을 모두 지켜보시네."라고 덧붙인다. 그가 하는 일들을 하나하나 지켜보신다는 것이다. 그러나 욥은 하느님의 심판이 불공정함을 보이기 위하여 이러한 것을 말한 일이 없고, 다만 그가 아래의 13,17에서 설명한 바와 같이 비유적으로 말한 것이었다. 그래서, 거기에서 그는 "제발 내 말을 들어 보게나. 내 수수께끼를 자네들 귀로 말일세."라고도 말했다[13,17]. 이 두 번째 본문이 첫 번째 본문을 배제하므로, 엘리후는 "이 점에서 당신은 옳지 못합니다."라고 덧붙인다. 당신은 당신이 옳다고 말할 수 없다. 하느님께서 불의하시다고 비난한다는 사실 자체가 당신의 불의에 속하기 때문이다.

주제넘은 태도

> 12) 저는 당신께 대답합니다. 하느님께서는 사람보다 위대하십니다. 13) 어찌하여 당신은 그분과 싸우십니까? 그분께서 사람의 말에 낱낱이 대답하시지 않기 때문입니까? 14) 하느님께서는 한 번 말씀하시고, 두 번은 되풀이하여 말씀하지 않으십니다. 15) 사람들이 깊은 잠에 빠져 자리 위에서 잠들었을 때 꿈과 밤의 환상 속에서 16) 그분께서는 사람들의 귀를 여시고 그들을 가르치십니다. 그분께서 가르침을 주시는 것은 17) 사람을 제 행실에서 떼어 놓고 인간에게서 교만을 잘라 내 버리시려는 것입니다. 18) 이렇게 그의 영혼을 부패에서 보호하시고 그의 생명이 칼에 맞지 않게 하신답니다. 19) 그분께서는 침상에서 고통으로 꾸짖으시고 그의 모든 뼈를 약해지게 하십니다. 20) 그의 생명은 음식을 지겨워하고 그의 목숨은 바라던 요리도 싫어하게 된답니다. 21) 그의 살은 말라 마침내 볼 수조차 없고 보이지 않던 그의 뼈들은 앙상하게 드러난답니다. 22) 그리

> 하여 그의 목숨은 부패에, 그의 생명은 죽음의 위험에 다가갑니다. 23) 그를 위하여 그 옆의 천사가, 천 명 가운데 한 중개자가 사람의 공정함을 알려 드리려고 한다면 24) 그분께서 그를 불쌍히 여기시고 말씀하실 것입니다. "그를 풀어 주어 그가 멸망하지 않게 하라. 나는 그를 위한 속전을 찾았다. 25) 그의 살은 벌을 받아 소멸되었다. 그가 젊은 날로 돌아가게 하라." 26) 그가 하느님께 기도하면 그를 받아들이시어 그는 환호하며 그분의 얼굴을 뵙고 그분께서는 사람에게 그의 의로움을 되찾아 주신답니다. 27) 그러면 그는 사람들 앞에서 말할 것입니다. "내가 죄를 짓고 참으로 그릇된 일을 하였지만 그에 마땅한 벌을 받지 않았네." 28) 그는 자기 영혼을 구하여 멸방으로 떨어지지 않고 살아서 빛을 보게 하였기 때문입니다. 29) 자, 이 모두 하느님께서 하시는 일 사람에게 세 번 그렇게 해 주시니 30) 그의 목숨을 멸망에서 되돌리시고 그를 살아 있는 이들의 빛으로 비추시려는 것입니다. 31) 욥이시여, 주의를 기울여 제 말을 들으십시오. 제가 말씀드리겠으니 잠잠히 계십시오. 32) 하실 말이 있거든 제게 대답하십시오. 말씀하십시오. 저도 당신이 정당함을 인정하고 싶습니다. 33) 없거든 당신이 제 말을 들으십시오. 당신께 지혜를 가르쳐 드리겠으니 잠잠히 계십시오.(33,12-33)

위에서 엘리후는 그가 욥에게 맞서 논쟁하려 하는 점들을 제시하였다(9-11절). 욥은 그에 앞서 엘리후가 위의 말들로 욥과 토론을 시작하기 전에 13,3에서 "나는 하느님께 항변하고 싶을 따름이네."라고 말했었으므로,[1] - 더 높으신 분과 토론하기를 갈망하는 사람을 낮은 사람과 도론하도록 소환하는 것은 부석절하게 보인다 - 엘리후는 욥을 논박하기 전에 먼저 그가 하느님과 토론하려 한다는 것에 관하여 그의 잘못을 입증한다.

---

1) 참조. 34,1 주해.

하느님께서는 사람보다 위대하시다

첫째로, 어떤 사람이 자신보다 위대한 이와 논쟁을 하겠다고 도전한다는 사실 자체가 주제넘은 행위이다. 그래서 그는 "저는 당신께 대답합니다."라고 말한다. 그가 하느님과 토론하고자 하는 갈망에 대하여 대답하는 것이다. "하느님께서는 사람보다 위대하십니다." 그러므로, 인간이 하느님과 토론하기 위하여 맞서는 것은 주제넘은 일이다.

욥이 마치 하느님께서 자신과 동등한 분이신 듯이 그분께 맞서기 위하여 그분과 토론하려고 했다면 이것은 올바른 비난일 것이다. 그러나 욥은, 제자가 스승에게서 하듯이 배우기 위하여 하느님과 토론하려 하는 것이다. 그래서 그는 위의 23,4에서 "내 입을 변론으로 가득 채우련마는, 그분께서 나에게 어떤 답변을 하시는지 알아들으련마는."라고 말했었다.

하지만 엘리후는 이 말을, 욥이 하느님과 논쟁하며 그분께서 자신에게 응답하지 않으신다고 불평하는 것으로 해석한다. 그래서 그는 "어찌하여 당신은 그분과 싸우십니까? 그분께서 사람의 말에 낱낱이 대답하시지 않기 때문입니까?"(13절)라고 덧붙인다. 그는 앞에 인용한 욥의 말들에서, 그리고 그가 19,7에서 "'폭력이야!' 소리쳐도 대답이 없고 호소해 보아도 법이 없네그려."라고 말했던 데에서 이러한 결론을 끌어내려 한다. 물론 이 말들과 그가 앞서 말한 이와 유사한 말들은 논쟁을 하려는 것이 아니라 하느님 지혜의 논리를 알고자 하는 것이었다.

하느님께서는 단 한 번 말씀하신다

앞에 인용한 욥의 말들을 엘리후는 논쟁의 의미로 해석했고, 그 말들을 반박하기 위하여 하느님께서 인간의 모든 말에 낱낱이 대답하셔야 하는 것이 아님을 보여 준다. 그럼에도 하느님께서는 한 사람 한 사람을 가르치기 위하여 각자에게 충분할 만큼 말씀을 하신다. 그래서 그는 "하느님께서는 한 번 말씀하시고"(14절)라고 말한다. 그를 가르치기에 충분하게 말씀하신다는 것이다. 그러므로 그분께서 각 사람의 질문에 낱낱이 대답하셔야 하는 것은 아니다. 그래서 그는 "두 번은 되풀이하여 말씀하지 않으십니다."라고 덧붙인다. 이미 충분히 말한 것을 다시 되풀이하는 것은 불필요하기 때문이다. 이제 엘리후는 하느님께서 어떻게 사람에게 말씀하시는지를 보여 주며 "꿈과 밤의 환상 속에서"라고 덧붙인다.

이성과 꿈

이 구절은 달리 해석할 수도 있다. "하느님께서는 한 번 말씀하시고"라는 진술은 자연적 이성의 빛으로 정신을 가르치시는 것을 의미할 수 있다. 시편 4,6-7(『성경』은 4,7)에서는 "많은 이가 말합니다. '누가 우리에게 좋은 일을 보여 주랴?'"라고 말한 다음, 이에 대답하듯 "주님, 저희 위에 당신 얼굴의 빛을 비추소서."라고 말한다. 이 빛으로 우리는 선과 악을 구별한다. 그런데 자연적 이성은 고정적으로 인간 안에 머물러 있기 때문에 되풀이할 필요가 없으므로, "두 번은 되풀이하여 말씀하지 않으십니다."라고 덧붙인다.

이러한 두 번째 해석에서, 다음으로 그는 하느님께서 인간에게 말씀하시는 다른 방식을 보여 준다. 그것은 꿈에 나타나는 환상을 통해서이다. 그래서 "꿈과 밤의 환상 속에서"(15절)라고 덧붙인다. 이 구절은 예언의 계시를 가리킬 수 있다. 민수 12,6에서는 "너희 가운데에 예언자가 있으면 나 주님이 환시 속에서 나 자신을 그에게 알리고 꿈속에서 그에게 말할 것이다."라고 말한다. 다른 의미로는 일반적인 꿈을 가리킬 수도 있다. 엘리후는 그 꿈들이 하느님으로부터 오는 것이라고 믿는다.

꿈의 방법과 순서

다음으로 그는 꿈의 방법과 순서를 설명한다.

1. 첫째로는 자연적인 원인을 언급하며 "사람들이 깊은 잠에 빠져"라고 말한다. 이는 감각의 원천으로 올라가는 증기에 의하여 외적 감각들이 멈추어질 때에 이루어진다.[2]

2. 둘째로 그는 인간의 의지 차원의 꿈꾸는 자세를 말한다. "자리 위에서 잠들었을 때", 사람들은 고요하게 잠들어 있을 때에 질서있고 의미있는 꿈들을 보기 때문이다. 그런 이유로 병든 이들은 평온하지 않아 뒤틀린 꿈을 꾸게 된다.[3] 다니 2,28에서는 이를 분명하게 말한다. "임금님께서 침상에 누워 계실 때에 머릿속에 나타난 꿈과 환시는 이렇습니다."

3. 셋째로, 그는 잠든 사람에 대한 하느님의 작용을 말한다. 외적 감각들이 깊은 잠으로 멈추어지고 사람이 침상에서 평온히 잠들어 있을 때, 그 때는 인간의 영혼이 외적인 사물들에 매여 있지 않으므로, 하느님의 가르침을 감지하는 능력이 하느님으로부터 인간에게 주어진다. 그래서 그는 "그분께서는 사람들의 귀를 여시고"(16절)라고 덧붙인다. 그는 매우 적절하게, 꿈속에서 하느님의 가르침을 감지하는 능력을 귀라고 부른다. 그는 이러한 가르침이 사물들 자체를 살핌으로써가 아니라 말과 같은 어떤 표지들을 통하여 이루어지는 것이기에 그 가르침을 말씀이라고 여기기 때문이다.

---

2) Thomas, *ST* I.8 34.8, *ad* 2, 여기서는 Aristotle, *On Sleep* 3, 456b 17ff.를 인용한다.
3) 참조. 4,16 주해.

실천적인 가르침

이렇게 듣는 능력이 주어지고 나면, 그분께서 가르치시기에 적합하게 된다. 그래서 그는 "그들을 가르치십니다. 그분께서 가르침을 주십니다."라고 덧붙인다. 여기서 가르침이란 인간이 행하거나 피해야 할 것들에 관한 가르침을 말하며, 사변적인 학문의 지식을 말하는 것이 아니다. 사변적 학문의 지식은 보통 꿈으로 계시되지 않는다. 그러므로 그는 하느님께서 이렇게 하시는 것이 "사람을 제 행실에서 떼어 놓으시려는 것"(17절)이라고 덧붙인다. 흔히 사람은 꿈속에서 자신이 범한 죄들에 대한 꾸짖음을 듣기 때문이다. 죄의 근원은 교만이고 교만 때문에 하느님의 계명을 무시하게 되므로,[4] 엘리후는 "인간에게서 교만을 잘라 내 버리시려는 것입니다."라고 덧붙인다.

하느님의 가르치심은 우리를 벌에서 해방시킨다

그런데 죄에서 벗어났다는 사실로 인간은 벌을 받지 않게 된다. 그는 이어서 두 가지 벌에 연관하여 이를 설명한다. 첫째로는 영혼의 영적인 벌에 관련하여 "그의 영혼을 부패에서 보호하시고"(18절)라고 말한다. 영혼의 능력들이 무질서해지지 않게 하신다는 것이다. 둘째로는 육신의 벌에 관련하여 그는 "그의 생명이", 육신적 생명이 죄에 대한 벌로 "칼에 맞지 않게 하신답니다."라고 말한다.

다른 해석으로는, 두 가지 모두가 육신적 죽음을 가리키는 것으로 이해될 수 있다. 육신적 죽음은 하느님께서 죄 때문에 보내시는 질병으로부터 죽는 경우와 같이 내적인 부패로 인한 것일 수도 있고, 칼의 폭력으로 인한 것일 수도 있기 때문이다.

---

[4] 참조. 집회 10,15.

하느님의 가르치심인 질병

다음으로 그는 하느님께서 말씀하시는 다른 방식을 덧붙인다. 그것은 그분께서 육신적 질병을 통하여 사람을 가르치시는 경우이다.

고통

1. 여기서 엘리후는 먼저 감각적인 고통을 지적한다. 그래서 그는 "그분께서는"(19절) 인간을 지나간 죄에 대하여 "고통으로", 즉 질병으로부터 오는 육체적 고통으로 "꾸짖으시고"라고 말한다. 그는 시편 41,4의 "고통의 침상"이라는 구절에 따라 "침상에서"를 덧붙인다.

몸이 약해짐

2. 둘째로 그는 환자의 몸이 약해지는 것에 관하여 "그의 모든 뼈를 약해지게 하십니다."라고 말한다. 그분께서 그의 뼈에 있는 힘을 없애신다는 것이다.

식욕을 잃음

3. 셋째로 그는 식욕이 없어지는 것을 말한다. "그의 생명은"(20절), 그가 아직 살아 있는 동안에 병으로 인하여 "음식을 지겨워진답니다." 이는 일반적인 음식을 가리키는 것이다. 한편 "그의 목숨은 바라던 요리도 싫어하게 된답니다."라는 표현은 여러 사람이 나름대로 좋아하는 다른 음식들을 가리킨다.

살이 여읨

4. 넷째로 그는 살이 여위는 것을 가리켜 "그의 살은 말라 마침내 볼 수조차 없고"(21절)라고 덧붙인다. 그 결과로 "보이지 않던 그의 뼈들은", 살로 덮여 있던 뼈들이 "앙상하게 드러난답니다." 뼈가 살갗으로만 덮여 있어 드러나게 된다는 것이다.

죽음의 위험

5. 다섯째로 그는 죽음의 위험과 두려움을 가리켜 "그리하여 그의 목숨은 부패에 다가갑니다."(22절)라고 말한다. 이는 그의 영혼으로 살아가는 생명을 가리킨다. 그래서 그는 "그의 생명은 죽음의 위험에 다가갑니다."라고 덧붙인다. 그가 죽도록 하신다는 것이다.

하느님께서 응답하시는 세 가지 방법

여기서, 하느님께서 낱낱이 대답하지 않으신다고 욥이 불평하는 데에 대한 응답으로 엘리후가 이러한 점들을 말했음에 주목해야 한다. 그는 그가 지금 한 말을 통하여, 하느님께서 그에게 세 가지 방식으로 말씀하셨다는 것을 입증하려 하기 때문이다. 첫째로 그분께서는, 모든 사람에게 하시듯이 자연적 이성을 통하여 그에게 말씀하셨다. 둘째로는 꿈을 통하여 그를 꾸짖으심으로써 말씀하셨다. 위에서[7,14] 욥이 "당신께서는 꿈으로 저를 공포에 떨게 하시고 환시로 저를 소스라치게 하십니다."라고 말했기 때문이다. 셋째로 그분께서는 병을 통하여 말씀하셨다. 욥이 30,16에서 "이제 내 넋은 빠져 버리고…"라고 말했기 때문이다. 또한, 엘리후는 다른 세 친구와 마찬가지로 죄 때문에 질병이 주어진다고 믿지만, 세 친구들의 말이 의미하는 바와 같이 인간을 벌하기 위해서라기보다 그를 깨닫게 하기 위하여 주어진다고 믿는다.

천사들의 중개

그리고 욥은 하느님께서 그에게 말씀하지 않으신다는 것에 대해서뿐만 아니라 23,3에서 분명히 드러나듯이 그가 하느님께 다가가 그분께 말씀을 드리고 그분 앞에 자신의 소송을 내어놓을 수 없다는 것 때문에도 불평을 한 것으로 보이므로, 엘리후는 이 문제에도 대답한다. 인간이 하느님께 가까이 가는 길은 열려 있지 않음이 분명하지만, 하느님과 인간 사이에 중개자로 천사들이 있어 인간의 송사를 하느님께 전한다는 것이다. 그러나 이것은 천사들이 하느님께 가르쳐 드린다는 의미에서가 아니라, 사람들에게 그들이 바라는 바를 도와준다는 의미에서이다.[5] 그러므로, 인간 자신이 스스로의 정당함을 밝히기 위하여 하느님의 옥좌 앞으로 갈 수 없다 해도 잃는 것이 없다.

이를 밝히기 위하여 엘리후는 고통받는 사람을 위하여 "그 옆의 천사가 그를 위하여 [전구한다면]"(23절)이라고 말한다. 그리고, 모든 사람을 위하여 간청하기에 한 천사로 충분치 않음을 염려하지 않도록 그는 "천 명 가운데 한 중개자"라고 덧붙인다. 위의 25,3에서 "그분의 군대를 셀 수 있으랴?"라고 했던 바와 같다. "사람의 공정함을 알려 드리려고 한다면"은, 하느님 앞에서 한 사람에게 있는 올바른 것을 보여 드린다는 뜻이다. 그러면 "그분께서", 하느님께서 고통을 받은 "그를 불쌍히 여기시고 말씀하실 것입니다"(24절). 그분께서 천사에게 명령하실 것이다. "그를 풀어 주라." 하느님 앞에서 인간의 올바름을 변호했던 그 천사가 이제 인간 앞에서 하느

---

5) 참조. *Glossa Ordinaria*, 필리 4,4 주해.

님의 자비를 집행하게 된다는 것이다.

하느님은 우리를 해방시키려 하신다

그리고 엘리후는 욥이 무엇으로부터 풀려나는지를 덧붙인다. "그가 멸망하지 않게 하라."라는 말은, 그가 죽음으로 떨어지지 않게 하라는 것이다. 이 해방이 하느님께서 기뻐하시는 일임을 보여 주기 위하여 그는 하느님께서 하시는 한 말씀을 덧붙인다. "나는 그를 위한 속전을 찾았다." 그에게서 당신께서 찾고자 하셨던 어느 정도의 공정함을 발견하셨고, 그래서 그에게 자비를 베풀 수 있으시다는 것이다. 그리고 앞에서 욥은 7,5에서 그의 살이 다시 회복될 수 없다는 뜻으로 "내 살은 부패하여 흙먼지로 뒤덮이고"라고 말했으므로, 엘리후는 이러한 가능성을 배제하여 "그의 살은 벌을 받아 소멸되었다."(25절)라고 덧붙인다. 그렇다고 해서 하느님의 능력을 가로막지는 못한다는 뜻이다. 그래서 "그가 젊은 날로 돌아가게 하라."고 말한다. 그가 젊었을 때처럼 그의 힘을 되찾게 하라는 뜻이다.

자신이 하느님께 기도해야 한다

이렇게 해방하시는 하느님의 말씀을 언급한 다음, 엘리후는 그 자신이 말로 인간이 어떻게 해방되는지를 묘사한다. "그가 하느님께 기도하면"(26절), 즉 천사가 인간을 위하여 말씀드리는 것으로는 충분치 않고, 해방될 수 있기 위해서는 인간 스스로도 자신을 위하여 기도해야 한다는 것이다. 이 구절은 다른 식으로도 해석할 수도 있다. 앞에서 욥은 천사가 하느님 앞에서 인간의 소송을 제기하므로 인간 자신이 하느님 앞에 나갈 수 없다고 불평했으므로(23절), 엘리후는 그 자신 역시 기도

함으로써 자신을 위하여 자신의 소송을 제시할 수 있음을 보여 주는 것이다.

희망이 기쁨을 낳는다

이 방법 역시 첫 번째 방법과 마찬가지로 효과가 있음을 보여 주기 위하여 그는 "그를 받아들이시어"라고 덧붙인다. 요엘 2,13에서 "그는 너그럽고 자비로운 이, 재앙을 내리다가도 후회하는 이다."라고 말하는 바와 같이, 하느님께서 쉽게 마음을 누그러뜨리시리라는 것이다. 그러므로 인간은 영적 기쁨으로 하느님에 대해 생각하며 확신을 가질 수 있다. 그래서 "그는", 즉 인간은 "그분의 얼굴을 뵙고"라고 덧붙인다. 그는 하느님의 선하심을 바라볼 것이다. 현세의 삶에서는 불완전하게 보지만, 내세의 삶에서는 완전하게 보게 될 것이다. "환호하며", 형언할 수 없는 기쁨 속에서 그분을 뵐 것이다. "그분께서는", 하느님께서는 "사람에게 그의 의로움을 되찾아 주신답니다." 그분께서는 그를 가로막는 죄를 치우시고 그의 공로를 갚아 주실 것이다.

자신이 죄인임을 인정하는 겸손

그러나, 인간이 겸손하게 자신의 죄를 인정하고 고백하지 않는다면 이것은 이루어질 수 없다. 그래서 엘리후는, 인간이 스스로 자유롭게 죄를 고백한다는 뜻으로 "그는 사람들 앞에서 말할 것입니다. '내가 죄를 지었네.'"(27절)라고 덧붙인다. 그리고 그가 겸손에서 이렇게 말하는 것이 아님을 보이기 위하여 "참으로 그릇된 일을 하였지만"이라고 덧붙인다. 이 말은 욥을 거슬러 하는 말이다. 욥이 위의 17,2에서 "저는 죄를 짓지 않았는데 제 눈은 쓰라림에서 떠나지 않고 있습니다."라고 말했기 때문이다. 그리고 엘리후는, 죄를 고백하면서 벌이 무겁다고 불평하지 않으며 "그에 마땅한 벌을 받지 않았네."라고 해야 한다고 말한다. 더 무거운 벌을 받아 마땅했다는 뜻이다. 여기서 엘리후는 욥이 위의 6,2에서 "내가 분노를 산 나의 죄와 내가 겪고 있는 재앙을 저울판에 달아 보았으면!"라고 했던 것에 반대하여 이렇게 말하는 것으로 보인다.

그리고 그는 겸손함의 결과를 보여 주며, 그는 죄를 고백함으로써 "자기 영혼을 구하여 멸망으로 떨어지지 않고", 육적으로든 영적으로든 죽음에 떨어지지 않고 더 많은 선을 얻을 수 있게 되리라는 뜻으로 그가 "살아서 빛을 보게 하였기 때문입니다."라고 덧붙인다. 이 빛은 물리적인 빛을 가리킬 수도 있고 영적인 빛인 지혜를 가리킬 수도 있다.

하느님께서는 지칠 줄 모르고 경고하신다

또한 하느님께서는 인간을 즉시 단죄하시는 것이 아니라 여러 차례 경고를 하시므로, 엘리후는 "자, 이 모두"(29절), 즉 꿈을 통해 가르치시는 것과 고통을 통해 꾸짖으시는 것, 그리고 치유하시는 것이 "하느님께서 하시는 일"이라고 말한다. "세 번 그렇게 해 주시니", 하느님께서는 당신께서 적절하다고 여기시는 만큼 여러 차례 행하지시만, 엘리후가 세 번이라고 말하는 것은 경고하거나 명령할 때에 보통 세 번씩 하는 인간의 관습에 따라서이다. 그리고 하느님께서는 한 사람에게만 이렇게 하시는 것이 아니라 필요로 하는 모든 이에게 그렇게 하신다. 그래서 그는 "사람에게"라고 덧붙인다. 그분께서 가르치거나 꾸짖는 것이 필요하다고 보시는 모든 이에게 이렇게 하시는 것이다. 그리고 이렇게 하시는 목적을 밝혀 "그의 목숨을 멸망에서 되돌리시고"(30절)라고 말한다. 이는 악으로부터 그들을 해방시키는 것에 관한 언급이다. 한편 "그를 살아 있는 이들의 빛으로 비추시려는 것입니다."는 선들을 얻게 하시는 것에 관한 언급이다. 이 두 가지 목적은 각각 육적으로도 영적으로도 설명할 수 있다. 그러나 여기서 "세 번"이라고 말한 것은 하느님께서 말씀하시는 방법 가운데 두 번째와 세 번째의 방법에 관한 것이어야 한다. 첫 번째 방법에 관해서는 "두 번은 되풀이하여 말씀하지 않으십니다."(14절)라고 말했기 때문이다. 그는 죄인들이 때로는 번영을 계속 누리고 즉시 단죄받지 않는 이유를 설명하기 위하여 이러한 관찰들을 제시한 것이다.

엘리후는 욥이 죄인이라고 생각한다

그리고 엘리후는 자신이 효과적으로 말했다고 여겼으므로 욥에게 침묵하며 나머지 말들을 잘 들으라고 권고한다. 그래서 그는 "욥이시여"(31절), 마음으로 "주의를 기울여" 귀로 "제 말을 들으십시오."라고 말한다. "제가 말씀드리겠으니 잠잠히 계십시오." 내 말을 끊지 말라는 것이다. 그리고, 그에게 대답할 기회를 박탈하는 것으로 보이지 않도록 "하실 말이 있거든 제게 대답하십시오."(32절)라고 덧붙인다. 그리고 욥의 대답을 기다리는 듯이 "말씀하십시오."라고 덧붙이며 그렇게 바라는 이유를 들어 "저도 당신이 정당함을 인정하고 싶습니다."라고 말한다. 이렇게 말하는 것은 그가 욥을 당황하게 하려는 뜻이 없음을 보여 주기 위해서이다.

그러나 엘리후는 욥이 옳다고 믿지 않으므로, "없거든", 즉 당신의 올바름을 옹호하여 말할 것이 없다면 "당신이 제 말을 들으십시오. 당신께 지혜를 가르쳐 드리겠으니 잠잠히 계십시오."(33절)라고 말한다. 당신이 모르는 것을 가르쳐 드리겠다는 뜻이다.

34장

욥은 전능하신 분을 불의하시다고 고발함으로써 주제넘게 저항한다

구체적인 비판

1) 엘리후가 말을 계속하였다. 2) 현인들이여, 제 말을 들으십시오. 유식한 이들이여, 저에게 귀를 기울이십시오. 3) 입이 음식 맛을 보듯 귀는 말을 식별한답니다. 무엇이 올바른 것인지 우리 가려보고 4) 무엇이 좋은 것인지 알아봅시다. 5) 욥은 이렇게 말하였습니다. "나는 죄가 없는데 하느님께서 내 권리를 박탈하셨네. 6) 나에 대한 심판에 거짓이 있고, 죄가 없는데도 폭력이 나의 화살이 되었네." 7) 비꼬기를 물 마시듯 하는 욥과 같은 사람이 어디 있겠습니까? 8) 그는 나쁜 짓 하는 자들과 한패 되어 다니고 악한 사내들과 어울려 돌아다니며 9) "인간이 하느님과 함께 달려도 그분 마음에 들 수 없는 법!" 하고 말합니다. 10) 그러나 지각 있는 사람들이여 제 말을 들으십시오. 하느님께서는 결단코 악을 행하지 않으시고 전능하신 분께서는 불의를 저지르지 않으십니다. 11) 그분께서는 사람에게 그 행실대로 되갚으시고 인간을 그 길에 따라 대하십니다. 12) 참으로 하느님께서는 악을 행하지 않으시고 전능하신 분께서는 올바른 것을 왜곡하지 않으십니다. 13) 그분께서 누구를 땅 위에 세우셨습니까? 그분께서 만드신 세상 위에 누구를 세우셨습니까? 14) 그분께서 그를 거슬러 마음을 정하시면,

> 그의 영과 숨결을 당신께로 거두어들이실 것입니다. 15) 모든 육체는 다 죽어 가고 사람은 재로 돌아간답니다. 16) 분별력이 있다면 이 말을 들으십시오. 제 말소리에 귀를 기울이십시오. 17) 올바른 것을 미워하는 자가 치유될 수 있습니까? 당신은 의로우신 분을 그렇게까지 단죄하려 합니까? 18) 임금에게 "변절자!", 귀족들에게 "악인!"이라고 말씀하시는 분? 19) 제후들이라 해서 편들지 않으시고 폭군을 가난한 이보다 우대하지 않으시는 분을? 그들이 모두 그분 손의 작품이 아닙니까? 20) 그들은 한순간에 죽어 가고 한밤중에 백성은 빠져 나가며, 그들은 건너가고 손도 없이 폭군을 없애버릴 것입니다. 21) 그분의 눈은 사람의 길 위에 있어 그의 걸음을 낱낱이 보십니다. 22) 나쁜 짓 하는 자들이 숨을 수 있는 어떤 어둠도 어떤 죽음의 그늘도 없습니다. 23) 더 이상 하느님과 재판에 나서는 것은 인간의 능력으로 되는 일이 아닙니다.(34,1-23)

엘리후는 욥이 하느님과 논쟁하려 했다는 사실에 관하여 그를 꾸짖은 다음, 이제 욥이 앞에서 말했던[1] 두 가지 점에 대해 논박한다. 첫째로 그는, 욥이 하느님의 심판이 공정하지 못하다고 말한 것으로 보았기 때문에 이를 논박한다. 이 문제는 매우 어렵고 드높은 것이므로, 엘리후는 욥에게만 말하는 것으로 만족하지 않는다. 더구나 그는 이 문제에 있어 욥이 오류를 범하고 있다고 여기고 있으므로, 현인들에게 이 문제에 대해 판단을 내려 줄 것을 청한다.

엘리후는 모든 이의 동의를 구한다

그런데 어떤 사람들은 스스로 지혜를 고찰하므로, 이러한 사실에 관련하여 엘

---

1) 참조. 33,9.12ㄴ 주해; 35,1 주해도 보라.

리후는 "현인들이여, 제 말을 들으십시오."(2절)라고 말한다. 또 어떤 현인들은 지혜에 관련된 것들에 대해 가르침을 받으므로, 이 사실에 관련하여 그는 "유식한 이들", 즉 다른 이들에게 교육을 받은 이들에게 "저에게 귀를 기울이십시오."라고 말한다. 그리고는 다른 이들에게 들으라고 권고하는 이유를 보여 주며 "귀는 말을 식별한답니다."(3절)라고 말한다. 들도록 초대하는 것은, 나의 말을 들으면서 그 말들에 대해 판단할 수 있도록 하기 위해서라는 것이다. 그는 비유를 도입하여 "입이 음식 맛을 보듯"이라고 덧붙인다. 미각이 음식에 관련하여 판단을 내리는 힘을 지니고 있듯이, 청각은 말에 대하여 그러한 능력을 지니고 있다. 그는 이 말들이 무엇에 관한 것인지를 설명하여, "무엇이 올바른 것인지 우리 가려봅시다."(4절)라고 말한다. 모두의 동의로, 어느 것이 더 참된지를 판단해 보자는 것이다. 그래서 그는 "무엇이 좋은 것인지 알아봅시다."라고 덧붙인다. 욥이 말한 것과 자신이 그에 맞서 말하려는 것 가운데 어느 것이 더 좋은지 보자는 것이다.

욥의 말에 대한 부정적 해석

다음으로 엘리후는 욥의 말을 제시한다. "욥은 이렇게 말하였습니다. '나는 죄가 없는데'"(5절). 욥은 27,6에서 "나는 처음에 지녔던 정당함을 놓지 않을 것이네."라고 말했었고, 더 나아가서 31장에서 여러 측면에서 자신의 올바름을 밝혔다. 다음으로 그는 욥이 "하느님께서 내 권리를 박탈하셨네."라고 말했다고 덧붙인다. 그는 욥이 27,2에서 "나의 권리를 박탈하신 하느님께서 살아 계시는 한"이라고 말한 것을 이러한 의미로 받아들인다. 그가 19,6에서 "하느님께서 나에게 불공평한 판결을 내리시고"라고 말했던 것도 마찬가지로 받아들여진다.

물론 엘리후는 이 말들을 나쁜 의미로 해석한 것이다. 욥이 자신의 권리를 박탈당했다고 말한 것은 잘못을 벌하시는 분의 심판에 따라서가 아니라 그의 정의를 입증하시는 분의 섭리에 따라 벌을 받았다고 여겼기 때문이었다. 그래서 그는 23,10에서 "불을 통과하는 금처럼 나를 시험하실 것이네."라고 말했던 것이다. 실상 권리를 뒤엎는 것은 재판하는 사람이 아니라 불의한 선고를 내리는 사람이다. 그래서 엘리후는 욥이 말한 것을 – "나의 권리를 박탈하신 하느님"[27,2] – 하느님께서 부당한 선고를 내리심으로써 자신의 권리를 뒤엎으셨다는 의미로 해석했다.

하느님의 불의한 심판

그래서 그는 욥이 "나에 대한 심판에 거짓이 있고"(6절)라고 말했다고 덧붙인다. 심판이 그릇되다는 것인데, 욥은 그렇게 말한 일이 없다. 그러나 엘리후는 그가 부당하게 벌을 받았다고 말한 것이 이러한 의도에서였다고 믿었다. 엘리후가 이러한 견해를 가졌던 것은, 죄가 없는 사람이 고통을 받는다면 그것은 부당한 고통일 수밖에 없다고 여겼기 때문이다. 그런데 욥은 자신이 죄가 없다고 주장했으므로, 그는 욥이 하느님께서 정의를 거슬러 폭력으로 자신을 치셨다고 느끼고 있는 것으로 여긴다. 그래서 그는 욥이 "죄가 없는데도 폭력이 나의 화살이 되었네."라고 말했다고 덧붙인다. 욥이, 자신은 죄가 없으며 하느님께서 나에게 상처를 입히신 화살 곧 나에게 보내신 역경은 올바른 것이 아니라 폭력적인 것이었다고 말했다고 해석한 것이다. 이는 욥이 위에서[6,4] "전능하신 분의 화살이 내 몸에 박혀"라고 말했던 것을 가리키는 듯하다.

욥만큼 사악한 사람은 없다

엘리후는 욥이 사악하다고 말한 다음 이에 대하여 그를 나무라기 시작한다. "욥과 같은 사람이 어디 있겠습니까?"(7절). 인간이 하느님의 심판을 비난함으로써 그 분을 비웃는 것은 가장 큰 사악함으로 보이므로, 욥만큼 사악한 사람은 없으리라는 것이다. 그래서 그는 "비꼬기를", 즉 하느님의 심판을 조롱하고 거부하기를 "물 마시듯" 한다고 덧붙인다. 쉽게 그리고 시원함을 느끼듯이 한다는 것이다. 엘리후는 욥에게, 그가 하느님을 모욕하여 말을 내뱉는 것이 마치 그에게 시련을 식히는 것과 같고 또한 그가 양심에 거리낌도 없이 그 말들을 하고 있다는 듯이 책망한다. 또한, 완고하게 죄를 짓는 사람들은 흔히 하느님의 심판을 비웃는다. 그래서 그는 욥이 "나쁜 짓 하는 자들과"(8절), 하느님의 심판을 무시하는 자들과 "한패 되어 다니고" 그들에게 동의한다고 덧붙인다.

욥은 하느님께 대한 신심을 거슬렀다

거룩한 신앙의 신심을 거슬러 행동하는 사람들은 하느님의 심판을 무시할 뿐 아니라 그 심판을 거부하거나 부당하다고 주장하는데, 엘리후는 욥이 그러한 사람들과 한 무리라고 믿었다. 그래서 그는 "악한 사내들과", 즉 거룩한 신앙의 신심을 내버리는 이들과 "어울려 돌아다니며"라고 덧붙이고 이어서 욥이 그들에게 동의하는 이유를 밝힌다. "[욥은] 인간이 하느님과 함께 달려도', 인간이 정의의 길로 하느님을 따른다 해도 '그분 마음에 들 수 없는 법!' 하고 말합니다."(9절). 욥은 이렇게 말한 일이 없지만, 엘리후는 그의 말들을 곡해하며 이렇게 비난한다. 욥은 23,11에서 "내 발은 그분의 발자취를 놓치지 않았고"라고 말했고, 그 후에 30,21에서 "무자비하게도 변하신 당신, 당신 손의 그 완력으로 저를 핍박하십니다."라고 말했기 때문이다. 이러한 말들로부터 엘리후는, 욥이 스스로 하느님을 따랐지만 하느님의 마음에 들지 못했다고 느끼고 있다고 믿는다. 그러나 욥은 내적인 가책이 아니라 외적인 박해를 가리켜 여기에 인용된 말들을 한 것이었다.

이렇게 엘리후는 욥의 말들을 곡해하며 욥이 느끼지 않았고 자신의 말들로 의도하지 않은 것들을 그의 탓으로 돌리고 있으므로, 이제부터의 논쟁 전체는 욥에 대한 비판이 되지 않는다는 것이 명백하다.

하느님께 불의가 있을 수 없다

그러나 엘리후는 욥이 사악하여 하느님의 심판을 부당하다고 여기기까지 한다고 보았으므로, 이 점에 대해 그와 토론하기 위하여 도전하려 하지 않고 지혜로운 사람들의 심판을 요청한다. 그래서 그는 "그러나 지각 있는 사람들이여", 지식이 있는 사람들이여, "제 말을 들으십시오."(10절)라고 덧붙인다. 심장이 육체적 삶의 원천이듯이[2] 지각은 지적인 삶 전체의 원천이기 때문이다. 그래서, 위의 12,3에서도 그는 심장으로 이해를 나타내며 "나도 자네들처럼 마음이 있고"라고 말했던 것이다.

엘리후는 토론에서 먼저 자신이 입증하고자 하는 것을 제시한다. 하느님의 심판에는 불의가 있을 수 없다는 것이다. 하느님은 우리가 그분께 경건하게 경배를 드려야 할 분이시고, 당신의 전능하심으로 만물을 다스리시며 인간을 위하여 정의의 법을 세우시는 분이시기 때문이다. 그분께서 악을 편드신다면 그것은 그분의 신성에 위배될 것이다. 그래서 엘리후는 "하느님께서는 결단코 악을 행하지 않으시고"라고 말한다. 또한, 그분께서 불의로 기울어지신다면 그것은 그분 전능하심의 주권에 위배될 것이다. 그래서 엘리후는 "전능하신 분께서는 불의를 저지르지 않으십니다."라고 말한다.

---

[2] 참조. 17,1; 18,12 주해.

하느님은 어떻게 정의를 행하시는가

하느님께 불의가 있을 수 없음을 말한 다음 엘리후는 하느님께서 어떻게 정의를 행하시는가를 제시한다. "그분께서는 사람에게 그 행실대로 되갚으시고"(11절) 그 행실의 선함과 악함을 갚으실 것이다. 그런데 선을 행하는 이들 가운데 어떤 이들은 다른 이들보다 더 잘 하고 악을 행하는 이들 가운데 어떤 이들은 다른 이들보다 더 죄를 지으므로, 그는 "인간을 그 길에 따라 대하십니다."라고 덧붙인다. 더 나은 사람에게 더 낫게 해 주시고, 더 악한 사람에게 더 악하게 해 주시는 것이다. "참으로 하느님께서는 악을 행하지 않으시고 전능하신 분께서는 올바른 것을 왜곡하지 않으십니다"(12절).

하느님 홀로 세상을 창조하셨고 그 세상을 통치하신다

이제 엘리후는 하느님 안에는 불의가 없다는 것을 증명한다. 첫째로는, 하느님께서 불의하시다면 어디에서도 정의를 찾을 수 없으리라는 사실에서 출발한다. 모든 사람들에 대한 전체적인 심판이 그분께 속하기 때문이다. 그래서 그는 "그분께서 누구를 땅 위에 세우셨습니까?"(13절)라고 덧붙인다. 하느님께서 불의하시다면, 온 땅을 정의롭게 심판하도록 그분께서 누군가를 지명하셨다고 믿어야 할 것인가?

이제 그는, 다른 사람이 땅을 심판한다고 믿을 필요가 없다고 말한다. 같은 분께서 세상의 창조자시며 통치자시기 때문이다. 그러므로, 그분께서 세상의 창조를 누구에게도 맡기지 않으셨던 것과 마찬가지로 그분은 세상의 통치를 다른 이에게 위임하지 않으신다. 이러한 의미로 그는 "그분께서 만드신 세상 위에 누구를 세우셨습니까?"라고, 세상을 다스리도록 누구를 세우셨는지 묻는다. 아무도 세우지 않으셨다는 뜻이다. 그분은 홀로 세상을 만드신 것과 마찬가지로 홀로 세상을 통치하시고 심판하시기 때문이다. 물론 그분의 통치를 집행하는 이들, 말하자면 신하들이 있기는 하지만, 모든 것을 명하시는 분은 그분 자신이시다. 그러므로 온 세상의 통치가 불의하다는 것은 어떤 식으로도 가능하지 않다.

하느님께서는 인류를 없앨 수도 있으실 것이다

둘째로 엘리후는, 하느님께는 폭력과 악이 없다는 것을 증명하기 위하여 가설을 세운다. 그분께서 만물을 존재하도록 하시는 능력은 너무나 커서, 그분께서 정의를 거슬러 폭력을 사용하고자 하신다면 한 순간에 모든 인류를 없애버릴 수 있으시리라는 것이다. 그래서 그는 이렇게 덧붙인다. "그분께서"(14절), 즉 하느님께서 "그를 거슬러" 그를 멸망시키기로 "마음을" 즉 당신의 뜻을 정하시면, "그의 영", 즉 그의 영혼과 "숨결", 즉 영혼으로부터 비롯되는 육체적 생명을 "당신께로 거두어들이실 것입니다." 당신의 능력으로 그 영혼을 육신으로부터 분리시키신다는 것이다. 코헬 12,7에서 "목숨은 그것을 주신 하느님께로 되돌아간다."고 했던 바와 같다.

이렇게 하느님으로부터 인간에게 주어진 영을 거두어 가시면, 이에 따라 육체적 생명도 사라진다. 그래서 그는 "모든 육체는 다 죽어 가고"(15절)라고 덧붙인다. 육체의 형상은 사라지고, 그 구성 요소들로 분해되리라는 것이다. 그래서 엘리후는 "사람은 재로 돌아간답니다."라고 덧붙인다. 시편 103,29에서(『성경』은 104,29) "당신께서 그들의 숨을 거두시면 그들은 죽어 먼지로 돌아갑니다."라고 하는 바와 같다. 그는 육체가 분해되어 먼지가 되는 것을 재라고 부르는데, 고대인들에게서 죽은 이들의 시신은 화장을 하여 재로 분해되었기 때문이거나[3] 아니면 시신이 그 구성 요소들로 분해되는 것이 인간의 몸 안에 작용하는 자연적 열의 결과이기 때문이다. 이렇

---

[3] 참조. Thomas, *Super Libros Sententiarum IV*, d.43, a.4, qc.2, *ad* 2.

게 하느님께서 원하신다면 온 인류를 재로 만드시는 것이 쉬운 일이므로, 인간을 보존하신다는 사실 자체로부터 그분께서 인간에게 불의한 폭력을 사용하지 않으신다는 것이 분명하게 드러난다.

욥에게 숙고하도록 권고한다

엘리후는 지금까지 언급된 근거들이 충분하다고 생각했으므로, 욥에게 그 근거들을 숙고하도록 권고한다. "분별력이 있다면"(16절), 그래서 내가 말한 근거들의 힘을 깨달을 수 있다면 "이 말을 들으십시오." 이는 외적인 귀로 들으라는 뜻이다. 그리고, 내적인 주의를 기울이라는 뜻으로 "제 말소리에 귀를 기울이십시오."라고도 말한다. 그럼으로써 하느님 심판의 의로움을 깨닫도록 하라는 것이다. 또 엘리후는 욥 자신의 위험 또는 이익 때문에도 이를 행하도록 권고한다. "올바른 것을 미워하는 자가 치유될 수 있습니까?"(17절). 당신은 많은 질병에 억눌리고 있는 사람과도 같이 치유를 받아야 하는데, 하느님의 심판을 사랑하지 않는다면 그 치유를 받을 수 없다는 것이다.

다음으로 그는 욥의 견해를 비판한다. 그는 욥이 하느님의 심판을 불의하다고 주장했다고 생각하며, 하느님의 정의를 보여 주는 많은 명백한 증거를 제시한다. 그래서 그는 이렇게 말한다. "당신은 의로우신 분을", 많은 증거로 의롭게 드러나시는 분이신 하느님을 "그렇게까지", 심판을 뒤집으시는 분으로 부르면서까지 "단죄하려 합니까?"

하느님께서는 권세 있는 사람들을 편들지 않으신다

임금들

1. 하느님의 정의를 드러내기 위하여 엘리후는 먼저 하느님께서 권세 있는 사람들을 편들지 않으시고 그들의 죄를 꾸짖으며 벌하신다는 점을 말한다. 인간적 권위 가운데에서는 왕권이 가장 탁월하므로, 이에 관련하여 그는 "임금에게 '변절자!'라고 말씀하시는 분"(18절)이라고 말한다. 그분은, 정의를 준수하겠다는 자신의 약속을 배반하는 군주를 책망하기를 두려워하지 않으신다는 것이다.

장군들

2. 둘째 자리를 차지하는 것은 군대의 지휘자들이다. 그들에 관하여 그는 "귀족들에게 '악인!'이라고 말씀하시는 분"이라고 말한다. 하느님께서는 그들의 잔인함을 고발하기를 두려워하지 않으신다는 것이다.

통치자들

3. 셋째로는 도시의 통치자들을 들어 "제후들이라 해서 편들지 않으시고"(19절)라고 덧붙인다. 하느님께서는 그들을 편들어 그들의 죄를 책망하지 않거나 심판하지 않는 분이 아니시다.

찬탈자들

4. 넷째로 그는 합법적인 권력을 가진 것이 아니라 권력을 찬탈한 이들을 언급

하며, 그러한 부류와 관련하여 "폭군을 가난한 이보다 우대하지 않으시는 분", 폭군을 보아주지 않으시는 분이라고 말한다. 그분은 힘없는 이들을 거슬러 권세있는 자들을 편들지 않으신다는 것인데, 이러한 특성은 그분의 정의에 속한다.

그리고 그는 그분께서 그들을 편들지 않으시는 이유를 덧붙인다. "그들이 모두", 높은 이들이나 낮은 이들이나 "그분 손의 작품"이기 때문이다. 그래서 그분은 미소한 이들을 무시하지 않으시고 당신의 작품으로서 사랑하시며, 권세있는 이들도 두려워하지 않으신다. 그들이 그분의 힘에 종속되어 있기 때문이다.

징벌

죽음

그리고, 하느님께서 권세있는 이들을 꾸짖으실 뿐 그 이상 벌하지는 않으신다고 믿지 않도록, 그들의 두 가지 벌에 대한 관찰이 덧붙여진다. 그 첫째는 그들이 갑자기 맞게 되는 죽음이다. 그래서 "그들은 한순간에 죽어 가고"(20절)라고 말한다. 이사 30,13에서는 "갑자기 일순간에 부서져 내린다."고 말한다. 죽음이 통상적인 방법으로 그들에게 일어난다면 그것은 하느님의 심판으로 여겨지지 않고 내적인 원인들에 의한 것으로 여겨질 것이기 때문이다.

종속자들의 반항

둘째로는 종속자들의 반항으로 권력을 잃게 됨을 가리켜 "한밤중에 백성은 빠져 나가며"라고 말한다. 임금과 군주들 아래에 있는 백성들이 그 군주들을 버리려는 은밀한 음모로 갑자기 빠져 나간다는 것이다. 그래서 그는 "그들은 건너가고"

군주를 바꾸며 "손도 없이", 즉 무장한 사람들도 없이 "폭군을", 정의를 경멸하면서 자기 종속자들에게 폭력을 사용한 이들을 "없애버릴 것입니다." 이는 그들에게 지배권을 내려놓게 하거나 아니면 죽이리라는 것을 의미한다. 외국인들에 의하여 군주가 제거될 때에는 그를 거슬러 무장한 무리가 필요하지만, 그가 지배하던 이들이 갑자기 그를 버릴 때에는 그는 무장한 무리가 없이 제거되는 것처럼 보인다.

이 구절을 다른 민족들에 대한 벌로 해석할 수도 있지만, 첫 번째 해석이 더 낫다. 여기서는 하느님께서 권세가들에 대하여 행사하시는 정의를 다루는데, 민족들에 대하여 행사하시는 정의는 후에 언급될 것이기 때문이다(24절).

하느님께서는 낱낱이 보신다

그러한 벌이 하느님의 심판으로부터 오는 것으로 믿도록, 엘리후는 "그분의 눈은"(21절), 즉 하느님 섭리의 예견은 "사람의 길 위에 있어" 그들의 행실을 보신다고 덧붙인다. 그리고 하느님께서 인간의 행위들을 하나하나 모두 아신다는 것을 표현하기 위하여 "그의 걸음을", 인간 행위 모두를 "낱낱이 보십니다."라고 덧붙인다. 전반적으로만 보시는 것이 아니라 모두 따로 살피신다는 것이다.

아무것도 숨길 수 없다

여기서 하느님께서는 빛이시고 악인들은 어둠 속에 있으므로 그들이 하느님께 숨겨져 있다고 여길 수도 있으므로, 엘리후는 그러한 가능성을 배제한다. "나쁜 짓 하는 자들이 숨을 수 있는 어떤 어둠도", 즉 무지도 그리고 "어떤 죽음의 그늘도", 죄인들을 죽음으로 이끄는 암흑도 "없습니다"(22절). 그들이 하느님을 알기를 원하지 않더라도 하느님께서는 그들을 모르실 수는 없다. 그리고, 이것은 그들이 알지 못하는 것에 대해 꾸짖는 말이다.[4]

두 번째 심판은 없다

그리고 엘리후는 군주들이 그들의 죄 때문에 갑자기 죽는다고 말했고(20절) 이것은 돌이킬 수 없는 징벌로 보이므로, 이제 그는 그러한 상태가 된 이유를 밝힌다. 하느님께서 한 사람이 그의 죄 때문에 최종적으로 단죄를 받아야 한다고 심판하시고 나면, 이에 관하여 재판에서 하느님과 논쟁할 기회가 주어지지 않는다는 것이다. 그래서 "더 이상"(23절), 즉 일단 하느님께서 그가 단죄를 받아야 한다고 심판하신 다음에는 마치 하느님께서 그에 대한 심판을 철회하실 것처럼 다시 "하느님과 재판에 나서는 것은 인간의 능력으로 되는 일이 아닙니다."라고 말한다. 그가 이 말을 하는 것은 특히 욥에게 맞서는 것으로 보인다. 욥은 단죄를 받은 후에 23,3에서 "누가 나에게 그분의 옥좌까지 가게 해 주려나?"라고 말했기 때문이다.

하느님께서는 많은 사람을 편들지 않으신다

24) 그분은 수없이 많은 이들을 꺾으시고 그들 대신 다른 이들을 세우십니다.
25) 이렇게 그들의 행실을 알고 계시어 밤중에 뒤엎으시니 그들은 파멸됩니다.
26) 악인들이기에 앞을 보는 이들의 자리에 있는 그들을 처벌하십니다. 27) 그들이 그분 뒤를 따르려 하지 않고 그분의 길은 하나도 알려고 하지 않으면서

---

4) 참조. Gregory, *Morals on the Book of Job* I.5[PL 75, 557D].

> 28) 억눌린 이의 울부짖음이 그분께 다다르게 하니 그분께서는 가난한 이들의 울부짖음을 들으신답니다. 29) 그분께서 평화를 주신다면 누가 그분을 단죄하며 그분께서 얼굴을 감추시면 누가 그분을 보겠습니까? 민족 위에, 모든 사람 위에 30) 백성의 죄 때문에 위선자가 통치하게 하십니다. 31) 제가 하느님께 말씀드렸으니, 당신께도 금하지 않겠습니다. 32) 제가 오류를 범했다면 당신께서 가르쳐 주십시오. 제가 불의를 저질렀다면 다시는 되풀이하지 않겠습니다." 33) 당신 마음에 들지 않는다고 해서, 하느님께서 당신에게 그 설명을 요구하신다는 말입니까? 당신께서 말을 시작하셨지, 제가 시작한 것이 아닙니다. 그러나 당신께서 더 잘 아신다면 말씀해 보십시오. 34) 지각 있는 사람들이 저에게 말하고, 지혜로운 사람이 제 말을 듣기를 바랍니다. 35) 욥은 알지도 못하면서 말하고, 그의 말은 현명하지 못합니다. 36) 나의 아버지, 욥이 철저히 시험을 받게 하십시오. 불의한 사람을 시험하기를 그만두지 마십시오. 37) 그가 자기의 죄악에다 모독죄를 더하고 있습니다. 우리 사이에서 그는 속박을 받고, 나중에 심판 때에는 그의 말들로 하느님께 도전하게 하십시오.(34,24-37)

사람들이 정의에서 벗어나는 데는 주로 두 가지 이유가 있다. 그 첫째는 그들이 권력자들을 편들기 때문이고, 둘째는 많은 사람을 편들어 정의를 거스르기 때문이다. 그는 위에서, 하느님의 정의가 권력자들을 편들지 않는다는 사실로부터 그 정의가 완전함을 보여 주었다(18-23절). 이제 그는 하느님의 정의를 칭송하며 그 정의가 수많은 죄인에게도 굴하지 않는다는 것을 말한다. 그래서 그는 "그분은 수없이 많은 이들을"(24절) 즉 죄인들을 죽이시거나 다른 식으로 벌하심으로써 그들을 꺾으신다고 말한다. 그리고 하느님의 정의가 일정한 정도의 사람들에게만 적용되고 그 이상의 다수에게는 적용되지 않는다고 믿지 않도록 "수없이" 많은 이라고 말한다. 죄 때문에 하느님의 정의가 멸망시키는 사람들은 고정된 숫자로 한정될 수 없다.

세상은 새로워진다

그러나 그 결과로 인류가 줄어들리라고 생각하지 않도록, 그는 "그들 대신 다른 이들을 세우십니다."라고 덧붙인다. 어떤 이들이 죽고 나면 다른 이들이 그들의 자리를 대신하고, 어떤 이들이 번영을 잃고 나면 다른 이들이 높은 자리에 올라, 인류 안에서는 어느 정도의 일정함이 나타나게 되는 것이다.

하느님의 심판은 모든 이들에게 미친다

그리고, 많은 사람이 벌을 받아야 할 경우 심판관들은 그 각각의 경우들을 자세하게 조사할 수가 없다. 그러나 하느님에 대해서 이렇게 생각하지 않도록 그는 "이렇게 그들의 행실을 알고 계시어"(25절)라고 말한다. 그분은 각자가 마땅히 받아야 할 것을 아시고 각자의 행실대로 갚으신다는 것이다. 그래서 그는 "밤중에 뒤엎으시니", 갑자기 뜻밖의 역경을 당하게 하시니 생각지도 않게 "그들은 파멸됩니다."라고 덧붙인다.

벌은 밤중에 닥쳐온다

이제 엘리후는 그들이 밤에 괴로움을 당하게 되는 이유를 밝힌다. 그들은 그들에게 적절한 것이 무엇인지를 알 수 있었으나 그것을 경멸했다. 그러므로, 그들이 다가오는 불행을 미리 알아 주의하도록 기회가 주어지지 않는 것이 마땅하다. 그래서 그는 이렇게 덧붙인다. 그들이 "악인들", 곧 경건함의 지식을 거부하는 이들이기에 "앞을 보는 이들의 자리에 있는 그들을 처벌하십니다." 그들이 자연적 이성을 통해서나 거룩한 교리를 통해서나 행해야 할 것과 피해야 할 것을 볼 수 있는 상태에 있었다는 것이다. 그러나 그들은 이 지식을 거부했다. 그래서 그는 "그들이 그분 뒤를 따르려 하지 않고"(27절)라고 덧붙인다. 그들은 확고한 악의로부터 죄를 지음으로써 하느님으로부터 멀어져간 것이다.

무지

그래서 다음으로 그는 그들이 품고 있는 무지를 가리켜 "그분의 길은", 즉 하느님의 계명은 "하나도 알려고 하지 않으면서"라고 덧붙인다.[5] 그러므로 그들이 무지했기 때문에 용서받을 수 있는 것이 아니라 더욱 단죄를 받게 됨이 분명하다. 이어서 그는 그러한 악의의 결과를 보여 주며, "억눌린 이의 울부짖음이 그분께 다다르게 하니"(28절)라고 말한다. 그들은 하느님의 길에 대해 무지함을 드러내며, 하느님께서 돌보시는 가난한 이들을 억누른다. 또한, 그들은 가난한 이들을 억누르기를 주저하지 않는 것과 마찬가지로 하느님의 진노도 두려워하지 않는다. 그래서 그는 "그분께서는 가난한 이들의 울부짖음을 들으신답니다."라고 덧붙인다. 그들은, 하느님께서 가난한 이들을 돌보시기 위하여 당신의 뜻을 기울이신다는 사실을 대수롭지 않게 여기는 것이다.

수많은 사람들도 멸망한다

그리고 엘리후는 수많은 사람들의 비탄이 하느님의 심판 때문이라고 말했었으

---

5) 참조. 21,14-15 주해.

므로, 누군가가 많은 사람들이 멸망하고 다른 이들이 번성하는 것이 하느님의 심판의 결과라고 믿지 않고 어떤 강력한 군주의 통치 또는 공격에 의한 것이라고 믿을 수 있었다. 그래서 그는 이러한 가능성을 배제하여 "그분께서 평화를 주신다면 누가 그분을 단죄하며"(29절)라고 말한다. 그분께서 "수없이 많은 이들을 꺾으신다."(24절)고 말하는 것은, 그분께서 그들에게 평화와 번영을 주신다면 아무도 그 많은 사람들을 단죄할 수 없을 것이며 반대로 그분께서 그들을 단죄하고자 하신다면 아무도 평화를 줄 수 없기 때문이라는 것이다. 그래서 그는 "그분께서 얼굴을 감추시면", 당신 위로의 현존을 거두신다면 "누가 그분을 보겠습니까?"라고 덧붙인다. 그분의 아름다우심을 바라보는 것과 같은 위로를 누구도 찾을 수 없으리라는 것이다.

하느님의 징벌인 폭군

그 많은 이들에게는 또 다른 징벌이 있다. 그들은 폭군들의 지배로 고통을 받는 것이다. 이러한 징벌에 관련하여 그는 "민족 위에, 모든 사람 위에"라고 덧붙인다. 그분은 한 민족에 대해서만 비탄으로 또는 폭군의 억압으로 심판하시는 것이 아니라 모든 사람에 대해서도 그렇게 심판하신다는 것이다. 그리고, 폭군의 억압에 관련하여 "백성의 죄 때문에 위선자가 통치하게 하십니다."(30절)라고 덧붙인다. 그 백성은 그의 통치로 고통을 받는다. 이 말로 그는 욥이 21,7에서 제기했던 "어째서 악인들은 오래 살며 드높아지고 재산으로 위로를 받는가?"라는 질문에 응답하는 듯하다. 엘리후는 그들이 이렇게 되는 것이 그들의 공로 때문이 아니라, 폭군들의 번영으로 벌을 받을 다른 이들의 공로가 부족하기 때문이라고 주장하기 때문이다.

욥에게는 대답할 기회가 있다

하느님 안에는 불의가 있을 수 없고 그분의 정의는 특히 그분께서 군주들과 많은 군중에게 행하시는 심판에서 드러난다는 것을 보인 다음, 엘리후는 욥에게 대답할 기회를 준다. 그래서 그는 "제가 하느님께 말씀드렸으니"(31절)라고 덧붙인다. 하느님의 영예에 관하여 내가 말했으니, "당신께도 금하지 않겠습니다." 욥에게도 대답할 기회를 주는 것이다. 그리고 그의 대답이 무엇을 목적으로 해야 하는지를 보여 준다. "제가 오류를 범했다면"(32절), 당신이 다른 친구들에 대해 책망하는 바와 같이, 즉 그들이 "그릇된 교설을 숭배하는 자들"[13,4]이라고 했던 바와 같이 내가 오류를 범했다면 "당신께서 가르쳐 주십시오." 진리를 가르쳐 주어 내가 오류에서 벗어날 수 있도록 해 달라는 것이다.

반응은 격렬할 수 없다

그런데, 말을 할 때에는 교리의 진리를 거슬러 오류를 범할 수 있을 뿐 아니라 개별적인 판단에 있어서도 정의의 진리를 거슬러 잘못할 수 있다. 그래서 엘리후는 "제가 불의를 저질렀다면 다시는 되풀이하지 않겠습니다."라고 덧붙인다. 그가 교정을 받을 준비가 되었음을 보여 주는 것이다.

1. 그는 욥이 그를 거슬러 매우 혼란에 빠졌다고 보았으므로 이제 그 혼란이 부당한 것임을 밝힌다. "하느님께서 당신에게 그 설명을 요구하신다는 말입니까?"(33절). 내가 불의를 말했다 하더라도 당신은 하느님께 그것에 대해 책임이 없고 그러니 그것 때문에 크게 혼란스러워 할 일이 없다는 것이다. 그래서 그는 "당신 마음에 들지 않는다고 해서"라고 덧붙인다. 그의 영이 매우 혼란스러워졌다는 것이다.

2. 두 번째로 엘리후는, 욥 자신이 "차라리 없어져 버려라, 내가 태어난 날"[3,3]이라고 말함으로써 말을 시작했고 거기에서부터 논쟁 전체가 시작되었으므로, 욥은 그것 때문에 크게 혼란에 빠져서는 안 된다고 말한다. 그래서 "당신께서 말을 시작하셨지, 제가 시작한 것이 아닙니다."라고 덧붙인다.

3. 셋째로 그는, 그에게 무엇이든 말하고자 하는 바를 말할 기회가 있었으므로 크게 혼란에 빠져서는 안 된다고 말한다. 그래서 그는 "그러나 당신께서 더 잘 아신다면", 나보다 더 잘 안다면 "말씀해 보십시오."라고 덧붙인다. 나의 오류를, 또는 나의 죄악을 지적하라는 것이다.

욥은 지혜롭지 않다

그러나 엘리후는 스스로 자신의 의로움에 대해서나 자신의 말이 참됨에 대해서 의심을 품어서 이렇게 말한 것으로 보이지 않기 위하여, 욥이 지혜에 있어서나 이성에 있어서나 부족하다는 것을 주장하려 한다. 그래서 그는 욥이 자신과 토론할 자격이 없다고 여긴다. 토론의 한편은 자신의 주장을 제시하는 사람인데, 그에게는 자신의 견해를 주장하기 위한 합리적인 길을 찾아내기 위한 예리한 이성이 필요하다. 그러므로 그는 "지각 있는 사람들이 저에게 말하고"(34절)라고 덧붙인다. 그런 사람들이 그에 맞서야 한다는 것이다. 그러나 토론의 다른 한편은 대답하는 사람인데, 그에게는 특히 그가 들은 것에 대해 잘 판단하기 위하여 지혜가 필요하다. 그래서 그는 대답할 준비가 된 "지혜로운 사람이" 자신의 주장을 세시하는 "제 말을 듣기를 바랍니다."라고 덧붙인다.

엘리후는 욥이 한 말들에서 그에게 이러한 자질들이 부족하다고 보았고, 그래서 "욥은 알지도 못하면서 말하고"(35절)라고 덧붙인다. 지혜를 거슬러 어리석은 말을 한다는 것이다. 그가 욥이 하느님의 심판이 올바르지 않다고 말했다고 여기기 때문이다. 그리고 또한 "그의 말은 현명하지 못합니다."라고 말한다. 그의 말들은 질서있는 이성에 속하지 않는다는 것인데, 이는 욥이 자신이 의롭다고 주장했다는 사실을 가리키는 것으로 보인다.

하느님께서 욥이 스스로 죄인임을 인정하게 하셔야 할 것이다

욥은 자신의 부족함을 인정하지 않았으므로, 엘리후는 하느님을 향하여 욥이 자신의 부족함을 인정하지 않을 수 없게 하시기를 청한다. 그래서 그는 "나의 아버지"(36절), 곧 하느님을 부른다. 하느님을 아버지로 여기는 것은, 그가 언제나 그분의 의로우심을 옹호하며 그분을 공경하기 때문이다. "욥이 철저히", 그가 옳지 않다는 것을 인정할 때까지, 또는 죽음에 이르기까지 "시험을 받게 하십시오." 엘리후는 하느님께, 징벌을 통하여 욥의 결함들을 그에게 드러내 주시기를 청하는 것이다.

욥은 하느님을 모독했으니 벌을 받아야 한다

그리고 엘리후는 이러한 청원이 올바르다는 것을 보이며 "불의한 사람을 시험하기를 그만두지 마십시오."라고 덧붙인다. 그의 죄악은, 징벌이 그치지 않아야 마땅하다는 것이다.

그리고 이를 더 가중하여 "그가 자기의 죄악에다"(37절), 그가 이미 벌을 받은 과거의 죄들에다 "모독 죄를 더하고" 자신이 의로우며 하느님은 불의하다고 주장하고 있다고 덧붙인다. 엘리후는 첫째로 욥이 이러한 모독에 대해 현세에서 벌을 받기를 기원하여, "우리 사이에서 그는 속박을 받고"라고 덧붙인다. 그가 역경들로 제약을 받기를 바라는 것이다. 그러나 둘째로는 미래의 징벌을 말한다. "나중에", 그가 현세에서 고통을 받은 다음에 "심판 때에는", 미래의 보복을 받을 때에는 "그의 말들로 하느님께 도전하게 하십시오." 욥이 하느님을 모독한 말들로 하느님께 도전하게 하시라는 것이다.

35장

하느님께서는 인간의 개별적인 경우들을 아신다

욥은 하느님 앞에서 옳지 못하다

1) 엘리후가 말을 계속하였다. 2) "나는 하느님보다 의롭다." 하고 말하는 것을 당신은 옳은 일이라고 여기십니까? 3) 당신은 "선한 것은 당신 마음에 들지 않습니까? 제가 죄를 짓는다면 당신께 무슨 이득이 있습니까?"라고 말하였습니다. 4) 제가 당신께 대답하겠습니다. 당신 곁에 있는 친구 분들에게도 대답하겠습니다. 5) 하늘을 우러러보십시오. 높은 공기를 바라보고 관조하십시오. 그것이 당신보다 높이 있음을. 6) 당신이 죄지었다 한들 그분께 무슨 해를 끼치며 당신의 죄악이 많다 한들 그분께 무엇을 어찌하겠습니까? 7) 당신이 의롭다 한들 그분께 무엇을 드리며 그분께서는 당신 손에서 무엇을 얻으시겠습니까? 8) 당신의 불의는 당신 같은 인간에게나 해가 되고 당신의 정의는 인간의 아들을 돕는답니다. 9) 그들은 과중한 억압 때문에 울부짖고 강자들의 폭력 때문에 부르짖습니다. 10) 그는 말하지 않습니다. "나를 만드신 하느님께서는 어디 계신가? 밤에도 주문을 알려 주시는 분, 11) 우리를 들의 짐승보다 더 많이 깨우치시고 하늘의 새보다 슬기롭게 해 주시는 분께서는 어디 계신가?" 12) 그렇게 울부짖어도 그분께서는 대답하지 않으시니 악인들의 교만 때문입니다. 13) 하느님께서는 헛되이 듣지 않으시고, 전능하신 분께서는 청하는 사람 각자의 경우를 살피십니다. 14) 당신을 보지 않으신다고 말씀하시지만 그분 앞에서 심판을 받고

> 기다리십시오. 15) 지금은 그분의 진노가 벌하지 않고 죄악을 과도하게 갚지도 않으시기 때문입니다. 16) 욥은 쓸데없이 입을 열어 분별없이 말을 늘어놓고 있습니다.(35,1-16)

엘리후는 욥이 하느님의 심판이 불의하다고 비난했다고 여기고 그 사실에 대하여 욥의 말이 그릇됨을 지적하였다.[1] 이제 여기에서 그는 욥이 스스로 의롭다고 말했다고 여기면서 그의 말에서 잘못을 찾으려 한다. 그래서 "엘리후가 말을 계속하였다."(1절)라고 말한다. 욥이 대답하는지 기다리며 중단했던 말을 이제 계속한다는 것이다.

욥이 대답하지 않자 엘리후는 다시 말을 시작하여 "'나는 하느님보다 의롭다.' 하고 말하는 것을 당신은 옳은 일이라고 여기십니까?"(2절)라고 말한다. 욥은 실제로 그렇게 말한 일이 없고, 엘리후도 그가 이런 말들을 했다고 그를 꾸짖는 것이 아니며 다만 그가 한 말들이 이러한 생각에서 나온 것임을 꾸짖는 것이다. 그래서 그는 욥의 생각을 분명하게 언급하며, 욥이 그러한 생각을 드러낸 말들을 밝힌다. "당신은 '선한 것은 – '올바른 것'으로 읽기도 한다[2] – 당신 마음에 들지 않습니까? 제가 죄를 짓는다면 당신께 무슨 이득이 있습니까?'라고 말하였습니다"(3절).

엘리후는 욥의 말들을 곡해한다

실상 이 두 가지 문장은 앞에서 욥이 했던 말들에서 찾을 수 없다. 그러나 첫 번

---

1) 참조. 34,1 주해.
2) 토마스가 *Expositio* 전체에서 다른 독법을 밝히는 것은 두 번 뿐인데, 이것은 그 가운데 더 눈에 띄는 경우이다. 다른 경우는 8,19의 주해에서 나타난다. 레온 판의 서문에서 Dondaine은, 이러한 다른 독법들을 인용하며 토마스가 사용한 대중 라틴말 성경이 파리 계통의 사본들에 속하며 토마스는 그가 사용할 수 있었던 다른 수정본들을 사용하지 않았다고 주장한다. 그렇지 않았더라면 이와 같은 지적이 많이 더 있었을 것이다. 참조. 35,10 주해를 보라.

째 구절, 즉 선한 것이 하느님의 마음에 들지 않는다는 말은 욥이 10,15에서 "제가 유죄라면 저에게는 불행이고 무죄라 해도 머리를 들 수 없을 것입니다."라고 했던 데에서 엘리후가 이끌어낸 것으로 보인다. 욥이 그렇게 말한 것은 의인이나 악인이나 똑같이 현세적인 징벌로 고통을 받는다는 뜻에서였지만, 엘리후는 마치 인간의 의로움이 하느님의 마음에 들지 않는다는 뜻으로 해석했다.

한편, 엘리후가 두 번째로 언급한 "제가 죄를 짓는다면 당신께 무슨 이득이 있습니까?"라는 말은 욥이 말한 적이 없다. 엘리후는 욥이 "제가 죄를 지었고 지금까지 당신께서 그냥 두셨다면, 어찌하여 제가 저의 죄악에서 깨끗해지기를 허락지 않으십니까?"[10,14]라고 말했던 데에서 그러한 의미를 끌어내려 한 것으로 보인다.

욥이 그렇게 말한 것은 무죄한 사람에게 언제나 현세적 번영이 주어지는 것은 아님을 보이기 위해서였다. 욥 자신은 번영을 누리던 때에 무죄하였으며, 죄가 용서받았으니 다시 하느님께서 그의 죄를 깨끗하게 해 주셔야 할 이유가 없었다. 그러나 엘리후는 이러한 말들을 곡해하여, 욥이 하느님께서 그의 죄를 또는 죄에 대한 벌을 이용하셨다고 생각한 것으로 여겼던 것이다.

이러한 두 가지 논점, 곧 선한 것이 하느님의 마음에 들지 않는다는 것과 그분께서 죄가 당신께 이득이 된다고 여기신다는 것으로부터, 욥이 하느님보다도 의롭다는 결론이 나오는 것으로 보인다. 욥은 스스로, 악한 것들이 그의 마음에 들지 않으며 선한 것들이 그의 마음에 든다고 말했었기 때문이다.[3]

하느님께서는 선에도 악에도 영향을 받지 않으신다

이러한 전제들로부터 엘리후는, 그들의 어리석음 때문에 그가 대답하지 않을 수

---

3) 참조. 이사 66,1. 또한 26,9; 36,29; 38,31 주해.

없다는 결론을 내리며 이렇게 말한다. "제가 당신께 대답하겠습니다. 당신 곁에 있는 친구 분들에게도 대답하겠습니다"(4절). 당신이 이러한 말을 할 때에 당신을 설득하지 못한 이들에게도 대답하겠다는 것이다. 그는 마지막 말에서 시작하여, 하느님께서는 선한 것이든 악한 것이든 우리의 행위로 도움을 이익이나 손해를 입을 수 없으심을 보여 준다. 그가 이렇게 말하는 것은 하느님의 지고하심 때문인데, 그는 먼저 하느님이 계신 자리인[4] "하늘을 우러러보십시오."(5절)라고 말함으로써 이를 제시한다. 그리고, "높은 공기를" 즉 상위의 물체를[5] 눈으로 "바라보고" 정신으로 "관조하십시오."라고 말한다. 그 높이에서만이 아니라 크기와 움직임, 그리고 당신이 상상할 수 있는 질서에 있어서도 "그것이 당신보다 높이 있음을." 그 하늘이 너무나 높이 있어서 당신의 행위들은 거기에 이익도 손해도 끼칠 수도 없다는 것을. 그래서 그는 "당신이 죄지었다 한들"(6절), 당신 자신이나 하느님을 거슬러 죄를 지었다 한들 "그분께 무슨 해를 끼치며"라고 말한다. 그분께서는 그 행위에서 아무런 해도 입지 않으신다는 것이다.

이웃

이웃을 거슬러 범한 죄에 대해서는, 불의하게 이웃에게 해를 입힌 "당신의 죄악이 많다 한들 그분께 무엇을 어찌하겠습니까?"라고 덧붙인다. 그분은 그 행위의 결과로 해를 입지 않으신다는 것이다. 그리고 이웃에게 행한 선행에 대해서는, "당신이 외롭다 한들"(7절), 즉 이웃에게 그들의 권리를 찾아 준다 한들 "그분께 무엇을 드리며" '그 행위에서 그분이 얻으실 이익이 무엇인가?'라는 것이다.

---

4) 참조. Aristotle, *On the Heavens* I.3, 270b 20f.; *Meteorology* I.3, 339b 21ff
5) 참조. Cicero, *Tusculan Disputations* 4.2.

경신례

또한 경신례를 행하는 것에 대해서는, "그분께서는 당신 손에서 무엇을 얻으시겠습니까?"라고 덧붙인다. 제물과 봉헌물에서 그분은 무엇을 얻으시는가? 아무것도 얻지 않으신다는 것이다. 시편 49,9에서(『성경』은 50,9) "나는 네 집에 있는 수소도 받지 않는다."라고 하는 바와 같다.

하느님께서는 인간을 사랑하시기 때문에 무관심하지 않으신다

누군가는 인간이 의롭게 행동하거나 불의하게 행동하거나 하느님께는 아무런 차이가 없다고 여길 수도 있으므로, 이러한 생각을 배제하기 위하여 그는 이렇게 덧붙인다. "당신의 불의는 당신 같은 인간에게나 해가 되고"(8절), 피해를 입을 수 있는 인간에게만 해가 되고, "당신의 정의는 인간의 아들을 돕는답니다." 그것은 정의의 도움을 필요로 하는 인간에게 도움이 되는 것이다. 그래서 하느님께서는 불의를 금하시고 정의를 명하신다. 하느님께서는 그로부터 도움을 받을 수도 있고 해를 입을 수도 있는 인간을 마음에 두시기 때문이다.

억압받는 이들이 하느님께 부르짖는다

이러한 신뢰를 바탕으로 억압받는 사람들은 억압자들을 거슬러 하느님께 부르짖고, 그들을 억압하는 어떤 사람들은 모략을 통하여 속임수를 쓰며 그들을 억압한다. 이러한 사람들에 관련하여 그는 "그들은 과중한 억압 때문에 울부짖고"(9절)라고 덧붙인다. 그들에게 억압을 받는 이들이 하느님께 부르짖으리라는 것이다. 그러나 어떤 사람들은 공공연하게 폭력을 써서 억압을 저지른다. 이러한 사람들 때문에 그는 "강자들의 폭력 때문에 부르짖습니다."라고 말한다. 그들은 압제자의 폭력 때문에 하느님 앞에서 울 것이다. 이 구절에서, 어떤 사람이 죄를 짓는 것은 하느님께 이익이 되지 않을 뿐 아니라 하느님을 언짢게 하며 그분께서는 벌을 내리신다는 것이 드러난다. 그렇지 않다면, 억압받는 이들이 부르짖는 것은 헛된 일이 될 것이다.

지혜의 선물

창조

1. 다음으로 엘리후는 앞에서 "올바른 것은[6] 당신 마음에 들지 않습니까?"(3절)라고 말했던 데에서 잘못을 찾는다. 이 말은 하느님의 지혜를 거스르는 것인데, 하느님의 지혜는 무엇보다 먼저 창조에서 드러난다. 그래서 그는 "그는"(10절), 즉 욥은 선한 것이 하느님의 마음에 들지 않는다고 생각하여 "나를 만드신 하느님께서는 어디 계신가?"라고 하지 않는다고 말한다. 하느님께서는 오직 선하심 때문에 만물을 만드신 것이기 때문이다. 그래서 창세 1,25에서는 "하느님께서 보시니 좋았다."라고 말한다. 그러므로, 선한 것은 하느님의 마음에 든다는 것이 분명하다.

하느님의 계시

2. 둘째로 그는 인간이 하느님의 계시를 통하여 선을 배우게 되는 가르침이 유

---

6) 참조. 위의 각주 2.

익을 말한다. "밤에도", 즉 자구적으로 밤의 꿈을 통하여 또는 관상의 고요함 속에서 또는 어두운 환시 속에서 계시를 통하여 "주문을 알려 주시는 분", 고대인들이 흔히 주문을 외며 깨달았던[7] 인간적 가르침을 주시는 분. 그런데, 선이 그분의 마음에 들지 않았더라면 그분은 인간에게 친밀하게 선을 가르치지 않으실 것이다.

이성

3. 셋째로 그는 우리가 이성을 통하여 악으로부터 선을 구별하는 자연적 빛의 주입을 말한다. 이 빛 때문에 우리는 짐승들을 능가한다. 그래서 그는 "우리를 들의 짐승보다 더 많이 깨우치시고"(11절)라고 말한다. 짐승들에게는 이성이 없다. 그런데 고대인들은 새들이 재잘거리며 움직이는 것을 보면서 마치 그들이 이성을 가진 것처럼[8] 그들이 하느님으로부터 깨우침을 얻었다고 생각했었으므로, 이러한 설명을 배제하기 위하여 그는 "하늘의 새보다 슬기롭게 해 주시는 분께서는 어디 계신가?"라고 덧붙인다. 새들에게는 이성은 없기 때문이다.

하느님께서는 억압받는 이들의 부르짖음을 들으신다

그리고, 하느님께서는 악을 미워하시고 선을 좋아하시므로 억압받는 이들의 부르짖음을 들으신다. 그래서 엘리후는 중상하는 이들과 폭군들이 "그렇게 울부짖어도"(12절) 하느님께서 그들의 갈망을 채워 주시기를 바라며 부르짖어도 "그분께서

---

7) 참조. 28,21 주해.
8) 상동.

는 대답하지 않으시니" 이는 "악인들의 교만 때문입니다."라고 말한다. 시편 101,18에서는(『성경』은 102,18) "헐벗은 이들의 기도에 몸을 돌리시고"라고 말한다. 그리고, 하느님께서 모든 기도에 똑같이 귀를 기울이신다고 믿지 않도록 "하느님께서는 헛되이", 이유 없이 "듣지 않으시고"(13절)라고 덧붙인다. 그분께서 어떤 이들에게 귀를 기울이시고 다른 이들에게는 귀를 기울이지 않으시는 데에는 합당한 이유가 있기 때문이다. 그래서 그는 "전능하신 분께서는 청하는 사람 각자의 경우를 살피십니다."라고 덧붙인다. 그분께서는 귀를 기울이실 만한 사람에게 귀를 기울이시고 마땅치 않은 사람에게는 귀를 기울이지 않으시는 것이다.

악인들의 성공은 무거운 벌을 받을 것이다

그런데, 하느님께서 청하는 사람 각자의 경우를 살피지 않으시는 것으로 보이는 것은 특히 악인들이 번영을 누릴 때다. 그러나 이러한 외면상의 모순을 배제하기 위하여 그는 이렇게 덧붙인다. "[하느님께서] 당신을 보지 않으신다고 말씀하시지만"(14절), 당신은 하느님께서 사람들의 행동을 보지 않으신다고 마음속으로 생각하지만, "그분 앞에서 심판을 받고" 그분의 심판을 받을 준비를 하고 "기다리십시오." 그분께서 지금 벌하지 않으시더라도 미래의 심판을 기다리라는 것이다. 그분께서는 장차 더 크게 단죄하시기 위하여 지체하시기 때문이다. 그래서 엘리후는 "지금은"(15절), 현세의 삶에서는 "그분의 진노가 벌하지 않고" 큰 벌을 내리지 않으시고 "죄악을 과도하게 깊지도 않으시기 때문입니다."라고 말한다. 현세에는 죄의 무거움에 따라 벌하지 않으신다. 현세의 징벌은 교정을 위한 것이기 때문이다. 그래서 그분은, 교정할 가치가 없다고 여기는 이들을 미래의 단죄를 위하여 남겨 두신다.

욥은 분별없이 말했다

이것이 악인들이 현세에서 번영을 누리는 또 하나의 이유이다. 이 점에서 엘리후는 욥의 의견에 일치한다. 그러나 엘리후는 욥의 말을 그릇되게 이해했으므로 그 말들을 비판하고, "욥은 쓸데없이"(16절), 근거 없이 입을 열었다고 결론을 내린다. 그가 많은 말을 했다는 것을 책망하며, "분별없이 말을 늘어놓고 있습니다."라고 말한다. 이 말로 그는 욥의 무지함과 쓸데없이 많은 말을 하고 있음을 책망한다.

36장

욥의 고통의 참된 의미

엘리후는 다른 논거들을 제시한다

1) 엘리후가 말을 계속하였다. 2) 당신께 알려 드릴 터이니 조금만 기다리십시오. 하느님을 대신하여 드릴 말씀이 아직 있습니다. 3) 저는 제 지식을 처음부터 되풀이하고 저를 지으신 분의 의로움을 밝히겠습니다. 4) 참으로 제 말은 거짓이 아니며 저의 완전한 지식이 당신에게 입증될 것입니다. 5) 사실 하느님은 위대하신 분이시므로 아무도 내치지 않으십니다. 6) 악인은 살려 두지 않으시고 가련한 이들의 권리는 보장하십니다. 7) 의인에게서 당신의 눈을 떼지 않으시고 임금들을 영원히 왕좌에 앉게 하시어 그들을 존귀하게 만들어 주십니다. 8) 그러나 그들이 사슬에 묶이고 고통의 굴레에 얽매이면 9) 그들이 저지른 것을 알려 주십니다. 그들의 죄악들을, 또 폭력을 저질렀음을. 10) 교훈을 듣도록 그들의 귀를 열어 주시고 악행에서 돌아서라고 명령하십니다. 11) 그들이 순종하여 그분을 섬기면 자기의 나날을 행복 속에서, 자기의 해들을 영광 속에서 마칩니다. 12) 그러나 순종하지 않으면 죽음이 수로를 건너게 되고 깨달음 없이 숨을 거두게 됩니다. 13) 위선자들과 교활한 자들은 하느님의 진노를 불러일으키며 그분께서 그들을 얽매시어도 도움을 청하지 않습니다. 14) 그들의 영혼은 폭풍 속에서, 그들의 생명은 나약한 사람들 속에서 죽어 갑니다. 15) 그러나 그분께서는 가련한 이를 고통에서 구하시고 시련 속에서 그 귀를 열어 주십니다.

16) 그분께서는 당신도 좁은 입으로부터 구하실 것입니다. 바닥이 없는 입으로부터. 당신의 나머지 식탁은 기름진 음식으로 채워질 것입니다. 17) 그러나 당신은 악인에 대한 심판에 사로잡혀 있습니다. 당신은 심판과 재판을 받을 것입니다. 18) 진노가 당신을 덮쳐 다른 사람을 억압하게 되어서는 안 되고, 많은 뇌물에 좌우되지도 말아야 합니다. 19) 시련이 없을 때에 당신의 위대함을 내려놓고, 힘으로써 강건한 이들을 내려 놓으십시오. 20) 밤을 오래 끌지 마십시오. 그러면 백성들이 그들 대신 가게 됩니다. 21) 조심하여 악행으로 기울지 마십시오. 이를 위하여 당신은 불행을 추구하기 시작했습니다.(36,1-21)

앞에서 엘리후는 욥의 말들 가운데에서 그가 논박하고자 하는 두 가지를 지적했었다. 욥이 자신이 의롭다고 말했던 점과, 엘리후가 욥의 말을 이해한 바에 따르면 그가 하느님의 심판이 공평하지 않다고 비난했던 점이었다[33,9-10].

엘리후는 앞에서 이미 이 두 가지 진술에 대하여 논박했었다[34,1 이하와 35,1 이하]. 이제 그는 동일한 진술들에 대해 다른 방식으로 논박하고자 한다. 그래서 "엘리후가 말을 계속하였다."(1절)라고 되어 있다. 그는 앞에서 말한 근거들에 아래와 같은 다른 근거들을 덧붙여 말한 것이다. 그 가운데에서 첫째로 엘리후는 욥에게 주의를 환기시키며, "조금만 기다리십시오."(2절)라고 말한다. 그가 앞의 두 가지 진술에 대하여 하나의 질문으로 간략하게 논박하고자 하기 때문이다. 그래서 그는 "당신께 알려 드릴 터이니"라고 덧붙인다. 제기된 문제에 관한 진리를 알려 주겠다는 뜻이다. 그리고, 앞에서[34,1 이하와 35,1] 그가 말하고자 하는 바를 이미 말한 것으로 보이므로 이제 지나치게 말을 많이 하는 것으로 보이지 않기 위하여 "하느님을 대신하여 드릴 말씀이 아직 있습니다."라고 덧붙인다. 하느님의 심판이 공정함을 옹호하기 위하여 다른 근거들을 더 들 수 있다는 것이다.

창조주의 의로우심을 증명할 것이다

또한 엘리후는 앞의 진술들 각각에 대하여 반대 논거들을 도입하고자 하고 있으므로 "저는 제 지식을 처음부터 되풀이하고"(3절)라고 덧붙인다. 처음부터 지금까지 논의된 것들에 반대하여, 나의 견해에 따라 논거들을 제시하겠다는 것이다. 그에게는 이를 해야 할 의무가 있으므로 그는 "저를 지으신 분", 즉 하느님의 "의로움을 밝히겠습니다."라고 말한다. 욥은 자신이 옳다고 주장하기 위하여 그분의 심판이 공정하지 않다고 비난하는데, 나는 그분의 심판이 불공정하지 않다는 것을 보이겠다는 것이다. 그리고, 누군가가 그가 말하려고 하는 것은 참된 지식에서 나오는 것이 아니라 그릇된 견해에서 나오는 것이라고 말하지 않도록, 엘리후는 "참으로 제 말은 거짓이 아니며"(4절)라고 말한다. 올바른 지식에 부합하는 진리만을 말하겠다는 것이다. 그래서 그는 "저의 완전한 지식이 당신에게 입증될 것입니다."라고 덧붙인다. 아래의 증거들이, 완전한 지식에 속하는 것으로 보이는 것들로부터 나오는 결론을 내려 주리라는 것이다.

하느님께서는 권세있는 사람을 내치지 않으신다

도입 격으로 이러한 언급들을 한 다음 엘리후는 그가 욥이 주장했다고 여기는 진술들에 대하여 논박하기 시작한다. 첫째로는, 욥이 자신이 의롭다고 말한 사실을 빈박힌다.[1] 이러한 주장을 배제하기 위하여 그는 다음과 같이 말한다. 욥은 번영을 누리던 때에 큰 권세를 가졌었다. 그런데, 어떤 사람들은 부러움 때문에 또는 그들에게 억압을 받게 할 것을 두려워하여 권세있는 사람을 박해한다. 이러한 박

---

[1] 참조. 아래 22절 주해도 보라.

해는, 권세있는 사람을 부러워하면서도 그들의 억압을 두려워하는 힘없는 이들의 특징이다. 그러나 탁월한 힘을 가지신 하느님께는 이렇게 말할 수 없다. 그래서 그는 "사실 하느님은 위대하신 분이시므로 아무도 내치지 않으십니다."(5절)라고 말한다. 이 말로부터, 하느님께서는 인간에게 있어 당신과 유사한 어떤 점에서도 그것을 미워하지 않으심을 알 수 있다. 하느님은 선의 본질 자체이시므로[2] 선한 점에서 외에는 어떤 것도 하느님과 유사할 수 없기 때문이다.

하느님께서는 권력이 아니라 불의를 박해하신다

이러한 고찰로부터, 하느님께서는 사람들에게 권세가 있다고 해서 그들을 박해하지 않으시며 그들에게 때로는 불의가 있기 때문에 그들을 박해하시는 것임을 알 수 있다. 이러한 불의 때문에 그들은 하느님께 벌을 받는다. 그래서 엘리후는 "[하느님은] 악인은 살려 두지 않으시고"(6절) 그들을 단죄하신다고 말하고, 그들이 단죄를 받는 이유를 덧붙인다. "가련한 이들의 권리는 보장하십니다." 그분은 권세있는 사람들에게 억압을 받은 가련한 이들을 위하여 심판을 내리시는 것이다. 또한 그분은, 어떤 사람이 권세가 있다고 해서 그 의인을 돕기를 그만두지 않으신다. 그래서 그는 "의인에게서 당신의 눈을", 즉 당신의 자애와 자비를 "떼지 않으시고"(7절)라고 덧붙인다. 시편 33,16에서(『성경』은 34,16) "주님의 눈은 의인들을 굽어보시고"라고 하는 바와 같다.

---

[2] 참조. 17,3 주해.

하느님께서는 회개하는 권세가들에게 자비로우시다

엘리후는 하느님께서 힘 있는 사람이 의롭다면 그들에게서 당신 자비를 거두지 않으신다는 것을 보여 주기 위하여 그분께서 권세있는 사람들에게 베푸시는 은혜들을 열거한다. 그 첫째는 그들의 권력을 세워 주시는 것이므로, 그는 "임금들을 영원히 왕좌에 앉게 하시어"라고 덧붙인다. 그들이 의롭다면 그렇게 하신다는 것이다. 둘째로는 그들을 더 높은 지위로 오르게 하심으로써 당신께서 자비를 베푸심을 드러내신다. 그래서 그는 "그들을", 즉 왕좌에 앉게 하신 이들을 "존귀하게 만들어 주십니다."라고 말한다. 하느님께서 그들에게 권력과 부를 증가시켜 주실 때에 그렇게 되는 것이다.

자비는 아무도 제외시키지 않는다

셋째로는, 그들이 죄 때문에 벌을 받을 때에도 그들이 회개하고자 한다면 그들에게 자비를 베푸심으로써 이를 드러내신다. 그래서 그는 이렇게 덧붙인다. "그러나 그들이", 즉 임금들이 "사슬에 묶이고" 감옥에 갇혀서 "고통의 굴레에 얽매이면"(8절), 즉 그들이 감옥에 갇힌 다음에 자신의 일을 행할 수 없도록 속박하는 일종의 굴레인 곤궁을 겪고 사방에서 고통을 당하게 되면, 이렇게 비참을 겪는 이들에게 하느님은 먼저 은혜를 베푸시어 그들이 벌을 받게 된 이전의 죄를 깨닫게 하신다. 그래서 그는 "그들이 저지른 것을 알려 주십니다."(9절)라고 말한다. 그분은, 그들이 스스로 저지른 일들이 불의한 것이었음을 깨닫게 하시는 것이다. 그래서 엘리후는 "그들의 죄악들을"이라고 덧붙인다. 그분은, 그들이 과거에 저지른 것이 죄악이었음을 알게 하신다는 뜻이다. 그리고, 그들이 어떤 점에서 죄를 지었는지를 지적하여 "또 폭력을 저질렀음을."이라고 덧붙인다. 권세 있는 사람들이 잘 저지르는 죄는, 그들의 힘이 정의의 법칙이기나 한 듯이 그들 아래에 있는 이들에게 폭력을 행하는 것이다.

죄 때문에 벌을 받고 있음을 알게 하신다

하느님께서는 그들에게 과거의 죄를 깨닫게 하실 뿐만 아니라, 그들이 자기 죄 때문에 벌을 받고 있음을 보여 주신다. 그래서 그는 "그들의 귀를 열어 주시고"(10절)라고 말한다. 하느님께서 그들을 벌하시면서, 죄 때문에 벌을 받는 것임을 깨닫게 하신다는 것이다. 그래서 그는 "교훈을 듣도록"이라고 덧붙인다. 하느님께서는 그들을 벌하신 것이 교훈을 주기 위해서였음을 알게 하신다는 말이다. 그래서 그는, 그분께서 내적으로나 아니면 외적으로 다른 사람을 통해서 "악행에서 돌아서라고 명령하십니다."라고 덧붙인다. 회개함으로써 이전에 지은 죄에서 돌아서라고 말씀하신다는 것이다.

회개의 결과

그리고 엘리후는 그러한 회개의 결과를 보여 준다. "그들이 순종하여"(11절) 회개하도록 결심하고 "그분을 섬기면", 그들의 행실로 회개를 실천하면, 그들은 이전의 상태로 되돌아갈 것이고 그래서 "자기의 나날을 행복 속에서", 덕으로써나 현세적 번영으로써나 행복을 누리며 "자기의 해들을 영광 속에서", 현세적 영광 속에서 "마칩니다." "그러나 순종하지 않으면"(12절), 회개하도록 하는 내적인 영감에 순종하지 않으면 "칼을 맞을 것이며", 즉 감옥으로부터 끌려 나와 칼로 죽임을 당할 것이며 "깨달음 없이" 그들의 어리석음 때문에 "숨을 거두게 됩니다."

여기에서, 엘리후는 욥의 친구들과 마찬가지로 현세의 역경이 죄에 대한 벌이며 참회를 통하여 이전의 번영을 되찾을 수 있다고 주장하고 있음을 주목해야 한다.[3] 그러나 욥의 견해에 따르면, 때로 그런 일이 일어나기도 하지만 언제나 그런 것은 아니다.

교활함이 하느님의 진노를 불러일으킨다

하지만 때로는 죄가 명백히 드러나지 않는 사람이 역경을 겪게 된다. 이러한 경우 때문에 앞에서 제시한 그의 견해가 무너지지 않도록 엘리후는 그들이 의롭지 않으면서 의로운 척 하는 사람들이라고 말한다. 그는 그들이 교활하여 겉으로는 의로운 모습을 보이면서 불의를 저지르기 위하여 술수를 쓰는 것이고[4] 따라서 더 심한 죄를 짓는 것이라고 해석한다. 그래서 그는 "위선자들과 교활한 자들은 하느님의 진노를 불러일으키며"(13절)라고 말한다. 하느님께서 그러한 종류의 죄를 가장 싫어하시기 때문이다. 또한 그런 사람들은 재앙을 겪으면서도 쉽게 회개하지 않는다. 그들은 다른 사람들의 칭찬을 받고 있어서 스스로 의롭다고 여기기 때문이다. 그래서 그는 "그분께서 그들을 얽매시어도", 사슬과 고통의 굴레로 얽매시어도 "도움을 청하지 않습니다."라고 말한다. 그들이 하느님께 자비를 청하지 않는다는 것이다.

이 말로써 엘리후는, 그가 욥이 위선자이며 교활한 자라고 생각하고 있음을 드러낸다. 따라서 욥은 징벌을 받으면서 자신의 죄를 인정해야 한다는 것이다.

그런데 그런 사람들은 징벌을 받으면서도 회개하지 않고 그래서 역경으로부터

---

3) 참조. 37,24 주해.
4) 참조. 1,7 주해.

해방되지 못한다. 그래서 그는 이렇게 덧붙인다. "그들의 영혼은 폭풍 속에서 [죽어갑니다]"(14절). 그 영혼들이 죽을 만큼 여러 가지의 고통을 당한다는 것이다. 그리고 "그들의 생명은 나약한 사람들 속에서 죽어 갑니다." 억압자들의 힘으로부터 벗어날 힘이 없는 사람들 사이에서 죽어 간다는 것이다.

위선자들은 나약한 사람들이다

엘리후가 위선자들을 나약한 사람들에 비유하는 것은 적절하다. 사람들은 마음이 소심하여 위선자가 되는 일이 있기 때문이다. 『윤리학』 4권에서 말하듯이, 마음이 넓은 사람은 솔직하다.[5]

그리고 엘리후는 하느님께서 시련을 당하는 권세있는 사람들을 도우신다고 말했으므로, 그 하느님이 편파적인 분으로 여겨지시지 않도록 그분께서 가난한 이들에게도 같은 은혜를 베푸신다고 말한다. "그러나 그분께서는 가련한 이를 고통에서 구하시고"(15절) 그를 역경에서 벗어나게 하신다. 그는 그 해방의 순서를 보여주며, "시련 속에서 그 귀를 열어 주십니다."라고 덧붙인다. 그분께서는 그가 자기 죄에 대하여 벌을 받고 있는 것임을 알게 하시고 그를 회개하도록 이끄시는 것이다. 이는 위에서 권세있는 사람에 대하여 말한 바와 같다(5–12절).

욥도 해방될 수 있다

이제 엘리후는, 위에서 일반적으로 말한 것을 욥에게 적용한다. 첫째로, 위에서

---

5) Aristotle, *Nicomachean Ethics* IV.3, 1124b 26ff.

는 하느님께서 가난한 이들도 권세있는 자들도 시련 속에서 안전하게 지켜 주신다고 말했으므로(8절과 15절), 욥 역시 하느님으로부터 그런 안전을 바랄 수 있다고 말한다. "그분께서는 당신도 좁은 입으로부터 구하실 것입니다"(16절). 시련은 좁은 입과 같아서, 이를 통하여 인간은 여러 가지의 불행으로 들어가게 되기 때문이다.

실상, 하나의 불행은 인간에게 여러 가지 불행의 원인이 되고, 이와 같이 불행이 무한히 많아져서 결코 쉼에 이르지 못하게 된다. 그래서 그는 "바닥이 없는 입으로부터"라고 말한다. 불행의 심연으로 내려가고 나면 인간이 멈추어 쉴 수 있는 바닥이 없다는 것인데, 이 표현은 특히 쉼 없이 영원히 계속되는 사후의 징벌을 가리키는 것으로 보인다.

여기서 엘리후는, 욥이 자신의 죄를 인정하고 회개한다면 불행에서 해방되리라고 약속할 뿐 아니라 많은 부를 누리게 되리라고 말한다. 그래서 그는 "당신의 나머지 식탁은 기름진 음식으로 채워질 것입니다."라고 덧붙인다. 안전과 평화를 누리며 하느님께서 마련해 주시는 좋은 것들을 풍부하게 먹을 수 있게 되리라는 것이다.

욥은 죄인이기 때문에 벌을 받았다

또한 엘리후는 "하느님은 아무도 내치지 않으십니다."(5절)라는 것을, 그분께서 오직 악인들만을 내치신다는 것을 보여 주었는데 욥은 수많은 역경을 통하여 하느님께 내쳐진 것으로 보이므로, "당신은 악인에 대한 심판에 사로잡혀 있습니다."(17절)라고 덧붙인다. 그가 권세가 있었기 때문에 벌을 받은 것이 아니라 악인으로서 벌을 받은 것이라는 뜻이다. 반면, 그가 회개한다면 그에게 보상이 있을 것임을 약속하며 "당신은 심판과 재판을 받을 것입니다."라고 말한다. 심판과 재판이 그에게 다시 주어질 것이며, 그는 다른 이의 심판을 조사하고 그들을 재판할 수 있게 될 것이다.

회복되었을 때의 욥을 위한 충고

그리고, 마치 이 일이 이미 일어난 것처럼 엘리후는 그에게 그 상태에서 어떻게 처신해야 할 것인지를 충고한다. 때로는 심판관들이 분노 때문에 정의에서 벗어나는 경우가 있는데, 이 사실에 관련하여 그는 "진노가 당신을 덮쳐 다른 사람을 억압하게 되어서는 안 되고"(18절)라고 말한다. 그가 "심판과 재판을 받을"(17절) 때에 말이다. 그러나 어떤 경우 심판관들은 선물에 대한 탐욕 때문에 정의를 벗어난다. 이러한 사실에 관련하여 그는 "많은 뇌물에 좌우되지도 말아야 합니다."라고 말한다. 장차 권위를 갖게 될 때에 말이다.

교만하거나 소심한 심판관들

또 때로는, 오직 교만 때문에 다른 사람들에게 재판을 하기를 마다하는 경우도 있다. 이러한 사실에 관련하여 그는 "시련이 없을 때에"(19절) 즉 하느님께서 당신을 낮추기 위하여 시련을 보내시기 전에 "당신의 위대함을 내려놓고" 당신 영의 교만을 내려놓으라고 말한다. 그러나 때로 심판관들은 두려움에서 권세있는 사람에 대한 재판을 하지 않으려 한다. 이러한 사실에 관련하여 그는 "힘으로써", 당신 자신의 힘으로써 "강건한 이들을 내려 놓으십시오."라고 말한다. 또는, 그들의 힘이 아무리 강하다 해도 정의로 그를 떨어뜨리기를 주저하지 말라는 뜻으로도 볼 수 있다.

게으른 재판관들

때로는 재판을 하면서, 재판하는 사람 자신의 편안함을 위하여 재판을 하지 않는 경우도 있다. 그래서 그는 "밤을 오래 끌지 마십시오."(20절)라고 말한다. 잠자는 것을 지나치게 원해서 그 때문에 재판을 소홀히 하지 말라는 것이다. 또는, "밤을 오래 끌지 마십시오."라는 말은 소송의 정의가 오랫동안 감추어져 있게 내버려두지 말고 서둘러서 진리가 드러나도록 하라는 뜻이 될 수도 있다. 그는 그 이유를 보여주며, "백성들이 그들 대신", 강건한 이들 대신 "갈 수 있도록 하십시오."라고 덧붙인다. 재판을 오래 끌어서 백성 전체가 강한 자들의 폭력적 행위로 동요되어 그들의 불의 때문에 당신을 괴롭히게 만들도록 하지 말라는 것이다.

다른 의미로, "밤을 오래 끌지 마십시오. 그러면 백성들이 그들 대신 가게 됩니다."라고 번역하여, 강한 이들에게 대한 재판을 연기함으로써 백성들이 자신들의 힘으로 그들을 옹호할 후원자들을 찾아내어 당신의 재판을 방해하지 못하도록 하라는 뜻으로 볼 수도 있다.

욥은 불의를 피해야 한다

이 모든 해석은, 욥이 미래에 번영을 누리게 될 때에 불의를 피해야 한다는 결론을 향한다. 그래서 그는 "조심하여 악행으로 기울지 마십시오."(21절)라고 말한다. 방금 언급된 어떤 방식으로나 또는 다른 어떤 방식으로라도 악행으로 기울지 말라는 것이다. 그러나 욥은 위의 29,14에서 말했던 바와 같이 스스로 열심히 정의를 실천했으므로 엘리후의 이러한 권고가 불필요하다고 말할 수도 있었다. 그래서 엘리후는 "이를 위하여" 즉 악행을 위하여 "당신은 불행을 추구하기 시작했습니다."라고 말한다. 그가 스스로 하느님보다 이롭다고 여겼기 때문이다. 그러므로, 번영의 상태로 되돌아간다면 길을 잃고 불의를 향해 가지 말아야 한다는 것이다.

전능하신 지혜에 대한 찬가

> 22) 보십시오, 하느님은 당신 권능으로 숭고하신 분. 누가 그분 같은 입법자가 될 수 있습니까? 23) 누가 그분의 길을 찾아내었으며 누가 "당신은 불의를 저질렀소." 하고 말하였습니까? 24) 당신이 그분의 업적을 알지 못한다는 것을 기억하십시오, 남자들이 노래한 그 업적을. 25) 모든 사람이 그분을 보아 왔고 인간이면 그분을 멀리서 볼 수 있답니다. 26) 보십시오, 하느님께서는 우리가 깨달을 수 없이 위대하시고 그분의 햇수는 헤아릴 수 없답니다. 27) 그분께서 빗방울을 거두시고 소나기를 홍수처럼 퍼부으십니다. 28) 구름이 흘러내리면 수많은 사람들 위로 떨어집니다. 29) 그분께서 구름을 당신 천막처럼 펼치려 하셨다면, 30) 위에서 오는 당신 빛으로 번쩍이게 하셨다면, 바다의 표면도 덮으실 것입니다. 31) 이것들로 민족들을 심판하시며 사멸할 많은 이들에게 양식을 주십니다.(36,22-31)

엘리후는 욥이 스스로 의롭다고 말했던 것에 관련하여 그의 말이 그릇됨을 지적한 다음(5절) 이제 욥이 하느님 심판의 의로움을 거스른다고 보였던 것과 관련하여 욥의 말에서 그릇됨을 찾아내려 한다.

1. 그래서, 먼저 그는 하느님 능력의 지고함을 말한다. "보십시오, 하느님은 당신 권능으로 숭고하신 분"(21절). 그분은 누구보다도 더 드높은 권능을 갖고 계시다. 그런데, 더 큰 권능이 더 작은 권능에 의하여 불의하다고 단죄되는 것은 이성에 부합되지 않는다.

2. 둘째로 엘리후는 하느님의 권위를 제시한다. "누가 그분 같은 입법자가 될 수 있습니까?" 잠언 8,15에서 말하듯이, 그분의 지혜를 통하여 "군주들이 의로운 명령을 내린다." 그러므로 그분은 누구의 법에 의해서도 불의하다고 단죄를 받을 수 없으시다. 오히려 그분 자신의 지혜가 모든 법률의 원칙이며 기준이다.

3. 셋째로 엘리후는 하느님께서 하시는 일이 이해할 수 없음을 제시한다. "누가 그분의 길을 찾아내었으며"(23절), 즉 그분께서 하시는 일들의 이유를 충분히 알아내었는가?[6] 이렇게 이해가 불가능하다는 것을 근거로, 엘리후는 그분께서 불의하다고 단죄를 받으실 수 없다는 결론을 내린다. 그래서 그는 "누가 '당신은 불의를 저질렀소.' 하고 말하였습니까?"라고 말한다. 누가 불의하다고 단죄를 받기 위해서는 그가 더 상위의 권능에 종속되어 있고 다른 사람의 법률에 구속을 받고 있으며 그가 하는 일들이 알려져 있어야 하는데, 앞서 말한 바와 같이(22-23절) 이 조건들은 하느님의 경우에 적용될 수 없기 때문이다.

인간은 하느님께서 하시는 일을 이해할 수 없다

다음으로 엘리후는 인간이 하느님의 길들을, 곧 그분의 행위들을 알아낼 수 없다는 것을 밝히기 시작한다. "당신이 그분의 업적을 알지 못한다는 것을 기억하십시오, 남자들이 노래한 그 업적을"(24절). 엘리후는 현인들을 남자들이라고 부르는데, 그것은 그 정신의 씩씩함 때문이다. 그리고 그가 "노래한"이라고 말하는 것은, 하느님에 관한 저술과 철학 저술을 운문으로 쓰는 것이 고대 현인들의 관습이었기 때문이다.[7] 그러나 어떤 사람들이 아무리 지혜롭다 해도 그들은 하느님의 본질을 알거나 묘사할 수 없으며, 인간은 하느님의 업적들을 통하여 그분을 알고 그분에 대해 말을 한다. 하지만 욥도 다른 누구도 그 업적들을 완전하게 알 수는 없다.

---

6) 참조. 11,7과 26,14 주해.
7) 참조. 35,10 주해.

하느님께 대한 인간의 앎은 불완전하다

그래서 그는 "모든 사람이 그분을 보아 왔고"(25절)라고 말한다. 그분의 업적들을 통해서 그분을 보았다는 것이다. 아무도, 하느님의 업적을 전혀 감지하지 못할 만큼 지혜가 없지는 않다. 또한 아무도 신적 광채의 탁월함이 그의 지혜를 훨씬 능가하지 않을 만큼 지혜롭지는 않다. 그래서 그는 "인간이면 그분을 멀리서 볼 수 있답니다."라고 덧붙인다. 인간의 지식은 하느님의 본질을 완전히 이해하는 데에서는 멀리 떨어져 있다는 것이다. 이는 인간이 그분의 업적을 통해서만 그분을 알 수 있는데 그 업적이 그분의 탁월한 본질로부터 무한히 떨어져 있기 때문이기도 하고, 또한 인간이 그분의 업적마저도 완전히 알 수 없기 때문이기도 하다.[8]

하느님의 영원성은 근접할 수 없다

이러한 사실로부터 엘리후는, 하느님께서 당신의 탁월하심으로 인간의 지혜를 능가하신다는 결론을 내린다. 그래서 그는 "보십시오, 하느님께서는 우리가 깨달을 수 없이 위대하시고"(26절)라고 덧붙인다. 우리가 하느님을 완전하게 알 수 없는 것은 운동이나 시간의 경우와 같이[9] 그분의 결함 때문이 아니라 그분의 탁월하심 때문인 것이다. 그런데 누군가는, 우리는 하느님에 관련하여 그분이 어떤 분이신지 알 수는 없지만 그분께서 존재하시는지는 알 수 있다고 말할 수 있다. 이는 그분의 존속에 관한 질문이다. 그러나 엘리후는 이것 역시 인간의 지식을 초월하는 것이라고 말한다. "그분의 햇수는 헤아릴 수 없답니다." 그분께서 존속하시는 영원은

---

8) 참조. 11,6 주해.
9) 참조. Thomas, *Commentary on the Metaphysics* II.1, sec. 280.

인간의 이해로 파악할 수 없기 때문이다.[10]

놀라운 비의 현상

다음으로 엘리후는 인간 이성을 초월하는 하느님 업적의 위대함을 보여 주며 공기의 여러 가지 변화를 열거한다. 공기는 때로는 건조하게 되는데, 이 사실에 관련하여 그는 "그분께서 빗방울을 거두시고"(27절)라고 말한다. 비가 오지 않도록 하신다는 것이다. 그러나 때로는 공기 중에 비가 많이 있게 되는데, 그는 그 지대함을 묘사하여 "소나기를 홍수처럼 퍼부으십니다."라고 말한다. 땅 위에 흐르는 홍수의 물처럼 부으신다는 것이다. 비가 어디에서 오는지를 생각한다면, 즉 견고한 것이 전혀 아닌 구름으로부터 물이 쏟아진다는 것을 생각한다면 그렇게 많은 비가 내리는 것은 놀랍게 보인다. 이 사실에 관련하여 엘리후는 "구름이 흘러내리면"(28절)이라고 덧붙인다. 그러나, 그렇게 많은 비가 지금 구름 속에 있는 것이 아니라 구름 속의 수증기가 계속해서 비로 응결되는 것이다.

비에 관하여 또 한 가지 놀라운 점은, 그 비가 온 땅을 덮는다는 것이다. 그래서 그는 "수많은 사람들 위로 떨어집니다."라고 덧붙인다. 비가 내리는 지역이 온 땅에 퍼져 있어서, 비가 내리지 않은 땅은 없다는 것이다.

구름

다음으로 그는 구름 자체에 관하여, "그분께서 구름을 당신 천막처럼 펼치려 하

---

10) 참조. 24,1 주해.

셨다면"(28절)이라고 말한다. 하느님의 자리인 하늘은,[11] 어떤 사람의 자리가 천막으로 가려져 있듯이 구름으로 가려져 있기 때문이다. 그 구름들로부터, 바람의 충돌로 번개가 친다.[12] 그래서 그는 "위에서 오는 당신 빛으로 번쩍이게 하셨다면"(30절)이라고 덧붙인다. 그런데 때로는 구름이 어떤 지역의 지평선까지 하늘을 덮고, 그 지평선 아래에서 바다 끝까지 덮여 있는 것으로 보인다. "바다의 표면도 덮으실 것입니다." 구름의 천막으로 덮으신다는 것이다.

그가 "그분께서 하려 하셨다면"이라고 말하는 것은, 하느님의 뜻이 자연적 업적들의 원천임을 보여 주기 위해서이다. 의지의 속성은 그것이 목적을 위하여 작용한다는 것이다. 그러므로 그는 이 업적들의 목적을 보여 주며, "이것들로 민족들을 심판하시며"(31절)라고 덧붙인다. 이는 그 비로 벌을 받는 이들에 관한 것이다. 또한 "사멸할 많은 이들에게 양식을 주십니다."라는 것은 비가 땅을 풍요롭게 하는 데에 유용하고 이를 통해서 인간을 위한 양식이 생산된다는 사실에 관련된다.

> 32) 당신 손바닥에 빛을 감추시고, 되돌아오도록 명하십니다. 33) 그분께서는 당신 친구에게 이를 알리십니다. 그것이 그의 것이고 그가 거기에까지 오를 수 있음을.(36,32-33)[13]

---

11) 참조. 이사 66,1. 또한 38,34 주해도 보라.
12) 참조. Aristotle, *Meteorology* II.9, 369a 28ff.
13) 참조. 5,1 주해.

37장

기후 현상은 파악할 수 없는 하느님의 지혜를 드러낸다

물리적 빛

1) 이 때문에 나의 심장은 떨다 못해 제자리에서 퉁겨 나려 하는군요. 2) 그는 그분의 두려운 목소리와 그분 입에서 나오는 음성에서 가르침을 들을 것입니다. 3) 그분은 온 하늘 위를 살피시고, 그분의 빛은 땅의 한계를 넘어섭니다. 4) 그분 뒤에서 소리가 터지니 당신의 장엄한 소리로 울리시는 천둥입니다. 그분의 소리가 들릴 때에는 그것을 찾아낼 수 없습니다. 5) 하느님은 당신의 소리로 신비로이 천둥 치게 하시는 분, 우리가 깨달을 수 없는 위대한 일들을 하시는 분이십니다. 6) 그분께서는 눈에게 "땅에 내려라." 명령하시고 겨울비와 당신 힘의 소나기에게 명령하십니다. 7) 모든 사람의 손에 표지를 주시니 모든 인간이 그분의 일을 깨닫게 하시려는 것입니다. 8) 그러면 짐승들은 은신처로 들어가 보금자리에 몸을 누입니다. 9) 폭풍은 안쪽에서부터 불어오고 추위는 대각성으로부터 옵니다. 10) 하느님의 입김에서 얼음이 나오고, 다시 많은 물이 흐릅니다. 11) 구름은 곡식을 바라고 또 구름은 빛을 퍼뜨립니다. 12) 그것들은 통치하시는 분의 뜻이 그들을 이끄시는 대로 어디든지, 그분께서 그들에게 명하시는 대로 어떤 목적을 위해서든지 그 둘레를 돕니다. 13) 한 부족에게 가든지, 그들 자신의 땅으로 가든지, 아니면 그분께서 그분의 자비로 그들이 있기를 명하시는 어느 곳으로든지 갑니다.(37,1-13)

엘리후는 위에서 길게[36,27-30] 공기의 변화를 다루었다. 그 변화는 건조함과 비, 그리고 구름을 덮는 결과를 가져오며, 하느님께서는 그 구름에서 번개를 치신다. 그러나 이제 그는 빛 자체에 대해 더 자세히 다루고자 한다. 빛은 때로는 감추어져 있고 때로는 구름에서부터 나오는 천둥에 의하여 드러나게 된다. 그는 빛에서부터 시작하여, "당신 손바닥에 빛을 감추시고"(32절)라고 말한다. 당신 권능의 업적들을 통하여 그분은 때로는 햇빛이나 별빛이 구름에 가려지게 하시는 것이다. 그러나 이 감춤은 영구적인 것이 아니라 일시적인 것이므로 "되돌아오도록 명하십니다."라고 말한다. 구름이 흩어지면 그 빛이 다시 나오게 되는 것이다. 또는, 이 말들이 해가 뜨고 짐에 따라 대기가 어두워지고 밝아지는 것을 가리키는 것으로 해석할 수도 있다.

영적 빛

여기서, 감각적 사물들은 가지적인 사물들의 표지들임을 생각해야 한다. 그러므로, 감각적인 결과들을 통하여 우리는 가지적 사물들을 알게 된다. 그런데, 모든 감각적 결과 가운데 빛은 가장 영적이다.[1] 그래서 빛은 가지적 사물들에 대한 인식으로 이끄는 데 가장 효과적이다. 시각의 인식은 빛을 통하여 완전하게 되고, 그 시각이 지적 인식을 가장 크게 돕는 것이다.[2] 감각적 빛은 하느님의 권능에 의하여 인간에게 감추어지거나 인간에게 전달되므로, 이러한 사실로부터 더 탁월한 빛 곧 하느님께서 덕에 대한 갚음으로 마련해 두신 영적인 빛이 하느님께 있음을 알 수 있다. 그래서 그는 "그분께서는 이를 알리십니다."(33절)라고 덧붙인다. 물리적

---

1) 참조. Thomas, *Super Libros Sententiarum* IV, d.49, q.4, a.5, qc.3 *ad* 3.
2) 참조. 7,8 주해.

인 빛이 나타내는 영적인 빛을 알게 하신다는 것이다. "당신 친구에게"는 하느님께서 사랑하시는 덕 있는 사람들을 가리킨다. 그분께서는 "그것이 그의 것이고", 그 영적인 빛이 하느님께서 당신 친구들에게 갚음으로 마련해 두신 보화이고 "그가 거기에까지 오를 수 있음을", 즉 덕을 행함으로써 공로를 얻고 스스로 그 빛을 소유하도록 준비함으로써 그렇게 할 수 있음을 알게 하신다.

영혼에 대한 플라톤주의적 이론

그러나 이 구절은 물리적 빛에 대한 것으로도 설명될 수 있다. 플라톤주의자들은 인간의 영혼이 별의 영혼으로부터 생겨났다고 주장했기 때문이다.[3] 따라서 인간 영혼이 이성에 따라 삶으로써 그 품위를 보존한다면 그들은 그들이 거기서부터 내려왔던 별들의 광채로 되돌아갈 수 있다는 것이다. 그러므로 『스키피오의 꿈』에서는 "여기서부터 나온" 즉 하늘로부터 나온 도시의 "통치자들과 보호자들은 여기로 돌아간다."고 말한다.[4] 이 작품에서 저자는, 그가 덕에 대한 최종적인 갚음을 현세적 선이 아니라 현세를 마친 후의 영적 선에 두고 있음을 알게 한다.

인간의 영적 능력

지상적이고 사멸할 인간이 영적이고 천상적인 것들을 소유할 수 있게 된다는 것은 지극히 놀라운 일이다. 그래서 그는 "이 때문에"(1절), 즉 인간이 빛을 소유하는

---

[3] 참조. Macronius, *In Somnium Scipionis* I.14 (trans. Stahl, pp. 142ff.)
[4] *Ibid*. I.9 (p. 126).

데까지 오를 수 있다는 것 때문에 "나의 심장은 떨다 못해", 놀라움과 경이로움에 두려워하며 "제자리에서 튕겨 나려 하는군요."라고 말한다. 인간은 감각적인 삶의 차원에서 자신과 같은 본성에 속하는 것으로 보이는 것을 갈구하고 열망할 뿐 아니라 영적이고 천상적인 것에까지 오르게 되는 것이다.

청각의 중요성

물리적 빛으로 인식할 수 있는 시각 다음으로는 청각이 특별히 이해를 위하여 유용하다. 지적인 개념들이 표현되는 음성을 청각이 감지하기 때문이다.[5] 물리적 빛을 봄으로써 인간이 더 높은 빛을 알고 바라게 되듯이, 하느님의 권능으로 형성된 물리적 소리를 들음으로써 인간은 하느님의 영적 가르침을 듣도록 이끌린다. 그래서 "그는" 즉 인간은 "그분의 두려운 목소리" 곧 천둥의 표지에서 하느님으로부터 영적인 "가르침을 들을 것입니다."(2절)라고 말한다. 그리고 방금 언급한 가르침을 설명하여 "그분 입에서 나오는 음성에서"이라고 덧붙인다. 천둥소리는 그분의 손 즉 그분의 권능으로 만들어지지만, 그분의 입에서 나오는 음성은 그분 지혜의 가르침이기 때문이다. 집회 24,5의 본문은(『성경』은 24,3) "나는 지극히 높으신 분의 입에서 나왔다."고 말한다.

하느님은 하늘 위를 보신다

누군가는 하느님께서 하늘의 물리적 빛보다 더 상위의 빛을 소유하고 계시지 않

---

5) 참조. 12,11 주해.

다고 믿을 수도 있으므로, 엘리후는 이 믿음을 배제하며 "그분은 온 하늘 위를 살피시고"(3절)라고 말한다. 그분은 하늘 아래만을 보시는 것이 아니라 하늘 위도 보신다. 그런데, 빛이 있지 않다면 아무것도 보이지 않는다. 에페 5,13에서 "밖으로 드러나는 것은 모두 빛으로 밝혀집니다."라고 하는 바와 같다. 그러므로 하느님의 빛은 하늘에서 먼저 발견되는 물리적 빛보다 더 드높아야 한다. 그래서 그는 "그분의 빛은", 즉 그분의 가지적 빛은 "땅의 한계를 넘어섭니다."라고 덧붙인다. 그 빛이 모든 물질적인 피조물을 초월한다는 것이다.

또한 하늘의 물리적 빛이 그분 아래에 있는 것과 마찬가지로, 물리적 천둥 소리도 그분보다 하위에 있다. 그래서 엘리후는 "그분 뒤에서" 즉 그분 아래에서 "소리가 터지니"(4절)라고, 물리적인 천둥 소리가 울린다고 덧붙인다.

하느님 지혜의 음성

그런데 그분께는 다른 영적인 음성이 있으니, 인간이 파악할 수 없는 지혜의 가르침이다. 이에 관련하여 "당신의 장엄한 소리로 울리시는 천둥입니다."라고 말한다. 천둥은 그분의 장엄하심을 가르치는 음성인 것이다. 모든 사람이 물리적인 천둥소리를 들을 때 그 음성을 알아듣는 것은 아니며, 어떤 식으로든 듣는 이들은 그것을 이해할 수 없다. 그래서 그는 "그분의 소리가 들릴 때", 어떤 인간에 의하여 영적으로 지혜의 가르침이 감지될 때에 "그것을 찾아낼 수 없습니다."라고 말한다. 그 가르침을 완전히 밝혀낼 수 없다는 것이다.

그런데 이러한 목소리는 이를 듣는 인간을 가르치기 위한 것일 뿐 아니라 하느님 지혜의 명령에 따라 이루어지는 자연적 업적들을 실행하기 위한 것이기도 하다. 그래서 둘째로 엘리후는 이렇게 되풀이한다. "하느님은 당신의 소리로"(5절), 당신 지혜의 권위로 "신비로이", 즉 놀라운 결과들을 이룩하시며 "천둥 치게 하시는 분." 그래서 하느님은 사물들의 본성에 따라 "우리가 깨달을 수 없는", 인간 이성이 파악할 수 없는 "위대한 일들을 하시는 분이십니다."

눈

엘리후는 열거를 시작하며, "그분께서는 눈에게"(6절) 당신 지혜의 목소리로 "땅에 내려라."라고 명령하신다고 말한다. 눈은 그분의 명령에 따라 생성되고, 비와 소나기도 그렇기 때문이다. 그래서 그는 "겨울비와", 즉 겨울에 많이 내리는 비와 "당신 힘의 소나기에게", 더 강력한 원인으로부터 바람과 함께 생성되는 비에게 명령하신다고 덧붙인다. 그런데 하위의 사물들에게서 일어나는 모든 것은 어떤 식으로든 인간을 위한 것이므로[6] 그는 "모든 사람의 손에 표지를 주시니 모든 인간이 그분의 일을 깨닫게 하시려는 것입니다."(7절)라고 덧붙인다. 실상 인간은 공기의 여러 가지 상태에 따라 그에 적합한 여러 가지 활동을 한다. 밤에 하는 일이 다르고 낮에 하는 일이 다르며, 날씨가 맑은 계절에 하는 일이 다르고 비가 오는 계절에 하는 일이 다르다.

인간의 활동 능력

인간은 주어진 계절에 어떤 일이 적합한지 하느님께서 그에게 주신 이성에 따라 결정하며, 이것이 하느님께서 그의 손에 즉 모든 사람의 능력 안에 주신 표지이다. 이로써 그들은 계절에 따라 어떤 활동들을 할 것인지를 알게 된다. 그리고 그

---

[6] 참조. *ST* II-II. 66.1. 여기서는 Aristotle, *Politics* I.6, 1256b 20ff.를 인용한다. 14,20 주해도 보라.

섭리는 짐승들에게까지 이르러, 그들도 일종의 자연적 본능으로 계절에 따라 서로 다른 활동들을 행한다. 그래서 그는 "그러면 짐승들은"(8절) 우기에는 "은신처로 들어가" 있고 좋은 계절에는 "보금자리에 몸을 누입니다."라고 덧붙인다.

바람

다음으로 엘리후는 서로 다른 바람들의 결과를 보여 준다. 이 주제에 관해서는, 남풍은 비와 폭풍을 가져오고 북풍은 추위를 가져온다는 것을 알아야 한다.[7] 남풍은 우리에게는 남극 방향으로부터 불어오는데, 남극은 북극이 우리의 지평선에서 높이 올라가 있는 것과 같은 정도로 지평선 아래에 있기 때문에 우리에게 감추어져 있다.[8] 그래서 그는 "폭풍은 안쪽에서부터 불어오고"(9절)라고 말한다. 폭풍은 우리에게는 하늘 중에서 언제나 우리의 지평선 아래에 있는 부분으로부터 오고, 그 바람은 남풍이라 불린다. 북풍에 관해서 그는 "추위는 대각성(Arcturus)으로부터 옵니다."라고 덧붙인다. 그리스어로 북쪽은 Arctos라 불리고, 그래서 언제나 지평선 위로 올라와 있는 큰곰자리는 Arcturus라 일컬어진다.[9] 하늘의 그 지역이 태양으로부터 멀리 떨어져 있기 때문에, 그 방향으로부터 추위를 가져오는 북풍이 불어오는 것이다.

이러한 상황은 하느님의 지혜로 돌려지므로, 그는 "하느님의 입김에서 얼음이 나오고"(10절)라고 덧붙인다. 얼음을 얼게 하는 북풍은 하느님께서 입김을 부실 때, 즉 그분께서 바람이 생겨나게 하실 때 일어난다. "다시" 하느님께서 입김을 부시어 남풍을 일으키실 때는 "많은 물이 흐릅니다." 이는 남풍으로 인하여 생겨난 빗물

---

7) 참조. Isidore, *De Natura Rerum*, ch. 37 [PL 83, 1007]; Albertus Magnus, *Meteora* III.1.2.
8) 참조. 9,9 주해.
9) *Idem.*

을 가리킨다.

곡식을 위한 구름의 유용성

그러한 결과들이 인간의 유익을 위한 것이기도 함을 보여 주기 위하여, 그는 "구름은 곡식을 바라고"(11절)라고 덧붙인다. 구름은, 그들이 도움을 주는 어떤 목적을 위한 것이듯이 곡식을 위한 것이다. 구름은 그 목적인 곡식을 위한 것이고 그 목적을 위하여 유익하다. 그래서 그는 구름이 곡식을 바란다고 말한다. 구름이 곡식에게 이익을 준다는 것인데, 이는 구름에서 내려오는 비 때문에, 그 비가 곡식을 생산하도록 땅을 적시고 풍요롭게 하기 때문에도 그렇고 또 구름이 때로는 곡식에게 그늘을 덮어 주어 계속되는 태양의 열기로 곡식이 말라죽지 않도록 하기 때문에도 그러하다.

구름은 햇빛을 퍼뜨린다

그는 구름의 또 한 가지 유익을 덧붙인다. "또 구름은 빛을 퍼뜨립니다." 이것은 앞 장에서 "그분께서 구름을 당신 천막처럼 펼치려 하셨다면, 위에서 오는 당신 빛으로 번쩍이게 하셨다면"[36,29-30]이라고 말했던 바와 같이 번개의 빛을 가리키는 것이 될 수도 있다. 다른 의미로는, 햇빛이 구름에 반사되고 어떤 식으로는 구름을 통하여 걸러져 공기 중에 비치는 것을 가리킬 수도 있다. 이 때문에 태양의 광채는 해가 뜨기 전에 나타나고 해가 진 후에도 나타난다. 구름은 땅보다 더 높은 곳에 있어, 햇빛이 해가 뜨기 전에 구름에 도달하고 해가 진 후에야 구름을 떠나기 때문이다.

구름의 움직임

구름의 유익을 말한 다음에는 구름의 움직임을 묘사하여, "그 둘레를 돕니다."(12절)라고 말한다. 수증기가 땅에서 올라온 다음 구름은 그 자리에 머물러 있지 않고, 바람의 힘에 따라 여러 곳들로 옮겨지기 때문이다. 그런데 보통 바람은 태양의 움직임을 따라 일종의 원을 이루며 돈다.[10] 그래서 아침에는 동풍이 불고, 그 다음에는 남풍이 불며, 마지막으로 저녁 무렵에는 서풍이 부는 것이다. 이에 따라서 구름도 일종의 원을 이루며 움직인다. 그리고, 이러한 현상이 하느님의 섭리에서 나오는 섯임을 보여 주기 위하여 그는 "통치하시는 분" 즉 하느님의 "뜻이 그들을 이끄시는 대로 어디든지"라고 말한다. 구름은 땅의 모든 부분에 이르는 것이 아니라 하느님의 결정에 따라 때로는 이 부분에, 때로는 저 부분에 이르게 되기 때문이다.

구름의 여러 결과들

구름으로부터 예를 들어 비, 바람, 우박, 천둥 등 여러 가지 결과들이 나온다. 그리고, 땅 위의 어느 부분에 구름이 도달하게 되는지가 하느님의 결정에 달려 있는 것과 마찬가지로, 구름에서 어떤 효과가 나올 것인지도 하느님의 결정에 달려 있다. 그래서 그는 "그분께서 그들에게 명하시는 대로 어떤 목적을 위해서든지"라고 덧붙인다. 구름으로부터 땅 위에 어떤 결과가 미치는지는 하느님이 명령에 달려 있는 것이다.

그리고 엘리후는 "통치하시는 분의 뜻이 그들을 이끄시는 대로 어디든지"(12절)라고 말했으므로, 이 말을 설명하여 "한 부족에게 가든지"(13절)라고 덧붙인다. 때로

---

10) 참조. Aristotle, *Meteorology* II.6, 364b 14f.

는 구름이 어떤 지역에는 나타나고 다른 지역에는 나타나지 않기 때문이다. 아모 4,7에서 "어떤 성읍에는 비를 내려 주고 어떤 성읍에는 비를 내려 주지 않았다."라고 하는 바와 같다. 이러한 비의 분배는 두 가지 방식으로 이루어진다. 때로는 수증기가 생성된 바로 그 지역에 구름이 나타나는데, 이는 수증기가 바람에 의하여 옮겨지지 않은 경우이다. 이에 관련하여 엘리후는 "그들 자신의 땅으로 가든지"라고 말한다. 구름이 생겨난 그 땅에 머문다는 것이다. 그러나 때로는 다른 지역으로 옮겨지는데, 이에 관련하여 엘리후는 "아니면 그분께서 그분의 자비로 그들이 있기를 명하시는 어느 곳으로든지 갑니다."라고 덧붙인다. 그분께서 적절한 시기에 어떤 지역에, 특히 비가 드문 더운 지역에 구름과 비를 보내시는 것은 하느님의 크신 자비에서 나오는 것이기 때문이다.

욥은 놀라운 현상들에 경탄해야 한다

14) 욥이시여, 이것에 귀를 기울이십시오. 잠깐 멈추고 하느님의 놀라운 업적을 살펴보십시오. 15) 하느님께서 언제 비를 통솔하시는지, 당신 구름에서 어떻게 빛을 번쩍이게 하시는지 당신은 아십니까? 16) 구름이 어떻게 두둥실 떠 있는지 아십니까? 위대하고 완전한 지식을 아십니까? 17) 남풍으로 땅이 숨죽일 때 자기 옷조차도 뜨겁게 느끼시는 당신이 18) 그분과 함께 하늘을 만드셨단 말입니까? 부어 만든 청동처럼 단단한 저 하늘을? 19) 그분께 무어라 말씀드려야 할지 우리에게 가르쳐 보십시오. 우리야 어두워서 아무것도 내놓지 못하는 처지가 아닙니까? 20) 제가 말하고 있는 것을 누가 그분께 여쭙겠습니까? 말씀드린다 해도 그는 파멸하고 말 것입니다. 21) 그러나 이제 그들은 빛을 보지 못합니다. 갑자기 공기가 엉겨 구름이 되고 바람이 불어 그 구름을 흩어 놓을 것입니다. 22) 북녘에서 금이 나오고, 하느님으로부터 두려운 찬양이 나옵니다.

23) 우리는 그분을 합당하게 찾아낼 수 없습니다. 권능과 공정이 뛰어나신 분, 정의가 넘치시는 분, 그분에 대해서는 이야기할 수 없습니다. 24) 그래서 사람들은 그분을 경외합니다. 스스로 지혜롭다는 자들은 아무도 감히 그분을 관조하지 못합니다.(37,14-24)

엘리후는 하느님의 놀라운 업적들을 이야기한 다음, 그분의 업적을 이해하지 못하면서도 하느님을 불의하다고 비난했던 것으로 보이는 욥을 꾸짖으며 "욥이시여, 이것에 귀를 기울이십시오."(14절)라고 말한다. 하느님 업적의 위대함에 대해 내가 말하고 있는 것에 귀를 기울이라는 것이다. "잠깐 멈추고", 올바른 정신으로 멈추어 서서 당신 스스로 "하느님의 놀라운 업적을 살펴보십시오." 그분의 업적들에서 드러난 하느님의 위대하심을 보라는 것이다. 엘리후는 이 놀라운 업적들 가운데 먼저 비를 언급한다. 인간은 감각들로 비를 지각하지만, 학문은 하느님께서 제정하신 그 첫 기원을 파악하지는 못한다. 그래서 그는 "하느님께서 언제 비를 통솔하시는지 [당신은 아십니까?]"(15절)라고 덧붙인다. 하느님의 명령으로 땅에 떨어지는 비에게 하느님께서 언제 명령하시는지를 아는지 묻는 것이다. 또한, 비가 내린 다음에는 짙은 구름으로 어둡던 공기가 구름이 엷어지면서 밝아진다. 그래서 그는 짙어진 구름으로 가려있던 햇빛이 구름이 엷어지면서 빛나게 됨을 가리켜 "당신 구름에서 어떻게 빛을 번쩍이게 하시는지 당신은 아십니까?"라고 말한다.

욥은 구름이 가는 길을 알지 못한다

그리고 그 구름들의 움직임에 관하여, "구름이 어떻게 두둥실 떠 있는지 아십니까?"(16절)라고 덧붙인다. 바람이 부는 데에 따라서 어떻게, 어떤 원인에 의해서 구름들이 여러 방향들로 움직여지는지를 아는지 묻는 것이다. 그런데, 구름에 대한 지식은 바람, 비, 눈, 우박, 천둥 등 공기의 모든 움직임을 알기 위한 첫 걸음이다. 그래서 엘리후는 "위대하고 완전한 지식을 아십니까?"라고 덧붙인다. 위대하다는 것은 더 높은 곳에 있는 사물들이 그러한 인상을 주기 때문이고, 완전하다고 하는 것은 구름에 대한 지식이 앞에 언급된 인상들과 그들로부터 하위의 물체들에 미치는 결과들에 대한 모든 지식을 포괄하기 때문이다.

그리고 구름은 바람에 의하여 움직여지므로, 다음으로 그는 바람에 대한 관찰을 덧붙인다. "남풍으로 땅이 숨죽일 때 자기 옷조차도 뜨겁게 느끼시는 당신이"(17절). 남풍은 따뜻한 지역에서부터 불어오므로 공기를 따뜻하게 하고,[11] 그 열로 사람의 옷은 그를 더 덥게 한다. 그는 명백하게 남풍을 언급한다. 남풍은 위도가 낮은 곳으로부터 수증기를 모아 구름으로 농축시키고 그 구름들을 움직이게 하는 반면, 북풍은 위도가 높은 곳으로부터 와서 구름을 더 흩어놓기 때문이다.[12]

누가 하늘을 만드셨는가

천체들의 힘이 이 모든 결과들을 가져오므로, 그는 이어서 천체들에 대해 이야기한다. "당신이 그분과 함께 하늘을 만드셨단 말입니까?"(19절). 여기에서 그는 비유적으로, 하느님이 천체들의 원인이심을 표현한다. 기술자가 생산물의 원인이 되듯이 하느님은 천체들의 원인이시지만, 그 둘의 방식은 서로 다르다. 기술자는 기존의 질료를 가지고 생산품을 만들어내는 반면, 하늘의 물체들은 기존의 질료로부터 만들어진 것이 아니며 그들을 만드는 데서 질료는 형상과 동시에 만들어졌기 때문이다.[13]

---

11) *Ibid.*, 358a 29ff.
12) 참조. Isidore, *loc. cit.*(위의 각주 8); Barholomaeus Anglicus, *On the Properties of Things* XI.3.
13) 참조. Albertus Magnus, *De Caelo et Mundo* I.8.

물체들의 다양성

그리고, 더 높은 하늘을 대기권이라 불리는 하늘과 구별하기 위해서[14] 그는 "부어 만든 청동처럼 단단한 저 하늘을?"이라고 덧붙인다. 여기에서, 우리 가운데에서 공기나 물 같은 어떤 것들은 건드리기만 해도 물러나고 어떤 것으로 그 사이를 지나감으로써 갈라놓을 수 있지만, 돌이나 금속 같은 어떤 것들은 밀어낼 수도 없고 갈라놓을 수가 없다는 것을 생각해야 한다.[15] 그러므로, 상위의 하늘이 공기나 물처럼 밀어내거나 통과할 수 없는 것임을 보여 주기 위하여 그는 하늘을 금속들 가운데서 특히 청동과 비교한다. 사람들은 많은 경우 청동을 그러한 일들에 사용하기 때문이다.

아는 척 하는 욥에 대한 도전

그리고 혹시나 욥이 주제넘게 자신이 하느님의 업적을 완전하게 안다고 말하지 않도록 엘리후는 조소하듯 계속 말한다. "그분께 무어라 말씀드려야 할지 우리에게 가르쳐 보십시오"(19절). 당신이 그렇게 지혜로워서 하느님의 업적들을 다 알고 그에 대해 하느님과 토론하기까지 할 수 있다면, 우리가 그분께 대답할 수 있도록 우리를 가르쳐 보라는 것이다. 그리고 그 필요성을 보여 주며, "우리야 어두워서 아무것도 내놓지 못하는 처지가 아닙니까?"라고 덧붙인다. 우리는 아무것도 알지 못하므로, 당신이 우리에게 알려 주어야 한다는 것이다.

엘리후 자신이 하느님께서 하시는 일들에 대해 길게 말했으므로, 그 자신이 그

---

14) Thomas, *ST* I.68.4, 여기서는 John Damascene, *De Fide* II.6[*PG* 94, 884C]를 인용한다.
15) 참조. Aristotle, *On the Heavens* III.1, 299b 13f.; *Meteorology* IV.4, 382a 11ff.

가 말한 것을 완전히 알고 있다고 생각하는 것으로 여겨져 주제넘은 행동을 했다고 비난받지 않기 위하여 그는 "제가 말하고 있는 것을 누가 그분께 여쭙겠습니까?"(20절)라고 말한다. 내가 그분께서 하시는 일에 대해 말한 것을 아무도 그분께 적합하게, 즉 그분의 권능에 합당하게 이야기할 수 없다는 것이다.

인간의 주제넘음은 자살과 같다

누군가 주제넘게도 자신이 하느님에 대해 충분히 말했다고 생각한다면, 바로 그 이유 때문에 그는 위험에 처하게 될 것이다. 그래서 그는 "말씀드린다 해도", 하느님께서 하시는 일을 이해하고자 하는 듯이 한다 해도 "그는 파멸하고 말 것입니다."라고 말한다. 그런 사람은 마치 그가 말하고 있는 그 문제의 웅대함에 집어삼켜지듯이 파멸할 것이다. 잠언 25,27에서 "그분의 엄위를 시험하는 사람은 그분의 영광에 짓눌리고 만다."고 하는 바와 같다.

이 구절은 다른 식으로 해석할 수도 있는데, 그것은 인간이 하느님께서 하시는 일을 적합하게 말할 수 없을 뿐 아니라 "하느님 그분께서 말씀하신다 해도", 인간에게 계시해 주신다 해도 "그는 파멸하고 말 것입니다."라는 것이다. 그는 그렇게 엄청난 것을 파악할 수 없을 것이다. 그래서 요한 16,12에서는 "내가 너희에게 할 말이 아직도 많지만 너희가 지금은 그것을 감당하지 못할 것이다."라고 말한다. 또한 신명 5,26에서는 "육체를 가진 사람 가운데, 살아계신 하느님께서 말씀하시는 것을 들은 사람이 어디 있습니까?"라고 말한다.

그러나 신적 진리에 대한 지식이 인간에게서 영원히 상실되었다고 믿지 않도록, 그러한 생각을 배제하기 위하여 "그러나 이제"(21절)라고 덧붙인다. 현재 "그들은", 인간은 "빛을 보지 못합니다." 그들은 신적 지식의 광채를 보지 못한다. 그러나, 앞서 말했듯이 하느님께서 사랑하시는 이들에게는 때로 그것이 알려지고 "그가 거기에까지 오를 수" 있다[36,33].

그는 이 움직임에 대해서 비유를 도입하며, "갑자기 공기가 엉겨 구름이 되고"라고 말한다. 남쪽에서 수증기가 모여 그렇게 되는 것인데, 이러한 응축의 결과로 날이 어두워진다.

그러나 그러한 어두움은 잠시 후에 구름이 흩어지면 사라진다. 그래서 그는 "바람이 불어 그 구름을 흩어 놓을 것입니다."라고 말한다. 이와 마찬가지로, 그가 지금은 어둠에 휩싸여 있다 하더라도 바람이 지나가는 것에 비길 수 있는 죽음이 오면 그 어둠은 흩어질 것이다.

인간 안에 감추어져 있는 하느님의 광채

그리고, 북쪽 지방이 태양에서 멀기 때문에 어둠이라 불리지만[16] 그 지방에서 금속 가운데 가장 빛나는 것인 금이 많이 나오는 것처럼, 때로는 어두운 곳에서 반짝이는 것이 발견될 수 있다. 이는 열기가 땅의 안쪽 부분을 지날 때 대기의 냉기 때문에 거기에서 더 효과적으로 작용하여 금을 생성하게 되기 때문인데,[17] 그래서 "북녘에서 금이 나오고"(22절)라고 덧붙인다. 또한, 반짝이는 금이 북녘에서 발견되듯이 현세의 삶의 무지함이라는 어둠 속에서도 희미하나마 신적 지식의 광채가 발견된다. 그래서 그는 "하느님으로부터 두려운 찬양이 나옵니다."라고 덧붙인다.

우리 안에서 하느님의 빛이 전혀 빛나지 않는다면 우리는 결코 그분을 찬양할 수 없을 것이다. 그렇다고 하느님의 신리가 우리에게 한낮에처럼 명백하게 빛난다면 우리는 경솔하게 그분을 찬미할 것인데, 우리의 지식 안에 신적 빛이 어떤 어

---

16) 참조. Albertus Magnus, *De Natura Locorum* I.8.
17) 참조. Aristotle, *Meteorology* I.10, 347b 6ff., I.12, 348b 2ff., 또한 Thomas, *In Libros Aristotelis Meteorologicorum Expositio, ad loc.*; Albertus Magnus, *Expositio Super Job* 37,22 주해.

둠 속에서 빛나기 때문에 우리는 자신이 완전하게 행할 수 없는 것을 행하기를 두려워할 때와 같이 경외심을 가지고 그분을 찬미한다. 그래서 엘리후는 "우리는 그분을 합당하게 찾아낼 수 없습니다."라고 덧붙인다. 우리가 그분을 찾음으로써 그분을 있는 그대로 알 수는 없다. 물론 이는 그분께서 탁월하시기 때문이다. 그래서 그는 "권능이 뛰어나신 분"이라고 덧붙인다. 그분의 권능이 그분께서 하시는 모든 일들을 무한히 초월하기 때문에, 그분께서 하시는 일들을 통하여 그분을 합당하게 찾아낼 수 없는 것이다.

하느님은 폭력을 사용하지 않으신다

그분께서 권능이 크시기 때문에 인간을 통치하는 데서 폭력을 사용하신다고 믿지 않도록, 그는 하느님께 "공정이" 뛰어나시다고 덧붙인다. "하느님의 판단은 헤아리기 어렵다."[18] 이는 그분께 공정이 부족하시기 때문이 아니라 공정이 탁월하시기 때문이다. 그래서 그는 "정의가 넘치시는 분"이라고 덧붙인다.

하느님의 위대하심은 형언할 수 없다

그분의 위대하심 때문에 우리는 정신으로 그분을 생각할 수도 없고 입으로 충분히 그분에 대해 말할 수도 없다. 그래서 그는 "그분에 대해서는 이야기할 수 없습니다."라고 덧붙인다. 이러한 이유 때문에 그분에 대한 찬미는 두렵다. 그래서 엘리후는 "사람들은" 아무리 강한 사람이라 하더라도 "그분을 경외합니다."(24절)라고

---

18) 로마 11,33.

덧붙인다. 그분의 힘이 위대하시기 때문이다. "스스로 지혜롭다는 자들은 아무도 감히 그분을 관조하지 못합니다." 마치 그분을 온전히 알고 있는 듯이 주제넘게 나설 수 없다는 것이다. 그가 이렇게 분명하게 말하는 것은, 인간의 지혜가 스스로에게나 다른 사람들에게 아무리 대단하게 보인다 하더라도 하느님의 지혜에 비교하면 아무것도 아니기 때문이다.

엘리후는 중간 입장을 취한다

엘리후가 지금까지 한 말들에서, 그가 어떤 부분에서는 욥에게 동의하고 어떤 부분에서는 그의 친구들에게 동의한다는 점을 살펴야 한다. 그가 욥에게 동의했던 부분은, 선인에 대한 갚음과 악인에 대한 징벌이 현세의 삶이 끝난 다음에 있으리라는 점에 대해서였다.[19] 반면 그가 욥의 친구들에게 동의했던 부분은, 현세의 삶에서 겪는 모든 역경은 죄에 대한 갚음이며 그 죄를 회개한다면 다시 번영을 누리게 되리라는 점에서였다.[20]

또한 그는 욥의 친구들과 마찬가지로, 욥이 죄에 대하여 벌을 받은 것이며 전에 그가 의롭게 보였던 것은 가장된 것이었다고 생각했다.[21] 그리고 그는 다른 친구들과 마찬가지로 욥의 말들을 오해했다.[22]

현세에서 악인들이 번영한다는 문제는 엘리후만이 언급했는데, 그는 악인들이 다른 이들의 죄 때문에 번영을 누린다고 보았다.[23] 또한 이와 유사하게, 천사들이

---

19) 참조. 32,22(엘리후)와 7,1 이하; 14,14(욥) 주해.
20) 참조. 38,27(엘리후)와 4,7와 5,6(엘리파즈); 8,4와 18,4(빌닷); 20,4(초파르) 주해.
21) 참조. 36,13(엘리후)와 4,17(엘리파즈); 24,4(빌닷); 11,6(초파르) 주해.
22) 참조. 예를 들어 33,10(엘리후)와 22,1(엘리파즈); 8,3과 18,4(빌닷), 11,4(초파르) 주해.
23) 참조. 34,30 주해.

하느님과 인간 사이의 중개 역할을 한다는 주제도 엘리후만이 언급한 것으로 보인다.[24]

욥의 침묵

이제 욥은 엘리후의 말들에 대답하지 않는다. 첫째로는, 욥이 13,4에서 "그릇된 교설을 숭배하는 자들"이라고 불렀던 그의 친구들이 잘못 생각하고 있었던 주장에 있어서 엘리후는 동의했기 때문이다.

이 때문에, 욥 자신에 대해 엘리후가 어떻게 생각하고 있었는지는 욥에게 그리 큰 문제가 아니었다. 더구나, 그의 양심이 결백하다는 것은 위로부터, 즉 하느님의 증언이 아니고서는 증명할 수 없는 것이었다.[25]

둘째로, 욥이 대답하지 않은 것은 엘리후가 유치하고 주제넘게 논쟁하는 사람들과 같이, 욥이 말하지 않았거나 그가 생각한 의도로 말하지 않은 것을 그의 말로 여기며 욥을 비난했기 때문이었다. 그러므로, 논쟁을 피하기 위하여 그는 침묵하거나 이 문제를 하느님의 심판에 맡기는 편이 낫다고 결심한 것이다.

---

24) 참조. 33,23 주해.
25) 참조. 13,10(욥)과 32,2(엘리후) 주해.

38장

하느님의 말씀. 주님께서 말씀하시며 욥에게 물으신다

하느님께서 개입하실 필요성

> 1) 주님께서 욥에게 폭풍 속에서 대답하여 말씀하셨다. 2) 지각없는 말로 그의 견해를 감싼 이자는 누구냐? 3) 사내답게 네 허리를 동여매어라. 너에게 물을 터이니 대답하여라. 4) 내가 땅의 기초를 세울 때 너는 어디 있었느냐? 네가 그렇게 잘 알거든 말해 보아라. 5) 누가 그 치수를 정하였느냐? 너는 알지 않느냐? 또 누가 그 위에 줄을 쳤느냐? 6) 그 주춧돌은 어디에 박혔느냐? 또 누가 그 모퉁잇돌을 놓았느냐? 7) 아침 별들이 함께 나를 찬미하고 하느님의 아들들이 모두 환호할 때에 말이다. 8) 누가 문을 닫아 바다를 가두었느냐? 그것이 모태에서 솟구쳐 나올 때, 9) 내가 구름을 그 옷으로, 안개를 그 포대기로 삼을 때, 10) 내가 그 위에다 내 경계를 긋고 빗장과 대문을 세우며 11) "여기까지는 와도 되지만 그 이상은 안 된다. 너의 도도한 파도는 여기에서 멈추어야 한다." 할 때에 말이다. 12) 너는 평생에 아침에게 명령해 본 적이 있느냐? 새벽에게 그 자리를 지시해 본 적이 있느냐?(38,1-12)

하느님의 섭리에 관한 욥과 그 친구들의 토론 후에[1] 엘리후는 스스로 그 토론에

---

1) 참조. 32,2 주해.

대해 판정을 내리는 역할을 맡으며 어떤 부분에서는 욥을 비판하고 어떤 부분에서는 그의 친구들을 비판했다. 그러나 인간의 지혜는 하느님 섭리의 진리를 이해하기에 충분치 못하므로, 이 토론은 하느님의 권위로 결정되어야 했다.

욥은 하느님의 섭리에 관하여 올바른 견해를 지니고 있었다. 그러나 말하는 방법에 있어서는 절제가 없어서 다른 이들에게 걸림돌이 되었고 그들은 그가 하느님을 마땅히 공경하지 않는다고 생각했으므로, 주님께서는 토론을 결정하는 사람과 같이 욥의 친구들을 올바른 견해를 갖고 있지 못했다는 점에서 비판하고[2] 욥은 말하는 방법이 무질서했다는 점에서(3절 이하), 그리고 엘리후는 부적절한 판정을 내렸다는 점에서(2절) 비판하신다. 그래서 "주님께서 욥에게 대답하여 말씀하셨다."(1절)라고 한다. 바로 앞에서 욥이 말을 한 것은 아니지만, 이 대답은 그에게 하신 것이기 때문이다.

폭풍 속에서의 신현

욥은 그 대답의 방법을 설명하며 "폭풍 속에서"라고 덧붙인다. 이것은 글자 그대로 이해하여, 하느님의 목소리가 일종의 거센 바람 속에서 기적적으로 들려왔다고 여길 수도 있다. 탈출 20,18에서는 시나이 산에서 그러한 일이 있었다는 것을 읽을 수 있고, 요한 12,29에서는 어떤 사람들이 천둥이 울렸다고 말했을 때에 그리스도께 음성이 들렸다고 말한다.

또는 비유적 해석으로, 주님의 대답이 욥에게 내적인 신적 영감으로 주어졌다는 뜻으로 이해할 수도 있다. 주님께서 그에게 "폭풍 속에서" 대답하셨다는 것은 그가 아직도 겪고 있었던 혼란 때문이기도 하고 폭풍의 어둠 때문이기도 하다. 우

---

2) 참조. 42,7 주해.

리는 현세의 삶에서 아직 신적 영감을 분명하게 감지하지 못하고, 디오니시우스가 『천상 위계에 관하여』(On the Celestial Hierarchy) 제1장에서 말하듯이 감각적 표상을 통하여 일종의 어두운 인상으로써만 감지하기 때문이다.[3] 주님께서 물질적인 폭풍 속에서부터 당신의 목소리를 감각적으로 들리게 하셨다면, 그분도 이러한 의미를 원하신 것이다.

주님께서 분명한 판정을 내리신다

토론이 판정에 의해 결정된 다음에는, 그 판정을 거부하지 않는다면 더 이상 할 말이 없는 것이다. 그러므로 주님께서는 먼저 엘리후가 내렸던 판정이 그릇됨을 지적하신다. 그분은, 엘리후가 경솔한 많은 말로 자신이 제시했던 올바른 견해를 뒤덮었다는 점을 지적하신다. 그래서 "지각없는 말로 그의 견해를 감싼 이자는 누구냐?"(2절)라는 말씀이 뒤따른다. 물론 엘리후는, 욥이 하느님과 논쟁하기를 원했고 하느님의 심판이 정의롭지 못하다고 여기는 것으로 보일 만큼 자신의 의로움을 주장했다는 점에서 욥을 비난함으로써 자신의 견해를 밝혔다.[4] 그러나 위에서 분명히 드러나는 바와 같이,[5] 엘리후는 그러한 견해들을 주제넘고 그릇되기까지 한 많은 말로 뒤덮었다. 그 말들이 여기서는 지각없는 말들이라고 일컬어지는데, 이는 모든 무질서는 이성의 결함에서 나오는 것으로 여겨지기 때문이다.

---

3) 제1장(trans. p. 21f.) [PL 3, 121].
4) 참조. 33,12; 34,5; 35,2 주해.
5) 참조. 34,10; 37,24 주해.

주님의 말씀을 듣기 위해 준비해야 한다

이렇게 엘리후의 판정을 배제시킨 다음, 주님께서 직접 그 토론에 대한 판정을 내리기 시작하신다. 첫째로 그분은 욥에게 주의를 기울이도록 권고하신다. "사내답게 네 허리를 동여매어라"(1절). 이는 비유적인 표현이다. 사람들은 보통 여행을 떠나기 위해서나 어떤 행동을 하기 위한 준비로 허리를 동여매기 때문이다. 그러므로 주님께서는 욥이, 그에게 하실 말씀을 아무런 장애도 없이 고찰할 준비를 갖추기를 원하신 것이다. 그래서 그분께서는 분명하게 허리를 동여매라고 말씀하신다. 허리는 영적으로 귀를 기울이는 것을 크게 방해하는 육적인 쾌락을 가리키기 때문이다.[6] 그래서 이사 28,9에서는 "저자가 누구에게 가르침을 베풀며 누구에게 계시를 설명하려는가? 겨우 젖 뗀 아이들에게나, 고작 어미젖에서 떨어진 것들에게나 하려는가?"라고 말한다.

욥은 주제넘었다

그분은 당신의 판정에서, 먼저 욥에게 그가 토론하겠다고 하느님께 도전했을 때에 주제넘게 보였던 점을 책망하신다. 위의 13,22에서 욥은 "부르십시오. 제가 대답하겠습니다. 아니면 제가 아뢰겠으니 저에게 대답해 주십시오."라고 말씀드리며 하느님께 두 가지 가운데 선택할 수 있게 해 드린 것으로 보이므로, 그리고 욥이 이미 충분히 말을 했으므로 주님께서는 그 둘째 가능성을 선택하여 "너에게 물을 터이니 대답하여라."라고 말씀하신다. 물론 이렇게 하느님께서 물으시는 것은 배우시기 위해서가 아니라 인간에게 그의 무지를 깨닫게 하시기 위해서이다.

---

6) 참조. 16,14; 31,2 주해.

하느님은 욥에게 자연 현상에 대해 물으신다. 땅에 대하여

하느님께서는 욥에게 인간의 감각들로 알 수 있는 그분께서 이루시는 결과들에 대해 물으신다. 인간이 그것을 알지 못한다는 것이 드러나면, 더 드높은 것들에 대해서는 알지 못함이 더욱 확실해질 것이다.

감각적으로 지각되는 결과들 가운데 그분은 먼저 세상의 주요한 부분들에 대해 질문하기 시작하시는데, 그 가운데 우리에게 가장 잘 알려져 있는 것이 땅이다. 우리에게 가장 가깝기 때문이다. 그분은 욥에게 땅에 대해 질문을 시작하시며 "내가 땅의 기초를 세울 때 너는 어디 있었느냐?"(4절)라고 말씀하신다. 그분은 땅을 기초에 비유하신다. 기초가 건물의 가장 낮은 부분이듯이 땅은 모든 사물 아래에 있는 가장 낮은 부분이기 때문이다.

그리고 특히 흙은 인간의 몸을 이루는 주된 재료인데, 재료는 그것으로부터 만들어진 것보다 시간상으로 앞서며, 그것을 만든 기술자의 계획은 더욱 그러하다. 그래서 그분은 분명하게 "내가 땅의 기초를 세울 때 너는 어디 있었느냐?"라고 말씀하신다. 땅의 기반이 세워졌을 때 욥은 아직 세상에 있지 않았으므로, 욥은 땅의 기초를 세우는 계획을 알 수 없다는 뜻이다.

땅의 자리

여기서, 어떤 고대인들은 흙과 다른 요소들의 배치가 질서를 부여하는 어떤 이성에 의해서가 아니라 재료들의 필연성에 의하여 이루어졌다고 생각했고, 그 필연성에 의하면 무거운 사물들은 가벼운 사물들 아래로 내려앉는다고 여겼다.[7]

---

[7] 참조. Aristotle, *Physics* II.15, 200a 1ff., 또한 Thomas, *Commentary on the Physics*, ad loc.

그러므로 주님께서는 이러한 견해를 배제하기 위하여 땅의 기초를 건축자의 계획에 의하여 이루어지는 건물의 기초에 비유하신다. 그와 유사하게 땅의 기초는 하느님의 섭리에 따라 이루어졌고, 인간의 이해력은 그것을 파악할 수 없다. 하느님께서는 그러한 뜻으로 "네가 그렇게 잘 알거든 말해 보아라."라고 말씀하신다. 너는 이러한 일들에 대한 계획을 말할 수 없다. 그것을 파악하기에는 너의 이해력이 부족하기 때문이다.

여기서, 건축자는 건물의 기초를 세울 때 네 가지를 미리 결정한다는 점을 고려해야 한다.

창조주 하느님 : 기초

1. 첫째는 그 기초가 얼마나 커야 하는가 하는 점이다. 이와 유사하게 하느님의 계획은 땅이 얼마나 커야 하고, 그보다 더 크거나 작아서는 안 된다고 결정하신다. 이 점에 관련하여 그분은 "누가 그 치수를 정하였느냐?"(5절)라고 말씀하신다. 그분께서는 분명하게 "정하였느냐?"라고 말씀하시는데, 땅의 본성이 필연적으로 그러한 크기를 요구하는 것이 아니기 때문이다. 땅에 그러한 크기가 정해진 것은 오직 하느님의 이성에 따라서이고, 인간은 그 하느님의 이성을 알지 못한다. 그래서 그분께서는 "너는 알지 않느냐?"라고 덧붙이신다. 인간은 그 크기를 알 수도 없고 말할 수도 없기 때문이다.

땅의 경계

2. 둘째로 건축자는 그의 계획에 따라 기초를 놓기 위한 부지를 결정하는데, 여기에는 줄을 긋는 것이 포함된다. 그래서 그분은 "누가 그 위에 줄을 쳤느냐?"라고 말씀하신다. 이는 하느님의 계획이 우주의 여러 부분들 가운데 땅의 자리를 결정

하셨음을 의미한다.

주춧돌

3. 셋째로, 기초의 크기와 그 자리를 결정한 다음 건축자는 어떤 기반 위에 그 기초가 굳건히 세워질 수 있을 것인가를 결정한다. 이에 관련하여 그분은 "그 주춧돌은", 즉 땅의 주춧돌은 "어디에 박혔느냐?"(6절)라고 덧붙이신다. 그 기초는 세상의 한가운데에 놓여 있기 때문이다.[8]

모퉁잇돌

4. 넷째로, 앞에 언급된 세 가지를 결정한 다음 건축자는 이제 기초 위에 돌을 놓기 시작한다. 먼저 모퉁잇돌을 놓고, 거기에 벽들이 연결된다. 이와 관련하여 그분께서는 "누가 그 모퉁잇돌을 놓았느냐?"라고 덧붙이신다. 모퉁잇돌은, 땅의 여러 부분들이 연결되는 중심을 의미한다.

하느님께는 땅이 필요하지 않으셨다

그런데, 사람들이 집의 기초를 놓는 것은 보통 집이 필요해서이지만 하느님께서는 필요에 의해 땅의 기초를 놓으신 것이 아님을 보이기 위하여 그분께서는 "아침 별들이 함께 나를 찬미하고"(7절)라고 덧붙이신다. 하늘의 별들이 나를 찬미하고 나에게는 하늘의 거처가 있다. 내가 땅의 기초를 세운 것은 거기서 살 종들이 필요해

---

[8] Aristotle, *On the Heavens* II.26, 296b 6ff.

서가 아니라 오직 나의 뜻에서 한 일이다.

이렇게 말씀하시는 것은 하늘이 땅보다 먼저 만들어졌기 때문이 아니다. 창세 1,1에서는 "한처음에 하느님께서 하늘과 땅을 창조하셨다."라고 말하는데, 반면 여기에 언급된 별들은 넷째 날에 창조되었다는 것을 읽을 수 있다.[9] 그런데 여기서 이렇게 말한 것은 불멸의 것들이 소멸하는 것들보다 우선이고, 동인이 움직여지는 것보다 먼저이듯이 본성적 질서에서 하늘과 별들이 땅보다 먼저라는 것을 보여 주기 위해서이다.

아침 별들

이제 그분께서는 "아침 별들"이라고 말씀하시는데, 이들은 새로 만들어진 별들을 가리킨다.[10] 우리가 하루를 시작할 때에 나타나는 별들을 아침 별이라고 하는 것과 같다. 아침 별들이 하느님을 찬미한다고 일컬어지는 것은 한편으로는 물질적 의미로 이해할 수 있다. 아침 별들은 그 밝음과 고귀함 때문에 하느님을 찬미할 소재가 된다.[11] 인간이 아직 존재하지 않았다 해도, 적어도 이미 존재했던 천사들에게는 그러했다.[12]

다른 해석으로, 천체들에 영혼이 있다고 말하는 이들에 따른다면[13] 별들은 그들이 창조되었을 때에 목소리로써가 아니라 정신으로 하느님을 찬미했다.

또한 이 표현은 천사들에게도 적용될 수 있다. 천사들의 도움으로 천체들이 움

---

9) 참조. 창세 1,14 이하.
10) 참조. Gregory, *Morals on the Book of Job* XXVIII.14 [*PL* 76, 467D].
11) Thomas, *De Creaturis Spiritualibus*, a.6 ad 14, 여기서는 John Damascene, *De Fide* II.6[*PG* 94, 885]를 인용한다.
12) 참조. Thomas, *On Separate Substances*, ch. 16; 또한 Augustine, *City of God* XI.9.
13) 참조. 37절 주해(피타고라스학파); 또한 Thomas, *ST* I.70.3.

직이는 것이다.[14] 그렇다면 "하느님의 아들들이 모두 환호할 때에 말이다."라는 것은 최고 계층의 천사들에게 적용될 수 있다. 디오니시우스는 그들이 신성의 입구에 자리하고 있다고 보았었다.[15] 그래서, 앞의 별들은 보다 하위의 것들로서 하느님을 찬미하고 뒤의 별들은 상위의 것들로서 탁월한 찬양인 환호를 올린다고 일컬어진다.

물을 가두어 두심

땅의 기초에 대해 말씀하신 다음에는, 땅 바로 아래에 있는 물에 대해 말씀하신다. 요소들의 본성적 질서를 따른다면, 공기가 땅과 물을 사방에서 에워싸듯이 물이 사방에서 땅을 에워싸야 할 것으로 보인다.[16] 그러나 하느님의 안배로, 인간과 동물과 식물의 생성을 위하여 땅의 일부가 물에 덮이지 않은 채로 있게 되었다. 하느님께서 당신의 권능으로 바닷물을 정해진 한계 안에 머물러 있게 하시는 것이다. 그래서 "누가 문을 닫아 바다를 가두었느냐?"(8절)라고 덧붙인다. 이는 바다를 정해진 한계 안에 가두었다는 뜻이다.

어떤 이들은 태양의 작용으로 땅의 일부가 마른 것이라고 생각했지만,[17] 주님께서는 처음부터 바다가 땅의 모든 것을 덮지 않도록 안배했음을 보여 주신다.

이어서 그분은 생물 곧 아기의 출생을 비유로 들어 바다의 생성을 묘사하신다. 물은 특별히 생물체를 형성시키기 때문이다.[18] 그래서 모든 동물의 종사는 젖

---

14) 참조. 26,11 주해.
15) Thomas, *ST* I.108.1, 여기서는 *On the Celestial Hierarchy* VII.2[*PG* 3, 208A]를 인용한다.
16) 참조. 5,10 주해.
17) Thomas, *In Libros Aristotelis Meteorologicorum Expositio* II.1, sec.142, 여기서는 아낙사고라스와 디오게네스를 언급한다.
18) 참조. Aristotle, *On the Generation of Animals* III.2, 761a 32ff.; IV.2, 767a 31ff.

어 있다.[19]

바다

이제, 아기는 첫 번째로 모태에서부터 나온다. 이러한 사실을 가리켜 그분은 "그것이 모태에서 솟구쳐 나올 때"라고 말씀하신다. 바다의 생성에 대해 그분은 "솟구쳐 나올 때"라는 단어를 사용하시는데, 물은 끊임없이 움직이기 때문이다. 그리고 그 바다가 "모태에서" 나온다고 일컬어지는 것은 그것이 어떤 유형의 물질에서 나오기 때문이 아니라, 모태와 같은 하느님 섭리의 감추어진 원천으로부터 나오기 때문이다.

둘째로, 태어난 아기에게는 옷이 입혀진다. 이에 관련하여 그분은 "내가 구름을 그 옷으로 삼을 때"(9절)라고 덧붙이신다. 구름이 물에서 방출된 수증기로부터 생성되므로,[20] 바다 지역에서는 구름이 더 많다.

구름의 형성

이제 셋째로, 태어난 아기는 포대기로 감싸진다. 이러한 사실에 관련하여 그분은 "안개를 그 포대기로 삼을 때"라고 덧붙이신다. 안개는, 위로 올라가지도 않고 구름으로 응결되지도 않고 바다의 표면에서 공기를 어둡게 하는 수증기를 가리킬 수 있다. 창세 1,2에서 "어둠이 심연을 덮고 있었다."고 할 때 아마도 이를 암시한다.

---

19) 참조. Aristotle, *Metaphysics* I.4, 983b 26ff.
20) 참조. Aristotle, *Meteorology* II.7, 359b 27ff.

바다의 경계

바다의 첫 생성에 관하여 이렇게 말씀하신 다음, 그분은 바다가 어떻게 갇히게 되었는지를 이렇게 설명하신다. 바다가 새로 만들어졌을 때 "내가 그 위에다 내 경계를 그었다"(10절). 그분은 바다를 가두는 것에 관련하여 세 가지를 말씀하시는 것으로 보이는데, 그 첫 번째로는 "내 경계" 즉 내가 정한 경계라고 말씀하시고, 두 번째로는 "빗장"이라고 말씀하시며, 세 번째로는 "대문을 세우며"라고 말씀하신다.

이 세 가지는 하느님 권능의 통치에 관련된다. 그래서, 앞에서 말씀하신 것을 설명하시며 이렇게 말씀하신다. "여기까지는 와도 되지만"(11절)이라는 말씀은 경계의 개념에 관련된다. 경계는 운동의 한계이기 때문이다.[21] "그 이상은 안 된다."라는 것은 어떤 사람이 앞으로 나아가는 데에 장애가 되는 빗장에 관련된다. 그리고, "너의 도도한 파도는 여기에서 멈추어야 한다."라는 말씀은 어떤 사람이 밖으로 나가지 못하도록 또는 분별없이 나가지 못하고 정해진 규칙에 따라 나가도록 세워진 문에 관련된다. 그러므로, 바다는 멋대로 해변을 침범하는 것이 아니라 파도 물결의 일정한 정도를 따른다.

낮과 밤

땅과 물 다음으로는, 하늘과 이어져 있는 것으로 보이는 공기에 대해서 더 말씀하신다. 물과 땅 위에 있는 모든 물체에 공통된 첫 번째 질서는, 움직임들 가운데 첫 번째인 낮의 움직임에 따라 일어나는 밤과 낮의 변화이다.[22] 그래서 다

---

21) 참조. Aristotle, *Metaphysics* V.17, 1022a 5ff.
22) 참조. Aristotle, *Physics* VIII.10, 267b 6ff.

음으로는 "너는 평생에 아침에게 명령해 본 적이 있느냐?"(12절)라고 말씀하신다. '밤과 낮이 너의 명령이 따라 바뀌느냐?'라는 것이다. 아침은 밤과 낮의 경계이기 때문이다.

그분은 분명하게 "평생에", 네가 태어난 그 때부터 그렇게 해 본 일이 있는지 물으신다. 위에서 땅에 대해 말씀하시면서 "너는 어디 있었느냐?"(4절)라고 말씀하신 것과 같다. 흙이 인간의 주된 재료이듯이,[23] 물리적 원인들 가운데에서는 그 움직임으로 밤과 낮을 바꾸어 놓는 가장 높은 하늘이 인간 몸의 주된 원천이기 때문이다.[24]

새벽

여기서, 아침이나 새벽의 광채는 태양이 통과하는 황도의 별자리들의 높이에 따라 달라진다는 것을 고려해야 한다. 그 별자리가 빨리 떠오르는 별자리인 경우 새벽은 잠시 동안만 지속된다. 그러나 태양이 천천히 떠오르는 별자리에 있을 때는 새벽이 더 오래 지속된다.

또한 태양이 뜰 때 새벽의 광채가 나타나기 시작하는 장소의 위도도 결정된다. 그런 의미에서 "새벽에게 그 자리를 지시해 본 적이 있느냐?"라고 말씀하신다. 하늘에서 새벽빛이 비치기 시작하는 장소를 네가 결정했느냐? 그렇지 않다는 것이다. 그리고 이 모든 질문으로부터, 욥의 이성은 하느님의 업적을 이해하기에는 부족하다는 것이 드러난다. 그러므로, 그가 하느님과 논쟁하기에 부적합하다는 것은 분명하다.

---

[23] 참조. 창세 2,7; 또한 위의 4절 주해.
[24] 참조. 위의 17절 주해.

지진

13) 너는 땅의 가장자리를 붙잡고 흔들어 악인들을 거기서 털어낸 적이 있느냐? 14) 땅은 진흙 표지처럼 복구되고 옷과 같이 변함이 없다. 15) 그러나 악인들에게는 빛이 거부되고 들어 올린 팔은 꺾인다. 16) 너는 바다의 원천까지 가 보고 심연의 밑바닥을 걸어 보았느냐? 17) 죽음의 대문이 네게 드러난 적이 있으며 암흑의 대문을 네가 본 적이 있느냐? 18) 너는 땅이 얼마나 넓은지 이해할 수 있느냐? 네가 이 모든 것을 알거든 말해 보아라. 19) 빛이 머무는 길은 어디 있느냐? 또 어둠의 자리는 어디 있느냐? 20) 네가 그것들을 제 경계로 데려갈 수 있느냐? 그것들의 집에 이르는 길을 알고 있느냐? 21) 너는 네가 태어나리라는 것을 알았으며, 너의 날수를 알았느냐? 22) 너는 눈 곳간에 들어간 적이 있으며 우박 곳간을 본 적이 있느냐? 23) 내가 환난의 때와 동란과 전쟁의 날을 위하여 저장해 둔 것들을? 24) 빛이 갈라지는 길은 어디 있느냐? 열기가 땅 위에서 흩어지는 그 길은? 25) 누가 큰비를 위하여 수로를 깎아 텄으며 뇌성 번개를 위하여 길을 놓았느냐? 26) 인간이 없는 땅, 사람이 살지 않는 광야에 비가 내리고 27) 황폐하고 황량한 광야를 흠뻑 적시며 풀밭에 싹이 트게 하려고 누가 길을 놓았느냐? 28) 비에게 아버지가 있느냐? 또 누가 이슬방울들을 낳았느냐? 29) 누구의 모태에서 얼음이 나왔느냐? 또 하늘의 서리는 누가 낳았느냐? 30) 물이 돌처럼 단단해지고 심연의 표면이 얼어붙을 때에 말이다. 31) 너는 묘성을 끈으로 묶을 수 있느냐? 또 오리온자리를 매단 밧줄을 풀 수 있느냐? 32) 너는 샛별을 제시간에 이끌어 내고 금성을 땅의 아들들 위에 떠오르게 할 수 있느냐? 33) 너는 하늘의 법칙들을 아느냐? 또 네가 땅에 대한 그의 계획을 확정할 수 있느냐? 34) 너는 구름에게 호령하여 큰물이 너를 뒤덮게 할 수 있느냐? 35) 네가 번개들을 내보내서 그것들이 제 길을 가며 돌아와서는 너에게 "예, 알았습니다." 하고 말하느냐?(38,13-35)

주님께서는 물질적 피조물의 주요한 부분들인 땅, 바다, 하늘을 열거하신 다음 여기서 방금 언급된 세상의 세 부분에 대한 안배에서 나타나는 놀라운 업적들을 다루기 시작하신다.

그분은 먼저 땅에서 시작하시는데, 땅에서는 지진과 함께 일어나는 일들이 특히 놀랍게 보인다. 이에 관하여 그분은 비유적으로, 어떤 물체를 붙잡고 흔드는 사람의 비유로 말씀하신다. "너는" 너의 힘으로 "땅의 가장자리를 붙잡고 흔들었느냐?"(13절). 이 말씀은, 한 번의 지진으로 온 땅이 한 번에 흔들려야 한다는 뜻이 아니라 땅의 어떤 극변들이 흔들린다는 뜻으로 이해되어야 한다.

모든 것은 인간을 위한 것

실상, 물질적 피조물 안에서 일어나는 모든 것은 인간에게 유익을 가져온다.[25] 지진과 그 밖의 무서운 사건들도 이러한 목적을 위하여 유용하다. 인간이 두려움에서 죄를 끊어 버리도록 하기 때문이다. 그래서 그분은 "악인들을 거기서 털어 낸 적이 있느냐?"라고 덧붙이신다. 여기서 그분은 옷에서 먼지나 좀벌레를 털어내기 위하여 옷을 터는 사람의 비유를 들어 말씀하신다. 그와 마찬가지로 하느님은 땅을 흔드시어 때로는 죄인들을 죽음으로 이 세상에서 털어내기도 하시고 때로는 삶을 바로잡게 하신다.

---

25) 참조. 37,7 주해.

지진의 여러 결과들

지진이 일어날 때 담장이나 그와 유사한 것들은 쉽게 갈라진다. 이러한 사실에 관련하여 그분은 "땅은 진흙 표지처럼 복구되고"(14절)라고 덧붙이신다. 진흙은 부서질 때 쉽게 동일한 상태로 회복된다. 또한 표지도, 예를 들어 담장이나 다른 어떤 장소에 있는 표지는 담장이 갈라짐으로써 없어진 것으로 보이지만 권능에 의하여 이전 상태로 회복될 수 있다.

또한 때로는, 탑이나 나무나 다른 사물들이 지진으로 흔들리고도 쓰러지지 않는 경우도 있다. 이러한 사실에 관련하여 그분은 "옷과 같이 변함이 없다."고 덧붙이신다. 옷은 흔들리더라도 이전의 온전함을 잃어버리지 않기 때문이다.

재앙

그러나 때로는 그 반대로, 사람들이 땅에 삼켜지거나 지진으로 인하여 무너진 담에 깔려 죽는다. 이러한 사실에 관련하여 그분은 "그러나 악인들에게는 빛이 거부되고"(15절)라고 덧붙이신다. 죽음으로 인하여 그렇게 되는 것이다. 또 때로는 지극히 튼튼한 요새나 탑도 지진으로 무너지는데, 이러한 사실에 관련하여 그분은 "들어 올린 팔" 즉 매우 튼튼한 요새나 인간이 자신의 팔처럼 신뢰하는 힘 있는 친구도 "꺾인다"고 덧붙이신다.

바다

지진과 그 결과에 관한 이러한 말씀들 다음으로 그분은 중간에 있는 요소인 바다에 관하여 말씀하신다. 바닷속의 사물들은 인간에게 감추어져 있고 놀랍게 보인다. 첫째로는 바다 깊은 곳에 있는 사물들이 그러하다. 예를 들면 바닷속에 사는 물고기들에 대한 안배가 그러한데, 이에 관련하여 그분은 "너는 바다의 원천까지 가 보았느냐?"(16절)라고 말씀하신다. 바다 깊은 곳에 감추어져 있는 동물들에 대해 알기 위해 거기까지 들어가 보았냐는 것이다.

바다에서, 감추어져 있고 놀랍게 보이는 또 한 가지 사물은 바닷물 아래에 있는 땅에 대한 안배이다. 이에 관련하여 그분은 "심연의 밑바닥을 걸어 보았느냐?"라고 말씀하신다. 심연의 가장 깊은 곳에 가 보았냐는 것이다.

천체, 빛과 어둠

땅과 바다의 안배 다음으로는 하늘의 안배를 다루시는데, 하늘 아래에는 공기도 들어 있어 그분은 이 문제에 한참 머무신다. 그 안에서 많은 놀라운 일이 나타나기 때문이다.

첫째로 그분은 빛과 어둠의 안배에서 시작하시는데, 이는 위쪽의 사물 전체에 [26] 관련된다. 여기서, 천체들은 그들의 빛을 통하여 하위의 사물들에게 작용한다는 점을 고려해야 한다. 열기와 냉기가 요소들의 활동적 자질이듯이 빛은 천체들의 활동적인 자질이기 때문이다.[27] 그러므로 그분은 하위의 물체들에 미치는 천체들의 영향을 빛과 어둠에 대한 고찰과 연결시키신다.

---

[26] 하늘 모두에.
[27] Thomas, *Super Libros Sententiarum* IV, d.48, q.1, a.4, qc.2, arg. 2, 여기서는 Averroes, *De Substantia Orbis*, ch. 2를 인용한다; 참조. *ST* I.67.3과 *Commentary on De Anima* II.14, sec. 414.

생성과 소멸

하위의 사물들에 대한 천체들의 영향들 가운데 가장 일반적인 것은 생성과 소멸이다.[28] 주님은 여기에서 시작하시며, "죽음의 대문이 네게 드러난 적이 있느냐?"(17절)라고 말씀하신다. 죽음은 생명체의 소멸이며, 그런 의미에서 지금 이 말이 향하고 있는 인간에게 특별히 해당된다. 천체들과 관련하여 죽음의 문은 소멸의 원인들을 가리키며, 그 문을 통하여 그러한 결과가 시작된다. 그런데, 삶의 기간과 사물이 지속되는 기간을 알기는 매우 어렵다. 그러므로 죽음의 문은 우리에게 드러나 있지 않다. 천체들의 경우 우리는 각 사물의 소멸의 원인을 알지 못하기 때문이다.

한편 어둠은 죽음에 대응된다. 이는 빛을 통하여 인식하는 인간이 죽음으로써 시각을 잃어버리기 때문이기도 하고, 또한 죽은 후에 인간이 마치 어둠 속으로 들어가듯이 망각으로 들어가게 되기 때문이기도 하다. 그래서 그분은 "암흑의 대문을 네가 본 적이 있느냐?"라고 덧붙이시며 죽음의 문을 "암흑의 대문"이라고도 부르신다는 것을 알게 하신다. 이는 죽음의 속성 때문인데, 앞에서 그분은 그것을 죽음의 대문이라고 부르셨다.

다른 해석으로는, "암흑의 대문"이라는 표현은 천체들이 일으키는 다른 결과인 공기의 어둠을 가리킬 수도 있다. 그래서 그분께서 죽음의 대문에 대해 말씀하신 것은 생물체들에만 적용되고 암흑의 문에 대해 말씀하신 것은 사물들에만 명백히 적용될 수도 있다는 것이다.

---

[28] Thomas, ST I.115.3, ad 2, 여기서는 Aristotle, On Generation and Corruption II.10, sec. 255를 인용한다.

땅의 넓이

이제 그분은 땅 주위의 추위와 더위의 차이에 대해 말씀하신다. "너는 땅이 얼마나 넓은지 이해할 수 있느냐?"(18절). 천문학자들에 따르면 땅의 길이는 동쪽에서 서쪽으로 이어지는 반면 그 넓이는 남쪽에서 북쪽으로 이어진다. 더 긴 쪽은 길이라고 일컬어지고 더 좁은 쪽은 넓이라고 일컬어지기 때문이다.[29]

그런데 우리가 살고 있는 땅에서, 동쪽에서 서쪽으로의 거리가 남쪽에서 북쪽으로의 거리보다 멀다는 것은 경험으로 입증되어 있다.[30] 그러므로 땅의 넓이는 남쪽에서 북쪽으로 올라가게 되고, 이렇게 가다 보면 더위와 추위의 차이가 있게 된다. 우리가 살고 있는 장소에서 남쪽으로 갈수록, 태양에 가까워지기 때문에 더 더워지게 되기 때문이다. 그러므로, 땅의 넓이에 대해 말한 것은 더운 장소와 추운 장소의 차이에도 적용될 수 있다.

빛

천체의 빛이 하위의 사물들에 미치는 결과들에 관하여 이렇게 말씀하신 다음, 그분은 빛 자체에 대해 언급하신다. "네가 이 모든 것을 알거든 말해 보아라." 네가 모든 것을 알아서 모든 것을 아시는 하느님과 토론할 수 있다면 해 보라는 것이다. "빛이 머무는 길은 어디 있느냐?"(19절). 여기에서, 빛은 천체들에게서 발견되므로 천체들이 빛을 담는 그릇인 등불이라 불린다는 것을 기억해야 한다.

---

29) 경도와 위도를 말한다. 여기서 "천문학사"(astronomer)는 *astrologus*의 번역이다. 참조. Thomas, *In Libros Aristotelis de Caelo* II.3, sec. 320-322와 Albertus Magnus, *De Caelo* I.6, 그리고 *De Natura Locorum* I.9.

30) 참조. Aristotle, *Meteorology* II.10, 362b 19ff.

세상의 등불

그러나 길은 움직임을 가리키므로, 길에 대한 질문은 천체들의 움직임을 묻는 것이다. 그런데 천체들의 움직임은 인간의 지식을 초월한다. 이는 그 움직임에 대한 사람들의 의견이 여러 가지로 다르다는 것으로 입증된다. 어떤 이들은 천체들이 이심권과 주전원에 의하여 움직인다고 주장하고[31] 다른 이들은 여러 천구의 움직임을 통하여 움직인다고 주장하는 것이다.[32]

그리고, 천체들이 위쪽 반구에서 움직이는 데에 따라 그 움직임에 의하여 빛이 생겨나듯이 어둠은 그들이 아래쪽 반구에서 움직이는 데에 따라 그 움직임으로부터 나온다. 그 역시 파악하기는 어렵다. 그래서 그분은 "또 어둠의 자리는 어디 있느냐?"라고 덧붙이신다. 그런데, 어떤 사물의 움직임은 그것이 움직이는 길이 알려져 있지 않으면 정확하게 측정할 수 없다. 철학자가 『물리학』(Physics) 4권에서 말하듯이 크기는 움직임으로 측정되고 움직임은 크기로 측정되기 때문이다.[33]

인간이 알지 못하는 움직임

따라서, 천체들이 움직이는 길을 인간이 확실하게 알 수 없으므로 그 움직임도 완전하게 측정할 수 없다. 그래서 그분은 "네가 그것들을", 빛과 어둠을 "제 경계로 데려갈 수 있느냐?"(20절)라고 덧붙이신다. 각각의 천체들이 뜨고 지는 것을 그 시작과 끝에 관련하여, 그리고 그 방법에 관하여 밝혀 보일 수 있냐는 것이다. "그것들의", 빛의 "집에 이르는 길을 알고 있느냐?"라고 덧붙이는 것은 이에 관한 것

---

31) Thomas, *ST* I.70.1, *ad* 3, 그는 프톨레마이오스를 언급한다.
32) Thomas, *Ibid*.는 Aristotle, *On the Heavens* II.8, 289b 30ff.를 언급한다.
33) Ch. 12, 220b 28ff.

이다. 빛이 남쪽에서부터 하늘 꼭대기로 올라간 다음에는, 집에 이르는 길을 간다. 그러나 해가 뜨고 지는 것은 그 길의 끝이 된다.

그런데, 디오니시우스가 『신명론(On the Divine Names)』 4권에서 말하듯이 천체들의 움직임에 따라 하위의 사물들의 기간과 생성과 소멸의 때가 측정된다.[34] 그러므로, 그러한 원인들을 알 수 없다면 그 결과들도 알 수 없다. 그래서 "너는 네가 태어나리라는 것을 알았느냐?"(21절)라고 덧붙인다. '너는 하늘의 움직임을 관찰하여 네가 태어날 때를 미리 알았느냐?'는 것이다.

그러나 욥이 그것을 미리 알았을 수 없다. 태어나기 전에 그는 존재하지 않았기 때문이다. 다른 누구도 이를 미리 알 수 없었으니, 인간의 지식이 나약하기 때문이다. 하느님께서는 모든 사람을 대신하여 욥에게 말씀하고 계시다. 그리고, 그가 자신이 태어난 때를 미리 알지 못했던 것과 마찬가지로 삶의 끝도 알 수 없다. 그래서 그분은 "너의 날수를 알았느냐?"라고 덧붙이신다. 너는 천체의 움직임을 계산함으로써 이것을 알아낼 수 없다. 그 움직임을 네가 계산할 수 없기 때문이다.

눈과 우박

빛과 어둠의 교체에 관하여 이렇게 말씀하신 다음, 이제 하느님께서는 공기의 변화에 대해 말씀하신다. 공기는 폭풍과 고요함에 의하여 여러 가지로 달라진다. 그분께서는 눈과 우박에서 시작하여, "너는 눈 곳간에 들어간 적이 있으며 우박 곳간을 본 적이 있느냐?"(22절)라고 말씀하신다. 그분은 위로 올라간 수증기를 눈과 우박의 곳간이라 부르시는데, 그 수증기에서부터 눈과 우박이 생성되기 때문이

---

34) *PG* 3, 697B.

다.[35] 그러나 우박은 더 성긴 실체이며, 주위의 열기에 의하여 냉기가 구름의 안쪽으로 밀려들었을 때에 우리와 더 가까운 장소에서 생성된다.[36] 그러므로, 그분께서 우박에 대해 말씀하실 때는 시각에 대해 언급하신다. 우박은 더 쉽게 눈에 보이기 때문이다. 그러나 눈에 대해 말씀하실 때에는 들어감을 언급하신다. 눈은 섬세하여 더 쉽게 그 속으로 들어갈 수 있기 때문이다.

그런데, 하느님께서는 때로 인간을 교정하기 위하여 우박과 눈을 사용하신다. 36,31에서 "이것들로 민족들을 심판하시며"라고 했던 바와 같다. 그래서 그분은 "내가 환난의 때를 위하여 저장해 둔 것들을?"(23절)이라고 말씀하신다. 이는 그분께서 우박과 눈을 전쟁의 무기와 같이 사용하시어 원수들에게 복수하실 때를 말씀하시는 것이다. 그래서 그분은 "동란과 전쟁의 날을 위하여"라고 덧붙이신다. 동란은 현재의 전투를 뜻하고, 전쟁은 동란을 준비하는 것을 뜻한다.

빛의 길과 열기의 분배

눈과 우박의 폭풍이 끝난 다음에는 공기가 찬란하고 따뜻한 맑은 날씨가 뒤따른다. 그래서 그분은 "빛이 갈라지는 길은 어디 있느냐?"(24절)라고 계속하신다. 이는 광채에 관한 것이다. 그리고 "열기가 땅 위에서 흩어지는 그 길은?"이라는 말씀은 열기에 관한 것이다.

여기서, 위에서 빛이 머물고 있는 천체들과 관련하여 빛에 대해 말씀하실 때는 [37] 오지 빛의 길만을 언급하셨다는 점을 생각해야 한다. 폭풍이 있든지 날씨가 맑든지 빛은 천체들의 움직임을 통하여 그 길을 가지만, 광채와 열기는 폭풍이 멈춘

---

35) 참조. Aristotle, *Meteorology* I.15, 347b 12ff.
36) 참조. *Ibid*., 348a 29ff.
37) 참조. 19절 주해.

다음에라야 우리에게 도달하기 때문이다. 그런데, 광채의 정도는 공기가 고요하다면 여러 지역에서 감각들에 서로 다르지 않은 반면, 열기의 정도는 서로 다르게 나타난다. 그러므로 그분은 빛은 무차별적으로 흩어지듯이 퍼진다고 말씀하시고, 열기는 장소들의 차이에 적합하게 서로 다른 방식들로 분배된다고 말씀하신다.

폭풍우

다음으로는 바람이 공기에 작용하여 비가 폭풍우를 불러일으키는 것을 말씀하신다. "누가 큰비를 위하여 수로를 깎아 텄느냐?"(25절). 폭풍우가 거센 것은 하느님의 능력이 만들어내시는 강한 바람 때문이다. 이와 유사하게, 바람이 구름들을 몰아치면 천둥소리가 일어나지만, 사람이 지나가는 것과 같은 소리는 들리지 않는다.[38] 그래서 그분은 "누가 뇌성 번개를 위하여 길을 놓았느냐?"라고 말씀하신다.

메마른 땅에 내리는 비

그리고는 비와 구름이 바람에 의하여 떠밀리는 이유를 덧붙여, "인간이 없는 땅에 비가 내리고"(26절)라고 말씀하신다. 이로써 땅이 건조하여 사람이 살수 없는 땅에 비가 내리게 되는 것이다. 그런데, 비를 내리게 하는 수증기는 특히 습한 지역에서 하늘로 올라간다. 그러므로, 구름과 소나기가 바람에 떠밀리지 않는다면 건조한 지역에는 결코 비가 내리지 않을 것이다.

---

38) 참조. 36,30 주해.

때로 어떤 곳들은 비가 내리지 않으면 인간의 일에 의하여 관개되는데, 거기에는 그러한 일이 일어나지 않는다. 그래서 그분은 "사람이 살지 않는 광야"라고 덧붙이신다. 그래서 인간의 수고로 그 땅에 물을 댈 수가 없는 것이다. 그래서 하느님께서는 구름과 비가 바람에 의하여 떠밀리도록 명하시어, 메마른 곳에도 비가 내릴 수 있게 하신다. 이렇게 그분께서는 "황폐하고"(27절) 인간이 지나갈 수도 없고 "황량한", 인간에 의하여 관리되지 않는 "광야를 흠뻑 적시며" 비가 내리게 하신다. 그래서 오직 하느님의 개입으로 푸른 풀이 자라나 땅을 장식하고 하느님의 섭리로 돌보아지는 들짐승의 양식이 된다.

이슬

다음으로 그분은 바람에 의해 일어나지 않은 비에 대해 언급하시며, "비에게 아버지가", 즉 능동인(causa efficiens)이[39] "있느냐?"(28절)고 말씀하신다. 아버지의 경우와 같이, 필연성에 따르는 것이 아닌 섭리의 질서에 따른 원인이 있는지를 물으시는 것이다. 비의 생성에 더 직접적인 능동인이 되는 태양과 다른 천체들이 하느님에 의하여 움직여지기 때문이다. 또한 이슬은 비와 같은 원인에 의하여 생성되고, 그 양이 많고 적음의 차이가 있을 뿐이다.[40] 그래서 그분은 "또 누가 이슬방울들을 낳았느냐?"라고 덧붙이신다. 그분은 이들을 '방울들'이라고 부르시는데, 이는 방울들의 크기가 작음을 나타내기 위해서이다.

---

39) 참조. Aristotle, *Meteorology* I.9, 346b 20ff.
40) 참조. *Ibid.*, I.11, 347b 20ff.

서리

여기서, 비가 얼면 눈이 되듯이 이슬이 얼면 서리가 된다.[41] 그래서 그분은 "누구의 모태에서 얼음이 나왔느냐?"(29절)라고 덧붙이신다. 얼음의 원인은 냉기이고 그것은 여성적인 자질인 반면 비와 이슬의 원인은 열기인데,[42] 그 열기가 수증기를 느슨해지게 하고 얼지 않도록 하는 것임을 주목해야 한다.[43] 그런데 열기는 남성적인 자질이다. 그래서 그분은 비와 이슬의 생성에 대해 말씀하실 때에는 분명하게 "아버지"(28절)라는 단어를 사용하시고 얼음의 생성에 대해서 말씀하실 때에는 어머니에게 속하는 것인 모태라는 단어를 사용하신다.

그런데 냉기는 두 종류의 얼음의 원인이 된다. 그 하나는 공기 중의 얼음으로, 이는 하늘에서 내리는 서리를 가리킨다. 그래서 그분은 "또 하늘의 서리는 누가 낳았느냐?"라고 말씀하신다. 그분은 이 행위도 아버지에게 귀속시키신다. 냉기의 힘은 더 큰 얼음의 서리의 경우에 비해 그다지 크지 않게 나타나기 때문이다.

얼음

그러나 아래에 있는 물들에서 생성되는 얼음에서는 냉기의 힘이 더 크게 나타난다. 그래서 그분은 "물이 돌처럼 단단해지고"(30절)라고 덧붙이신다. 강한 냉기에 의해 물이 얼음으로 응결되는 것인데, 때로 가장 추운 지역에서는 바다까지도 얼게 된다.[44] 그래서 "심연의 표면이" 즉 냉기로 인하여 표면이 응결된 물이 "얼어붙

---

41) 참조. *Ibid*., 347b 23ff.
42) 참조. *Ibid*., I.10, 347a 16ff.
43) 참조. Aristotle, *On the Generation of Animals* IV.6, 775a 6f.와 14f.
44) 참조. Albertus Magnus, *De Natura Locorum* I.8.

을 때에 말이다."라고 말씀하신다. 그러나 공기의 냉기는 바다의 밑바닥까지 들어갈 수는 없다.

고정된 별들

1. 공기의 여러 가지 변화에 관한 이러한 관찰들을 말씀하신 다음, 더 나아가서 이제는 천체들의 변함없는 움직임에 대해 말씀하신다. 이에 관해서는 먼저 항성들의 형태가 변할 수 없음을 고찰한다.[45] 그들은 각자 자신의 위치를 지키고 있어, 서로 더 가까워지거나 멀어지지 않는다. 이러한 현상은 특히 가까이 있는 별들이 결코 서로 합쳐지지 않는다는 데에서 드러난다. 그래서 그분께서는 "너는 묘성을 끈으로 묶을 수 있느냐?"(31절)라고 말씀하신다. 묘성 성좌는 황소자리의 머리 부분에서 빛나는 별들로서, 여섯은 매우 가까이 있고 일곱째 별은 더 희미하다.[46]

하늘의 일정한 움직임

2. 둘째로는 천체들의 첫 번째 움직임이 일정하다는 것이 고찰된다.[47] 그 움직임에 따라 하늘 전체와 그 안의 모든 별은 세상의 극 둘레를 밤낮 하루 사이에 한 번씩 회전한다. 이러한 움직임은 북극에 가까이 있는 별들에게서 감각에 의하여 더 잘 감지된다. 북극은 우리의 지평선에서 높이 올라 있기 때문에 언제나 우리에

---

45) 참조. Thomas, *In Libros Aristotelis de Coelo* II.9, sec. 374-381.
46) 참조. Isidore, *Etymologiae* III.71 [PL 82, 180].
47) 참조. 12절 주해.

게 보이며,[48] 그 별들 가운데 특히 눈에 띄는 것이 큰곰자리이다. 그 별들은 일정하게 원을 이루며 세상의 극 둘레를 도는 것이 분명하게 드러난다.[49] 이에 관련하여 그분은 "또 오리온자리를 매단 밧줄을 풀 수 있느냐?"라고 덧붙이신다. 그 별들이 북극 주위를 돌지 않도록 풀어 놓을 수 있느냐는 것이다.

행성들은 불규칙하게 움직인다

3. 셋째로는 천체들 가운데에서 나타나는 행성들의 움직임이 놀랍다. 그 움직임은 온전히 일정하면서도 감각에는 일종의 불규칙함이 보인다. 그러한 불규칙함은 특히 금성에서 나타난다. 이 별은 때로는 일출 전에 뜨는데, 그 때에는 샛별이라 불린다. 그러나 때로는 일몰 후에 지고 그 때에는 금성이라 불린다.

그런데, 태양보다 천천히 움직이는 별들이 일출 전에 먼저 나타나기 시작한다는 것은 명백하다. 토성, 목성, 화성의 경우와 같이, 태양은 일출에서 일몰까지 움직이는 그 자신의 움직임으로 그들을 앞지르기 때문이다.

그러나 태양보다 더 빨리 움직이는 달은 언제나 저녁에 나타나서 태양을 제치고 동쪽으로 앞서 간다. 금성과 화성은 때로는 아침에, 때로는 저녁에 나타나는데, 화성은 잘 보이지 않고 크기가 작아서 그 불규칙함이 크게 눈에 띄지 않지만 금성의 경우에는 누구에게나 드러난다.[50] 그러므로, 금성은 때로는 태양보다 빨리 움직이고 때로는 태양보다 천천히 움직인다는 것이 분명하다.[51]

이러한 예로부터 행성들의 움직임의 불규칙성이 분명하게 나타나므로, 이러한

---

48) 참조. Thomas, *In Libros Aristotelis de Cœlo* II.28, sec. 542.
49) 참조. 9,9 주해.
50) 참조. Cicero, *De Natura Deorum* II.20.
51) 참조. Albertus Magnus, *De Caelo* II.3.11.

사실을 가리켜 "너는 샛별을 제시간에 이끌어 낼 수 있느냐?"(32절)고 덧붙이신다. 그러한 차이가 일정하게 나타나서, 아침에 나타나는 샛별을 정해진 시간에 끌어낼 수 있느냐? 그리고 "금성을", 저녁에 나타나는 같은 별을 "땅의 아들들 위에 떠오르게 할 수 있느냐?" 여기서 "끌어 낼 수 있느냐?"와 "떠오르게 할 수 있느냐?"라는 표현은 별들이 새로 나타남을 가리킨다.

질서와 위치

4. 넷째로는 천체들의 질서, 위치, 움직임이 놀랍게 보인다. 그래서 그분은 "너는 하늘의 법칙들을 아느냐?"(33절)라고 덧붙이신다. 그 법칙은 인간이 파악할 수 없는 것이다.

계획

5. 다섯째로는, 상위의 물체들에 대한 하위의 물체들의 관계가 놀랍게 보인다. 이러한 사실에 관련하여 그분은 "또 네가 땅에 대한 그의 계획을 확정할 수 있느냐?"라고 덧붙이신다. 너는 하늘의 원인들 각각의 고유한 결과들을 알 수 있느냐?는 것이다.

천둥

지금까지 언급된 하느님 권능의 결과들은 대단히 위대하다. 그러나 일반 대중들은 하느님 권능의 위대하심을 천둥과 번개에서 가장 크게 느낀다. 그래서 그분은 이 결과들을 마지막에 언급하시며 천둥에 관련하여 "너는 구름에게 호령할 수 있느냐?"(34절)고 말씀하신다. 천둥소리는 하느님의 목소리처럼 보이는데, 그 천둥이 구름 속에서 생성되기 때문이다.

번개

그리고, 천둥이 친 후에는 흔히 그 천둥의 원인이 된 바람의 움직임으로 구름이 응축되어 흔히 거센 비가 내린다.[52] 그래서 그분은 "큰물이 너를 뒤덮게 할 수 있느냐?"라고 말씀하신다. 많은 비는 마치 하느님을 덮는 듯이 보인다. 하느님의 옥좌라 불리는 하늘이[53] 우리에게 감추어지기 때문이다.

다음으로 그분은 번개에 대해 물으시며, "네가 번개들을 내보내느냐?"(35절)라고 덧붙이신다. 너의 힘으로 번개가 움직이느냐? "그것들이 제 길을 가며" 너의 명령에 순종해야 하는 듯이 행하느냐? 그런데 번개는 보통 한 장소에서 다른 곳으로 움직이므로, 그분은 이 사실을 가리켜 "돌아와서는 너에게 '예, 알았습니다.' 하고 말하느냐?"라고 덧붙이신다. '번개들은 돌아와서 다시 명을 받아 다른 곳으로 보내질 준비가 되어 있음을 밝히는가?'라는 것이다.

이 모든 질문들은, 인간이 하느님의 지혜나 하느님의 권능에 도달할 수는 없음을 보여 주기 위한 것이다.

---

52) 참조. 36,29 주해.
53) 참조. 이사 66,1. 또한 26,9; 35,4; 36,29 주해.

인간의 이해와 이성

> 36) 누가 인간의 속에 지혜를 내렸느냐? 또 누가 수탉에게 슬기를 주었느냐? 37) 누가 하늘의 계획을 일러 주었느냐? 누가 하늘의 화음을 잠자게 하느냐? 38) 먼지가 땅 위에 쏟아지고 흙덩이들이 서로 달라붙을 때에 말이다. 39) 너는 암사자에게 먹이를 사냥해 줄 수 있으며 그 새끼들의 식욕을 채워 줄 수 있느냐? 40) 그것들이 보금자리 속에 웅크리고 있거나 덤불 속에 숨어 기다리고 있을 때에 말이다. 41) 누가 까마귀에게 먹이를 장만해 주느냐? 새끼들이 하느님에게 아우성치며 먹을 것 없이 헤매 돌아다닐 때에 말이다.(38,36-41)

주님께서는 세상의 주요한 부분들인 땅, 바다, 하늘에서 그리고 그들의 안배에 관련하여 당신께서 하시는 놀라운 일들을 언급하신 다음, 이제 특히 동물들의 여러 가지 속성들에서 당신의 놀라운 업적들을 말씀하신다.

그 속성들 가운데 매우 주목할 만한 것은 지식인데, 지식은 다른 동물들에게서보다 인간에게서 더 완전하게 발전되어 있다. 그러므로, 그분은 인간에게서 시작하여 "누가 인간의 속에 지혜를 내렸느냐?"(36절)라고 말씀하신다. 인간의 속은 영혼의 가장 내적인 힘, 곧 이해와 이성을 의미한다. 하느님께서는 그 안에, 인간에게 이성의 빛을 주심으로써 지혜를 주셨다. 그분께서는 인간에게 제일원리들에 대한 지식을 갖게 하시어 그의 이성에 본성적으로 지혜와 지식의 모판을 심어 주신 것이다.[54]

---

54) Thomas, *De Virtutibus in Communi*, a.8, arg. 15, 여기서는 Peter Lombard, *Glossa super Hebraeos*, 1,3 주해를 인용한다[*PL* 192, 404A]; 참조. 10,12 주해.

닭의 울음

다른 동물들에게서는 일종의 본성적인 현명함의 많은 표지가 나타나지만, 이는 특히 모든 이에게 알려진 가축인 수탉에게서 나타난다. 그래서 그분은 "또 누가 수탉에게 슬기를 주었느냐?"라고 말씀하신다. 여기서 말하는 슬기는 일종의 본성적 판단 능력으로서, 이에 따라 이성적 존재와 같은 방식으로 행동하게 된다. 그의 본성적 판단 능력이 하느님의 슬기로부터 주어진 것이기 때문이다.

수탉은 마치 천체의 움직임의 비율을 알고 있는 듯이 일정한 시간에 울기 때문에, 그런 의미에서 슬기와 유사한 무엇을 지니고 있는 것으로 여겨진다. 그래서 그분은 "누가" 수탉에게 "하늘의 계획을 일러 주었느냐?"(37절)라고 덧붙이신다. 누가 수탉에게 천체의 움직임의 비율을 가르쳐 주어 울어야 할 시간을 알 수 있도록 해 주었는지를 물으시는 것이다. 실상 파수꾼들은 보통 노래나 어떤 악기의 소리로 날이 밝는 것이나 밤의 시각을 알린다. 그런데, 하늘의 어떤 소리가 일정한 시간에는 들리고 다른 시간에는 들리지 않아 그것으로 닭이 울 시간을 결정할 수 있다고는 말할 수 없다. 그래서 그분은 "누가 하늘의 화음을 잠자게 하느냐?"라고 덧붙이신다. 하늘의 조화는 잠자는 파수꾼처럼 고요하여 그것이 들림으로써 또는 들리지 않음으로써 수탉이 울 때를 알 수 있는 것이 아니라는 뜻이다.

하늘의 말없는 화음

여기서, 피타고라스학파에서는 조화로운 소리가 하늘의 움직임으로부터, 곧 천체의 움직임의 조화로운 비율로 인하여 생겨나는 것이라고 주장했음을 생각해야 한다. 그리고 그들은 천체들이 영혼을 지니고 있다고 주장했으므로, 조화로운 소리가 하늘의 화음이라고 일컬어질 수 있었다.[55] 그러나 아리스토텔레스는 『천체에 대하여』(On the Heavens) 제2권에서, 천체의 움직임에서는 어떤 소리도 나오지 않는다는 것을 입증한다.

그러므로 여기에서 우리는 화음이라는 것이 다만 비유적으로 결코 멈추지 않는 천체의 움직임의 가리키는 것으로 이해할 수 있다.[56] 땅의 기초가 놓인 때부터, 지혜나 슬기, 그리고 하늘의 조화에는 그러한 화음이 있었다. 그래서 그분은 "먼지가 땅 위에 쏟아질 때"(38절)라고 말씀하신다. 이 구절은 기초와 같이 가장 낮은 부분에 자리한 땅의 상태를 가리킨다.[57] 그리고 "흙덩이들이 서로 달라붙을 때"는 흙이 건조하여 먼지로 흩어지지 않도록 엉기게 하는 습기를 가리키는 것이다.

먹이를 찾는 암사자

다음으로는 먹이를 얻는 것과 관련하여 알아볼 수 있는 동물들의 다른 속성을 말씀하시며, 암사자에게서 나타나는 놀라운 점들을 언급하신다. 사자는 많은 먹이를 필요로 하므로, 어떤 지역에서 어떻게 자신과 새끼들을 위하여 충분한 동물들을 먹이로 잡을 수 있는지 놀랍게 보인다. 그래서 "너는 암사자에게 먹이를 사냥해 줄 수 있으며"(39절)라고 말씀하신다. '너는 암사자에게 자신과 새끼들을 위하여 충분할 만큼 많은 먹이를 구해줄 수 있느냐?'라는 것이다. 그래서 또한 "그 새끼들의 식욕을 채워 줄 수 있느냐?"라고 덧붙이신다. 사자들이 여러 곳에 흩어져 있다면 이것은 그게 어렵지 않을 것으로 보이시만, 그늘이 같은 곳에 있다면 그렇지 않을 것이다. 새끼들을 먹여야 하기 때문에도 먹이를 구하기가 어려워지므로, 이에 관

---

55) 참조. Aristotle, *On the Heavens*, II.9, 291a 7ff.
56) *Ibid*., 290b 12ff.
57) 참조. 4절 주해.

련하여 "그것들이 보금자리 속에 웅크리고 있거나"(40절)라고 말씀하신다. 또는 그들이 다른 동물들을 기다리고 있기 때문에도 그러하므로, 동물들을 잡기 위하여 "덤불 속에 숨어 기다리고 있을 때"라고 말한다.

까마귀 새끼

또한 새들 가운데에서도 까마귀에게서 놀라운 점들이 나타난다. "까마귀는 새끼들이 검게 되고 그 깃털을 보아 자신의 새끼들임을 알아볼 때까지 알에서 나온 새끼들에게 먹이를 주지 않는다."고 하기 때문이다.[58] 그래서 칠일 동안 어미는 그들에게 먹이를 마련해 주지 않는다. 그 대신 새끼들은 하느님께서 그들에게 주신 본성적 능력으로 지탱된다. 그래서 "누가 까마귀에게 먹이를 장만해 주느냐? 새끼들이 하느님께 아우성치며" 부모에게 버림을 받은 듯이 "먹을 것 없이 헤매 돌아다닐 때에 말이다."(41절)라고 말씀하신다. 이 질문은 까마귀 새끼들이 하느님을 안다는 뜻으로 이해해서는 안 된다. 이렇게 말한 것은 자연적인 모든 존재는 자신의 갈망을 통하여 어떤 선을 추구한다는 것 자체로, 어떤 의미에서 선한 것들의 창시자이신 하느님으로부터 무엇인가를 구하고자 하는 것이기 때문이다.

---

58) Thomas of Cantimpré, *De Naturis Rerum*, ch. 5.

39장

동물 세계의 놀라움. 욥은 자신의 말이 경솔했음을 인정한다

하느님께서는 동물들의 출산을 돌보신다

1) 너는 바위 산양이 해산하는 시간을 알며 사슴이 산고를 치르는 것을 살펴보았느냐? 2) 너는 그것들이 만삭이 되는 때를 셈할 수 있으며 해산하는 시간을 알 수 있느냐? 3) 그것들이 몸을 구부려 새끼들을 낳고 배 속에 든 것들을 내보내며 신음하면 4) 그 어린것들은 떨어져서 풀밭으로 가고, 떠나가서는 어미에게 다시 돌아오지 않는다. 5) 누가 들나귀를 자유롭게 놓아주었느냐? 들나귀의 굴레를 누가 풀어 주었느냐? 6) 내가 광야에서 그에게 집을, 소금 땅에서 그에게 천막을 주었다. 7) 그것은 성읍의 소란을 비웃고 몰이꾼의 고함을 듣는 일 없이 8) 제 목초지인 산들을 기웃거리며 온갖 풀을 찾아다닌다. 9) 코뿔소가 너를 섬기려 하겠느냐? 네 구유 옆에서 머물겠느냐? 10) 너는 밧줄로 코뿔소를 고랑에다 맬 수 있느냐? 그것이 네 뒤를 따라 골짜기의 흙덩이를 부수겠느냐? 11) 그 힘이 세다고 네가 그것을 신뢰할 수 있으며 네 일을 그것에게 맡길 수 있느냐? 12) 너는 그것이 네기 씨뿌린 깃을 네게 돌려주리라고, 네 곡식을 타작마당으로 모아들이리라고 믿느냐? 13) 타조의 깃털은 송골매나 새매의 깃털과 같다. 14) 타조는 땅에 알을 낳아 놓는다. 네가 그것을 먼지 속에서 따뜻해지게 하느냐? 15) 그것을 발이 뭉개는지, 들짐승이 짓밟는지 잊어버리고 만다. 16) 새끼들을 제 것이 아닌 양 거칠게 다루고 제 노고가 허사 됨을 두려워하지도 않으니 17) 하느님께서 그것에게 지혜를 허락하지 않으시고 슬기를 나누어 주지 않으셨

기 때문이다. 18) 그러나 때가 되면 날개를 높이 치고, 말과 기수를 우습게 여긴다. 19) 너는 말에게 힘을 넣어 줄 수 있느냐? 그 목을 갈기로 입힐 수 있느냐? 20) 너는 말을 메뚜기처럼 뛰게 할 수 있느냐? 그 코의 영광은 두려움이다. 21) 그것은 발굽으로 땅을 파다가 환호하며 적의 무기를 향하여 힘차게 달려간다. 22) 두려움을 비웃으며 당황하지 않고 칼 앞에서도 돌아서지 않는다. 23) 그 위에서는 화살 통이 덩그렁거리고 창과 방패가 흔들리지만 24) 흥분과 광포로 땅을 집어삼킬 듯 뿔 나팔 소리에도 멈추어 서지 않는다. 25) 뿔 나팔이 울릴 때마다 "히힝!" 하고 외치며 멀리서도 전투의 냄새를 맡고 장수들의 훈계와 군대의 함성을 느낀다. 26) 네 슬기로 매가 날아오르고 남녘을 향해 그 날개를 펴느냐? 27) 또 네 명령에 따라 독수리가 치솟고 높은 곳에 둥지를 트느냐? 28) 그것은 바위 위에 살며 험한 바위에, 오를 수 없는 벼랑에 머문다. 29) 거기에서 먹이를 찾아 살피고 그 눈은 멀리까지 바라본다. 30) 그 새끼들은 피를 들이켜고 주검이 있는 곳에는 독수리도 있다. 31) 주님께서 눈길을 고정시키고 욥에게 계속 말씀하셨다. 32) 하느님과 논쟁하는 자가 그렇게 쉽게 포기하는가? 하느님을 비난하는 자는 응답하여라. 33) 그러자 욥이 주님께 대답하였다. 34) 제가 가볍게 말했으니, 당신께 무어라 대답하겠습니까? 손을 제 입에 갖다 댈 뿐입니다. 35) 말하지 않았어야 할 것을 한 번 말씀드렸으니, 두 번째 말씀에 더는 덧붙이지 않겠습니다.(39,1-35)

바위 산양

앞의 절들에서 주님께서는 인간의 지혜와 수탉의 슬기에 대해 말씀하시면서 인지 능력에 관계된 것들을 언급하셨다.[1] 또한 그분은 사자의 먹이와 까마귀의 양식

---

1) 참조. 38,36 주해.

을 말씀하셨는데, 이들은 양육 능력에 관계된 것들이다.[2]

이제 그분은 출산 능력에 관련된 것들을 언급하시며 바위 산양과 사슴의 출산에 대해 논의하기 시작하시는데, 여기에는 무엇인가 감추어진 것이 있는 듯이 보인다. 바위 산양은 크기가 작고 바위틈에 살며 새끼도 거기에 낳는다.[3] 따라서 인간은 쉽게 그런 장소에 접근할 수 없고, 그래서 그분은 "너는 바위 산양이 해산하는 시간을 아느냐?"(1절)라고 말씀하신다. 그들은 험한 곳에 새끼를 낳기 때문에 그 시간이 인간에게 알려져 있지 않다는 것이다.

사슴

사슴들은 새끼를 낳는 곳에 이리들이 접근할 수 없게 하기 위해서 감추어진 장소를 선택한다.[4] 그러므로, 그 출산이 감추어져 있다는 것을 보여 주기 위하여 그분은 "사슴이 산고를 치르는 것을 살펴보았느냐?"라고 말씀하신다. 이는 하느님의 섭리를 드러내기 위하여 언급된 것이다.

여인들은 해산할 때 산파들의 도움을 필요로 하지만, 해산하는 것이 사람들에게 감추어져 있는 동물들에게는 하느님의 섭리가 그들이 해산하는 데에 필요한 도움을 주신다. 그분께서 그들에게, 그러한 상황에서 알아야 할 것을 알 수 있는 본성적인 성향을 주셨기 때문이다.

섭리는 동물들에게 본능을 갖게 한다

알아야 할 것들 가운데 첫 번째는 태아가 모태에서 완성되는 때이다. 이에 관련

---

2) 참조. 38,39-41 주해.
3) 참조. Gregory, *Morals on the Book of Job* XXX.10 [PL 76, 543D].
4) 참조. Thomas of Cantimpré, *De Naturis Rerum*, ch. 4.

하여 그분은 "너는 그것들이 만삭이 되는 때를 셈할 수 있으며"(2절)라고 말씀하신다. 그들에게 언제 출산을 준비해야 하는지 알려줄 수 있느냐? 그래서 그분은 "해산하는 시간을 알 수 있느냐?"라고 덧붙이신다. 너는 그들이 언제 새끼를 낳아야 하는지 말해줄 수 있느냐? 아기를 낳는 여인들은 보통 이러한 일들을 다른 사람들에게서 배우지만, 인간 사회에서 멀리 떨어져있는 동물들은 하느님께서 그들에게 주신 본성적 성향에 의하여 이를 알고 일정한 때에 해산을 준비하여 새끼가 쉽게 태어날 수 있도록 한다. 그래서 "그것들이 몸을 구부려 새끼들을 낳고 배 속에 든 것들을 내보내며"(3절)라고 덧붙이신다. 본성이 그들에게 가르쳐 주는 대로, 그들 스스로 이렇게 하는 것이다. 하지만 동물들에게 출산은 즐거운 것이 아니라 고통스런 것이므로, 그분은 "신음하면"이라고 말씀하신다. 해산의 고통 때문에 신음한다는 것이다.

새끼들의 독립성

그리고, 어미들이 본성적 성향에 의하여 출산을 준비하듯이 새끼들도 하느님께서 주신 본성적 성향으로 스스로 그들에게 필요한 것을 찾는다. 그래서 그분은 "그 어린것들은 떨어져서 들판으로 가고"(4절)라고 말씀하신다. 이로써 그분은 동물들을 인간의 자손들과 구별하신다. 막 태어난 아기는 어머니를 떠나갈 수 없는데, 방금 언급한 동물들의 경우는 태어나서 즉시 움직이며, 그들의 첫 움직임으로 이미 먹이를 찾기 때문이다. 그러므로 그분은 "풀밭으로 가고"라고 덧붙이신다.

처음에는 그들도 어미의 젖이 필요하므로, 어미에게서 떠나도 되돌아온다. 그러나 얼마 후에 성숙하면 어미에게서 완전히 떠나간다. 그래서 그분은 "떠나가서는 어미에게 다시 돌아오지 않는다."라고 말씀하신다. 이는 그들이 더 이상 어미에게서 젖을 먹을 필요가 없기 때문이다.

들나귀

　동물들의 지식, 양식, 출산에 관련하여 이러한 특별한 속성들을 언급한 다음, 하느님은 그들의 삶 생활 전체와 관련된 것들을 언급하신다. 이와 관련해서, 첫째로 놀랍게 보이는 것은 어떤 동물들은 길들여지면 인간의 돌봄 없이 스스로 살아가지 못한다는 점이다. 그러나, 같은 종류에 속하는 어떤 동물들은 야생적이고 인간의 돌봄 없이 스스로를 지배하는 것으로 보인다.

　이러한 사실은 특히 나귀의 경우 놀랍게 보인다. 나귀는 길들여지면 온전히 인간을 위해 사용되지만, 돌나귀라고도 불리는 늘나귀는 그러한 종속에 매여있지 않은 것으로 보인다.[5] 그래서 그분은 "누가 들나귀를" 인간을 섬기지 않도록 "자유롭게 놓아주었느냐?"(5절)라고 말씀하신다. 이는 물론, 인간이 자신에게 익숙한 것을 본성적인 것처럼 여기는 데 따라 이렇게 일컬어진 것이다. 사람들은 인간을 섬기도록 되어 있는 나귀들 외에 다른 나귀들을 보는 데에 익숙치 않으므로 나귀는 본성적으로 인간을 섬긴다고 생각한다.[6] 그래서, 때로 자유로운 상태의 나귀를 보게 되면 그것이 인간을 섬기는 데서 풀려난 것처럼 여겨진다.

동물들은 본래 야생적이다

　그러나 사실은 그와 전혀 다르다. 그런 동물들은 본래는 지금과 같이 인간에게 종속되어 있지 않았고, 그 후에 인간의 기술로 길들여져 인간을 섬기게 된 것이기 때문이다.

　나귀의 예속성의 표지는 굴레와 같이 그들이 묶여 있는 속박들인데, 이러한 사

---

[5] 참조. 11,12 주해.
[6] 참조. Aristotle, *On Memory* 2, 452a 27ff.

실에 연관하여 그분은 "돌나귀의 굴레를 누가 풀어 주었느냐?"라고 말씀하신다. 돌나귀에는 그러한 속박이 없기 때문이다. 또한, 집나귀의 경우에는 인간이 마련해 준 거처가 없으면 살 수 없지만 들나귀에게는 하느님의 섭리가 그들에게 마련해 주신 거처가 있다. 그래서 그분께서는 "내가 광야에서 그에게 집을 주었다." (6절)고 말씀하신다. 인간이 가지 않는 광야에 동굴을 주셨다는 것이다. 그리고 "소금 땅에서", 즉 건조하고 태양이 강해서 땅에서 소금 맛이 나게 되는 사람이 살지 않는 땅에서 "그에게 천막을 주었다." 예를 들면 풀이나 나무 아래에서 살게 하셨다는 것이다.

들나귀는 자유를 더 원한다

그러한 거처는 외떨어져서 거칠고 험하지만, 들나귀는 큰 성읍보다도 그곳을 좋아한다. 그래서 "그것은 성읍의 소란을 비웃고"(7절)라고 덧붙이신다. 광야의 거처와 비교하여 그렇게 본다는 뜻이다.

하느님께서는 여기에 두 가지 이유를 지적하시는데, 그 첫 번째는 거기에서는 그에게 힘드는 일이 요구되지 않기 때문이다. 그래서 그분은 "몰이꾼의 고함을 듣는 일 없이"라고 말씀하신다. 그에게 짐을 지게 하거나 다른 일을 시키는 주인의 소리를 듣지 않아도 되는 것이다. 다른 이유는, 거기에서 풀을 찾아 더 자유로이 돌아다닐 수 있기 때문이다. 그래서 "제 목초지인 산들을 기웃거리며"(8절)라고 말씀하신다. 거기서는 자유롭게 풀을 찾아 여러 장소로 찾아갈 수 있기 때문이다. 또한 들나귀는 자기 마음대로 풀을 뜯는다. 그래서 "온갖 풀을 찾아다닌다."고 덧붙이신다. 그러나 집나귀에게는 가장 좋은 풀을 주는 것이 아니라 때로는 하찮은 풀을 준다. 좋은 풀들은 더 귀한 가축들을 위해 남겨 두기 때문이다.

코뿔소는 길들일 수 없다

나귀는 짐을 지기 때문에 인간에게 유용하고 야생 상태에는 나귀 대신 들나귀가 있듯이, 가축들 가운데에서 황소는 힘이 세기 때문에 밭을 갈 수 있어서 인간에게 유용하다. 하느님께서는 들짐승 가운데서 코뿔소를 황소와 비교하시는데, 코뿔소는 매우 강하고 사나운 네발 짐승으로서 이마 가운데에 뿔이 있다.[7] 그런데 코뿔소는 사납기 때문에 황소를 길들이듯이 쉽게 길들일 수 없다. 그래서 그분은 "코뿔소가 너를 섬기려 하겠느냐?"(9절)라고 말씀하신다. 코뿔소가 길들여져서 너에게 순종하려 할 수 있겠느냐? 길들여진 가축들은 기꺼이 인간에게서 음식을 받지만 코뿔소는 그렇지 않으므로, "네 구유 옆에서 머물겠느냐?"라고 말씀하신다. 코뿔소가, 네가 그에게 줄 먹이를 먹을 준비를 하고 기다리겠느냐?는 것이다.

황소

길들여진 황소들을 기르는 것은 밭가는 일에 사용하기 위해서인데, 코뿔소는 이렇게 사용할 수 없으므로 그분은 "너는 밧줄로 코뿔소를 고랑에다 맬 수 있느냐?"(10절)라고 말씀하신다. 코뿔소가 황소가 밭을 갈듯이 할 수 있느냐?

또한 인간은 다른 일을 위해서도, 즉 일종의 갈퀴를 끌어 흙덩이를 부숨으로써 간 땅을 평평하게 할 때에도 황소를 사용한다. 그래서 그분은 "그것이 네 뒤를 따라", 네가 밭을 간 다음에 "골짜기의 흙덩이를 부수겠느냐?"라고 말씀하신다. 골짜기는 보통 매우 기름지기 때문에 너 주의깊게 경작한다. 또는, "네 뒤를 따라"라는 말은 네가 앞서 가고 코뿔소가 흙덩이를 부수며 뒤따라오도록 한다는 뜻이 될 수 있다.

---

7) 참조. Isidore, *Etymologies* XII.2 [*PL* 82, 435].

코뿔소는 밭을 지키거나 땅을 갈게 할 수 없다

또 어떤 강한 동물들은 도적들이나 작물을 망칠 수 있는 동물들에 맞서 밭을 지키도록 보낼 수도 있다. 사나운 개들이 밭을 지키는 경우가 그러하다. 하지만 코뿔소에게서는 이것이 불가능하다. 길들여지지 않기 때문이다. 그래서 그분은 "그 힘이 세다고 네가 그것을 신뢰할 수 있으며 네 일을 그것에게 맡길 수 있느냐?"(11절)라고 말씀하신다. 코뿔소에게 밭의 수확을 지키는 일을 맡길 수 있느냐? 그러니 너는 이 강한 동물을 소처럼 밭을 가는 데에 쓸 수도 없고 개처럼 밭을 지키는 데에 쓸 수도 없다.

또한, 코뿔소를 땅의 수확을 돌보는 힘센 농부처럼 쓸 수도 없다. "너는 그것이 네가 씨뿌린 것을 네게 돌려주리라고, 네 곡식을 타작마당으로 모아들이리라고 믿느냐?"(12절). '코뿔소가 주인에게서 씨앗을 받아 여러 배로 그것을 돌려주고 곡식을 타작마당으로 모아들이며 타작한 후에는 주인의 창고로 가져오는 일꾼처럼 하리라고 믿을 수 있느냐?'라는 것이다.

타조

이렇게 야생 동물들이 길들인 동물들과 같지 않은 몇 가지 예를 든 다음, 그분은 다른 모든 동물과 다른 특징을 보이는 어떤 동물들의 속성을 덧붙이신다. 이러한 점들은 특히 짐승들의 부류에 가까운 새인 타조에게서 나타난다.[8] 타조는 높이 나는 동물들처럼 깃털을 가지고 있지만 그 깃털들로 날아오를 수는 없다. 그래서 그분은 "타조의 깃털은" 가장 고귀한 매인 "송골매나" 유명한 새인 "새매의 깃털과

---

8) 참조. Thomas of Cantimpré, *De Naturis Rerum*, ch. 5.

같다."(13절)고 말씀하신다. 송골매와 새매는 모두 빠르게 나는 새들이다.[9]

알을 잊어버린다

타조가 다른 새들과 다른 또 한 가지의 속성은, 자신의 알을 품지 않고 모래를 파고는 알을 낳고 모래로 덮는다는 것이다. 그래서 그분은 "타조는 땅에 알을 낳아 놓는다."(14절)고 말씀하신다. 타조는 더운 계절, 즉 처녀자리라고 불리는 별들이 나타나기 시작하는 7월을 기다린다. 타조는 더운 곳에서만 살기 때문에 그 시기와 장소의 열기에 의하여 알늘은 쉽게 살아나고 새끼들이 부화된다.[10] 그래서 그분은 "네가 그것을 먼지 속에서 따뜻해지게 하느냐?"고 덧붙이신다. 그렇지 않고, 하느님의 섭리에 의하여 흙 속의 알들이 해를 입지 않고 보존되는 것이다.

타조는 본성적으로 잘 잊어버리는 동물이고, 알들의 보존에 관심을 보이지 않는다.[11] 그래서 그분은 "그것을 발이 뭉개는지"(15절), 즉 길을 지나가는 사람이 뭉개는지 아니면 "들짐승이 짓밟는지", 지나가다가 또는 그 알을 먹기 위하여 짓밟는지 "잊어버리고 만다."고 말씀하신다.

타조의 본능은 제한되어 있다

그리고, 타조는 알을 보존하는 데에 주의하지 않는 것과 마찬가지로 새끼들을 먹이는 데에도 관심을 기울이지 않는다. 그래서 그분은 "새끼들을 제 것이 아닌 양 거칠게 다루고"(16절)라고 말씀하신다. 새끼들을 먹이려고 주의를 기울이지 않으니, 그 새끼들을 잃게 된다. 그래서 그분은 "제 노고가 허사 됨"이라고 말씀하신다. 알을

---

9) 참조. *Ibid*.
10) 참조. *Ibid*.
11) 참조. *Ibid*.

낳는 데에 수고했던 것이, 새끼를 먹이지 않아 허사가 되는 것이다.

그런데, 다른 동물들도 때로는 두려움에서 새끼를 버리는 일이 있는 반면 타조는 그것을 "두려워하지도 않는다." 타조가 두려워서 그렇게 하는 것이 아니라면, 다른 동물들이 지니고 있는 본성적 습성이 결핍되었기 때문이다. 그래서 "하느님께서 그것에게"(17절), 타조 암컷에게 "지혜를 허락하지 않으시고" 보통 하듯이 새끼들을 먹이고 다스릴 지혜를 주지 않으셨고, "슬기를 나누어 주지 않으셨기 때문이다."라고 말씀하신다. 새끼들을 돌볼 슬기를 주지 않으신 것이다. 그분은 본성적 습성을 지혜와 슬기라고 부르신다.

깃털은 빨리 달리기 위하여 사용한다

그리고 위에서 타조가 송골매와 새매와 같은 깃털을 가지고 있다고 했으므로,[12] 다음으로 그분은 그 깃털들이 타조에게 어떤 도움이 되는지를 말씀하신다. "그러나 때가 되면"(18절), 빨리 움직여야 할 상황이 닥치면 "날개를 높이 치고", 몸이 날개로 높이 들어올려질 수 있는 것은 아니지만, 빨리 달리는 데에는 날개의 도움을 받는다.[13] 그러므로 그분은 "말과 기수를 우습게 여긴다."고 덧붙이신다. 타조는 사람을 태운 말보다, 그리고 그 말에 탄 사람이 자기 발로 달릴 때보다 더 빨리 달리기 때문이다.

말의 힘

이제, 타조가 대부분의 동물과 다른 속성들을 지니고 있어서 그 점에서 다른

---

12) 참조. 위의 13절 주해.
13) 참조. Thomas of Cantimpré, *De Naturis Rerum*, ch. 5.

동물들보다 못했던 것과 마찬가지로, 말은 고귀함의 속성들을 지니고 있어서 다른 동물들과 구별된다. 그래서 그분은 첫 번째로 말의 힘을 언급하시며, "너는 말에게 힘을 넣어 줄 수 있느냐?"(19절)라고 말씀하신다. '짐을 질 수 있는 말의 몸의 힘만이 아니라, 용감하게 위험 속으로 들어가는 영의 힘도 줄 수 있는가?'라는 것이다.

아름다움

그분은 말의 또 한 가지 속성을 언급하시는데, 그것은 외적인 아름다움에 의하여 성적인 욕구를 갖게 된다는 점이다. 말들은 갈기의 아름다움에 의해 성적 욕구를 느끼며, "갈기가 깎이면 성적 욕구가 사라진다."고 한다.[14] 이러한 사실을 가리켜, "그 목을 갈기로 입힐 수 있느냐?"라고 덧붙이신다. 말들은 보통 성적 욕구 때문에 힝힝거린다. 예레 5,8에서 "그들은 욕정이 가득한 살진 수말이 되어 저마다 제 이웃의 아내를 향해 힝힝거린다."라고 하는 바와 같다. 그러므로, 하느님께서 말에게 갈기를 주셨을 때에 그 갈기를 보고 성적인 욕구를 느끼게 해서 말의 목을 힝힝거리게 하시는 것이다.

뛰어오름

말의 또 한 가지 속성은 다른 네 발 짐승들과 달리 힘차게 뛰어오른다는 점이다. 그래서 그분은 "너는 말을 메뚜기처럼", 뛰어 올라 움직이는 메뚜기처럼 "뛰게 할 수 있느냐?"(20절)라고 덧붙이신다.

---

14) 참조. *Ibid.*, ch. 4.

전투에서 용감함

　말의 또 한 가지 속성은 전투에서 용감하다는 점인데, 이는 자세히 묘사된다. 그 용감함이 고귀하고 경탄스런 속성이기 때문이다. 그 용감함은 첫째로, 아직 거리가 떨어져 있을 때에 후각으로 전쟁을 감지하는 데에서 나타난다. 그래서 "그 코의 영광은 두려움이다."라는 말씀이 뒤따른다. 전쟁은 다른 이들에게는 두려움이 되지만, 말은 그의 코로 전쟁을 영광으로 — 일종의 영의 위대함으로 — 감지한다. 그 영의 위대함은 즉시 나타난다. 이러한 사실에 관련하여 "발굽으로 땅을 파다가"(21절)라고 덧붙여지는데, 이는 전투를 준비하는 것이다.

　그리고, 말은 전쟁을 감지하면서 내적으로도 기뻐한다. 그래서 그분은 "환호하며"라고 덧붙이신다. 전투의 기회를 느낄 때에 환호하는 것이다. 그분은 그 환호에서 나오는 결과를 통하여 그 환호를 보여 주시며, "적의 무기를 향하여 힘차게 달려간다."고 말씀하신다. 또한 말은 전투에서 두려워하여 물러서지도 않으므로, "두려움을 비웃으며 당황하지 않고"(22절)라고 말씀하신다. 더구나 상처의 아픔에도 움츠러들지 않아, "칼 앞에서도 돌아서지 않는다."라고 말씀하신다.

전쟁의 소리에 두려워하지 않는다

　대부분의 동물들은 시끄러운 소리만 들어도 겁을 내지만, 말은 그렇지 않다. 그래서 "그 위에서는 화살 통이 덩그렁거리고"(23절)라고 말씀하신다. 화살이 가득한 화살 통이 말을 탄 군인의 움직임에 따라 흔들리는 것이다. 또한 군인의 창과 방패에서도 소리가 나므로 "창과 방패가 흔들리지만"이라고 말씀하신다. 창은 흔들리면 소리가 나고, 방패를 움직여 무기를 막아도 소리가 나기 때문이다.

　하지만 말은 그 소리에 놀라지 않는다. 말은 용감하기 때문에 내적으로 "흥분"(24절)하고 콧김을 내뿜으며 "광포"함을 드러내며 사자와 같은 소리를 낸다.[15] 그리고 말의 용기는 그 소리에서만이 아니라 외적인 행동을 통해서도 나타나므로 "땅을 집어삼킬 듯"이라고 말씀하신다. 발굽으로 땅을 파는 것이 땅을 삼킬 듯이 보인다는 것이다. 그리고, 말은 화살 통과 창과 방패의 소리에 놀라지 않을 뿐 아니라 전쟁에 사용하는 나팔 소리에도 놀라지 않는다. 그래서 그분은 "뿔 나팔 소리에도 멈추어 서지 않는다."고 말씀하신다.

뿔 나팔 소리에 기뻐한다

말은 그 소리 때문에 놀라지 않는 것이다. 실상 말은 전쟁 나팔 소리에 기뻐한다고 한다.[16] 그래서 그분은 "뿔 나팔이 울릴 때마다 '히힝!' 하고 외치며"(25절)라고 말씀하신다. 말이 환성을 지른다는 뜻인데,[17] '히힝!' 하는 것은 환호하는 사람의 감탄사와 같다. 그것이 말이 용감하기 때문이므로, 이제 그분께서는 말의 예민한 지각에 관련하여 "멀리서도 전투의 냄새를 맡고"라고 말씀하신다. 적이 아직 멀리 있을 때에 말은 후각으로 전쟁이 임박했다는 것을 알아채고, 장군이 군인들에게 용기를 훈계하여 용기를 불어넣을 때처럼 전쟁을 준비한다는 것이다. 이를 가리켜 "장수들의 훈계"를 감지하고 전쟁을 준비하는 "군대의 함성"을, 고함 소리를 듣는다고 말한다.

매

땅 위를 걸어다니는 동물들에 대해 이렇게 말씀하신 다음, 이제 공중에 날아

---

15) 참조. 잠언 19,12.
16) Thomas of Cantimpré, *De Naturis Rerum*, ch. 4.
17) 참조. Isidore, *Etymologiae* I.14 [PL 82, 89A].

다니는 동물들에 대해 말씀하신다. 첫 번째로는 매의 본성적 습성을 언급하시는데, 매는 깃털을 가는 때가 되면 더운 바람인 남풍을 향하여 날개를 펼쳐서, 모낭이 열리면 낡은 깃털이 빠지고 새 깃털들이 나올 수 있도록 한다.[18] 그래서 그분은 "네 슬기로 매가"(26절) 깃털을 바꿀 때에 "날아오르고" 쉽게 깃털을 바꾸기 위하여 "남녘을 향해 그 날개를 펴느냐?"고 말씀하신다.

독수리

마지막으로는 독수리에 관하여 말씀하시는데, 독수리는 "다른 새들보다 높이 난다."[19] 그래서 그분은 "또 네 명령에 따라 독수리가" 마치 나의 명령을 따르듯이 "치솟느냐?"(27절)고 말씀하신다. 독수리는 본성적 본능에 의해 날아오르기 때문이다. 본성적으로 이루어지는 모든 과정은 하느님의 명령에 따라 이루어지는 피조물의 움직임이다. 시편 148,8에서 "불이며 우박, 눈이며 안개, 그분 말씀을 수행하는 거센 바람아."라고 하는 바와 같다.

높은 곳에 둥지를 튼다

그리고, 독수리는 하늘 높은 곳에서 움직이듯이 거처도 높은 곳에 있는데, 이러한 속성은 그 본성의 고귀함에 관련된다. 그래서 그분은 "[네 명령에 따라 독수리가] 높은 곳에 둥지를 트느냐?"라고 말씀하신다. 이렇게 하는 것은 새끼들이 부화되자마자 높은 곳에 사는 것에 익숙해지도록 하기 위해서이다. 그래서 그분은 "그것은 바위 위에 살며"(28절)라고 덧붙이신다. 바위 위에는 수증기가 많이 나오지 않

---

18) 참조. Thomas of Cantimpré, *De Naturis Rerum*, ch. 5.
19) *Glossa Ordianria* on John, Prologue by pseudo-Augustine [PL 35, 1377].

기 때문에, 독수리는 맑은 공기를 좋아하는 듯하다. 그것은 위험한 짐승들이 접근할 수 없는 "험한 바위에" 살며, 사람이 갈 수 없는 "오를 수 없는 벼랑에 머문다." 그럼으로써 안전을 확보하는 것이다.

뛰어난 시력

그런데, 독수리는 매우 뛰어난 시력을 갖고 있어서 멀리서도 필요한 먹이를 볼 수 있다.[20] 그래서 그분은 "거기에서"(29절), 즉 높은 곳에서부터 "먹이를 찾아 살피고"라고 말씀하신다. 독수리가 가까운 곳에 있는 먹이뿐 아니라 멀리 있는 먹이도 찾아내므로, "그 눈은 멀리까지 바라본다."고 말씀하신다.

강력한 포획자

또한, 사자가 네발 가진 동물들 가운데에서 강력하듯이 독수리는 강력한 포획자이므로, 이를 가리켜 "그 새끼들은 피를 들이켜고"(30절)라고 말씀하신다. 독수리가 살아 있는 동물들을 둥지로 물어와 그 피를 마신다는 뜻이다. 그리고 독수리는 송골매나 매처럼 살아 있는 동물들만을 먹는 것이 아니라 죽은 동물들의 시체도 먹기 때문에, "주검이 있는 곳에는 독수리도 있다."고 덧붙이신다. 이 말씀은 독수리가 빠르게 날아감도 지칭하신다.

---

[20] 참조. Bartholemaeus Anglicus, *On the Properties of Things* XII.1.

주님께서 침묵하는 욥을 재촉하신다

이 모든 것은, 이렇게 놀라운 결과들을 일으키시는 하느님의 지혜와 능력의 위대함을 보이기 위하여 제시된 것이었다. 그러므로 욥이 하느님께서 하시는 이 많은 놀라운 일을 듣고 나서 할 말을 잃게 되는 것은 이해할 만한 일이다.

그러나 주님께서는 욥에게, 인간은 하느님과 논쟁하기에 적합하지 못하다는 것을 깨닫게 하신다. 그래서 "주님께서 눈길을 고정시키시고"(31절), 앞서 하신 말씀들을 바라보시며 "욥에게 계속 말씀하셨다." 침묵하고 있는 욥에게 말씀하셨다. "하느님과 논쟁하는 자가 그렇게 쉽게 포기하는가?"(32절) 자취를 감춘 듯이 그렇게 침묵하고 있는가? "하느님을 비난하는 자는", 그분의 심판에 대해 논쟁하는 자는 "응답하여라." 논쟁하기 위하여 도전하는 사람은 응답하기 위해서도 준비되어 있어야 마땅하다.

욥이 응답하며, 자신의 경솔함을 인정한다

욥은 틀렸음이 입증된 다음에도 자신의 주장을 고집하지 않기 위하여, 겸손의 말들을 쏟아 놓는다. 그래서 이러한 말들이 뒤따른다. "그러자 욥이 주님께 대답하였다. '제가 가볍게 말했으니, 당신께 무어라 대답하겠습니까?'"(33-34절).

여기서, 욥은 하느님과 자신의 양심 앞에서 자신의 말이 그릇되었다거나 의도가 교만했음을 인정하지 않는다는 점에 주의해야 한다. 그는 순수한 정신으로 말했기 때문이다. 그러나 말이 경솔했다는 점에 대해서는 인정한다. 교만한 정신으로 말한 것이 아니었다 해도 그의 말들은 교만하게 보이는 면이 있었으며, 그것이 그의 친구들에게 걸림돌이 되었기 때문이다. 사람은 악을 피해야 할 뿐 아니라, 악으로 보이는 것도 피해야 한다. 사도는 1테살 5,22에서 "악하게 보이는 것은 무엇이든 멀리 하십시오."라고 말한다.

그러므로 그는 "손을 제 입에 갖다 댈 뿐입니다."라고 말한다. 이는 다시 그와 비슷한 말들을 쏟아내지 않기 위해서이다. 그는 앞에서 했던 말들에 대해 후회하며, "말하지 않았어야 할 것을 한 번 말씀드렸으니"(35절)라고 말한다. 이는 하느님과 토론하고 싶다고 말했던 것을 가리킨다.[21] "두 번째 말씀"은 하느님의 심판에 대해 말하면서 자신의 의로움을 내세웠던 것을 지칭한다.[22]

엘리후가 그에게 했던 세 번째의 비판, 즉 그가 하느님의 심판이 부당하다고 말했다는 것은[23] 거부한다. 이 비판은 말의 가벼움에 관한 것이 아니라 모독에 관한 것이기 때문이다.

더는 덧붙이지 않을 것이다

그는 가볍게 말했던 것을 후회하며 이를 바로잡고자 하여 "더는 덧붙이지 않겠습니다."(35절)라고 말한다. 다른 기회에 또 가볍게 말하는 일이 없도록 하겠다는 것이다.

욥은 세 가지 힘에 충동되어 말한 것이다

여기서, 앞에 인용된 주님의 말씀이 외적인 소리를 통해서가 아니라 내적인 감도로 욥에게 주어졌다면, 이 책에서 욥은 세 가지 방식으로 말한 것이 된다.

---

21) 참조. 13,3 주해.
22) 참조. 6,2 주해.
23) 참조. 33,10 주해.

1. 첫째는 그가 "차라리 없어져 버려라."[3,3]라고 말했을 때에 감각적인 느낌을 제시하며 말한 것이다.

2. 둘째는 친구들과 토론할 때에 인간적 이성의 숙고를 표현한 것이다.

3. 셋째는 주님께 말씀을 드릴 때 하느님의 영감에 따라 말한 것이다.

인간적 이성은 하느님의 영감에 따라 인도되어야 하므로, 주님께서 말씀하신 후에 그는 인간적 이성에 따라 그가 했던 말들의 잘못을 자책한다.

40장

하느님만이 브헤못과 레비아탄을 다스리신다

자신이 의롭다고 내세운 욥을 하느님께서 꾸짖으신다

> 1) 그러자 주님께서 욥에게 폭풍 속에서 말씀하셨다. 2) 사내답게 허리를 동여매어라. 너에게 물을 터이니 대답하여라. 3) 네가 나의 공의마저 깨뜨리려느냐? 너 자신을 정당화하려고 나를 단죄하려느냐? 4) 네가 하느님 같은 팔을 지녔으며 그와 같은 소리로 천둥 칠 수 있느냐? 5) 아름다움으로 너를 둘러싸고 높이 올라 영광을 누리며 찬란한 옷을 입어 보아라. 6) 너의 그 격렬한 분노를 쏟아부어 오만한 자들을 흩어 놓아라. 교만한 자는 누구든 살펴 그를 낮추어 보아라. 7) 교만한 자는 누구든 살펴 그를 꺾고 악인들은 그 자리에서 짓밟아 보아라. 8) 그들을 모두 흙 속에 숨기고 숨긴 곳에서 그들의 얼굴을 구렁에 빠지게 해 보아라. 9) 그러면 나도 너를 인정하리니 너의 오른손이 너를 구원할 수 있기 때문이다.(40,1-9)

주님께시는 잎에서 하신 말씀들에서[1] 낭신께서 이루시는 놀라운 일들을 언급하시면서 당신의 지혜와 권능을 보여 주시어, 이를 통하여 아무도 지혜에 있어서나 능력에 있어서 그분과 겨룰 수 없음이 드러나도록 하셨다.

---

[1] 참조. 38,4 이하와 39,1 이하 주해.

그러나 이제 하느님은 여기서 더 나아가서 욥을 비판하신다. 욥이 자신의 의로움을 내세웠고, 그것이 어떤 이들에게는 하느님의 심판을 비난하는 것으로 보였기 때문이다.[2] "주님께서 욥에게 폭풍 속에서 말씀하셨다."(1절)라는 진술에서도, 하느님께서 말씀하시는 방식이 나타난다. "사내답게 허리를 동여매어라."(2절)라는 말씀에서는 주의를 환기시키시며, "너에게 물을 터이니 대답하여라."라는 말씀으로는 대답을 요구하신다. 이러한 점들은 위에서 설명하였으므로[3] 그 설명을 여기서 되풀이하는 것은 필요하지 않다.

욥은 시험에 대해 말한다

여기서, 욥이 자신의 의로움을 말한 것은 그 세 친구들과 엘리후가 오해한 것처럼 하느님의 심판이 불공평하다고 비난하려 한 것은 아니었음을 염두에 두어야 한다. 오히려 그는, 자신이 그들의 말대로 죄에 대한 갚음으로 벌을 받은 것이 아니라 시험을 받고 있는 것임을 밝히려고 했던 것이다. 위의 23,10에서 그가 "그분은 불을 통과하는 금처럼 나를 시험하실 것이네."라고 말했던 바와 같다.

욥의 태도의 위험성

그러나, 그가 다른 이들에게 하느님의 의로우심을 비난한 것처럼 보일 수 있는 방식으로 자신의 의로움을 주장했다는 것 자체가 책망을 받을 일로 여겨진다. 그

---

2) 참조. 예를 들어 27,6(욥)과 34,1 이하(엘리후) 주해.
3) 참조. 38,1.3 주해.

래서 하느님은 "네가 나의 공의마저 깨뜨리려느냐?"(3절)라고 말씀하신다. 네가 너의 의로움을 내세움으로써 사람들이 나의 심판이 옳지 않다고, 무효라고 여기게 되도록 한 것이 옳다고 생각하느냐? 심판이 옳지 않다고 하는 것은 무지에서 또는 악의에서 불의한 심판을 내리는 심판관에 대한 단죄이다. 그래서 그분은 "너 자신을 정당화하려고 나를 단죄하려느냐?"라고 말씀하신다. '너는, 내가 다른 사람들 앞에서 비난을 받아야 한다고 여겨질 만큼 너 자신을 내세우려 하느냐?'라는 것이다.

여기에서, 만일 동등한 두 사람이 가운데 한 사람에게 잘못이 있다고 할 때에 그 가운데 한 사람이 스스로 그 잘못이 자신에게 있지 않다고 주장하고 그 결과로 다른 사람들이 보기에 상대편이 잘못이 있는 것처럼 보이게 된다 하더라도 그것이 비난받을 일은 아니다. 인간은 본성적으로 다른 사람을 사랑하기보다 자기 자신을 사랑하기 때문이다.

그러나 하느님과 사람 사이만큼 큰 차이가 있을 때에는, 인간은 하느님께 잘못이 돌아가게 하기 보다는 오히려 부당하게 자신에게 잘못이 돌아오도록 해야 한다. 그러므로 주님께서는 욥을 책망하시며, 하느님이 인간보다 탁월함을 보여 주신다. 이 탁월함은 하느님께서 일으키시는 결과들로부터 드러난다. 그러나 지금 문제가 되는 것은 의로움의 비교이고 이것은 이성이 없는 사물들에 대해서는 적절하게 고려될 수 없으므로, 하느님의 탁월하심을 입증하기 위하여 그분은 당신께서 이성적 피조물들에게 일으키시는 결과들을 예로 드신다. 이 결과들은 두 가지로 고찰될 수 있다.

하느님 능력의 작용

1. 그 첫째는 그분 능력의 작용에 따라서인데, 이러한 방법과 관련하여 그분은 "네가 하느님 같은 팔을 지녔느냐?"(4절)고 말씀하신다. 팔은 하느님 권능의 힘을 나

타내며, 그분은 선한 이들을 지탱하기 위하여 그 팔을 사용하신다. 이사 40,11에서는 "새끼 양들을 팔로 모아 품에 안으시며"라고 말하고, 루카 1,51에서는 "당신 팔로 권능을 떨치시어 마음 속 생각이 교만한 자들을 흩으셨습니다."라고 말한다.

지혜

2. 다른 방식으로 하느님께서는 당신 지혜를 가르치심으로써 이성적 피조물들에게 작용하시는데, 그분은 이를 그 탁월함 때문에 천둥이라 부르신다. 이에 관하여 그분은 "그와 같은 소리로 천둥 칠 수 있느냐?"고 말씀하신다. 하느님께서는 천둥으로 선인들을 가르치시는데, 그래서 위의 26,14에서는 "그분 말씀들에서 우리는 얼마나 작은 속삭임만 듣고 있나? 그러니 그분 권능의 천둥소리를 누가 알아들을 수 있겠나?"라고 했었다. 또한 악인들을 꾸짖기 위해서도 천둥을 사용하시는데, 시편 76,19의 본문에서는(『성경』은 77,19) "회오리바람 속에 당신의 천둥소리 나고"라고 말하고, 그 후에 이어서 "땅이 떨며 뒤흔들렸습니다."라고 말한다.

그러한 결과들로부터 하느님은 세 가지 속성에 있어서 그분의 탁월하심을 보여주신다.

아름다움

1. 그 첫째는 아름다움에 관한 것이다. "아름다움으로 너를 둘러싸 보아라"(5절). 네가 하느님과 같은 결과들을 일으킬 능력이 있다면, 그분의 아름다움으로 너를 덮어 보아라. 그분은 명시적으로 "둘러싸 보아라."라고 말씀하신다. 하느님께서는 마치 아름다움이 당신의 본질에 더해지는 겉옷인 것처럼 당신 주위에 아름다움을 두르시는 것이 아니라, 그분의 본질이 바로 아름다움이시며, 이로부터 그분 본질

의 광채, 진리, 순수함, 단순함, 완전성을 알 수 있다. 그러나 인간은 자신의 본질에 더해진 것으로 하느님으로부터 아름다움의 한 몫을 받아 입지 않고서는 아름다움을 지닐 수 없다.

지고하심

2. 둘째로는 하느님의 지고하심에 관련하여 "높이 올라 보아라."라고 말씀하신다. 그런데, 하느님의 지고하심은 장소와 관련된 것으로 이해할 수 없다. 하느님에 대해 일컬어지는 모든 것은 포괄적으로 그분께 적용되므로, 그분의 지고하심은 장소에 관련된 것이 아니라 완전성과 능력에 관련된 것으로 이해된다. 그러한 지고하심은 하느님께 본질적으로 적용된다. 그러므로 하느님은 지고하심을 향해 오르시는 것이 아니라 움직임 없이 그 안에 머물러 계신다. 그에 비하여 인간은 본성상 가장 낮은 상태에 있으며, 위로 올라감으로써만 하느님의 지고하심에 다다를 수 있다. 그래서 그분은 "높이 올라 보아라."라고 분명히 말씀하시는 것이다.

영광

3. 셋째로는 영광과 관련하여 "영광을 누려 보아라."라고 말씀하신다. 영광은 어떤 사람의 선을 다른 이들이 인정하는 것을 의미한다. 그래서 암브로시우스는 영광이 "찬미하며 분명히 인식하는 것"이라고 말한다.[4]

그런데 하느님의 선하심은 무한하시며 따라서 하느님을 제외하고서는 누구도 그 선하심을 완전히 인식할 수 없다. 그래서, 하느님께서 당신 자신을 아신다는 점에

---

4) 참조. 예를 들어 *ST* I-II.2.3; II-II.103.1, *ad* 3.

서 영광은 오직 하느님께만 있고 인간은 오직 하느님의 인식에 참여함으로써만 그 영광에 도달한다. 예레 9,24에서는(『성경』은 9,23) "자랑하려는 이는 이런 일을, 곧 나를 이해하고 알아 모시는 일을 자랑하여라."라고 말한다. 그러므로 그분은 분명하게 "영광을 누려 보아라."라고 말씀하신다. 인간은 본질적으로 이 영광을 가지고 있지 못하기 때문이다.

하느님께서 이루시는 결과들

자비와 정의

하느님은 능력과 본성의 탁월함에 관하여 이렇게 말씀하신 다음 선인과 악인 모두에 관련하여 이성적 피조물들에게 미치는 하느님의 결과들을 말씀하신다. 그러나, 하느님께서 의인들을 일으키시기 위한 업적들은 주로 자비에 귀속되는 반면 악인들을 벌하시기 위한 업적들은 고유하게 정의에 귀속된다는 점을 알아야 한다. 그래서, 지금은 정의의 문제를 다루고 있으므로 그분은 먼저 선인들에 관련된 하느님의 작용을 간략하게 언급하시며 "찬란한 옷을 입어 보아라."라고 말씀하신다.

선한 이들의 찬란함

선한 모든 것은, 천사든 인간이든, 하느님의 지혜와 정의에 참여함으로써 찬란하게 빛나는 것이다. 사람이 찬란한 옷을 입음으로써 꾸며지듯이, 거룩한 천사들과 사람들의 모든 찬란함은 하느님께서 그들을 꾸며 주시는 것이기에 다시 하느님의 찬란하심이 된다. 이사 49,18에서 하느님의 선하심을 기리며 "너는 그들을 모두 패물처럼 걸치리라."고 말하는 바와 같다.

여기서, 하느님께서 당신 성인들을 찬란하게 만드시는 것은 그분의 자비에 속하는 것이지만 그분께서 당신의 영광을 위하여 그들의 찬란함을 사용하시는 것은 이제부터 말씀하실 그분의 정의에 속하는 것임을 생각해야 한다. 이러한 이유로 그분은 "찬란한 옷을 만들어라."라고 하지 않으시고 "찬란한 옷을 입어 보아라."라고 말씀하신다.

죄를 짓는 인간의 교만

다음으로 그분은 당신께서 악인들에게 행사하시는 신적 정의의 결과들을 더 상세하게 보여 주시며, 먼저 사람들과 관련하여 이를 보여 주신다. 여기에서, 집회 10,15에서 "교만은 모든 죄의 시작"이라고 말하듯이 인간의 모든 악은 교만에서 비롯된다는 점을 알아야 한다.

또한, 모든 악습 가운데 하느님은 교만을 특별히 미워하신다. 그래서 야고 4,6에서는 "하느님께서는 교만한 자들을 대적하신다."고 말한다. 이렇게 말하는 것은, 교만한 사람들은 겸손하게 하느님께 복종하기를 원하지 않아 하느님을 거슬러 반항하며, 하느님의 계명을 경멸하여 온갖 죄에 떨어지기 때문이다. 지상의 군주들도 반역자들을 특별히 혐오한다. 그래서 주님께서는 특별히 교만한 사람들을 거슬러 행사하시는 당신 능력의 결과들을 언급하신다.

교만의 두 종류, 자신이 지닌 것에 대한 교만

1. 그런데 교만에는 두 가지 종류가 있다. 어떤 사람들은 루카 18,11에서 "제가 다른 사람들과 같지 않으니"라고 말했던 사람과 같이 자신들이 지닌 선 때문에 다른 사람들보다 자신이 낫다고 자랑한다. 이러한 사람들은, 교만이라는 단어 그 자

체가 시사하듯이[5] 고유한 의미에서 교만한 사람들이라고 일컬어진다. 교만한 사람들에게 적절한 벌은 불화이다. 한 사람이 다른 사람 위에 군림하려 하고 그 아래 있기를 거부할 때에 그들은 서로 조화를 이룰 수 없기 때문이다. 그래서 잠언 13,10에서는 "오만은 싸움만 일으킨다."고 말한다. 하느님은 이러한 사실을 지칭하여 "너의 그 격렬한 분노를 쏟아부어 오만한 자들을 흩어 놓아라."(6절)라고 말씀하신다. 오만한 자들을 흩어 놓아 그들이 하나가 되지 못하게 하는 하느님의 역할을 네가 해 보라는 것이다. 여기서 하느님의 분노는 무거운 처벌을 의미한다.[6]

자신을 실제보다 더 크게 과장함

2. 다른 종류의 교만한 사람들은 자신을 실제보다 더 내세우는 사람들이다. 예레 48,29에서는(『성경』은 48.30) "나는 그의 방자함을 알고 있다. 주님의 말씀이다. 그의 자랑도 거짓이고 그가 한 일도 거짓이다."라고 말한다. 이와 같이 교만한 사람들에게 적절한 벌은 멸망이다. 그들은 자기 자신을 들어 높이고 싶어서 위험하게 멸망으로 달려가기 때문이다. 시편 72,18에서는(『성경』은 73,18) "정녕 당신께서는 그들을 멸망으로 떨어지게 하셨습니다."라고 말한다. 당신 섭리의 예지에 따라 그들을 무너뜨리셨다는 것이다.

징벌, 혼란에 빠뜨리심

1. 두 종류의 교만한 사람들에게 공통된 첫 번째 벌은 그들을 혼란에 빠뜨리시는 것이다. 그들은 자신들이 내세웠던 것 같은 높이에 도달할 수 없을 때에 그들

---

5) *superbos*: *super*는 "위에"라는 의미를 시사한다.
6) 참조. 14,13; 19,11; 21,30 주해.

자신의 실패에 당황하게 되기 때문이다. 그래서 그분은 "교만한 자는 누구든 살펴 그를 낮추어 보아라."(7절)라고 덧붙이신다. 그래서 위의 20,6-7에서도 "그의 높이가 하늘까지 이르고 머리가 구름까지 닿는다 해도 그는 제 오물처럼 영원히 사라져 버린다네."라고 말했었다.

멸망

2. 그들의 두 번째 벌은 멸망인데, 그분은 이를 가리켜 "악인들은 그 자리에서 짓밟아 보이라."라고 말씀하신다. 교만한 자들을 악인이라고 부르시는 것은, 집회 10,14에서 말하듯이(『성경』은 10,12) "인간의 오만은 주님을 저버리는 데서 시작"되기 때문이다. 주님을 저버리는 것은 주님을 공경하는 신심과 상치된다.

이렇게 교만한 자들에게 적절한 벌은 짓밟혀 부서지는 것인데, 짓밟힌 것은 더 강한 것의 힘에 의하여 작은 부분들로 부서지기 때문이다.[7] 지나치게 자신을 위대하게 생각하는 교만한 사람이 그보다 더 강한 힘, 곧 하느님의 권능에 의하여 가장 작은 상태로 축소된다는 것은 마땅한 일이다.

그분은 또한 분명하게 "그 자리에서"라고 말씀하심으로써, 그들이 믿고 있는 것이 그들을 구해줄 수 없음이 드러나게 하신다. 모든 것은 있는 그 자리에서 보존된다. 그러므로, 많은 부나 고귀한 지위, 또는 그와 같이 인간이 신뢰하는 사물들은 그의 자리라고 불릴 수 있다.[8] 그러나 교만한 사람은 이러한 것들을 가지고 있어도 하느님에 의하여 가루로 부서지게 되어, 말하자면 그의 자리에서 짓밟히는 듯이 보이게 된다.

---

7) Thomas, *Super Libros Sententiarum* IV, d.17, q.2, a.1, qc.1, 여기서는 Aristotle, *Meteorology* IV.9, 386a 13f.를 인용한다.
8) 참조. 7,10과 27,23 주해.

명예를 잃음

3. 세 번째 벌은 그들이 가장 미천한 상태가 된 다음에 그들 명성의 찬란함이 사라지는 것이다. 영광을 과시하려 했던 자가 사람들의 기억에서 잊어지는 것은 마땅하다. 잠언 10,7의 본문은 "악인의 이름은 썩어버린다."고 말한다. 그래서 그 다음에는 "그들을 모두 흙 속에 숨겨 보아라."(8절)라는 말씀이 뒤따른다. 너는 그들이 낮아져 보잘것없는 처지에 놓이게 함으로써 그들을 눈에 띄지 않게 할 수 있느냐? 여기서 "모두"라는 말이 첨가된 것은 두 가지로 해석할 수 있다. 모든 교만한 사람이 동시에 그러한 종말을 겪으리라는 사실을 가리킬 수도 있고, 그들이 서서히 멸망하는 것이 아니라 한 순간에, 갑자기 멸망하리라는 사실을 가리킬 수도 있다.

지옥의 단죄

4. 그들의 네 번째 벌은, 다른 사람들이 그들을 알아주지 않을 뿐 아니라 그들 자신도 그들이 자랑했던 선들을 주장할 수 없게 되는 것이다. 그래서 그분은 "그들의 얼굴을", 즉 그들의 인식 능력을 – 인간의 시각이 얼굴에 있기 때문에 그러한 뜻을 갖는다 – "구렁에 빠지게 해 보아라."라고, 즉 그들을 지옥 깊은 곳으로 떨어지게 해 보라고 말씀하신다. 그분께서는 인간이 구렁에 묻혀 물질적으로 먼지로 환원되는 첫 번째 죽음을 비유로 사용하여 두 번째 죽음의 단죄에 대해 말씀하신다.

인간의 무력함

앞에서 주님께서는 이러한 것들을 당신께서 이루시는 업적으로 제시하셨다. 그런데, 그분께는 다른 사람의 도움이 필요하지 않은데 이는 사람에게는 불가능한 특성이다. 또한 앞서 언급된 업적들을 행할 수도 없다. 그래서 그분은 "그러면 나도 너를 인정하리니 너의 오른손이 너를 구원할 수 있기 때문이다."(9절)라고 말씀하시는데, 이는 만일 네가 방금 언급한 일들을, 오직 하느님의 업적들인 그 일들을 해낼 수 있다면 너는 구원되기 위하여 하느님의 도움이 필요하지 않다고 합당하게 주장할 수 있다는 것이다. 그러나 너는 그 일들을 행할 수 없으므로, 스스로 구원될 수도 없다. 따라서 너는 의로움을 자랑하지 말아야 한다.

두 가지 괴물로 표현된 악마

> 10) 보아라, 내가 너와 같이 만든 브헤못을! 그것은 소처럼 풀을 뜯고 있다. 11) 보아라, 그 허리의 힘을, 그 배꼽의 위력을. 12) 꼬리는 삼나무처럼 쭉 뻗고 허벅지의 힘줄들은 얽혀 있으며 13) 뼈는 구리 통 같고 연골은 철판 같다. 14) 그것은 하느님의 길들의 시작이다. 그를 만드신 분께서 그의 칼을 사용하시리라. 15) 산들이 그에게 소출을 바치니 들의 모든 짐승이 곁에서 뛰논다. 16) 그것은 늪지대의 갈대로 된 은신처의 그늘에서 잠든다. 17) 그늘은 그 그림자를 가려 주고 냇가의 버드나무는 그것을 에워싸 준다. 18) 보아라, 강물을 마셔도 그는 질겁하지 않고 요르단 강을 제 입에 쏟아부을 수 있다고 믿는다. 19) 그는 갈고리로 잡듯이 그 눈을 붙잡고 말뚝에 그 코를 뚫을 것이다.(40,10-19)

위에서 주님은 당신께서 악인들에게 행사하시는 권능의 결과들을 열거하셨는데, 이제는 악마의 악함을 묘사하신다. 앞에서 한 말들에서, 욥과 그의 친구들이 악마에 대해 지니고 있는 견해는 가톨릭 교회가 지금 견지하는 바와 동일하다는 것이 드러났다. 즉, 악마들은 죄를 지어 천사의 품위를 잃어버렸다는 것이다.[9] 그런 의미에서 위의 4,18에서는 "그분께서는 당신을 섬기는 이들도 믿지 않으신다."고 말했었다.

인간이 이성의 품위를 잃어버리고 이성을 거슬러 행동함으로써 이성이 없는 피조물과 유사하게 되듯이, 악마 역시 죄를 지음으로써 최고선에서 돌아서서 하위의 지상적 사물들을 지배하려 함으로써 야수와 같이 된다. 실상 악마들은 자주 야수의 모습으로 인간에게 나타나며, 하느님의 허락으로 그들의 상태를 가리켜 보이는 몸의 형태를 취할 수 있게 된다.

여기서, 자신들의 품위를 간직한 천사들이 인간보다 우위의 품위를 지니고 있어서 더 빛나는 광채 속에서 인간에게 나타나듯이, 악마들도 악의에 있어 인간보다 탁월한 우위를 지니고 있어서 인간을 능가하는 괴물 같은 동물들과의 유비로 묘사된다는 점을 살펴야 한다.

코끼리와 고래

그런데, 땅에 사는 동물들 가운데서는 코끼리가 힘과 크기에 있어 탁월하며, 물에 사는 동물들 가운데서는 고래가 탁월하다. 그래서 주님께서는 악마를 코끼리와 고래에 비유하여 묘사하시므로, '동물'을 뜻하는 이름인 "브헤못"(10절)은[10] 코끼리를 가리킨다. 보통 "동물"이라 불리는 땅 위의 동물들 사이에서 코끼리는 그 몸의 크기 때문에 어떤 식으로든 우위를 차지한다.

---

9) 참조. 1,6; 4,18 주해.

10) 참조. Gregory the Great, *Morals on the Book of Job* XXXII. 12 [PL 76, 644C]; Isidore, *Etymologies* VIII.2 [PL 82, 317A].

반면 "레비아탄"이라는 이름은 "그들의 성장"을 뜻하며[11] 큰 고래를 가리킨다. 고래는 크기에 있어서 온갖 종류의 동물들을 능가하기 때문이다.

악마를 나타내는 은유들

누군가는, 코끼리와 고래가 크기에서 다른 동물들을 능가하기 때문에 여기서 주님께서 자구적으로 이 동물들의 속성을 표현하려 하신다고 생각할 수도 있다. 그러나 이 동물들의 속성이 다른 것들에 대한 비유로 묘사된다는 점은, 비유로 사용된 사물에 속한 속성들이 제시된 다음 진리가 첨가된다는 사실에서 드러난다. 예를 들어 브헤못 즉 코끼리의 속성들을 말씀하신 다음 하느님께서는 진리를 설명하듯이 "그것은 하느님의 길들의 시작이다."(14절)라고 말씀하신다. 또한 레비아탄 즉 고래의 속성들을 말씀하신 다음에는, "그것은 모든 오만한 자들 위에 군림하는 임금이다."[41,25]라고 덧붙이신다.

그리고 적절하게도, 욥의 역경에 관한 하느님의 논쟁은 악마에 대한 묘사로 끝난다. 위에서[1,12] 그의 역경이 사탄에게서 비롯되었음이 언급되었기 때문이다. 욥의 친구들은 욥이 그의 죄 때문에 벌을 받았다고 여기며 그 역경의 원인을 욥 자신에게 돌리려고 했지만, 주님께서는 욥의 경솔한 말들을 꾸짖으신 다음 토론의 마지막 판정을 내리듯이 사탄의 악함을 다루시는 것이다. 사탄은 욥의 역경의 시초에 있었고 또한 지혜 2,24에서 "악마의 시기로 세상에 죽음이 들어와 죽음에 속한 자들은 그것을 맛보게 된다."라고 말하듯이 인간이 단죄를 받게 된 그 시초에 있었다.

---

11) 참조. 20절 주해; 또한, Gregory the Great, *Morals on the Book of Job* XXXIII. 9 [*PL* 76, 682C]; Isidore, *Etymologies* VIII.2 [*PL* 82, 317B].

인간과 함께 창조된 코끼리

첫 번째로는 브헤못을 비유로 사용하여 사탄을 묘사하기 시작하시며, 그가 인간과 닮았음을 지적하신다. "보아라, 내가 너와 같이 만든 브헤못을!"(10절) 이 절이 비유에 관련된 양편 각각이 존재하기 시작한 때를 가리키는 것이라면, 그 참됨은 명백하다. 땅 위의 동물들은 인간과 같이 여섯째 날에 창조되었기 때문이다.[12] 그러나 그것이 악마를 가리킨다면, 이것은 비유적으로 일컬어진 것이다. 악마는 인간과 동시에 만들어진 것으로 보이지 않는다. 인간은 여섯째 날에 창조된 반면 사탄은 하느님께서 하늘과 땅을 창조하신 태초에 천사들의 일부로 창조되었기 때문이다.[13]

아우구스티누스의 견해대로 날들을 헤아리는 것이 시간의 연속을 나타내는 것이 아니라 만들어진 사물들의 종류가 상이함을 표시하는 것이라면,[14] 모순은 없다. 그러나 다른 이들의 설명대로 천사들의 창조가 인간의 창조보다 시간적으로 앞선다면,[15] 이 문장은 두 가지로 이해될 수 있다.

첫째로 "너와 같이 만든"은 내가 너를 만든 것과 마찬가지로 사탄도 내가 만들었다는 의미가 될 수 있다. 그분께서 이렇게 말씀하시는 것은 악마의 악함을 생각하면서 그가 선하신 하느님의 피조물이 아니라고 여기는 이들의 오류를 배제하기 위해서이다.[16] 둘째로, "너와 같이 만든"은 지적인 본성에 있어 너와 유사하게 만들었

---

12) 참조. 창세 1,24 이하.
13) 참조. Augusitine, *De Genesi ad Litteram* I.1 [*PL* 34, 247].
14) Thomas, *ST* I.74.2, 여기서는 Augustine, *De Genesi ad Litteram* IV.26과 33 [*PL* 34, 314], 그리고 *City of God* XI.9를 인용한다.
15) Thomas, *ST* I.61.3, arg. 1, 여기서는 Jerome, *In Epistolam ad Titum* I.2 [*PL* 26, 594]와 John Damascene, *De Fide Orthodoxa* II.3 [*PL* 94, 873]을 인용한다.
16) 마니교도들. Gregory, *Morals on the Book of Job* XXXII.12 [*PL* 76, 646B].

다는 의미가 될 수 있다.[17]

이러한 유사성의 흔적은 코끼리에게서도 나타난다. 아리스토텔레스는 그의 『동물사』(History of Animals)에서, "야생 코끼리는 길들이기에 매우 적합하다. 많은 기술을 배우고 이해하며, 임금에게 무릎을 꿇도록 가르칠 수도 있다."고 말한다.[18] 이렇게 말한 것은 코끼리에게 이해력이 있기 때문이 아니라 스스로의 본성적 능력이 자신과 그 종의 보존을 위하여 유익한 것을 식별하기 때문이다.

브헤못의 세 가지 속성

브헤못이 인간과 유사함을 묘사한 다음에는 코끼리의 속성들을 묘사하시며, 먼저 코끼리에 적용되도록 브헤못에 관하여 세 가지를 묘사하신다.

코끼리는 육식성이 아니다

1. 첫째는 그 먹이이다. "그것은 소처럼 풀을 뜯고 있다." 자구적으로 코끼리는 육식 동물이 아니라 소와 같은 초식 동물이다. 그런데 풀은 땅 위에 자라나기 때문에 이 표현은 비유적으로 사탄에게 적용된다. 사탄은 지상적 사물들을 지배하고 싶어하기 때문이다. 그래서 루카 4,6에서 사탄은 자랑스럽게 세계의 나라들에 대하여 "내가 받은 것이니 내가 원하는 이에게 주는 것이오."라고 말한다.

---

17) 참조. *Ibid*. [PL 76, 646A].
18) IX.46, 630b 18ff.

짝짓기

2. 둘째로 그분은 코끼리의 교미를 묘사하신다. 동물들의 주된 즐거움은 음식과 성에 있기 때문이다. 먼저 동물들이 교미하도록 하는 성적 욕구에서부터 묘사하신다. "보아라, 그 허리의 힘을"(11절). 허리로부터 또는 신장으로부터 정액이 생식기로 내려오기 때문이다.[19]

이어서 그분은 교미 방법을 묘사하신다. 철학자는 『동물사』 2권에서 "코끼리 암컷은 땅에 엎드려 교미를 하고, 수컷이 암컷 위로 올라간다."라고 말하기 때문이다.[20] 그분은 이 사실을 가리켜 "그 배꼽의 위력을"이라고 말씀하신다. 코끼리는 교미할 때에 암컷의 등에 배꼽을 대기 때문이다. 또한, 그렇게 큰 몸들이 부딪힐 때에 배가 뒤틀리지 않기 위해서는 배꼽에 큰 힘이 있어야 한다. 그런데 그와 같은 형태로 교미하는 동물들은 교미할 때에 꼬리를 뒷다리 사이에 끼워 넣는다. 그래서 그분은 "꼬리는 삼나무처럼 쭉 뻗고"(12절)라고 덧붙이신다. 꼬리의 크기가 크기 때문에 이렇게 말씀하시는 것이다.

셋째로는 교미에 사용되는 기관들을 묘사하신다. "허벅지의 힘줄들은 얽혀 있으며." 이는 발로 걸으며 새끼를 낳는 모든 동물의 생식기에 관하여 철학자가 『동물사』 3권에서 묘사하는 꼬임을 말한다.[21]

성에 대한 악마의 유혹

이 구절들은 마치 악마가 동물들처럼 육체적으로 서로 결합하고 거기에서 쾌락

---

19) 참조. Albertus Magnus, *De Animalibus* II.2.3., n.112.
20) 540a 21f.
21) 510a 15ff.

을 느끼는 듯이 악마에게 글자 그대로 적용될 수 없다. 아우구스티누스는 『신국론』 XV.23에서 어떤 "불경한 악마가 자주 여인들에게 나타나 그들과 성 관계를 시도하고 실행했다고들 한다."고 하지만, 그들이 이렇게 하는 것은 성 행위 자체의 즐거움 때문이 아니라 인간을 죄로 이끄는 것을 즐거워하기 때문이다. 그들의 성향은 특히 죄로 기우는 것이다. 그래서 아우구스티누스는 『신국론』 II.25에서 "악령들이 그들의 본보기로 죄악에 경건한 외양을 부여하려고 얼마나 애를 쓰는지 알지 못하는 사람이 누가 있겠는가?"라고 말한다. 이에 관련하여 아우구스티누스는 이 같은 책의 다른 부분에서 "그러한 영들은 욕망의 음란함을 즐긴다."고 말한다.

이러한 문장들은 앞에서의 낱늘이 악마들의 즐김을 비유적으로 표현한다는 것을 밝혀 준다. 욕정의 악습 때문에 악마들은 쉽게 인간을 덮친다. 그래서 그분은 "그 허리의 힘을"이라고 말씀하시어 이 진술이 남자들에게 적용되게 하시고 "그 배꼽의 위력을"이라고 말씀하시어 그것이 여자들에게 적용되게 하신다. "꼬리는 삼나무처럼 쭉 뻗고"라는 것은 그가 마침내 이 죄에 떨어지게 한 이들을 쾌락의 감미로움으로 묶어 놓았기 때문이고, "허벅지의 힘줄들은 얽혀 있으며"라는 것은 이 악습에 떨어진 사람이 벗어나려고 하면 그는 다른 기회에 다시 걸려들게 되기 때문이다.

코끼리의 움직임

3. 셋째로 그분은 코끼리의 움직임을 묘사하시는데, 이에 관련하여 그들은 그 몸무게를 지탱할 수 있도록 튼튼한 발과 정강이와 다리를 지녔다고 일컬어진다. "그들은 관절이 없는 굳건한 뼈를 가지고 있다."[22] 이를 가리켜 그분은 "뼈는 구리 통 같고"(13절)라고 말씀하신다. 구리통이 휘어질 수 없는 것과 마찬가지로 그 뼈가 휘어지지 않기 때문이다. 이 문장은 움직임의 외부 기관들인 정강이와 다리에 적용된다.

---

22) Thomas of Cantimpré, *De Naturis Rerum*, ch. 4.

한편 움직임의 내부 기관들은 연골과 힘줄인데, 코끼리에게서는 이들도 쉽게 휘어지지 않는다. 이러한 사실에 관련하여 그분은 "연골은 철판 같다."고 말씀하신다. 그 연골은 휘어지지도 늘어지지도 않는 것이다. 이 구절로, 자신의 악한 목적에서 물러나지 않는 악마의 끈질김과 인간을 외적으로 해치기를 그치지 않는 그의 잔인함이 표현된다.

악의 시작인 사탄

이제 주님은 비유적으로 말씀하신 것들을 설명하신다. "그것은"(14절), 지금까지 말한 것들이 비유적으로 적용되는 사탄은 "하느님의 길들의 시작이다." 즉, 그분 업적들의 시작이다. 이 말씀이 창조의 업적에 적용된다면, 사탄이 첫 피조물들과 함께 만들어졌다거나[23] 아니면 일부 주해자들이 말하듯이[24] 사탄이 다른 피조물들 사이에서 가장 탁월한 피조물이라는 뜻이 된다. 그러나 하느님의 길들은 그분 섭리의 업적을 뜻하는 것으로 이해하는 것이 더 적절하게 보인다.

여기서, 하느님께서는 한 가지 업적만이 그분의 선하심에 적절하게 어울린다는 점을 생각해야 한다. 그것은 은혜와 자비를 베푸는 일이다. 그분께서 벌하시고 역경을 보내시는 것은 이성적 피조물의 악함 때문인데, 그 악함은 먼저 악마 안에 있었고 악마의 사주로 인간에게 넘어오게 되었다. 그래서 그분은 "그는 하느님의 길들의 시작이다."라고 말씀하신다. 하느님께서 여러 가지 길들을 사용하시어, 은혜를 베풀기도 하시고 벌하기도 하시는 그 시작이 되는 것이다.

그러나 여기서 악마가 하느님의 길들의 시작이라는 것이 그가 자기 마음대로 해

---

[23] 참조. 10절 주해.
[24] Thomas, *ST* I.63.7, 여기서는 Gregory, *In Evangelium* IV, hom. 34[PL 76, 1250B]를 인용한다; 또한, *Morals on the Book of Job* XXXII.23 [PL 76, 665C].

를 입힐 수 있다는 뜻으로 이해되지 않도록, 이러한 믿음을 배제하기 위하여 하느님은 "그를 만드신 분께서", "그의 칼을 사용하시리라."고 덧붙이신다. 여기서 칼은 악마의 해로운 작용을 가리킨다. 해를 끼치려는 의지는 악마 스스로에게서 나오는 것이므로[25] 그의 칼이라고 일컬어지지만, 하느님의 의지나 허락이 없이는 해를 끼치는 결과를 가져오지 못한다.

코끼리의 풀밭

그리고 그분은 앞에서 "그것은 소처럼 풀을 뜯고 있다."(10절)고 말씀하셨으므로, 브헤못이 어디서 먹을 풀을 찾는지를 보여 주시며 "산들이 그에게 소출을 바치니"(15절)라고 말씀하신다. 이로써, 이 세상에서 높은 사람들과 교만한 사람들이 악마에게 악마가 좋아하고 먹이로 삼는 재료들을 가져다준다는 것을 알 수 있다.

이어서 그것이 어떻게 이루어지는지를 보여 주시며 "들의 모든 짐승이 곁에서 뛰논다."고 말씀하신다. 야생 동물들이 안전하고 평화롭게 지내기 위하여 산 위에 모이듯이, 짐승처럼 날뛰는 사람들은 높은 사람들의 보호 하에서 안전을 누리기 때문이다. 이러한 뜻으로 다니 4,9에서는 "그 그늘 밑으로", 즉 임금의 지위 아래로 "들짐승들이 찾아들었다."고 말한다.

서식지

다음으로는 그 서식지를 묘사하시는데, 아리스토텔레스가 『동물사』 5권 2장에

---

25) 참조. 1,12 주해.

서 말하듯이 "코끼리는 황야에서, 특히 강가에서 산다."[26] 그리고 강가에는 보통 갈대숲과 버드나무, 그리고 그늘진 장소들이 있으므로, 이러한 코끼리의 서식지를 가리켜 "그것은 늪지대의 갈대로 된 은신처의 그늘에서 잠든다."(16절)고 말씀하신다.

또한, 이 동물은 아무 그늘에나 들어가는 것이 아니라 아주 짙은 그늘을 찾으므로, "그늘은 그 그림자를 가려 주고"라고 말씀하신다. 아래쪽에 있는 그늘은 위에 있는 그림자에 의하여 열기에서 보호를 받는 것이다. 또한 그림자를 만드는 원인을 지칭하여 "냇가의 버드나무는 그것을 에워싸 준다."고 덧붙이신다. 버드나무는 갈대보다 짙고 시원한 그늘을 만들기 때문이다. 코끼리는 우울한 동물이고[27] 몸이 건조하여, 글자 그대로 그늘진 곳에서 서식하며 더운 지방에서 산다. 그래서 덥고 건조한 기후를 피하여 습지와 그늘의 시원함을 찾는다.

이 단락은 악마의 칼이 산들에 대해서만, 즉 브헤못에게 풀을 가져다주고 들의 모든 짐승을 그 아래 살게 하는 교만한 자들에게만 효과를 갖는 것이 아니라 그늘에서 머물듯이 즐기며 살아가는 사람들, 즉 그 그늘이 그림자를 보호해 주도록 하기 위하여 그늘이 오래 지속되게 하려고 애를 쓰는 사람들과 습지의 쾌락을 즐기는 사람들에게도 효과를 갖는다는 것을 의미한다.

코끼리는 물을 많이 마신다

코끼리는 습하고 그늘진 곳을 찾는 것과 같은 이유로 물도 많이 마신다. 그래서 아리스토텔레스는 『동물사』 7권 9장에서, "코끼리는 한 번에 마케도니아 되로 14

---

26) 540a 20.
27) 참조. Albertus Magnus, *Quaestiones de Animalibus* II.14.

되의 물을 마시고 그 후에 다시 8되를 마신다."고 말한다.[28] 그러므로, 코끼리가 많은 양의 물을 마신다는 것을 나타내기 위하여 그분은 "강물을 마셔도 그는 질겁하지 않고"(18절)라고 말씀하신다. 많은 양의 물을 마시는 습관이 있기 때문이다. 그리고, 그렇게 많이 마신 다음에는 또 물을 기다린다. 그래서 "요르단 강을 제 입에 쏟아부을 수 있다고 믿는다."고 덧붙이신다. 요르단 강이 이러한 말씀들을 하신 그 땅에서 널리 알려진 강이기 때문이다.

다른 이들을 죄짓게 하는 사탄의 주제넘음

코끼리에 대해 이렇게 말한다면 이것은 과장하여 말한 것이다. 그러나 이 말들은 비유로 악마에 대해 말한 것인데, 이들을 악마에 적용시킨다면 그것은 악마의 주제넘음을 뜻한다. 악마는 주제넘게도, 사람들이 하느님에 대해 어느 정도 알고 있다 하더라도 확고하지 않은 모든 사람을 쉽게 자신에게 결합시킬 수 있다고 여겼던 것이다.

이러한 사실을 암시하기 위하여 요르단 강이 특별히 언급된다. 요르단 강이 흐르는 땅에는 하느님에 대한 참된 지식이 있기 때문이다. 실상 악마의 칼은 이와 같은 세 부류의 사람들, 즉 교만한 사람들, 쾌락을 추구하는 사람들, 확고하지 않거나 강이 나타내는 이 세상에 대한 관심에 몰두하는 사람들에게 특히 큰 효과를 낸다.

---

28) 596a 7ff.

그리스도의 은총으로 악마를 이길 수 있다

그러나, 악마에게 정복당하지 않고 오히려 악마에게 승리하는 사람들이 있다. 이는 특히 그리스도께 해당되며, 그분에 관하여 묵시 5,5에서는 "보라, 유다 지파에서 난 사자가 승리하였다."라고 말한다. 다음으로는 그리스도의 은총을 통하여 다른 이들도 그러한 승리를 거둘 수 있다. 1코린 15,57에서는 "우리 주 예수 그리스도를 통하여 우리에게 승리를 주시는 하느님께 감사드립니다."라고 말한다. 주님께서는 코끼리 사냥을 비유로 사용하여 이러한 승리를 묘사하신다. "그는"(19절), 사냥꾼 곧 그리스도와 그분의 제자들은 "갈고리로 잡듯이 그 눈을 붙잡을 것이다."

코끼리를 잡는 방법

코끼리를 잡는 한 가지 방법은 다음과 같다. "코끼리가 다니는 길에 구덩이를 파 놓으면, 코끼리는 알지 못하여 그 속으로 떨어진다. 사냥꾼은 그 구덩이에 와서 코끼리를 때리고 찌른다. 그 다음에 다른 사냥꾼이 와서 첫 번째 사냥꾼을 때리고 그를 쫓아 보내고, 코끼리를 때리지 않고 먹을 보리를 준다. 이렇게 서너 차례 하고 나면 코끼리는 그를 구해 주는 사람을 사랑하고 점차 길들여져 그에게 복종한다."[29] 그래서, 낚시 바늘에 물고기가 잡히듯이 코끼리는 먹이에 걸려든다.

코끼리를 잡는 또 다른 방법이 있는데, 아리스토텔레스는 『동물사』 9권 1장에서 이렇게 말한다. "사냥꾼들은 길들여진 코끼리에 타고 야생 코끼리를 추격하다가, 어떤 도구로 그를 찌른다."[30] "말뚝에 그 코를 뚫을 것이다."라고 하신 것은 이러한

---

29) Barholomaeus Anglicus, *On the Properties of Things* XVIII.43.
30) 610a 24f.

사실을 가리킨다. 코끼리에게 코는 예민한 부분이고, 사냥꾼들에게 많이 찔리는 부분이다.

이 구절은 신비적으로, 그리스도께서 악마에게 약한 본성을 보여 주시어 갈고리에 걸리듯이 그분께 붙잡히게 하시고 그 후에 그에게 당신의 권능을 행사하셨음을 의미한다. 콜로 2,15에서 "권세와 권력들의 무장을 해제하여 그들을 이끌고 개선 행진을 하셨습니다."라고 하는 바와 같다.

레비아탄

> 20) 너는 갈고리로 레비아탄을 낚을 수 있으며 줄로 그 혀를 내리누를 수 있느냐? 21) 너는 그 코에 고삐를 꿸 수 있으며 고리로 턱을 꿰뚫을 수 있느냐? 22) 그것이 너에게 애걸복걸하며 네게 유순하게 말을 하겠느냐? 23) 너는 그것과 계약을 맺어 평생 종으로 부릴 수 있느냐? 24) 너는 그것을 새처럼 속일 수 있으며 네 계집아이들을 위하여 끈으로 묶을 수 있느냐? 25) 친구들이 그것을 가르고 장사꾼들이 그것을 나누어 가질 수 있느냐? 26) 너는 그 가죽으로 그물을, 그 머리로 어망을 채울 수 있느냐? 27) 손을 그 위에 얹어라도 보아라. 싸움을 생각하고 너의 말에 더 이상 덧붙이지 마라. 28) 보아라, 그의 기대는 좌절되고 그는 모든 이들이 보는 앞에서 죽는다.(40,20-28)

주님은 가장 큰 육상 동물인 코끼리의 비유를 통하여 악마의 속성들을 묘사하신 다음, 가장 큰 수상 동물인 레비아탄 곧 고래의 비유를 통하여 그것을 묘사하신다. 플리니우스가 말하듯이 고래는 "크기가 4 에이커"이다.[31] 이시도루스는 "고

---

31) *Natural History* IX.2.4.(1에이커는 약 4000m^2 이다)

래의 몸은 산과 같다."고 말한다.[32] '그들의 성장'이라고 해석되는 레비아탄이라는 이름은 이러한 사실을 가리킨다.[33] 그리고 이시도루스는, 이 동물이 '뱉다'를 뜻하는 balyn으로부터 balena라 불린다고 말한다. 고래는 다른 동물들보다 높이 물을 분출하기 때문이다.[34]

악마는 내적으로 인간을 동요시킨다

그리고, 악마가 땅 위의 물질적 피조물들에게 미치는 막대한 영향 때문에 코끼리에 비유될 수 있었던 것과 마찬가지로, 내부적인 움직임들의 변화에 미치는 영향들 때문에 바다의 파도 속에서 사는 고래와 비유된다고도 말할 수 있다.

그리고, 위에서(19절) 악마에 대한 인간의 승리를 코끼리 사냥의 비유를 통하여 표현했기 때문에 인간이 스스로의 힘으로 악마를 이길 수 있다고 생각하지 않도록, 그분은 레비아탄의 비유로 이러한 생각을 배제시키신다.

갈고리로 낚을 수 없다

레비아탄과 관련하여 그분은 첫째로, 물고기를 잡는 방법으로 레비아탄을 꺾을 수 없음을 말씀하신다. "너는 갈고리로 레비아탄을 낚을 수 있으며"(20절) 그를 물에서 끌어낼 수 있느냐? 물론 그렇게 할 수 없다. 이유는 두 가지이다. 첫째는 고래의 크기가 커서 인간의 힘으로나 도구로 들어올릴 수 없기 때문인데, 이러한 사

---

32) *Etymologies* XII.6 [*PL* 82, 451B].
33) 참조. 10절 주해.
34) *Loc. cit.*

실을 가리켜 그분은 "너는 레비아탄을 낚을 수 있느냐?"고 말씀하신다. 둘째는 그 힘이 세어 갈고리로 잡을 수 없기 때문인데, 이러한 사실을 가리켜 "줄로 그 혀를 내리누를 수 있느냐?"고 덧붙이신다. 갈고리로 낚은 물고기는 그 갈고리가 달린 줄로 붙잡기 때문이다.

이 구절은, 아무도 악마를 그 악에서 이끌어낼 수 없으며 그 악을 계속하지 못하도록 묶어놓을 수 없음을 의미한다.

짐승들을 잡듯이 잡을 수 없다

둘째로 그분은, 커다란 육상 동물들을 잡는 방법으로 레비아탄을 잡을 수 없음을 보여 주신다. 소는 코에 고삐를 끼워 인간이 원하는 대로 끌고 가며 억제할 수 있지만, 레비아탄에 대해서는 이러한 방법을 배제하기 위하여 "너는 그 코에 고삐를 꿸 수 있느냐?"(21절)고 말씀하신다. 말이나 당나귀나 낙타는 입에 재갈이나 굴레를 끼움으로써 굴복시킬 수 있지만, 그 방법도 배제하여 "고리로 턱을 꿰뚫을 수 있느냐?"고 말씀하신다. 방금 언급한 동물들의 턱은 구멍을 뚫어 입에 쇠로 된 재갈을 물린다. 소가 코에 낀 고삐로 이끌리듯이 말은 턱에 낀 재갈이나 굴레로 이끌리어 사람을 올바로 싣고 간다.

그러므로 이 단락으로, 아무도 악마를 자신이 원하는 대로 이끌고 자신의 뜻을 따르도록 감독할 수 없음을 알게 된다.

말로 굴복시킬 수 없다

셋째로 하느님은, 인간이 인간을 굴복시키는 방법으로 레비아탄을 굴복시킬 수 없음을 보여 주신다. 이것은 두 가지 방식으로 이루어지는데, 첫째는 단순한 말로 써이다. 예를 들어 어떤 사람이 다른 사람 앞에서 자신을 낮추며 그에게 간청할 때인데, 그분은 이러한 상황을 가리켜 "그것이 너에게 애걸복걸하겠느냐?"(22절)라고 말씀하신다. 또는 아첨하는 말을 늘어놓을 경우가 있는데, 이러한 방법과 관련하여 "네게 유순하게 말을 하겠느냐?"라고 말씀하신다. "부드러운 대답은 분노를 가라앉힌다."고 잠언 15,1에서 말하듯이, 아첨하는 말은 분노를 가라앉히기 위한 것이다.

계약을 맺을 수 없다

다른 방식으로는 어떤 의무를 지움으로써 사람을 굴복시키는데, 이는 특정한 계약을 통해서 이루어질 수 있으므로 "너는 그것과 계약을 맺을 수 있느냐?"(23절)고 물으신다. 또는 영원히 종으로 삼을 수도 있어서, 이와 관련하여 "평생 종으로 부릴 수 있느냐?"고 물으신다.

이 네 가지 방법은 때로는 차례로 이루어진다. 때로 어떤 사람은 먼저 두려움에서 정복자에게 애원하고, 두 번째로는 그에게 아첨하고, 세 번째로 계약을 맺은 다음 네 번째로 계약을 통하여 평생 종이 되는 것이다.

악마는 인간을 두려워하지 않는다

이 모든 고찰들로써, 악마는 인간을 두려워하여 그를 자신보다 더 높거나 강한 존재로 여기며 두려움에서 간청하거나 아첨하거나 계약을 맺거나 인간에게 예속되지 않는다는 것을 알게 된다. 악마가 이 가운데 어떤 것을 가장한다면, 그것은 인간에게 복종하기 위해서라기보다는 인간을 속여 자신에게 복종하게 하기 위해서이다.

레비아탄은 새를 잡듯이 잡을 수 없다

넷째로 하느님은 새를 붙잡는 방법으로 악마를 굴복시킬 수 없음을 보여 주신다. 이와 관련하여 새들은 먼저 속임수로, 그물이나 올무나 다른 어떤 것으로 붙잡힌다는 점을 생각해야 한다. 그분은 이러한 방법을 배제하여 "너는 그것을 새처럼 속일 수 있느냐?"(24절)고 말씀하신다. '그것을 속여 네 지배를 받게 할 수 있느냐?'라는 것이다.

둘째로, 새들을 붙잡은 다음에는 날아가지 못하도록 끈으로 묶어서 아이들에게 가지고 놀도록 준다. 이를 가리켜 "네 계집아이들을 위하여 끈으로 묶을 수 있느냐?"고 말씀하신다. 이 말씀으로, 인간은 자신의 노력으로 악마를 속여 이길 수도 없고 악마가 조롱을 당하도록 다른 이들에게 내보일 수도 없음을 알게 된다.

레비아탄은 쓸모없는 동물이다

이렇게 다른 동물들을 복종시키는 방법으로 레비아탄을 **복종시킬 수 없음**을 보이신 다음 이제 그분은 그것이 종속된다 하더라도 다른 큰 동물들이 인간의 지배를 받게 되었을 때에 그들을 이용하듯이 그것을 이용할 수 없다는 것을 보여 주신다.

먼저 그분은, 사람들이 사로잡은 육상 동물들을 사용하는 방법을 사용하여 이를 보여 주신다. 사슴이나 멧돼지나 그와 같은 동물들의 고기는 두 가지 방법으로 나누어지는데, 그 한 가지는 친구들에게 무상으로 나누는 것이다. 그분은 이 방법을 배제하여 "친구들이 그것을 가를 수 있느냐?"(25절)라고 덧붙이신다. 이것은 질문으로 이해할 수 있다. 다른 한 가지 방법은 여러 사람들에게 그것을 파는 것인데, 이 방법에 관련하여 그분은 "장사꾼들이 그것을 나누어 가질 수 있느냐?"라고 덧붙이신다. 대답은 그렇게 할 수 없다는 것이다. 레비아탄은 크기가 너무 커서, 그것을 붙잡는다면 그것은 온 지역에 나누어도 충분할 것이다. 그러므로 그것은 다른 동물들처럼 친구들 사이에 나누어질 수도 없고 고기 시장에서 판매될 수도 없다. 이 구절은, 인간이 악마에게서 받는 도움을 다른 이들과 거저 나눌 수도 없고 그것을 팔 수도 없다는 것을 뜻한다.

둘째로 그분은 인간이 레비아탄을 물고기 다루듯 할 수 없다는 것을 이용할 수 없다는 것을 보여 주신다. 물고기는 수가 많아서 어부들은 그 물고기로 큰 그물을 채운다. 이 점에 관련하여 그분은 "너는 그 가죽으로 그물을 채울 수 있느냐?"(26절)고 말씀하신다.

그 가죽은 팔 수 있는가?

여기서 의도적으로 "그 가죽으로"라고 말씀하신 것은 아마도 가장 큰 고래를 잡는 방법을 나타내기 위해서일 것이다. 고래는 "동굴에서 잘 때 긴 융기로 바위에 붙어서 잔다. 어부는 할 수 있는 만큼 다가가서 꼬리에 가까이 있는 지방에서 가죽을 떼어낸다."[35] 고래는 지방이 아주 많아서, 그렇게 베어낸 것을 느끼지 않는다. 그래서, 바위나 나무에 줄을 묶어 놓고 돌을 던져 고래를 깨우면 고래는 가죽을 버리고 떠나간다.

---

35) Albertus Magnus, *De Animalibus* XXIV.28.

고래 머리

또한 어부들은 더 작은 물고기로 작은 도구들을 채운다. 이러한 사실에 관련하여 그분은 "그 머리로 어망을 채울 수 있느냐?"라고 말씀하신다. 어부들이 물고기를 잡기 위하여 흐르는 물 속에 넣는 버드나무로 된 도구를 어망이라 부른다. 고래의 크기는 너무 커서, 고래 전체도 그 고래의 한 부분도, 예를 들어 그 머리도, 어망이 아무리 크다 해도 그 안에 들어갈 수 없다. 고래의 머리에서는 기름이 큰 항아리로 40 항아리가 나온다고 한다.[36]

인간은 악마를 가둘 수 없다

비유적인 의미로는, 인간의 힘으로 악마를 가둘 수 없다는 것을 나타내기 위하여 이렇게 말한 것이다. 어떤 주술사들은 인간이 악마를 가두어둘 수 있다고 주장하지만,[37] 이러한 견해는 모두 악마가 인간을 속이기 위하여 사용하는 꾀에서 나오는 것이다. 올바로 생각해 본다면 앞에서 한 모든 말은 악마를 자신들에게 종속시키기 위해서나 아니면 어떤 식으로 속박하기 위하여 그와 계약을 맺는다는 주술사들의 주장을 거부하기 위한 것으로 보인다.

그러므로, 인간이 어떤 식으로도 자신의 힘으로 악마를 꺾을 수 없다는 것을 보인 다음, 그분은 앞에서 말씀하신 모든 것으로부터 결론을 내리기 위하여 말씀하신다. "손을 그 위에 얹어라도 보아라"(27절). 할 수 있으면 그렇게 해 보라는 것이다. 너는 결코 너 자신의 힘으로 그에게 손을 얹어 악마를 너에게 굴복시킬 수 없다.

---

36) *Ibid*.
37) 참조. Isidore, *Etymologies* VIII.9 [*PL* 82, 312A].

하느님만이 악마를 물리치신다

그러나, 악마는 인간에게는 굴복되지 않지만 하느님의 권능에는 굴복된다. "싸움을 생각하고", 내가 그 악마와 싸울 것을 생각하고 "너의 말에 더 이상 덧붙이지 마라." 네가 굴복시킬 수 없었던 그 악마가 나의 권능에 굴복하는 것을 볼 때, 나를 거슬러 더 이상 아무 말을 하지 말라는 것이다.

그리고, 악마가 하느님께 굴복되는 것과 관련하여 "보아라, 그의 기대는 좌절되고"(28절)라고 덧붙이신다. 이 진술이 고래에 해당되는 것이라면 이는 명백하다. 고래가 물고기를 잡으려고 그 뒤를 쫓을 때에 고래는 해변으로 돌진하는데, 거기에서는 물이 얕아서 뒤로 물러날 수가 없고 물고기를 잡으려던 기대는 좌절되며 고래는 물 밖으로 나와 곧 죽게 된다.[38] 그래서 "그는 모든 이들이 보는 앞에서 죽는다." 사람들이 그것을 보고는 사방에서 그를 죽이려고 달려들기 때문이다. 이 구절은, 악마가 성인들을 무너뜨리려고 했던 기대는 좌절되고, 심판 날에 성인들이 바라보는 가운데 악마와 그의 모든 추종자가 지옥으로 내던져지리라는 것을 뜻한다.

---

38) 참조. Albertus Magnus, *loc. cit.*

41장

하느님께서 욥에게 도전하신다

하느님은 잔인하지 않으시다

> 1) 나는 잔인해서 그것을 일으키지는 않을 것이다. 그 누가 내 앞에 나설 수 있느냐? 2) 하늘 아래 모든 것이 다 내 것인데 누가 먼저 나에게 주었기에 내가 그에게 돌려주어야 하겠느냐? 3) 나는 기도로 내 마음을 돌리기 위해 꾸며낸 강한 말들 때문에 그를 보아주지 않을 것이다. 4) 누가 그 얼굴의 덮개를 벗길 수 있느냐? 누가 그 입속으로 들어가겠느냐? 5) 그 이빨 둘레에는 공포가 서려 있는데 누가 그 얼굴의 문을 열어젖힐 수 있느냐? 6) 그 몸은 쇠 방패같이 촘촘한 비늘이 겹쳐 있어 7) 하나하나 맞닿아 그 사이로 바람조차 스며들지 못한다. 8) 그것들은 서로 굳게 붙고 꼭 끼어 있어 떨어지지 않는다.(41,1-8)

주님께서는 레비아탄의 힘이 사람에게는 정복되지 않고 하느님께만 정복당한다는 것을 말씀하신 다음, 이제 그가 다른 이들을 거슬러 무엇을 할 수 있는지를 통하여 그 힘을 설명하신다.

그리고 로마 13,1에서 말하듯이 "하느님에게서 나오지 않는 권위란 있을 수 없으므로", 누군가는 하느님께서 그렇게 위험한 피조물에게 큰 힘을 주셨다는 것에 대해서 그분이 잔인하시다고 말할 수도 있다. 그러므로 이러한 가능성을 배제하기 위하여 하느님은 "나는 잔인해서 그것을 일으키지는 않을 것이다."(1절)라고 말씀하신다. 나는 내가 그에게 준 힘으로 그가 거만해지도록 허락하지는 않겠다는 것이다. 이 말씀은 욥이 30,21에서 "무자비하게도 변하신 당신"이라고 했던 말에 대한 응답으로 보인다. 이제 그분은 세 가지 이유를 들어, 이것이 그분을 무자비하다고 여길 이유가 될 수 없음을 보여 주신다.

하느님의 능력

1. 그 첫째는 하느님 자신의 능력 때문이다. 그래서 그분은 "그 누가 내 앞에 나설 수 있느냐?"라고 말씀하신다. 누가 나의 섭리에 맞설 수 있느냐? 다시 말하면, 그 레비아탄이 아무리 강하다 해도 그는 내 뜻에 따라서가 아니면 자신의 힘을 사용하여 나의 섭리에 저항할 수가 없으며, 나의 뜻은 인간의 파멸이 아니라 인간의 구원을 목적으로 한다는 것이다.

관대하심

2. 둘째로 그분은, 당신의 선을 모든 이에게 거저 나누어 주시는 그분의 크신 선하심으로부터 같은 사실을 보여 주신다. 그래서 그분은 "누가 먼저 나에게 주었기에 내가 그에게 돌려주어야 하겠느냐?"(2절)라고 말씀하신다. 아무도 그럴 수 없다는 뜻이다. 이 말씀에서, 하느님께서는 당신께서 만드신 모든 것에게 당신 선을 거저 나누어 주고 그들을 사랑하신다는 것이 분명하게 드러난다. 그러므로 그분은 당신께서 만드신 것들에 대해 무자비한 마음을 갖고 있지 않으시다. "하늘 아래 모든 것이 다 내 것인데"라고 덧붙이신 것도 같은 점을 의미한다. 그 모든 것을 당신께서 창조하고 보존하고 통치하시며, 아무도 자신이 만든 것을 미워하지는 않는다는 것이다.

악마에게 동조하지 않으신다

3. 셋째로 그분은, 그분께서 사탄이 자신이 지닌 힘으로 높이 오르도록 허락하신다 해도 당신께서 잔인하신 것은 아니라고 말씀하신다. 당신은 거기에 동조하지는 않으시기 때문이다. 어떤 사람이 폭군에게 아첨하기 위하여 많은 사람의 고통을 참고 묵인한다면 이것은 일종의 잔인함으로 여겨지기 때문이다. 그런데, 권세있는 사람에게 아첨할 때에는 두 가지 이유가 있다. 첫째로는 그의 위협을 두려워해서인데, 주님께서는 당신에게서 이러한 결함을 배제하여 "그를 보아주지 않을 것이다."(3절)라고 말씀하신다. 어떤 점에서도, 필요하다면 그에게 맞서기를 마다하지 않겠다는 것이다. "강한 말들 때문에"는, 그의 힘을 보여 주는 위협적인 말들 때문에 그렇게 함을 뜻한다.

다른 방식으로 권세 있는 사람에게 아첨하는 것은 바라는 것을 얻어내기 위해서인데, 하느님께서는 이러한 태도도 배제하여 "기도로 내 마음을 돌리기 위해 꾸며낸 말들 때문에"라고 말씀하신다. 그가 강하게 말하든 간청하든 나는 결코 양보하지 않겠다는 것이다. 2코린 6,14는 이렇게 말한다. "빛이 어떻게 어둠과 사귈 수 있겠습니까?"

괴물에 대한 묘사

눈

하느님께서 잔인하시다는 가정을 배제하기 위하여 먼저 이렇게 말씀하신 다음, 이제 그분은 레비아탄의 힘을 묘사하신다. 먼저 그 모양을 머리에서부터 묘사하신다. "고래의 눈 위에는 큰 낫 모양의 뿔 같은 기관이 있는데, 한쪽 눈 위에

250개가 있고 다른 쪽 눈 위에도 같은 수가 있다. 큰 폭풍이 불 때 고래는 이들을 눈의 덮개로 사용한다."[1] 이를 표현하여 그분은 "누가 그 얼굴의 덮개를 벗길 수 있느냐?"(4절)라고 말씀하신다. 누가 고래에게 가까이 가서 그 얼굴에서 지금 말한 덮개를 벗길 수 있겠는가? 이 구절에서, 아무도 악마의 교활함을 드러내기에 충분치 못하다는 것이 나타난다.

입

또한 "고래는 목 안에 얇은 막 같은 것이 있고, 그 막에는 많은 구멍이 있어서 큰 덩어리가 위로 들어가지 못하게 한다."고 한다.[2] 큰 동물을 삼킨다면 소화에 방해를 받기 때문이다. 이를 가리켜 "누가 그 입속으로 들어가겠느냐?"라고 말씀하신다. 누가 작은 물고기들이 뱃속으로 들어가게 하는 작은 구멍들을 볼 수 있을 것인가? 이 구절은, 아무도 악마가 사람들을 영적으로 집어 삼키는 그 의도를 알 수 없다는 것을 나타낸다.

이

또한 고래의 입에는 "크고 긴 이들이 있고, 코끼리나 멧돼지의 경우와 같이 이 두 개가 다른 이들보다 특별히 길다."고 한다.[3] 이렇게 긴 이 두 개를 가리켜 그분은 "누가 그 얼굴의 문을 열어젖힐 수 있느냐?"(5절)라고 말씀하신다. 그 큰 이들은 고래의 얼굴을 여는 문과 같이 보이기 때문이다. 이 말은, 아무도 악마의 입을 열고 그가 문으로, 즉 폭력과 교활함으로 집어삼킨 죄인들을 끌어낼 수 없다는 것을

---

1) Albertus Magnus, *De Animalibus* XXIV.15.
2) Thomas of Cantimpré, *De Naturis Rerum*, ch. 6.
3) Albertus Magnus, *De Animalibus* XXIV.15.

뜻한다.

고래의 다른 이들에 대하여 하느님은 "그 이빨 둘레에는 공포가 서려 있는데"라고 말씀하신다. 고래의 입 둘레에는 큰 이들이 있어서 그것을 보는 사람에게 공포를 불러일으키기 때문이다. 이 말은, 악마가 사람들에게 공포를 불러일으킴으로써 죄를 짓게 만든다는 것을 의미한다. 그 이들은 다른 악마들 또는 악인들을 가리키고, 그들이 다른 이들에게 겁을 주어 그들을 악으로 끌어들인다고 말할 수도 있다.

비늘

레비아탄의 머리에 대해 이렇게 말씀하신 다음 이제 그분은 그 몸을 비늘이 있는 물고기와 같이 묘사하신다. 레비아탄은 그 몸이 매우 크기 때문에, 방패와 같은 매우 큰 비늘들을 갖고 있어야 할 것이다. 그래서 그분은 "그 몸은 쇠 방패같이"(6절)라고 말씀하신다. 나무 방패는 끈으로 연결되어 있지만, 쇠로 부어 만든 방패는 이음새가 없기 때문이다. 머리가 온 몸을 나타내듯이 악마는 모든 악인을 나타내는데,[4] 다른 이들을 막아내는 죄인들은 악마의 몸의 방패들과 같다.

다음으로 그분은 그 비늘들이 클 뿐만 아니라 비늘이 많은 물고기와 같이 촘촘하게 서로 겹쳐져 있음을 보여 주시며 "촘촘한 비늘이 겹쳐 있어"라고 말씀하신다. 이는 악인들의 수가 많음을 뜻한다.

그리고 다음으로는 그들이 악에 있어서 서로 일치한다는 뜻으로 "하나하나 맞닿아"(7절)라고 말씀하신다. 물고기의 몸에는 비늘들이 그저 모여 있는 것이 아니라 차례로 하나씩 붙어 있는데, 이와 같이 악인의 무리도 누구나 서로 결합되는 것이 아니라 하나씩 차례로 결합되어 있다. 많은 악인 가운데 모두가 서로 친한 것이 아니라 특정한 사람들끼리 서로 가까운 것이다.

---

4) 참조. Augustine, *Enarrationes in Psalmos* 139,5 [PL 37, 1087].

공기가 통과하지 못한다

그런데, 물고기가 살아 있고 힘이 있는 동안은 비늘도 생기가 있고 서로 촘촘하게 붙어 있으며 몸에 잘 붙어 있어, 공기도 그 틈으로 들어가지 못한다. 그러나 물고기가 죽거나 병들거나 다른 어떤 이유로 비늘이 건조해지면 조금씩 비늘들의 연결이 약해져서 말려 올라가며, 굵은 알갱이도 비늘 사이로 들어갈 수 있게 된다. 그래서 하느님께서는 레비아탄의 비늘의 생기를 보여 주기 위하여 "그 사이로 바람조차 스며들지 못한다."라고 말씀하신다. 비늘들 사이의 빈틈으로 바람도 들어가지 못한다는 것이다.

이 말은 악인들 사이의 합의가 영적인 설득이나 내적인 영감으로 흩어지지 않는다는 것을 나타낸다. 그래서, 악한 일에서의 합의가 완고함을 보이기 위하여 "그것들은 서로 굳게 붙고"(8절)라고 덧붙이신다. 그들은 서로 간의 지지와 합의로 굳게 붙어 있는 것이다. 또한 그들은 악을 향한 고집스런 동의 때문에 "꼭 끼어 있어 떨어지지 않는다." 이는 레비아탄의 비늘들이 인간의 힘으로 분리될 수 없는 것과 같다.

레비아탄의 재채기

> 9) 그것의 재채기는 불을 뿜고 눈은 여명의 눈꺼풀 같다. 10) 입에서는 송진 횃불처럼 불꽃들이 튀어나오며 11) 콧구멍에서는 골풀을 때어 김을 내뿜는 단지처럼 연기가 쏟아진다. 12) 그 입김은 숯불을 타오르게 하고 입에서는 불길이 치솟으며 13) 목에는 힘이 서려 있어 그 앞에서는 궁핍함이 앞서 간다. 14) 그 살의 지체들은 굳게 붙어 있어, 그분께서 그에게 벼락을 보내셔도 움직이지 않는다. 15) 심장은 돌처럼 단단하고 대장장이의 모루처럼 튼튼하니 16) 그것이 제거되면 천사들도 무서워하고 경악하여 정화된다. 17) 칼로 찌른다 해도 소용없고

> 창과 가슴받이도 마찬가지다. 18) 그것은 쇠를 지푸라기로, 구리를 썩은 나무로 여기니 19) 궁수도 그것을 달아나게 할 수 없고 팔맷돌들은 그것에게 겨와 마찬가지다. 20) 망치를 지푸라기같이 여기고 표창이 날아드는 소리에도 코웃음칠 뿐. 21) 햇빛은 그것 아래에 있고 그것은 금을 진흙처럼 깔아뭉갠다. 22) 그것은 해심을 가마솥처럼 끓게 하고 바다를 향료 끓이는 냄비같이 만들며 23) 빛나는 길을 뒤로 남기며 나아가니 늙어가는 바다의 깊이를 잰다. 24) 땅 위에 그와 같은 것이 없으니 그것은 무서움을 모르는 존재로 만들어졌다. 25) 높은 것들을 모두 내려다보니 그것은 모든 오만한 자들 위에 군림하는 임금이다.(41,9-25)

주님께서는 레비아탄의 모습을 묘사하신 다음 여기에서 그 힘의 작용을 묘사하신다. 그리고, 몸을 묘사하기에 앞서 머리를 묘사하셨던 것과 같이 여기에서도 먼저 머리에 관련된 작용들을 묘사하신다.

뇌

1. 머리의 첫째가는 가장 중요한 부분은 뇌이고, 동물이 재채기를 하는 것은 뇌가 방해를 받기 때문이다.[5] 그래서 그분은 레비아탄의 재채기를 묘사하시며 "그것의 재채기는 불을 뿜고"(9절)라고 말씀하신다. 레비아탄이 재채기를 하면 물이 뒤흔들려, 뒤흔들린 물이 마치 불꽃과 같이 하얗게 거품이 일기 때문이다.

다른 식으로는, 머리나 눈이 심하게 방해를 받았을 때 불꽃이 나오듯이 보이는 것을 가리킨다고 이해할 수도 있다. 레비아탄의 머리가 재채기의 결과로 크게 뒤흔들릴수록, 그 불꽃도 더 멀리 나간다.

이 구절은, 악마의 머리가 뒤흔들리는 것으로 즉 그의 유혹을 통하여 분노와 강

---

5) 참조. Avicenna, *Canones Medicinales* V.2.13.

렬한 욕망과 심지어 허영의 불꽃이 솟아난다는 것을 의미한다.

눈

2. 머리의 다른 중요한 부분은 눈이므로, 이제 "눈은 여명의 눈꺼풀 같다."고 말씀하신다. 눈은 매끄럽기 때문에 반짝인다.[6] 고래는 머리도 크고 몸 전체도 크기 때문에 그에 따라 눈도 크다. 그래서 그 눈을 들여다보면 여명과 같이 흩어지는 광채가 나타나는데, 이는 악마가 인간에게 약속하는 현세적 번영을 나타낸다.

입

3. 세 번째로는 입의 작용 또는 결과를 묘사하여 "입에서는 송진 햇불처럼 불꽃들이 튀어나오며"(10절)라고 말씀하신다. 송진 햇불은 일종의 나무로서 불을 붙이면 향기가 난다. 그런데 고래는 "배가 고플 때에 입에서 호박(琥珀) 향과 같이 향기로운 김을 내뿜으며, 물고기들이 그 향기에 끌려 그 입속으로 들어가면 그것들을 삼킨다."고 한다.[7] 고래 입에서 나오는 김을 불꽃이라고 부르는 것은 그 속에서부터 나오는 열기 때문이지만, 그것을 송진 햇불에 비유하는 이유는 앞서 말한 바와 같은 그 향기 때문이다.

이 구절은, 악마는 일종의 향기와 같은 어떤 선을 보여 줌으로써 인간의 욕정을 불붙게 하여 죄를 짓게 함을 나타낸다.

---

6) 참조. Aristotle, *On Sense and Sensibilia* 2, 437a 29ff., 또한 Thomas, *In Aristotelis Librum De Sensu et Sensato*, ad loc.

7) Pliny, *Natural History* XVI.10.19; Bartholomaeus Anglicus, *On the Properties of Things* XIII.26.

코의 연기

4. 넷째로는 그 코의 작용을 언급하는데, 고래는 돌고래와 같이 폐를 가지고 호흡을 한다.[8] 이를 가리켜 그분은, 호흡을 위한 주된 기관인 "콧구멍에서는" 많은 열로 태워진 공기인 "연기가" 호흡을 통하여 "쏟아진다."(11절)고 말씀하신다. 그 열은 그렇게 큰 몸집을 움직이기 위하여 필요로 하는 것이다. 그래서 "불 위에서 물이 끓는 단지처럼"이라고 덧붙여진다. 호흡으로 분출된 공기는 폐 안에 담겨 있던 것인데 폐는 심장 옆에 있어 심장의 열기로 데워진다. 이것이 마치, 물이 담긴 단지에 불을 때면 물이 데워지고 끓게 되는 것과 같게 여겨진다.

뜨거운 입김

5. 그리고 동물은 코로만 숨을 쉬는 것이 아니라 입으로도 숨을 쉬므로, 그분은 다섯째로 입의 작용을 덧붙이시어 "그 입김은", 즉 입에서 나오는 호흡은 "숯불을 타오르게 하고"(12절)라고 말씀하신다. 그 입김이 뜨겁고 강해서 숯불에 불이 붙게 할 정도라는 것이다. 그분은 숯불에 입김을 불어 불을 붙이는 사람들의 비유를 사용하시어, "입에서는 불길에 치솟으며"라고 덧붙이신다. 그 입에서 나오는 김이 뜨겁고 강렬해서 불길에 비유될 수 있을 정도라는 것이다.

이러한 묘사는, 악마가 은밀하게 또는 드러나게 사람을 사주하여 인간 안에 나쁜 욕망의 불을 붙인다는 것을 의미한다.

---

8) 참조. Aristotle, *Parts of Animals* III.6, 669c 8ff.; Albertus Magnus, *De Animalibus* II.1.6, n. 45.

튼튼한 목

레비아탄의 머리에 대하여 이렇게 말씀하신 다음, 이제는 다른 지체들의 힘에 관하여 말씀하신다. 여기서, 아리스토텔레스가 『자연사』 2권 13장에서 말하듯이 돌고래처럼 새끼를 낳는 종류를 제외하고는 "물고기에게는 목이 없다."는 점을 생각해야 한다. 그런데 고래 역시 돌고래처럼 새끼를 낳는 종류이다.[9] 그러므로 그분은 레비아탄의 목의 힘을 묘사하기 시작하시며 "목에는 힘이 서려 있어"(13절)라고 말씀하신다. 물론, 그렇게 큰 동물이 그 머리의 무게를 위해서는 목에 힘이 있어야 한다.

그리고, 머리는 목으로 몸에 연결되므로 레비아탄의 목은 악마가 다른 이들에게 악을 행하기 위하여 사용하는 이들을 지칭할 수 있다. 대개 악마는 세력이 있는 이들, 남들이 공경하거나 두려워하는 이들을 이용한다.

먹이

고래는 몸집이 크기 때문에, 많은 먹이를 필요로 한다는 것이 명백하다. 그래서 고래가 있는 지역에서는 고래가 그곳에 있는 수많은 고기를 삼켜버려 바다에 물고기가 없게 된다. 이를 가리켜 "그 앞에서는 궁핍함이 앞서 간다."고 말씀하신다. 앞서 말한 바와 같이(10절) 물고기들을 자기에게 유인하므로, 고래 앞의 바다는 비게 되는 것이다.

이 구절은, 사람에게 덕이 없는 것은 악마가 있음으로 인하여, 그의 사주로 초래되는 일임을 의미한다.

---

[9] 504b 17ff.

살이 단단함

다음으로는 몸의 다른 부분들의 힘을 보여 주시며 "그 살의 지체들은 굳게 붙어 있어"(14절)라고 말씀하신다. 그 살은 단단한데, 이는 악마의 지체들이 악을 위해서 일치하고 있음을 나타낸다.

큰 몸의 저항력

레비아탄이 움직일 때의 힘에 관하여 이렇게 말씀하신 다음, 하느님께서는 이제 그것의 저항력을 말씀하신다. 레비아탄은 인간의 힘에 저항할 수 있지만, 하느님 행위의 능력에는 전혀 저항할 수 없다. 그래서 먼저 하느님은 당신께서 그에게 맞설 수 있음을 보여 주시며 "그분께서 그에게 벼락을 보내셔도"라고 말씀하신다. 벼락은 자주 바다에 떨어지며 때로는 배들도 위험에 처하게 한다. 따라서 고래도 때로는 벼락을 맞을 수 있을 터인데, 그것은 특별히 하느님께서 하시는 일로 여겨진다. 그 효과가 크고 두렵기 때문이다. 그래서 주님께서는 위의 38,35에서 "네가 번개들을 내보내서 그것들이 제 길을 가느냐?"고 말씀하셨었다.

벼락을 흡수한다

이제 그분은 "[그들은] 움직이지 않는다."고 덧붙이신다. 이것은 두 가지를 가리킬 수 있다. 첫째로는 물론 레비아탄의 몸이 크다는 것을 나타낸다. 한 장소에 벼락이 떨어지면 그것은 보통 다른 가까운 곳에도 어떤 영향을 미치는데, 레비아탄의 몸은 매우 크기 때문에 그에게 벼락이 쳐도 그의 몸에서 밖으로 그 영향이 드러나지 않는다는 것이다.

하느님께서는 언제나 정확하게 치신다

다른 식으로는, 이 구절은 하느님의 작용에 오류가 없음을 가리킬 수 있다. 숙련된 궁수가 화살을 똑바로 쏘아 자신이 쏘려고 한 곳에 맞추듯이, 하느님께서 레비아탄이나 다른 어떤 동물에게 화살처럼 벼락을 보내실 때 그것은 다른 어떤 장소로도 가지 않고 오직 그분께서 화살들을 보내신 곳으로만 간다. 지혜 5,22에서(『성경』은 5,21) "잘 겨냥된 번개가 화살처럼 날아간다."고 하는 바와 같다.

이 구절은, 하느님께서 악마와 그 지체들에게 보내시는 징벌이 다른 이들에게로 떨어지지 않음을 의미한다. 선한 이들이 때로는 하느님에 의하여 현세적 역경으로 고통을 받는다면, 이는 성인들이 영광을 받고 악마와 악인들이 더 크게 단죄를 받는 이유가 된다.

레비아탄의 심장은 하느님의 징벌에도 단단해진다

둘째로 그분은, 하느님께서 그를 거슬러 행하시는 일들에 레비아탄이 어떤 태도를 보이는가를 가리켜 "심장은 돌처럼 단단하고"(15절)라고 말씀하신다. 단단함은 어떤 것이 외부적인 행위자에 의하여 쉽게 소멸되지 않는 본성적 힘을 의미한다. 그러므로 이 절은, 고래의 심장에 있는 본성적 힘이 그 고래로 하여금 어떤 상해를 입히는 외부적 작용에 의하여 쉽게 소멸되지 않도록 한다는 것을 나타낸다.

이러한 단단함을 나타내기 위하여, 가볍게 치는 것에 관련해서는 돌의 예로 충분하지만 심하게 치는 것에 관련해서는 그것으로 충분치 않다. 돌은 손으로는 부술 수 없지만 쇠망치로는 부서지기 때문이다. 그래서, 더 큰 상해에도 버티는 고래의 힘을 나타내기 위하여 "대장장이의 모루처럼 튼튼하니"라고 말씀하신다. 망치질을 해도 부서지지 않을 뿐 아니라 오히려 더 단단해지는 것으로 보인다는 것이다.

이 구절은 악마와 그 지체들의 완고함을 의미한다. 하느님께서 그들을 치셔도 그들의 악함은 누그러지지 않는 것이다.

하느님께서 레비아탄을 치실 때 천사들도 무서워한다

셋째로는 하느님께서 치시는 것의 마지막 결과가 제시되는데, 악마가 하느님의 징벌을 아무리 버틴다 해도 결국에는 굴복당하지 않을 수 없기 때문이다. 그래서 그분은 "그것이 제거되면"(16절), 즉 하느님의 권능으로 그 자리에서 제거되면 하느님의 능력에 놀라 "천사들도 무서워한다."고 말씀하신다. 이렇게 놀란 가운데 그들은 하느님 권능의 많은 결과를 알게 된다. 그래서 그분은 "경악하여 정화된다."고 말씀하신다. 디오니시우스가 『교계 제도에 관하여』(On the Ecclesiastical Hierarchy) VI.3.6에서 말하듯이[10] 천사들에게서는 더러움이 정화되는 것이 아니라 무지가 정화되는 것이다.

그러나 모든 물질적 피조물은 거룩한 천사들에 비하면 미천한 것이므로, 이 구절의 주된 의미는 천사들이 물질적인 고래를 죽이시는 데에 그렇게 놀랐다는 뜻으로 보이지는 않는다. 천사들이라는 단어가 거룩한 사람들을 뜻한다고 이해하지 않는다면 말이다.

악마의 멸망

오히려 여기서는 주로 영적인 레비아탄 곧 악마에 대해 말하고 있다고 보는 편

---

10) *PG* 3, 537B; 참조. Thomas, *ST* I.106.2 *ad* 1.

이 나을 것이다. 그들이 죄를 지어 하늘에서부터 떨어졌을 때, 하느님의 권능이 그들을 멸망시킨 것이다.[11] 그 때 천사들은 하느님의 엄위에 놀라며, 그분의 곁에서 떨어져 나감으로써 정화되었다.

이와 유사하게, 심판 날에 악마가 그 추종자들과 함께 지옥에 던져질 때에도 천사들과 모든 성인은 하느님의 권능에 놀라며 악한 존재들로부터 완전히 분리됨으로써 정화될 것이다. 이 사실을 가리켜 묵시 12,10에서는, 악마가 쫓겨난 다음 하늘에서 "이제 우리 하느님의 구원과 권능과 나라가 나타났다."고 큰 소리로 말하는 것이 들렸다고 말한다.

인간이 레비아탄을 공격하는 것은 무익하다

하느님의 공격에 레비아탄이 어떤 태도를 보이는지 제시된 다음 하느님께서는 그것이 피조물의 공격에 어떤 태도를 보이는지를 말씀하신다. 그 첫째로는 인간의 공격에 대한 태도를 말씀하신다. 인간은 가까이에서 공격을 하기도 하고 멀리서 공격을 하기도 한다. 가까이에서 공격하는 것은 찌르기 위한 칼과 창으로, 그리고 자신을 방어하기 위한 가슴받이로 무장하고 공격하는 것인데 이러한 공격에 관련하여 그분은 "칼로 찌른다 해도"(17절), 즉 레비아탄을 찌른다고 해도 "소용없고" 레비아탄의 몸이 단단하기 때문에 견디지 못하고, "창"도 그러하며 가슴을 보호하는 "가슴받이도 마찬가지다."라고 말씀하신다. 이것들은 레비아탄을 막아내지 못한다.

그분은 그 이유를 설명하여 "그것은 쇠를 지푸라기로 여긴다."(18절)고 말씀하신다. 사람이 지푸라기로 상처를 입지 않고 쉽게 그것을 꺾어 버리듯이, 레비아탄은

---

11) 참조. 이사 14,12 이하.

칼이나 창에도 상처를 입지 않고 그것을 부수어 버린다. 또한 이와 마찬가지로 그것은 "구리를", 가슴받이를 "썩은 나무로 여기니" 그 가슴받이는 악마의 공격을 막아내지 못한다.

이 구절은, 어떠한 인간의 힘도 악마에게 해를 입히거나 악마에 맞서지 못하며 악마는 인간의 모든 힘을 아무것도 아닌 듯이 여긴다는 것을 뜻한다.

악마는 상해를 입지 않는다

또한 인간은 멀리에서 화살이나 돌팔매로 공격할 수도 있지만, 그러한 무기들도 고래에게는 효과가 없다. 그래서 그분은 "궁수도 그것을 달아나게 할 수 없고"(19절)라고 덧붙이신다. 화살을 쏘아도, 그것으로 해를 입지 않기 때문에 두려워하지 않는 것이다.

그리고, 멀리서 쏜 화살이 안에 상처를 입힐 수 있듯이 팔맷돌은 밖에서 쳐서 상처를 입힌다. 그러나 고래는 화살로 뚫을 수 없는 것과 마찬가지로 돌로도 상처를 입히지 못한다. 그래서 그분은 "맷돌들은 그것에게 겨와 마찬가지다."라고 덧붙이신다. 겨가 가벼워서 아무에게도 상처를 입히지 못하듯이 고래는 팔맷돌로도 해를 입을 수 없는 것이다.

이 구절은, 악마는 인간의 힘으로 가까이에서 하는 어떤 공격으로도 해를 입지 않았던 것과 마찬가지로 멀리서 공격하는 것과 같은 인간의 슬기로도 해를 입을 수 없음을 뜻한다.

그리고, 팔맷돌로 멀리서 다치게 할 수 있는 것과 마찬가지로 가까이에서 망치로도 다치게 할 수 있다. 그러나 이러한 방법으로도 고래는 인간에게 상처를 입을 수 없다. 그래서 그분은 "망치를 지푸라기같이 여기고"(20절)라고 덧붙이신다. 이 구절은 앞 구절과 같은 의미를 나타낼 수도 있다. 다만 망치로 치는 것은 팔맷돌로

치는 것보다 더 심하므로, 이 구절은 인간의 힘과 노력이 아무리 크다 해도 악마는 그것을 비웃는다는 것을 의미한다.

악마는 위협을 두려워하지 않는다

사람들은 보통 다른 사람을 침으로써만이 아니라 치겠다고 위협함으로써도 그를 이기는데, 고래도 악마도 인간의 위협을 두려워하지 않는다. 그래서 그분은 "표창이 날아드는 소리에도 코웃음칠 뿐."이라고 덧붙이신다. 표창을 휘두르는 것은 치겠다고 위협하는 것으로 여겨지기 때문이다.

악마는 아름다움에도 유혹되지 않는다

인간은 때로는 위협함으로써 다른 사람들을 이기고, 또 때로는 약속으로 그를 유혹한다. 특히 아름답고 값진 선물은 사람을 유혹한다. 그런데 물질적 사물들 가운데에는 햇빛만큼 아름다운 것이 없다고 여겨지는데, 물질적으로 또는 영적으로 이해된 레비아탄은 그 아름다움에도 유혹되지 않는다. 이를 가리켜 "햇빛은 그것 아래에 있고"(21절)라고 말씀하신다. 햇빛을 대수롭지 않게 여기기 때문이다. 따라서, 그것은 인간적인 것들 가운데 어떤 것도 뛰어난 것으로 여기지 않음을 알 수 있다.

그리고 금은 인간이 사용하는 사물들 가운데 가장 가치있는 것으로 여겨지는데, 이에 관련하여 그분은 "그것은 금을 진흙처럼 깔아뭉갠다."고 말씀하신다. 금을 하찮은 것으로 비웃는다는 것이다. 이렇게 해서 인간이 악마를 유혹할 수 없음이 분명해진다.

악마는 바다 깊은 곳을 끓게 한다

이렇게 해서 인간이 레비아탄을 꺾을 수 없음을 보인 다음, 이제 하느님께서는 바다나 다른 물고기에 의해서도 그것이 정복될 수 없음을 보이신다. 그분은 그가 바다에서 행하는 강한 작용들을 통하여 이를 보여 주신다. 플리니우스는 "동쪽 바다에는 대단히 큰 동물들이 있어서 바다를 밑바닥부터 뒤집어 놓고"[12] 바다에 폭풍을 일으킨다고 말하는데, 이것은 고래의 본성에 속하는 것으로 보인다. 이러한 사실을 가리켜 그분은 "그것은 해심을 가마솥처럼 끓게 하고"(22절)라고 말씀하신다. 솥이 끓을 때 끓는 물이 그 안에서 뒤흔들리듯이, 바다의 파도도 이 물고기의 힘에 의하여 흔들리는 것이다. 그리고 이러한 흔들림은 밑바닥에서 시작하여 수표면에까지 이르기 때문에 그분은 "바다를 향료 끓이는 냄비같이 만들며"라고 말씀하신다. 그렇게 많은 공기를 품지 않은 물에서 일어나는 파도와 거품보다 더 큰 거품을 내며 파도를 일으킬 때를 말하는 것이다.

이 구절은 악마가 세상 안에서 일으키는 혼란을 나타낸다.

레비아탄은 수면에 거품의 흔적을 남긴다

그리고, 고래는 바다 밑바닥에서 움직일 때 큰 결과를 가져오는 것과 마찬가지로 표면에서 움직일 때도 큰 결과를 가져오므로 이러한 사실을 가리켜 "빛나는 길을 뒤로 남기며 나아가니"(23절)라고 덧붙이신다. 배가 바나를 지날 때에 물에 파도와 거품을 일으켜 먼 거리까지 그 배가 지나간 흔적이 남듯이, 레비아탄이 움직일 때에도 그 크기 때문에 오래 흔적을 남기는 것이다.

---

12) Thomas of Cantimpré, *De Naturis Rerum*, ch. 6; 참조. Pliny, *Natural History* IX.3.2.

이 구절은 악마가 세상 안에서 불러일으키는 혼란이 곧 사라지는 것이 아니라 꽤 오랜 시간 지속됨을 뜻한다.

레비아탄의 젊은 힘

고래는 바다에서 이렇게 강한 작용을 일으키기 때문에, 바다 깊은 곳을 두려워하지 않는다. 그래서 그분은 "늙어가는 바다의 깊이를 잰다."고 덧붙이신다. 마치 바다에게 끝이 있고 그를 집어삼킬 힘이 없다는 듯이 그 바다의 깊이를 재려 하는 것이다. 늙어가는 것은 힘도 없고 그 끝도 가깝기 때문이다.

이 구절은 악마가 지옥의 파멸을 대수롭지 않게 여기고 마치 그 파멸에도 끝이 있는 듯이 생각하여, 그 파멸을 두려워하여 하느님을 거스르기를 그만두지 않는다는 것을 뜻한다.

레비아탄은 세상에서 유일한 괴물이다

그리고 인간도 바다도 바다의 어떤 피조물도 레비아탄을 꺾을 수 없는 것과 마찬가지로, 땅 위의 어떤 피조물도 그것을 꺾을 수 없다. 그래서 그분은 "땅 위에 그와 같은 것이 없으니"(24절)라고 말씀하신다. 땅 위에는 바다의 고래만큼 큰 동물이 없다. 그래서 플리니우스는 바다에 "육상 동물들보다 큰 동물들이 있고, 그 분명한 이유는 수분이 많다는 것이다."라고 말한다.[13]

이 구절은 어떤 물질적 힘도 영적 본성을 지닌 악마의 힘과 같을 수 없음을 의

---

13) Pliny, *Ibid.*, IX.2.1.

미한다.

악마는 상해를 입지 않는다

주님께서는 악마를 나타내는 레비아탄의 속성들에 관하여 많은 말씀을 하셨으므로, 다음으로는 지금 말한 비유를 설명하신다. 앞서 말한 바와 같이 언급된 모든 것은 두 가지 속성에 속하는 것으로 보이는데, 그 첫째는 상해를 입지 않는다는 점이다. 이에 관련하여 그분은 "그것은 부서움을 모르는 존재로 만들어졌다."고 말씀하신다. 악마는 하느님으로부터 만들어진 그 본성상 인간도 다른 물질적 피조물도 두려워하지 않는다.

악마의 교만

둘째로 레비아탄은 크고 강한 작용을 할 수 있는 능력을 지니고 있는데, 이를 가리켜 "높은 것들을 모두 내려다보니"(25절)라고 말씀하신다. 악마는 고귀한 모든 것을 공격하려 하기 때문이다.

그리고 이러한 속성들은 교만에 속하는 것으로 보이므로, 이어서 그분은 악마가 그 자체로서 교만할 뿐 아니라 교만에 있어서 모든 사람을 능가하며 다른 이들에게 교만의 원천이 된다는 것을 보여 주시며 "그것은 모든 오만한 자들 위에 군림하는 임금이다."라고 말씀하신다. 악마가 교만의 지배를 받는 모든 이 위에 있으며, 그들 모두가 그의 통치를 따른다는 것이다.

여기에서, 주님께서는 당신께서 악인들을 거슬러 어떻게 행하시는지를 먼저 교만에 관련하여 밝히셨으며[14] 또한 교만한 사람들에 대한 언급으로 당신의 말씀을 끝맺으신다는 점에 주목해야 한다.

그 목적은, 욥이 무엇보다도 두려워해야 하는 것은 그를 시험하려 했던 악마가 그를 교만으로 떨어지게 하여 자신의 왕국으로 옮겨가는 것임을 보여 주시기 위해서이다. 그러므로 그는 교만의 낌새가 있는 태도와 말에 대하여 주의를 기울여야 했다.

---

14) 참조. 6절 주해.

42장

후기. 욥이 행복을 되찾는다

욥의 고백. 그는 하느님을 비난한 것으로 보였다

1) 그러자 욥이 주님께 대답하였다. 2) 저는 알았습니다. 당신께서는 모든 것을 하실 수 있음을, 어떠한 생각도 당신께서 모르실 수 없음을! 3) 누가 당신께서 알지 못하시게 제 뜻을 감추겠습니까? 저에게는 너무나 신비로워 알지 못하는 일들을 저는 이해하지도 못한 채 지껄였습니다. 4) 들어 주십시오. 말씀드리겠습니다. 제가 당신께 여쭐 터이니 대답해 주십시오. 5) 당신에 대하여 귀로만 들어 왔던 이 몸, 이제는 제 눈이 당신을 뵈었습니다. 6) 그래서 저 자신을 부끄럽게 여기며 먼지와 잿더미에 앉아 참회합니다. 7) 욥에게 이 말씀을 하신 다음, 주님께서는 테만 사람 엘리파즈에게 말씀하셨다. "너와 너의 두 친구에게 내 분노가 타오르니, 너희가 나의 종 욥처럼 나에게 올바른 것을 말하지 않았기 때문이다. 8) 이제 너희는 수소 일곱 마리와 숫양 일곱 마리를 가지고 나의 종 욥에게 가서, 너희 자신을 위하여 번제물을 바쳐라. 나의 종 욥이 너희를 위하여 간청하면, 내가 그의 얼굴을 들어주어. 너희의 어리석음대로 너희를 대하지 않겠다. 이 모든 것은 너희가 나의 종 욥처럼 나에게 올바른 것을 말하지 않았기 때문이다." 9) 그러자 테만 사람 엘리파즈와 수아 사람 빌닷과 나아마 사람 초파르가 가서, 주님께서 그들에게 말씀하신 대로 하니, 주님께서 욥의 얼굴을 들어주셨다. 10) 욥이 제 친구들을 위하여 기도드리자, 주님께서는 생각을 되돌리

> 셨다. 주님께서는 욥이 전에 소유하였던 것을 갑절로 더해 주셨다. 11) 그의 형제들과 자매들과 옛 친구들이 모두 그의 집에 와서 그와 함께 음식을 먹고 그에게 머리를 흔들었다. 그리고 주님께서 그에게 들이닥치게 하셨던 모든 불행에 대하여 그를 동정하고 위로하며, 저마다 양 한 마리와 금 고리 하나를 그에게 주었다. 12) 주님께서는 욥의 여생에 지난날보다 더 큰 복을 내리시어, 그는 양 만사천 마리와 낙타 육천 마리, 겨릿소 천 마리와 암나귀 천 마리를 소유하게 되었다. 13) 또한 그는 아들 일곱과 딸 셋을 얻었다. 14) 그는 첫째 딸을 낮, 둘째 딸을 계수나무, 셋째 딸을 뿔 화장갑이라 불렀다. 15) 세상 어디에서도 욥의 딸들만큼 아리따운 여자는 찾아볼 수 없었다. 그들의 아버지는 그들에게도 남자 형제들과 같이 유산을 물려주었다. 16) 그 뒤 욥은 백사십 년을 살면서, 사 대에 걸쳐 자식과 손자들을 보았다. 17) 이렇게 욥은 늘그막까지 수를 다하고 죽었다.(42,1-17)

지금까지 주님께서는 교만한 듯이 보이는 욥의 경솔한 말을 꾸짖으셨다. 그가 자신이 의롭다는 것을 주장하여, 하느님의 심판을 비난하는 것으로 보일 수 있었기 때문이었다. 이제 욥은 자신의 잘못을 인정하며 겸손하게 응답한다.

그는 먼저 권능에 있어서 하느님의 탁월하심을 인정한다. 그래서 본문은 "그러자 욥이 주님께 대답하였다. 저는 알았습니다. 당신께서는 모든 것을 하실 수 있음을"(1-2절)이라고 말한다. 그리고 지식에 있어서도 그분의 탁월하심을 인정하여, "어떠한 생각도 당신께서 모르실 수 없음을!"이라고 말한다. 이들 가운데 첫 번째 고찰을 통하여 욥은, 주님께서 브헤못과 레비아탄의 형상을 통하여 묘사하신 악마가 초래한 역경을 하느님께서 없앨 수 있으심을 인정한 것이다.

욥은 교만의 유혹을 받았다

그러나 두 번째 고찰에서는 자신이 내적으로 교만한 생각의 충동을 느꼈음을 인정하고, 그 생각을 하느님께서 모르실 수 없음도 인정한다.

그래서 다음으로 그는 하느님의 섭리를 부인하는 이들을 책망하며 "누가 당신께서 알지 못하시게 제 뜻을 감추겠습니까?"(3절)라고 말한다. '누가 주제넘고 어리석게도 인간의 계획이 하느님께 감추어져 그분께서 알지 못하신다고 말할 수 있겠는가?'라는 것이다.

욥의 잘못, 무분별한 말

욥은 하느님의 탁월하심을 고찰한 다음 자신의 잘못을 살피며 "저는 이해하지도 못한 채 지껄였습니다."라고 덧붙인다. 말을 함에 있어서 하느님의 탁월하심에 대해 마땅한 공경을 보이지 않았다는 것이다. "저에게는 너무나 신비로워 알지 못하는 일들"이라는 말은 그가 하느님의 심판을 논박했음을 가리킨다.

그가 "이해하지도 못한 채" 지껄였으므로, 이제부터는 지혜롭게 말을 할 것이다. 그래서 그는 "들어 주십시오. 말씀드리겠습니다."(4절)라고 말한다. 자신의 잘못을 인정하는 것이다. 그리고, "저에게는 너무나 신비로워 알지 못하는 일들을" 지껄였으므로, 이제 그것에 대해 말하겠다고 나서지 않고 그분께 여쭈어볼 따름이다. 그래서 그는 "제가 당신께 여쭐 터이니"라고 덧붙인다. 구하고 찾고 문을 두드리겠다는 것이다.[1] 그러니, "대답해 주십시오." 그를 내적으로 가르쳐 주심으로써 대답해 주시기를 청하는 것이다.

---

1) 참조. 마태 7,7 이하.

회개. 마침내 하느님의 음성을 듣는다

이제 욥은 그가 이렇게 변화된 이유를 밝힌다. "당신에 대하여 귀로만 들어 왔던 이 몸"(5절)이라는 말은, 전에 그가 지혜롭지 못하게 말하던 때를 가리킨다. "이제는 제 눈이 당신을 뵈었습니다."라는 것은, 눈으로 본 것이 귀로만 들은 것보다 확실한 것과 마찬가지로 이제는 내가 전보다 온전히 당신을 알게 되었다는 뜻이다. 그는 불행을 겪음으로써 그리고 하느님의 계시로 진보하게 된 것이다.

참회

하느님의 의로우심을 살필수록 자신의 잘못을 더 온전히 인정하게 된다. 그래서 그는 "그래서 저 자신을 부끄럽게 여기며"(6절)라고 말한다. 자신의 잘못을 생각하며 스스로 뉘우치는 것이다.

그리고, 보속이 따르지 않는다면 잘못을 인정하는 것만으로는 충분치 않으므로 그는 "먼지와 잿더미에 앉아 참회합니다."라고 덧붙인다. 먼지와 재는 물질적 본성의 나약함을 상징한다. 교만한 생각을 속죄하기 위해서는 이와 같이 겸손한 보속이 적절한 것이다.

후기

하느님께서 세 친구를 꾸짖으신다

앞에서 주님께서는 엘리후와 욥을 꾸짖으셨으므로[2] 이제 세 번째로 그분은 욥의 친구들을 꾸짖으신다. 그 중에서 첫째는 엘리파즈였는데, 이는 그가 가장 먼저 말을 시작했기 때문이다. 그래서, "욥에게 이 말씀을 하신 다음, 주님께서는 테만 사람 엘리파즈에게 말씀하셨다. '너와 너의 두 친구에게 내 분노가 타오르니'"(7절)라고 한다. 그 두 친구는 빌닷과 초파르이다.

여기서, 엘리후는 미숙하여 죄를 지었고 욥은 경솔하여 죄를 지었으므로 그들 가운데 누구도 중대한 죄를 지은 것은 아님을 생각해야 한다. 그래서 주님께서 욥과 엘리후에게 분노하셨다고 하지 않는 반면 욥의 세 친구에 대해서는 크게 분노하셨다고 일컬어진다. 위에서 살펴본 바와 같이 그들은 그릇된 가르침을 주장했기 때문이다.[3] 그래서 그분은 "너희가 나에게 올바른 것을 말하지 않았기 때문이다."라고 말씀하신다. 그들이 올바른 가르침을 말하지 않았다는 뜻이다. "나의 종 욥처럼"이라고 하시는 것은, 욥이 신앙의 진리에서 물러나지 않았기 때문이다.

그들은 제사를 바쳐야 한다

그런데 고대인들은 중대한 죄에 대하여 속죄의 제사를 바치곤 했다.[4] 그래서 하느님께서는 "이제 너희는 수소 일곱 마리와 숫양 일곱 마리를 가지고"(8절)라고 말씀하신다. 그들이 민족들의 군주였기 때문이다. 여기서 일곱은 전체를 나타내는

---

2) 참조. 38,2-3 주해.
3) 참조. 13,4 주해.
4) 참조. 1,5 주해.

수이므로,[5] 일곱 마리로 제사를 드리는 것은 중대한 죄의 속죄로 적합하다.

중재. 욥이 친구들을 위하여 기도한다

그러나 믿음이 없는 이들은 믿음이 있는 이들을 통하여 하느님과 화해해야 하므로 그분은 "나의 종 욥에게 가서"라고 말씀하신다. 이는 그의 중재로 화해할 수 있기 위해서이다. "너희 자신을 위하여 번제물을 바쳐라." 이는 죄를 지은 이들의 속죄를 위해서이다.

그러나 그 속죄에는 믿음이 있는 사람의 후원이 필요하다. 그래서 그분은 "나의 종 욥이 너희를 위하여 간청하면"이라고 말씀하신다. 욥의 믿음 때문에 그에게 귀를 기울이시는 것이다. "내가 그의 얼굴을 들어주어"라는 말은, 그의 기도에 귀를 기울이시겠다는 뜻이다. "너희의 어리석음대로 너희를 대하지 않겠다."라는 말은, 신앙을 그르치는 너희의 가르침에 대하여 죄를 따지지 않겠다는 것이다. 그리고 하느님께서는 이 말씀을 설명하여, "이 모든 것은 너희가 나의 종 욥처럼 나에게 올바른 것을 말하지 않았기 때문이다."라고 덧붙이신다.

겸손의 중요성

이제 그들은 용서받을 희망을 얻어, 명령받은 바를 행한다. 그래서 "그러자 테만 사람 엘리파즈와 수아 사람 빌닷과 나아마 사람 초파르가 가서, 주님께서 그들에게 말씀하신 대로 하니"(9절)라는 구절이 뒤따른다. 이렇게 그들이 순종과 겸손을 보였으므로, 그들을 위한 욥의 기도가 허락되었다. 그래서 그가 친구들을 위하여

---

5) 참조. 5,19 주해.

기도했을 때에 "주님께서 욥의 얼굴을 들어주셨다."

그리고 친구들의 겸손만이 아니라 욥 자신의 겸손도 기도에 힘을 더해 주었으므로, "욥이 제 친구들을 위하여 기도드리자, 주님께서는 생각을 되돌리셨다." 이는 진노에서 자비로 생각을 바꾸신 것인데, 자신의 가벼운 죄에 대하여 겸손하게 참회하는 사람은 무거운 죄를 짓는 다른 이들을 위해서도 용서를 얻을 수 있기 때문이다.

물질적 선의 역할

각자의 참회는 다른 이들에게 유익이 되기보다 자기 자신에게 유익이 된다. 그러므로, 욥의 기도와 참회가 그의 친구들에게서 하느님의 진노를 거둘 수 있었다면 그 자신 역시 역경에서 해방되는 것이 더욱 합당하다. 욥은 현세적 번영이 회복되는 데 희망을 두지 않고 미래의 행복을 얻는 데 희망을 두었지만, 주님께서는 그의 현세적 번영도 풍부하게 되돌려 주셨다. 마태 6,33에서 "너희는 먼저 하느님의 나라와 그분의 의로움을 찾아라. 그러면 이 모든 것도 곁들여 받게 될 것이다."라고 하는 바와 같다.

물론 이것은 상황에 부합한다. 현세적 선들이 하느님 약속의 대상이었던 구약성경을 배경으로, 욥이 이전에 가졌던 번영이 회복된 것은 다른 이들을 하느님께 돌아가게 하는 본보기가 될 수 있기 때문이다.

욥의 회복

또한 이는 욥 자신의 상황에도 부합한다. 욥은 많은 역경을 겪었기 때문에, 사람들 사이에서 그의 명예가 손상되었다. 그러므로 하느님께서는 그의 명예를 회복시키시기 위하여 그를 이전보다 더 번성하게 해 주셨다. 그래서 "주님께서는 욥이 전에 소유하였던 것을 갑절로 더해 주셨다."는 구절이 뒤따른다.

친척과 친구들이 돌아온다

그런데 욥의 가장 큰 고통은 친구들에게서 버림을 받은 것이었다.[6] 그러므로 먼저 이 역경이 치유되어, "그의 형제들과 자매들과 옛 친구들이 모두", 즉 이전에 친구였던 이들이 "그의 집에 와서 그와 함께 음식을 먹었다"(11절). 이는 그들이 전과 같이 친밀하게 되었음을 뜻한다. "그에게 머리를 흔들었다."는 것은 그의 불행에 동정심을 보임을 뜻한다.

선물

그런데 불행을 당한 이에게는 동정심을 보이는 것으로 충분치 못하고 그 불행에서 구제해 주어야 하므로, 첫째로 그들은 그의 내적인 아픔에 대하여 위로의 말을 해 주었다. 그래서 "주님께서 그에게 들이닥치게 하셨던 모든 불행에 대하여 그를 동정하고 위로하며"라고 덧붙여진다.

둘째로 그들은 외적인 곤궁함에 대하여 도움을 베풀어 주었다. 그는 들판의 가축들도 잃었고 집이 무너질 때 집안 살림도 잃었으므로, 그들은 그 두 가지에서 그를 도와주었다. "저마다" 가축으로 "양 한 마리와" 집안 살림으로 "금 고리 하나를 그에게 주었다."

---

6) 참조. 19,13 주해.

하느님께서 욥의 가축들을 두 배가 되게 하신다

이러한 도움은 그가 회복되기에 너무 작은 것이었을 수 있지만, 주님께서는 당신 손으로 그가 이 재산으로부터 더 크게 발전할 수 있게 해 주셨다. 그래서 "주님께서는 욥의 여생에 지난날보다 더 큰 복을 내리시어"(12절) 그가 본래 가졌던 재산보다 더 많은 재산을 갖게 해 주셨다. 에페 3,20에서 말하듯이 그분은 "우리가 청하거나 생각하는 모든 것보다 훨씬 더 풍성히 이루어 주실 수 있는 분"이시다. 위의 29,2에서 욥은 "아, 지난 세월 같았으면!"이라는 갈망을 표현했었는데, 위에서 말한 바와 같이(10절) 주님께서는 그에게 그보다 더 많은 재산을 주시어, 이전의 두 배로 회복시켜 주셨다. 그래서 "양 만사천 마리"라는 말이 뒤따른다. 위에서 "그의 재산은 양이 칠천 마리"[1,3]라고 말했기 때문이다. "낙타 육천 마리" 역시 처음에 "낙타가 삼천 마리"[1,3]라고 했었기 때문이다. 또한 그는 "겨릿소가 오백 쌍"[1,3]이었다. 그래서 여기에서는 그 두 배로 "겨릿소 천 쌍"라고 말한다. 또한 위에서 그는 "암나귀가 오백 마리나 되었다."[1,3]고 했었는데, 여기에서는 그 두 배로 "암나귀 천 마리를 소유하게 되었다."고 말한다.

다시 아들 일곱과 딸 셋을 얻었다

욥은 재산만 잃은 것이 아니라 자녀들도 잃었는데, 자녀들은 회복되었지만 두 배가 되지는 않았다. "또한 그는 아들 일곱과 딸 셋을 얻었다."(13절)라고 하기 때문이다. 여기에는 두 가지 이유를 들 수 있다.

1. 그 첫째는 내세의 삶에 관련된다. 그가 이전에 가졌던 자녀들은 그에게 완전히 사라진 것이 아니라 내세의 삶에서는 그와 함께 살 것이기 때문이다.

2. 다른 이유는 현세의 삶에 관련되는데, 다른 모든 것이 두 배가 된 후에 자녀

들의 수가 두 배가 된다면 그 집의 재산은 늘어난 것으로 여겨지지 않을 것이다. 각각의 자녀들은 이전과 같은 만큼의 재산을 가지게 될 것이기 때문이다. 그러므로, 그의 자녀들은 수가 늘어나는 것이 아니라 가치가 높아지는 것이 더 적절했다.

딸들의 아름다움

이러한 생각이 딸들에 대한 묘사에서 암시되는데, 그들은 매우 아리따웠다고 하고 또한 그들의 이름도 그 아름다움을 나타낸다. "그는 첫째 딸을 낮이라 불렀다"(14절). 이는 그녀의 찬란함 때문이다. "둘째 딸을 계수나무"라고 불렀는데, 이는 그녀의 감미로움 때문에 향기나는 나무 이름을 붙인 것이다.[7] 또한 "셋째 딸을 뿔 화장갑[Cornustibium]이라 불렀다."고 하는데, 화장갑은 여자들이 눈화장을 할 때에 사용하는 것이다. 2열왕 9,30에서는 "이제벨은 눈화장을 하고 머리를 꾸몄다."고 말한다. 여자들은 이 화장갑을 뿔[8] 속에 넣어서 필요할 때에 사용할 수 있도록 지니고 있었다. 그래서 욥은 그녀를 뿔 화장갑이라 불러 그 눈의 아름다움을 드러내고자 했던 것이다. 또한 그들의 아름다움에 관하여, "세상 어디에서도 욥의 딸들만큼 아리따운 여자는 찾아볼 수 없었다."(15절)라고 덧붙여진다.

이 구절들에서, 그의 아들들도 덕에서 뛰어났으리라는 것을 알게 된다. 이어서 "그들의 아버지는 그들에게도 남자 형제들과 같이 유산을 물려주었다."라는 진술에서, 자녀들 각자의 덕이 균형을 이루고 있었음을 나타내기 때문이다.

---

7) 참조. Isidore, *Etymologies* VIII.8 [PL 82, 622C].
8) 라틴어로 *cornu*.

욥은 치유되어 오래 살았다

그리고, 욥은 그의 몸으로 직접 고통을 겪었으므로 그 몸의 행복을 위하여 긴 수명이 더해진다. 그래서 "그 뒤 욥은 백사십 년을 살면서"(16절)라는 구절이 뒤따른다. 그리고 그가 이 기간 내내 번영을 누렸음을 알게 하기 위하여 "사 대에 걸쳐 자식과 손자들을 보았다."라고 덧붙인다. 또한, 그 번영이 평생 계속 되었음을 알 수 있다. "이렇게 욥은 늘그막까지 수를 다하고 죽었다."(17절)라는 구절이 뒤따르기 때문이다. "늘그막까지"는 그가 오래 살았음을 뜻하고, "수를 다하고"는 그가 번영을 누리며 살았음을 뜻한다. 그는 위에서 그의 역경을 가리켜 "그렇게 나도 허망한 달들을 물려받았네."[7,3]라고 말했었다.

그러므로 수를 다한다는 것은 재산에 있어서나 은총에 있어서나 그가 풍요로움을 누렸음을 뜻한다. 이 은총으로 그는 영원히 계속되는 미래의 영광으로 인도되었다. 아멘.

참고 문헌

A. 라틴어 원전

B. 원전 번역본

C. 2차 문헌

A. 라틴어 원전

Albertus Magnus. *Opera Omnia*. Edited by August Borgnet. 38 vols. Paris: Vives, 1890-1899.

_____, *Opera Omnia*. Edited by Bernard Geyer. 28 vols. projected. Aschendorff: Monasterium Westfalorum, 1951-.

_____, *Commentarium in Job*. Edited by Melchior Weiss. Freiburg im Breisgau: Herder, 1904.

_____, *De Animalibus Libri XXVI*. Edited by Hermann Stadler. Beiträge zur Geschichte des Philosophie des Mittelalters, 15-16. Aschendorff, 1916-1921.

Avveroes. *Aristotelis omnia quae extant opera.... Averrois Cordubensis in ea opera omnes, qui ad haec usque tempora pervenere, comentarii*. 9 vols. in 11. Venice: Apud Junctas, 1562.

Biblia Sacra iuxta Vulgatam Clementinam. Edited by Alberto Colunga and Laurentio Turrado. Madrid: Biblioteca de Autores Cristanos, 1965.

Dionysius Areopagetica. *Dionysaica, recueil donnant l'ensemble des traductions latines des ouvrages attribués au Denys de l'Aréopage*. 2 vols. Bruges: Desclée de Brouwer, 1937-1950.

Macrobius, Ambrosius Theodosius. *Commentarii in Somnium Scipionis*. Edited by Jacobus Willus. Leipzig: Teubner, 1963.

Patrologiae Cursus Completus, Series Graeca. Edited by J.-P. Migne. 162 vols. Paris: Migne, 1857-1866. [PG로 인용]

Patrologiae Cursus Completus, Series Latina. Edited by J.-P. Migne. 221 vols. Paris: Migne, 1844-1864. [PL로 인용]

Plinius Secundus, C. *Natural History*. With an English Translation by H. Rackham. 10 vols. Cambridge, Mass.: Harvard University Press, 1938-. London: W.H. Heinemann, 1938-.

Thomas Aquinas. *Opera Omnia. Iussu Leonis XIII P.M. edita*. 50 vols. projected. Rome: Sancta Sabina, 1888-.

_____, *Opera Omnia*. 25 vols. Parma: Piaccadori, 1852-1873, Reprint. New York: Musurgia, 1948-1950.

_____, *In Aristotelis Libros De Caelo et Mundo, De Generatione et Corruptione, Meteorologicorum Expositio*. Edited by Raymundus M. Spiazzi. Turin and Rome: Marietti, 1952.

_____, *In Duodecim Libros Metaphysicorum Aristotelis Expositio*. Edited by M. R. Cathala. Revised by Raymundus M. Spiazzi. Turin and Rome: Marietti, 1964.

_____, *In Aristotelis Libros Peri Hermeneias et Posteriorum Analyticorum Expositio*. Edited by Raymundus M. Spiazzi. 2nd ed. Turin and Rome: Marietti, 1964.

_____, *In Aristotelis Librum De Anima Commentarium*. Edited by Angelus M. Pirotta. 4th ed. Turin and Rome: Marietti, 1965.

_____, *In Decem Libros Ethicorum Aristotelis ad Nicomachum Expositio*. Edited by Raymundus M. Spiazzi. 3rd ed. Turin and Rome: Marietti, 1964.

_____, *In Libros Politicorum Aristotelis Expositio*. Edited by Raymundus M. Spiazzi. 3rd ed. Turin and Rome: Marietti, 1951.

_____, *In Octo Libros Physicorum Aristotelis Expositio*. Edited by P.M. Maggiolo. Turin and Rome: Marietti, 1965.

_____, *Liber De Veritate Catholicae Fidei Contra Errores Infidelium, seu Summa Contra Gentiles*. Edited by Ceslai Pera. 3 vols. Turin and Rome: Marietti, 1961. [*CG*로 인용·]

_____, Summa Theologiae. Edited by Tetrus Caramello. 3 vols. Turin and Rome: Marietti, 1952. [*ST*로 인용·]

Thomas Cantimpratanus [Thomas of Cantimpré]. *De Naturis Rerum (Lib. IV-XII)*. Edited by Luis Garcia Ballester. Granada: Universidad de Granada, 1974.

B. 원전 번역본

Albertus Magnus. *Book of Minerals*. Translated by Dorothy Wyckoff. Oxford: Clarendon, 1967.

Augustine, [Aurelius]. *The City of God*. Translated by Marcus Dods. New York: Modern Library, 1950.

_____, *The Confessions of St. Augustine*. Translated by John K. Ryan. Garden City, N.Y.: Image Books, 1960.

_____, *The Trinity*. Translated by Stephen McKenna. Fathers of the Church, 45. Washington: Catholic University of America Press, 1963.

Bartholomaeus Anglicus. *On the Properties of Things: John Travisa's Translation of Bartholomaeus Anglicus De Proprietatibus Rerum*. Edited by M.C. Seymour. Oxford: Clarendon, 1975.

Boethius. *The Consolation of Philosophy*. Translated by Richard Green. Indianapolis: Bobbs-Merrill, 1962.

Dionysus Areopatita, Pseudo-. *The Mystical Theology and the Celestial Hierarchies of Dionysus the Areopagite*. Translated by the Editors of the Shrine of Wisdom. 2nd ed. Fintry Book, near Godalming, Surrey: Shrine of Wisdom, 1965.

_____, *The Divine Names*. Translated by the Editors of the Shrine of Wisdom. Fintry Book, near Godalming, Surrey: Shrine of Wisdom, 1957.

_____, *The Works of Dionysus the Areopagite*. Translated by John Parker. 2 vols. in 1. London: James Parker, 1897-1899.

Gregory the Great. *Morals on the Book of Job*. Library of the Fathers, Vols. 18, 21, 23, 31. Translator anonymous. 4 vols. Oxford: John Henry Parker, 1844-1850.

Macrobius, Ambrosius Aurelius Theodosius, *Commentary on the Dream of Scipio*. Translated by William Harris Stahl. New York: Columbia University Press, 1952.

Maimonides, Moses. *Guide of the Perplexed*. Translated by Shlomo Pines. Introduction by Leo Strauss. Chicago: University of Chicago Press, 1963.

Medieval Political Philosophy: A Sourcebook. Edited by Ralph Lerner and Muhsin Mahdi. Ithaca, N.Y.: Cornell University Press, 1963.

Thomas Aquinas. *Aristotle On Interpretation: Commentary by St. Thomas and Cajetan*. Translated by Jean T. Oesterle. Milwaukee: Marquette University Press, 1962.

_____, *Aristotle's De Anima, in the Version of William of Moerbeke and the Commentary of St. Thomas Aquinas*. Translated by Kenelm Foster and Sylvester Humphries, with an Introduction by Ivo Thomas. New Haven: Yale University Press, 1951.

_____, *Basic Writings of Thomas Aquinas*. Edited by Anton C. Pegis. 2 vols. New York: Random House, 1945.

_____, *Commentary on Aristotle's Physics*. Translated by Richard J. Blackwell, Richard J. Spath, and W. Edmund Thirlkell. Introduction by Vernon J. Bourke. New Haven: Yale University Press, 1963.

_____, *Commentary on Saint Paul's First Letter to Thessalonians and the Letter to the Philippians*. Translated by F[abian] R. Larcher and Michael Duffy. Albany, N.Y.: Magi Books, 1966.

_____, *Commentary on Saint Paul's Epistle to the Ephesians*. Translated by Mathew L. Lamb. Albany, N.Y.: Magi Books, 1966.

_____, *Commentary on Saint Paul's Epistle to the Galatians*. Translated by F[abian] R. Larcher and Michael Duffy. Albany, N.Y.: Magi Books, 1966.

_____, *Commentary on the Gospel of St. John, Part 1*. Translated by James A. Weisheipl and Fabian R. Larcher. Albany, N.Y.: Magi Books, 1980.

_____, *Commentary on the Metaphysics of Aristotle*. Translated by John P. Rowan. Chicago: Henry Regnery, 1961.

_____, *Commentary on the Nicomachean Ethics*. Translated by C.I. Litzinger. 2 vols. Chicago: Henry Regnery, 1964.

_____, *Commentary on the Posterior Analytics of Aristotle*. Translated by F[abian] R. Larcher. Preface by James A. Weisheipl. Albany, N.Y.: Magi Books, 1970.

_____, *Divisions and Methods of the Sciences*. Translated by A.A. Maurer. Toronto: Pontifical Institute of Mediaeval Studies, 1953.

_____, *How to Study, Being the Letter of St. Thomas to Brother John, De Modo Studendi*. Edited and translated by Victor White. London: Aquin Press, 1963.

_____, *Job: Un homme pour notre temps*. Traduction de J. Kreit. Paris: Téqui, 1980.

_____, *On Being and Essence*. Translated by J. Bobick. Notre Dame, Ind.: University of Notre Dame Press, 1960.

_____, *On Being and Essence*. Translated by A.A. Maurer. 2nd ed. Toronto: Pontifical Institute of Mediaeval Studies, 1968.

_____, *On Charity*. Translated by L.H. Kendzierski. Milwaukee: Marquette University Pres, 1960.

_____, *On Kingship, to the King of Cyprus*. Translated by G.B. Phelan and I.T. Eschmann. Toronto: Pontificial Insitute of Mediaeval Studies, 1949.

_____, *On Spiritual Creatures*. Translated by Mary C. Fitzpatrick, with John J. Welmuth. Milwaukee: Marquette University Press, 1949.

_____, *On the Unity of the Intellect Against the Averroists*. Translated by Beatrice H. Zedler. Milwaukee: Marquette University Press, 1968.

_____, *Summa Contra Gentiles*. Translated by Anton C. Pegis et al. 4 vols. in 5. Notre Dame, Ind., and London: University of Notre Dame Press, 1975.

_____, *Treatise on Separate Substances*. Edited and translated by Francis J. Lescoe. West Hartford, Conn.: Saint Joseph College, 1963.

_____, *Truth,* Translated by Robert W. Mulligan. 3 vols. Chicago: Henry Regnery, 1952.

_____, Siger of Brabant, and Bonaventure. *On the Eternity of the World*. Translated by Cyril Vollert, Lottie H. Kendzierski, and Paul M. Byrne. Milwaukee: Marquette University Press, 1964.

Thorndike, Lynn. *University Records and Life in the Middle Ages*. New York: Columbia University Press, 1944.

C. 2차 문헌

Adams, Henry. *Mont Saint-Michel and Chartres*. Boston and New York: Houghton Mifflin, 1904.

Albertus Magnus Doctor Universalis 1280/1980. Edited by Gerbert Meyer and Albert Zimmerman. Mainz: Matthias-Grünewald, 1980.

Baasten, Matthew. *Pride according to Gregory the Great: A Study of the* Moralia. Lewiston, N.Y., and Queenston,

Ont.: Edwin Mellin, 1986.

Baskin, Judith R. "Job as Moral Exemplar in Ambrose." *Vigiliae Christianae* 35 (1981), 222-231.

_____, *Pharaoh's Counsellors: Job, Jethro, and Balaam in Rabbinic and Patristic Tradition*. Chico, Ca.: Scholars Press, 1983.

Bemporad, Jack. "Man, God, and History." *A Rational Faith: Essays in Honor of Levi A. Olan*. Edited by Jack Bemporad. New York: Ktav, 1977.

Besserman, Lawrence. *The Legend of Job in the Middle Ages*. Cambridge, Mass.: Harvard University Press, 1979.

Bill, Clarence P. "Notes on the Greek *Theoros* and *Theoria*." *Transactions of the American Philological Association* 32 (1901), 196-204.

Bird, Otto. "How to Read an Article of the *Summa*." *New Scholasticism* 27 (1953), 129-159.

Blanche, A[lbert]. "Le sens littéral des Écritures d'après saint Thomas d'Aquin." *Revue thomiste* 14 (1906), 192-212.

_____, "Le vocabulaire de l'argumentation et la structure de l'article dans les ouvrages de s. Thomas." *Revue des sciences philosophiques et théologiques* 14 (1925), 168-187.

Boyle, Leonard E. *The Setting of the Summa Theologiae of Saint Thomas*. The Etienne Gilson Series, 5. Toronto: Pontifical Institute of Mediaeval Studies, 1982.

Brown, Raymond E. "The History and Development of the Theory of a Sensus Plenior." *Catholic Biblical Quarterly* 15 (1953) 141-162.

_____, "The Sensus Plenior in the Last Ten Years." *Catholic Biblical Quarterly* 25 (1963), 262-285.

_____, *The Sensus Plenior of Sacred Scripture*. Baltimore: Penguin Books, 1955.

Ceuppens, F[ranziscus]. "Quid s. Thomas de multipli sensu litterali s. Scripture senserit." *Divus Thomas* (Piacenza) 33 (1930), 164-175.

Chenu, M[arie]-D[ominique]. *Introduction à l'étude de saint Thomas d'Aquin*. 2nd ed. Montréal: Institut d'études médiévales, 1954. Paris: Vrin, 1954.

_____, *La théologie comme science au XIIIe siècle*. 3rd ed. Paris: Vrin, 1957.

Chesterton, G.K. *Saint Thomas Aquinas*. Garden City, N.Y.: Image Books, 1956.

Colunga, A[lberto]. "El commentario de Santo Tomás sobre Job." *Cienca tomista* 8 (1917), 45-50.

_____, "El método histórico en el estudio de la Escritura, según Tomás." *Cienca tomista* 18 (1927), 30-51.

Crowe, F[rederick]. "On the Method of Theology." *Theological Studies* (Baltimore) 23 (1962), 637-642.

Daniélou, Jean. *Holy Pagans of the Old Testament*. Translated by Felix Faber. Baltimore: Helicon, 1957.

Dondaine, Antoine. "Les 'Opuscula Fratris Thomae' chez Ptolemée de Lucques." *Archivum Fratrum Praedicatorum* (Rome) 31 (1961), 142-203.

Foret, Aimé, F. Van Steenberghen and M. de Gandillac. *Le mouvement doctrinal du XIe au XIVe siècle.* Histoire de l'Église, 13. Paris: Bloud et Gay, 1956.

Fortin, Ernest. *Dissidence et philosophie au moyon âge.* Montréal: Bellarmin, 1981. Paris: Vrin, 1981.

_____, "St. Augustine." *History of Political Philosophy.* Edited by Leo Strauss and Joseph Cropsey. 2nd ed. Chicago: Rand McNally, 1972.

_____, "St. Thomas Aquinas." *Op. cit.*

Gardeil, A. "Les procédés éxégétiques de saint Thomas." *Revue thomiste* 11 (1903), 428-457.

Gilson, Etienne. *Being and Some Philosophers.* 2nd ed. Toronto: Pontifical Institute of Mediaeval Studies, 1952.

_____, *History of Christian Philosophy in Middle Ages.* New York: Random House, 1955.

_____, *The Christian Philosophy of St. Thomas Aquinas.* Translated by L.K. Shook. New York: Random House, 1956.

Glorieux, P[alémon]. "Essai sur les commentaires scripturaires de saint Thomas et leur chronologie." *Recherches de théologie ancienne et médiévale,* 17 (1950), 237-266.

_____, *Répertoire des maîtres en théologie de paris au XIIIe siècle.* Études de philosophie médiévale, 17-18. 2 vols. Paris: Vrin, 1933-1934.

Grabmann, Martin. "De theologia ut scientia argumentiva secundum s. Albertum Magnum et s. Thomam." *Angelicum* 14 (1937), 39-60.

_____, *Geschichte der scholastischen Methode.* 2 vols. Freiburg im Breisgau: Herder, 1909. Reprint. Graz: Akademische Druck-u.-Verlagsanhalt, 1957.

Haskins, Charles Homer. T*he Rise of Universities.* Ithaca, N.Y.: Cornell University Press, 1957.

Jaffa, Henry V. *Thomism and Aristotelianism: A Study of the Commentary by Thomas Aquinas on the Nicomachean Ethics.* Chicago: University of Chicago Press, 1952.

Jutras, A[lbert], "*Le Commentarium in Job* d'Albert le Grand et la disputatio." *Études et recherches* (Ottawa) 9 (1955), 9-30.

Kleinhaus, A[lbert]. "De studio Sacrae Scripturae in ordine Fratrum Minorum saeculo XIII." *Antonianum* 7 (1932), 413-440.

_____, "Die Studiegang der Professor der Heiligen Schrift in 13. und 14. Jahrhundert." *Biblica* 14, 381-399.

Laks, H. Joel. "The Enigma of Job: Maimonides and Moderns." *Journal of Biblical Literature* 83 (1964), 345-364.

Lubac, Henri de. *Éxégèse médiévale. Les quatre sens de l'Écriture.* 2 vols. in 4. Paris: Aubier, 1959-1964.

[MacClintock, Stuart.] "Averroism." *Encyclopedia of Philosophy.* Edited by Paul Edwards. 8 vols. New York: Macmillan Company and Free Press, 1967.

McInerny, Ralph. *St. Thomas Aquinas*. Boston: Twayne, 1977.

McKenzie, J. "The Social Character of Inspiration." *Catholic Biblical Quarterly* 24 (1962), 115-124.

[McNally, Robert E.] "Exegesis." *New Catholic Encyclopedia*, Edited by William J. McDonald et al. 15 vols. New York: McGraw-Hill, 1967.

_____ , "Medieval Exegesis." *Theological Studies* (Baltimore) 22 (1961), 445-454.

Mahoney, Edward P. "Saint Thomas and Siger of Brabant Revisited." *Review of Metaphysics* 27 (1974), 533-553.

Mandonnet, P[ierre]. "Chronologie des Questions Disputees de saint Thomas d'Aquin." *Revue thomiste* 23 (1918), 266-287, 341-371.

_____ , "Chronologie des écrits scripturaires de s. Thomas d'Aquin." *Revue thomiste* 33 (1928), 27-46, 116-155, 222-245; 34 (1929), 53-69, 132-145, 489-519.

_____ , "Introduction." *Q uestiones disputatae s. Thomae*. 5 vols. Paris: Lethielleux, 1925.

_____ , "S. Thomas, créateur de la dispute quodlibétique." *Revue des sciences philosophiques et théologiques* 15 (1926), 477-506; 16 (1927), 5-38.

[Michaud-Quantin, P., and J.A. Weisheipl.] "Dialectics in the Middle Ages." *New Chatholic Encyclopedia*. Op. cit.

O'Hara, Mary L., "Truth in Spirit and Letter: Gregory the Great, Thomas Aquinas, and Maimonides on the Book of Job.: *From Cloister to Classroom: Monastic and Scholastic Approaches to Truth*. Edited by E. Rozanne Elder. Kalamazoo: Cistercian Publications, 1986.

Pelster, Franz. "Echtheitsfragen bei den exegetischen Schriften des hl. Thomas v. Aquin." *Biblica* 3 (1922), 328-338.

_____ , "Literärgeschichtliches zur Pariser theologischen Schule aus den Jahren 1230 bis 1256." *Scholastik* 5 (1930), 59-67.

Pieper, Josef. *Guide to Thomas Aquinas*. Translated by Richard and Clara Winston. New York: Pantheon, 1962.

Pope, Hugh. "St. Thomas as an Interpreter of Holy Scripture." *St. Thomas Aquinas*. [Edited by Alfred Whitacre et al.] Oxford: Blackwell, 1925.

Pope, Marvin. *Job: A New Translation and Commentary*. The Anchor Bible. Garden City, N.Y.: Doubleday, 1973.

Rashdall, Hastings. *The Universities of Europe in the Middle Ages*. Edited by F.M. Powicke and A.B Emden. 3 vols. London: Oxford University Press, 1936.

Reyero, Maximinus Arias. *Thomas von Aquin als Exeget. Die Prinzipien seiner Schriftdeutung und seine Lehre von den Schriftsinnen*. Einsiedeln: Johannes Verlag, 1971.

Rivkin, Ellis. *A Hidden Revolution: The Pharisees' Search for the Kingdom within*. Nashville: Abindon, 1978.

Saul, Damian. "Die Schriftgelehrsamkeit des hl. Thomas von Aquin." *Theologie und Glaube* 20 (1927), 258-264.

Sheets, J.R. "The Scriptural Dimension of St. Thomas." *American Ecclesiastical Review* 144 (1961), 154-173.

Siegfried, Carl. "Thomas von Aquino als Ausleger des A.T." *Zeitschrift fur wissenschaftliche Theologie* 37 (1895), 603-636.

Smalley, Beryl. *The Study of the Bible in the Middle Ages*. 2nd ed. Oxford: Blackwell, 1952.

Spicq, Ceslaus. *Esquisse d'une histoire de l'éxégèse latine au moyen âge*. Paris: Vrin, 1944.

_____, "Histoire de l'interprétaton au moyen âge en occident." *Supplément au dictionnaire de la Bible*. 5 vols. Paris: Libraire Letouzey, 1928-1957. - vol. 4, 609-615.

_____, "Saint Thomas éxégète." *Dictionnaire de théologie catholique*. 15 vols. in 33. Paris: Letouzey et Ane, 1924-1950. - vol 15-A, 694-738.

Steenberghen, Fernand Van. *Aristotle in the West: The Origins of Latin Aristotelianism*. Translated by Leonard Johnston. Louvain: Nauwelaerts, 1955.

_____, *Thomas Aquinas and Radical Aristotelianism*. Washington, D.C.: Catholic University of America Press, 1980.

Strauss, Leo. *Persecution and the Art of Writing*. Glencoe, Ill.: Free Press, 1952.

Synave, Paul. "La doctrine de saint Thomas d'Aquin sur les sens littéral des Écritures." *Revue biblique* 35 (1926), 40-65.

_____, "Le canon scripturaire de saint Thomas d'Aquin." *Revue biblique* 33 (1924), 522-533.

_____, "Les commentaires scripturaires de s. Thomas d'Aquin." *La Vie spirituelle* 43 (1923), 455-469.

_____, and Pierre Benoit. *Prophecy and Inspiration: A Commentary on the Summa Theologica II-II, Questions 171-178*. New York: Desclee, 1961.

Taylor, Henry Osborn. *The Mediaeval Mind: A History of the Development of Thought and Emotion in the Middle Ages*. 2nd ed. 2 vols. London: Macmillan, 1914.

Tholucke, August. *De Anima Aquino et Adaelardo S. Scripturae interpretibus*. Halle: Eduard Anton, 1942.

Tsevat, Mattitiahu. *The Meaning of the Book of Job, and Other Biblical Studies*. New York: Ktav, 1980. Dallas: Institute for Jewish Studies, 1980.

Van Ackeren, Gerald F. *Sacra Doctrina: The Subject of the First Question of the Summa Theologica of St. Thomas Aquinas*. Rome: Catholic Book Agency, 1952.

Wiesheipl, James A. *Friar Thomas d'Aqujno: His Life, Thought, and Work*. Garden City, N.Y.: Doubleday, 1974.

_____, "The Concept of Nature." *New Scholasticism* 28 (1954), 377-408.

_____, "The Johanine Commentary of Friar Thomas." *Church History* 45 (1976), 185-195.

_____, "The Meaning of Sacra Doctrina in *Summa Theologiae* I, q.1." *The Thomist* 38 (1974), 49-80.

_____, Review of *S. Thomae de Aquino. Opera Omnia,* iussu Leoninis XIII P.M. edita. XXVIII. *Expositio super Isaiam ad litteram,* cura et studio Fratrum Praedicatorum. Editori de San Thomasso, Santa Sabina (Aventino), 1974. *The Thomist* 43 (1979), 331-337.

Wiesman, H. "Der Kommentar des hl. Thomas von Aquin zu den Klageliedern des Jeremias." *Schokastik* 4 (1929), 82-86.

Yaffe, Martin D. "Myth and 'Science' in Aristotle's Theology." *Man and World* 12 (1979), 70-88.

_____, "Providence in Medieval Aristotelianism: Moses Maimonides and Thomas on the Book of Job." *Hebrew Studies* 20-21 (1979-1980), 62-74.

Zarb, S.M. "Utrum s. Thomas unitatem an vero pluralitatem sensus litteralis in Sacra Scriptura docuerit?" *Divus Thomas* (Placentia) 33 (1930), 337-359.

인용 색인, 저자 색인

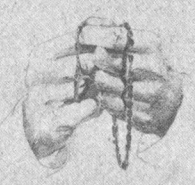

토마스의 성경 인용 색인

왼쪽 열의 숫자들은 대중 라틴말 성경의 본문을 가리킨다. 오른쪽 열의 숫자들은 욥기의 대중 라틴말 성경 본문에 대한 토마스의 주해를 가리킨다.

[구약]

창세
1,1	38,7
1,2	38,8
1,3 이하	2,1-2
1,5 이하	1,6
1,9	26,10.12
1,14	38,7
1,24	40,10
1,25	35,10
2,7	4,19; 10,8.9; 38,12
2,24	31,12
3,1	2,9
3,17	3,1
3,19	10,9
4,10	16,19
6,4	26,5
6,12-13	26,5
6,14	23,12
6,17	26,5
9,1	23,12
9,25	3,1
13,6	1,4
18,27	16,16
19,24	28,5
37,34	1,20
37,35	21,13
40,20	3,1

탈출
4,21	7,20
10,1	7,20
13,3	3,4
20,8	3,4
20,11	3,4
20,18	38,1
22,1	31,11
32,6	1,5
33,11	4,12

레위
25,5	5,6

민수
12,6	33,15
12,6 이하	4,12
23,19	2,3

인용 색인, 저자 색인 **817**

신명		1,3	42,12
5,26	37,20	1,8	2,1.3
16,18	5,4; 29,7	1,12	2,6.8; 40,10
32,13	5,23	1,15	19,12; 30,12
32,15	1,4; 12,6	1,17	19,12
32,39	9,22	1,19	19,17
		1,21	4,6
여호		2,5	4,5
7,25	3,1	2,7	16,8
		2,8	7,5; 16,16; 19,9
1열왕(『성경』에서는 1사무)		2,10	2,13
2,6	10,2	3,3	3,26; 4,1; 6,25; 19,3; 34,33; 39,35
17,43	3,1	3,7	3,8
		3,11	3,16
2열왕(2사무)		3,24	3,26; 4,1.7
11,2 이하	4,20	3,26	3,26; 4,1; 11,4
		4,2	13,14
3열왕(1열왕)		4,5	6,10
17,23	7,10	4,7	4,17; 9,22; 13,14; 16,9; 36,12; 37,21
19,12	4,16	4,10	10,16
21,27	1,20	4,12	5,2
22,22	4,16	4,13	4,15.16
		4,17	9,1.2; 37,21
4열왕(2열왕)		4,18	4,19.20; 26,12; 40,10
4,35	7,10	4,18-19	16,19
9,30	42,11	4,19	5,2; 6,1
		4,20	4,21
토빗		5,6	36,12; 37,24
2,12	1,12	5,8	15,1
		5,17	7,1; 17,13
욥			
1 이하	16,13		
1,1	1,5.8		

5,17 이하	22,30	9,13	16,15
5,18	10,15; 15,11; 17,5	9,14	9,19
5,19	17,11	9,16	9,19
5,23	8,4	9,22	10,1
6,2	8,3; 9,22; 33,27; 39,35	9,24	10,1.2.22
		9,34-35	11,13
6,2-3	11,6	10,2	11,5.13
6,4	30,11; 34,6	10,3	10,8.18.22
6,25	11,3	10,4	10,22
6,30	11,4	10,7	11,4
7,1	7,5.7; 14,16.11	10,8	10,18
7,1 이하	37,24	10,9	10,13
7,3	42,16	10,14	10,22; 11,4; 35,3
7,5	11,17; 33,25	10,15	35,3
7,6	7,16; 8,5; 11,17.18	10,16	11,1
7,7	7,10	10,17	10,20; 11,3
7,12	7,21; 9,1	10,18	10,22
7,14	33,22	11,4	37,24
7,16	8,3; 13,15	11,6	12,1; 13,3; 37,24
7,18	7,21	11,8	23,6
7,19	9,1	11,14-15	16,16
7,20	7,21	11,15	12,4
8,3	9,1; 37,24	11,17	12,1; 17,11
8,4	36,12; 37,24	11,18	12,1; 13,12
8,5	10,15	11,19	13,12
8,6	17,11	12,2	12,11; 15,2
8,19	14,21	12,3	15,1; 34,10
8,20	9,1	12,7-8	12,10
9,4 이하	9,33	12,12	32,4.7
9,8	9,10	12,17	12,21
9,9	9,10	12,18	12,21
9,11	9,19	12,19	12,22
9,12	9,14	13,3	13,19; 15,3; 33,12;

	39,25	15,15-16	16,19
13,4	13,3; 34,32; 37,24; 42,7	15,18	17,10
		15,20	16,10
13,8	13,23	15,21	24,22
13,10	13,24	15,28	15,20
13,15	13,18	15,32	16,10
13,17	33,11	15,34	16,10
13,18	15,14; 33,9	16,12	17,3; 23,3
13,20	15,3	16,14	16,21; 17,1
13,21	15,4	16,16	16,21; 17,1.2.
13,22	38,3	16,17	17,2
13,24	15,20; 33,10	16,18	16,21; 17,1.2; 23,9
13,24-25	15,17	16,21	17,2
13,25	14,1	16,23	17,1
13,26	15,20.28	17,2	18,4; 33,27
13,27	14,16; 15,17.20; 33,11	17,7	18,4
		17,9	18,4
13,28	15,22	17,10	17,1; 18,3
14,1	14,6; 16,23	18,2	19,4
14,6	14,13.14	18,4	36,12; 37,24
14,7	19,10	19,2	33,3
14,7-8	14,11	19,6	34,5
14,10	14,12	19,7	33,13
14,13	3,13; 10,21; 13,16	19,10	19,23
14,14	37,24	19,11-12	19,23
14,21	21,21	19,13	42,11
14,21-22	18,20	19,20	19,26
15,2	15,12	19,25	3,13; 10,21; 13,16; 21,13.34; 27,8
15,3	15,11.13		
15,9	17,10	20,4	36,12; 37,24
15,11	16,21	20,5	27,7.13
15,12	16,16	20,6-7	40,7
15,15	16,18	20,8	21,7

20,10	21,7	28,20	28,23
20,11	20,14	29,1 이하	30,25; 31,1
20,15	21,7	29,2	42,12
20,19	20,21	29,6	30,3.5
21,3	22,19	29,7	5,4
21,4	22,2	29,8	30,1
21,7	34,30	29,8 이하	29,21
21,22	22,12.14	29,9	30,1
21,18	22,5	29,10	30,2
21,32	27,8	29,11	30,2
22,1	37,24	29,11 이하	29,21
22,5	23,1; 24,1; 25,1	29,12	30,25
22,12	23,1; 24,11; 25,1	29,14	36,21
22,14	23,10	29,18	30,7
22,17	22,21	29,21	29,23
22,18	27,13	29,23	30,10
23,3	23,8	29,25	19,9
23,3-4	33,23; 34,23	30,1	19,9
23,4-5	33,13	30,1 이하	29,1; 30,35; 31,1
23,6	25,2	30,16	33,22
23,10	32,2; 34,5; 40,3	30,21	34,9; 41,1
23,11	32,3; 34,9	31,1	31,16
23,13	25,1	31,1 이하	29,1; 34,5; 35,3
24,15	3,8	31,5	31,16.24
24,17	3,8	31,16	31,24
25,3	33,23	31,18	10,12
25,4	34,24	32,2-3	33,1
26,14	40,4	32,22	37,24
27,2	34,5.6	33,9-10	34,1; 36,1
27,6	17,2; 34,5; 40,1	33,9 이하	33,12
27,13	28,1	33,10	37,24; 39,35
27,28	27,8	33,10 이하	32,1
28,15	28,1	33,12	38,2

33,14	33,20	38,36	39,1
33,23	33,26; 37,24	38,39	39,1
33,27	36,12; 37,24	38,41	39,1
34,1 이하	33,12; 36,1.2; 40,1	39,1 이하	40,1
34,5	32,1; 38,2	39,13	39,18
34,9	32,1	39,15	30,29
34,18 이하	34,24	40,6	41,25
34,20	34,23	40,10	40,15
34,24	34,20.29	40,14	40,10
34,30	37,24	40,19	40,20
35,1 이하	36,1.2	40,20	3,8; 40,10
35,2	38,2	41,25	40,10
35,2-3	32,1	42,6	3,4
35,3	35,10	42,7	38,1
35,5	36,17	42,10	42,12
36,5 이하	36,15		
36,8	36,14	시편	
36,13	27,8; 37,24	4,6	33,14
36,15	36,16	4,7	33,14
36,17	36,18	5,5	1,5
36,27 이하	36,32	5,7	10,3
36,29	37,11	7,5	3,26
36,31	38,23	7,13	9,28
36,33	37,21	9,22	9,11
37,12	37,13	9,39	22,9
38,1	40,1	10,6	9,12
38,1 이하	40,1	11,9	1,7
38,2	38,1; 42,7	12,1	10,9
38,3	38,1; 40,1; 42,7	15,2	22,3
38,4	38,12	15,6	27,13
38,10	26,10	17,12	3,23
38,19	38,24	18,13	4,20.21; 9,20
38,35	41,14	26,10	12,4

30,13	8,19	10,24	13,11
31,9	4,10	11,2	5,2; 15,27
33,16	36,7	13,10	40,6
34,16	16,16	14,23	3,23
40,4	33,19	15,1	40,22
41,4	16,21	15,5	15,14
43,22	5,19	19,11	4,5
43,23	8,6	19,12	39,24
44,4	12,18	20,9	9,12
49,9	35,7	21,1	12,24
56,5	5,15	22,22	5,4; 29,7
57,11	16,11	25,27	37,20
68,13	5,4; 29,7	26,14	22,14
72,18	40,6	28,9	27,9
76,19	40,4	28,15	4,10
84,9	11,5		
101,18	35,12	**코헬**	
102,20-21	9,13	1,8	3,23
103,4	4,19	4,14-15	8,19
103,10	28,10	5,9	20,20
103,29	34,15	5,12	5,3; 18,10
118,11	23,12	5,16	3,4
124,1	9,5	6,1-2	1,4
138,7	9,13	7,1	3,33
138,8	9,13	7,14	12,14
148,8	39,27	8,6-7	3,23
		9,3	21,16
잠언		9,11	5,11
1,14	27,9	11,7	3,4
1,28	27,9	12,7	34,14
5,22	18,8		
8,15	9,13; 36,22	**아가**	
10,7	40,8	8,6	18,5

지혜

2,9	24,18; 27,13
2,11	22,8
2,24	40,10
4,16	1,8
5,21	9,13; 20,28
5,22	41,14
6,14	24,13
9,15	19,26
11,21	9,10
13,2	31,26
14,11	15,19
17,4	10,23
17,10	12,6; 18,11
17,17-18	4,15
18,20	13,11

집회

1,5	28,21
1,10	28,23
2,5	4,6
5,8	8,5
9,10	20,7
10,14	15,26; 40,7
10,15	33,17; 40,6
11,27	3,25
11,33	1,9
12,9	2,11
19,1	4.20
19,12	4,2
19,27	31,19
23,32	31,12
24,5	37,2

25,23	4,11
25,26	4,11
26,5-6	31,34
26,13	1,4
27,6	7,18
31,35	1,13
40,1	1,21
44,20	1,8

이사

1,23	22,9
3,1-2	12,20
6,1	1,6
6,9	7,20
7,14	4,12
8,19	4,1
11,1	4,12
11,2	32,8
11,4	3,18
14,12	41,16
18,4	29,19
26,3	9,4
26,7	1,1
27,1	3,8
28,9	38,3
30,13	34,20
30,33	20,26
32,17	25,4
35,3	4,4
35,4	9,11
40,11	40,4
40,26	25,3
49,18	40,5

57,20	3,26	4,14	12,10
57,21	9,4	7,10	1,6
63,17	7,20	10,8	4,14
64,6	9,15	10,18	4,16
66,1	26,9; 35,5; 36,29; 38,31	요엘	
66,24	24,20	2,13	33,26

예레
		아모	
1,13	1,7	4,7	37,13
1,14	30,12		
5,8	39,19	요나	
5,22	26,10	3,3	16,16
9,22	20,7		
10,23	3,23	나훔	
14,22	1,19	2,12	4,10; 31,8
17,9	9,21		
20,9	4,2	즈카	
20,14	3,3	6,1	1,7
48,29-30	40,6	11,4-5	1,5

에제
		말라	
1,1	1,6	3,11	4,9
1,4	4,16	3,14	2,9
1,24	4,16		
9,9	22,14	1마카	
14,14	서문	2,24	17,7
19,3	4,10		
38,19	13,11		
		[신약]	

다니
		마태	
2,28-29	33,15	3,10	24,20
4,9	40,15		

3,17	1,7	5,25 이하	19,25
5,11	9,18	5,28	14,15
5,12	9,18	6,40	19,25
5,48	23,11	8,34	9,24
6,33	42,10	9,4	23,9
7,7	42,4	11,9	18,5
7,15	9,31	11,24	14,12
7,16	20,5	12,29	38,1
9,25	7,10	15,2	24,20
14,6	3,4	16,12	37,20
14,8	4,10	24,15	3,8
17,5	1,7	24,17	3,8
19,6	31,11		
21,21	9,5	사도	
23,3	4,3	5,41	1,21
26,24	3,3		
26,38	3,1	로마	
27,52	7,10	1,20	11,6
		1,22	12,20
마르		1,24	7,20
14,34	3,1	5,12	14,13; 19,25
		7,15	3,1
루카		8,16	9,20
1,1 이하	4,16	8,28	9,11
1,51	40,4	8,36	5,19
4,6	40,10	9,18	7,20
12,4	27,22	11,33	37,33
12,18	20,22	12,14	3,1
18,11	40,6	12,15	30,25
		13,1	41,1
요한			
3,20	3,8; 24,14	1코린	
5,25	14,15	2,11	3,23

4,4	9,13.20	**1티모**	
6,18	1,1	6,16	3,23
7,31	14,12	6,17	31,24
10,13	2,6		
13,2	9,5	**히브**	
15,15	13,10	13,8	19,25
15,51	14,14		
15,53	19,26	**야고**	
15,57	40,19	1,11	22,20
		4,6	40,6
2코린		5,11	서문
2,15-16	1,8		
6,14	41,3	**1베드**	
6,16	1,7	5,8	1,7
12,4	4,12		
13,4	19,25	**1요한**	
		1,8	17,2
에페		4,20	6,14
3,20	42,12		
5,1	23,11	**묵시**	
5,13	37,3	1,10	4,16
5,16	3,1	5,5	40,19
		12,9	3,8
필리		12,10	41,16
4,12-13	2,10		
콜로			
2,15	4,19		
1테살			
4,13	1,20		
5,3	22,11		
5,22	39,34		

저자 색인

여기에는 토마스가 명시적으로 인용한 저자들만을 수록한다. 그밖의 참조에 대해서는 번역문의 각주들을 보라. 또한 레오 판 토마스 전집(Opera Omnia) 26권, Sancti Thomae de Aquino, Expositio super Job ad litteram (Rome: Sancta Sabina, 1965)에 대한 Dondaine의 색인도 보라. 아래에는 영어 번역본들을 제시했으며, 영어권 독자가 토마스가 인용한 문헌들을 더 쉽게 찾을 수 있을 경우 장 구분 등에서 현대의 구분을 따랐다.

고대인들	서문; 9,3; 34,14; 35,11; 38,4	*In Somnium Scipionis* I.9	36,33
		바르톨로메우스(Bartholomaeus Anglicus)	
		On the Properties of Things	
그레고리우스(Gregory the Great)		XIII.26	40,10
Morals on the Book of Job		XVII.43	40,19
1 이하	서문		
V.45	17,7	보에티우스(Boethius)	
		On the Consolation of Philosophy	
데모크리투스(Democritus)	서문	I.1 (Poem)	3,1
디오니시우스(Dionysius)		소요학파	1,20; 3,1; 6,12
On the Celestial Hierarchy	1,6; 38,1.6; 41,16		
On the Divine Names	38,21	스토아학파	1,20; 3,1; 6,6.12
On the Ecclesiastical Hierarchy	41,16		
마니교도	10,2.3.8	아리스토텔레스(Aristotle)	
		History of Animals	
마크로비우스(Macrobius)		I.11	27,3

II.13	41,13
III.1	40,11
V.2	40,11.16
VIII.9	40,18
IX.1	40,19
IX.46	40,10

Nicomachean Ethics

III.8	17,9
IV.3	36,14
IV.9	3,25
V.5	27,16
VII.7	5,2

On Generation and Corruption

II.11	7,9; 19,27

On the Heavens

II.2	23,8
II.9	38,38

On the Soul

I.5	11,5

Physics

IV.12	38,20

Politics

I.9	27,16

Rhetoric

III.17	1,12

알베르투스(Albertus Magnus)

De Animalibus

XXIV.14	41,5
XXIV.15	41,4
XXIV.19	40,22

아우구스티누스(Augustine)

Confessions

I.12	24,19

City of God

II.4	40,11
II.25	40,11
XI.9	40,10
XIV.9	1,20
XV.23	40,11
XXII.29	19,27

De Genesi ad Litteram

IV.26	40,10
IV.33	40,10

On the Trinity

III.4	9,13

암브로시우스(Ambrose)	6,29; 40,5
에비온파	19,25
엠페도클레스(Empedocles)	서문

오리게네스(Origen)

Peri Archon

I.6	4,18

오비디우스(Ovid)

Remedia Amoris

1,27f.	2,13
유다인들	7,10

이시도루스(Isidore)
Etymologies
XII.6 40,20

주술사들 40,26

천문학자들 3,3; 38,18

철학자들 서문; 1,20;
4,6; 7,10; 9,6;
14,20

토마스(Thomas of Cantimpré)
De Naturis Rerum
IV 39,19;
40,13.19
V 38,41
VI 40,20;
41,4.22

포르피리우스(Porphyry) 19,26

플라톤(Plato)
Parmenides
137e 1,7

플라톤주의자 36,33

플리니우스(Pliny)
Natural History
IX.1.2 41,24

IX.2.4 40,20

히에로니무스(Jerome)
Prologus in Libro Job 3,4
de Hebraeo Translato

IMPRIMATUR

Suvon, die 4. Mensis Decembris, 2018
+ Matthias I. H. RI
Episcopus Suvonensis

THOMAS AQUINAS- THE LITERAL EXPOSITION ON JOB:
A SCRIPTUAL COMMENTARY CONCERNING PROVIDENCE, FIRST EDITION
© 1989 The American Academy of Religion

THOMAS AQUINAS- THE LITERAL EXPOSITION ON JOB:
A SCRIPTUAL COMMENTARY CONCERNING PROVIDENCE
was originally published in English in 1989.
This translation is published by arrangement with Oxford University Press.
Suwon Catholic University Press is solely responsible for this translation from the original work and
Oxford University Press shall have no liability for any errors,
omissions or inaccuracies or ambiguities in such translation or for any losses caused by reliance thereon.

Korean translation copyright © 2024 by Suwon Catholic University Press
Korean translation rights arranged with Oxford University Press through EYA Co.,Ltd.

이 책의 한국어판 저작권은 EYA(에릭양 에이전시)를 통해 Oxford University Press사와 독점 계약한
'수원가톨릭대학교 출판부'에 있습니다.
저작권법에 의하여 한국 내에서 보호를 받는 저작물이므로 무단 전재 및 복제를 금합니다.

성 토마스 아퀴나스의
욥기의 자구적 주해

교회 인가 2018년 12월 4일 수원교구
인   쇄 2024년 9월 20일
발   행 2024년 10월 1일 초판 1쇄 펴냄

지 은 이 성 토마스 아퀴나스
옮 긴 이 안소근
펴 낸 이 박찬호
펴 낸 곳 수원가톨릭대학교 출판부

등   록 1990년 1월 13일 제90-1호
주   소 경기도 화성시 봉담읍 왕림1길 67
전   화 031-290-8814

인   쇄 쉐마북스
　　　　주소ㆍ서울시 중구 을지로 148 중앙데코프라자
　　　　등록ㆍ제 2-5005호
　　　　전화ㆍ02-2274-6629 / 팩스ㆍ02-2274-6714

ISBN 978-89-7396-078-1 94230
　　　978-89-7396-059-0 (세트)

값 35,000원

성경 ⓒ 한국천주교중앙협의회, 2024